白话资治通鉴

第七册

卷第一百五十至卷第一百七十四
（梁纪六至陈纪八）

〔宋〕司马光 著
萧祥剑 主编

团结出版社

目录

资治通鉴卷第一百五十　梁纪六

起甲辰（公元524年），止乙巳（公元525年），共两年。

【题解】本卷记录了公元524年至525年两年间南梁与北魏两国的大事，正当梁武帝萧衍普通五年、六年。本卷主要记录了北魏政权的严重危机。外部危机主要来自两方面，一方面是民变、兵变，首先起义的是破六韩拔陵，另外是莫折大提与其子莫折念生，还有好几股势力，遍及全国；另一方面是梁朝的边境将领进攻北魏的许多城镇，北魏的边将纷纷向梁国投降。同时北魏政权内部也产生了很大的变化，先是乱臣元叉软禁了胡太后，之后胡太后又夺回政权，消灭了元叉一党，接着胡太后宠幸郑俨、徐纥，二人勾结，群臣依附，北魏朝政更加混乱。还写了在魏国的频繁叛乱中斛律金、尔朱荣、高欢等纷纷崭露头角，为他们日后的叱咤风云做了铺垫。

高祖武皇帝六

普通五年（甲辰，公元524年）

春季，正月，辛丑日（二十日），北魏孝明帝元诩到洛阳的南郊祭祀。

三月，魏国朝廷派临淮王元彧都督北讨诸军事，征讨破六韩拔陵。

夏季，四月，高平镇百姓赫连恩等人造反，推举敕勒酋长胡琛为高平王，攻打高平镇来响应破六韩拔陵。北魏将领卢祖迁将他们打败，胡琛向北方逃走。

卫可孤攻打怀朔镇已经一年，外援一直不来，杨钧派遣贺拔胜前往临淮王元彧处求援，贺拔胜招募了十几名敢死少年骑兵，夜晚趁防备松懈突围而出，贼骑追了上来，贺拔胜说："我是贺拔破胡。"贼骑不敢靠近。贺拔胜在云中见到元彧，向他进言说："怀朔被贼党包围，现在已经是危在旦夕，大王现在不肯出兵救援。怀朔倘若失陷，那武川也就危险了，贼党的锐气就会增加一百倍，就算有张良、陈平，也无法替大王谋划。"元彧答应他出兵。贺拔胜回来，又突围进入城内。后来杨钧又派遣贺拔胜出城侦察武川的动静，武川已经失陷。贺拔胜奔驰而回，怀朔也已经溃败，贺拔胜父子都被卫可孤俘虏。

五月，临淮王元彧和破六韩拔陵在五原交战中失败，元彧因此被削夺官爵。安北将军陇西人李叔仁也在白道战败，贼寇的势力一天天强大起来。

北魏孝明帝元诩在显阳殿召集丞相、尚书令、尚书仆射、尚书、侍中、黄门，问他们："目前贼寇侵犯恒、朔二地，逼近祖先陵墓金陵，怎么办才好？"吏部尚书元修义建议派遣重臣都督军队镇守恒、朔来抵御敌人，孝明帝元诩说："去年阿那瑰叛乱，派遣李崇北征，李崇上表请求改镇为州，我因为旧制难改，没有听从他的请求。令人没有想到的是李崇这道奏表，开启了镇将与军镇上各级将士的非分之想，因此有现在的祸患，但是已经过去的事情无法弥补，姑且再说一说罢了。然而李崇是贵戚身份，拥有很高的威望，气度、见识英明敏锐，我打算派遣李崇前往，大家觉得怎么样？"仆射萧宝寅等人都说："这样，实在是符合大家的心愿。"李崇说："臣因为六镇位置僻远，和敌对的戎狄相毗邻，打算安抚他们，怎敢诱导他们叛乱？臣的罪应该接受死刑，陛下赦免了，现在又派遣臣北伐，这正是臣立功赎罪的时候。但是臣已经七十岁，加上体弱多病，不能胜任军旅之事，希望另外选派贤才。"孝明帝元诩不同意。元修义是元天赐的儿子。

◆臣司马光说：李崇的奏表，是用来消除祸端在未发生之时，制敌取胜于无形之中。北魏孝明帝元诩既不采用他的建议，等到叛乱发生之后，也没有一点羞愧自责的话，反而认为是李崇的罪过，那种不明白事理的国君，哪里值得为他献计呢！《诗经》说："听言则对，诵言如醉，匪用其良，覆俾我悖。"（顺耳的话就应对，赞美的话就沉醉，不能任用善人，

反使我去做悖逆不顺的事情。)说的就是这种人啊! ◆

壬申日(二十三日),孝明帝元诩加封李崇为使持节、开府仪同三司、北讨大都督,命令抚军将军崔暹、镇军将军广阳王元深都接受李崇的指挥。元深是元嘉的儿子。

六月,梁朝派豫州刺史裴邃都督征讨诸军事,以征讨北魏。

北魏自从破六韩拔陵造反后,二夏、豳、凉等地,盗贼蜂拥而起。秦州刺史李彦,施政苛刻,用刑暴虐,下面的人都怨恨他,这月,城内薛珍等人聚集党羽闯进州府大门,生擒李彦,将他杀了,推举他们的同党莫折大提做统帅,莫折大提自称秦王。北魏派遣雍州刺史元志讨伐莫折大提。

起初,南秦州的豪族杨松柏兄弟,多次做寇盗,刺史博陵人崔游劝导他,使他投降了朝廷,任用他为主簿,和颜悦色地接待他,派他去游说各部落的氐族人投降,后来却又借着宴会将他们全都逮捕斩首了,因此他的部下无不猜疑害怕。崔游听说李彦被杀的消息后,自知处境危险,想要逃走,没有成功。城民张长命、韩祖香、孙掩等人攻击崔游,将他杀了,献城响应莫折大提。莫折大提派遣他的同党卜胡偷袭高平,将高平攻克,杀死了镇将赫连略、行台高元荣。莫折大提不久去世,他的儿子莫折念生自称天子,设置百官,改年号为天建。

丁酉日(十八日),北魏大赦境内。

秋季,七月,甲寅日(初六),北魏派遣吏部尚书元修义兼尚书仆射,做西道行台,率领诸将征讨莫折念生。

崔暹不听李崇的调度指挥,和破六韩拔陵在白道展开交战,一败涂地,单骑逃回。破六韩拔陵合力攻打李崇,李崇奋力作战,抵挡不住,退回云中,与他展开对峙。

广阳王元深上言:“先朝建都平城,特别重视北部边境,慎重地选拔亲近而又贤能的人,挂帅担任镇将,用高门子弟相配合,拼死地防备敌人,不但不影响他们的仕宦前途,还可以免除他的赋役,当时的人们,乐于担任守边职责。太和年间,仆射李冲掌权,凉州士人全部免除服役，至于京师的高门大姓，仍旧防守边塞，假如不是得罪了当权者，没有人愿意加入其中。这些人到了边关，受镇将差遣，只是当虞候、白直，一生迁升的最高职位，不过军主，然而他的同族留在京师的却能做到上品显官，在镇的却被排除在清流之外，逃亡的人很多。于是朝廷严定边兵的纪律，镇人不可以在外面游荡，因而少年无法跟随老师学习，成年以后无法到外边做事，受到非人看待，说起来令人落泪！自从迁都洛阳以后，边疆的职务更加被看轻，只有长期不能升迁的平庸之才，才外放为镇将，这些人互相模仿，专门从事于聚敛财物。或者各地方的奸吏，因犯了罪流放边疆，有人替他们出谋划策、指出道路，于是他们的官位也就借着钱财办成了，边民无不切齿痛恨。等到阿那瑰背叛恩德随意劫掠，发动大军追击，十五万部队越过沙漠，没几天就回来了。边人看见这样的援军，心中就有些看不起他们。担任尚书令的大臣李崇请求改镇为州，可算是先觉，却没有获得朝廷准许。而高阙戍主统御部下有失和气，破六韩拔陵把他杀了，于是相继作乱，攻城略地，所过之处屠杀无算，朝廷的军队多次战败，贼党日益强大。这次兴兵，可望把它踏平，可是，崔暹全军覆没，李崇和我徘徊难进，共同班师驻扎云中，将士的斗志一落千丈。今日所忧虑的，不只是西北，恐怕其余诸镇不久也会这样，天下的事情，岂是容易预料的！”书奏呈上去，没有得到任何回音。

孝明帝元诩下诏征召崔暹回朝，扣押在廷尉处，崔暹用女妓、田园贿赂元叉，终于能够不被判罪。

丁丑日（二十九日），莫折念生派遣他的都督杨伯年攻打仇鸠、河池两个据点，东益州刺史魏子建派遣将军伊祥等人将他打败，斩首一千多人。东益州本来是氐王杨绍先的领地，将佐都认为城民刚劲勇敢，秦州和南秦州造反的都是他们的族类，请求先没收他们的兵器。魏子建说：“城中百姓多次经历战斗，安抚他们可以被我们所用，逼迫他们就会使我们腹背受敌。”于是将城民召集来，加以抚慰劝诱，不久逐渐将他们的父子兄弟分开去诸郡戍守，内外相顾，终于没有背叛的人。魏子建是魏兰根的族兄。

北魏凉州幢帅于菩提等人拘押了刺史宋颖，占据凉州而造反。

八月，庚寅日（十二日），梁朝徐州刺史成景俊攻陷了北魏的童城。

北魏员外散骑侍郎李苗上书说："粮少兵精，以速战速决较有利；粮多兵众，就可以进行持久战。现在陇地贼寇猖狂，并没有什么实力，虽然占据了两个城池，本来没有道德正义可言，他们的情势利在快攻，以便每天有投降的人；行动迟缓就会人心离散，士气消沉，等待崩溃而已。叛军的兴起好像风起云涌，造反的人追求万分之一的成功机会；面对急于求胜的叛军，王师有全胜的策略。但是天下长久泰平，人民不熟悉战事，追逐利益时不能互相等待，逃难时又不能互相照顾，将帅没有法令，士兵不经教习，不思虑长久的计策，各自有轻敌的心理。假如陇东陷入叛贼之手，雍州刺史元志的军队也战败溃散，于是莫折念生旗下的秦州与南秦州的叛军势力将更加强大，长安一带朝廷统治的地方就显得很危险、力量很薄弱，国家的右臂因此就被废掉了。应当敕令大将坚守壁垒，不要出战，另外命令偏将率领精兵数千人从麦积崖偷袭他们的身后，那么汧河、岐原一带地区的那些叛贼就会自行溃散。"

北魏派李苗做统军，与别将淳于诞一起出兵梁、益，还没有到达，莫折念生派遣他的弟弟高阳王莫折天生率兵前来陇坻，甲午日（十六日），都督元志和莫折天生在陇口交战，元志战败，抛弃军队往东边退守岐州。

东部与西部的敕勒部都背叛了北魏，归顺破六韩拔陵，北魏孝明帝元诩这时才想起了李崇与广阳王元深的话。丙申日（十八日），孝明帝元诩下诏："所有州镇的军籍，凡不是因为有罪而流放服役的，一律解除成为百姓。"同时改镇为州，将怀朔镇改为朔州，接着又将朔州更名为云州。派遣黄门侍郎郦道元做大使，宣抚安慰六镇。这时六镇已经全部叛乱，郦道元最终没有去成。

先前，代人移居洛阳的，往往被礼部所压制，不能进入官场为官。等到六镇叛乱，元叉于是起用代地迁来的人作传诏来安抚讨好他们。担任廷尉评的代郡人山伟上奏章，为元叉歌功颂德，元叉提升山伟做尚书省享受二千石俸禄的郎官。

秀容人乞伏莫于聚合百姓攻击郡城，杀了太守。丁酉日（十九日），南秀容的放牧者万于乞真杀了太仆卿陆延，秀容酋长尔朱荣讨伐平定了这场叛乱。尔朱荣是尔朱羽健的玄孙。他的祖父尔朱代勤，有一回出去打猎，他部落中的百姓射杀老虎，误中了尔朱代勤的大腿，尔朱代勤将箭拔出，不再追究，他的部下莫不心悦诚服。尔朱代勤官做到肆州刺史，赐爵梁郡公，九十多岁才去世，他的儿子尔朱新兴继承了爵位。尔朱新兴做酋长时期，畜牧尤其繁殖众多，驼马牛羊，因颜色不同而各自成群，弥漫在山谷之中，数目多得没有办法计算。

北魏每次出师，尔朱新兴往往贡献马匹以及物资粮草来帮助军队，高祖元宏为此称赞勉励他。尔朱新兴年老，请求传让爵位给他的儿子尔朱荣，北魏准许了他的请求。尔朱荣洞若先机，明断果决，统御部下纪律严整。这时四方兵起，尔朱荣暗中有大志，散尽他的畜牧资财，用来招聚壮士，结交豪杰，于是侯景、司马子如、贾显度以及五原人段荣、太安人窦泰都前往投奔他。贾显度是贾显智的哥哥。

戊戌日（二十日），莫折念生派遣都督窦双进攻北魏盘头郡，东益州刺史魏子建派遣将军窦念祖将他打败。

九月，戊申日（初一），成景俊攻陷北魏的睢陵。戊午日（十一日），北兖州刺史赵景悦围攻荆山。裴邃率领骑兵三千人袭击寿阳，壬戌日（十五日）的晚上，打破城门攻了进去，占领了寿阳的外城。北魏扬州刺史长孙稚抵御他，一天交战了九次，后援的军队蔡秀成迷失道路，没能够及时赶到，裴邃只好率兵退出寿阳。梁朝所派遣的别将攻打北魏的淮阳，北魏派遣行台郦道元、都督河间王元琛援救寿阳，安乐王元鉴救援淮阳。元鉴是元诠的儿子。

北魏西道行台元修义得了风疾，无法指挥军队。壬申日（二十五日），北魏派尚书左仆射齐王萧宝寅做西道行台大都督，率领诸将征讨莫折念生。

宋颖秘密地向吐谷浑王伏连筹求救，伏连筹率兵援救凉州，于菩提弃城逃跑，伏连筹追上将他杀了。城民赵天安等人又推举宋颖做刺史。

河间王元琛的军队到达西硖石，解除了涡阳的围困，收复了荆山军事据点。青、冀两州刺史王神念和他交战，被元琛打败。冬季，十月，戊寅日（初一），裴邃与元树攻打北魏的建陵城，将它攻克，辛巳日（初四），攻占了曲木，扫虏将军彭宝孙攻克了琅邪。

北魏营州的百姓刘安定、就德兴抓捕了刺史李仲遵，占据城池造反。城民王恶儿杀了刘安定而投降官府，就德兴向东边逃走，自称燕王。

胡琛派遣手下将领宿勤明达侵扰豳、夏、北华三个州，北魏派遣都督北海王元颢率领诸将讨伐他。元颢是元详的儿子。

甲申日（初七），梁朝彭宝孙攻陷了檀丘。辛卯日（十四日），裴邃攻克了狄城，丙申日（十九日），又攻占了甓城，进兵驻扎在黎浆。壬寅日（二十五日），北魏东海太守韦敬欣献上司吾城投降。定远将军曹世宗攻克曲阳，甲辰日（二十七日），又攻占秦墟，北魏的守将大多弃城逃跑。

北魏派遣黄门侍郎卢同手持符节前往营州慰劳投降朝廷的就德兴，就德兴投降后不久又再次叛变。孝明帝元诩下诏任命卢同为幽州刺史兼尚书行台，卢同多次被就德兴打败而撤回。

北魏朔方的胡人造反，围攻夏州刺史源子雍，城中的粮食吃光了，煮马皮来吃，众人都没有背叛的二心。源子雍打算出城去寻找粮食，留下他的儿子源延伯守卫统万，将佐们都说：“现在四方都叛乱离心，粮尽援绝，不如父子一同离去。”源子雍流着眼泪说：“我历代受到国家的厚恩，应当和这座城共存亡，只是因为没有粮食可资防守，所以想要前往东州，为诸君筹集几个月的供给，假如幸运地获得了，保全城池是一定没有问题的。”于是率领羸弱士兵前往东夏州运粮，源延伯与诸将哭着送他出发。源子雍走了几天，胡人的将领曹阿各拔半路截击他，把他活捉了。源子雍暗中派人传送书信，敕令城中努力坚守。全城的人都担心害怕，源延伯劝他们说：“我父亲生死如何还不知道，我的内心焦急万分。只是因为奉命守城，责任重大，不敢因私废公。希望诸君能懂得我的心意。”于是大家都被他的高义所感动，无不奋发勉励。源子雍虽然被擒，胡人经常以属下百姓对待长官的礼节对待他，源子雍向他们分析祸福关系，劝导阿各拔投降。恰好阿各拔去世，他的弟弟桑生终于率领他的部属跟随源子雍投降。源子雍参见行台北海王元颢，详细陈述贼寇可以消灭的情形，元颢交付源子雍一支军队，命令他担任先锋。这时东夏州全境都反叛了，到处集结乱党，源子雍一边战斗一边前进，九十天中，作战几十次，终于平定东夏州，征收税粟来供应统万城的粮食，夏州和东夏州因此获得保全。源子雍是源怀的儿子。

北魏广阳王元深上书给孝明帝元诩说：“现在六镇全都背叛，高车两部也与六镇一样，利用这些疲乏的军队攻打他们，一定无法获胜。不如选练精兵防守恒州各重要据点，再作其他的考虑。”于是与李崇率领军队回到平城。李崇对诸将说：“云中是白道的要冲，贼寇的咽喉，假如此地不能保全，那么并、肆两地就危急了。应该留一人镇守才好，哪一位可以呢？”众人推举费穆，李崇于是奏请费穆做朔州刺史。

贺拔度拔父子以及武川人宇文肱聚集乡里的豪杰，一同偷袭卫可孤，将卫可孤杀了。贺拔度拔不久在和敕勒交战中战死。宇文肱是宇文逸豆归的玄孙。

李崇举荐国子博士祖莹做长史，广阳王元深上奏弹劾祖莹谎报杀敌人数，盗没军资，祖莹因罪被除去名籍，李崇也被罢免官职，削夺爵位，召回京师。元深一个人总揽军政大权。

莫折天生进攻北魏的岐州，十一月，戊申日（初二），他们攻陷了岐州，俘虏了都督元志和刺史裴芬之，送交莫折念生，莫折念生将他们杀了。莫折念生又派卜胡等人侵扰泾州，在平凉东边将光禄大夫薛峦打败。薛峦是薛安都的孙子。

丙辰日（初十），梁朝彭宝孙攻陷了北魏的东莞。壬戌日（十六日），裴邃攻打寿阳的安城。丙寅日（二十日），马头、安城都向梁军投降。

高平人攻打卜胡，将卜胡杀死，然后一起迎接胡琛。

北魏任命黄门侍郎杨昱兼侍中，持节监督北海王元颢的军队，援救豳州，豳州的围困解除。蜀地的贼寇张映龙、姜神达攻打雍州，雍州刺史元修义请求援军，一天一夜，连续传送了九道告急文书。都督李叔仁迟疑不决，杨昱说："长安是关中的根本，假如长安守不住，大军就要四散瓦解，留着他们有何用处呢？"于是与李叔仁进兵攻打张映龙、姜神达，杀了姜神达，其余的贼党全都四散逃跑。

十二月，戊寅日（初二），北魏的荆山城向梁军投降。

壬辰日（十六日），北魏任命京兆王元继为太师、大将军，都督西道各军征讨莫折念生。

乙巳日（二十九日），梁朝武勇将军李国兴攻打北魏的平靖关；辛丑日（二十五日），信威长史杨乾攻打武阳关；壬寅日（二十六日），进攻岘关，梁军将这三关全部攻克。李国兴进兵包围郢州，北魏郢州刺史裴询与蛮酋西郢州刺史田朴特互相为外援进行抵抗。包围了郢州城将近一百天，北魏的援军到来之后，李国兴率兵退回。裴询是裴骏的孙子。

北魏汾州的各部匈奴人造反，北魏派章武王元融做大都督，率兵征讨他们。

北魏魏子建招抚南秦州的诸氐族，氐族渐渐投降归顺，于是收复了六郡十二戍，杀了韩祖香。北魏任命魏子建兼尚书，任行台，刺史的职位照旧，梁、巴、二益、二秦各州都接受他的指挥调遣。

莫折念生派兵进攻凉州，城中百姓赵天安活捉了刺史来响应他。

这一年，梁朝侍中、太子詹事周舍因为受到牵连而被免官，散骑常侍钱塘人朱异接替他掌管机密大事，凡是有关军事方面的出谋划策，各州文武长官的任免，以及朝廷礼仪诏令等都由他主管。朱异爱好文章义理，多才多艺，精力充沛，梁武帝萧衍因此重用他。

普通六年（乙巳，公元525年）

春季，正月，丙午日（初一），梁朝雍州刺史晋安王萧纲派遣安北长史柳浑攻克了北魏的南乡郡；司马董当门攻破了北魏的晋城。庚戌日（初五），又攻克了马圈、雕阳两座城。

辛亥日（初六），梁武帝萧衍到建康城的南郊祭祀，大赦天下。

北魏徐州刺史元法僧，一向依附于元乂，看见元乂骄横放纵，担心灾祸牵连到自己，于是图谋叛乱。北魏派遣中书舍人张文伯来到彭城，元法僧对他说："我打算和你一起远离危险而处于平安无事之地，你能追随我吗？"张文伯说："我宁愿死了去见孝文帝拓跋宏陵墓上的松柏，怎能背弃忠义去追随叛逆呢？"元法僧将他杀了。庚申日（十五日），元法僧杀了行台高谅，自行称帝，改年号为天启，封诸子为王。北魏发兵攻打他，元法僧于是派遣他的儿子元景仲来到梁朝请求投降。

安东长史元显和，是元丽的儿子，发兵与元法僧作战，元法僧把他活捉了，拉着他的手，命令他一起坐，元显和不肯，说："我与你都是出于皇族，现在你据地外叛，难道就不怕丑行记入史书吗？"元法僧还想要招抚他，元显和说："我宁愿死了做忠义之鬼，不愿活着当叛逆之臣。"元法僧就把他杀了。

梁武帝萧衍派遣散骑常侍朱异为使者到元法僧那里，又任命宣城太守元略做大都督，和将军义兴人陈庆之、胡龙牙、成景俊等人率领军队接应。

莫折天生屯驻在黑水，兵势很强盛。北魏派岐州刺史崔延伯做征西将军、西道都督，率兵五万人征讨他。崔延伯与行台萧宝寅屯驻在马嵬。崔延伯一向骁勇，萧宝寅催促他前去交战，崔延伯说："明天早上我为你考验贼寇是勇敢还是怯懦。"于是选了精兵几千人向西渡过黑水，摆好阵势向莫折天生的营垒前进；萧宝寅驻扎在黑水东边，远远地做接应。崔延伯一直到达莫折天生营下，向贼寇示威，慢慢地率兵退回。莫折天生的部队看见崔延伯人少，争先出垒追逐他，人数超过崔延伯十倍，将崔延伯逼到水边，萧宝寅远远望见，大惊失色。崔延伯担任殿后，不与贼寇交战，让部下先渡河，队伍严整，莫折天生的兵不敢进攻。不久，全都渡完，崔延伯才从容地渡河，莫折天生的部下也都退了回去。萧宝寅高兴地说："崔君的勇敢，关羽、张飞都赶不上。"崔延伯说："这些贼寇不是老奴的敌手，明公你只要安稳地坐着，看老奴打败他们。"癸亥日（十八日），崔延伯指挥军队出营，萧宝寅发兵跟在后面。莫折天生发动全部的兵力迎战，崔延伯一马当先，击败他们的前锋，将士勇气倍增，争先前进，大破贼党，俘虏连同斩首的共有十多万人，把残余的敌军一直追赶到小陇山，岐、雍以及陇东都平定了。将士逗留在原地大肆抢掠，莫折天生于是堵住从岐州进入陇山以西的通道，因此崔延伯、萧宝寅的军队无法前进。

萧宝寅攻下宛川，俘虏当地百姓做奴婢，用美女十人赏赐岐州刺史魏兰根，魏兰根推辞说："宛川夹在强盗中间，无法自立，所以附从贼寇求生存。官军来到，应当怜悯安抚他们，怎么可以助贼为虐，俘虏他们来充当奴仆呢？"萧宝寅于是把他们父兄全都找来，那些掠来做奴婢的人让他们父兄都领回家去了。

乙巳日（正月无此日），裴邃攻陷了北魏的新蔡郡，梁武帝萧衍下诏命侍中、领军将军西昌侯萧渊藻率军做前锋，南兖州刺史豫章王萧综与其他的将领陆续前进。癸酉日（二十八日），裴邃攻克了郑城，汝水与颍水之间，到处有人起来响应裴邃。

北魏河间王元琛等人一向畏惧裴邃的威名，驻扎在城父，过了几个月不敢前进，北魏派遣廷尉少卿崔孝芬持节携带千牛刀催促他进兵。崔孝芬是崔挺的儿子。元琛到达寿阳，想要出兵决战。长孙稚认为长久下雨不可以出兵，元琛不肯听从，率兵五万人出城攻击裴邃。裴邃已经在四面设下埋伏专等元琛出来交战，裴邃派直阁将军李祖怜先上去挑战而假装败退，长孙稚、元琛率领全军追击，四面埋伏的军队全部冲杀出来，魏军大败，被斩首了一万多人。元琛逃回城内，长孙稚指挥士兵殿后，从此关闭城门，不敢再出兵。

北魏安乐王元鉴率兵征讨元法僧，在彭城南边攻打元略。元略大败，与几十个骑兵逃入城中，元鉴不设防备，元法僧出城攻击，把他打败了，元鉴一个人骑着马逃了回去。梁朝将军王希聃攻陷了北魏的南阳平，俘虏了太守薛昙尚。薛昙尚是薛虎子的儿子。甲戌日（二十九日），梁朝任命元法僧为司空，封始安郡公。

北魏任命安丰王元延明为东道行台，临淮王元彧做都督，前往攻打彭城。

北魏派京兆王元继做太尉。

二月，乙未日（二十日），赵景悦攻克了北魏的龙亢。

起初，北魏刘腾去世以后，胡太后及孝明帝元诩的左右防卫稍为松弛。元叉也放松自已，时常到外边游玩，流连不归，他亲近的人劝谏他，元叉不听。胡太后已经察知了这种情况。去年秋天，胡太后当着孝明帝元诩的面向群臣说："这样分隔我们母子，不允许我们往来，还要我干什么！我理应出家，前往嵩山闲居寺修道。"于是动手想要剪下头发。孝明帝元诩与群臣叩头流泪，苦苦地哀求，胡太后的态度更加强硬。孝明帝于是在嘉福殿过夜，住了几天，与太后秘密商量罢黜元叉。但是孝明帝的内心想法丝毫没有表现出来，他只是把胡太后发脾气、希望能够允许她随时可以前往显阳殿看望儿子的话，全都告诉元叉，又对着元叉流泪，说太后想要出家，忧伤恐惧的心情溢于言表，这样一天有好几回。元叉一点都不觉得可疑，反而劝孝明帝元诩遵从太后的愿望。因此太后经常来到显阳殿，两宫不再有禁碍。元叉推举元法僧担任徐州刺史，元法僧反叛，胡太后多次提到这事，元叉深深地感到惭愧。

丞相高阳王元雍，虽然职位在元叉之上，却对元叉深为忌惮。恰好胡太后与孝明帝元诩到洛水游玩，元雍邀请他们到自己的府邸做客。入夜，孝明帝与胡太后进入元雍的内室，随从官吏都不能进入，就这样共同商定了对付元叉的计划。后来太后对元叉说："元郎倘若忠于朝廷，没有造反的心思，为什么不辞去领军，以其余的官职辅政？"元叉大为恐惧，脱下帽子请求辞去领军。于是任命元叉为骠骑大将军、开府仪同三司、尚书令、侍中、统领皇帝身边的侍从人员。

戊戌日（二十三日），北魏大赦境内。

壬辰日（十七日），莫折念生派遣都督杨鲊等人进攻仇池郡，行台魏子建把他们打败了。

三月，己酉日（初五），梁武帝萧衍亲自前往白下城，巡行六军屯驻的地方。乙丑日（二十一日），武帝萧衍命令豫章王萧综暂时屯驻彭城，总督诸军，并且兼任徐州刺史。己巳日（二十五日），武帝萧衍任命元法僧的儿子元景隆为衡州刺史，元景仲为广州刺史。武帝萧衍征召元法僧与元略回建康，元法僧驱赶彭城的吏民一万多人南渡。元法僧来到建康，武帝萧衍对待他极为优厚；元略讨厌元法僧的为人，与他谈话时，不曾有笑容。

北魏下诏京兆王元继班师回朝。

北凉州刺史锡休儒等人从魏兴侵入北魏梁州，进攻直城。北魏梁州刺史傅竖眼派遣他的儿子傅敬绍攻打他们，锡休儒等人战败撤退。

柔然王阿那瓌替北魏征讨破六韩拔陵，北魏派遣牒云具仁赏赐物品慰劳他。阿那瓌率领部众十万人，从武川的西边向沃野推进，多次打败了破六韩拔陵的军队。夏季，四月，北魏孝明帝元诩又派遣中书舍人冯俊抚慰赏赐阿那瓌。阿那瓌的部落逐渐强大，自称敕连头兵豆伐可汗。

北魏的元叉虽然解除兵权，但还是总揽内外事务，自己一点都没想到会被废黜。胡太后的心意犹豫不决，侍中穆绍劝胡太后早日除去他。穆绍是穆亮的儿子。潘嫔受到北魏孝明帝元诩的宠爱，宦官张景嵩向她进言说："元叉想谋害您。"潘嫔向孝明帝哭诉说："元叉不仅想要害妾，也将要对陛下不利。"孝明帝相信了她的话，借着元叉出宫回家休息的机会，解除了元叉侍中的职位。第二天早上，元叉要入宫，守门的人不让他进去。辛卯日（十七日），太后又再次临朝代行政事，下诏追削刘腾的官爵，将元叉除去名籍成为百姓。

清河国郎中令韩子熙上书替清河王元怿申冤，请求诛杀元叉等人，奏书中说："从前赵高专揽秦朝的政权，使得关东民变纷起，现在元叉专揽北魏的政权，使得四方动乱。开启逆乱的开端，从宋维开始，造成灾祸的恶果，实在是因为刘腾，应当砍下宋维的人头，悬挂在高杆上示众，毁去刘腾的坟墓，鞭尸灭族，用来宣示他们的罪大恶极。"胡太后下令掘开刘腾的坟墓，抛散他的骨骸，使它暴露在外，没收他的家财，将他的所有养子都杀光。胡太后任命韩子熙为中书舍人。韩子熙是韩麒麟的孙子。

起初，宋维的父亲宋弁常常说："宋维的性情阴险而粗疏，一定会败坏我家。"李崇、郭祚、游肇也说："宋维为人凶恶残忍而粗疏，最后一定会败坏宋家，假如他能被杀，那是宋家的幸运。"宋维阿谀附和元叉，被破格升迁为洛州刺史，到了此时才被除去名籍，不久被北魏孝明帝元诩赐死。

元叉被解除领军的时候，胡太后因为元叉的党羽势力还很强盛，无法立即予以控制，于是派侯刚接替元叉做领军来安抚元叉一党之心。不久外放侯刚为冀州刺史，加仪同三司，还没有到任，又下令贬为征虏将军，最后死在家中。胡太后打算杀掉贾粲，因为元叉党羽众多，担心惊动朝野内外，于是外放贾粲为济州刺史，不久派人追杀他，同时抄封他的家。只有元叉因为是胡太后的妹夫，胡太后不忍心杀死他。

早前，给事黄门侍郎元顺因为刚直忤逆元叉的意旨，外放为济州刺史；胡太后将他征召回朝，任为侍中。元顺陪侍胡太后闲坐，元叉的妻子坐在太后身边，元顺指着她说："陛下为何因为一个妹妹的缘故，就不给元叉以应有的惩罚，而使天下人无法伸张他们的冤屈怨恨。"胡太后默然无语。元顺是元澄的儿子。后来有一天，胡太后很随意地对身边的侍臣说："刘腾、元叉从前向我要过免死铁券，希望任何时候得以不被杀死，幸好我没有给他们。"韩子熙说："事关生杀，难道是铁券所能决定的！况且陛下从前虽然没有给，这对于今日的不杀又怎么说呢！"胡太后表现出了一副很伤心的样子。不久，有人告发说："元叉和他的弟弟元瓜阴谋引诱六镇的降户在定州造反，又招来鲁阳境内的那些少数民族侵犯伊阙，元叉为他们做内应。"同时得到了元叉亲笔的谋反信，胡太后还是不忍心杀他。群臣坚决要求胡太后处死元叉，北魏孝明帝元诩也劝说胡太后，胡太后这才同意，赐元叉与他的弟弟元瓜死在家中，还追赠元叉为骠骑大将军、仪同三司、尚书令。江阳王元继废黜在家，后来病死家中。前任幽州刺史卢同因为是元叉的党羽也被免官。

胡太后很是看重化妆打扮，经常出去游览，元顺当面进谏说："《礼》书上说：妇人的丈夫去世自称未亡人，头上去掉珠玉，衣服不选取有彩色花纹的。陛下母仪天下，年纪也已经接近不惑之年，如此注重修饰打扮，如何做后世的榜样呢？"胡太后惭愧地回到宫中，召见元顺，责备他说："千里迢迢征召你还朝，难道是要你当众来羞辱我吗？"元顺说："陛下不害怕天下人笑话您，却因为臣的一句话而感到羞愧吗？"

元顺和穆绍一道轮值，元顺由于酒醉误入了穆绍的寝所，穆绍裹着被子站起来，态度严肃地责备元顺说："我做了二十年的侍中，与你的父亲多次共事，纵使你正受重用，怎会如此唐突呢？"于是穆绍辞职回家，胡太后下诏劝说了很长时间，他才回来任职。

起初，郑羲哥哥的孙子郑俨做司徒胡国珍的行参军，私下得到胡太后的宠幸，没有人知道。萧宝寅西征的时候，任命郑俨为开府属。胡太后第二次摄政，郑俨向萧宝寅请求派自己为使者回朝，胡太后趁机留住他，任命他为谏议大夫、中书舍人，兼领尝食典御，昼夜都留在宫中，每当郑俨休假，胡太后总是派遣宦官跟随他。郑俨见了妻子，只能够谈谈家事。中书舍人乐安人徐纥，稍微有一点文采，先前以谄媚侍奉赵修，因而被放逐到枹罕。其后回到朝廷，再次任命为中书舍人，又谄媚侍奉清河王元怿；元怿去世，外放为雁门太守。回到洛阳，又谄媚侍奉元叉。元叉垮台后，太后因为徐纥受到元怿的厚遇，又征召他做中书舍人，徐纥又谄媚侍奉郑俨。郑俨因为徐纥有智谋，依靠他出谋划策；徐纥因为郑俨得到胡太后的宠幸，就全身心的奉承、巴结郑俨，与郑俨互为表里，势力倾动朝廷内外，号为“徐郑”。

郑俨几度升官，做到中书令、车骑将军；徐纥几度升官，做到给事黄门侍郎，仍旧兼领舍人，总理中书省和门下省的事情，军国诏令无不经他的手。徐纥有机智，辩才好，体力又充沛，整日办事，丝毫不休息，不觉得疲劳。时或有紧急诏令，徐纥命令几个属吏执笔，自己或行或卧，分别对每人口述诏书内容，几篇诏书轻易地全都写好了，而且都合情合理。但是徐纥没有治国的大才，专喜欢小节，看见人就装出一副恭谨的样子，远近的人都来投靠依附他。

给事黄门侍郎袁翻、李神轨都兼领中书舍人，受到胡太后的信任，当时的人说李神轨也得到胡太后的宠幸，大家对于此事一直辨不清真假。李神轨向散骑常侍卢义僖请求婚事，卢义僖不答应。黄门侍郎王诵对卢义僖说：“从前的人不会为了一个女儿的安全来殃及所有儿子的性命，你难道会这样做吗？”卢义僖说：“我之所以不答应，正是为了这个缘故。答应了他，恐怕灾祸大而且来得快。”王诵紧握住他的手说：“我听从天命，不敢把这件事告诉别人。”于是卢义僖将女儿嫁给别家。临结婚的前夕，胡太后派遣中使传达敕令停止婚事，卢家内外都惊慌恐惧，卢义僖若无其事，如平常一样。李神轨是李崇的儿子；卢义僖是卢度世的孙子。

胡琛占据高平，派遣他的大将万俟丑奴、宿勤明达等人侵犯魏朝的泾州，将军卢祖迁、伊瓮生征讨他，没有获胜。萧宝寅、崔延伯攻败莫折天生之后，率兵在安定与祖迁等人会合，他们拥有甲士十二万人，铁马八千骑，战斗力很强。万俟丑奴驻扎在安定的西北七里远的地方，经常派轻骑前来挑战，然而大军还没有交锋，却又撤退逃跑了。崔延伯倚仗自己的勇敢，而且刚刚有战功，于是向朝廷提议自己做先锋进攻他们。崔延伯另外造了大盾，其中装了锁柱，让壮士抬着前进，称为排城，将军用物资放在排城里面，战士在排城外面，从安定北边沿着大原北上，将要交战时，有贼兵几百骑假装拿着文书，说是投降的名单，并且请求军队暂缓进攻。萧宝寅、崔延伯来不及详细阅览，宿勤明达率兵从东北来到，降贼从西边争先杀来，腹背两面攻击，崔延伯上马奋力攻击，追杀败逃的敌军一直追到他们的城垒。贼寇都是轻骑，崔延伯的军队还杂有步兵，久战疲乏，贼寇趁机得以进入排城，崔延伯于是大败，死伤将近两万人，萧宝寅收聚他的部下，撤退守卫安定。崔延伯因为战败，觉得羞耻，于是修理甲兵，招募勇士，又从安定向西推进，在距离贼寇七里远的地方扎营。壬辰日（十八日），崔延伯没有告诉萧宝寅，独自出兵偷袭贼寇，把他们打得大败，不久，攻占了他们几个营栅。贼寇看见军士抢掠财物，队伍散乱，又回兵攻击，北魏的军队大败，崔延伯中了流箭身亡，士卒死亡的有一万多人。这时强寇还没有平定，又丧失了骁勇的将领，朝野为此感到忧虑恐惧。这时贼寇的势力更加盛大，可是从外边回到朝廷的大臣，胡太后向他们询问贼情，他们都说贼势微弱，希望得以讨好太后，因此诸将请求增兵的时候，胡太后常常不准。

五月，梁朝夷陵烈侯裴邃去世。裴邃性情深沉，广有智谋，施政宽厚明察，将吏们爱戴他又敬畏他。壬子日（初八），梁朝派中护军夏侯亶都督寿阳诸军事，乘驿车飞速前往寿阳军中接替裴邃的职位。

梁朝益州刺史临汝侯萧渊猷派遣他的部将樊文炽、萧世澄等人率兵在小剑包围北魏的益州长史和安，北魏益州刺史邴虬派遣统军河南人胡小虎、崔珍宝率兵前来援救。樊文炽发动偷袭，攻破了他们的营栅，将他们都俘虏了，命令胡小虎在城下游说和安早日投降，胡小虎远远地对和安说："我的营栅由于没有防备，被敌人擒获，我察看他们的兵力，实在不值得一说。望努力坚守，魏行台、傅梁州的援兵已经到了。"胡小虎的话还没有说完，就被梁国的士兵用刀砍杀了他。西南道军司淳于诞率领军队救援小剑，樊文炽在龙须山上设立营栅防守自己军队的退路。戊辰日（二十四日），淳于诞秘密招募壮士在晚上上山烧了营栅，梁军望见归路断绝，都惊惧不安，淳于诞利用这个机会发动进攻，樊文炽大败，只剩下一个人逃脱了性命，淳于诞俘虏了萧世澄等将吏十一人，斩获的人数以万计。魏子建用萧世澄换回胡小虎的尸首，把胡小虎的尸体安葬了。

北魏魏昌武康伯李崇去世。

起初，梁武帝萧衍收东昏侯萧宝卷的宠姬吴淑媛为妃子，七个月之后就生了豫章王萧综，宫中许多人怀疑萧综是东昏侯的儿子。等到吴淑媛不再受到宠爱，心里就产生了怨恨，偷偷地对萧综说："你是我入宫七个月后出生的，怎能够与诸皇子相提并论呢？但是你是太子的二弟，希望你保住富贵，不要把这件事泄露出去。"吴淑媛与萧综抱在一起痛哭起来。萧综因此感到自己身世可疑，白天照常地谈笑戏谑，晚上却在静室关闭门户，披散着头发，坐在草席上，私下里在别室中祭祀南齐的七代祖先。又装扮成寻常百姓前往曲阿祭拜齐高宗萧鸾的陵墓，他听民间传说割取活人的血液滴在死人的骨上，假如血液渗透入骨中便是父子，就暗中掘开东昏侯萧宝卷的坟墓，并且杀死了自己的一个儿子来试验这件事，都和传说的一样，因此萧综常常心存异志，专心等候时机作乱。萧综有勇力，能够空手制伏奔马，看轻财货，爱好人才，只留下贴身的旧衣，其余的都送给别人，经常弄得自己缺衣少食、一无所有。萧综多次上书论说国家当前的急务，请求派往担任边疆上的职务，梁武帝萧衍不准许。经常在内室地上散布泥沙，整天光着脚行走，脚底都长了老茧，每天可以行走三百里。王、侯、嫔妃、公主以及外人都知道他的志向，但是梁武帝性情谨严持重，没有人敢说话。萧综又派遣使者向萧宝寅问候，称他为叔父。萧综做南兖州刺史，不接见宾客，诉讼之事都隔帘听断，外出时就在车舆上垂放帷幕，不愿意别人见到他的脸。

等到萧综在彭城，北魏的安丰王元延明、临淮王元彧率兵两万人进逼攻打彭城，经过很久，胜负未分。梁武帝萧衍担心萧综伤亡，敕令萧综率军退回。萧综担心回到南方后没有机会再回到北边，于是秘密派人向元彧传达投降的心意，北魏人都不相信他，元彧招募人进入萧综的军中察验他的真假，没有人敢前往。殿中侍御史济阴人鹿悆是元彧的监军，请求前往，说："假如萧综有诚意，便与他缔结盟约；假如他使诈，一人牺牲有何可惜！"这时两军对垒，城内城外防守都很严密，鹿悆单骑抄小路出去，直接前往彭城，被萧综的军士俘虏，问他前来的企图，鹿悆说："临淮王派遣我前来，和你们商量一件事情。"这时元略已经回到南边，萧综听说了这个消息，对成景俊说："我常常怀疑元略打算献出彭城反叛，想察验真假，所以派遣左右假装是元略的使者，进入魏军中，叫对方派一个人前来联系。现在这人果真来了，可派遣一个人假装元略有病正在内室，把魏国派来的人引到门外，命人假装是元略派的人和他说话。"萧综又派遣心腹安定人梁话迎接鹿悆，秘密向他讲明想投降的意思以及假装和成景俊设谋的情况。鹿悆在傍晚的时候进入彭城，先被带去见了胡龙牙，胡龙牙说："元中山很想相见，所以派人叫你来。"又说："安丰王及临淮王将少兵弱，想攻打这座城，能够成功吗？"鹿悆说："彭城是北魏的东部边境，形势重要，无论如何我们都想要争夺，能否得手，这要看天意，不是人所能预料的。"胡龙牙说："你所说也是。"又带他见了成景俊，成景俊与他坐下之后，对他说："你不是来做刺客的吗？"鹿悆说："这一回是奉使前来，想向本朝回复消息，至于行刺的事，就另找机会，以后再说。"成景俊为他设置饮食，于是引导他到了一个所在，假装是元略派了一个人从屋里出来，替元略传达意思说："我此前本来想到南方办一件事情，姑且派人叫你来，想知道家乡的近况，后来疾病发作，没有办法和你见面。”鹿悆说：“早就奉到您的意旨，现在冒险赶来，没能见面，内心实在感到不安。”于是告退。诸将争着问他魏朝军马多少，鹿悆夸说有劲兵几十万，诸将彼此说：“这是虚假的言辞罢了！”鹿悆说：“明天早晨你们就可以证明，怎会是虚假呢！”这才送鹿悆回去。成景俊在戏马台送他。北面眺望城堑，对他说：“城堑这样险固，难道是北魏所能攻取的吗？”鹿悆说：“攻守主要在人为，和险固有什么关系？”鹿悆回去，在路上又与梁话重申盟约。六月，庚辰日（初七），萧综与梁话以及淮阴人苗文宠在夜间偷偷地离开，步行前往投奔魏军。到了天亮，萧综住所的几个门还是关闭没有打开，众人全都不知道出了什么事，只见城外魏军喊说：“你们豫章王昨夜已经来到我军中，你们还能有什么作为呢？”城中寻找萧综没有找到，军队于是大为溃散，魏人攻入彭城，乘胜追击，又攻克了诸城，直到宿预才撤军，梁朝的将佐士兵死亡的十之七八，只有陈庆之率领他的部属安然撤退。

梁武帝萧衍听到这个消息，特别震惊，有关部门的官员奏请削夺萧综的爵位封土，断绝他的属籍，将他的儿子萧直改姓为悖。不到十天，武帝萧衍又下诏恢复了属籍，封萧直为永新侯。

西丰侯萧正德从魏国回来，思想与行为都没有悔改之意，招集亡命之徒，利用晚上在道路上劫掠，他以轻车将军的职衔追随萧综北伐，结果竟然抛弃军队，自己回来了。梁武帝萧衍累计他的前后许多罪恶，将他罢官削爵，放逐到临海，还没有到达，又派人追上去赦免了他。

萧综到了洛阳，朝见北魏孝明帝元诩，回到馆舍，为齐东昏侯萧宝卷举行哀悼，穿着丧服为东昏侯萧宝卷守孝三年。胡太后以下的王公大臣全都到馆舍吊慰他，对他赏赐礼遇特别优厚，拜为司空，封高平郡公、丹杨王，改名为萧赞。魏国任命苗文宠、梁话为光禄大夫；封鹿悆为定陶县子，并任为员外散骑常侍。

萧综的长史济阳人江革、司马范阳人祖暅之都被魏人俘虏，安丰王元延明听说他们有才气，对待他们很礼遇。江革借口脚有病不行拜礼。元延明命祖暅之作欹器、漏刻铭文，江革吐口水骂祖暅之说：“你受了国家的厚恩，却为敌人立铭，辜负了朝廷！”元延明听说了，命江革作《大小寺碑》《祭彭祖文》，江革推辞不作。元延明将要鞭打他，江革脸色凛然地说：“江革年将六十，今天能死是幸事，誓不替你作文！”元延明知道无法让他屈服，于是就不再优待江革，每天供给他糙米饭三升，仅够他维持不死而已。

梁武帝萧衍秘密地征召夏侯亶回来，让他停止进攻合肥，等待淮堰完成再行进兵。

癸未日（初十），北魏大赦境内，改年号为孝昌。

破六韩拔陵在五原围攻北魏的广阳王元深，军主贺拔胜招募了两百人打开东门出战，杀了一百多人，贼寇才稍微退却。元深拔营向朔州前进，贺拔胜经常担任殿后。

云州刺史费穆，招抚离散士卒，四面抗拒敌人。这时北边的州镇都已经沦陷，只剩下云中一座城池保住。道路阻绝，援军不能到达，粮食兵器都用完了，费穆弃城前往南方的秀容投靠尔朱荣，不久到达京师请罪，北魏下诏赦免了他。

长流参军于谨对广阳王元深说：“现在寇盗到处发生，不容易专用武力取胜。于谨请求奉着大王的威命，向他们宣告祸福，也许可以使他们稍微离散。”元深准许了他。于谨兼通各国语言，于是单骑前往叛乱的胡人营栅，见了他们的酋长，向他表示出朝廷对他们的恩典和诚信，因此西部铁勒酋长乜列河等人率领了三万多户到南方向元深投降。元深打算带兵到折敷岭迎接他们，于谨说：“破六韩拔陵兵势极为强盛，听说乜列河等人前来归降，一定率兵拦截，假如让他们先占据了险要，那就难以抵抗了。不如利用乜列河做诱饵，埋伏军队等待他，一定可以击败他。”元深听从了。破六韩拔陵果真率兵半路截击乜列河，将他的部下全都俘虏了，北魏的伏兵一起发动，破六韩拔陵大败，重新夺回乜列河的部属而后回师。

柔然头兵可汗大败破六韩拔陵，杀了他的将领孔雀等人。破六韩拔陵避开柔然，渡过黄河，往南迁移，将军李叔仁因为破六韩拔陵渐渐逼近，向广阳王元深求救，元深率兵赶去，贼寇前后投降归附的有二十万人，元深与行台元纂上表："请求在恒州北边另外设立郡县，安置归降的人家，根据情况加以救济或借贷，以消除他们的叛乱之心。"

北魏朝廷没有听从，下诏黄门侍郎杨昱将他们分别安排到冀、定、瀛三州自己找饭吃，元深对元纂说："这些人又要成为流民了。"

秋季，七月，壬戌日（十九日），梁国实行大赦。

八月，北魏柔玄镇的百姓杜洛周聚合百姓在上谷造反，改年号为真王，攻陷郡县，高欢、蔡俊、尉景以及段荣、安定人彭乐都跟随了他。杜洛周围攻北魏燕州刺史博陵人崔秉，九月，丙辰日（十四日），北魏派幽州刺史常景兼尚书为行台，与幽州都督元谭一起征讨他。常景是常爽的孙子。北魏从卢龙塞到军都关都安排军队据守险要地形，元谭驻军居庸关。

冬季，十月，吐谷浑派遣军队攻打赵天安，赵天安投降，凉州又归入了北魏的版图。

平西将军高徽奉命出使嚈哒，完成使命回来时经过枹罕。这时恰好河州刺史元祚去世，前任刺史梁钊的儿子梁景进引领莫折念生的军队包围了枹罕，长史元永等人推举高徽代理刺史，指挥军队固守。梁景进也自立为刺史。高徽向吐谷浑请求救兵，吐谷浑派兵前来救援，梁景进战败逃走。高徽是高湖的孙子。

北魏正用兵西北，二荆、西郢境内的各少数民族都起来反叛，阻断了三鸦路，杀死了都督，侵扰劫掠，向北一直到襄城。汝水一带有冉氏、向氏、田氏，他们的部落最为强大，其余大的有万家，小的有千户，各自称王称侯，占据险要之地，于是道路不通。十二月，壬午日（十二日），北魏孝明帝元诩下诏说："朕将亲自统率六军，扫荡流寇，目前先行征讨荆蛮，治理南面的边疆。”这时那些少数民族正在引导梁朝将领曹义宗等人包围北魏的荆州，北魏都督崔暹率兵数万人赶来救援，到了鲁阳，不敢前进。北魏改派临淮王元彧做征南大将军，率兵征讨鲁阳的蛮族，司空长史辛雄做行台左丞，向东边的叶城推进。另外派遣征虏将军裴衍、恒农太守京兆人王罴率兵一万人，从武关出发，经由三鸦路援救荆州。

裴衍等人还没有到达，元彧的军队已经驻扎在汝水边上，州郡受到蛮人侵犯的争着前来求救，元彧因为原先安排在另一条道路上出兵，不想答应他们，辛雄说：“目前裴衍还没有到达，大王的士兵已经聚集，群蛮来势凶猛，扰乱京畿，大王秉持帅旗统兵在外，见机行动，何必理会改变行军路线呢？”元彧担心有三长两短，事后受到责备，请辛雄下一道尚书行台的符令。辛雄认为群蛮听说北魏孝明帝元诩将要亲自出师，内心一定不安，可以乘势击败他们，于是下兵符给元彧的军队，要他们急速前往进攻。群蛮听说了这个消息，果真四散逃走了。

北魏孝明帝元诩想要亲自出京征讨贼寇，中书令袁翻进谏，因而没有去成。辛雄从军中上疏说：“一个人之所以面对战阵而能忘记自身的危险、身冒白刃而不畏惧的缘故，第一是求取荣名，第二是贪求重赏，第三是害怕刑罚，第四是逃避祸难，假如不是这几个原因，那么就算圣明的天子也无法指挥他的臣下，慈祥的父亲也无法劝谕他的儿子。圣明的天子知晓这种情况，所以有功必赏，有罪必罚，使得无论亲、疏、贵、贱、勇、怯、贤、愚，听到钟鼓的声音，见到旌旗的行列，没有不奋发激昂，争先奔赴敌阵的，这难道是他们厌恶活得太久而乐意速死吗？正是因为利害摆在面前，使得他们欲罢不能而已。自从秦、陇的莫折大提、莫折念生发动叛乱，南方的蛮夷作乱，已经过了几年，统计在军队当中服役的有数十万人，他们西讨秦、陇之贼，北御边镇之乱，南击蛮左之叛，战败多而战胜少，追究他们的原因，实在是赏罚不明的缘故。陛下虽然颁布明诏，毫不耽搁地及时行赏，但是将士们的功勋，即使拖延一年也不能决定，逃亡的士兵，安然在家，因而使得有功的将士得不到鼓励，不能令人羡慕他们、向他们学习，而平庸的人也无所畏惧。前进攻击贼寇，死亡临头而赏赐遥遥无期，撤退逃散，生命保全而没有惩罚，这使得士卒看见敌人就沮丧奔逃，不肯尽力打仗。陛下假如能够号令必信，赏罚必行，那么军中士气必定大增，贼寇必定会平息了。”疏奏呈上去，没有得到回应。

曹义宗等人攻克了顺阳、马圈，与裴衍等人在淅阳交战，曹义宗等人战败撤退。裴衍等人又攻占了顺阳，进兵包围马圈。洛州刺史董绍认为马圈城池坚固，裴衍等人粮食少，上书说他一定会失利。不久，曹义宗攻击裴衍等人，将他们打败，又攻克了顺阳。北魏派王罴做荆州刺史。

邵陵王萧纶代理南徐州刺史，在任上喜怒无常，肆意违法乱纪，他在集市上闲逛，问卖黄鳝的人说：“刺史的为人怎么样？”卖黄鳝的人回答说：“急躁暴虐。”萧纶大怒，命令他吞食黄鳝，将他折磨而死，百姓惶恐万分，在路上相遇连话都不敢说，只能用眼神打招呼。有一回萧纶遇到丧车，夺取孝子的丧服穿在自己身上，趴在地上大声号叫。他身边的典签害怕获罪，暗中上表梁武帝萧衍。武帝萧衍才开始严厉责备萧纶，然而他依然不改，于是梁武帝派人接替他的官职。萧纶因此更加悖逆傲慢，逮捕了一个与武帝形貌相似的瘦小老翁，让他穿上皇帝的龙袍，戴上皇冠，安排他坐在高位，按照君王礼节朝见他，陈说自己没有罪过，又派人在座位上剥掉他的衣服，在庭堂上鞭打他。还制作了一具新的棺材，将担任司马的崔会意装进去，用丧车挽歌替他送葬，命令老妇坐在车上悲哀的号哭，崔会意不能忍受侮辱，轻装骑着马回到京师将这事上奏梁武帝萧衍。武帝害怕萧纶逃走，派出禁兵逮捕他，准备赐他在狱中自尽，太子萧统流着泪一再进谏，萧纶这才免于一死。戊子日（十八日），武帝萧衍罢免萧纶的官职，削夺爵位与封土。

北魏山胡人刘蠡升造反，自称天子，设立百官。

起初，北魏酋长斛律金在怀朔镇将杨钧部下做军主，他行军采用匈奴的办法，他望着飞扬的尘土就能够知道骑兵和步兵有多少，趴在地上听听声音就能够知道敌军的远近。等到破六韩拔陵造反，斛律金带着部属归附他，破六韩拔陵任命斛律金为王。后来他知道破六韩拔陵终究不会成功，于是前来云州投降，率领他的部属抵达黄瓜堆稍南的地方，被杜洛周打败，脱身投奔尔朱荣，尔朱荣任命他为别将。

资治通鉴卷第一百五十一　梁纪七

起丙午（公元526年），止丁未（公元527年），共两年。

【题解】本卷记录了公元526年、527年共两年间南梁与北魏两国的大事，正当梁武帝萧衍普通七年、大通元年。主要记录了在上谷起兵称王的杜洛周，以及五原降户鲜于修礼部下葛荣的两支变民队伍；秦州一带的变民头领莫折大提，其子莫折念生进据北华州、占领潼关，之后莫折念生被秦州城民杜粲杀死；萧宝寅公开反叛北魏，杀死朝廷派往关中的大使郦道元，在长安自称齐帝；梁将夏侯夔攻克北魏的平静、穆陵、阴山三关，之后又与湛僧智合作围攻北魏的东豫州，接着梁将又进据安阳、楚城等地，此外还记录了胡太后以礼召回元略，任他为大将军、尚书令，以及秀容一带的地方军阀尔朱荣袭击北魏的肆州，委派他的堂叔尔朱羽生为刺史等。

高祖武皇帝七

普通七年（丙午，公元526年）

春季，正月，辛丑朔日（初一），梁朝大赦天下。

壬子日（十二日），北魏让汝南王元悦兼任太尉。

北魏安州的石离、穴城、斛盐三个军事据点的军队叛乱，响应杜洛周，部众共有两万人，杜洛周从松岍赶往和他们会合。行台常景派遣别将崔仲哲屯驻在军都关半路截击他，崔仲哲战死，元谭的军队在夜晚溃散。北魏派别将李琚接替元谭做都督。崔仲哲是崔秉的儿子。

起初，北魏广阳王元深和城阳王元徽的妃子私通。元徽当了尚书令，受到胡太后的信任，恰好恒州人请求元深做刺史，元徽就说元深居心叵测。等到杜洛周造反时，五原在恒州的降户打算拥戴元深为领袖，元深害怕，上书请求回到洛阳。北魏派左卫将军杨津接替元深做北道大都督，下诏任命元深为吏部尚书。元徽是元长寿的儿子。

五原的降户鲜于修礼等人率领北镇的流民在定州的左城造反，改年号为鲁兴，率兵向定州城进攻，定州兵抵抗，没有获胜。杨津到达灵丘，听说定州危急，率兵前往援救，进入定州城据守。鲜于修礼来到定州以后，杨津打算出城进攻他，长史许被不听指挥，杨津亲自用剑击他，许被逃开了。杨津打开城门出来作战，杀了几百人，贼寇撤退，人心稍为安定下来。不久北魏孝明帝元诩下诏任命杨津为定州刺史兼北道行台。北魏任命扬州刺史长孙稚为大都督北讨诸军事，与河间王元琛一同征讨鲜于修礼。

二月，甲戌日（初五），梁国北伐的各路军队解除戒严。

北魏西部敕勒头领斛律洛阳在桑乾的西边造反，与费也头牧子相互勾结。三月，甲寅日（十五日），游击将军尔朱荣在深井打败斛律洛阳，在北河西边打败费也头牧子。

夏季，四月，乙酉日（十七日），梁朝临川靖惠王萧宏去世。

北魏大赦境内。

癸巳日（二十五日），北魏任命侍中、车骑大将军城阳王元徽为仪同三司。元徽与给事黄门侍郎徐纥在胡太后面前一同毁谤侍中元顺，将他外放为护军将军、太常卿。元顺在西游园辞行，徐纥随侍在旁，元顺指着他对胡太后说："这个人是北魏的太宰嚭，魏国不灭亡的话，这个人永远不会死。"徐纥耸着肩膀出去，元顺高声呵斥他说："你这个只会玩弄刀笔、小有才气的人，只能在几案上供事，怎么可以污辱门下省，败坏我朝的常法。"于是拂衣站了起来，胡太后默然无语。

北魏朔州的城民鲜于阿胡等人占据州城而后造反。

杜洛周向南边流窜，抢劫蓟城，北魏常景派遣统军梁仲礼将他打败了。丁未日（四月无此日），都督李琚与杜洛周在蓟城北边交战，李琚战败而死。常景率兵抵抗，杜洛周撤退回上谷。

长孙稚到了邺城，朝廷下诏解除他大都督的职位，派河间王元琛代替他。长孙稚向朝廷说："臣从前与元琛一同在淮南作战，元琛战败而臣保全，因此有了私仇，现在难以接受他的调遣指挥。"朝廷不听。大军前进到呼沱河，长孙稚不想作战，元琛不准许。鲜于修礼在五鹿半路截击长孙稚，元琛不赶去救援，长孙稚的军队大败，长孙稚、元琛两人因此都被除去名籍。

五月，丁未日（初九），北魏孝明帝元诩下诏将要北伐，宣布内外戒严，后来却没有出发。

衡州刺史元略，自从到江南以后，朝夕哭泣，好像居丧一样。等到北魏元叉死去，胡太后打算征召他，获知元略因为刁双的保护得以脱身，于是征召刁双为光禄大夫，把江革、祖晅之遣送回南方的梁国，用他们交换元略。梁武帝萧衍依照礼节遣送他，馈赠十分优厚。元略才渡过淮水，北魏就封元略为侍中，赐爵义阳王；派司马始宾做给事中，栗法光做屯留县令，刁昌做东平太守，刁双做西兖州刺史。在元略逃难过程中所经过的地方，凡是为他提供了一餐一宿的，都得到了朝廷的赏赐。

北魏任命丞相高阳王元雍为大司马。又任命广阳王元深为大都督，征讨鲜于修礼。任命章武王元融做左都督，裴衍做右都督，两人一同接受元深的调度指挥。

元深带着儿子跟在身边，城阳王元徽向胡太后进言说："广阳王携带着爱子，率领军队在外边，将要有异心。"于是敕令元融、裴衍暗中监视他。元融、裴衍将敕令交给元深看，元深恐惧，从此无论什么事情，都不敢自己决断。胡太后派人问他原因，元深回答说："元徽对臣恨之入骨，臣在外边，和朝廷疏远，元徽毁谤我，无所不为。自从元徽执政以来，臣所有上表请求，大多数不获准许。元徽不但陷害我，所有追随我的将士，有功劳的都被压制，不能与其他的军队相比，即使这样还被憎恨嫉妒，有的人因为小罪，就被罗织罪名，甚至处以死刑，因此随从臣出发的，没有人不内心恐惧。假如有人说臣好，他就像看到仇敌一样；有人说臣坏，他就像亲戚一样对待他。元徽在朝中掌权，随时打算陷害臣，使臣受到无法预测的罪刑，臣怎么能够自安呢？陛下假如让元徽到外州任职，臣没有内顾的忧虑，就可以和敌人拼命，发挥臣的忠心与力量了。”胡太后不听从。

元徽与中书舍人郑俨等人相互结党，外表看起来柔弱恭顺，内心其实妒忌贤能，赏罚随心所欲，北魏的政治因此更加混乱。

戊申日（初十），北魏燕州刺史崔秉率领部属放弃城池投奔定州。

乙丑日（二十七日），北魏任命安西将军宗正珍孙为都督，征讨汾州造反的胡人。

六月，北魏投降的蜀人陈双炽聚集徒众造反，自号始建王。北魏任命假镇西将军长孙稚为讨蜀都督。别将河东人薛修义轻骑前往陈双炽的军垒底下，向他宣示利害关系，陈双炽立即向朝廷投降。朝廷下诏任命薛修义为龙门镇将。

丙子日（初九），北魏任命义阳王元略为东平王，不久，迁大将军、尚书令，受到胡太后的信任，与城阳王元徽相当，但是徐纥、郑俨专权，元略也不敢有所违背。

杜洛周派遣都督王曹纥真等人率兵到达蓟州南边抢掠，秋季，七月，丙午日（初九），行台常景派遣都督于荣等人在栗园攻打他们，将他们打得大败，杀了曹纥真以及将卒三千多人。杜洛周率领部下南逼范阳，常景与于荣等人又将他打败了。

北魏仆射元纂以行台的职衔镇守恒州。鲜于阿胡带领朔州的流民侵犯恒州，戊申日（十一日），攻克了平城，元纂奔往冀州。

梁武帝萧衍听说淮河大坝上游的水势盛大，寿阳城几乎要淹没，又派遣郢州刺史元树等人从北路攻打黎浆，豫州刺史夏侯亶等人从南路攻打寿阳。

八月，癸巳日（二十七日），贼寇的将领元洪业杀了鲜于修礼，向北魏请求投降，贼党葛荣又杀了元洪业自立。

北魏安北将军及都督恒、朔讨虏诸军事尔朱荣经过肆州，肆州刺史尉庆宾妒忌他，占据州城不出来。尔朱荣大怒，率兵袭击肆州，俘虏了尉庆宾，回到秀容，委派他的堂叔尔朱羽生做刺史，北魏无法控制他。

起初，贺拔允与他的弟弟贺拔胜、贺拔岳跟随元纂在恒州，平城失陷的时候，贺拔允兄弟失散，贺拔岳投奔尔朱荣，贺拔胜投奔肆州。尔朱荣攻陷肆州，得到贺拔胜，大喜说："得到你们兄弟，平定天下举手之劳罢了。"尔朱荣任命他们为别将，军中的大事多与他们商量。

九月，己酉日（十三日），梁朝鄱阳忠烈王萧恢去世。

葛荣得到杜洛周的部属以后，往北边的瀛州流窜，北魏广阳忠武王元深率兵从交津尾追葛荣。辛亥日（十五日），葛荣到达白牛逻，用轻骑偷袭章武庄武王元融，将元融杀死。葛荣自称天子，国号齐，改年号为广安。元深听说元融兵败被杀，停军不进，侍中元晏暗中向太后进言："广阳王徘徊不前，心存非分之想。有个叫于谨的人，智略非凡，做他的谋士，在战事动荡之际，恐怕广阳王不是陛下的忠臣。"胡太后深深认为他的话不错，下诏在尚书省门口贴告示，招募能捉到于谨的人有重赏。于谨听到了这个消息，对元深说："现在女主临朝，听信重用谗佞的小人，假如不表明殿下的真心，恐怕不消多时灾祸就会降临。于谨请求单身前往京师，向有司自首。"于是径直来到告示下面，自称是于谨，有司将这事报告了胡太后。胡太后召见了他，十分生气，于谨详细说明元深的忠诚，并且陈述停军的原因，胡太后这才怒气消除，将他放了。

元深率军回来，赶往定州，定州刺史杨津也怀疑元深有不轨意图，元深听到这个消息，驻扎在定州南的佛寺中。过了两天，元深招来都督毛谧等人，与他们握手订立盟约，危难的时候，希望互相救援。毛谧更加疑心，秘密告诉杨津说元深图谋不轨。杨津派遣毛谧讨伐元深，元深逃出军营，毛谧一边叫喊一边追逐元深。元深带着自己身边的一些侍从抄小路逃到博陵郡界，遇到葛荣派出的侦察骑兵，将元深等人劫持前往见葛荣。贼寇看见元深，颇有一些人心中欢喜，葛荣刚刚自立为天子，厌恶这种情况，就将元深杀了。城阳王元徽诬陷元深投降了贼寇，将他的妻子和儿子一起逮捕。元深的府佐宋游道替元深申辩理冤，才释放了元深的妻儿。宋游道是宋繇的玄孙。

甲申日（九月无此日），北魏行台常景打败了杜洛周，杀了他们的武川王贺拔文兴等人，俘虏了四百多人。

就德兴攻克北魏的平州，杀了刺史王买奴。

天水百姓吕伯度，本来是莫折念生的党羽，后来又占据显亲抵抗莫折念生，其后没有办法获胜，逃走前往归附胡琛，胡琛任命他为大都督、秦王，资助他军队与马匹，让他攻打莫折念生。吕伯度多次打败莫折念生的军队，又占据了显亲，于是背叛胡琛，引导东边的魏军。莫折念生情势窘迫，向萧宝寅请求投降，萧宝寅派行台左丞崔士和占据秦州。北魏任命吕伯度为泾州刺史，封平秦郡公。大都督元修义停军在陇口，很长时间不进兵，莫折念生又反叛，俘虏了崔士和送交胡琛，在路上将崔士和杀了。过了很久，吕伯度被万俟丑奴杀死，贼寇的气焰更加强盛，萧宝寅无法控制。胡琛与莫折念生互相联络，对待破六韩拔陵逐渐不敬，破六韩拔陵派遣他的臣子费律到达高平，招诱胡琛，将胡琛杀了。万俟丑奴收编了胡琛的部众。

冬季，十一月，庚辰日（十五日），梁朝大赦天下。

梁朝丁贵嫔去世，太子萧统因此不吃不喝，梁武帝萧衍派人对他说："哀伤不可以过度以致危急自己的性命，何况我还在呢！"萧统这才喝了几口粥。太子的身体本来肥壮，腰带有十围宽，到了这时已经减少超过一半。

夏侯亶等人的军队进入魏境，所到之处都打了胜仗。辛巳日（十六日），北魏扬州刺史李宪以寿阳投降，宣猛将军陈庆之进兵占据了寿阳，投降的城共有五十二座，虏获了男女共七万五千人。丁亥日（二十二日），释放李宪回到北魏，又将寿阳立为豫州，改置合肥为南豫州，派夏侯亶为豫州及南豫州两州的刺史。寿阳长久以来遭到战争的荼毒，百姓多逃亡离散，夏侯亶减轻刑罚，薄收赋税，致力农业，减轻徭役，不久，百姓的人数又得到了恢复。

杜洛周包围进攻范阳，戊戌日（十一月无此日），百姓俘虏了北魏幽州刺史王延年与行台常景送给杜洛周，打开城门让杜洛周进去。

北魏齐州平原郡的百姓刘树等人造反，攻克郡县，多次打败州军，刺史元欣任命平原人房士达为大将，讨平了造反的人。

曹义宗占据穰城，对新野造成威胁，北魏派遣都督魏承祖以及尚书左丞、南道行台辛纂赶来救援，曹义宗作战不利，不敢进兵。辛纂是辛雄的堂兄。

北魏的盗贼日益增多，征讨不停，国家的资财因此枯竭，已经预先征收六年的租税，还感到不够，于是取消供给百官的酒肉，对进入市集的人抽税，每人一钱，甚至住店的人都要交税，百姓怨恨叹息。吏部郎中辛雄上疏，认为："华族和夷人相聚作乱，哪有什么其他的怨恨呢？只是因为郡守县令没有选用合适的人，百姓受不了他们苛政的缘故。应当赶紧在这时加以抚慰。然而朝廷长期以来一直不重视对郡、县两级官员的任用，出生高贵的名门子弟及有才能的人，没有人肯担任郡守县令。应当改革这个弊端，把郡县分成三等，清官选补的办法，最好能兼顾才能以及门第，假如无法兼顾，那就先考虑才能后考虑门第，不该拿候选年限来限制。经过三年的考核，然后予以适当的升迁，有称职的人，调补京师的重要官职，假如没有经历郡守县令的职务，不得担任朝廷的官职。这样一来，人人都会自我勉励，受到冤屈的人可以伸张，造反、作乱的事自然就不会发生了。"北魏朝廷没有采纳辛雄的意见。

大通元年（丁未，公元527年）

春季，正月，乙丑日（初一），梁朝任命尚书左仆射徐勉为仆射。

辛未日（初七），梁武帝萧衍到建康城内的南郊祭祀。

甲戌日（初十），北魏任命司空皇甫度为司徒，仪同三司萧宝寅为司空。

北魏从定、相二州中分出四个郡设置殷州，让北道行台博陵人崔楷做刺史。崔楷上表说："州刚刚设立，一点兵器和米粮都没有，请求供给兵器与粮食。"朝廷下诏交付外臣斟酌应该供给的兵粮数目奏报，最后竟然一点儿都提供不了。有人劝崔楷将家人留下，自己一个人骑马赴任，崔楷说："我听说领了人家的俸禄就该替人家分担忧愁，假如我独自一人前往，那么将士们谁肯坚定心志跟随我呢？"于是全家都前往殷州任所。葛荣进攻逼近殷州城，有人劝他将家中老弱幼小送出城外躲避，崔楷叫小儿子和一个女儿在夜晚出城，事后反悔说："人家会认为我的心意不坚固，不能为国家尽忠，却保全儿女的亲情。"于是派人将他们追回。贼寇到了，强弱悬殊，又没有守城的工具，崔楷勉励将士进行抵抗，大家奋勇争先，说："崔公都不顾念一家百口，我们怎么会爱惜自己的一人之身！"战事接连不断，死亡的人横七竖八地你压着我、我压着你，满地都是，始终没有人叛变投敌。辛未日（十七日），城池沦陷，崔楷坚守气节不屈服，葛荣将他杀了，随后又包围进攻冀州。

萧宝寅出兵征战多年，将士疲惫不堪。秦州的贼寇对他进行攻击，萧宝寅在泾州吃了大败仗，收聚散兵一万多人，屯驻在逍遥园。东秦州刺史潘义渊以汧城投降贼寇。莫折念生进兵逼近岐州，城里的人俘虏了刺史魏兰根响应他。豳州刺史毕祖晖战死，行台辛深弃城逃跑，北海王元颢的军队也打了败仗。贼寇的头目胡引祖占据了北华州，叱干麒麟占据了豳州来响应莫折念生，关中一片混乱。雍州刺史杨椿招募士兵七千多人，率领他们守城抵抗，朝廷下诏加封杨椿侍中兼尚书右仆射，为行台，全面统领函谷关以西诸将。北地功曹毛鸿宾引导贼寇抢劫渭水北边一带，雍州录事参军杨侃率兵三千人袭击他，毛鸿宾非常恐惧，请求征讨贼寇替朝廷效命，于是擒获了宿勤乌过仁，将宿勤乌过仁押送给杨侃。宿勤乌过仁是宿勤明达的侄子。莫折天生乘胜侵犯雍州，萧宝寅的部将羊侃隐藏在堑壕中用箭射他，莫折天生中箭毙命，他的部下因而溃散。羊侃是羊祉的儿子。

北魏的右民郎阳平人路思令上奏章，认为："军队出去能够建立战功，关键在于将帅。将帅选得好，那么天下举手之间可以平定；将帅选得不好，那么洛阳地区将成为战场。臣认为近年来将帅多数是宗族豪门的子孙，平时饮酒之后纵马驰骋，心意放纵，气势浮躁，扬眉吐气，自己认为很能打仗，等到遇到了强大的敌人，内心又是担心又是害怕，平时的雄图锐气，一扫而光。于是下令羸弱士兵在前面抗御贼寇，强壮的士兵在后面保护自己，加上兵器不精良，进攻退守没有节度，用这样的军队来抵御占据着险要地形的敌众，抵抗身经数战的贼寇，想要让他们不打败仗，怎么可能呢？士兵们知道必定战败，因此刚刚集合就先逃走，将帅害怕敌人，所以就故意拖延而不敢前进。国家以为官爵不够，一再地加官晋爵，又疑心赏赐太轻，每天从国库中拿出金银布帛对他们进行赏赐。国库空虚，民用枯竭，于是使得贼众更加嚣张，民不聊生，都是这个缘故。德可以感动重义之人，恩可以激励敢死之士，现在假如能贬黜那些昏庸的将帅，选用贤明，赏有功，罚有罪，选练士兵，修缮器械，先派遣辩士拿祸福宣告他们，假如他们不知悔改，那就以顺讨逆，像这样，那和用利斧砍伐朝生暮死的小蘑菇、鼓吹烧得很旺的大炉子摧烧毛发有什么不同呢！"北魏朝廷没有听从他的建议。

戊子日（二十四日），北魏任命皇甫度为太尉。

己丑日（二十五日），北魏孝明帝元诩因为四方还没有平定，下诏内外戒严，打算亲自出去征讨，最终还是没有实行。

谯州刺史湛僧智围攻北魏的东豫州，将军彭群、王辩围攻琅邪，北魏下令青、南青二州援救琅邪。司州刺史夏侯夔率领壮武将军裴之礼等人从义阳出发，攻打北魏的平静、穆陵、阴山三关，将三关全部攻克。夏侯夔是夏侯亶的弟弟；裴之礼是裴邃的儿子。

北魏东清河郡的山贼成群而起，朝廷下诏任命齐州长史房景伯为东清河太守。郡民刘简虎曾经对房景伯无礼，于是全家逃走，房景伯尽力搜捕，把他捕获，任用他的儿子做西曹掾，命令他劝说山贼投降。山贼因为房景伯不计较旧恶，都相继出来归降。

房景伯的母亲崔氏，通晓经学，聪明而有见识。贝丘有一位妇人状告她的儿子对她不孝，房景伯把这事告诉他的母亲，母亲说："我听说'闻名不如见面'，山民不知礼义，何必对他们深加责难呢！"于是招来他的母亲，与她对榻一起进餐，让她的儿子侍立在堂下，看着房景伯怎样为自己的母亲端茶送饭。不出十日，那个妇人的儿子就表示悔过要求回去。崔氏说："这时虽然脸上惭愧，他的内心还没有，暂且不理会他。"一共经过二十多天，她的儿子叩头流血，母亲也流着泪请求放她儿子回去，这时房景伯才允许他们回家，回去以后那个儿子终于因为孝顺而闻名。房景伯是房法寿的族侄。

二月，秦州的寇贼攻占了北魏的潼关。

庚申日（二十七日），北魏东郡的百姓赵显德造反，杀了太守裴烟，自号都督。

将军成景俊攻打北魏的彭城，北魏任命前荆州刺史崔孝芬为徐州行台来抵挡他。在这以前，崔孝芬因为被认为是元叉的同党而和卢同等人一同被除名，等到他将要前往徐州就任，入朝向胡太后辞行，胡太后对崔孝芬说："我与你是姻亲，你为什么将头伸入元叉车中，说'这个老太婆应当杀掉'？"崔孝芬说："臣受到国家的厚恩，确实没有说过这话。倘若有的话，谁能听到！假如有听到的，那么这个人与元叉的亲密程度超过臣太多了。"胡太后的怨恨消除，脸上流露出惭愧的神色。成景俊想要在泗水中筑堰来灌淹彭城，崔孝芬与都督李叔仁等人攻打他，成景俊逃回梁国境内。

三月，甲子日（初一），北魏孝明帝元诩下诏打算西讨，朝廷内外戒严。刚好秦州的寇贼向西边逃走，官军又收复了潼关。戊辰日（初五），北魏孝明帝元诩下诏回驾北讨。实际上都没有实行。

葛荣长久围攻信都，北魏任命金紫光禄大夫源子邕为北讨大都督前去救援。

起初，梁武帝萧衍修建同泰寺，又开了大通门与它相对，取它的反语相对仗。梁武帝萧衍早晚前往寺中，都经过这道门。辛未日（初八），武帝萧衍到寺中出家当和尚。甲戌日（十一日），武帝萧衍回宫，大赦天下，改年号为大通。

北魏齐州广川的百姓刘钧聚集百姓造反，自封大行台；清河郡的百姓房项也自封大行台，占据昌国城。

夏季，四月，北魏将领元斌之讨伐东郡，杀了赵显德。

己酉日（十七日），柔然头兵可汗派遣使者向北魏进贡，并且请求征讨叛贼。魏人担心他们反复无常，下诏说目前天气炎热不宜出兵，且等待以后的圣旨。

北魏萧宝寅战败时，有司将他判处死刑，北魏孝明帝元诩下诏赦免他，废为庶人。雍州刺史杨椿因病请辞，魏国朝廷又任命萧宝寅为都督雍、泾等四州诸军事、征西将军、雍州刺史、开府仪同三司、西讨大都督，从潼关以西所有军队都接受他的调遣指挥。杨椿回到乡里，他的儿子杨昱将要回到洛阳，杨椿对他说："当今雍州刺史的职位也没有比萧宝寅更合适的，可是他的高级僚佐，应当由朝廷派遣心腹重臣去担任，怎么可以任凭他自己委任？这是圣明朝廷百虑中的一项失误。况且萧宝寅不应该因为担任刺史为荣耀，我看他做刺史，喜悦非常，至于赏罚作为，不按照常法，担心他怀有叛逆的心理。你现在前往京师，把我这个意思向圣上及太后禀陈，并且向宰辅报告，请朝廷另外委派长史、司马、防城都督，想要安定关中，正需要这三个人。假如不派遣，一定会成为深忧。"杨昱当面向北魏孝明帝元诩及太后禀陈，两人都不听取他的建议。

五月，丙寅日（初四），成景俊攻打北魏的临潼与竹邑，将临潼与竹邑全部占领。东宫直阁兰钦攻打北魏的萧城与厥固，将萧城与厥固攻克，杀了北魏的将领曹龙牙。

六月，北魏的都督李叔仁征讨刘钧，把刘钧平定了。

秋季，七月，北魏陈郡的百姓刘获、郑辩在西华造反，改年号为天授，与湛僧智相互勾结，北魏任命代理东豫州刺史谯国人曹世表为东南道行台来征讨他们，源子恭接替曹世表做东豫州刺史。诸将由于贼寇势力强大，官军势力弱小，而且都是战败逃散剩下的，不敢作战，想要保守城池巩固自己。曹世表正患着背肿的病，让人用担架抬着出来，唤来统军是云宝，对他说："湛僧智所以敢深入侵犯的缘故，是因为刘获、郑辩都是州民所仰望的人，为他做内应。刚才我听说刘获率兵想要迎接湛僧智，就在离开此地八十里的地方，现在出其不意，一战可以将他打败，刘获战败，那么湛僧智自然逃走了。"于是选拔军士和马匹交付是云宝，晚上出城，天亮到达，攻打刘获，把他打得大败，然后紧紧追讨，将他残余的党羽全都平定。湛僧智听到这个消息，逃了回去。郑辩与源子恭是亲密的老朋友，郑辩逃匿在源子恭的住所，曹世表集合将吏当面指责源子恭，下令逮捕并杀死了郑辩。

北魏的相州刺史乐安王元鉴与北道都督裴衍一起援救信都。元鉴对于北魏越来越多的叛乱感到高兴，暗中有异心，此时就占据邺城反叛，投降了葛荣。

己丑日（二十八日），北魏大赦境内。

起初，侍御史辽东人高道穆奉命出使相州，前刺史李世哲奢侈放纵，不遵守法纪，高道穆上奏弹劾他。李世哲的弟弟李神轨当权，高道穆哥哥高谦之的家奴控告高谦之欺压良民为奴婢，李神轨将高谦之逮捕，并交由廷尉审理。大赦令即将发布时，李神轨奏请胡太后先将高谦之赐死，朝廷官吏都对高谦之的死感到痛心。

彭群、王辩围攻琅邪，从夏季一直到秋季，北魏青州刺史彭城王元劭派遣司马鹿悆，南青州刺史胡平派遣长史刘仁之率兵攻打彭群、王辩，将他们打败，彭群战死。元劭是元勰的儿子。

八月，北魏派遣都督源子邕、李神轨、裴衍进攻邺城。源子邕来到汤阴，安乐王元鉴派遣他的弟弟元斌之在夜晚偷袭源子邕的营垒，没有成功；源子邕乘胜进兵围攻邺城，丁未日（十七日），攻克了邺城，杀了元鉴，把元鉴的首级送到洛阳，改他的姓为拓跋氏。北魏接着派遣源子邕、裴衍征讨葛荣。

九月，秦州城民杜粲杀死了莫折念生全家，杜粲自任刺史。南秦州城民辛琛也自任刺史，派遣使者向萧宝寅请求投降。北魏又任命萧宝寅为尚书令，恢复他原来的封爵。

谯州刺史湛僧智在广陵围攻北魏的东豫州刺史元庆和，北魏的将军元显伯援救元庆和，梁朝司州刺史夏侯夔从武阳率兵援助湛僧智。冬季，十月，夏侯夔到达东豫州，元庆和率全城投降。夏侯夔想让湛僧智前去受降，湛僧智说："元庆和想要向您投降，不想向湛僧智投降，我现在前去，一定不符合他的本意。而且我所率领的是招募的乌合之众，没有办法用纪律约束他们；您治军一向严格，一定不会有侵扰暴虐的事情，接受他的归降，非常合适。"夏侯夔于是登城，拔去北魏的旗帜，竖立梁朝的旗帜；元庆和放下兵器出城投降，官吏百姓安居无事，获得男女四万多人。

◆臣司马光说：湛僧智可以说是君子啊！不在意自己长期攻战的劳苦，将城池交给刚刚新来的将领，知晓自己的短处，不埋没他人的长处，大功告成而不以功臣自居，一心为了成就国事，尽忠而且没有私心，可以称为君子啊！◆

元显伯夜晚逃走，诸军追讨他，斩获一万多人。梁朝下诏任命湛僧智兼领东豫州刺史，镇守广陵。夏侯夔率军驻扎安阳，派遣别将攻破并屠杀楚城，从此义阳北道就与北魏隔绝了。

领军曹仲宗、东宫直阁陈庆之攻打北魏的涡阳，梁武帝萧衍下诏命寻阳太守韦放率兵前往和他们会师。北魏的散骑常侍费穆率兵突然来到，韦放的营垒还没有建立，部下只有二百多人，韦放脱去头盔，下了马，坐在胡床上指挥部署，战士都拼死作战，一个人对付一百个人，魏兵这才退下。韦放是韦叡的儿子。

北魏又派遣将军元昭等人率领军队五万人救援涡阳，前锋部队来到驼涧，距离涡阳四十里。陈庆之想要前去迎战，韦放认为魏军的前锋一定都是轻装勇锐的兵士，不如不攻击他们，等待他们自己来到，陈庆之说："魏兵远来疲惫，距离我们又远，一定不会想到我们会去进攻他们，在他们大军没有集结的时候，必须挫挫他们的锐气。诸君假如认为不妥，陈庆之请求独自前往。"于是他率领部下二百名骑兵前去攻击，将他们打败了，北魏人非常惊慌恐惧。陈庆之这才回来，与诸将连营前进，背对着涡阳城与魏军相对峙，从春季到冬季，共打了数十上百次的仗，将士们都疲惫不堪。听说魏人想要在梁军后面构筑营垒，曹仲宗等人害怕腹背受敌，商量要率兵后退，陈庆之手持符节站在军门前说："一同来到此地，战斗了一年，耗费极多。现在诸君都没有斗志，只想要撤退，这哪是想要建立功名，分明是相聚做强盗罢了！我听说将军队置之于死地，才可以求生存，必须使敌人集合在一起，然后与他们交战。假如真想要班师，陈庆之另外有皇上的密旨，今天有触犯的人，当按照敕令办理。"曹仲宗等人这才作罢。

北魏人建筑了十三座城，想要以此控制梁军。陈庆之让士兵口衔木棍在晚上出兵，攻克了他们的四座城，涡阳城主王纬请求投降。韦放从投降的士兵中挑选了三十多人分别向北魏各军营报告，陈庆之将俘虏的魏军与从被杀死魏军的尸体上割下的耳朵排列在列队前面，梁军在其后面擂鼓呐喊向前行进，北魏其他九座城堡全都崩溃，梁军追击他们，几乎将他们全都予以俘虏或斩首，尸体堵塞了涡水，城中的男女共有三万多人都投降了梁朝。

萧宝寅在泾州兵败的时候，有人劝他回到洛阳自行认罪，有人说："不如留在关中立功赎罪，为朝廷效命。"行台都令史河间人冯景说："统兵在外不肯回京请罪，这个罪更大。"萧宝寅没有听从，想到自己出师多年，花费的钱物多得不可计算，一旦倾覆失败，自己内心感到不安，北魏朝廷也会对他起疑心。

中尉郦道元，一向有严厉威猛的声名，司州牧汝南王元悦的男宠丘念，玩弄权术，骄恣放纵，郦道元逮捕丘念入狱；元悦向胡太后求情，太后想要赦免他，郦道元先将他杀了，并且就这件事弹劾元悦。

这时，萧宝寅反叛的苗头已经显露，元悦就奏请派郦道元做关右大使。萧宝寅听说了这个消息，认为是要来逮捕自己，非常害怕，长安那些轻浮浅薄的贵族子弟又劝他起兵造反，萧宝寅就这件事请教河东人柳楷，柳楷说："大王是齐明帝萧鸾的儿子，你的一举一动是为天下人所瞩目，今日起兵造反，实在是符合人们的愿望。况且民间谣歌说：'鸾生十子九子毈，一子不毈关中乱。'（鸾生了十只蛋，有九只蛋坏了，其中一只蛋不坏，关中因而不太平。）大王应该治理关中又有何疑虑呢！"郦道元到了阴盘县内的驿站，萧宝寅派他的将领郭子恢攻杀了他，收殓他的尸体，上表说是被白贼所杀害。又上表为自己辩白，说是受到杨椿父子的诬陷。

萧宝寅的行台郎中武功人苏湛，卧病在家，萧宝寅派苏湛的姨母弟开府属天水人姜俭游说苏湛："元略受到梁武帝萧衍的命令，回来打算要除掉我，郦道元这回前来，不晓得存着什么居心，我不能束手待毙，现在，必须为自己性命着想，不能再做北魏的臣子了。此后无论生死荣辱，与你共同担受。"苏湛听了，放声大哭，姜俭马上阻止他说："为什么这样？"苏湛说："我全家百口就要被屠灭，怎么不哭！"哭了几十声，慢慢对姜俭说："替我回复齐王说，大王原来是穷困的鸟雀投奔他林，仰仗朝廷赐给大王羽翼，因而有今天的荣耀。遇上国家多事，不能尽忠报德，反而想要乘人之危，相信道路上流传的没有见识的言语，打算凭借羸弱战败的士兵坚守关中，窥伺皇位。如今北魏德业虽然衰弱，但天命没有改变。况且大王的恩义没有受到百姓的感戴，如此只会失败，不可能成功，苏湛一家百口不能因为大王而受灭族的刑罚。"萧宝寅又派人对他说："我为了活命不得不如此，不事先将准备谋反的事情跟你说明，是担心你阻挠我的计谋罢了。"苏湛说："凡是图谋大事，应当搜罗天下奇才与他一起从事，如今只和长安赌徒商量，这有成功的道理吗？苏湛恐怕荆棘会生于大王的府邸，希望大王准许我辞官返回故乡，或许能够因病而死，有面目到地下见先人。"萧宝寅一向看重苏湛，而且知道他不会替自己效劳，就允许他返回武功。

甲寅日（二十五日），萧宝寅自称齐帝，改年号为隆绪，赦免他的部下，设置各种官职。都督长史毛遐是毛鸿宾的哥哥，与毛鸿宾率领氐人和羌人在马祗栅起兵抗击萧宝寅；萧宝寅派遣大将军卢祖迁攻打他们，卢祖迁被毛遐杀死。萧宝寅正在长安城的南郊祭祀，举行的即位仪式还没完毕，听说兵败，变了脸色，来不及整理好队伍，狼狈地回到长安城。萧宝寅任命姜俭为尚书左丞，视他为心腹。文安人周惠达做萧宝寅的使者，正在洛阳，有司想要逮捕他，周惠达逃回长安。萧宝寅任命周惠达为光禄勋。

丹杨王萧赞听说萧宝寅造反，因为害怕牵连到自己而逃走，前往白马山，到达河桥，被人截获，北魏孝明帝元诩知道他没有参加反叛，释放并且安慰他。行台郎封伟伯等人与关中的豪杰密谋起兵诛杀萧宝寅，因事情泄露而被杀。

北魏任命尚书仆射长孙稚为行台征讨萧宝寅。

正平郡的百姓薛凤贤造反，他的族人薛修义也在河东聚集百姓，分据盐池，围攻蒲坂，东西相连接来响应萧宝寅。北魏下诏命都督宗正珍孙征讨他们。

十一月，丁卯日（初八），梁武帝萧衍任命护军萧渊藻为北讨都督，镇守涡阳。戊辰日（初九），梁朝改涡阳为西徐州。

葛荣围攻信都，从春季一直到冬季，冀州刺史元孚激励将士，昼夜抗击防守，粮食储备已经用尽，外面又没有援军。己丑日（三十日），城池陷落；葛荣俘虏了元孚，把居民赶出城去，冻死的占十分之六七。元孚的哥哥元祐做防城都督，葛荣集合所有将士，商议决定元孚、元祐的生死。元孚兄弟各自引罪自责，争着要替代对方受死，都督潘绍等几百人，都叩头请求处死自己来换取刺史的性命。葛荣说：“这些人都是北魏的忠臣义士。”于是元孚兄弟和被拘禁的五百人一同都被赦免了。

北魏任命源子邕为冀州刺史，率军征讨葛荣；裴衍上表请求和源子邕同行，北魏孝明帝元诩下诏准许了。源子邕上言："裴衍假如前往，臣请求留下；臣假如前往，请求留下裴衍；倘若硬要让我们同行，战败就在眼前。"孝明帝元诩没有答应。十二月，戊申日（二十日），他们来到阳平东北的漳水边上，葛荣率领十万人攻打他们，源子邕、裴衍都战死了。

相州的官吏百姓听说冀州已经沦陷，源子邕等人战败，人人自危。相州刺史恒农人李神神态自若，慰劳勉励将士，将士们人人尽力，葛荣出动所有精锐攻城，终于还是无法攻克。

秦州的百姓骆超杀了杜粲，向北魏请求投降。

资治通鉴卷第一百五十二　梁纪八

起止戊申（公元528年），共一年。

【题解】本卷记录了公元528年一年间南梁与北魏两国的大事，当时正当梁武帝大通二年。这一年中，北魏朝廷内部发生大变革，先是经历了胡太后毒杀孝明帝元诩，另立三岁的元钊为帝，之后尔朱荣声讨郑俨、徐纥的弑君之罪，带兵进入洛阳，淹死胡太后和幼主元钊，将朝廷百官两千多人集体诛杀，史称河阴之变，最后尔朱荣拥立元勰之子元子攸为帝。还记录了农民起义军势力不断壮大，变民领袖葛荣不仅统领了鲜于修礼的部众，还统帅了杜洛周的部众，一时之间号令幽、冀、瀛、定的广大地区；投降梁朝的北魏北海王元颢，被梁武帝萧衍封为魏王，在梁朝名将陈庆之的带兵护送下返回魏国，建立分裂政权，元颢占据铚城；占据关中的萧宝寅被叛将侯终德击败，逃出长安，投奔万俟丑奴等事件。

高祖武皇帝八

大通二年（戊申，公元528年）

春季，正月，癸亥日（初五），北魏任命北海王元颢为骠骑大将军、开府仪同三司、相州刺史。

北魏的北道行台杨津镇守定州城，位置在鲜于修礼和杜洛周的中间，鲜于修礼和杜洛周轮流前来围攻；杨津储备粮草，修治兵甲器械，随机抗御，贼寇无法攻克定州城。杨津暗中派人用铁券游说贼党，贼党中有响应杨津的，送信给杨津说："贼寇之所以围城的缘故，只是为了要得到城中北方过来的鲜卑人罢了，城中北方过来的鲜卑人，应当将他们全杀掉，不这样，必定成为后患。"杨津将北方过来的鲜卑人全部逮捕安置在内城中而不杀害，这些北方人都被他的仁心所感动。

等到葛荣接替鲜于修礼统率他的部属，派人游说杨津，答应让他当司徒，杨津杀了他的使者，坚固地防守了三年。杜洛周又进行围攻，北魏无法救援。杨津派他的儿子杨遁突围出去，向柔然头兵可汗求救。杨遁日夜流着泪请求，头兵可汗派他的叔祖父吐豆发率领精锐的骑兵一万人向南边进发；吐豆发的前锋到达广昌，贼寇堵住了隘口，柔然的军队就又回去了。乙丑日（初七），杨津的长史李裔引导贼寇进城，俘虏了杨津，想要烹杀他，后来又把他放了。瀛州刺史元宁率领全城投降杜洛周。

乙丑日（初七），北魏的潘嫔生了个女孩，胡太后诈说是皇子。丙寅日（初八），北魏大赦境内，改年号为武泰。

萧宝寅围攻冯翊，没有攻下。长孙稚的军队到达恒农，行台左丞杨侃对长孙稚说："从前魏武帝曹操与韩遂、马超据守潼关互相抗拒，韩遂与马超的才略，不是魏武帝曹操的对手，然而却很长时间不能分出胜负，这是因为控制险要的缘故。目前贼寇的守御已经稳固，就算魏武帝曹操再生，也无法施展他的智谋和勇气。不如向北攻取蒲坂，渡过黄河往西推进，进入萧宝寅的腹地，置兵于死地，那么华州的围困不需要作战就可以解除，潼关的守兵一定回头向关中逃跑，周围的城池解决了，长安可以不费力地攻取了。假如明公认为愚臣的计策可以实行，我愿意做明公的先锋。"长孙稚说："您的计策是很好，但是现在薛修义围攻河东，薛凤贤据守安邑，宗正珍孙保守虞坂无法前进，像这种情况怎么能够前往？"杨侃说："宗正珍孙是战阵中的一名武夫，机缘巧合使他升到将军，像他这种人只适合接受别人的指挥，怎么能够指挥他人呢？河东的治所在蒲坂，西面濒临黄河边缘，所管辖的区域大部分在郡治所东面。薛修义率领士民到西边围攻郡城，他们的父母妻子都留在原来的村庄，一旦听说官军来到，大家都有内顾之忧，一定会望风逃散的。"长孙稚于是派遣他的儿子长孙子彦与杨侃率领骑兵从恒农渡河北进，驻守石锥壁，杨侃发表声明说："现在暂且屯驻在此地等待步兵，并且看看民心的向背。"于是命令那些送来投降名册的人各自回到他们的村庄，并且告诉他们："等到官军举三次烽火，你们也要举烽火相应，那没有举烽火的便是贼党，当进击屠灭他们，将所获得的财物赏赐军队。"于是村民辗转互相转告，即使内心不想投降的人也举起烽火。一夜之间，火光遍及数百里，围攻蒲坂城的贼寇不知道是怎么回事，各自都逃散回家，薛修义也逃了回去，与薛凤贤一起请求投降。丙子日（十八日），长孙稚攻陷潼关，随即进兵河东。

这时恰好朝廷下诏废除盐池税，长孙稚上表认为："盐池是天然资源，靠近京城洛阳，只应该好好地守卫它，合理地予以分配。如今四方多事，府库空虚，冀州、定州叛乱纷起，平时征取的绢无法收取，一切全靠府库的储备，只有支出，没有收入。大略地统计盐税，一年里面所收，假如拿绢当标准来计算，不少于三十万匹，这如同移置冀、定两州在京郊一样。现在假如废除了盐池税，是再次失计。臣先前违抗严厉的圣旨，没有先讨伐潼关的寇贼，直接前往解除河东的围困，并不是认为长安不重要而蒲坂重要，实在是因为如果失去了盐池，军队将会缺乏粮食。上天帮助大魏，这个计策果然不错。从前高祖元宏天下太平的时代，什么都不缺少，都还设置盐官对盐池加以管理保护，这并不是和百姓争利，是担心由于利益而导致社会动乱。何况现在国家财政不足，预征六年的谷子，折抵明年的税租，这都是夺取百姓的私财，是不得已的方法。臣已经以朝廷颁发给我的符节为凭证下令给监守盐池的将、尉，率领所部，照常收税，听取之后的诏令，再行决定是否废除盐税。"

萧宝寅派遣他的部将侯终德攻打毛遐。恰好郭子恢等人多次被魏军打败，侯终德趁着萧宝寅的气势受到挫折，就回转军队袭击萧宝寅，侯终德到达白门，萧宝寅才发觉，丁丑日（十九日），与侯终德交战，萧宝寅战败，就带着他的妻子南阳公主和他的幼子率领部下骑兵一百多人从后门逃走，投奔万俟丑奴。万俟丑奴任命萧宝寅为太傅。

二月，北魏任命长孙稚为车骑大将军、开府仪同三司、雍州刺史、尚书仆射、西道行台。

李洪率群盗攻取烧毁了巩西县，他们在伊阙口以东烧杀抢夺，与南边的蛮人勾结一气；北魏都督李神轨、武卫将军费穆征讨他。费穆在伊阙口的南边打败李洪，平定了李洪的叛乱。

葛荣攻打杜洛周，将杜洛周杀了，合并了杜洛周的部属。

北魏胡太后二度临朝以来，宠幸之徒横行专权，政事荒废，朝廷的威信没有树立起来，盗贼蜂拥而起，封疆一天比一天缩小。北魏孝明帝元诩逐渐长大，胡太后自己觉得行为欠检点，担心身边的人向孝明帝报告，于是凡是孝明帝元诩所宠信的人，胡太后往往假借一些事情将他罢除，一味地蒙蔽孝明帝，不让孝明帝知晓外间的事。通直散骑常侍、昌黎人谷士恢受到孝明帝元诩的宠爱，孝明帝派他统领宫中卫士；太后多次用言语暗示他，想要任命他为刺史，谷士恢眷恋孝明帝的恩宠，不愿意外放，胡太后就诬加罪名将他杀了。有一个蜜多道人，能说胡语，孝明帝元诩经常让他随侍左右，胡太后派人在城南把他杀了，然后悬赏捉拿凶手。因此母子之间，隔阂日益加深。

此时，车骑将军、仪同三司及并、肆、汾、广、恒、云六州讨虏大都督尔朱荣兵势强盛，北魏害怕他。高欢、段荣、尉景、蔡俊先前与杜洛周一伙，后来想要暗算杜洛周没有成功，逃跑投奔葛荣，后来又逃亡归附尔朱荣。刘贵先前在尔朱荣那里，多次向尔朱荣举荐高欢，尔朱荣看见高欢面容憔悴，没有重视他。高欢跟随尔朱荣前往马厩，马厩里有悍马，尔朱荣命令高欢修剪马鬣，高欢没有给马套上笼头、捆住马腿就修剪起来，那悍马竟然不踢他也不咬他，修剪完毕站起来，对尔朱荣说："驾驭恶人也像这个样子。"尔朱荣觉得他的谈话不平凡，于是请高欢坐在床下，屏退左右，向他请教天下大事。高欢说："听说明公有马布满了十二条山谷，颜色不同各自成群，明公畜养这些马究竟有什么用处？"尔朱荣说："你只说说你的看法。"高欢说：

“现在天子懦弱，太后淫乱，受她宠幸的那些奸诈小人专权，朝廷政令不能贯彻执行。凭着明公的雄壮威武，趁着时机兴兵，声讨郑俨、徐纥的罪过，肃清天子身边的小人，霸王之业挥鞭之际就可以成就，这是我高欢的看法。”尔朱荣十分喜悦，两人从中午谈到夜半高欢才离去，从此以后，高欢便经常参与军事谋划。

并州刺史元天穆是元孤的五世孙，与尔朱荣相友善，尔朱荣按照兄长的礼节侍奉他。尔朱荣经常与元天穆以及帐下都督贺拔岳秘密商量，打算兴兵进入洛阳，对内诛除那些受宠幸的奸诈小人，对外肃清各处的盗贼，两人都鼓励他付诸实行。

尔朱荣上书认为“山东一带群盗猖獗，冀州及定州一起陷落，官军多次战败，请求派遣精锐骑兵三千人前去东边援助相州”。胡太后对他疑心，回复说：“莫折念生被杀，萧宝寅就擒，万俟丑奴请降，潼关、陇坂一带已经平定，费穆大破群蛮，绛、蜀一带渐渐平静。又北海王元颢率领军队两万人前往镇守相州，不需要出兵。”尔朱荣再度上书，认为“盗贼的势力虽然削弱，官军多次战败，人人心怀危怯，恐怕实际上难以派上用场。假如不考虑其他的办法，无法确保万无一失。愚臣认为蠕蠕国的君主阿那瑰受到国家的厚恩，不应当忘记报答，应当命他派遣军队东趋下口，攻击贼寇的背后，北海王的军队严加戒备挡住贼寇的正面。臣的部下虽然不多，当尽力效命，从井陉以北，滏口以西，分别占据险要之地，从侧面攻击贼寇。至于葛荣虽然吞并了杜洛周，恩威没有树立，部下并非一族，赶紧予以征讨，那么可以使他们分崩离析”。于是尔朱荣指挥军队，召集义勇，北边捍卫马邑，东边堵塞井陉。徐纥向胡太后进言，使用铁券离间尔朱荣的左右亲信，尔朱荣听到了这消息，对徐纥极为痛恨。

北魏孝明帝元诩也讨厌郑俨、徐纥等人，受到胡太后的钳制，无法除去他们，秘密下诏让尔朱荣举兵至京城，打算用来胁迫太后。尔朱荣派高欢做前锋，来到上党，孝明帝元诩又用私诏阻止了这一行动。郑俨、徐纥恐怕大祸降到自己身上，暗中与太后设计毒杀孝明帝元诩。癸丑日（二十五日），孝明帝元诩突然驾崩。甲寅日（二十六日），胡太后立孝明帝元诩的宠妃潘氏所生的女儿冒充男孩做皇帝，大赦境内。不久下诏说："潘充华实际上生的是女儿，已故临洮王元宝晖的世子元钊，是高祖元宏的曾孙，应当继承天子之位。百官文武各加二阶，宿卫加三阶。"乙卯日（二十七日），元钊即位。元钊才刚三岁，胡太后打算长期把持魏国朝政，所以看中了元钊年纪小才立他为天子。

尔朱荣听到这个消息，十分愤怒，对元天穆说："主上去世，年龄十九，天下人都还称为幼君，何况如今拥立还不会说话的小孩来统治天下，想要国家长治久安，这是可能的吗？我打算率领披着铁甲的骑兵前去为天子奔丧，剪除奸佞小人，另外拥立年纪大的国君，你看怎样？"元天穆说："假如能这样做，那就好比是伊尹、霍光重现于今日了。"于是尔朱荣上表抗言说："大行皇帝突然崩殂，天下的人都说皇帝是被毒杀而死。哪有天子有病，都不召请医生，贵戚大臣都不服侍左右的道理？哪能不使远近的人感到奇怪！又立皇女做储君，妄自大赦天下，对上来说是欺骗天地，对下来说是迷惑朝野人士。其后又选立孩提之人做国君，实际是想要让奸佞之臣专揽朝政，败乱国家的法纪，这和蒙着眼睛捕捉鸟雀、塞住耳朵盗取乐钟有什么不同？现在各地群盗猖狂，邻国之敌暗中窥伺，却打算用不会说话的小孩镇抚安定天下，这不是很困难吗？希望允许我前往京师，参与商讨国家大计，向侍臣追问皇帝去世的原因，访查侍卫所不知道的情形，将徐纥、郑俨这一批人交付司寇，昭雪普天之下人的耻辱，消除远近的怨恨，然后另行选择宗亲来继承皇位。"尔朱荣的堂弟尔朱世隆，这时担任直阁，胡太后派遣他前往晋阳安抚晓谕尔朱荣；尔朱荣打算留下他，尔朱世隆说："朝廷怀疑哥哥，所以派遣我来，现在将我留下，使得朝廷得以预先戒备，这不是好办法。"于是将尔朱世隆送走。

三月，癸未日（二十六日），葛荣攻陷北魏的沧州，擒获了刺史薛庆之，居民死亡十之八九。

乙酉日（二十八日），北魏埋葬孝明皇帝元诩在定陵，庙号肃宗。

尔朱荣与元天穆商议，认为彭城武宣王对国家尽忠，卓有功勋，他的儿子长乐王元子攸，平素声望很高，打算立他为天子。尔朱荣又派遣侄儿尔朱天光和亲信奚毅、仆人王相进入洛阳，与尔朱世隆秘密商量。尔朱天光见了元子攸，向他详细地讲了尔朱荣的想法，元子攸答应了。尔朱天光等人回到晋阳，尔朱荣还犹疑不决，于是用铜为皇室子孙铸像，以此来占卜谁能做皇帝，只有长乐王的像铸成。尔朱荣于是起兵从晋阳出发，尔朱世隆逃出了京师，到上党与尔朱荣会合。胡太后听到了这个消息，十分害怕，将王公贵臣全部召请入朝商讨对策，宗室大臣都痛恨太后的所作所为，没有人肯发言。只有徐纥说："尔朱荣小小胡人，胆敢举兵攻打京师，文武宿卫就足以制伏他。只要守住险要，以逸待劳，尔朱荣行军千里，兵马疲惫，一定可以打败他。"胡太后认为他的话不错，任命黄门侍郎李神轨为大都督，率领军队抗击他，别将郑季明、郑先护率兵防守河桥，武卫将军费穆驻扎小平津。郑先护是郑俨的族兄弟。

尔朱荣到达河内，又派遣王相暗中来到洛阳，迎接长乐王元子攸。夏季，四月，丙申日（初九），元子攸与他的哥哥彭城王元劭、弟弟霸城公元子正秘密从高渚渡过黄河，丁酉日（初十），在河阳与尔朱荣会合，将士都高呼万岁。戊戌日（十一日），大军渡过黄河，元子攸即皇帝位，封元劭为无上王，元子正为始平王；任命尔朱荣为侍中、都督中外诸军事、大将军、尚书令、领军将军、领左右千牛备身，封太原王。

郑先护素来与元子攸相友善，听说元子攸即位，与郑季明打开城门放他们进来。李神轨到达河桥，听说北中失守，马上逃回洛阳；费穆抛弃部下首先向尔朱荣投降。徐纥假传圣旨在夜晚开启殿门，取了骅骝厩中的御马十匹，向东投奔兖州，郑俨也逃回乡里。胡太后将北魏孝明帝元诩的后宫全部召来，命令她们全部出家，胡太后自己也剪下了头发当了尼姑。尔朱荣召令百官迎接孝庄帝元子攸的车驾。己亥日（十二日），百官奉上皇帝玉玺，准备法驾，到河桥来迎接孝庄帝元子攸。庚子日（十三日），尔朱荣派遣骑兵逮捕胡太后与幼主元钊，把他们送到河阴。胡太后对尔朱荣说了很多为自己辩解的话，尔朱荣拂衣而起，他下令把太后和幼主一起丢到黄河里淹死。

费穆暗中游说尔朱荣："明公的兵马不超过万人，现在长驱向洛阳进军，丝毫没有受到抵抗，既没有战胜的威势，大家的内心一向不太服气。以京师兵马的众多，百官的盛大，知道明公的底细之后，都有轻视怠慢的心意。假如不大大地进行诛杀、惩罚，另外树立亲近的党羽，担心明公北还的时候，还没有渡过太行山而内部的叛乱已经发生了。"尔朱荣认为他说得很对，对所亲近的人慕容绍宗说："洛阳城中人士繁盛，骄奢淫逸已经形成风俗，如若不加以修剪，永远难以制伏。我想借着百官出来迎接皇帝的机会，全部予以诛杀，你看怎样？"慕容绍宗说："太后荒淫无道，奸佞小人弄权，惑乱天下，所以明公发动义兵来肃清朝廷。现在无端诛杀百官，不分忠佞，恐怕大失天下人的厚望，这不是好计策。"尔朱荣不听，于是请北魏孝庄帝元子攸沿着河西行直到淘渚，引导百官到行宫的西北边，说是要祭天。百官集合以后，散开胡骑包围了他们，指责他们说天下丧乱，孝明帝元诩突然崩殂，都是由于朝廷大臣贪婪残暴，不能挽救朝政之失、辅佐皇帝铲除奸佞，于是放纵士兵杀害文武百官，从丞相高阳王元雍、司空元钦、仪同三司义阳王元略以下，死亡的共有两千多人。前黄门侍郎王遵业兄弟正为父亲守丧，他们的母亲是孝庄帝元子攸的姨母，一起出来迎接孝庄帝，全都被杀。王遵业是王慧龙的孙子，天资英爽，博览典籍，当时人可惜他的才学而指责他的追逐名利。有一百多名朝臣来晚了，尔朱荣又派遣胡骑包围他们，下令说："有能写作禅文的赦免他的死罪。"侍御史赵元则出来应募，于是派他草拟禅文。尔朱荣又下令他的军士说："元氏消灭以后，尔朱氏兴起。"都呼叫万岁。尔朱荣又派遣几十人拔出刀来闯向行宫，孝庄帝元子攸与无上王元劭、始平王元子正一同走出帐外。尔朱荣事先派并州人郭罗刹、西部高车人叱列杀鬼随侍孝庄帝元子攸身边，假称防卫，将孝庄帝元子攸抱入帐中，其余的人立即将元劭和元子正杀死，又派几十人迁移孝庄帝到河桥，将他安置在军队的大帐里。

孝庄帝元子攸又担忧又愤怒，无计可施，派人向尔朱荣宣示旨意说："帝王轮番兴起，盛衰无常。现在四方瓦解，将军奋袖而起，所到之处毫无抵抗，这是天意，不是人力所能做到。我本是前来投奔，意在于保全性命，哪敢狂妄地希望天子之位，是因为将军的逼迫，造成今天的形势。假如天命归于将军，将军应当及时正尊号，即天子位；假如推让而不愿即位，想保全魏朝社稷，也应该另外选择宗亲有德的人辅佐他。"当时都督高欢劝尔朱荣称帝，左右大多表示赞成，尔朱荣犹疑不决。贺拔岳进言说："将军率先发动义兵，本意在于剪除奸逆，大功还没建立，突然有此打算，只会加剧灾祸到来，没有什么好处。"尔朱荣于是铸金为像进行占卜，共铸了四次，都不成功。功曹参军燕郡人刘灵助擅长卜筮，尔朱荣相信他，刘灵助说天时与人事都不允许。尔朱荣说："假如我不吉，当迎接元天穆来立为天子。"刘灵助说："元天穆也不吉，只有长乐王有天命而已。"尔朱荣也精神恍惚，无法自持，过了很久才醒悟过来，深思懊悔说："犯了这么大的过错，应该以死向朝廷谢罪。"贺拔岳请求杀掉高欢向天下人谢罪，左右说："高欢虽是愚昧粗陋，说话不考虑会带来灾祸。但现今四方多事，必须依赖武将，请赦免他，让他以后立功赎罪。"尔朱荣于是作罢。夜晚四更，又迎接孝庄帝元子攸回营，尔朱荣望着马头叩头请死。

尔朱荣所带领的胡骑因残杀朝臣很多，不敢进入洛阳城，就有向北边迁都的打算。尔朱荣犹豫了很长时间，武卫将军汎礼一再地进谏，反对迁都。辛丑日（十四日），尔朱荣护送北魏孝庄帝元子攸入城。孝庄帝元子攸进入太极殿，下诏大赦境内，改年号为建义。跟随太原王尔朱荣的将士，一律加官五阶，在京师的文官加二阶，武官加三阶，百姓免除租役三年。这时百官几乎被杀光，活着的人都逃跑躲藏起来，只有散骑常侍山伟一个人到皇宫门口拜见皇帝，接受敕命。洛阳城中的士民害怕无故得罪，人人都心怀疑虑，有的说尔朱荣打算放纵军队进行大肆劫掠，有的说尔朱荣想要迁都晋阳；富有的人家抛弃宅第，贫穷的人家背负着子女，大部分逃走了，留下来的不到十之一二，宫廷内院连值班的人都找不到，官府各部门都空无一人。尔朱荣于是上书，说："大兵交接之际，难以整齐统一，诸王以及朝廷显贵大臣，被杀死的人很多，我现在粉身碎骨不足以抵偿罪过，请求追赠死亡的人，稍微弥补一下我的罪过。请求追尊无上王为无上皇帝，其余死在河阴的人，先前分封为王的赠三司，三品官员赠尚书令、尚书左右仆射，五品官员赠刺史，七品以下及没有官职的赠郡守或是镇将；死者假如没有后代，允许他们任选继承人，立即授予封爵。再派遣使者到城中各地巡视慰问。"孝庄帝元子攸下诏批准了。于是朝臣渐渐出头露面，人心略为安定。封无上王的儿子元韶做彭城王。

尔朱荣这时还抱持迁都的意见，北魏孝庄帝元子攸也无法违背。都官尚书元谌力争，认为不可以，尔朱荣发怒说："这关你什么事，竟然这样固执！况且河阴的事情，你应当知道。"元谌说："天下的事情应该与天下人商议，为什么却拿河阴的残酷事件来恐吓我？元谌是皇族宗亲，位居尚书之职，活着既然无益，死了又有什么损失，就算今天头碎肠流，我也无所恐惧！"尔朱荣大为发怒，想要治元谌的罪，尔朱世隆再三地进行劝阻，这才作罢。看见的人无不胆战心惊，元谌神色镇定自如。过了几天，孝庄帝元子攸与尔朱荣一起登高，看到宫阙壮丽，列树成行，于是叹息说："臣前几日由于愚昧糊涂，有迁都北方的想法，现在看了皇都的壮丽宏伟，再仔细考虑元尚书所说的话，深感他说得对。"从此打消了迁都的计划。元谌是元谧的哥哥。

癸卯日（十六日），北魏朝廷任命江阳王元继为太师，北海王元颢为太傅；光禄大夫李延寔为太保，赐爵濮阳王；并州刺史元天穆为太尉，赐爵上党王；前侍中杨椿为司徒；车骑大将军穆绍为司空，兼领尚书令，晋爵顿丘王；雍州刺史长孙稚为骠骑大将军、开府仪同三司，赐爵冯翊王；殿中尚书元谌为尚书右仆射，赐爵魏郡王；金紫光禄大夫广陵王元恭加仪同三司；其他突然从平民百姓成为显贵官员的不知有多少。李延寔是李冲的儿子，因为是孝庄帝元子攸的大舅子，得以破格拜官。

徐纥的弟弟徐献伯做北海太守，徐季产做青州长史，徐纥派人告诉他们京师所发生的变故，他们都携带着家眷逃走，与徐纥一起投奔泰山。郑俨与他的堂兄荥阳太守郑仲明图谋占据郡治作乱，被部下杀死。

丁未日（二十日），北魏孝庄帝元子攸下诏内外解除戒严。

北魏郢州刺史元显达请求投降，梁武帝萧衍下诏命郢州刺史元树前往迎接他，夏侯亶也从楚城前往与他们会合，于是梁武帝萧衍将夏侯亶留下来镇守郢州。梁朝改置北魏的郢州为北司州，派夏侯夔做刺史，同时监督司州。夏侯夔攻打毛城，威逼新蔡；豫州刺史夏侯亶包围南顿，攻打陈项；北魏行台源子恭率兵抵抗。

庚戌日（二十三日），北魏赐尔朱荣的儿子尔朱义罗为梁郡王。

柔然头兵可汗多次向北魏进贡，北魏下诏准许头兵可汗赞拜不称名，上书不称臣。

北魏汝南王元悦与东道行台临淮王元彧听到了河阴的乱事，一起来投奔梁朝。先前，北魏人投降的都称自己在北魏的官职为伪，元彧上奏梁武帝萧衍时则只称自己为魏临淮王；梁武帝萧衍也体谅他是一个心口如一，怎么想就怎么说的人，因此没有责怪他。

北魏北海王元颢将前往相州，到达汲郡，听说葛荣南侵以及尔朱荣的放纵凶残，暗中做如何保全自己的考虑，他在汲郡徘徊不进，又让他的舅舅殷州刺史范遵代理相州刺史，接替前刺史李神暂守邺城。行台甄密知道元颢有异心，联合他人罢黜范遵，又推举李神代理相州刺史，派遣军队迎接元颢，同时观察他的反应。元颢听到这个消息，率领他的左右亲信来投奔梁朝。甄密是甄琛的堂弟。北青州刺史元世俊、南荆州刺史李志都率领全州人马投降梁朝。

五月，丁巳朔日（初一），北魏加封尔朱荣为北道大行台。任命尚书右仆射元罗为东道大使，光禄勋元欣做他的副使，巡视四方，对地方官员赏罚升降之事，有权先施行然后奏报。元欣是元羽的儿子。

尔朱荣进入明光殿朝见北魏孝庄帝元子攸，再次为河桥事件谢罪，发誓说不敢再有二心。孝庄帝元子攸亲自起来阻止他向自己道歉，随即又向尔朱荣发誓，说对他没有疑心。尔朱荣一时欢喜，就要酒来喝，喝得烂醉；孝庄帝元子攸想诛杀他，左右侍从苦苦地劝阻，才没有动手，就用床把他抬到中常侍省。尔朱荣到了半夜才醒过来，于是到天亮都不敢合眼，从此不再在宫中过夜。

尔朱荣的女儿原先是北魏孝明帝元诩的嫔妃，尔朱荣希望孝庄帝元子攸立她为皇后，孝庄帝元子攸犹豫不决，黄门侍郎祖莹说："从前晋文公重耳在秦国避难，弟媳怀嬴侍奉他；有些事违背常道却合于权宜，陛下何必犹豫呢！"孝庄帝元子攸于是听从了尔朱荣的意思，尔朱荣内心十分高兴。

尔朱荣举止轻佻，喜爱骑马射箭，每次入宫朝见，只是表演上马下马的游戏，其他什么事情也不做；在西林园宴饮射箭，常常请皇后出来观看，并且召集王公、妃嫔、公主共在一堂。每次看见孝庄帝元子攸射中，往往起舞叫喊，将相卿士全都一起起舞，甚至妃嫔、公主也不免随着他们的节拍举起衣袖翩翩起舞。等到酒酣耳热，尔朱荣自己一定正襟危坐唱起胡歌；黄昏酒宴结束各自返回的时候，尔朱荣与左右侍从手牵着手踏地唱《回波乐》走出西林园。尔朱荣性情极严厉残暴，喜怒无常，刀槊、弓箭，经常不离身，每当发怒烦躁，立即击射，左右侍从常常有死亡的忧虑。有一回，看见两个和尚合骑一匹马，尔朱荣就命令他们两人相互撞击，直到力量用尽不再能动，于是又叫旁人拉着两个人的头相撞，直到死了才罢休。

辛酉日（初五），尔朱荣回到晋阳，北魏孝庄帝元子攸在邙阴为他饯行。尔朱荣叫元天穆进入洛阳，加封元天穆为侍中、录尚书事、京畿大都督兼领军将军，任命行台郎中桑乾人朱瑞为黄门侍郎兼中书舍人，朝廷上的重要官职，全部任用他的心腹来担任。

丙寅日（初十），北魏孝庄帝元子攸下诏："从孝昌年间以来，凡是受到冤屈压抑无处申诉的，全部到华林东门集合，朕当亲自审理。"这时正当动乱之后，府库空竭，于是下诏"捐献谷子八千石的赐爵为散侯，没有官爵的平民捐献五百石的赐予做官的资格，假如是和尚就任为本州僧统及郡县的知事僧"。

尔朱荣前往洛阳的时候，派遣他的都督樊子鹄攻打唐州，唐州刺史崔元珍、行台郦恽守城抵抗，不向樊子鹄屈服。乙亥日（十九日），樊子鹄攻克平阳，杀了元珍和郦恽。元珍是崔挺的堂弟。

将军曹义宗围攻北魏的荆州，筑坝堵水淹了荆州城，没有淹没的只剩下几个墙板。这时北魏正遭遇多种灾难，无法救援，城中的粮食吃光了，刺史王罴煮粥与将士平均分配食用，每次出战，不穿戴甲胄，仰天大呼说："荆州城，是孝文皇帝元宏所设置，上天假如不保佑国家，就让箭射中王罴的头，不然的话，王罴定当击败敌人。"一共持续了三年，前后搏战的次数很多，也没有受伤。癸未日（二十七日），北魏派中军将军费穆都督南征诸军事，率兵救援他。

北魏临淮王元彧听说孝庄帝元子攸君位已经稳固，就借口母亲年老请求回到北魏，文辞及情感都很恳切。梁武帝萧衍爱惜他的才华而不愿意拒绝他的请求，六月，丁亥日（初一），梁武帝萧衍遣送元彧返回北魏。北魏任命元彧为侍中、骠骑大将军，加封仪同三司。

北魏的员外散骑常侍高乾是高祐的侄儿，与他的弟弟高敖曹、高季式都喜欢行侠仗义，与孝庄帝元子攸是老朋友。尔朱荣前往洛阳的时候，高氏兄弟逃奔齐州，后来听说了河阴的惨祸，就聚集流民在河、济之间起兵，接受了葛荣的官爵，多次打败州军。孝庄帝元子攸派遣元欣传谕圣旨，高乾等人才向朝廷投降，孝庄帝元子攸任命高乾为给事黄门侍郎兼武卫将军，高敖曹为通直散骑侍郎。尔朱荣认为高乾兄弟先前曾经叛乱，不应当再任皇帝身边的要职，孝庄帝元子攸于是让他们辞官回归乡里。高敖曹又干起行侠仗义、杀富济贫的事情，尔朱荣诱捕了他，把他与薛修义一同囚禁在晋阳。高敖曹名叫高昂，人们以他的字敖曹称呼他。

葛荣的军队缺少粮食，派遣他的仆射任褒率兵向南抢掠一直到沁水县，北魏任命元天穆为大都督东北道诸军事，率领宗正珍孙等人征讨他。

北魏前幽州平北府主簿河间人邢杲率领河北的流民十几万户在青州的北海造反，自称汉王，改年号为天统。戊申日（二十二日），北魏任命征东将军李叔仁为车骑大将军、仪同三司，率领军队征讨邢杲。

辛亥日（二十五日），北魏孝庄帝元子攸下诏说："朕要亲自率领六军，扫除平定燕、代。"派大将军尔朱荣率领左军，上党王元天穆率领前军，司徒杨椿率领右军，司空穆绍率领后军。葛荣听到了这个消息，撤退驻扎在相州的北边。

秋季，七月，乙丑日（初十），北魏加封尔朱荣为柱国大将军、录尚书事。

壬子日（七月无此日），北魏光州的百姓刘举聚集百姓在濮阳造反，自称皇武大将军。

这一月，万俟丑奴自称天子，设立百官。恰好这时波斯国向北魏进贡了一头狮子，万俟丑奴把狮子扣留，改年号为神兽。

北魏的泰山太守羊侃，因为他的祖父羊规曾经做宋高祖刘裕的祭酒从事，常常有回到南方的念头。徐纥前往投奔他，于是劝羊侃起兵，羊侃听从了。兖州刺史羊敦，是羊侃的堂兄，暗中得到了这消息，守住州城抵抗羊侃。八月，羊侃率兵偷袭羊敦，没有成功，于是羊侃修筑了十几座城进行围困，同时派遣使者来梁朝请求投降，梁武帝萧衍下诏命广晋县侯泰山人羊鸦仁等人率兵前去接应。北魏任命羊侃做骠骑大将军、泰山公、兖州刺史，羊侃杀了北魏派来的使者不接受北魏朝廷的任命。

将军王弁侵入北魏的徐州，蕃郡的百姓续灵珍率领部众一万人进攻蕃郡来响应梁朝；北魏徐州刺史杨昱攻打续灵珍，将续灵珍杀死，王弁率兵撤回。

甲辰日（十九日），北魏的大都督宗正珍孙在濮阳对刘举发动进攻，消灭了刘举。

葛荣率兵围攻邺城，人数号称百万，游击的部队已经过了汲郡，所到之处，抢掠极为残酷，尔朱荣上表请求讨伐他。九月，尔朱荣召来他的侄儿肆州刺史尔朱天光，命他留镇晋阳，说："我到不了的地方，只有你去，我才放心。"尔朱荣率领精锐骑兵七千人，马都备有副马，每天加倍赶路，往东从滏口出兵，尔朱荣让侯景做先锋。葛荣叛乱的日子已经很久了，横行在黄河以北一带，尔朱荣的人数少得很，人们议论纷纷，认为没有打胜的可能。葛荣听了，喜形于色，对他的部属下令说："尔朱荣容易对付，你们大家都预备好长绳子，等他们到来就把他们捆绑起来。"从邺地以北，展开阵势几十里，像簸箕张开一样向前推进。尔朱荣埋伏军队在山谷中，部署军队准备出其不意对葛荣发起攻击，分派督将以上的军官三人为一组，每组有数百个骑兵，下令他们故意扬起灰尘，并且击鼓呐喊，让敌人无法知道人数多少。又考虑到人马逼近作战，刀剑不如棍棒，命令军士各自携带短棒一根，放置在马侧，到了作战时担心下马斩首会影响骑兵追击敌人，于是不让他们斩首级，只用棍棒，棒打敌人而已。分别命令壮勇向各个方向奋勇冲杀，尔朱荣号令严明，战士全都奋勇争先。尔朱荣亲自冲锋陷阵，绕到敌人的背后，内外夹击，将盗寇打得大败，就在战阵上擒获了葛荣，其余的贼军全都投降。因为贼军众多，假如马上将他们分开，担心引起他们的疑惧，也许又会聚集在一起，就命令他们根据自己的心愿，与亲属在一起，愿意到哪居住就在哪居住，于是众人十分欢喜，马上就四散了，几十万的部众一朝之间就散尽。等到他们离开百里以外，这才分道押送、引领着他们，随便安置，让他们觉得安置得很合适。尔朱荣从葛荣的队伍中选拔一些头目，根据他们的才能授予适当的职位，于是新归附的人都安定了下来，当时的人都佩服他的处置果断敏捷。尔朱荣用槛车将葛荣押送到洛阳，冀、定、沧、瀛、殷五个州都平定了。此时上党王元天穆驻军在朝歌的南边，穆绍、杨椿还没有出发，而葛荣已经被消灭，于是全部停止发兵。

起初，宇文肱跟随鲜于修礼进攻定州，在唐河战死。他的儿子宇文泰在鲜于修礼军中，鲜于修礼死后，跟随葛荣；葛荣败后，尔朱荣爱惜宇文泰的才华，任命他为统军。

乙亥日（二十一日），北魏大赦境内，改年号为永安。

辛巳日（二十七日），北魏任命尔朱荣为大丞相、都督河北畿外诸军事，尔朱荣的儿子平昌公尔朱文殊、昌乐公尔朱文畅一起晋爵为王，任命杨椿为太保，城阳王元徽为司徒。

冬季，十月，丁亥日（初三），葛荣被押送到洛阳，北魏孝庄帝元子攸亲临阊阖门见过葛荣后，葛荣在大集市被斩首示众。

梁武帝萧衍封北魏北海王元颢做魏王，派遣东宫直阁将军陈庆之率兵送他回北方。

丙申日（十二日），北魏任命太原王的世子尔朱菩提为骠骑大将军、开府仪同三司。丁酉日（十三日），北魏孝庄帝元子攸又将长乐等七个郡各一万户，和从前合起来共十万户，做太原王尔朱荣的采邑。戊戌日（十四日），又加封尔朱荣为太师，这些都是用来奖赏他擒捉葛荣的功劳。

壬子日（二十八日），北魏的江阳武烈王元继去世。

北魏派遣征虏将军韩子熙招降邢杲，邢杲假装投降后又反叛。李叔仁在淮水边上攻击邢杲，战事失利，只好退兵。

北魏的费穆率军突然到达荆州。曹义宗的军队战败，被魏人所擒获，荆州的围困这才解除。

元颢率兵偷袭北魏的铚城，占据了铚城。

北魏行台尚书左仆射于晖等人率领军队几十万人，在瑕丘攻打羊侃，徐纥担心事情不妙，劝羊侃向梁朝请求援军，羊侃相信了他，徐纥于是前来投奔梁朝。于晖等人包围羊侃十几层，营栅中的箭已经用完，南方的援军还不见到来。十一月，癸亥日（初十）的晚上，羊侃突围逃出，一面作战一面逃跑，经过一天一夜，才出了北魏的国境。到达渣口，还有一万多人，马两千匹。士卒整夜全都在悲凉地唱歌，羊侃于是向他们谢罪说："你们想念故土，看来无法再让你们跟着我走了，希望你们或去或留，各随自己的意思，要离去的就在此地分别吧！"士兵们都各自拜辞离去了。北魏又占领了泰山。于晖是于劲的儿子。

戊寅日（二十五日），北魏任命上党王元天穆为大将军、开府仪同三司，世袭并州刺史。

十二月，庚子日（十七日），北魏下诏命于晖回师征讨邢杲。

葛荣的余党韩楼又攻占幽州造反，北边受到他的骚扰。尔朱荣让抚军将军贺拔胜做大都督，镇守中山；韩楼畏惧贺拔胜的威名，不敢向南进犯。

资治通鉴卷第一百五十三　梁纪九

起止己酉（公元529年），共一年。

【题解】本卷记录了公元529年一年间南梁与北魏两国的大事，正当梁武帝萧衍中大通元年。主要记录了投降梁朝的北魏北海王元颢返回魏国境内，攻克睢阳后，称帝改元，接着攻克考城，攻下荥阳，进据虎牢；北魏孝庄帝元子攸逃到河内郡，朝中大臣将元颢迎进洛阳；元颢打算背叛梁国，与陈庆之外表和谐内心各异，言语之间多有猜忌；尔朱荣与元颢、陈庆之在黄河边上对峙，尔朱兆、贺拔胜偷袭南岸的守将元颢之子元冠受，元颢南逃被杀，部下离散，所占有的各城又都向北魏投降；魏将杨津洒扫宫殿，迎接孝庄帝元子攸返回洛阳，孝庄帝大大奖赏了尔朱荣与渡河击破元颢的尔朱兆，此外还记录了梁武帝萧衍迷恋佛教，常到同泰寺宣讲佛经，甚至还把自己舍身给寺院，群臣只得花巨资将其赎回等。

高祖武皇帝九

中大通元年（己酉，公元529年）

春季，正月，甲寅日（初二），北魏于晖属下的都督彭乐率领两千多骑兵反叛而前往投奔韩楼，于晖只好回师。

辛酉日（初九），梁武帝萧衍到建康的南郊祭祀，大赦天下。

甲子日（十二日），北魏汝南王元悦向梁武帝萧衍请求返回北魏，梁武帝萧衍答应了他。

辛巳日（二十九日），梁武帝萧衍到明堂祭祀。

二月，甲午日（十二日），北魏孝庄帝元子攸尊奉自己的生父彭城武宣王元勰为文穆皇帝，庙号肃祖；母亲李妃为文穆皇后。北魏孝庄帝元子攸想要把文穆皇帝的牌位迁到太庙，与高祖元宏的灵牌并列，孝庄帝称高祖元宏为伯父，大司马兼录尚书临淮王元彧上表劝谏，认为“汉高祖刘邦在香街建立太上皇庙，光武帝刘秀在春陵祭祀南顿君。汉元帝刘奭与光武帝刘秀，血缘关系已经疏远得出了五服，光武帝刘秀还是心甘情愿地去给汉元帝刘奭当儿子，入继大宗。高祖元宏德满天下，道高无外，肃祖元勰虽然功勋塞满宇宙，对高祖元宏却仍旧北面称臣。再说，如果让高祖元宏和肃祖元勰的灵牌都在太庙里享受祭祀，这是君臣并坐筵席，嫂叔同居一室，臣私下认为不妥当”。吏部尚书李神俊也进谏，孝庄帝元子攸不听。元彧又请求去掉“帝”字使用“皇”字，孝庄帝元子攸也不听从。

梁武帝萧衍下诏，将二百四十号各种将军名号分成为四十四个等级。

壬寅日（二十日），北魏下诏任命济阴王元晖业兼行台尚书，都督丘大千等人镇守梁国。元晖业是拓跋小新成的曾孙。

三月，壬戌日（十一日），北魏下诏上党王元天穆征讨邢杲，让费穆做前锋大都督。

夏季，四月，癸未日（初二），北魏迁移肃祖元勰以及文穆皇后的神位到太庙，又追尊彭城王元劭为孝宣皇帝。临淮王元彧进谏说：“这种事情旷古未有，陛下的作为不符合法度，后世的人会怎么想呢？”北魏孝庄帝元子攸不听。

北魏元天穆将要进攻邢杲，因为北海王元颢正入境骚扰，于是召集文武群臣商议，大家都说：“邢杲的部属强盛，应当优先讨伐。”行台尚书薛琡说：“邢杲人马虽然众多，却是鼠窃狗偷之辈，没有什么远大抱负。元颢则是帝室近亲，此番前来号称举义兵，他的势力难以预测，应当先消灭他。”元天穆因为诸将多想攻打邢杲，同时北魏朝廷也认为元颢孤单势弱不足为虑，命令元天穆等人先平定齐地，然后回师攻打元颢，元天穆于是率兵向东进发去消灭邢杲。

元颢与陈庆之趁着空虚从铚城进兵攻克荥城，于是到达梁国；北魏丘大千有部队七万人，分筑了九座城来防御。陈庆之对他发动进攻，从天刚亮一直战到申时，攻克了他的三座城垒，丘大千请求投降。元颢登上高坛，烧柴祷告，就在睢阳城的南边即帝位，改年号为孝基。济阴王元晖业率领羽林兵二万人驻扎在考城，陈庆之攻克考城，俘虏了元晖业。

辛丑日（二十日），北魏上党王元天穆以及尔朱兆在济南将邢杲打败，邢杲投降，押送到洛阳，将他斩首。尔朱兆是尔朱荣的侄儿。

五月，丁巳日（初六），北魏派东南道大都督杨昱镇守荥阳，尚书仆射尔朱世隆镇守虎牢，侍中尔朱世承镇守崿岅。乙丑日（十四日），北魏孝庄帝元子攸下令内外戒严。

戊辰日（十七日），北海王元颢攻克梁国。元颢任命陈庆之为卫将军、徐州刺史，率兵向西推进。杨昱率领部属七万人，据守荥阳城，陈庆之攻打荥阳城，没有攻下，元颢派人游说杨昱投降，杨昱不接受。元天穆与骠骑将军尔朱吐没儿率领大军先后来到，梁朝的士兵都害怕了。陈庆之解去马鞍边喂马吃草料，边告诉将士："我们到这里以来，屠灭的城邑、攻占的地盘，确实不少；各位杀了人家的父兄，劫掠人家的子女，也无法计算；元天穆的部下，都是我们的仇敌。我们仅有七千人，敌人却有三十多万，今天的事，唯有抱着必死的决心才有可能生存，敌人的骑兵众多，不可以和他们野战，应该在他们还没有全部到达的时候，赶紧攻下他们的城而据守。各位不要再犹豫，否则自取被宰割的命运。"于是击鼓进兵，下令将士们向荥阳发起猛攻，将士就相率进入，像蚂蚁相附一样。癸酉日（二十二日），陈庆之攻陷荥阳，抓住了杨昱。诸将三百多人伏拜在元颢的帐前请求说："陛下渡过长江三千里，连一支箭的损耗都没有，昨日荥阳城下一朝死伤五百多人，希望杀死杨昱来解大家心头之恨。"元颢说："我在江东听到梁朝皇帝说，起初举兵攻京师时，袁昂守住吴郡不肯投降，梁武帝萧衍经常称许他为人忠诚、有节操。杨昱是个忠臣，怎么可以杀他？除他以外，其他人任你们处理。"于是杀了杨昱所部的统帅三十七人，挖出他们的心全部吃掉。不久，元天穆等人率兵围攻荥阳城，陈庆之率领骑兵三千人背城奋力作战，将他们打败了，元天穆、尔朱吐没儿全都逃走。陈庆之进兵攻打虎牢，尔朱世隆弃城逃走，俘虏了北魏东中郎将辛纂。

北魏孝庄帝元子攸打算离开洛阳以躲避元颢的军队，不知到哪儿去才好，有人劝他到长安，中书舍人高道穆说："关中已经荒芜残破，怎么可以再前往呢？元颢的士兵不多，乘虚攻了进来，这是因为将帅选择的不合适，所以才造成这种局面。陛下亲自率领宿卫，用重赏招募壮勇，背城一战，臣等人竭尽全力，那必定会打败元颢的军队。假如您担心胜负没有把握，那么车驾不如渡过黄河，征召大将军元天穆、大丞相尔朱荣，叫他们各自率兵前来会师，使两军相互策应，进军讨伐元颢，少则十日，多则一月，必定可以成功，这是万全的策略。"孝庄帝元子攸听从了。甲戌日（二十三日），孝庄帝向北方进发，当夜，到达河内郡的北边，命令高道穆在烛光下写诏书几十张，向远近的郡县通告，于是四方才知道孝庄帝在什么地方。乙亥日（二十四日），孝庄帝进入河内。

临淮王元彧，安丰王元延明，率领文武百官，封闭府库，准备法驾迎接元颢。丙子日（二十五日），元颢进入洛阳宫，改年号为建武，大赦境内。任命陈庆之为侍中、车骑大将军，增加封邑万户。杨椿当时在洛阳，而杨椿的弟弟担任冀州刺史的杨顺，担任北中郎将的侄子杨侃，现在都跟随北魏孝庄帝元子攸在河北。元颢的心中忌恨杨椿，可是因为他的家世显赫，担心失去人心，不敢诛杀他。有人劝杨椿逃亡出去，杨椿说："我一家上下有百口之多，有什么地方可以躲避呢？只好听天由命罢了。"

元颢的后军都督侯暄镇守睢阳作为后援，北魏行台崔孝芬、大都督刁宣前往围攻侯暄，日夜抢攻，戊寅日（二十七日），侯暄突围逃走，被北魏军擒获杀死。

上党王元天穆等人率兵四万人攻克了大梁，另外派遣费穆率兵两万人攻打虎牢，元颢派陈庆之进攻他们。元天穆害怕元颢，打算北渡黄河，对行台郎中济阴人温子升说："你打算前往洛阳，还是跟随我北渡？"温子升说："主上因为虎牢失守，因此这等狼狈。元颢刚刚进入洛阳，人心还没安定，现在前往进攻他，没有不胜的。大王平定京师，奉迎皇帝大驾回都，这是齐桓公、晋文公的作为。您不这样做却要向北渡河，私下替大王惋惜。"元天穆认为他说得对却不能采纳，于是率兵渡过黄河。费穆进攻虎牢，就要攻克时，听说元天穆向北渡河了，觉得自己没有后援，于是就向陈庆之投降了。陈庆之进兵攻击大梁城及梁国，将大梁、梁国全部攻克。陈庆之只有几千名部下，从铚县出发直到洛阳，共攻占了三十二座城，经历四十七次的战斗，每次都打胜仗。

元颢让黄门郎祖莹写信给北魏孝庄帝元子攸说："朕向梁朝流泪请兵，发誓要雪耻复仇，正想要向尔朱氏问罪，将你从桎梏中救出。你托命于豺狼，委身于虎口，暂时所得的人民与土地，本来是尔朱荣的东西，不是你的所有。现在国家的兴废，关键就在你和我。假如天道助顺，那么皇魏可以再兴；如果不这样，对尔朱荣来说是福，对你来说是灾祸。你应当再三考虑这点，富贵就可以保全。"

元颢进入洛阳之后，黄河以南的州郡多归顺他。齐州刺史沛郡王元欣集合文武百官商议应该投靠谁，说："北海、长乐都是皇室近亲，现在宗庙里供奉的先祖牌位没有改动，我打算接受北海王元颢的赦令，各位的意思怎样？"在座的人无不大惊失色。军司崔光韶独自抗言说："元颢受到梁朝的控制，引导敌人的军队前来覆灭我国，这是魏国的乱臣贼子，这不仅是大王的家族丑事令人感到切齿痛恨，下官等人受到朝廷的眷顾，所以不敢听从大王去投靠元颢！"长史崔景茂等人都说："军司所说得很对。"元欣于是杀了元颢所派来的使者。崔光韶是崔亮的堂弟。这时襄州刺史贾思同、广州刺史郑先护、南兖州刺史元暹也不接受元颢的命令。贾思同是贾思伯的弟弟。元颢任命冀州刺史元孚为东道行台、彭城郡王，元孚将书信封起来呈给北魏孝庄帝元子攸。平阳王元敬先在河桥起兵讨伐元颢，战败被杀。

北魏加封侍中、车骑将军、尚书右仆射尔朱世隆为使持节、行台仆射、大将军、相州刺史，镇守邺城。

北魏孝庄帝元子攸离开洛阳的时候，是他自己一个人骑着马出去的，侍卫及后宫依旧留在京城，没有迁动。元颢一旦得到政权，号令皆由自己发布，四方的百姓希望他励精图治。可是元颢认为自己是天命所归，渐渐有骄傲怠慢的心理，从前的宾客与亲近旧识，都受到宠爱与优待，干涉政事，日夜纵酒，不操心军国大事，跟随来的南方士兵，在市井间欺侮虐待百姓，朝野对他都很失望。高道穆的哥哥高子儒从洛阳逃出去跟随孝庄帝元子攸，孝庄帝问起洛阳的情形，高子儒说："元颢的失败就在旦夕之间，不值得担心。"尔朱荣听说孝庄帝离开洛阳北去，马上乘坐着驿站的马车飞速赶往长子县拜见孝庄帝，一面赶路一面部署对策。孝庄帝元子攸当天就踏上了返回洛阳之路，尔朱荣做前驱。不出十日光景，士兵大量集结起来，军用物资、粮食、兵器、器械，相继到达。六月，壬午日（初二），北魏大赦境内。

尔朱荣南下之后，并州及肆州不安定，于是任命尔朱天光为并、肆等九州行台，仍旧代理并州刺史的职务。尔朱天光到达晋阳，部署指挥，所辖地区全都安定下来。

己丑日（初九），费穆到达洛阳，元颢把他召进皇宫，以河阴事件责备他，把他杀了。

元颢让都督宗正珍孙和河内太守元袭据守河内；尔朱荣向他们进攻，上党王元天穆率兵前来会师。壬寅日（二十二日），尔朱荣等人攻陷了河内郡，杀了宗正珍孙与元袭。

辛亥日（六月无此日），北魏淮阴太守晋鸿献出湖阳城来投降梁朝。

闰月，己未日（初九），梁朝南康简王萧绩去世。

北魏北海王元颢进入洛阳做了皇帝之后，暗中与临淮王元彧、安丰王元延明商议打算背叛梁朝，因为混乱局面还没平定，需借助陈庆之的兵力，所以外表和谐内心各异，言语之间多有猜忌。陈庆之也暗中防备他，向元颢进言说："现今我们远道来到此地，尚未服从的还很多，他们倘若知道我们的虚实，大家联合起来，从四面攻打我们，我们凭什么抗拒他们！应当把这里的情况奏明我们梁国的皇帝，另外请求派遣精兵前来支援，并且敕令各州，假如有南朝人沦没在各州各郡的必须全部护送到洛阳来。"元颢打算听从他，元延明说："陈庆之的军队不过几千人，已经是难以控制，现在再增加他的部属，他怎肯再接受别人的指挥呢？大权一旦失去，行动便受人控制，魏朝的宗庙，从此就覆亡了。"又担心陈庆之秘密向梁武帝萧衍上奏，于是上表给梁武帝萧衍说："现在河北、河南一时之间已经平定，只有尔朱荣还敢顽抗，臣和陈庆之自然能够讨伐擒捉他。州郡刚刚服从，正需要加以慰抚，不应再行发兵，使百姓惶恐不安。"梁武帝萧衍于是下诏，命令正在继续前进的各军都停驻在边境上。

洛阳城中梁朝士兵不到一万人，可是羌、胡的军队却有十倍，军副马佛念向陈庆之进言说："将军威行河、洛一带，声名振动中原，功高权重，受到北魏的猜忌，一旦发生不可预测的事变，难道不令人担忧吗？不如趁着他们没有准备，杀掉元颢而占据洛阳，这是千载难逢的机会。"陈庆之不听从。元颢先前任命陈庆之为徐州刺史，陈庆之于是再三要求到徐州上任，元颢害怕他，不派他前往徐州，说："梁朝皇帝将洛阳这个地方全权委托给您，忽然听说您抛弃作为魏朝寄托的洛阳，打算前去彭城，会认为你急于求取富贵，不替国家考虑，这不仅对你有损害，恐怕我也要受到责罚。"陈庆之不敢再说话。

尔朱荣与元颢在黄河边上对峙。陈庆之守北中城，元颢占据南岸；陈庆之三天之中经历十一次战斗，杀伤敌人很多。有一群夏州义士替元颢守着河中渚，暗中与尔朱荣勾结，希望破桥立功，尔朱荣率兵前来接应。等到桥梁破坏，尔朱荣接应不及，元颢将他们全都杀了，尔朱荣感到很失望。又派安丰王沿着河岸坚守，尔朱荣率领的北边军队无船可以渡河，商议回到北方的并州，另外考虑下一步的行动。黄门郎杨侃说："大王从并州兴兵的时候，是已经知道夏州义士的计谋特地赶来接应呢，还是为了大展宏图匡复帝室呢？说到用兵这回事，何尝不是溃散之后重新集结，疮伤愈痊之后重又投向战场，何况现在没有什么损失，怎么可以因为一件事情不顺利就将所有的计谋突然放弃呢？现在百姓望眼欲穿，都在看明公这回的举动；假如这回没有成功，忽然率军退回，百姓大失所望，各自考虑何去何从，胜负所在，就很难说了。不如征调百姓的木材，多编一些桴筏，沿着河岸排列，几百里中，都做出将要渡河的样子，首尾相距很远，让元颢不知道在何处防守，一旦能够渡过，必定可以建立大功。"高道穆说："现在圣驾被迫外出，主上忧虑，臣下羞辱，大王拥有百万的军队，辅佐天子而号令诸侯，假如分出士兵编造木筏，分散开来到处抢渡，战胜敌人如动动指掌一般的容易，为何要放弃他们率兵北返，使得元颢又可以修缮城郭，营聚粮草，向天下征发军队？这就是人们所说的把小蛇养成了大蛇，到时候恐怕后悔都来不及了。"尔朱荣说："杨黄门已经提出这个计策，当一起商议。"刘灵助向尔朱荣进言说："不超过十天，河南一定可以平定。"伏波将军正平人杨櫆与他的族人住在马渚，说自己有几艘小船，请求做向导。戊辰日（十九日），尔朱荣命令车骑将军尔朱兆与大都督贺拔胜把木材编成木筏，从马渚西边的硖石山趁夜向南渡过黄河，偷袭元颢的儿子领军将军元冠受的军队，擒获了元冠受。安丰王元延明的部众听到了这个消息，大为溃散。元颢失去了依靠，率领部下的数百名骑兵向南逃走，陈庆之收聚步兵和骑兵数千人，结成阵势向东退回，元颢所获得的各城，一下子又向北魏投降了。尔朱荣亲自追击陈庆之，恰好遇到嵩山上下来的水势暴涨，陈庆之的军士死伤殆尽，陈庆之于是剃去胡须和头发扮成和尚，抄小路经过汝阴，回到建康，梁武帝萧衍仍然根据功劳授予陈庆之右卫将军，封永兴县侯。

中军大都督兼领军大将军杨津进入殿中宿卫，洒扫宫廷，封闭府库。出来到北面的邙山迎接北魏孝庄帝元子攸，痛哭流涕地向孝庄帝谢罪，孝庄帝慰劳了他一番。庚午日（二十日），孝庄帝元子攸入居华林园，大赦境内。任命尔朱兆为车骑大将军、仪同三司，凡是跟随尔朱荣从北方并州南来的军士和一直跟随在孝庄帝身边的文武百官以及没有投降元颢的官员一律加官五级，凡是河北向朝廷报告敌情的官员，以及河南没有投降元颢的官员一律加官两级。壬申日（二十二日），北魏孝庄帝元子攸加封大丞相尔朱荣为天柱大将军，增加封邑，与从前合计二十万户。

北海王元颢从轩辕南走，到达临颍，追随的骑兵分散，临颍县的士卒江丰将元颢杀了，癸酉日（二十三日），他的首级被传送到洛阳。临淮王元彧又回去归顺北魏孝庄帝元子攸，安丰王元延明携带他的妻子和儿女前来投奔梁朝。

陈庆之进入洛阳的时候，萧赞给陈庆之送书信请求返回梁国，这时萧赞的生母吴淑媛还活着，梁武帝萧衍让她拿萧赞小时候所穿的衣服寄给萧赞，东西还没有寄到洛阳，而陈庆之已经兵败而返。陈庆之从北方回来后，特别看重北方人，朱异感觉奇怪，问他什么原因，陈庆之说："我原先认为大江以北都是戎狄的地方，等到了洛阳之后，才晓得有才德、有名望的士大夫都在中原，不是江东所能赶得上的，为什么要看轻他们？"

甲戌日（二十四日），北魏任命上党王元天穆为太宰，城阳王元徽为大司马兼太尉。乙亥日（二十五日），北魏孝庄帝元子攸在都亭设宴慰劳尔朱荣、上党王元天穆以及跟随尔朱荣北来的督将，孝庄帝派出宫女三百人，又取出各类丝织品数万匹，按照不同等级分别对他们进行赏赐。所有接受元颢的爵位赏赐官阶和免除赋役的人，全都予以撤销。

秋季，七月，辛巳日（初二），北魏孝庄帝元子攸才进入洛阳的皇宫。

北魏任命高道穆为御史中尉。孝庄帝元子攸的姐姐寿阳公主外出时违反了皇帝出行的清道戒严令，手执赤棒负责开道的士卒呵斥她，她仍然不停止，高道穆下令士卒将她的车子打破。公主向孝庄帝哭诉，孝庄帝说："高中尉是个清高正直的人，他所执行的是公务，怎么可以拿私情责备他呢！"高道穆朝见孝庄帝，孝庄帝说："家姐出行犯了规，朕感到极为羞愧。"高道穆脱去帽子谢罪，孝庄帝说："朕对卿感到羞愧，卿为何谢罪。"

这时北魏有很多不合规则的小铜钱，一斗米将近值一千钱，高道穆上表，认为："市场上流通的铜钱，八十一钱得铜一斤，私自铸造的薄钱，每斤铜造两百钱还有剩余。朝廷一方面向人们显示私铸钱的厚利，又拿重刑加以禁止，犯罪受刑的虽然众多，私铸钱币的人仍然有增无减。现在钱徒然有五铢的名义，实际上却无两铢的实值，将它放在水面上，几乎不会沉没。这是互相因循，逐渐发展才变成现在这个样子的，条令管得不严，过失在于朝廷，他们又有什么罪呢！应当改铸大钱，载上年号文字，来标记开始的时间，这样一斤所铸成的只有七十钱，估计私铸所花费的无法收回成本，既然他们无利可图，自然会打消私铸的念头，更何况国家还要对其进行严厉的惩罚呢！"金紫光禄大夫杨侃也奏请让百姓与官府同铸五铢钱，使得百姓乐于去做而弊端自然改掉。北魏孝庄帝元子攸听从了他的建议，开始铸造永安五铢钱。

辛卯日（十二日），北魏任命车骑将军杨津为司空。

起初，北魏因为梁、益两州地处荒僻遥远，另外设立巴州来统治所有獠族，一共二十多万户，任命巴州的酋长严始欣为刺史，又设置隆城镇，任命严始欣的族侄严恺为镇将。严始欣贪残暴虐，魏肃宗元诩孝昌初年，各獠族造反，包围州城，行台魏子建安抚、劝谕他们，他们才逐渐解散。严始欣担心北魏朝廷会治他的罪，暗中请求投降梁朝，梁武帝萧衍派遣使者拿诏书、铁券、衣冠等物赏赐他，不料这些物品都被严恺所截获，严恺把这些都送给了魏子建。魏子建奏请改置隆城镇为南梁州，任命严恺为刺史，将严始欣幽囚在南郑。北魏派唐永做东益州刺史接替魏子建，派梁州刺史傅竖眼做行台。魏子建离开东益州不久，氐族与蜀人起来造反，唐永弃城逃跑，东益州于是沦陷了。

傅竖眼刚到梁州的时候，州人相互道贺，不久傅竖眼长久生病，无法处理政事。他的儿子傅敬绍，荒淫奢侈，贪婪横暴，州人都厌恶他。严始欣用重金贿赂傅敬绍，得以回到巴州，于是发兵攻击严恺，将严恺消灭，献出巴州投降了梁朝，梁武帝萧衍派遣将军萧玩等人带兵接应他。傅敬绍看到魏国局势正值混乱之时，暗中有据守南郑的打算，派遣他的妻兄唐昆仑到外头去煽动山民，相聚包围了南郑城，自己想做内应。山民已经包围城池，此时计谋泄露，城中将士一起逮捕傅敬绍，向傅竖眼报告然后把傅敬绍杀死，傅竖眼既羞耻又愤怒，就这样死了。

八月，己未日（初十），北魏任命太傅李延寔为司徒。甲戌日（二十五日），侍中、太保杨椿辞去官职回家养老。

九月，癸巳日（十五日），梁武帝萧衍驾临同泰寺，举办僧、尼、善男、信女都可以参加的佛教大法会。梁武帝脱掉皇帝的服装，穿着法衣，举行舍身寺庙的出家仪式，利用同泰寺自己曾经方便休息过的屋子当作修行的住所，睡的是光板床，用的是粗瓷瓦罐，乘坐小车，身边只有几个奴仆帮着干些粗活。甲子日（九月无此日），梁武帝萧衍登上讲经堂的法座，为那些和尚、尼姑、善男、信女开讲《涅槃经》的中心意旨。癸卯日（二十五日），梁朝群臣用一亿万钱向寺庙的主持祈告，请求赎回成了菩萨的皇帝，僧众默许了。乙巳日（二十七日），百官到达寺的东门，上表请求梁武帝回返皇宫，请求了三次，梁武帝才答应。梁武帝在给群臣的三次复信中，前后都称“顿首”（平辈之间写信常用的客气话）。

北魏尔朱荣派遣大都督尖山人侯渊前往蓟州征讨韩楼，配给他的士卒很少，骑兵只有七百人，有人向尔朱荣提到这事，尔朱荣说：“侯渊临机应变，是他的擅长；假如领导大军，未必能够运用。现在利用这些军队攻打这个寇贼，必定可以打败他。”侯渊于是虚张声势，伪装军队强大，准备了很多吃的、用的，亲自率领骑兵数百人深入韩楼的境内。离蓟城一百多里，与敌帅陈周的骑兵和步兵一万多人遭遇，侯渊潜伏起来从他们的背后发动进攻，将他们打败，俘虏了他们的士兵五千多人。随即归还他们的马匹与兵器，放他们进入蓟州县县城，身边的人都劝阻说："既然已经俘虏了贼众，为什么又还给他们马匹、兵器让他们回去呢？"侯渊说："我方的士兵少，不可以和他们拼实力战斗，必须使用奇计来离间他们，才可以战胜。"侯渊估计那些被放回的将士已经回到了他们的大本营，于是就率领骑兵连夜进发，第二天，天刚蒙蒙亮，侯渊的骑兵就开始进攻他们的城门。韩楼果然疑心那些投降返回来的士卒做侯渊的内应，于是逃走了；侯渊追上把韩楼擒捉住，幽州的叛乱宣告平定。北魏任命侯渊为平州刺史，镇守范阳。

先前，北魏派遣征东将军刘灵助兼尚书左仆射，前往濮阳、顿丘慰劳幽州的流民，趁机率领流民北返，与侯渊一同消灭了韩楼。朝廷于是让刘灵助代理幽州刺史，加封车骑将军，又做幽、平、营、安四州行台。

万俟丑奴进攻北魏的东秦州，将州城攻克，杀了刺史高子朗。

冬季，十月，已酉日（初一），梁武帝萧衍又在同泰寺举办僧、尼、善男信女都可以参加的佛教大法会，出家人以及俗众共五万多人参加。大会完毕，梁武帝萧衍乘着用黄金做装饰的车驾回宫，进入太极殿，大赦天下，改年号为中大通。

北魏任命前司空萧赞为司徒。

十一月，已卯日（初二），就德兴向北魏请求投降，营州平定。

丙午日（二十九日），北魏任命城阳王元徽为太保，丹杨王萧赞为太尉，雍州刺史长孙稚为司徒。

十二月，辛亥日（初四），梁朝兖州刺史张景邕、荆州刺史李灵起、雄信将军萧进明背叛了梁朝，投降北魏。

梁朝任命陈庆之为北兖州刺史。有个妖僧名叫僧强，自称天子，地方豪强蔡伯龙起兵响应他，聚集了三万人，攻陷了北徐州。陈庆之率军征讨，把僧强、蔡伯龙杀死。

北魏命岐州刺史王罴代理南秦州刺史，王罴设计诱捕州境的群盗，将他们都杀了。

资治通鉴卷第一百五十四　梁纪十

起止庚戌（公元530年），共一年。

【题解】本卷记录了公元530年一年间南梁与北魏两国的大事，正当梁武帝萧衍中大通二年。主要记录了尔朱荣先是命尔朱天光与贺拔岳讨伐万俟丑奴，接着尔朱天光又消灭了在水洛城称帝的略阳变民首领王庆云和万俟丑奴的余部万俟道洛，至此关陇地区全部平定；北魏孝庄帝元子攸在城阳王元徽、中书舍人温子升的协助下杀了尔朱荣与元天穆，孝庄帝虽起用一些名臣讨伐尔朱氏，但均失败，最后尔朱兆率领晋阳兵进入洛阳城，抓住元子攸，改立长广王元晔为帝，元子攸死在晋阳的三级佛寺；河西少数民族纥豆陵步蕃率军南下，尔朱兆在晋州刺史高欢的援助下击败纥豆陵步蕃，高欢因此得到葛荣的余部，又借口并州连年霜害且干旱，假称带降户去太行山东面就食，途中又抢了尔朱荣妻子的一些马匹，从而势力大增，摆脱了尔朱兆的控制，此外还记录了梁朝遣散义阳镇的军队，停止水旱漕运，沿长江以及洞庭湖、彭蠡湖一带的各州休养生息等。

高祖武皇帝十

中大通二年（庚戌，公元530年）

春季，正月，己丑日（十三日），北魏益州刺史长孙寿、梁州刺史元俊等人派遣将领进攻严始欣，把严始欣杀死，萧玩等人也战败而死，梁朝的军队损失了一万多人。

辛亥日（正月无此日），北魏东徐州城的百姓吕文欣等杀了刺史元大宾，据守州城造反，北魏派遣都官尚书平城人樊子鹄等人征讨他。二月，甲寅日（初八），樊子鹄斩杀了吕文欣。

万俟丑奴侵犯关中，北魏尔朱荣派遣武卫将军贺拔岳征讨他。

贺拔岳私下对他的哥哥贺拔胜说："万俟丑奴是强敌，现在我奉命进攻他，倘若不胜，一定会获罪；假如胜了，将会引起他人的嫉妒而进谗言诋毁我们。"贺拔胜说："那怎么办？"贺拔岳说："希望有一位尔朱氏的人出来做统帅，让我担任他的副手。"贺拔胜将这个意思告诉了尔朱荣，尔朱荣很高兴，任命尔朱天光为使持节、都督二雍二岐诸军事、骠骑大将军、雍州刺史，任命贺拔岳为左都督，又任命征西将军代郡人侯莫陈悦为右都督，一起做尔朱天光的副手而进兵讨伐万俟丑奴。

尔朱天光刚出发时，只配给军士一千人，尔朱荣向洛阳以西沿路的百姓征调马匹供给尔朱天光。此时赤水的蜀贼切断道路，朝廷下诏命侍中杨侃先前去抚慰、劝说，同时征收他们的马匹，贼寇犹豫不决。大军到了潼关，尔朱天光不敢前进，贺拔岳说："蜀贼是鼠窃之辈，明公还犹豫不敢前进，假如遭遇大敌，将怎样作战？"尔朱天光说："今天的事，全权委托你了。"贺拔岳于是进兵，在渭水北边对蜀贼展开进攻，把他们打败了，得到两千匹马，选择贼军中强壮体健的充当军士，同时征收了百姓的马一万多匹。由于军士人数很少，停了很久没有前进。尔朱荣大怒，派遣骑兵参军刘贵乘着驿马到军中来责备尔朱天光，杖击了尔朱天光一百军棍，调派了军士两千人增援他。

三月，万俟丑奴亲自率领他的部下围攻岐州，派遣他的大行台尉迟菩萨、仆射万俟仵从武功南渡渭水，围攻北魏军队的营栅，尔朱天光派贺拔岳率领骑兵一千人前去救援。尉迟菩萨等人已经攻克营栅撤走了，贺拔岳故意大肆杀掠他们占领区的官吏和百姓向他们挑战，尉迟菩萨率领步兵与骑兵两万人到了渭水北边，贺拔岳带着轻骑几十人从渭水南岸与尉迟菩萨隔水对话，宣扬国威，尉迟菩萨命令负责在两军阵前往来传达言语的人传话给贺拔岳，贺拔岳发怒说："我与尉迟菩萨说话，你是什么人！"用箭将传话的人射死了。第二天，贺拔岳又带着百余骑兵隔着渭水与贼寇对话，渐渐将贼军引向了东边，到了水浅可渡的地方，贺拔岳就驰马向东边跑。贼寇认为他要逃走，就丢弃了步兵，轻骑南渡渭水追赶贺拔岳。贺拔岳沿着丘陵设置伏兵等候他们，贼寇一半人马刚渡过丘陵以东，贺拔岳回兵攻击他们，贼兵战败逃走。贺拔岳下达命令，贼兵下马的不得杀害，贼兵纷纷弃马，很快虏获了三千人，马匹也都没有跑失，随后又俘虏了尉迟菩萨。贺拔岳率军接着渡过渭水北岸，投降的步兵有一万多人，并且缴获了他们所有的军用物资。万俟丑奴听说了这个消息，立即放弃岐州，向北逃到安定，在平亭建立营栅。尔朱天光这才从雍州到达岐州，与贺拔岳会师。

夏季，四月，尔朱天光到达汧水和渭水之间，驻扎军队，放牧马匹，宣言说："天气渐渐炎热，不适合行军，等到秋天凉爽时再考虑北上。"有部下擒获了万俟丑奴的侦察兵，故意放他逃走。万俟丑奴相信了侦察兵的话，解散他的部下在细川耕作，派遣他的太尉侯伏侯元进率领士兵五千人，依靠险要之地建立营栅，其余千人以下所建立的营栅还有很多。尔朱天光知晓他们的势力已经分散，傍晚时分，暗中严令诸军，相继进发，到了黎明，包围进攻侯伏侯元进的营栅，把营栅攻陷了，所获得的俘虏，全部释放，各营栅听到这个消息全都出来投降。尔朱天光日夜进兵，直接来到安定城下，贼寇泾州刺史侯几长贵率领全城投降。万俟丑奴放弃平亭逃走，想要前往高平。尔朱天光派遣贺拔岳率领轻骑追赶他，丁卯日（二十二日），贺拔岳在平凉追上了万俟丑奴。万俟丑奴的军队还没有来得及排成阵势，直阁代郡人侯莫陈崇单骑冲入贼寇军中，在马上生擒了万俟丑奴，并大声喊叫，众人都四散逃开，没有人敢阻挡他，跟在后面的骑兵陆续赶到，贼众崩溃，于是将他们打得大败。尔朱天光进兵高平，城里的人逮捕了萧宝寅，押送给尔朱天光，全都向尔朱天光投降。

壬申日（二十七日），梁朝任命吐谷浑王佛辅为西秦、河两州刺史。

甲戌日（二十九日），北魏因为关中平定，大赦境内。万俟丑奴、萧宝寅被押送到洛阳，安置在阊阖门外的大街上示众，男女百姓聚集围观了三天。丹杨王萧赞上表请求赦免萧宝寅一死，吏部尚书李神俊、黄门侍郎高道穆一向与萧宝寅关系亲密友好，也打算帮助萧赞替萧宝寅求情，对北魏孝庄帝元子攸说：“萧宝寅叛逆的事情，发生在前朝。”这时恰好应诏而来的王道习从外地来到洛阳面见孝庄帝，孝庄帝问王道习说：“卿在外面听到了什么话？”王道习回答说：“只听说李尚书、高黄门与萧宝寅极为友爱，两人都有进言的身份，一定能保全他。况且两人说萧宝寅叛逆的事情发生在前朝，但是萧宝寅做万俟丑奴的太傅，难道不是在陛下在位的时候吗？叛逆的臣子倘若不加剪除，法令将怎样推行！”孝庄帝元子攸于是赐萧宝寅在驼牛署自杀，将万俟丑奴在闹市中斩首示众。

六月，丁巳日（十三日），梁武帝萧衍又封北魏汝南王元悦为魏王。

戊寅日（六月无此日），北魏诏令胡太后的亲属凡是在朝廷受有爵位的全部贬为百姓。

庚申日（十六日），梁武帝萧衍任命北魏降将范遵为安北将军、司州牧，跟随魏王元悦北返回北魏另立朝廷。

万俟丑奴失败以后，从泾州、豳州以西直到灵州，所有贼党都投降了北魏，只有万俟丑奴所委派的行台万俟道洛率领部属六千人逃入山中，不愿意投降。这时高平发生大旱灾，尔朱天光由于马缺乏粮草，撤退驻扎在城东五十里的地方，派遣都督长孙邪利率领两百人代理原州刺史镇守在原州。万俟道洛暗中与城中百姓串通，突然袭击长孙邪利，连他的部属一起都杀了。尔朱天光率领大军赶去，万俟道洛出来迎战，战败，率领他的部下向西逃入牵屯山，占据险要地点据守。尔朱荣因为尔朱天光损失了长孙邪利，又没有逮到万俟道洛，就派遣使者来到军中杖责了尔朱天光一百军棍，以孝庄帝元子攸的名义发布诏书贬黜尔朱天光为抚军将军、雍州刺史，降低他的爵位为侯。

尔朱天光率军至牵屯山追击万俟道洛，万俟道洛战败逃走，进入陇山，归附略阳贼寇的首领王庆云。万俟道洛骁勇果断无与伦比，王庆云得到了他，十分高兴，认为可以成就大事，于是在水洛城称帝，设置百官，任命万俟道洛为大将军。

秋季，七月，尔朱天光率领诸军进入陇山，抵达水洛城，王庆云、万俟道洛出来迎战，尔朱天光射中了万俟道洛的手臂，万俟道洛丢下弓箭，回身逃走，尔朱天光于是攻克了水洛城的东城。贼寇一起赶往西城，城中没有水，大家又口渴又疲乏，有投降的人说王庆云、万俟道洛想要突围。尔朱天光担心他们跑掉，就派人招抚王庆云要他们早日投降，说："假如不能自己做决定，可以让你们今天晚上一同商议，明天早上早一点回话。"王庆云等人希望能够得到时间稍为休息，然后等到晚上突围出去，就回复说："请求等到明日。"尔朱天光于是派人对他们说："我知道你们需要水，现在我们暂且稍微后退一点，任凭你们从山涧取水来喝。"贼众大喜，不再有逃走的念头。尔朱天光秘密派遣军士多做木枪，各长七尺，日落以后，环绕城边布置好，重要的路口特别加厚，又让士兵埋伏在枪丛中，防备贼寇突围，同时下令在城北暗中绑缚长梯。当天晚上，王庆云、万俟道洛果然骑着马飞快地从水洛西城突围而出，遇到了木枪，马都受伤倒地，立即俘虏了王庆云、万俟道洛。军士沿着长梯爬入城中，贼寇的余党都从城南冲出，遇到了木枪无法前进，走投无路之下只好请求投降。丙子日（初三），尔朱天光将他们的兵器没收，然后将他们全部活埋，死亡的有一万七千人，将他们的家属分赏将士。于是三秦、河、渭、瓜、凉、鄯州都投降了北魏。

尔朱天光驻军在略阳，北魏下诏恢复尔朱天光的官爵，不久加封侍中、仪同三司。任命贺拔岳为泾州刺史，侯莫陈悦为渭州刺史。秦州城中的百姓密谋杀死刺史骆超，南秦州城中的百姓密谋杀死刺史辛显，骆超、辛显及时发觉了他们的阴谋，逃走归附了尔朱天光，尔朱天光派遣军队讨平了叛乱的百姓。

步兵校尉宇文泰追随贺拔岳进入关中，因为功绩升迁为征西将军，代理原州刺史。此时关、陇一带民生凋敝，宇文泰用恩惠、诚信安抚他们，百姓都很感激他、乐于接受他的管理，他们说："若是早先遇到宇文泰来做刺史，我们哪会跟随叛乱呢！"

八月，庚戌日（初七），梁武帝萧衍在德阳堂饯别魏王元悦，派遣军队送他到边境。

北魏尔朱荣虽然驻军于晋阳，却遥控朝政，培植亲近的党羽，安排在孝庄帝元子攸的左右，伺察朝廷的动静，大小事情尔朱荣一定知道。孝庄帝虽是受到尔朱荣的控制，但是生性勤于政事，朝夕不倦，多次亲自阅览辞讼，审理冤狱，尔朱荣听说了这种情形，心里很不高兴。孝庄帝又与吏部尚书李神俊商议整顿官吏的选拔，尔朱荣曾经补授过一位曲阳县令，事后才向吏部报备，李神俊认为官阶相差悬殊，没有同意，另外改派他人。尔朱荣因此大怒，就派遣他所补的人前往夺取职位。李神俊因为惧怕尔朱荣的权势，就辞去了吏部尚书之职，尔朱荣让尚书左仆射尔朱世隆代理吏部尚书。尔朱荣向朝廷推荐在北方州镇任职的人担任河南诸州的刺史，孝庄帝元子攸没有答应；太宰元天穆入朝晋见孝庄帝当面请求批准，孝庄帝还是不准。元天穆说："天柱将军既然对国家有大功，又担任国家的宰相，假如请求撤换天下所有的官，陛下也不得违背，为何他请求任用几个人当刺史，您竟然不准许呢！"孝庄帝元子攸态度严肃地说："天柱将军倘若不想做人臣，那么连朕也可以被撤换；倘若他还保存做臣子的品节，没有撤换天下百官的道理。"尔朱荣听说后，大为愤怒，说："天子是靠着谁的力量而当上的？现在居然不采纳我的意见！"

尔朱皇后生性嫉妒，经常发脾气。孝庄帝元子攸派遣尔朱世隆对她讲明大道理，皇后说："天子由我们家拥立，现在却这样；我的父亲假如原来自己做天子，现在什么事情都可以决定。"尔朱世隆说："正因为没有自己做，假如原来就自己做，臣现在也封王了。"

孝庄帝元子攸在外面受到尔朱荣的逼迫，里面受到皇后的欺压，所以常常怏怏不乐，不把做天子当成乐事，只庆幸寇盗没有平息，盼望他们与尔朱荣相抗拒。等到关、陇平定之后，捷报传来的那一天，却不十分高兴，对尚书令临淮王元彧说："从今以后天下便没有盗贼了。"元彧看到孝庄帝元子攸的脸色不高兴，说："臣担心贼寇平定之后，才更使圣上忧虑。"孝庄帝元子攸担心其他的人听到元彧的话感到奇怪，就用别的话来岔开，说："是啊！抚慰安定战乱之后的百姓，更为不容易。"尔朱荣看到四方无事，上奏章说："参军许周劝说臣取得九锡的恩宠，臣不喜欢他的话，已经予以斥责，将他赶走了。"尔朱荣时常希望得到特殊的礼遇，所以拿这个话暗示朝廷，孝庄帝元子攸实在不想给他九锡的待遇，就称赞他的忠贞。

尔朱荣喜好打猎，不分寒暑，让军队布列成围而前进，命令士卒一定行动整齐，即使遇到艰难险阻，也不得避开，如果有一只鹿逃出，一定有几个人因而被处死。一次，有一个士兵看见老虎而逃跑，尔朱荣对他说："你怕死吗？"立即将他杀了，以后每次打猎，士卒仿佛上战场一样。有一回看见老虎在荒僻的山谷中，尔朱荣命令十几人空手捉拿它，不可以让它受到损伤，死亡了好几人，最后总算把它生擒了，尔朱荣就拿这个当乐趣，他的部下都觉得很痛苦。太宰元天穆曾经装作很随意似的对尔朱荣说："大王的功勋、事业已经很盛大，四方无事，这时应当修政养民，顺应时节进行搜捕狩猎，何必要在盛暑的时候打猎驱逐，损害了天地的和气呢？"尔朱荣卷起袖子说："胡太后是个女主，无法自己管理好朝廷的政事，因此我才拥立当今的天子，是人臣的一般品节。葛荣这一伙人，原本都是奴才，趁着时机起来作乱，好像奴隶和走狗，我把他们擒获就算了。近来受到国家的大恩，没能统一天下，怎么可以说我已经建立了丰功伟业呢？好像听说朝廷官员生活还是懒散放纵，今年秋季想要与我兄您一起指挥士马，到嵩山去打猎，命令朝廷的贵臣入围搏虎，然后我就向南通过鲁阳，经历三荆，把那些尚未归附的蛮族人全部俘获，再向北去抚慰北部边境上的六镇中饱受灾难的民众，回军的时候，顺便扫平汾州一带的匈奴人。明年，选拔精锐的骑兵，分别向长江与淮水进兵。

萧衍假如投降，就封他为万户侯；假如不投降，我就率领几千骑兵直接渡江把他捉住捆绑起来。然后与我兄一起侍奉天子，巡狩四方，这样才可以称为建立了功勋。现在假如不常常打猎，兵士懈怠，怎么能够再用呢？”

城阳王元徽的妃子，是北魏孝庄帝元子攸舅舅的女儿；侍中李彧，是李延寔的儿子，是孝庄帝的姐夫。元徽和李彧想要得到孝庄帝的宠爱，掌握大权，厌恶尔朱荣妨碍自己，天天在孝庄帝跟前毁谤尔朱荣，劝孝庄帝把他除掉。孝庄帝汲取了河阴惨祸的教训，担心尔朱荣最后还是靠不住，因此暗中有除去他的想法，侍中杨侃、尚书右仆射元罗也参与了这项计划。

恰好这时尔朱荣请求入朝，想要探视皇后生产。元徽等人就劝孝庄帝元子攸趁他入朝的机会杀他。只有胶东侯李侃晞、济阴王元晖业说：“尔朱荣倘若来京，一定有防备，恐怕没法算计他。”又打算杀尔朱荣的党羽，发兵抵抗他。孝庄帝犹豫未定，而洛阳城中的每个人都提心吊胆，中书侍郎邢子才这类人甚至离开洛阳向东逃去，尔朱荣给朝廷的每一位官员都送去了一封书信，表示或去或留随他们的意。中书舍人温子升将尔朱荣的信呈给孝庄帝看，孝庄帝一直希望他不来，等到看了信，知道尔朱荣一定会来，脸色很不高兴。邢子才，名劭，字子才，人们用他的字称呼他，他是邢峦的族弟。这时的人多以字通行，旧史都沿袭下来没有改变。

武卫将军奚毅，于孝庄帝元子攸建义初年以来往来传递命令，孝庄帝一向对他很看重，但还是由于他是尔朱荣所亲信的人，不敢跟他说心里话。奚毅说：“倘若一定发生事变，臣宁愿为陛下牺牲，也不愿侍奉一个匈奴人。”孝庄帝说：“朕保证对天柱没有二心，但是对卿的忠诚也不敢忘记。”

尔朱世隆疑心孝庄帝元子攸打算发动事变，就写了匿名信贴在自己的门上说：“天子与杨侃、高道穆等人设下计谋，想要杀死天柱。”尔朱世隆把匿名信拿了呈给尔朱荣。尔朱荣仗恃自己的强大，不将这件事放在心上，把信给撕了，往地上吐了一口唾沫说："尔朱世隆没有胆量。谁敢算计我呢！"尔朱荣的妻子北乡长公主也劝尔朱荣不要进京，尔朱荣不听。

这个月，尔朱荣率领了四五千骑兵从并州出发，当时的人都说"尔朱荣要造反"，又说"天子必定会对付尔朱荣"。九月，尔朱荣到达洛阳，当时孝庄帝元子攸立即就想杀掉他，因为太宰元天穆在并州，担心成为后患，所以隐忍下来没有发动，同时征召元天穆回朝。有人告诉尔朱荣说："孝庄帝打算算计你。"尔朱荣就将这件事奏禀给孝庄帝，孝庄帝说："外边的人也说大王打算要害我，怎么可以相信他们的胡说？"于是尔朱荣不再有所疑虑，每次进宫谒见孝庄帝元子攸，随从的人不过几十个，又都空身不拿兵器。孝庄帝想停止杀他的计划，城阳王元徽说："就算尔朱荣不造反，对他也怎么能够忍受，何况造反不造反又无法保证？"

在此之前，有彗星出现在中台星的位置，扫过大角星；恒州人高荣祖很懂得天文，尔朱荣就问他彗星出现的意义，高荣祖说："这是除旧布新的征兆。"尔朱荣极为高兴。尔朱荣到了洛阳，行台郎中李显和说："天柱将军到来，怎能不加九锡，何必要大王自己开口要求呢！天子也未免太不能见机而做了。"都督郭罗刹说："今年其实可以做禅让的文告，何止是九锡而已。"参军褚光说："人家都说并州城上有紫气，何必担心不应在天柱将军的身上呢！"尔朱荣的部下对孝庄帝元子攸的左右亲近大加欺侮，无所顾忌，所以这些话孝庄帝都听闻了。

奚毅又觐见孝庄帝元子攸，请求私下与孝庄帝说话，孝庄帝立即离开明光殿和他谈话，知晓他诚心诚意，于是召见城阳王元徽与杨侃、李彧，将奚毅的话告诉了他们。尔朱荣的幼女嫁给孝庄帝哥哥的儿子陈留王元宽，尔朱荣曾经指着元宽说："我终会得到这位女婿的帮助。"元徽把这件事报告给孝庄帝，说："尔朱荣担心陛下最后成为自己的祸害，倘若有东宫，必定要求立幼孩，如果皇后不生太子，那就立陈留王吧！”孝庄帝梦见自己拿刀割掉了十个指头，醒来之后心里厌烦，就把自己做的梦告诉了元徽和杨侃，元徽说：“人一旦被毒蛇咬到了手，壮士就拿刀断腕来保全自己的性命，割掉指头也属于这类，这是吉祥的事。”

戊子日（十五日），元天穆到达洛阳，孝庄帝元子攸出城迎接他。尔朱荣与元天穆一起跟随孝庄帝进入西林园宴饮射箭，尔朱荣上奏说：“近来陛下的侍从官都不练习武艺，陛下应该带领五百个骑兵出去打猎，借机缓解一下，察看下面上报的诉讼材料的辛苦。”在这以前，奚毅说尔朱荣打算借着打猎的机会挟持天子迁都，因此孝庄帝更加怀疑他存心不轨。

辛卯日（十八日），孝庄帝元子攸召见中书舍人温子升，告诉他想要杀尔朱荣的事情，并且问他当年王允杀董卓的经过，温子升就把这件事的前因后果详细地对孝庄帝说了，孝庄帝说：“王允倘若马上赦免凉州人，一定不会到达这个地步。”过了许久，孝庄帝对温子升说：“我内心在想什么，卿是完全知道的。就算会死也必须去做，何况不一定会死，我宁可像高贵乡公曹髦那样去死，不愿像常道乡公曹奂那样活着！”孝庄帝认为杀了尔朱荣与元天穆以后，马上赦免他们的党羽，那么他们应该不会有所行动。应诏官王道习说：“尔朱世隆、司马子如、朱元龙特别受到尔朱荣的信任，他们对于天下的虚实知道得很清楚，臣以为不该留下他们。”元徽与杨侃两人都说：“假如尔朱世隆被杀，尔朱仲远和尔朱天光哪有归来的道理！” 孝庄帝元子攸认为他们这个考虑不错。元徽说：“尔朱荣腰间经常有刀，情急拼命也许会伤人，到时希望陛下起身避开。”于是埋伏了杨侃等十几个人在明光殿的东边。到了那天，尔朱荣与元天穆一起进来，坐下吃饭还没等结束，就起身告辞而出，杨侃等人从东阶上殿，看到尔朱荣与元天穆已经走到庭院当中，刺杀的事情没有成功。

壬辰日（十九日），是孝庄帝元子攸父母的忌日；癸巳日（二十日），是尔朱荣父母的忌日。甲午日（二十一日），尔朱荣入殿没待多久，就前往陈留王元宽的家里饮酒，喝得大醉，于是说自己疾病发作，一连好几天没有入殿。孝庄帝的密谋逐渐泄露出去，尔朱世隆又将这事向尔朱荣报告，并且劝他赶紧采取行动，尔朱荣蔑视孝庄帝，认为孝庄帝不会有什么作为，说："何必那么着急！"

参与孝庄帝元子攸计谋的人都心生恐惧，孝庄帝感到很担心。城阳王元徽说："拿皇后生下太子做借口，尔朱荣必定入朝，利用这个机会杀了他。"孝庄帝说："皇后怀孕才九个月，这样说行吗？"元徽说："妇人还没到期就早产的很多，他一定不会怀疑的。"孝庄帝听从了。戊戌日（二十五日），孝庄帝在明光殿的东厢房埋伏下了勇士，宣布说皇子诞生，派元徽骑着马飞快地到尔朱荣的宅第告诉他。尔朱荣正在与上党王元天穆赌博，元徽脱掉尔朱荣的帽子，欢舞盘旋，向他祝贺，再加上殿内文武百官传声催促，尔朱荣于是相信了，与元天穆一同入朝。孝庄帝听说尔朱荣来了，惊慌失色，中书舍人温子升说："陛下脸色变了。"孝庄帝连忙要酒来喝。孝庄帝命令温子升草拟实行大赦的文告，写成之后，拿着走出，碰见尔朱荣从外边进来，问温子升说："是什么文书？"温子升脸色不变，说："是敕文。"尔朱荣没取来看就进去了。孝庄帝在东厢房下面朝西坐，尔朱荣、元天穆在御榻的西北方面朝南坐。元徽进来，刚一叩拜，尔朱荣就看到光禄少卿鲁安、典御李侃晞等人拔刀从东边的门进来，他立即起身跑向孝庄帝的座位，孝庄帝事先横放一把刀在膝下，于是亲手杀了尔朱荣，鲁安等人乱砍，尔朱荣与元天穆同时都被杀死。尔朱荣的儿子尔朱菩提与车骑将军尔朱阳睹等三十几人跟随尔朱荣入宫，也都被伏兵杀了。孝庄帝得到了尔朱荣上朝奏事用的手板，上面有几道启奏书，都是孝庄帝左右侍从或去或留的名单，不是尔朱荣的心腹的全在遣出的名单内，孝庄帝说："这小子倘若过了今天，就无法制伏了。"于是内外欢喜叫喊，声音充满整个洛阳城。百官入殿道贺。孝庄帝登上阊阖门，下诏大赦，派遣武卫将军奚毅、前燕州刺史崔渊率兵镇守黄河北岸的河桥城。当天晚上，北乡长公主率领尔朱荣的部属，放火烧西阳门，离开洛阳城驻扎在黄河以南的河阴。

卫将军贺拔胜与尔朱荣的党徒田怡听说尔朱荣被杀的消息，奔往尔朱荣的宅第。这时宫殿的门还没有增派士兵严密防守，田怡等人商量立即攻打殿门，贺拔胜阻止他们说："天子既然要对太原王下手，一定有准备，我们人数少，怎么可以轻举妄动呢？姑且先出城去，再做其他的打算。"田怡这才作罢。等到尔朱世隆等人逃走之后，贺拔胜没有跟他们一起逃走，孝庄帝元子攸对他的表现非常称赞。朱瑞虽是尔朱荣所委派的人，但是他在朝廷与其他人相处得相当好，孝庄帝也对他不错，所以朱瑞跟随尔朱世隆逃走却半路跑了回来。

尔朱荣一向对金紫光禄大夫司马子如很好，尔朱荣被杀，司马子如从宫中闯了出来，到尔朱荣的宅第，抛弃家眷，追随尔朱荣的妻子逃出城外。尔朱世隆立刻想要回到北方的并州，司马子如说："兵不厌诈，现在天下动乱，只看你是不是强盛。这种时候，不可以弱示人，假如仓促往北方逃走，恐怕在自己的身边就会有人发动叛变。倒不如分一部分兵力守住河桥，回转军队杀回洛阳，出其不意，也许可以成功。就算不能如愿，也足够表示我们有余力，使天下害怕我们的强大，不敢背叛散离。"尔朱世隆听从了他的话。己亥日（二十六日），进攻河桥，擒获了奚毅等人，将他们杀了，占据了河桥城。北魏朝廷大为恐惧，派遣前华阳太守段育抚慰开导他们归顺朝廷，尔朱世隆将他们斩首示众。

北魏任命雍州刺史尔朱天光为侍中、仪同三司。任命司空杨津为都督并肆等九州诸军事、骠骑大将军、并州刺史，兼尚书令、北道行台，经营治理黄河、汾水一带。

尔朱荣进入洛阳的时候，把高敖曹带在身边，囚禁在驼牛署。尔朱荣死之后，孝庄帝元子攸接见高敖曹，慰劳勉励他。他的哥哥高乾从东冀州赶赴洛阳，孝庄帝任命高乾为河北大使，高敖曹为直阁将军，让他们回到自己的家乡，招集乡勇，做朝廷的外援。孝庄帝送他们到河桥，举起酒杯指着河水说："你们兄弟都是冀州的豪杰，能使士卒拼死效命，京城倘若有变，可替朕到黄河边上跑一趟。”高乾流泪接受诏令，高敖曹拔剑拜舞，发誓一定以死来报效。

冬季，十月，癸卯朔日（初一），尔朱世隆派遣尔朱拂律归率领胡骑一千人，都穿着丧服，来到洛阳城的外城下面，索要太原王尔朱荣的尸体。孝庄帝元子攸登上大夏门观看，派遣主书牛法尚对他们说：“太原王建立功劳不能有始有终，阴谋叛逆，王法不分亲疏，已经将他按照法律进行了惩处。罪只在尔朱荣一个人，其他人都不予追究。卿等倘若投降，官爵仍旧。”尔朱拂律归说：“臣等人追随太原王入朝，突然遭到残酷的冤杀，现在不忍心空手回去。希望得到太原王的尸体，臣等生死无遗憾。”一边说一边痛哭流涕，悲哀的情绪不能控制，所有胡人都伤心痛哭，声音震动京城。

孝庄帝元子攸也为此感到悲伤，派遣侍中朱瑞持铁券赐给尔朱世隆。尔朱世隆对朱瑞说：“太原王功勋等同天地，忠心效命国事，长乐王不顾当年发过的誓言，冤枉地予以屠害，现在两行铁字，怎么可以信任！我替太原王报仇，绝对没有投降的道理！”朱瑞回到京师，向孝庄帝报告，孝庄帝令人拿出库藏的财物放置在洛阳城的西门外边，招募敢死之士征讨尔朱世隆，一天就得到一万人，与尔朱拂律归等人在外城交战。尔朱拂律归等人在军旅中长大，洛阳的人不娴习战斗，多次交战都没有获胜。甲辰日（初二），朝廷任命前车骑大将军李叔仁为大都督，率领军队征讨尔朱世隆。

戊申日（初六），皇子诞生，北魏大赦境内。北魏任命中书令魏兰根兼尚书左仆射，做河北行台，定、相、殷三州都接受魏兰根的节度。

尔朱氏的军队还在洛阳城下，孝庄帝元子攸召集群臣广泛商议，大家都心怀恐惧，不知道如何是好。通直散骑常侍李苗撩衣站起来说：“现在贼寇这样猖狂，朝廷有不可预测的危难，正是忠臣烈士效命的时候。臣虽然不勇敢，请求率领五百人为陛下去砍断河桥。”城阳王元徽、高道穆都觉得这个办法很好，孝庄帝元子攸就答应了他。乙卯日（十三日），李苗招募人员在夜里从马渚上游乘船而下，离开桥几里远，开始放出火船焚烧河桥，速度很快，一下子就到了河桥。尔朱氏的士兵在南岸，远远望见，争着拥上桥向北逃跑，不久桥断了，溺死的很多。李苗率领一百多人停泊在小洲上等待南面朝廷的援军，官军却没有到来，尔朱氏的军队迫近攻击他，李苗身边的人全都战死了，李苗跳水自杀。孝庄帝为李苗的死感到悲伤惋惜，追赠李苗为车骑大将军、仪同三司，封河阳侯，谥称忠烈。尔朱世隆也收兵向北方逃走。丙辰日（十四日），孝庄帝元子攸下诏命行台源子恭率领步兵及骑兵一万人从西路出发，杨昱率领招募来的敢死队八千人从东路出发，分两路进讨。源子恭于是镇守太行丹谷，修建营垒以此防御。尔朱世隆到达建州，刺史陆希质关闭城门坚守，尔朱世隆将城池攻陷，屠杀了全城的人，以此来发泄他的怒气，只有陆希质逃走而免于一死。孝庄帝元子攸下诏任命前东荆州刺史元显恭为晋州刺史，兼任尚书左仆射、西道行台。

北魏东徐州刺史广牧人斛斯椿一向依附尔朱荣，尔朱荣被杀以后，斛斯椿心怀恐惧，听说汝南王元悦在边境上，就率领部众弃州归附元悦。元悦任命斛斯椿为侍中、大将军、司空，封灵丘郡公，又做大行台前驱都督。

汾州刺史尔朱兆听说尔朱荣被杀的消息，从汾州率领骑兵攻占晋阳；尔朱世隆到达长子，尔朱兆前来相会。壬申日（三十日），尔朱世隆、尔朱兆一同拥戴太原太守、代理并州刺史的长广王元晔即皇帝位，大赦境内，改年号为建明。元晔是元英弟弟的儿子。元晔任命尔朱兆为大将军，晋爵位为王；尔朱世隆为尚书令，赐爵乐平王，加封太傅、司州牧，又任命尔朱荣的堂弟尔朱度律为太尉，赐爵常山王；尔朱世隆的哥哥天柱长史尔朱彦伯为侍中；徐州刺史尔朱仲远为车骑大将军，兼任尚书左仆射、三徐州大行台。尔朱仲远也起兵向洛阳进发。

尔朱天光攻陷平凉的时候，宿勤明达请求投降，不久又再次叛乱，往北方逃去，尔朱天光派遣贺拔岳征讨他，宿勤明达投奔了东夏。贺拔岳听说尔朱荣被杀害的消息，不再继续追赶宿勤明达，回到泾州等待尔朱天光。尔朱天光与侯莫陈悦也从陇山下来，与贺拔岳商议率兵攻向洛阳。北魏孝庄帝元子攸派遣朱瑞前往安抚劝说尔朱天光，尔朱天光与贺拔岳商议，想要逼迫孝庄帝逃离洛阳，另外拥立一名皇室成员为帝，于是一再上书给孝庄帝说："臣实在没有异心，只是想要见陛下一面，申诉我们尔朱氏家族所蒙受的冤屈。"尔朱天光又命令他下面的部属上书给孝庄帝说："尔朱天光暗中有谋叛的意思，希望能够有万全的计策来防备他。"

范阳太守卢文伟诱使平州刺史侯渊出去打猎，然后关闭城门不让他入城。侯渊驻扎在郡南，为尔朱荣举行哀悼，然后指挥军队向南推进，来到中山，担任河北行台、尚书左仆射的魏兰根半路截击他，被侯渊打败。

北魏孝庄帝元子攸任命城阳王元徽兼大司马、录尚书事，总负责内外之事。元徽内心以为尔朱荣死了以后，枝叶自然会散落，等到尔朱世隆等人的军队从各处起兵进攻洛阳，党羽越来越多，元徽忧虑害怕，不知道怎么办才好。性情又多猜忌，不希望别人的地位超过自己，常常一个人与孝庄帝商谈，群臣有献计策的，元徽往往劝孝庄帝不要采纳，并且说："对付这些小贼，何必担心不能平定！"又吝惜财物，赏赐他人往往很微薄，有时原来赏得多，中途又把它减少了，有时给了人家却又追讨回来，所以只是白白浪费财物，恩惠却没有能使人感激。

十一月，癸酉朔日（初一），北魏孝庄帝元子攸任命车骑将军郑先护为大都督，与行台杨昱一同征讨尔朱仲远。

乙亥日（初三），北魏任命司徒长孙稚为太尉，临淮王元彧为司徒。

丙子日（初四），北魏孝庄帝元子攸加封雍州刺史广宗公尔朱天光的爵位为王。长广王元晔也封尔朱天光为陇西王。

尔朱仲远攻打西兖州，丁丑日（初五），攻克了西兖州，擒获了刺史王衍。王衍是王萧哥哥的儿子。癸未日(十一日),北魏孝庄帝元子攸任命右卫将军贺拔胜为东征都督。壬辰日(二十日),孝庄帝又任命郑先护兼任尚书左仆射,为行台,与贺拔胜一同讨伐尔朱仲远。戊戌日(二十六日),孝庄帝元子攸下诏罢免魏兰根行台的职务,任命定州刺史薛昙尚兼任尚书,为北道行台。郑先护不信任贺拔胜,安置他在营垒外面。庚子日(二十八日),贺拔胜与尔朱仲远在滑台东边交战,贺拔胜战败,投降了尔朱仲远。

起初,尔朱荣曾经很随意地问身边的人说:“万一有一天我不在了,哪一个人可以统领军队?”大家都说尔朱兆。尔朱荣说:“尔朱兆虽然作战时很勇敢,但是所率领的军队不能超过三千骑,超过就要乱了阵势。可以接替我的,只有贺六浑而已。”于是告诫尔朱兆说:“你不是他的对手,终会被他所制伏。”于是任命高欢为晋州刺史。等到尔朱兆率兵进攻洛阳,派遣使者召见高欢,高欢派长史孙腾前往参见尔朱兆,推辞说:“山里的蜀人还没有平定,目前正在征讨,不可以丢下离开,以免造成后患。山蜀平定以后,当隔着黄河与你构成一种相互合作、相互支援的形势。”尔朱兆心中不高兴,他对孙腾说:“你回去告诉高晋州,我得了一个吉祥的梦,梦见与我的先人登上高丘,高丘旁边有一块地,已经是久经耕种的良田,只剩下一些马蔺草,先人命令我将它拔去,我随手就将它们拔光了。依据这个梦推断起来,这次出兵,一定会无往而不胜。”孙腾回复高欢,高欢说:“尔朱兆这么狂妄愚昧,竟敢做出叛逆的事情,看来我无法长久侍奉尔朱氏了。”

十二月,壬寅朔日(初一),尔朱兆攻打丹谷,都督崔伯凤战死,都督史仵龙打开营垒请求投降,源子恭率军退出丹谷。尔朱兆率轻兵加快速度赶路,从河桥西边涉水渡河。先前,北魏孝庄帝元子攸因为河水又深河面又宽,认为尔朱兆无法很快渡河,这一天,水深不超过马腹。甲辰日(初三),突然刮起了沙尘暴,黄色的尘埃漫天,等到尔朱兆的骑兵叩打宫门,宿卫才发觉,弯弓想射箭,箭发不出去,大家四散逃跑。华山王元鸷,是元斤的玄孙,一向依附尔朱氏。孝庄帝元子攸刚刚听说尔朱兆率兵南下的时候，想要率领诸军征讨他，元鸷向孝庄帝进言说："黄河深达万仞，尔朱兆怎么能够渡过？"孝庄帝因此认为自己处境很安全。等到尔朱兆入宫，元鸷又约束侍卫不让他们战斗。孝庄帝徒步逃出云龙门外，遇到城阳王元徽乘马逃走，孝庄帝多次叫喊元徽，元徽不回头径自跑了。尔朱兆的骑兵俘虏了孝庄帝，锁在永宁寺楼上，孝庄帝感到非常寒冷，向尔朱兆讨要头巾，尔朱兆不给他。尔朱兆驻军在尚书省，使用天子金鼓，在庭院中设置报时的刻漏，扑杀皇子，污辱嫔妃公主，放纵士兵大肆劫掠，杀了司空临淮王元彧、尚书左仆射范阳王元诲、青州刺史李延寔等人。

城阳王元徽逃到伊、颍南山的南边，抵达前洛阳令寇祖仁的家中。寇祖仁一门之中有三个刺史，都是元徽所提拔的，因为有旧恩，所以投奔他。元徽携带了黄金一百斤，马五十匹，寇祖仁贪图他的财物，虽然表面上容纳了元徽，而私底下却对他的子弟说："好像听说尔朱兆悬赏捉拿城阳王，得到的可以封为千户侯。今天我们的富贵到了。"于是恐吓元徽说官捕就要来捉拿他，叫他逃到别的地方，派人在路上把他截杀了，送首级给尔朱兆，然而尔朱兆却不加予封赏。尔朱兆梦见元徽对自己说："我有黄金两百斤，马一百匹，在寇祖仁家中，卿可前往取走。"尔朱兆醒来之后，认为所做的梦是事实，就暗中前往逮捕寇祖仁，要他献出黄金和马匹。寇祖仁以为有人密告，立即就承认了，说："实在只得黄金百斤、马五十匹。"尔朱兆怀疑寇祖仁有所隐瞒，依照尔朱兆他自己的梦境进行索要，寇祖仁家原有黄金三十斤，马三十匹，全部都交出来给尔朱兆。尔朱兆还是不相信，一怒之下，逮捕寇祖仁，将他的头悬挂在高树上，用大石头掷击他的脚，一直捶击到死为止。

尔朱世隆到达洛阳，尔朱兆认为是自己的功劳，责备尔朱世隆说："叔父在朝廷的时间久，耳目应当很广，怎么使得天柱将军遭受横祸？"按剑怒目，声色俱厉。尔朱世隆低声下气地向尔朱兆谢罪行礼，尔朱兆这才作罢，因为这件事，尔朱世隆从此深深地恨上了尔朱兆。

尔朱仲远也从滑台抵达洛阳。

戊申日（初七），北魏长广王元晔在自己的辖区内实行大赦。

尔朱荣被杀死的时候，北魏孝庄帝元子攸下诏安抚了河西的贼帅纥豆陵步蕃，要他偷袭秀容郡，等到尔朱兆进入洛阳，纥豆陵步蕃就率兵南下，兵势十分盛大，所以尔朱兆没有时间在洛阳久留，赶快回到晋阳抵御纥豆陵步蕃的进攻，尔朱兆让尔朱世隆、尔朱度律、尔朱彦伯等人留下来镇守洛阳。甲寅日（十三日），尔朱兆迁移北魏敬宗元子攸前往晋阳，尔朱兆自己在河桥上监督清点从洛阳城中所掠夺的财物。高欢听说孝庄帝元子攸被押往晋阳，率领骑兵东巡，想要将孝庄帝拦截下来，结果没能赶上，于是写信给尔朱兆，向他分析利害祸福，劝他不要杀害天子，承受弑君的恶名；尔朱兆大怒，他没有听取高欢的意见。尔朱天光轻骑进入洛阳，见了尔朱世隆等人，马上再回到雍州。

起初，北魏孝庄帝元子攸担心北方的军队战事失利，打算好向南逃走的计策，借口说征讨蛮人，任命高道穆为南道大行台，没有来得及出发而尔朱兆已经进入洛阳。高道穆借口生病想要离去，尔朱世隆将他杀死。朝廷中有关部门的官员请求废掉李苗的封赠，尔朱世隆说："当时大家商议，再过一两天就要放纵军队大肆抢掠，焚烧城郭，依赖李苗的缘故，京城得以保全。天下的善是一样的，不应当再追夺对李苗的封赠。"

尔朱荣被杀死的时候，尔朱世隆等人向大宁太守代人房谟征调军队，房谟不答应，他前后杀了尔朱世隆等人派来的三个使者，并派遣他的弟弟房毓前往洛阳。等到尔朱兆得意之后，他的同党建州刺史是兰安定将房谟逮捕关在建州的监狱里，郡中所有蜀人听到了这个消息，全都起兵造反。是兰安定派给房谟羸弱的马，命令他到军前去安抚慰问那些造反的蜀人，所有贼寇看见房谟，没有不远远地向他行礼的。房谟原先所乘坐的马，是兰安定送给其他的将士，是兰安定的军队被造反的蜀人打败之后，马被蜀人所获得，便以为房谟已经遇害，无不悲伤哭泣，好好地饲养房谟的马，不让人骑这匹马，儿童妇女争着投掷食粟给它吃，都说这是房先生的马。尔朱世隆听说这件事，赦免了房谟的罪，任命他为自己的幕府长史。

北道大行台杨津，因为部下人数少，便留在邺城招募人马，想要从滏口进入并州，恰好这时尔朱兆进入洛阳，杨津于是解散部属，轻骑回到洛阳。

尔朱世隆与自己的兄弟秘密商量，担心长广王元晔的母亲卫氏干涉朝政，暗中探听到她外出的时候，就派遣了数十名骑兵扮成盗匪模样在洛阳的巷子里将她杀死，接着张贴告示悬赏千万钱购求杀她的盗贼。

甲子日（二十三日），尔朱兆在晋阳三级佛寺将北魏孝庄帝元子攸勒死，并且杀害了陈留王元宽。

这个月，纥豆陵步蕃在秀容郡把尔朱兆的军队打得大败，向南进逼晋阳。尔朱兆恐惧，派人征召高欢并肩作战。僚属都劝高欢不要应召，高欢说："尔朱兆正值危急的时候，保证没有其他的阴谋。"于是出发前往秀容郡。高欢的亲信贺拔焉过儿请求高欢缓慢行走以使得尔朱兆因连连战败而实力削弱，高欢常常停留，借口说黄河上面没有桥梁，无法渡过。纥豆陵步蕃兵势一天比一天壮大，尔朱兆多次战败，向高欢求救，高欢这才前往会合。尔朱兆这时避开纥豆陵步蕃向南边逃走，纥豆陵步蕃来到平乐郡，高欢与尔朱兆进兵合力攻打他，把纥豆陵步蕃打得大败，在石鼓山上把纥豆陵步蕃斩首，纥豆陵步蕃的部众撤退逃走。尔朱兆感激高欢，彼此发誓约为兄弟，又率领几十个骑兵前往拜见高欢，与高欢彻夜吃酒欢宴。

起初，葛荣的部众流入并、肆两州的有二十多万，受到契胡的凌辱虐待，全都生活没有着落，他们先后大小反叛共二十六次，被诛杀的人约有一半，仍然图谋叛乱不止。尔朱兆感到头疼，向高欢请教计策，高欢说："六镇反叛的余众，不可以全部杀光，应当挑选大王的心腹来统率他们，如果有反叛冒犯事情，就加罪于他们的统帅，那么叛乱的人就少了。”尔朱兆说：“这计策很好！哪一个人可以派遣呢？”贺拔允当时在座，建议派高欢统领他们。高欢用拳头殴打他的嘴巴，断了一个牙齿，说：“当天柱将军在世时，你们这些奴才像鹰犬一样听从指挥，今日天下事取舍之权在于大王，你怎敢僭越随便发表意见，请大王将他杀了！”尔朱兆认为高欢所说是真心话，就把葛荣的部众交托给他统率。高欢因为尔朱兆喝醉了酒，担心他醒来后反悔，就赶快走出营帐，公开宣布说：“我接受大王命令统率州镇的士兵，你们可在汾水东边集合接受号令。”于是在阳曲县竖起大旗，安置所属部队。军士向来厌恶尔朱兆而乐于归属高欢，因此纷纷投奔高欢。

过了不久，高欢又派遣刘贵向尔朱兆请求，因为“并、肆连年霜害又干旱，投降的人家掘取田鼠来吃，脸上没有谷色，只会白白玷污您管辖的地区，请求让他们到太行山东面就食，等他们解决温饱后再接受指令”。尔朱兆听从了他的建议。长史慕容绍宗进谏说：“不能答应他。现在四方动乱，人人怀着不安分的心思，高公雄才大略，当世无人能比，又让他在外边掌握大军，就如同给蛟龙提供了云雨，将会变得无法控制。”尔朱兆说：“我们之间有香火重誓在，何必担忧呢！”慕容绍宗说：“亲兄弟还无法信任，何况是结义兄弟！”这时尔朱兆身边的人已经接受了高欢的金子，就说慕容绍宗与高欢有仇隙，尔朱兆发怒，囚禁慕容绍宗，催促高欢出发。高欢从晋阳经过滏口，路上遇到北乡长公主从洛阳来，身边有马三百匹，全都予以劫夺，调换成了瘦马。尔朱兆听到这事，就释放慕容绍宗向他询问计策，慕容绍宗说：“这时他还在咱们的掌握中。”尔朱兆于是亲自追赶高欢，到达襄垣，恰好遇到漳水突然水涨，桥梁坏了，高欢隔着水行礼说：“之所以借公主的马，没有别的缘故，只是为防备山东的盗贼而已。大王相信了公主的谗言，亲自来追高欢，现在高欢渡过河去到您跟前请罪，让您把我杀死，只担心我带领的这些人会造反。”尔朱兆说明自己并没有这个意思，于是轻骑渡过漳水，与高欢坐在大帐之下，把刀交给高欢，伸长脖子让高欢砍。高欢大哭说：“自从天柱将军薨后，贺六浑更何所仰望！只希望大家长命百岁，可以发展抱负而已。现在受到外人的构陷离间，大家何忍再说出这种话来！”尔朱兆将刀丢在地上，又杀了白马，与高欢一起发誓，于是留下过夜饮宴。尉景埋伏壮士打算俘虏尔朱兆，高欢用口咬臂阻止他，说：“现在杀了他，他的党羽一定奔回聚结在一起，我们兵饥马瘦，无法与他们对抗，假如有英雄趁这个机会起来，那么害处更为严重，不如暂且放过他。尔朱兆虽然骁勇，但是凶悍而无谋，很容易对付的。”天明，尔朱兆回营，又召请高欢过河，高欢上了马准备过河，孙腾牵住高欢的衣服，高欢才作罢。尔朱兆隔着水叫骂，奔驰回到晋阳。尔朱兆的心腹念贤率领降户的家属另外扎营，高欢假装与他友好，观看他的佩刀，借机用他的刀把他杀了。士众都很感激高欢，更加愿意归顺他。

齐州城的百姓赵洛周听说尔朱兆进入洛阳，驱逐刺史丹杨王萧赞，献城归附尔朱兆。萧赞化装成和尚，逃入长白山。转徙漂泊，最后死在阳平。梁朝人盗取他的棺柩回去，梁武帝萧衍仍然用儿子的礼节将他埋葬在自己的陵墓旁边。

北魏荆州刺史李琰之，是李韶的族弟。南阳太守赵修延，因为李琰之是北魏孝庄帝元子攸母亲方面的亲戚，于是诬告说李琰之想要投奔梁朝，因而发兵偷袭荆州城，俘虏了李琰之，自己担任荆州刺史。

魏王元悦改年号为更兴，听说尔朱兆已经进入洛阳，自知趁魏国内乱进入洛阳夺取政权是毫无希望了，于是又回到南方的梁朝。斛斯椿又背弃元悦投奔北魏。

这一年，梁武帝萧衍下诏任命陈庆之为都督南、北司等四州诸军事和南、北司二州刺史。陈庆之率兵围攻北魏的悬瓠城，在溱水打败了北魏颍州刺史娄起等人，又在楚城打败了行台孙腾等人。梁国朝廷遣散义阳镇的军队，停止水路和陆路的漕运，沿长江以及洞庭湖、彭蠡湖一带的各州同时得到休息；开辟田亩六千顷，两年以后，国家府库充实。

资治通鉴卷第一百五十五　梁纪十一

起辛亥（公元531年），止壬子（公元532年），共两年。

【题解】本卷记录了公元531年、532年共两年间南梁与北魏两国的大事，正当梁武帝萧衍中大通三年、四年。主要记录了尔朱世隆因废长广王元晔、另立广陵王元恭为帝与尔朱兆之间的矛盾进一步尖锐；高欢正式造反，尔朱氏起兵讨伐高欢，高欢进一步挑拨尔朱兆与尔朱世隆的矛盾；尔朱世隆主动向尔朱兆求和，两派恢复合作，联合出兵讨伐高欢，高欢以少胜多，反败为胜，在韩陵大破尔朱氏各军；斛斯椿与贾显度、贾显智等在洛阳发动政变，占据河桥，消灭了尔朱氏一党，尔朱荣的部将侯景投靠高欢，尔朱仲远南投梁朝；宇文泰初露头角，逐渐掌握关中大权；高欢杀死节闵帝元恭，另立元怀之子元修为帝，又在晋阳设立大丞相府，此外还记录了梁武帝萧衍怀疑太子萧统图谋不轨，致使萧统终身不能洗刷冤屈，抑郁而死，之后梁武帝立萧纲为皇太子等。

高祖武皇帝十一

中大通三年（辛亥，公元531年）

春季，正月，辛巳日（初十），梁武帝萧衍到建康南郊祭祀，大赦天下。

北魏尚书右仆射郑先护听说洛阳失守，属下的将士逃散，于是前来投奔梁朝。丙申日（二十五日），梁武帝萧衍任命郑先护为征北大将军。

二月，辛丑日（初一），梁武帝萧衍到明堂祭祀。

北魏自从孝庄帝元子攸被囚禁以后，宫室空虚将近百日。尔朱世隆镇守洛阳，商人与旅客照样来往，盗贼不敢骚扰。尔朱世隆兄弟秘密商议，认为长广王元晔与皇室支系疏远，又没有威望，打算另外拥立近亲。仪同三司广陵王元恭，是孝文帝元宏的弟弟元羽的儿子，好学而有志气度量，在孝明帝元诩正光年间兼任过给事黄门侍郎，因为元叉专权，元恭借口生病不能说话住在龙华佛寺，与外人不相往来。永安末年，有人向孝庄帝元子攸报告说元恭假装哑巴，将有图谋篡位的野心，元恭心生恐惧，逃到上洛山，洛州刺史逮捕他移送洛阳，幽禁审讯了许久，因为没有证据获得释放。关西大行台郎中薛孝通向尔朱天光进言说："广陵王元恭是高祖元宏的侄子，早就有好名声，韬光养晦，假装哑巴，经过了许多年，假如拥护他做皇帝，一定是上合天意，下顺民心。"尔朱天光与尔朱世隆等人商议，疑心他真的不能说话，于是派遣尔朱彦伯暗中前督促、劝说元恭出来做皇帝，并且胁迫他，元恭答复说："老天爷他说话吗？"尔朱世隆等人得知元恭已经答应下来大为欢喜。薛孝通是薛聪的儿子。

己巳日（二十九日），长广王元晔到达邙山的南边，尔朱世隆等人替他做了禅文，派遣泰山太守辽西人窦瑗拿着鞭独自过去，向长广王元晔启奏说："上天和人民的希望，都在广陵王身上，愿实行尧、舜禅让的事。"于是长广王元晔在禅文上签了名。广陵王元恭双手捧禅文辞让了三次，然后即位，大赦境内，改年号为普泰。黄门侍郎邢子才草拟赦文，说到孝庄帝元子攸冤杀太原王尔朱荣的情形，节闵帝元恭说："孝庄帝元子攸亲手剪除强横的臣下，不算是不对，只是因为老天爷还不想出现太平局面，所以让敬宗皇帝元子攸遭遇了像往日成济弑高贵乡公曹髦那样的灾祸罢了。"于是叫左右拿笔来，亲自草拟赦文，直接说："敕门下省：朕实在是寡德，因为大家好意的推举，想与天下万民，共同享受这齐天洪福，有关赦免罪犯的规定，完全比照向来的旧例。"节闵帝元恭闭口不言了八年，到现在才开口说话，朝廷内外都很欢喜，认为是遇到了贤明的国君，希望能为天下带来太平。

庚午日（三十日），北魏节闵帝元恭下诏说："三皇称'皇'，五帝称'帝'，三代称'王'，这是因为越来越谦虚的缘故，从秦代以来，大家并称‘皇帝’，我现在只称‘帝’，已经算是有点过分了。”节闵帝元恭加封尔朱世隆仪同三司，追赠尔朱荣相国、晋王，加九锡。尔朱世隆命令百官讨论应该把尔朱荣的灵位摆放在哪一位皇帝的旁边陪同享受祭祀，司直刘季明说：“假如把尔朱荣的灵位摆放在世宗皇帝元恪的灵位旁边陪同享受祭祀，但世宗皇帝执政时期尔朱荣还没有功劳；倘若把尔朱荣的灵位摆放在孝明皇帝元诩的灵位旁边陪同享受祭祀，而孝明皇帝的母亲胡太后又是被尔朱荣亲手杀死的；假如把尔朱荣的灵位摆放在孝庄皇帝元子攸的灵位旁边陪同享受祭祀，但做人臣下却不能有始有终。照此说来，没有合适的地方可以安放尔朱荣的灵位使其陪同皇帝享受祭祀。”尔朱世隆发怒说：“你该死！”刘季明说：“下官既然身为议首，依照礼节的规定而发言，不合圣心，要诛要杀随皇帝的心思办！”尔朱世隆最终还是没有加罪于他。最后把尔朱荣的灵位摆放在高祖皇帝元宏的祭庙里陪同享受祭祀。又替尔朱荣在首阳山立庙，利用周公姬旦的旧庙而改修，认为尔朱荣的功勋可以与周公相比。庙修好之后，不久就被大火焚毁了。

尔朱兆因为没有参与废立的计谋，大为生气，打算进攻尔朱世隆。尔朱世隆派尔朱彦伯前去向他说明，这才作罢。

起初，北魏孝庄帝元子攸派安东将军史仵龙、平北将军阳文义各自率领士兵三千人镇守太行岭，侍中源子恭镇守河内。等到尔朱兆向南进军，史仵龙、阳文义率领部属率先投降，源子恭的军队也就闻风溃散，尔朱兆于是乘胜长驱直入洛阳。到了这时，尔朱世隆论起史仵龙、阳文义的功劳，各自封千户侯，节闵帝元恭说：“史仵龙、阳文义，对大王来说是有功劳，对国家来说却是没有功劳。”最终没有准许。尔朱仲远镇守滑台，上表任用他手下的都督做西兖州刺史，先任命然后上表。节闵帝元恭下诏答复说：“既然已经就近补人，又何必麻烦远来请示！”尔朱天光灭万俟丑奴的时候，得到波斯所献的狮子，他把狮子送到洛阳，等到节闵帝元恭即位，下诏说：“禽兽予以囚禁那就违背了它的本性。”下令送回到波斯国。使者因为波斯道路太远无法抵达，在半路中把狮子杀了而后返回洛阳，有关部门的官员弹劾他违背圣旨，节闵帝说："怎么可以因为禽兽而加罪于人类呢？"于是赦免了使者。

北魏镇远将军清河人崔祖螭等人聚集青州七郡的百姓围攻东阳，十日之间，人数达到十几万。刺史东莱人王贵平率领军队坚守，派遣太傅谘议参军崔光伯出城慰劳崔祖螭的部众，崔光伯的哥哥崔光韶说："东阳城民仗着官府的势力侵侮属郡，已经很久了，群众的怒气非同小可，不是抚慰劝谕所能解除的，家弟前去，一定无法生还。"王贵平强迫崔光伯出城，出城之后，就被人射杀了。

幽、安、营、并四州行台刘灵助，以为可以靠自己所掌握的有关天文、气象、占卜等方面的学问可以煽动百姓，又推算知晓尔朱氏就要衰败，于是起兵叛乱自称燕王、开府仪同三司、大行台，声称要为北魏孝庄帝元子攸报仇，并且乱编了一些预言，说"刘姓的人应当称王"。因此幽、瀛、沧、冀各州的百姓大多跟随他，投奔刘灵助的人晚上举火把做信号，不举火把的各村则把他们全部杀光。刘灵助率兵南进，到达博陵的安国城。尔朱兆派遣监军孙白鹞到冀州，借口说要征调百姓的马匹，打算等待高乾兄弟送马匹来然后逮捕他们。高乾等人知晓这是阴谋，与前河内太守封隆之等人联合谋划，暗中指令壮士，发动偷袭而攻占了信都，杀死孙白鹞，俘虏刺史元嶷。高乾等人想要推举他的父亲高翼代理刺史职务，高翼说："团结乡里，我不如封隆之。"于是高乾兄弟拥戴封隆之，让他代理刺史，替孝庄帝元子攸举行哀悼，将士都穿上了白色的丧服，登上土坛对大众发表誓师文告，向州郡发出檄文，共同征讨尔朱氏，仍受刘灵助的节度。封隆之是封磨奴的族孙。

殷州刺史尔朱羽生率领五千人偷袭信都，高敖曹来不及披挂铠甲，就率领十几个骑兵攻打他们。城中的高乾用绳子从城墙上送下五百人，打算赶去追援，然而已经来不及，高敖曹已经与尔朱羽生交上了手，尔朱羽生战败逃走。高敖曹的马上长矛功夫冠绝当世，他身边跟随的人无不以一当百，当时人将他比作楚霸王项籍。

高欢驻扎在壶关大王山，六十天后，才率兵向东进兵，公开宣布说要征讨信都。信都人都感到很恐惧，高乾说：“我听说高晋州雄才伟略，当代之世堪数第一，依照他的志向一定不肯位居他人之下。况且尔朱氏残暴无道，杀害国君，凌辱百姓，这正是英雄立功的时候，今天他到来，一定有深远的考虑，我会轻骑前往迎接，暗中探测清楚他的真正意图，诸君不必担忧。”于是高乾率领十几个骑兵与封隆之的儿子封子绘秘密到滏口拜见高欢，向高欢进言说：“尔朱氏暴虐弑君，人神都感到愤怒，凡是有良知的人，谁不想奋发兴起呢！明公的声威与品德一向被世人所熟知，天下人所倾心，假如军队因正义而发动，那么尔朱氏那批顽强的党羽绝不是明公的敌手。我们冀州虽然小，但户口不少于十万，能够征收起来的粮草，足以帮助军队的供应，希望明公对我提的这个建议好好考虑。”高乾讲话时激昂慷慨，高欢大为欢喜，与他同帐寝宿。

起初，河南太守赵郡人李显甫，喜爱豪侠，聚集李姓几千家居住在殷州西山方圆五六十里的地方。李显甫死后，他的儿子李元忠继承了他的家业。他们家一向富有，往往借钱给他人赚取利息，李元忠将借据全都烧了，免除了借债人的债务，乡人都很尊敬他。这时盗贼纷纷兴起，清河有五百人在西边防守，回来时路过赵郡，因为道路阻塞不通，一起投靠了李元忠。李元忠派遣仆人替他们做前导，说：“假如遇到盗贼，只需说是李元忠所派遣的。”仆人按照他的吩咐去做，盗贼都避开了。等到葛荣起兵，李元忠率领他的宗族乡人修筑城垒来保护自己的家乡，他自己坐在大槲树底下，前后杀掉违抗命令的共三百人。盗贼到了之后，李元忠多次将他们击退。葛荣说：“我从中山到达此地，一再被李氏所打败，如何能够成就大事呢！”于是调集全部的部众进行围攻，俘虏了李元忠，把李元忠带在自己的队伍里。等到葛荣被平定之后，北魏就任命李元忠为南赵郡太守，因爱好饮酒，没有政绩可言。

等到尔朱兆杀害了北魏敬宗元子攸之后，李元忠抛弃官职返回故乡，打算举兵征讨尔朱兆。恰好这时高欢向东发兵，李元忠乘着没有车盖的车子，上面载着一把没有任何装饰的筝、混浊的家乡酒来迎接高欢，高欢听说李元忠是个酒客，没有马上接见他。李元忠下车独坐，一边喝酒一边用手撕着干肉吃，对守门的人说："原本以为先生延揽俊杰，现在听说一国之中杰出人士已经登门求见，却没能效法周公那样一饭三吐哺、一沐三握发地赶紧出来接待来访之士，那么先生的为人我可以知道了，请退还我的名片，不要替我通报了。"守门的人将他的话转告高欢，高欢立即接见他，引导他进去，酒过三巡，李元忠从车上取下筝来弹奏，一面唱歌，歌声慷慨激昂，一歌既终，对高欢说："天下的形势已经明显可见，明公难道还要继续侍事奉尔朱氏吗？"高欢说："富贵都是依靠他而获得，怎敢不尽忠节呢！"李元忠说："这样做不算英雄，高乾邕兄弟来过没有？"这时高乾已经见过了高欢，高欢欺骗他说："我的那些堂叔都是粗人，怎肯前来！"李元忠说："虽是粗人，却都明白事理。"高欢说："李郡守喝醉了。"派人将他扶出去。李元忠不肯起来，孙腾进言说："这位先生是上天派来相助的，不可以疏远他。"高欢于是又将他留下来说话，李元忠慷慨流涕，高欢也悲伤得不能控制自己。李元忠趁机进献计策说："殷州地方小，缺少粮草兵器，无法成就大事。假如进兵冀州，高乾邕兄弟必定做明公的东道主。殷州便交给我李元忠。冀州和殷州既已连合，沧、瀛、幽、定各州自然就会顺服，只有相州刺史刘诞这个狡猾的胡人也许要抗拒，但他不是明公的对手。"高欢赶紧握住李元忠的手向他道谢。

高欢到达山东，约束士兵，不让他们丝毫有所侵犯，每当经过麦田，高欢常常下马牵着走。远近的人听说了，都称赞高欢带兵纪律严整，因此内心更加对他归服。

高欢向相州刺史刘诞征求粮食，刘诞不给，正好有运送税粮的车队从此处经过，高欢就把这批粮食抢走了。高欢率军到达信都，封隆之、高乾等人打开城门迎接他。高敖曹这时在外边开拓地盘，听说了这事，认为高乾是妇人之见，就送给高乾一套布裙。高欢派遣世子高澄以晚辈子孙的礼节晋见高敖曹，高敖曹这才和高澄一同回到信都。

癸酉日（三月初三），北魏封长广王元晔做东海王，任命青州刺史鲁郡王元肃为太师，淮阳王元欣为太傅，尔朱世隆为太保，长孙稚为太尉，赵郡王元谌为司空，徐州刺史尔朱仲远、雍州刺史尔朱天光一起做大将军，并州刺史尔朱兆做天柱大将军；赐高欢爵为渤海王，征召他入朝。长孙稚坚决推辞太尉，于是任命他为骠骑大将军、开府仪同三司。尔朱兆推辞天柱大将军的职位，说："这是叔父最后的官衔，我怎么敢接受？"辞意很坚决，因此没有授予，不久加封尔朱兆都督十州诸军事，世袭并州刺史。高欢推辞不肯接受征召。尔朱仲远改为镇守大梁，又加封兖州刺史。

尔朱世隆先前当尚书仆射的时候，害怕尔朱荣的威严，所以能够严格的要求自己，注意做好本官职以内的工作，认真地接待宾客，有思想开明、办事敏捷的好名声。等到尔朱荣死了以后，无所顾忌，担任尚书令，竟然在家办公，指挥台省，事无大小，不先向尔朱世隆禀报，有关部门的官员便不敢执行。尔朱世隆让尚书郎宋游道、邢昕在他的厅堂上东西分开办公，接受各方面的请示报告，秉承尔朱世隆的意旨办事；尔朱世隆公然贪赃枉法，放纵淫乱，生杀随他的高兴，又想收买军心，普遍地提高军官的级别，让他们都成为将军，不再有员额限制，从此勋赏的官衔变得多而滥，人们不再看重。此时，尔朱天光独揽函谷关以西的一切军政大权，尔朱兆据有并、汾二州，尔朱仲远在徐、兖二州自作主张，尔朱世隆在朝廷掌握大权，他们争先做贪婪残暴的事。其中尤其以尔朱仲远最厉害，他管辖的富家大族，尔朱仲远多诬陷他们谋反，没收他们的妇女财物进入他的私宅，将男子投到黄河，像这种情形多得无法计算。从荥阳往东的地区，所有的租税全都进入他的军中，不向朝廷上交任何东西。东南一带的州郡从牧守以下直到士民，害怕尔朱仲远如同豺狼一般。因此四方的人都厌恶尔朱氏，可是害怕他们的强盛，没有人敢违抗他们。

己丑日（三月十九日），北魏任命泾州刺史贺拔岳为岐州刺史，渭州刺史侯莫陈悦为秦州刺史，并且加封仪同三司。

北魏派遣大都督侯渊、骠骑大将军代人叱列延庆征讨刘灵助，讨伐大军到达固城，侯渊畏惧对方人多势众，打算率军从西边进兵，据守关塞，凭险抗御，来等待他们内乱。叱列延庆说："刘灵助是个平庸的家伙，假借妖术迷惑群众，大军一到达，他们都仗恃刘灵助的符咒来取胜，怎么肯尽力拼命，和我们的士卒争夺胜负呢？不如到城外去扎营，诈说要西归，刘灵助听到这个消息，一定很宽心不加戒备，然后暗中发动军队进攻他，那就一举就可以擒住他了。"侯渊听从了，出城到城西驻扎，宣布说打算班师。丙申日（三月二十六日），选拔精锐的骑兵一千人在夜里出发，径直前往进攻刘灵助的营垒，刘灵助战败，被官军斩首，把他的首级传送到洛阳。

起初，刘灵助起兵的时候，替自己的未来成败算了卦，说："三月底，我一定进入定州，尔朱氏当会灭亡。"等到刘灵助的首级进入定州，果真是在这个月的月底。

夏季，四月，乙巳日（初六），梁朝的昭明太子萧统去世。太子自从行加冠礼成为成人以后，梁武帝萧衍就让他观察、统领朝政，百官禀告的奏章，堆积在昭明太子面前，太子辨别其中弄虚作假的东西和错误的地方，丝毫不遗漏，但他只是要他们改正，不予以弹劾查究，审判狱讼时，往往能够做到公平、合理，有很多人因此被赦免，保全了性命。昭明太子为人宽和，能包容众人，喜怒不形于色。喜好读书作文，接纳才俊之士，对他们赏识友爱，永不疲倦。出居东宫二十多年，从不养歌儿舞女。每当久雨或积雪的时候，就派遣他身边的人巡行闾巷，看到贫穷的人就予以接济。昭明太子天性孝顺小心，在东宫，就算是平常闲居，坐起之时也都面朝西边。有时晚上被宣召，当于第二天早晨入宫，往往正襟危坐直到天亮。等到卧病在床，深怕让父皇担心，每当梁武帝萧衍派人传话问候他的病情，太子往往勉强支撑亲自写回信报告病情。等他去世，朝野人士都感到惋惜惊讶，建康的男女，奔走来到宫门哀吊，在道路上悲伤号哭。

癸丑日（十四日），北魏任命高欢为大都督、东道大行台、冀州刺史，又任命安定王尔朱智虎为肆州刺史。

北魏尔朱天光出兵夏州，派遣将领征讨宿勤明达，癸亥日（二十四日），擒获了宿勤明达，把他送到洛阳，斩首示众。

丙寅日（二十七日），北魏任命侍中、骠骑大将军尔朱彦伯为司徒。

北魏下诏给有关部门的官员不可以再称梁朝为“伪梁”。

五月，丙子日（初七），北魏荆州城民杀了赵修延，又推举李琰之代理刺史的职务。

北魏尔朱仲远派都督魏僧勖等人前往东阳征讨崔祖螭，将他杀了。

起初，梁朝的昭明太子萧统安葬他母亲丁贵嫔的时候，派人觅求吉祥的墓地，有人贿赂宦官俞三副请求买他的地，说假如得钱三百万，将要给俞三副一百万。

俞三副秘密向梁武帝萧衍报告，说：“太子所觅得的那块地不如这块地对皇上您吉利。”梁武帝萧衍年纪大，忌讳多，就下令将地买下了。葬完以后，有道士说：“这块地不利长子，假如能用法术将不利因素加以控制，也许可以使灾祸延迟发生。”昭明太子萧统于是做了蜡鹅以及其他的物品埋在墓旁长子的位置。宫监鲍邈之、魏雅早先都受到太子的宠爱，鲍邈之后来被魏雅所疏远，于是秘密启禀梁武帝萧衍说：“魏雅替太子进行巫术活动。”梁武帝派人去挖掘检查，果然找到蜡鹅等物，大为吃惊，准备彻底究办这事，徐勉再三谏诤，这才作罢，只将道士杀了。从此以后，太子终身感到惭愧愤怒，无法替自己表白。等到去世，梁武帝征召他的长子南徐州刺史华容公萧欢来到建康，打算立他为继承人，因为对于前事不能释然，犹豫了很久，最终没有立萧欢。庚寅日（二十一日），梁武帝打发萧欢回到镇地。

◆臣司马光说：君子对于正道，片刻也不可以离开，不可以有半步的失误。以昭明太子萧统的仁孝，梁武帝萧衍的慈爱，一旦产生一点嫌疑，自身因为忧愤而死，罪及后世子孙，原意求吉，反而得凶，无法洗刷自己冤屈，人们能不引以为戒吗！所以搞邪门歪道的人，对于不合正道的法术，君子要远远地离开。◆

丙申日（二十七日），梁武帝萧衍立太子同母的弟弟晋安王萧纲为皇太子，朝野人士都认为这样做不符合顺序，司议侍郎周弘正曾经做过晋安王的主簿，就向晋安王上书劝谏说："谦让之道被废弃，已经许多年了。英明的大王殿下，您是天上派下来的大圣人，四海之内称赞您是仁德君子，所以皇上才发布福音，选大王您做储君。我琢磨着天下人很希望听到殿下发扬目夷尊尚仁人的义行，秉承子臧大贤的节操，逃避玉舆而不愿乘坐，抛弃万乘之位如同脱去破鞋，这样也许可以改变浮薄躁进的风俗，光大吴太伯让国的高风。古代有这样的人，现在还能听到他们说过的话，但能够去实行的，除了殿下还有谁？使得无为的教化再现于今日，让王的义行流传后世，那不是很好的事吗？"萧纲没有听从。周弘正是周舍的侄儿。

太子萧纲任用侍读东海人徐摛做太子家令，兼任管记，不久又任命他统领东宫的警卫军队。徐摛的文章风格轻佻、辞藻华丽，太子宫府的人都跟从他学习，当时的人称为宫体。梁武帝萧衍听说了这件事，非常生气，召见徐摛，打算予以责备。等到见了面，徐摛应答敏捷，辞义可观，梁武帝的怒气一下子就消除了，于是问他经史及佛教方面的问题，徐摛便侃侃而谈，说得头头是道，回答问题全都是随口而出，如同响之应声，不带迟疑、不加思量，梁武帝深为叹赏，认为不平凡，因此对徐摛的宠遇一天比一天增加。领军朱异十分不高兴，对亲近他的人说："徐老头出入两宫，对我越来越构成威胁，我必须早些做打算。"于是利用机会对梁武帝说："徐摛年老，又喜好泉石，想要在一郡中颐养天年。"梁武帝萧衍以为徐摛心意真是如此，就召见徐摛，对他说："新安山水绝佳。"于是将他外放为新安太守。

六月，癸丑日（十五日），梁武帝萧衍立华容公萧欢为豫章王，他的弟弟枝江公萧誉为河东王，曲阿公萧詧为岳阳王。梁武帝因为人们还在为立萧纲为太子的议论一直不平息，所以将大郡封给萧欢兄弟，用来安慰他们。过了一段时候，鲍邈之犯诱骗抢掠人口的罪，论其罪过不至于死，太子萧纲追念昭明太子萧统所受的冤屈，流着泪将鲍邈之杀了。

北魏高欢将要起兵征讨尔朱氏，镇南大将军斛律金、军主善无人库狄干与高欢的妻弟娄昭、妻子的姐夫段荣都在旁劝诱，促成其事。高欢于是伪造书信，说尔朱兆准备将六镇的人分配到契胡人的属下去做他们的奴隶，大家都担心恐惧。又假造并州的兵符，征调兵士讨伐步落稽人，征发了一万人，准备派遣上路。孙腾与都督尉景替士兵请求停留五天，像这样一共两次，高欢亲自送他们到郊外，流泪握手告别，众人都悲恸号哭，声音震动旷野。高欢这才劝慰他们说："我与你们都是背井离乡客居异地的人，情谊好像一家人一般，没想到上面的人这样来征发！现在径直向西去，将死在战场上，耽搁军期，又会被处死，把你们编入契胡人的名下，还是免不了一死，怎么办呢？"众人说："只有造反了。"高欢说："这是一种紧急对策，但是应该推举一个人做领袖，谁可以担当呢？"大家共同推举高欢，高欢说："你们都是乡里乡亲，很难以节制。没有看到葛荣吗？他虽然有上百万的士兵，却一点没有法纪，最后还是自取灭亡。现今假如让我做领袖，应当与从前不同，不可以凌辱汉人，冒犯军令，生死任我处置才行，不然，我就会被天下人耻笑。"众人都磕头行礼说："是死是活，我们都听你的。"高欢于是杀牛犒赏将士，庚申日（二十二日），高欢在信都起兵，但也不敢立即公开宣称背叛尔朱氏。

此时恰好李元忠发兵进逼殷州，高欢命令高乾率领众人前去救援。高乾轻骑入城见尔朱羽生，与他商议军事大计，尔朱羽生和高乾一起出来，高乾借机将尔朱羽生擒杀了，拿着尔朱羽生的头来见高欢。高欢用手拍着自己的胸膛说："现在只好下定决心造反了。"于是任命李元忠为殷州刺史，镇守广阿。高欢于是上表陈述尔朱氏的罪状，尔朱世隆将这道表藏匿起来没有上报。

北魏杨播与他的弟弟杨椿、杨津都有名望、有才德，杨播个性刚毅，杨椿、杨津两人性格谦虚恭谨，他们家世代孝敬父母，友爱兄弟，五代同堂而居，男女共有百人之多，彼此和睦相处，没有嫌隙之言。杨椿、杨津都做到三公，一门之中有七个郡太守，三十二个州刺史。北魏孝庄帝元子攸诛杀尔朱荣的时候，杨播的儿子杨侃参与了这项计谋，城阳王元徽、李彧都是他们的儿女亲家。尔朱兆进入洛阳，杨侃逃回华阴，尔朱天光派遣杨侃的岳父韦义远征召他，与他结盟，答应赦免他的罪。杨侃说："尔朱天光就算食言，死的不过是我一个人罢了，还有希望可以保全一家百口。"于是出来应招，尔朱天光将他杀了。这时杨椿已经退休，与他的儿子杨昱在华阴，杨椿的弟弟冀州刺史杨顺、司空杨津、杨顺的儿子东雍州刺史杨辨、正平太守杨仲宣都在洛阳。秋季，七月，尔朱世隆诬奏杨氏图谋造反，请求予以逮捕查办，节闵帝元恭不肯答应。尔朱世隆苦苦地请求，节闵帝元恭不得已，命令有关部门的官员调查虚实然后上奏。壬申日（初四）的晚上，尔朱世隆派遣军队包围杨津的宅第，尔朱天光也派遣军队到华阴逮捕杨椿一家，居住在西部华阴和居住在洛阳的杨氏家族无论男女老幼都被屠杀，将他们的家财全都予以没收充公。尔朱世隆上奏说："杨氏真的造反，与派去逮捕的士兵相抗拒，已经予以格杀。"节闵帝元恭惋惜怅恨了许久，只是不说罢了。朝野人士听说了这件事，没有不痛心悲愤的。杨津的儿子杨逸做光州刺史，尔朱仲远派遣使者前往将他杀了。只有杨津的儿子杨愔当杨家被逮捕时恰好在外边，逃走躲藏起来，得以脱身，前往信都谒见高欢，向他哭诉杨家所遭到的横祸，于是向高欢进言征讨尔朱氏的计策。高欢非常看重他，立刻任命他为行台郎中。

乙亥日（初七），梁武帝萧衍上殿册封萧纲为太子，大赦天下。

丙戌日（十八日），北魏司徒尔朱彦伯因为旱灾而辞去司徒的职务，戊子日（二十日），节闵帝元恭任命尔朱彦伯为侍中、开府仪同三司。尔朱彦伯在他们兄弟当中没有什么大的过错。尔朱世隆坚决推辞太保，节闵帝特地设置仪同三司的官职，地位仅在三公之下，庚寅日（二十二日），节闵帝任命尔朱世隆为仪同三司。斛斯椿向尔朱世隆进谗言毁谤朱瑞，尔朱世隆把朱瑞杀了。

庚寅日（二十二日），梁武帝萧衍下诏："凡是血缘关系在五服之内的同族人，男子都可以封乡侯或亭侯，妇人都可赐汤沐邑，按照血缘关系的远近区别对待。"

壬辰日（二十四日），梁武帝萧衍任命吏部尚书何敬容为尚书右仆射。何敬容是何昌宇的儿子。

北魏尔朱仲远、尔朱度律等人听说高欢起兵，倚仗他们的兵势强盛，不放在心上，只有尔朱世隆感到忧虑。尔朱兆率领步兵和骑兵两万人出井陉，进逼殷州，李元忠弃城投奔信都。八月，丙午日（初九），尔朱仲远、尔朱度律率兵征讨高欢。九月，己卯日（十二日），北魏任命尔朱仲远为太宰，庚辰日（十三日），任命尔朱天光为大司马。

癸巳日（二十六日），北魏节闵帝元恭追尊他的父亲广陵惠王元羽为先帝，母亲王氏为先太妃，封他的弟弟元永业为高密王，儿子元恕为渤海王。

冬季，十月，己酉日（十三日），梁武帝萧衍前往同泰寺，登上法座，讲解《涅槃经》，一连讲了七天才停止。

梁朝乐山侯萧正则，过去因为有罪被迁徙到郁林，在郁林招诱亡命之徒，想要攻击番禺，广州刺史元仲景（仲景当作景仲）征讨他，把他杀了。萧正则是萧正德的弟弟。

孙腾游说高欢："现在和朝廷断绝，目前没有一个能让我们信赖、能向之请示的人，假如不暂时立一位皇帝，那么众人将会丧气离散。"高欢对他的话很是犹疑不定，孙腾再三坚决请求，于是高欢立渤海太守元朗为帝。元朗是元融的儿子。壬寅日（初六），元朗在信都城西边即帝位，改年号为中兴。任命高欢为侍中、丞相、都督中外诸军事、大将军、录尚书事、大行台，任命高乾为侍中、司空；任命高敖曹为骠骑大将军、仪同三司、冀州刺史，任命孙腾为尚书左仆射，任命河北行台魏兰根为右仆射。

己酉日（十三日），尔朱仲远、尔朱度律与骠骑大将军斛斯椿、车骑大将军、仪同三司贺拔胜、车骑大将军贾显智驻扎在阳平。贾显智名贾智，字显智，人们都习惯称呼他的字，是贾显度的弟弟。尔朱兆出井陉，屯驻在广阿，人数号称十万。高欢使用反间计，说“尔朱世隆兄弟图谋杀尔朱兆”，又说“尔朱兆和高欢共同图谋杀尔朱仲远等人”，因此各军互相猜忌，徘徊不进。尔朱仲远等人多次派遣斛斯椿、贺拔胜前往向尔朱兆解释、劝说，尔朱兆率领轻骑三百人前来拜见尔朱仲远，一起坐在大帐中，尔朱兆对尔朱仲远满脸的不信任，他手里不停地挥动马鞭，嘴里打着口哨，眼睛凝视远方，疑心尔朱仲远等人会对自己发动袭击，因此就快步走出大帐，奔驰回到自己的驻地。尔朱仲远派遣斛斯椿、贺拔胜等人追他，向他解释，尔朱兆俘虏斛斯椿、贺拔胜回营，尔朱仲远、尔朱度律大为恐惧，率兵向南逃走。尔朱兆数说贺拔胜的罪过，想要杀掉他，说：“你杀了卫可孤，这是第一个罪过；天柱将军被杀后，你不与尔朱世隆等人一起前来，却东征尔朱仲远，这是第二个罪过。我想杀你已经很久了，现在你还有什么话说？”贺拔胜说：“卫可孤是国家的大祸患，贺拔胜父子将他诛杀，功劳不小，反而是一种罪过吗？天柱将军被杀，是以君诛臣，贺拔胜宁可辜负大王，不愿辜负朝廷。今天的事，生死之权操在大王的手中，只是寇贼近在眼前，却骨肉之间相互起仇隙，从古到今，像这样没有不败亡的。贺拔胜不害怕死亡，只怕大王打错了主意。”尔朱兆于是赦免了他。

高欢将与尔朱兆交战，可是担心尔朱兆人多势众，拿这件事向他的亲信都督段韶请教，段韶说：“所谓‘众’，是能够得到众人的拼死效力；所谓‘强’，是得到天下人的心。尔朱氏对上来说杀害天子，对中来说残杀公卿，对下来说凌虐百姓，大王以顺讨逆，好比将热汤浇在雪上，有什么‘众强’可说呢！”高欢说：“话是不错，但我以小敌大，假如没有天命是无法成功的。”段韶说：“我听说‘小可以敌大，因为小的有道而大的无道。’‘皇天没有亲人，他只帮助有德的人。’尔朱氏对外扰乱天下，对内失去英雄的拥护，聪明的人不为他献计，勇敢的人不替他作战，人心已经丧失，天意哪有不顺从的呢！”段韶是段荣的儿子。辛亥日（十五日），高欢在广阿将尔朱兆打得大败，擒获了他的甲士五千多人。

十一月，乙未日（二十九日），梁武帝萧衍前往同泰寺，讲解《般若经》，持续了七天才停止。

庚辰日（十四日），北魏高欢率兵攻打邺地，相州刺史刘诞据城固守。

这一年，北魏南兖州城百姓王乞得劫持刺史刘世明，举州前来投降梁朝。刘世明是刘芳的族侄。梁武帝萧衍任命侍中元树为镇北将军、都督北讨诸军事，镇守谯城。任命刘世明为征西大将军、郢州刺史，加封仪同三司。刘世明不接受，坚决请求返回北魏，武帝准许了他。刘世明抵达洛阳，向朝廷奉还所持的旌节，回到自己的家乡，不再出来做官，一直到去世。

中大通四年（壬子，公元532年）

春季，正月，丙寅日（初一），梁武帝萧衍任命南平王萧伟为大司马，元法僧为太尉，袁昂为司空。

梁武帝萧衍立西丰侯萧正德为临贺王。萧正德与朱异相结交，武帝封完昭明太子的几个儿子后，朱异说萧正德的爵位太低，所以封他为王。

梁武帝萧衍任命太子右卫率薛法护为司州牧，护送魏王元悦进入洛阳。

庚午日（初五），梁武帝萧衍立太子萧纲的长子萧大器为宣城王。

北魏高欢攻打邺地，挖掘地道，用柱子支撑，地道挖成后就放火焚烧柱子，导致城墙坍塌，陷入地中。壬午日（十七日），高欢攻克邺城，俘虏了刘诞，高欢任命杨愔为行台右丞。此时军队和国家正处于多事之秋，文告教令，都是出于杨愔以及开府谘议参军崔凌的手笔。崔凌是崔逞的五世孙。

二月，梁武帝萧衍任命太尉元法僧为东魏王，打算派遣他北归，兖州刺史羊侃做军司马，与元法僧同行。

扬州刺史邵陵王萧纶派人到市场强买几百匹的锦、彩、丝、布却不付钱，商人都关闭店门不出来做生意，少府丞何智通将这件事上奏梁武帝萧衍。

萧纶被谴责回到自己的府邸之后，就派遣防阁戴子高等人用槊在京巷中杀何智通，刃从背后穿出来。何智通认识戴子高，取自己的血在乘坐的车壁上写上“邵陵”字样，这才断气，因此这件事的真相很快被查出。庚戌日（十五日），萧纶因此被罢免为庶人，锁在他的宅第中。过了三十天，才解去锁，不久，又恢复了萧纶的封爵。

辛亥日（十六日），北魏安定王元朗追谥孝庄帝元子攸为武怀皇帝。甲子日（二十九日），安定王任命高欢为丞相、柱国大将军、太师；三月，丙寅日（初二），安定王任命高澄为骠骑大将军。丁丑日（十三日），安定王元朗率领百官进住邺城。

尔朱兆与尔朱世隆等人互相猜忌阻挠，尔朱世隆用谦虚恭敬的言辞、优厚的礼物劝说尔朱兆，打算让尔朱兆赶赴洛阳，许诺他到了洛阳一切听他调遣，又请北魏节闵帝元恭娶尔朱兆的女儿做皇后；尔朱兆这才欢喜，并且与尔朱天光、尔朱度律重新订立誓约，相互之间又重新和睦亲密起来。

斛斯椿私下对贺拔胜说：“天下人都痛恨尔朱氏，而我们还在为他们效命，灭亡的日子不远了，不如想法对付他们。”贺拔胜说：“尔朱天光与尔朱兆各自占据一方，想要除掉他们很困难，若不能把他们彻底除掉，一定成为后患，怎么办呢？”斛斯椿说：“这个容易做。”于是斛斯椿就游说尔朱世隆催促尔朱天光等人到洛阳，共同征讨高欢。尔朱世隆多次征召尔朱天光，尔朱天光不来，就派斛斯椿亲自前往邀请他，说：“高欢作乱，没有大王无法平定，怎么可以坐视宗族被消灭呢？”尔朱天光不得已，将要率军东出，向雍州刺史贺拔岳讨教计策，贺拔岳说：“大王您一家雄踞三方，兵马殷盛，高欢是乌合之众，怎么会是敌手？只要同心协力，前进没有不获胜的。假如是骨肉猜疑，那么图谋生存还都没有余暇，怎么能够制伏敌人呢？依下官所见，不如暂且坐镇关中来巩固根本，分别派出精锐的军队与各军会合，进可以战胜敌人，退可以保全自己。”尔朱天光没有听从。闰月，壬寅日（初八），尔朱天光从长安，尔朱兆从晋阳，尔朱度律从洛阳，尔朱仲远从东郡来到邺城会师，人数号称二十万，夹着洹水两岸屯驻军队，北魏节闵帝元恭任命长孙稚为大行台，总管监督所有军队。

高欢命令吏部尚书封隆之镇守邺城，癸丑日（十九日），高欢出兵屯驻在紫陌，大都督高敖曹率领着家乡的私人武装王桃汤等三千人跟随高欢屯驻在紫陌。高欢说：“高都督所率领的都是汉兵，恐怕难以取得胜利，打算拨给你鲜卑兵千余人掺杂在一起作战，你看怎样？”高敖曹说：“我所率领的军队，练习已经很久了，前后格斗，不比鲜卑人差。现在掺杂作战，情感不会融洽，战胜了就互相争功，撤退就互相推罪给对方，所以不需要再行配属。”

庚申日（二十六日），尔朱兆率领轻骑三千人在夜间偷袭邺城，进攻西门，不能获胜而退。壬戌日（二十八日），高欢率领不满两千人的骑兵，不满三万人的步兵，因为人数的众寡不相当，于是在韩陵结成圆阵，把牛驴拴在一起来堵住自己后退的道路，所以将士们都有必死的决心。尔朱兆望见高欢，远远地指责高欢背叛自己，高欢说：“原来之所以同心协力的缘故，是为了共同辅佐帝室，而今天子何在？”尔朱兆说：“北魏孝庄帝元子攸冤害天柱将军，我不过是报仇罢了。”高欢说：“我从前在旁听取天柱将军谈论叛逆的计策，你在门前站着，怎能说是没有反叛呢？况且以君杀臣，有什么仇可报呢？今天我们的情义断绝了。”说完双方军队交战。高欢率领中军，高敖曹率领左军，高欢的堂弟高岳率领右军。高欢战事不利，尔朱兆等人乘机抢攻，高岳带着五百名骑兵冲击尔朱兆的前面，别将斛律敦收聚散兵攻打尔朱兆的后面，高敖曹率领一千名骑兵从栗园冲出来拦腰截击尔朱兆的军队，尔朱兆等人大败，贺拔胜与徐州刺史杜德在阵前投降了高欢。尔朱兆抚摩自己的胸口对慕容绍宗说：“不采纳你的建议，以致有今天的惨败！”尔朱兆想要率领轻骑向西逃走，慕容绍宗却掉转大旗，吹起号角，收聚散兵，聚集成一支部队带着他们逃走了。尔朱兆回到晋阳，尔朱仲远奔回东郡。尔朱彦伯听说尔朱度律等人战败，想要率兵守住河桥，尔朱世隆不答应。

尔朱度律、尔朱天光将要前往洛阳，大都督斛斯椿对都督贾显度、贾显智说：“现在假如不先逮捕尔朱氏，我们就要被他们灭族了。”于是就在夜里于桑树下结盟，约定加倍速度抢先赶回洛阳。尔朱世隆派遣他的外兵参军阳叔渊驰马赶往北中，检查失败而回的士兵，按次序让他们进入洛阳城。斛斯椿到达后，没有办法进城，于是哄骗阳叔渊说：“尔朱天光的部下都是西方人，听说他们打算要劫掠洛阳，迁都长安，应当先让我进去，以便防备他们。”阳叔渊相信了他的话。夏季，四月，甲子朔日（初一），斛斯椿等人进城占据了河桥，将尔朱氏的党羽全都杀了。尔朱度律、尔朱天光想要攻打他们，恰好大雨昼夜下个不停，兵马疲困，弓箭无法使用，于是就向西逃去，到达灅陂津的时候，尔朱度律、尔朱天光被人抓住，送到斛斯椿的住地。斛斯椿派行台长孙稚前往洛阳奏明情由，另外派遣贾显智、张欢率领骑兵偷袭尔朱世隆，并逮捕了他。尔朱彦伯这时在宫中轮值，长孙稚在神虎门启奏说：“高欢伸张正义的大功已经告成，请求诛除尔朱氏。”节闵帝元恭派舍人郭崇通知尔朱彦伯，尔朱彦伯狼狈逃出，路上被人抓住，与尔朱世隆一起在阊阖门外斩首，将他们的头连同尔朱度律、尔朱天光一道送给高欢。

北魏节闵帝元恭派遣中书舍人卢辩前往邺城慰劳高欢，高欢要卢辩拜见安定王元朗，卢辩直言抗争不听从，高欢无法强迫他，就把卢辩放走了。卢辩是卢同的侄子。

辛未日（初八），骠骑大将军、行济州事侯景投降了安定王元朗，安定王元朗任命侯景为尚书仆射、南道大行台、济州刺史。

尔朱仲远前来投奔梁朝。尔朱仲远的帐下都督乔宁、张子期从滑台前往投降高欢。高欢责备他们说："你们侍奉尔朱仲远，享尽了荣华富贵，与他盟誓，答应同生共死。前年尔朱仲远从徐州叛逆，举兵指向洛阳，你们是军中主角；现在尔朱仲远逃向南方，你们又背叛他。从侍奉天子来说是不忠，从侍奉尔朱仲远来说是无信，狗与马等畜生都还认得喂养它的人，像你们就连狗和马都还不如！"于是将他们斩首了。

尔朱天光东下洛阳的时候，留下他的弟弟尔朱显寿镇守长安，征召秦州刺史侯莫陈悦打算与他一同向东进兵。贺拔岳知道尔朱天光一定战败，想要留下侯莫陈悦共同算计尔朱显寿来响应高欢，没有想到合适的计策。宇文泰对贺拔岳说："现在尔朱天光还没有走出多远，侯莫陈悦未必有背叛之意，假如突然拿这事跟他说，恐怕他会惊慌恐惧。侯莫陈悦虽然是主将，但无法约束他的部下，假如先游说他的部众，一定人人内心都想要留在长安；侯莫陈悦进则延误了尔朱天光的约期，退则恐怕人心思变，趁这时游说他，事情没有不成功的。"贺拔岳大为欢喜，立即命令宇文泰进入侯莫陈悦军中游说将士们，侯莫陈悦于是与贺拔岳一同偷袭长安。宇文泰率领轻骑做先锋，尔朱显寿弃城逃走，追到华阴，把他擒获了。高欢任命贺拔岳为关西大行台，贺拔岳任命宇文泰为行台左丞，领府司马，不论大小事情都交给他办。

尔朱世隆抵抗高欢的时候，派遣齐州行台尚书房谟招募士兵赶往四渎，又派遣他的弟弟青州刺史房弼赶往乱城，宣称将要北渡黄河进攻高欢的根据地，成为相互策应、相互支援的形势。等到韩陵战败之后，房弼回到洛阳，听说尔朱世隆等人已死的消息，打算前来投奔梁朝，多次与身边的亲信割臂盟誓。帐下都督冯绍隆，一向受到房弼的信任，向房弼进言说："现在正是辛苦困难的时期，应当再割取心前的血来与大家结盟。"房弼听从了，将部下全都召集起来，露出胸膛让冯绍隆割血，冯绍隆就利用这个机会把他杀了，将他的头传送到洛阳。

丙子日（十三日），安东将军辛永献出建州投降了安定王元朗。

辛巳日（十八日），安定王元朗抵达邙山。高欢因为安定王与北魏宗室疏远，便派遣仆射魏兰根前往洛阳慰问劝说朝中的大臣，并且观察北魏节闵帝元恭的为人，打算仍然奉他为帝。魏兰根因为北魏节闵帝元恭神采飞扬，担心以后难以控制，与高乾兄弟及黄门侍郎崔陵一同劝高欢废掉节闵帝。高欢集合百官询问应当立何人为帝，没有人回答，太仆代人綦毋俊极力称扬节闵帝的贤能英明，应当做社稷之主，高欢欣然认为他的意见很对。崔陵变了脸色说："假如广陵王元恭确实贤能英明，自然可以等到我们高王来了以后，再慢慢登上皇位。广陵王的这个皇帝既然是叛乱的胡人所立，怎么可以还做天子呢？如果听从綦毋俊的意见，那么大王的军队用什么名义举兵呢？"高欢于是将节闵帝幽囚在崇训佛寺。

高欢进入洛阳，斛斯椿对贺拔胜说："目前天下的事，掌握在我与你的手中，假如不先发制人，就要被人所制。高欢刚刚来到，要对付他不难。"贺拔胜说："他有功劳于社稷，谋害他不吉祥。最近几个晚上与高欢住在一起，并且互相诉说旧日的情怀，同时他又感谢你的恩惠，何苦要怕他呢！" 斛斯椿这才作罢。

高欢因为汝南王元悦是北魏高祖元宏的儿子，想立他为皇帝，听说他狂暴无常，就只好作罢。

此时诸王多逃走躲藏了起来，尚书左仆射平阳王元修，是广平王元怀的儿子，隐藏在农村。高欢打算立他，于是派遣斛斯椿寻找他。斛斯椿前往拜见元修所亲近的员外散骑侍郎太原人王思政，询问元修在何处，王思政说："必须知道询问的目的。"斛斯椿说："打算立他为天子。"王思政这才说了出来。斛斯椿随着王思政会见元修，元修见了他们变了脸色，对王思政说："莫非你出卖我了？"王思政说："没有。"元修说："你敢保证吗？"王思政说："事情千变万化，如何能够保证呢？"斛斯椿立即飞马报告了高欢。高欢派遣四百个骑兵迎接元修进入毡帐，向他说明诚意，泪流满面，衣襟都被泪水沾湿了，元修推辞说自己对人缺少恩德，高欢拜了两拜，元修也跟着拜。高欢出来准备服饰与御用物品，奉上热水供平阳王元修洗浴，整个晚上严加警备。第二天早晨，文武百官拿着马鞭朝见平阳王元修，高欢派遣斛斯椿奉上劝其进位称帝的表章。斛斯椿进入帷帐的门口，弯腰作揖伸着脖子而不敢向前，元修叫王思政取表来看，说："这样一来不得不称朕了。"于是高欢让人替安定王元朗做诏策，安定王禅让了天子之位。

戊子日（二十五日），北魏孝武帝元修在洛阳东郭外边即帝位，沿用建都平城时皇帝登基的旧规矩，拿黑毡蒙在七个人身上，高欢是其中一个，孝武帝元修在毡上向西方拜天之后，进入太极殿，群臣朝拜庆贺，登上阊阖门大赦境内，改年号为太昌。孝武帝元修任命高欢为大丞相、天柱大将军、太师，世袭定州刺史。庚寅日（二十七日），孝武帝加封高澄为侍中、开府仪同三司。

起初，高欢从信都起兵，尔朱世隆知道司马子如与高欢有交情，从侍中、骠骑大将军将司马子如外放为南岐州刺史。高欢进入洛阳后，征召司马子如做大行台尚书，从早到晚跟随在自己身边，参与军国大事。广州刺史广宁人韩贤，一向被高欢所赏识，高欢进入洛阳，所有尔朱氏所封的官爵照例都予以削夺，只有韩贤职位照旧。

北魏任命前御史中尉樊子鹄兼尚书左仆射，做东南道大行台，和徐州刺史杜德一同率军追击尔朱仲远，尔朱仲远已经逃离北魏，于是樊子鹄等人到谯城攻打元树。

丞相高欢征召贺拔岳做冀州刺史，贺拔岳畏惧高欢，打算单人骑马入朝接受任命。行台右丞薛孝通向贺拔岳进言说："高欢率领数千名鲜卑人打败尔朱氏百万的军队，您实在也是难以与他抗争。但是诸将中有的一向职位在他的上面，有的和他地位相当，现在低头跟从他，是迫于情势上的不得已。现在这些将领有的在京师，有的占据着州镇，高王倘若除掉他们那就失去人心，留下他们就会成为心腹之患。况且尔朱兆虽然战败逃走，人还在并州，高欢正当对内安抚群雄，对外抗拒强敌之时，怎能离开自己的巢穴，与明公来争夺关中之地呢！现今关中的豪强俊杰都心向明公，希望报效他们的智慧和力量。明公以华山做城墙，黄河做护城河，前进可以兼并淆山以东地区，退却可以封死函谷关，怎么就想要捆住自己的手脚受人家的控制呢？"话还没说完，贺拔岳拉着薛孝通的手说："你说得很对。"于是用谦逊的言辞给高欢回信而没有到洛阳去。

壬辰日（二十九日），丞相高欢回到邺城，送尔朱度律、尔朱天光前往洛阳，斩首示众。

五月，丙申日（初三），北魏孝武帝元修在门下省正门以外的屋舍里用毒酒毒杀节闵帝元恭，下诏百官都来吊丧，埋葬时用特殊优厚于诸王的礼节。

北魏孝武帝元修任命沛郡王元欣为太师，赵郡王元谌为太保，南阳王元宝炬为太尉，长孙稚为太傅。元宝炬是元愉的儿子。丞相高欢坚决推辞不当天柱大将军，戊戌日（初五），孝武帝批准了高欢的请求。己酉日（十六日），孝武帝任命清河王元亶为司徒。

侍中河南人高隆之，本来是徐氏的养子，丞相高欢认他做弟弟，倚仗高欢的权势对公卿们很骄横，南阳王元宝炬殴打高隆之，对高隆之说："镇兵怎敢如此猖狂？"北魏孝武帝元修因为高欢的缘故，六月，丁卯日（初五），贬黜元宝炬为骠骑大将军，令他辞官回家。

北魏孝武帝元修为了避开自己的父亲广平武穆王元怀的名讳，改谥元子攸的武怀皇帝为孝庄皇帝，庙号敬宗。

秋季，七月，庚子日（初八），北魏又重新任命南阳王元宝炬为太尉。

壬寅日（初十），北魏丞相高欢率兵进入滏口，大都督厍狄干进入井陉，进攻尔朱兆。庚戌日（十八日），北魏孝武帝元修派骠骑大将军、仪同三司高隆之率领步兵及骑兵十万人到太原与丞相高欢会师，高欢趁机委任高隆之为丞相军司。高欢驻扎在武乡，尔朱兆对晋阳进行劫掠，然后往北逃到秀容郡。并州遂宣告平定。高欢因为晋阳四面有险要的关塞，于是建立大丞相府而住在此地。

北魏夏州的迁民郭迁占据青州造反，刺史元嶷弃城逃跑，朝廷下诏行台侯景等人征讨郭迁，侯景率军攻克了青州城，郭迁前来投奔梁朝。

北魏东南道大行台樊子鹄在谯城围攻元树，分兵攻克了蒙县等五个城，来断绝援兵的道路。元树请求率领部众向南撤回梁国境内，将占据的土地还给北魏，樊子鹄等人允许了，与他立了誓约。元树的部众刚有一半出城，樊子鹄对他发动进攻，俘虏了元树和谯州刺史朱文开。羊侃率军来到官竹，听说元树战败就率军回去了。九月，元树到达洛阳，很久以后，又打算逃奔梁国，北魏人将他杀了。

乙巳日（十四日），梁朝任命司空袁昂兼领尚书令。冬季，十一月，丁酉日（初七），冬至，北魏孝武帝元修到圜丘祭祀。甲辰日（十四日），魏国人杀了安定王元朗、东海王元晔。己酉日（十九日），北魏任命汝南王元悦为侍中、大司马。

北魏安葬了灵太后胡氏。

梁武帝萧衍听说北魏政局已经稳定，十二月，庚辰日（二十一日），再次任命太尉元法僧为郢州刺史。

北魏孝武帝元修因为汝南王元悦与自己的血缘关系亲近，地位尊贵，丁亥日（二十八日），杀死了汝南王元悦。北魏大赦境内，改年号为永兴，因为与太宗拓跋嗣即位后的第一个年号相同，又改为永熙。

北魏孝武帝元修娶丞相高欢的女儿做皇后，命令太常卿李元忠前往晋阳送彩礼。高欢以宴会款待李元忠，与他谈论起旧事，李元忠说："从前起义的时候，轰轰烈烈，何等快活，近来却凄凉冷落，没有人再说什么了。"高欢拍掌笑着说："你这个人是在逼我起兵啊！"李元忠开玩笑说："倘若不给予侍中的职位，当另外寻求起义的地方。"高欢说："起义的地方不怕没有，只是担心像您这样的老翁无法遇到罢了。"李元忠说："就因为像我这样的老翁无法遇到，所以我才不离开你。"李元忠于是手捋高欢的胡须大笑。高欢明白他的言外之意，所以非常看重他。

尔朱兆抵达秀容郡之后，分兵守住险隘，四处进犯抢掠。北魏丞相高欢宣称要征讨他，军队出发之后又取消行动，这样有好多次，尔朱兆的防备松懈了。高欢推想他在年初一定会有宴会，派遣都督窦泰带了精锐的骑兵飞速前往秀容郡，高欢率领大军跟在后面。

资治通鉴卷第一百五十六　梁纪十二

起癸丑（公元533年），止甲寅（公元534年），共两年。

【题解】本卷记录了公元533年到534年的史事，共两年。正当梁武帝萧衍中大通五年、六年，北魏孝武帝元修永熙二年、三年。此时梁武帝萧衍陶醉于佛教提供的心理安宁，对北方乱局没有趁火打劫，向北扩张，而北魏发生政权更替的大事变，本卷内容集中记述北魏命丧权臣的短命皇帝孝武帝元修一朝的事变，详细记载北魏分裂为东魏、西魏两朝的始末，为北齐、北周的兴起埋下伏笔。

高祖武皇帝十二

中大通五年（癸丑，公元533年）

春季，正月，辛卯日（初二），梁武帝萧衍在京师的南郊举行祭天盛典，大赦天下。

北魏都督窦泰的精锐铁骑突然攻进尔朱兆的驻地，军人因年初宴庆，有疏忽怠惰的心理，突见窦泰军队到来，惊慌逃窜。大军追击，在赤谼岭把尔朱兆打得大败，众兵都投降溃散。尔朱兆逃到深山，命左右的亲信西河郡人张亮和仆从陈山提斩下他的头，提去投降，但二人都不忍下手。尔朱兆于是杀死自己所骑的白马，吊死在树下。高欢来到尔朱兆自缢的地方哭丧，并且很隆重地把他埋葬了。慕容绍宗带着尔朱荣的妻子儿女及尔朱兆的残余士卒向高欢投降，高欢因为他忠义的缘故，所以待他非常优厚。尔朱兆在秀容郡时，他的左右亲信都秘密和高欢通好言和，唯有张亮没有暗通消息，高欢赞许他的忠诚，任命他做丞相府参军。

北魏废置各地的行台机构。

辛亥日（二十二日），梁武帝萧衍在明堂举行祭祀大典。

丁巳日（二十八日），北魏孝武帝元修追尊他的父亲为武穆帝，太妃冯氏为武穆后，母亲李氏为皇太妃。

梁朝劳州刺史曹凤、东荆州刺史雷能胜等人举城投降北魏。

北魏侍中斛斯椿听说尔朱仲远帐下的都督乔宁、张子期被斩而死，内心非常不安，于是与南阳王元宝炬、武卫将军元毗、王思政等秘密劝孝武帝元修除掉丞相高欢。元毗，就是常山王元遵的玄孙。舍人元士弼又说丞相高欢在接受诏命时态度不恭敬，孝武帝因此内心很不高兴。斛斯椿劝说孝武帝设置宫廷都督，编制宫内军队，又增加入守殿阁侍卫的人数，从直阁以下，增员达数百人，这些都是从四方挑选出来的勇武刚健的人。孝武帝数次出游，所到的地方，斛斯椿都亲自部署警卫，另外组织编队。从此以后，朝政、军谋等大事，孝武帝都专和斛斯椿一同决议。孝武帝元修因关中大行台贺拔岳拥有大军，秘密和他联合，又任命侍中贺拔胜为都督三荆等七州诸军事，想依靠贺拔岳、贺拔胜兄弟的力量来对抗高欢。高欢更加不高兴。

侍中、司空高乾在信都时，正赶上父亲去世，但没时间服满孝期，又匆忙赴任。到了孝武帝元修即位时，上表请求辞去职务，以便回家守丧，孝武帝下诏书，允许他辞去侍中，但司空职位仍然保留。高乾虽然请求身退，但是没想到朝廷这么快就批准。离开内侍的职位后，朝政大事多不能再插手干预，居家常闷闷不乐。孝武帝与高欢不合，希望高乾能为自己所用，曾于华林园设宴，宴会散后，只留下高乾一人，对他说："司空一家，世代都是朝廷的忠良重臣，今日又为国家建立大功，我们相处，名分上虽然是君臣，情义却如同兄弟，应当共同订立盟约，使我们情义更加深厚。"孝武帝情意恳切地逼高乾答应。高乾说："我为国家效命，怎么敢有不忠的心呢！"当时因为事情发生得太突然，而且高乾也没有想到孝武帝会有另外的企图，所以没有坚决地推辞，也没有将这件事告诉高欢。等到孝武帝编制宫内军队，高乾才私下对左右亲近的人说："主上不亲近那些有功勋而又贤明的人，反而纠集了一群小人，好几次派遣元士弼、王思政往来关西与贺拔岳商谈，又任命贺拔胜为荆州刺史，表面上似乎显示疏远贺拔胜，实质上却是拉帮结派，让他们兄弟俩相互亲近，希望他们占据西部地区。祸患灾难即将发生，这种灾祸一定会牵连我。”于是将这件事秘密陈报高欢，高欢召请高乾到并州，当面与他谈论当前的情形，高乾于是劝高欢接受孝武帝元修禅位。高欢用袖子掩住他的嘴说：“不要乱说话，我现在让你恢复侍中的职位，门下省的一切事务，就全部交托给你了。”高欢多次启奏请求恢复高乾侍中的职务，孝武帝都不批准。高乾知道灾变将要发生，秘密陈报高欢，请求改派为徐州刺史。二月，辛酉日（初三），孝武帝任命高乾为骠骑大将军、开府仪同三司、徐州刺史，让咸阳王元坦担任司空。

癸未日（二十五日），梁武帝萧衍前往同泰寺，讲《般若经》，七日才讲完，到会的有数万人。

北魏孝明帝元诩正光年间以前，阿至罗国常依附于北魏，等到中原战乱纷繁，阿至罗国也背叛北魏。丞相高欢再去招抚，阿至罗国才又投降，共有十万户。三月，辛卯日（初三），孝武帝元修下诏书，又任命高欢为大行台，授权他对阿至罗国随机处置。高欢想给那些来投降的阿至罗国人粟米、布帛等，而那些参与讨论此事的人都认为只是白白浪费财物罢了，没有什么益处，高欢没有听从他们的意见。等到高欢征讨河西地方，果然大大地得到阿至罗国人的支持。

高乾将到徐州上任时，孝武帝元修听到有关高乾泄露机密的事情，于是下诏给丞相高欢说：“高乾跟我私下订有盟约，现在却在你我两边，反复行事。”高欢听到高乾跟孝武帝订有盟约，也非常生气，随即找了高乾前后好几次谈论时事的书信封好派遣使者向孝武帝上奏。孝武帝宣召高乾，当着高欢使者的面谴责高乾。高乾说：“陛下自己另有企图，却说臣两边行事，反复无常，人主要想加罪给臣子，难道还有可以推脱罪过的理由吗？”于是孝武帝赐高乾死罪。又秘密诏命东徐州刺史潘绍业杀死高乾的弟弟高敖曹。高敖曹已经提前得知他哥哥高乾被赐死，于是埋伏壮士在半路上，将潘绍业捉住，在他的内层衣领上找到了孝武帝的诏命，于是率领十余兵骑奔到晋阳。高欢抱着他的头痛哭说：“天子枉曲事实，害死了司空。”高敖曹的哥哥高仲密任光州刺史，孝武帝诏命青州方面隔断了他回晋阳的道路，高仲密只好由小路秘密投奔到晋阳。高仲密名慎，以字行世。

北魏太师鲁郡王元肃去世。

丙辰日（二十八日），梁朝南平元襄王萧伟去世。

丁巳日（二十九日），北魏任用赵郡王元谌为太尉，南阳王元宝炬为太保。

北魏的尔朱兆进入洛阳时，烧毁了太常府的乐器库房，钟磬等乐器都被烧光。节闵帝元恭下诏命令录尚书事长孙稚、太常卿祖莹等人重新制造，到现在才完成，命名为《大成乐》。

北魏青州的百姓耿翔聚集一批人掠夺了三齐，胶州刺史裴粲只会高谈阔论，而不做防御的工作。夏季，四月，耿翔偷偷地袭击胶州城，身边的人禀报贼兵已经来了，裴粲说：“岂有此理！”身边的人又报告说贼兵已经进入州城门了，裴粲才慢慢说道：“耿王来了，可以引他到厅堂来，若是其余的部众，暂且交给城中的百姓照顾。”耿翔将刺史裴粲杀掉，带着他的首级向梁朝投降。

五月，北魏东徐州百姓王早等人杀掉刺史崔痒，献出下邳城来投降梁朝。

六月，壬申日（十五日），北魏任命骠骑大将军樊子鹄为青州、胶州大使，督率济州刺史蔡俊等征讨耿翔。秋季，七月，北魏进兵青州，耿翔放弃了青州赶来投奔梁朝，梁武帝萧衍下诏任命耿翔为兖州刺史。

壬辰日（初六），北魏孝武帝元修任命广陵王元欣为大司马，赵郡王元谌为太师。庚戌日（二十四日），孝武帝任命前司徒贺拔允为太尉。

起初，贺拔岳派遣行台郎冯景到晋阳，丞相高欢听到贺拔岳的使者前来，十分高兴，说：“贺拔公怎么还记得我呀？”于是与冯景歃血为盟，约定与贺拔岳结为兄弟。冯景回去后，回复贺拔岳说：“高欢是个非常狡猾奸诈的人，不可以信任他。”府司马宇文泰请求出使晋阳，去观察高欢的为人，高欢看到宇文泰的相貌非常惊奇，说：“这个青年人，不是平凡人的长相。”想要将他留下来，宇文泰坚决请求回去复命；高欢送他走后，又后悔起来，立刻调动驿马紧急追赶，直追到潼关也没有追上就回来了。

宇文泰回到长安，对贺拔岳说：“高欢之所以还没有篡位的原因，正是害怕你们兄弟罢了，侯莫陈悦那些人，不是他所畏惧的。你只要深加戒备，算计高欢，不是困难的事。现在费也头部族能作战的骑兵不会少过一万人，夏州刺史斛拔弥俄突手下精兵也有三千多人，灵州刺史曹泥、河西流徙的百姓纥豆陵伊利等也都各拥有部众，还不知道要归属哪一方。你假如率兵到陇坂附近驻守，控制他们的要害之地，以威势震慑他们，用恩泽招抚他们，就可以收服他们的兵马，资助我方的军力。西边亲睦氐、羌，北方安抚沙漠塞外的百姓，然后将军队带回长安，匡正辅佐魏朝帝室，这是齐桓公、晋文公的功业啊！”贺拔岳听了非常高兴，又派遣宇文泰到洛阳向北魏孝武帝元修请示有关事宜，秘密奏报相关情况。孝武帝很高兴，加封宇文泰武卫将军，派遣他回去复命。八月，孝武帝任命贺拔岳为都督，统管雍州、华州等二十州的军事及雍州刺史，又割取心前之血，派遣使者送去赏赐给贺拔岳。于是贺拔岳率领军队假借放养军马之名，驻守在西边的平凉。斛拔弥俄突、纥豆陵伊利及费也头、万俟受洛干、铁勒斛律沙门等都归降贺拔岳，只有曹泥归附高欢。秦、南秦、河、渭四州刺史一同会合于平凉，接受贺拔岳的节制调度。贺拔岳认为夏州处在边陲的要地，想寻找一位优秀的刺史镇抚，大家都推举宇文泰，贺拔岳说：“宇文左丞，就像我的左右手一样，怎么可以派遣他去呢？”仔细思考了好几天，最终还是上表请求任用宇文泰为夏州刺史。

九月，癸酉日（九月无此日），北魏丞相高欢上表辞让王爵，孝武帝元修没有答应；高欢请求将自己封邑的十万户人家颁授给从信都起义征讨尔朱氏有功勋的人，孝武帝元修答应了他的请求。

冬季，十月，庚申日（初五），梁武帝萧衍任命尚书右仆射何敬容为左仆射，吏部尚书谢举为右仆射。

十一月，癸巳日（初九），北魏任命殷州刺史中山人邸珍为徐州大都督、东道行台、仆射，率领军队征讨下邳。

十二月，丁巳日（初三），北魏孝武帝元修在嵩高山狩猎；己巳日（十五日），临幸温泉；丁丑日（二十三日），回到宫中。

北魏荆州刺史贺拔胜进犯雍州，攻取下迮戍，煽动那些蛮人归降北魏；雍州刺史庐陵王萧续派遣军队攻击贺拔胜，多次都被贺拔胜击败，汉水以南人民都震惊恐惧起来。贺拔胜又派遣军队攻打冯翊、安定、沔阳、酂城，都攻克了。萧续派遣电威将军柳仲礼屯驻谷城来对抗他，贺拔胜攻击不下，就退了回来。这场战争使得沔北一带都成为土丘废墟。柳仲礼，是柳庆远的孙子。

北魏丞相高欢担忧贺拔岳、侯莫陈悦的强盛，右丞翟嵩说："我能离间他们，使他们自相残杀而灭亡。"于是高欢将这件事交给他。高欢又派长史侯景去招抚纥豆陵伊利，纥豆陵伊利没有听从。

中大通六年（甲寅，公元534年）

春季，正月，壬辰日（初九），北魏丞相高欢在五原河的西边攻打纥豆陵伊利，并将他擒获，把他的部落迁到五原河的东边。北魏孝武帝元修谴责高欢说："纥豆陵伊利不来侵犯，也不叛乱，是一个忠贞不贰的臣子，你突然去攻打他，为什么单独去征伐而不先向朝廷请示呢？"

北魏东梁州的百姓造反，二月，孝武帝元修诏令行东雍州事丰阳人泉企去征讨平定。泉企一家世代为商、洛地区的豪门大族，魏世祖拓跋焘时任用他的曾祖泉景言为商洛县令，封为丹水侯，让他的子孙世袭这一爵位。

壬戌日（初九），北魏大赦境内。

癸亥日（初十），梁武帝萧衍亲自到藉田耕种，来激励农事，同时大赦天下。

北魏永宁寺的佛塔起火焚烧，看到的人都放声痛哭，声音振动整个都城。

北魏贺拔岳将要征讨曹泥，派都督武川人赵贵到夏州与宇文泰共同谋划，宇文泰说："曹泥独守孤城，路途艰险而遥远，不足以造成忧患，侯莫陈悦贪心又不守信，应当先讨伐他。"贺拔岳不听，召集侯莫陈悦在高平会合，共同征讨曹泥。侯莫陈悦听了翟嵩的谗言后，就图谋杀掉贺拔岳。贺拔岳多次与侯莫陈悦举行欢宴，谈得很投机，长史武川人雷绍劝谏，贺拔岳不听。贺拔岳派侯莫陈悦带兵做先锋，到了河曲，侯莫陈悦诱骗贺拔岳到自己营帐内，商议军事，侯莫陈悦假装肚子疼站起来，侯莫陈悦的女婿元洪景，拔出刀来斩了贺拔岳。贺拔岳身边的人都四散逃走，侯莫陈悦派人告诉他们说："我是奉命行事，只杀贺拔岳一个人，各位不必惊慌。"士卒们以为是真的，都不敢轻举妄动。而侯莫陈悦心里犹疑不决，没敢安抚收编贺拔岳的部属，就率领部队回到陇山，驻扎在水洛城。贺拔岳的军队，散乱地回到平凉，赵贵到侯莫陈悦那儿请求取回贺拔岳的尸首，将他埋葬，侯莫陈悦答应了。贺拔岳死后，侯莫陈悦军中都互相庆贺，行台郎中薛憕私底下对亲近的朋友说："侯莫陈悦没什么谋略，常常杀害良将，我们这些人都会成为人家的俘虏，有什么好庆贺的。"薛憕，是薛真度兄弟的孙子。

贺拔岳的军队没有了头领，诸将因为都督武川人寇洛年岁最大，便推举他总领诸军；寇洛一向没什么威名谋略，也不能统一部众，于是请求让贤。赵贵说："宇文夏州的英明才略，冠绝当世，远近的人都归顺他，他赏罚严明，士兵都能遵奉命令行事，倘若迎接他来，拥戴他为统帅，必定可以成就大事。"诸将领有的想要到南方召请贺拔胜来，有的想要到东方禀告北魏朝廷，意见犹疑不定。都督盛乐人杜朔周说："远水救不了近火，眼前的事，没有宇文夏州是没办法完成的，赵将军的提议是对的，我请求能轻骑去向宇文夏州报告这一噩耗，并且将他迎接来。”众人于是派杜朔周为使者奔驰到夏州去召请宇文泰。

宇文泰与副将、宾客一同商讨离去还是留下，前太中大夫颍川人韩褒说：“这是上天赐给你的，又迟疑什么呢？侯莫陈悦像井底之蛙一般，如果你前去，必定可以捉到他。”众人却认为：“侯莫陈悦在水洛，离平凉不远，如果已经拥有贺拔岳的部众，那么想要谋取侯莫陈悦，实在很难，希望暂且留下，观看时局变化再说。”宇文泰说：“侯莫陈悦既然已经杀死元帅，自然应当趁势直取平凉，他却退而据守在水洛，我知道他一定没有能力再做什么了。人家说最难得到而最容易失去的，就是时机。倘若不早点去，那些部众恐怕就会有背离的心。”

都督弥姐元进家是夏州首屈一指的家族，他暗地里谋划策应侯莫陈悦。宇文泰知晓了这件事，就跟帐下都督高平人蔡祐商讨如何捉拿他，蔡祐说：“弥姐元进是一个受人恩惠反而加害于人的人，不如将他杀掉。”宇文泰说：“你能决断大事。”于是召见弥姐元进等一批人到军帐议事。宇文泰说：“陇地盗贼叛逆作乱，应该与各位齐心协力去讨伐，诸位之中好像有人不赞同，是什么缘故呢？”蔡祐立即披着战甲拿着刀径直闯进来，瞪大眼睛，怒视着那些将领说：“早上共同谋划，晚上就生异心，这怎么能算得上是个人？今天我一定要把这种奸贼的头砍下来。”满座的人都叩头说：“希望把内奸揪出来。”蔡祐于是大声斥责弥姐元进，接着杀掉他，并诛灭了他的党羽，随后与那些将军结成同盟，一同征讨侯莫陈悦。宇文泰对蔡祐说：“我如今将你当成我的儿子一样，你会把我当成你的父亲吗？”

宇文泰与帐下的轻骑兵奔到平凉，命令杜朔周带领部队先抢占弹筝峡。当时老百姓特别惶恐害怕，四处逃散的有很多，军士争着想去抢掠百姓，杜朔周说：“宇文公正讨伐罪人，为什么要帮助那些贼寇做坏事呢？”于是安抚百姓后再遣放他们回去，远近的人都心悦诚服；宇文泰听到后便嘉奖他。杜朔周本姓赫连，曾祖库多汗避难时改姓，宇文泰命令他再恢复旧姓，取名赫连达。

丞相高欢派侯景去招纳安抚贺拔岳的部众，宇文泰在安定遇见了他，对他说："贺拔公虽然死了，我宇文泰还在啊！你想要做什么呢？"侯景变了脸色说："我不过是一支箭，随人家怎么去射。"侯景于是回去了。

宇文泰到平凉，非常悲痛地哭吊贺拔岳，将士也都非常悲哀。

高欢又派侯景和散骑常侍代郡人张华原、义宁太守太安人王基去慰劳宇文泰。宇文泰不接受，反而想扣留他们，说："留下来，与我一同共享荣华富贵的生活，不然的话，今天就将你们杀掉。"张华原说："我知道您想用死亡来逼迫我们这些使者，不过这并不是我张华原所害怕的事。"宇文泰只好放回他们。王基回去，告诉高欢说："宇文泰是一位英雄豪杰，请赶快趁他尚未安定时灭掉他。"高欢说："你没有看到贺拔岳、侯莫陈悦的下场吗？我自有计谋轻易除掉他。"

北魏孝武帝元修听说贺拔岳死了，派遣武卫将军元毗去慰劳贺拔岳的军队，想将他们召回洛阳，同时召回侯莫陈悦。元毗到了平凉，贺拔岳的军队已经尊奉宇文泰为主帅；侯莫陈悦已经归降丞相高欢，不肯应召回洛阳。宇文泰通过元毗上表说："大臣贺拔岳突然遭受杀害而死，都督寇洛等要臣全权掌管军事。我奉诏命征召贺拔岳的军队回京师，但现在高欢的军队已经到了五原河东，侯莫陈悦还在水洛，而士兵大部分是西方人，留恋自己的家乡，倘若逼令他们前去京师，侯莫陈悦跟随在后头，而高欢又在前面截击，恐怕会使国家败乱，百姓遭到屠杀，损失不是更严重吗？请允准稍事停留整顿，慢慢开导他们，渐渐地将他们带到东边的京师地区。"孝武帝元修于是任命宇文泰为大都督，统率贺拔岳的军队。

起初，贺拔岳任命东雍州刺史李虎为左厢大都督，贺拔岳死后，李虎奔到荆州，劝说贺拔胜请他接收贺拔岳的部众，贺拔胜没有听从。李虎听说宇文泰接替贺拔岳统率部众，就从荆州回来要去投靠宇文泰，到了阌乡，被丞相高欢派在外地的将领擒获，将他送到洛阳。北魏孝武帝元修正想谋取关中，得到李虎，十分高兴，封他为卫将军，赏赐丰厚，叫他归附在宇文泰那里。李虎，是李歆的玄孙。

宇文泰写信给侯莫陈悦，责备他说："贺拔公对国家有很大的功劳。你名气小，立功也少，贺拔公推荐你为陇右行台。而且高欢独揽大权，你与贺拔公同样接到朝廷密旨，好几次订结盟约，可是你却和国贼结党，一同危害国家，你与贺拔公歃血为盟时，口角沾的血还没干，刀剑却已经出鞘，杀害贺拔公。现在我与你同时受诏回朝廷，今天是进是退，全看你的了：你若从陇山向东边洛阳前进，我也从北边平凉取道泾州东归洛阳；倘若你犹豫不决，心怀二心，我将立刻进兵征讨你！"

北魏孝武帝元修询问宇文泰用什么计策安定秦、陇两地，宇文泰上表说："应当召请侯莫陈悦，授给他朝廷的官职，或者将他安置在瓜州、凉州一带；不然的话，终究会成为祸患。"

原州刺史史归，一向被贺拔岳亲近信任，可是在河曲兵变时，反而替侯莫陈悦守卫。侯莫陈悦派遣他的同党王伯和、成次安率领军队两千人去帮助史归镇守原州。宇文泰派都督侯莫陈崇率领轻骑兵一千人去偷袭原州。侯莫陈崇趁着黑夜率领十个骑兵直接抵达原州城下，其余的骑兵埋伏在附近的道路上。史归看到骑兵人数很少，没有进行防备。侯莫陈崇进城后，占据城门，高平令陇西人李贤与弟弟李远穆在城中，为侯莫陈崇做内应。于是城里城外鼓声响起，那些伏兵都出来奋战，抓住了史归与成次安、王伯和等带回平凉。宇文泰上表推荐侯莫陈崇代行原州政务。三月，宇文泰引兵攻打侯莫陈悦，到达原州，所有军队会师在一起。

夏季，四月，癸丑朔日（初一），有日食出现。

北魏南秦州刺史陇西人李弼劝说侯莫陈悦说："贺拔公没有罪，可是你却杀害他，又不安抚收编他的部众，现在他们奉宇文夏州的命令而来，声言要为主帅报仇，这种声势，你是没办法抵抗的，应当放下武器，向他们谢罪，不然的话，一定会有灾祸降临。”侯莫陈悦没有听从。

宇文泰带领军队向陇山进发，留下侄子宇文导为都督，镇守原州。宇文泰军令十分严格，一丝一毫的东西都不可以侵犯，所以老百姓很高兴。军队出了木狭关以后，积雪有二尺深，宇文泰还是加快速度前进，准备让侯莫陈悦措手不及。侯莫陈悦得到消息后，退守略阳，留下万余人把守水洛。宇文泰的军队一到，水洛马上投降。宇文泰派遣轻骑兵数百人，奔赴略阳，侯莫陈悦退守上邽，召请李弼与他一同抗拒宇文泰。李弼知道侯莫陈悦必定会失败，暗地里派使者到宇文泰那儿，请求作为内应。侯莫陈悦放弃上邽城，守住城南的山区险要，李弼告诉所属的部众说：“侯莫陈公想回秦州，你们为什么不收拾行装呢？”李弼的妻子就是侯莫陈悦妻子的妹妹，所以大家都相信他，争着奔赴上邽城，李弼先占据城门来安定回城士兵，接着就举城投降宇文泰，宇文泰当即任命李弼为秦州刺史。这天晚上，侯莫陈悦带出军队将要作战，军队却自行惊动溃散，侯莫陈悦生性喜欢猜忌，打了败仗，不让左右亲信靠近自己，与他的两个弟弟还有他的儿子，以及谋杀贺拔岳的部下七八人丢下军队逃跑了，好几天中，在山中转来转去，也不知道将要到哪里，身边的人劝他逃向灵州去归顺曹泥，侯莫陈悦听从了。自己乘着骡车，命令左右的人都步行跟从，想从山中直奔灵州。宇文泰派原州都督贺拔颖追赶他，侯莫陈悦看见追来的骑兵，就在荒野中吊死了。

宇文泰进入上邽城，举荐薛憕为记室参军。没收侯莫陈悦的府库，财物堆积如山，宇文泰一点也不贪取，全部拿来赏赐给将士。身边的人偷了一个银瓮回来，宇文泰知道后处罚了这个人，将银瓮剖开，赏赐给将士。

侯莫陈悦的同党豳州刺史孙定儿，占据州地不肯投降，拥有军队数万人，宇文泰派都督中山人刘亮去攻打他。孙定儿以为大军还远，不加戒备。刘亮先在接近城边的高岭上竖立一面大旗，自己率领二十个骑兵奔驰进城。孙定儿刚备好酒，忽然看到刘亮来到，惊骇错愕，不知该怎么办，刘亮指挥兵士将孙定儿杀掉，指着远远的城外的大旗，命令两名骑兵说："出去召集大军！"城中守军都服帖从命，没人敢违抗。

起初，过去的氐王杨绍先趁着北魏内乱，逃回武兴，又自立为王。凉州刺史李叔仁被当地的老百姓擒获，氐、羌、吐谷浑等各族也都纷纷蠢蠢欲动，从南岐到瓜州、鄯州，跨州据郡叛乱的情形多得数不清。宇文泰派李弼镇守原州，夏州刺史拔也恶蚝镇守南秦州，渭州刺史可朱浑道元镇守渭州，卫将军赵贵代行秦州的政事，征收豳、泾、东秦、岐四州的谷粮供给军队。杨绍先很害怕，愿意将自己的土地作为北魏的藩属，并且将妻子儿女送去当人质。

夏州长史于谨对宇文泰说："您占据关中险要的地方，将士勇武刚健，土地肥沃。现在，天子在洛阳，被一群邪恶的奸臣包围，如果您能向天子表明您的诚意，分析时事的利弊，请天子迁都到函谷关以西的地方，挟天子的威名来号令诸侯，尊奉天子的命令去征讨叛乱的人，这样一定可以建立像齐桓公、晋文公一样的霸业，这是千载难逢的好时机啊！"宇文泰认为他的意见很好。

丞相高欢听说宇文泰已经平定了秦州、陇西等地区，就派遣使者前去表示善意，赠送厚重的礼物，想要结交他，宇文泰不肯接受，将他的信封好，派遣都督济北人张轨献给北魏孝武帝元修。斛斯椿问张轨："高欢叛逆，想要图谋天下，路人都知道，依人的常理来说，所能依靠的，只有在西方的宇文泰了，但不知道宇文泰比起贺拔岳来怎么样呢？"张轨说："宇文公的才学足以治理国家，他的武功也足以平定乱事。"斛斯椿说："假如的确像你所说的，那就真的可以倚仗他了。"

北魏孝武帝元修命令宇文泰派两千名骑兵镇守东雍州，增强救援京都的形势，同时仍命令宇文泰慢慢将军队带到东边来。宇文泰任用大都督武川人梁御为雍州刺史，命他率领步兵和骑兵五千名作为先锋。先前，丞相高欢派遣他的都督太安人韩轨率领一万名军队据守蒲坂以便援助侯莫陈悦，雍州刺史贾显度，还用船去迎接他。等到梁御见到贾显度后，游说他归顺宇文泰，贾显度当即出来迎接梁御，梁御就占领了长安。

北魏孝武帝元修任命宇文泰为侍中、骠骑大将军、开府仪同三司、关西大都督、略阳县公，宇文泰可假借孝武帝元修的命令，封拜官爵。宇文泰就任用寇洛为泾州刺史，李弼为秦州刺史，先前的略阳太守张献为南岐州刺史。南岐州刺史卢待伯不接受张献替代自己，宇文泰派遣轻骑去攻打他，并且将他抓住。

侍中封隆之对丞相高欢说："斛斯椿那批人现在在京师，一定会造成祸乱。"封隆之与仆射孙腾争着要娶北魏孝武帝元修的妹妹平原公主，平原公主嫁给了封隆之。孙腾就把封隆之的话泄露给斛斯椿，斛斯椿转而禀报孝武帝元修。封隆之很害怕，逃回了自己的家乡。高欢招请封隆之到晋阳。恰好孙腾带着护卫进入尚书省，擅自杀害了御史，担心被治罪，也逃去投靠高欢。领军娄昭因为生病辞职回到晋阳。孝武帝让斛斯椿兼任领军，又另外分别委任了都督及河南、关西等地的刺史。华山王元鸷在徐州，高欢命大都督邸珍夺取他的城，逼迫他交出钥匙。建州刺史韩贤、济州刺史蔡俊，都是高欢的同党，孝武帝也废置了建州，免去韩贤的职位，命御史检举揭发蔡俊的罪状，以汝阳王元叔昭代替他的职位。高欢向孝武帝进言说："蔡俊功勋卓著，不可以解除他的职位；汝阳王有美好的德行，应该担任一个大州刺史；臣的弟弟高永宝，现任定州刺史，应当退让给贤能的人一展抱负。"孝武帝不肯听从。五月，丙子日（五月无此日），孝武帝增设勋府庶子，左右厢各六百人，又增加骑官，左右厢各两百人。

北魏孝武帝元修想去征讨晋阳，辛卯日（初十），下令戒严，说将要自己率领军队去讨伐梁朝。征召河南等各州的军队，在洛阳举行盛大的校阅仪式，南边到达洛水，北边直到邙山，孝武帝穿着戎服与斛斯椿亲临校阅。六月，丁巳日（初六），孝武帝秘密下诏令给丞相高欢，称“宇文泰、贺拔胜颇有背叛的心思，所以我假装说要向南进攻梁朝，实际上是暗地里有所准备，你也应当一同协助防御。读完后将它烧掉”。高欢也上表认为“荆州、雍州将有背叛的阴谋，臣现在就暗中统御三万兵马，从河东西渡，又派遣恒州刺史库狄干等率领四万名士兵从违津渡河，领军将军娄昭等率领五万名兵卒去征伐荆州，冀刺史尉景等率领山东士兵七万，还有能冲锋陷阵的骑兵五万去攻打江左的敌人，大家都统御军队，听候调遣分派”。孝武帝元修知道高欢已感觉到事情的蹊跷，于是拿出高欢的奏表，命群臣共同商量对策，想要阻止高欢的军队。高欢也聚集了并州的幕僚官佐一同商议，还上表奏陈心意，并且说：“臣被陛下所宠信的佞臣离间，陛下终有一天会怀疑我的忠心。臣如果敢辜负陛下而背叛的话，愿意受到上天的惩罚，还断子绝孙。陛下如果相信我对朝廷的赤胆忠心，军队就不要轻举妄动，使战乱不发生，希望酌量轻重利害，将这一两个奸佞的臣子除掉。”

丁卯日（十六日），北魏孝武帝元修命大都督源子恭镇守阳胡，汝阳王元暹镇守石济，又任用仪同三司贾显智为济州刺史，率领军队与豫州刺史斛斯元寿东赴济州。斛斯元寿，是斛斯椿的弟弟。蔡俊不肯将刺史之位让给贾显智，孝武帝元修更加生气。辛未日（二十日），孝武帝又记下洛阳文武官员议论的意见答复高欢，并且命舍人温子升拟写诏命给高欢说：“我没有动用半点兵力，轻而易举，就登上天子的宝座，所以说，生育我的是父母，而使我显贵的是您。今天假如无缘无故背叛大王，互相图谋攻打的话，那么一定使我和我的子子孙孙，都像大王所发的誓一样受到惩罚。最近担心宇文泰作乱，贺拔胜会接应他，因而实行戒严，想要与大王一起互为援手。现在观察他们的所作所为，一点都没有可疑的迹象。东南地方不太安定，时间已经很久了，现在天下人口减少了一半，实在不适宜再乱用武力，战争不止。朕生性愚昧，不晓得左右奸邪的臣子是谁。不久前高乾的死，难道是朕的意思吗？大王突然对高昂说他哥哥死得冤枉，人的耳目为什么那么轻易受蒙蔽呢？就像听说库狄干告诉大王说：‘本来想找懦弱无能的人做君主就好，没有打算要永久立一个国君，使得没有办法控制他。今天我们既然只做暂时的打算，自然可以废除他，再立其他的人为帝。’这样的议论，自然必是大王左右有功勋的人才敢说的话，怎么会是出自谄媚的臣子口中呢？去年封隆之的叛变，今年孙腾又逃去归附大王，大王既不治他们的罪，也不将他们押送回洛阳，谁不责怪大王呢？大王假如尽诚心侍奉君主，为什么不将他们两个的首级斩下来，送回洛阳呢？大王虽然启奏上说‘要向西去进攻宇文泰’，可是你的军队却分四路进兵，有的想南渡到洛阳，有的却往东到江左，说这些话的人应该感到奇怪，听到的人怎么能不怀疑呢？大王如若安然地居住在晋阳，朕这里虽然有百万的军队，终究没有算计你的心思，但是假如大王举起旌旗指向南方，朕纵使没有一匹马一辆车，仍然要赤手空拳奋斗到死。朕本来就是个德薄的人，大王已经立朕为主，百姓愚昧无知，或许还认为我不错，可以担任大事。倘若朕被别人赶下台，就会显示朕有罪过；如果朕被大王所杀，幽囚受辱，粉身碎骨，也一点都没什么好怨恨的！本来希望君臣能团结为一体，如符信一样地契合，亲密无间，没想到今天会分离疏远到这个地步！”

中军将军王思政对北魏孝武帝元修说：“高欢的野心，我们可以很清楚地知道了。洛阳并不是用兵的地方，宇文泰是忠心王室的人，现在我们去依靠他，再想办法返回，何必担心不会成功呢？”孝武帝认为他的话没错，派遣散骑侍郎河东人柳庆在高平会见宇文泰，一同议论时事。宇文泰请求能迎接孝武帝前来，柳庆回京复命，孝武帝又私下对柳庆说：“朕想到荆州贺拔胜那里去，怎么样呢？”柳庆说：“关中地势险要，宇文泰的才干谋略都值得信任依赖。荆州并不是险要的地方，南边又受到梁朝的威胁侵扰，依臣的愚见，没什么值得去的理由。”孝武帝又去问阁内都督宇文显和，宇文显和也劝孝武帝西入关中。当时孝武帝广召州郡的兵马，东郡太守河东人裴侠率领部众来到洛阳，王思政问他说：“现在有权的臣子专权跋扈，王室的地位已经一天比一天衰微了，要怎么办才好呢？”裴侠说：“宇文泰被三军推崇，占据关中险要地方，所以说，自己操纵着军事大任，怎么肯再把权柄让给别人呢？虽然是去依靠他，恐怕与为了躲避滚汤而掉入大火的处境没有区别。”王思政说：“那么应当怎么办才好呢？”裴侠说：“除掉高欢一定会立刻遭到灾祸，西入关中，将来也会遇到忧患，暂且到关中慢慢想出适当的办法吧！”王思政也认同他的意见，于是就带着裴侠去觐见孝武帝，孝武帝授给他左中郎将的职位。

起初，丞相高欢认为洛阳长久以来，经历了许多丧死祸乱的事，想将国都迁移到邺城。北魏孝武帝元修说：“从高祖元宏定都于洛阳以后，已经为后世子孙立下了根基，大王既然想要保全国家来建立功业，就应当遵从孝文帝元宏太和年间遗留下来的旧有规定。”高欢这才作罢。到此时，高欢又想谋划迁都邺城的事，派遣三千名骑兵镇守建兴，增加了河东和济州的军队，征集各州由官府收购买下的粟粮，都运进邺城里。北魏孝武帝元修又下诏令给高欢说：“你假如想要收服人心，断绝众人的诽谤，只有撤回河东的军队，撤走建兴的戍守部众，运走相州的粟粮，调回济州的军队，命蔡俊接受调职，邸珍离开徐州，放下武器，遣散兵马，让每个人各自去经营他们的家事。如果需要粮食，另外派人转运，那么喜欢进谗言的人就无话可说，也不会有令人怀疑的举动或做出后悔的事了。大王就可以在太原高枕无忧，朕也可以在京师洛阳推行无为而治的大道。大王如果将马头转向南方，想要窥伺皇位，朕虽然不想打仗，但为了国家宗庙的大计，就是想罢休也是不可能的。一切的决定都在大王，并不是朕能决定的事，事情的成败，就在这个重要的决定，不然就会功败垂成，希望能互相珍惜。”高欢又上表，极力指责宇文泰与斛斯椿的罪恶。

北魏孝武帝元修任用广宁太守广宁人任祥兼任尚书左仆射及开府仪同三司等职，任祥弃官逃走，渡河后，据守在广宁郡等候高欢。孝武帝就下诏令，凡是从北方来的文武官员要离去或留下都可以，并颁下诏书指责高欢的过错和罪恶，召请贺拔胜到孝武帝巡幸时所住的地方。贺拔胜就此事问太保的属官范阳人卢柔，卢柔说："高欢叛乱造反，明公聚集所有的部众奔赴京都，与他一决胜负，是生是死由此决定，这是上策。北边以鲁阳为屏障，南边并吞楚地，东边连接兖州、豫州，西边依靠关中，率领百万军队，观察等待机会再动兵，这是中策。拿三荆的地方，到梁朝去请求庇护，功名成就都会一扫而空，这是下策啊！"贺拔胜笑而不答。

北魏孝武帝元修让宇文泰兼任尚书仆射，任命为关西大行台，答应将冯翊长公主嫁给他。孝武帝对宇文泰帐内都督秦郡人杨荐说："你回去对行台说，派遣骑兵来迎接我！"并任命杨荐为直阁将军。宇文泰任命前秦州刺史骆超为大都督，率领轻骑一千名赶赴洛阳，又派遣杨荐与长史宇文测出函谷关外去等候迎接孝武帝。

丞相高欢召来他的弟弟定州刺史高琛，命他镇守晋阳，又命令长史崔暹辅佐他。崔暹就是崔挺的儿子。高欢整治军队向南进发，告诉他的部属说："我因为尔朱氏跋扈专权，不受节制，所以在海内伸张大义，恭奉敬事主上，我的真诚能贯通阴阳，人鬼共鉴，但常常被斛斯椿进谗言诬陷，将我的忠心当成叛逆，现在我要向南方进兵，不过是想杀掉斛斯椿罢了。"高欢任命高敖曹为前锋。宇文泰也将那些声讨的文书转到各州郡，指责高欢的罪过，自己率领着大军从高平出发，前锋屯驻在弘农。贺拔胜的军队驻扎在汝水。

秋天，七月，己丑日（初九），北魏孝武帝元修统治军士十万屯驻在河桥，以斛斯椿为前驱，列阵在邙山的北面。斛斯椿请求率领精良骑兵两千名，利用晚上渡河偷袭高欢疲惫的士卒，孝武帝开始很赞成，黄门侍郎杨宽向孝武帝进言说："高欢以臣子的身份征讨君王，天下人谁不知道？现在却要借别人的军队去进攻他，恐怕会生其他的变故。斛斯椿如若渡河去作战，万一打赢而立了战功，恐怕会灭掉一个高欢，又生出一个高欢来。" 孝武帝于是下诏令斛斯椿停止出兵，斛斯椿很感慨地说："不久前荧惑星（火星）进入南斗星，斗星盛明，表示王道平和，现在火星进入，火星是罚星，一定有不利天子的事。现在主上相信身边谗邪臣子的挑拨离间，不采纳我的计谋，难道是天意如此吗？”宇文泰听了，就对身边的人说：“高欢几天就走了八九百里，这是兵家最忌讳的事情，应该趁机去进攻他，然而主上因肩负天下的重任，不能渡河去与高欢决一死战，只沿着黄河边防守，而河长几万里，防御不是那么容易的事，如果有一处被他们渡过，那就大事不妙了！”随即任用大都督赵贵为别道行台，从蒲坂渡河，奔赴并州，打算威胁高欢的后面，并派遣大都督李贤率领精锐骑兵一千名奔赴洛阳去迎接孝武帝元修。

北魏孝武帝元修派斛斯椿与行台长孙稚、大都督颍川王元斌之镇守虎牢，行台长孙子彦镇守陕州，贾显智、斛斯元寿镇守滑台。元斌之，是安乐王元鉴的弟弟；长孙子彦，是长孙稚的儿子。高欢派相州刺史窦泰赶往滑台，建州刺史韩贤赶往石济。窦泰与贾显智在长寿津相遇，贾显智暗地里与窦泰约定投降高欢，率领军队撤退，军司元玄发现，奔驰回去，请求增援，孝武帝元修派大都督侯几绍前往。与窦泰在滑台东交战，贾显智率领军队投降，侯几绍战死。北中郎将田怙为高欢做内应，高欢暗中带着军队到了野王，孝武帝知道后，将田怙杀掉。高欢从野王进兵到距黄河北边十余里的地方，再派使者带口信给孝武帝表示自己忠诚的心意，孝武帝没有回应。丙午日（二十六日），高欢率领军队渡过黄河。

北魏孝武帝元修向群臣征询对策，有的想要去投奔梁朝，有的说到南边去依靠贺拔胜，有的说向西到关中，有的说守住洛口与敌人决一死战，众说纷纭，计策无法决定。元斌之与斛斯椿争夺权力，丢下斛斯椿跑了回来，欺骗孝武帝说：“高欢的军队已经到了。”丁未日（二十七日），孝武帝派使者召回斛斯椿，于是统率南阳王元宝炬、清河王元亶、广阳王元湛与五千骑兵投宿在瀍水西边，寄居在南阳王的别墅中，和尚惠臻背着玉玺，拿着千牛刀跟从着。众人都知道孝武帝将要到西方去，那天晚上，逃亡的人数超过了半数，清河王元亶、广阳王元湛也逃走了。元湛，是元深的儿子。武卫将军云中人独孤信单枪匹马地追来跟随北魏孝武帝元修，孝武帝感叹地说：“将军辞别父母，抛下妻子儿女而来，‘乱世识忠臣’这句话一点都不假啊！”戊申日（二十八日），孝武帝向西逃到长安，李贤在崤山中遇到孝武帝。己酉日（二十九日），高欢进入洛阳，住在永宁寺，派遣领军娄昭等去追孝武帝，请孝武帝回洛阳来。长孙子彦守不住陕州，弃城逃跑了。高敖曹率领勇健的骑兵追赶孝武帝到陕城西边，还是没有追上。孝武帝快马加鞭，长途跋涉，干粮、汤水都缺乏，三两日里跟随的官员，也只有喝溪涧的水充饥。到了湖城，有王思村的老百姓拿了麦米饭和开水进献给孝武帝，孝武帝很高兴，诏命免除这一村的十年徭役。到了稠桑，潼关大都督毛鸿宾迎接并献上酒食，跟随的官员，才解除了饥渴。

八月，甲寅日（初四），丞相高欢召集百官说：“做臣子的侍奉主上，本就应当拯救危难，假若在朝时不知道进谏过失，出奔时不能陪侍随从，无事时沉溺在争宠幸求荣耀中，有急难时就背弃主上逃走，这种臣子的节操到底在哪里？”大家都不敢回答，只有兼尚书左仆射辛雄说：“主上与他的亲近臣子谋划国家大事，我们也不能事先知道，等到主上乘车西去了，我们如果及时追随着一起去，恐怕又同奸臣党羽一样。可留在这里等待大王，没想到又要蒙受不跟随主上的罪过，辛雄等不管跟随或不跟随都逃避不了罪责。”高欢说：“你们都是拥有官位的大臣，应当献身报效国家，一大堆的奸臣专权，你们可曾经有过一句进谏的话吗？使得国家大事现在变成这种地步，这种罪过要谁承担呢？”于是收押辛雄与开府仪同三司叱列延庆、兼吏部尚书崔孝芬、都官尚书刘廞、兼度支尚书天水杨机、散骑常侍元士弼，统统将他们杀死。崔孝芬的儿子司徒从事中郎崔猷抄小路逃入关中，孝武帝元修让他任原职在门下省办事。高欢推举司徒清河王元亶为大司马，以皇上名义处理政事，在尚书省办公。

宇文泰派赵贵、梁御率领武装骑兵两千名去恭迎北魏孝武帝元修，孝武帝沿着黄河向西边行进，对梁御说：“这条水向东流，而我却向西走，假如能让我再回到洛阳，必定亲自去拜祭祖庙，那都是你们的功劳啊！”孝武帝和身边的人都流下眼泪。宇文泰准备了仪仗护卫迎接孝武帝，在东阳驿拜见了孝武帝，脱下帽子流着眼泪说：“臣不能阻止残暴的匪徒作乱，让皇上流离迁徙，这是臣的罪过。”孝武帝说：“你的忠孝节义，远近的人都知道，朕因为寡德，让小人得志，导致匪徒侵扰，今天相见，实在非常羞愧。朕如今把国家的大任委托给你，你一定要尽心尽力啊！”所有将士都高呼万岁。

于是进入长安，将雍州的官署作为宫殿，大赦境内，任命宇文泰为大将军、雍州刺史兼尚书令，军务国政都由宇文泰决定。另外再设置两个尚书，分别掌管机要大事，由行台尚书毛遐、周惠达担任。当时军务国政刚刚开始建立，两位尚书积储粮食，修造兵器，挑选士卒马匹，北魏朝廷的一切事情都依赖他们。宇文泰迎娶冯翊长公主，拜官为驸马都尉。

先前有火星进入南斗星，离开后又回来，停留了六十天。梁武帝萧衍因为谚语说：“火星进入南斗星，会有对天子不利的事。”于是光着脚走下殿阶，祭神祈求消除灾祸。等听到北魏孝武帝元修投奔到西方后，惭愧地说：“这个胡人也能应验天象吗？”

己未日（初九），武兴王杨绍先出任秦、南秦二州的刺史。

辛酉日（十一日），北魏丞相高欢亲自去追迎孝武帝元修。戊辰日（十八日），清河王元亶下命令大赦境内。高欢到达弘农，九月，癸巳日（十三日），高欢派遣行台仆射元子思率领侍官去迎接孝武帝。己酉日（初五），高欢攻克潼关。擒获毛鸿宾，进兵驻守在华阴长城，龙门都督薛崇礼献城投降高欢。

贺拔胜让长史元颖代理荆州事务，镇守南阳，自己带领军队向西边关中前进。到了淅阳，听说高欢已经屯驻在华阴，想要退回去，行台左丞崔谦说：“现在帝室已经被推翻，天子也已出逃，您应当加快速度，日夜不停地走，到帝王居住的地方去觐见，然后再与宇文泰同心协力，共同伸张大义，天下百姓有谁会听到消息而不响应的呢？现在不这样做却退回去，恐怕大家都会松懈怠慢，士气瓦解，一旦失去机会，后悔就来不及了。”贺拔胜没有采用他的计策，于是率领军队退回荆州。

高欢退兵驻守在河东，派遣行台长史薛瑜镇守潼关，大都督库狄温镇守封陵，在蒲津的西岸修筑城墙，任用薛绍宗为华州刺史，让他镇守在那里，任用高敖曹代理豫州政事。

高欢从晋阳出发，到现在一共上了四十次的奏疏，北魏孝武帝元修都没有答复他。高欢于是东回洛阳，派遣行台侯景等率领军队攻打荆州，荆州百姓邓诞等捉拿了元颖来响应侯景。贺拔胜到达荆州，侯景迎击他，贺拔胜溃败，带领数百名骑兵投奔梁朝。

北魏孝武帝元修在洛阳时，秘密派遣阁内都督河南人赵刚召集东荆州刺史冯景昭率领军队来救援，军队还来不及出发，孝武帝已经西逃进入关中了。冯景昭集合府中文武官员商量何去何从，司马冯道和请求据守在东荆州等待高欢的决定。赵刚说：“你应当整治军队前往皇帝所在的地方。”等了很久，都没有人再说话。赵刚抽出刀子扔在地上说：“明公假如想要做忠臣，请将冯道和杀掉；假如想跟随着贼人，可以马上将我杀掉！”冯景昭感悟了这番话的道理，立即带领军队奔往关中。侯景率领军队逼近穰城，东荆州的老百姓杨祖欢等起兵接应侯景，带领他的军队，在半路上迎击冯景昭的部队，冯景昭战败，赵刚逃入南蛮。

冬季，十月，丞相高欢到了洛阳，又派遣和尚道荣奉上奏表给北魏孝武帝元修说：“陛下假如能给我们一道命令，许诺回到京师洛阳，臣当立即率领文武百官，清扫干净您居住的宫殿。假如回来的日期遥遥不可知，国家不可以没有主人，各国必须有所依附，臣宁愿背弃了陛下，也不能背负了国家。” 孝武帝元修仍然没有答复他。高欢于是召集文武官员，朝中老臣，商量另外立一个新君。当时清河王元亶，认为自己一定是新君的当然人选，出出进进都已有清除道路要求行人回避的排场了，高欢非常厌恶他，于是借口说：“从孝明帝元诩以来，宗庙的辈分已经混乱了，孝庄帝元子攸称孝文帝元宏为伯父，孝武帝元修自以为和孝明帝元诩是兄弟，兄弟是不相入庙的，所以将孝明帝元诩的灵位迁入宗庙侧室。近来皇帝基业丧失，国运衰败，都是这种因素所造成的。”于是立清河王元亶的长子元善见为帝，并对元亶说：“假如要立大王你为帝，不如立你的儿子。”元亶内心非常羞愧不安，轻装骑马向南逃走，高欢派人又将他追了回来。丙寅日（十七日），孝静帝元善见在洛阳城东北举行即位大典，当时仅十一岁，大赦境内，改年号为天平。

西魏宇文泰率兵攻打潼关，杀死薛瑜，俘虏他的士卒七千人，回到长安，进升职位为大丞相。东魏行台薛修义等渡过黄河攻占了杨氏壁。西魏司空参军河东人薛端集合率领村民击退了东魏军队，再次夺回杨氏壁，丞相宇文泰派南汾州刺史苏景恕去镇守杨氏壁。

丁卯日（十八日），梁武帝萧衍任命信武将军元庆和为镇北将军，率领军队进攻东魏。

起初，北魏孝武帝元修已经和丞相高欢有隔阂。齐州刺史侯渊、兖州刺史樊子鹄、青州刺史东莱王元贵平等人暗中互相勾结，静静地观察时局的变化；侯渊也派遣使者到高欢那儿联络。等到孝武帝元修入函谷关后，清河王元亶以皇帝的名义，任用汝阳王元暹为齐州刺史，元暹到了齐州城西面，侯渊不及时出城迎接。城中百姓刘桃符等人偷偷地带领元暹入城，侯渊率领骑兵弃城逃走，他的妻子、儿女以及部队都被元暹俘虏。侯渊等人走到广里，恰好清河王以皇帝名义任用侯渊代理青州政事。

高欢写给侯渊的信上说：“您不要因为部队少，就害怕到东边来，齐地的人轻浮，只要有利益，他们就会顺从，齐州老百姓都能迎接汝阳王元暹，青州老百姓难道就不能开门等待你吗？”侯渊于是又回到东方，汝阳王元暹归还给他的妻子、儿女和军队。元贵平不肯让出青州，侯渊攻打高阳郡，攻克下来后，将家室资产等都放在城中，自己带领轻骑在城外巡逻掳掠。元贵平派他的世子带领军队进攻高阳郡，侯渊趁夜赶往青州县治东阳城，看到运送粮食的青州老百姓，就蒙骗他们说："官府的军队已经来了，我们军队都快被杀光了。我是世子的人，逃回到城里来，你们为什么还要前去呢？"听到的人都丢弃粮食逃跑。等到天亮后，又对来往的行人说："官府的军队，昨天已经到了高阳，我是领头的先锋，今天来到这里，不知道侯公究竟在哪里？"城中的老百姓都惊惶害怕，于是就将旧刺史元贵平抓起来，打开城门投降。戊辰日（十九日），侯渊将元贵平杀掉，砍下他的头，传送到洛阳。

庚午日（二十一日），东魏任命赵郡王元谌为大司马，咸阳王元坦为太尉，开府仪同三司高盛为司徒，高敖曹为司空。元坦，是元树的弟弟。

丞相高欢认为洛阳西边靠近西魏，南边又临近梁朝的国境，于是议定将都城迁徙到邺城，命令颁布三天后就立即出发。丙子日（二十七日），东魏国主孝静帝元善见从洛阳起程，被迫一起搬迁的四十万户民众，狼狈地跟着上路。朝廷征收文武百官的马匹，凡官在尚书丞、郎以上而不是陪从孝静帝元善见的，只许他们骑驴。高欢留在后面指挥。等迁都完成后，才返回晋阳。朝廷将司州改为洛州，任命尚书令元弼做洛州刺史，镇守洛阳。任命行台尚书司马子如做尚书左仆射，与右仆射高隆之、侍中高岳、孙腾留守邺都，一起主持朝廷政事。孝静帝元善见又颁布命令，因为民众迁徙，家产不能马上恢复，所以拿出粮米一百三十万石来救济他们。

十一月，兖州刺史樊子鹄固守瑕丘，抵抗东魏，南青州刺史大野拔率领部队前往救援。

庚寅日（十一日），东魏国主孝静帝元善见到达邺都，定居在北城相州的官署，将相州刺史改为司州牧，将魏郡太守改为魏尹。当时，随从北魏孝武帝元修向西到长安的六坊卫队还不到一万人，其余的都迁到邺城，并且还供应他们定额的官粮，春秋两季又要赐布帛给他们，以供缝制衣服。于是除去他们日常的用度外，随着每年稻麦的成熟，将绢帛折价买进谷粮，以便供给国库使用。

十二月，西魏丞相宇文泰派遣仪同李虎、李弼、赵贵进攻在灵州的曹泥。

闰十二月，梁将元庆和攻克濑乡，并且占据了这座城。

西魏孝武帝元修宫中有不守礼法、乱伦败德的事情。他的堂妹没有出嫁的有三人，全都封为公主。平原公主明月和南阳王元宝炬是同母兄妹，跟随孝武帝元修进入函谷关，丞相宇文泰因为孝武帝元修淫及堂妹，有伤风化，就派元氏诸王诱出明月公主，将她杀掉。孝武帝元修十分不高兴，有时拉弓引弦，有时捶打几案，无非是针对宇文泰而发，因此又与宇文泰有了嫌隙。癸巳日（十五日），孝武帝元修喝酒被毒死。宇文泰与群臣商量另立新君，大家都举荐广平王元赞，元赞是魏孝武帝元修哥哥的儿子。侍中濮阳王元顺在别室流着眼泪对宇文泰说："高欢逼迫驱赶了先帝，另外立了年幼的君主而自己大权独揽。你应当改一改他的做法。广平王元赞还很年幼，不如拥立年长的君主。"宇文泰于是迎接太宰南阳王元宝炬并且立他为君主。濮阳王元顺，是常山王元素的曾孙。孝武帝元修的灵柩被移到草堂佛寺。谏议大夫宋球悲伤痛哭到吐血，好几天汤米也不吃，宇文泰因为他是名儒，也没有治他的罪。

北魏贺拔胜在荆州时，具表上奏请求任用武卫将军独孤信为大都督。东魏已经攻取了荆州，西魏任命独孤信为都督三荆州诸军事、尚书右仆射、东南道行台、大都督、荆州刺史来招抚他。

荆州蛮族酋长樊五能攻破了淅阳郡来策应西魏，东魏西荆州刺史辛纂想要去征讨他，行台郎中李广进谏说："淅阳四面都没有百姓，只有孤单的一座城池，山路又那么幽深艰险，里里外外都是那些蛮人。现在派遣的军队如果太少，就没办法制伏那些贼人；倘若要派多些，那么我们大本营就要变得虚弱了。假如又不尽如人意，没有成功，威名受到损折，人心一旦失去，恐怕连州城都保不住了。"辛纂说："怎么可以放纵贼寇而不去征讨呢？"李广说："现在我们所担心的是内部的人是否亲近可靠，哪里还有闲暇去管外面的事呢？听说官府派遣的军队，不久就会到了，您只要约束住东荆州统辖的城池，使之完好无缺，安抚城中百姓，等待着就好，虽然失去了淅阳，也没有什么可惜的。”辛纂不肯听从，派遣军队去进攻淅阳，结果打了败仗，一些将领趁机逃走不再回来。

城中老百姓秘密地召请独孤信。独孤信到了武陶（疑当作武关），东魏派遣恒农太守田八能，带领一群蛮人在淅阳抵挡独孤信，又派遣都督张齐民率领三千名步兵和骑兵绕到独孤信的后面。独孤信对他的部众说：“现在我们的士卒不满一千人，前后都受到敌人的包围，假如我们回过头去攻击张齐民的军队，那么淅阳的人民必定以为我要将军队撤退，一定争着来拦截；不如进兵去攻打田八能，倘若将他的军队打败，张齐民的军队自然也就溃散了。”于是击破了田八能的军队，乘胜又去袭击穰城；辛纂率领军队出来迎战，大败，退回到城里。城门因为仓促来不及关上，独孤信命令都督武川人杨忠为先锋，杨忠大声地叱喝守门的士兵说：“大军已经到了，城里还有人在接应，你们想要求生的，怎么不避开逃走？”守门的士兵全都逃散。杨忠带领军队进城，杀掉辛纂来安抚百姓，城里的人都害怕而屈服了。独孤信分派军队平定了三荆。过了半年，东魏高敖曹、侯景带领军队突然来到了城下，独孤信因为军队太少，不是他们的敌手，与杨忠一起投奔了梁朝。

资治通鉴卷第一百五十七　梁纪十三

起乙卯（公元535年），止丁巳（公元537年），共三年。

【题解】本卷记录了公元535到537年的史事，共三年。正当梁武帝萧衍大同元年、二年、三年，西魏文帝元宝炬大统元年、二年、三年，东魏孝静帝元善见天平二年、三年、四年。南朝梁武帝无所作为，南朝无事，与北方修好。本卷主要记载东、西魏创立之初，权臣当政，各立傀儡新君，高欢与宇文泰内修政理，外示用武，潼关之战、沙苑之战这两次大战形成势均力敌，此后双方的战争将围绕洛阳、河东局部地区的争夺而展开，东、西魏对峙局面最终形成。

高祖武皇帝十三

大同元年（乙卯，公元535年）

春季，正月，戊申朔日（初一），梁武帝萧衍大赦天下，改年号为大同。

当天，西魏文帝元宝炬在长安城西，举行即位大典，大赦境内，改年号为大统，追封已去世的父亲京兆王元愉为文景皇帝，已去世的母亲杨氏为皇后。

原北魏渭州刺史可朱浑道元早先归顺侯莫陈悦，侯莫陈悦死后，丞相宇文泰攻打他，但无法攻下来，于是与可朱浑道元订了盟约后退兵。可朱浑道元世世代代都住在怀朔，与东魏丞相高欢交情很好，而且母亲、哥哥都在邺城，所以常与高欢来往。宇文泰想要去进攻他，可朱浑道元率领部众三千户往西北渡过乌兰津抵达灵州，灵州刺史曹泥资助他到云州。高欢听到后，遣送粮草去迎接等候，任命可朱浑道元为车骑大将军。

可朱浑道元到达晋阳，高欢才听到西魏孝武帝元修崩殂的消息，上书朝廷请求为孝武帝元修办理丧事穿孝服。东魏君主孝静帝元善见请群臣一同商议，太学博士潘崇和认为："君主假如对待臣子不用礼法，那么臣子就不必要为君主的去世而服丧，因而商汤时的百姓不为夏桀哭哀，周武王姬发时的百姓也没有为商纣服丧。"国子博士卫既隆、李同轨商量认为："高皇后（孝武帝元修的皇后）在孝武帝元修投奔西方时，虽然没有一起跟去，但并没有断绝名分，所以高皇后应当服丧。"东魏孝静帝元善见听从了群臣的建议。

西魏骁骑大将军、仪同三司李虎等人招降了费也头的部众，与他们一同攻伐灵州，前后进攻了四十天，灵州刺史曹泥请求投降。

己酉日（初二），西魏晋升丞相略阳公宇文泰为都督中外诸军、录尚书事、大行台，封为安定王；宇文泰坚决辞去王爵及录尚书的职位，于是封为安定公。任命尚书令斛斯椿为太保，广平王元赞为司徒。

乙卯日（初八），西魏文帝元宝炬立王妃乙弗氏为皇后，儿子元钦为皇太子。皇后仁慈宽厚，节约勤俭，不妒忌，文帝非常敬重她。

稽胡人刘蠡升从北魏孝明帝元诩以来，就自称为天子，改年号为神嘉，居住在云阳谷，北魏的边境经常受到他的侵扰，被叫作"胡荒"。壬戌日（十五日），东魏丞相高欢袭击刘蠡升，将他们打得大败。

渤海王高欢的世子高澄与高欢的妾郑氏暗中私通，高欢攻打稽胡回来后，有一位婢女将这件事告诉了高欢，并且有另两位婢女做证；高欢杖打渤海世子高澄一百棍，又将他关押起来，他的母亲娄妃也被隔绝起来，不能与他见面。高欢收纳魏敬宗元子攸的皇后尔朱氏，非常宠幸，生了一个儿子高浟，高欢想立他为世子。渤海世子高澄求救于司马子如。司马子如去见高欢，假装不知道内情，请求看望娄妃，高欢将这件事告诉了他。司马子如说："我的儿子司马消难也与我的妾私通，这种事正应当为他掩饰才对，何况娄妃是大王的结发夫妻，经常把娘家的财物拿回来帮助大王，大王在怀朔镇时，曾因触怒了镇帅而被用杖责打，背部受伤，几乎看不到完好的肌肤，娄妃日夜地服侍看护你，后来为了躲避贼人葛荣，娄妃与大王一同奔走到并州，沿途贫穷困顿，娄妃亲自烧马粪做饭，自己制作靴子，这种恩义怎么可以忘掉呢？夫妇相处融洽，女儿嫁给了尊贵的天子，儿子继承伟大的基业。况且娄妃的弟弟娄领军的功勋卓著，怎么可以轻易动摇？一个地位卑下的妇人，不值得为她伤了家中和气，况且婢女的话也不必相信啊！”高欢因此命司马子如再深入审查事实真相。司马子如见了世子高澄，责怪他说：“男孩子何必为了害怕威势，甘心自己受污蔑呢？”于是命做证的两个婢女推翻她们的证词，威逼那位告密的婢女自杀，这才回复高欢说：“果真是虚假的谎言！”高欢非常高兴，召见娄妃与世子高澄。娄妃远远地看见高欢，走一步行一叩头礼，世子高澄一边叩拜一边走向前，父子、夫妇相对哭泣，和好如初。高欢摆设酒宴，说：“成全我们父子和睦关系的，是你司马子如啊！”赏赐给他一百三十斤黄金。

甲子日（十七日），西魏任命广陵王元欣做太傅，仪同三司万俟受洛干为司空。

己巳日（二十二日），东魏任命丞相高欢为相国，可以使用天子的仪仗，享有特殊的礼遇。高欢坚决推辞。

东魏大行台尚书司马子如带领大都督窦泰、太州刺史韩轨等攻打潼关，西魏丞相宇文泰驻军在霸上。司马子如与韩轨回转军队，从蒲津趁夜偷渡过黄河，进攻华州。当时华州修整城墙还未完工，梯子靠在城外，等到天一亮，东魏人利用梯子爬进城。

刺史王罴睡觉还没起床，听到楼外喧闹的声音，光着身子，露着发髻，打着赤脚，手拿白色大杖大吼奔出，东魏人一见吓得往后奔逃。王罴将他们追逐到东门，部下才渐渐地聚集起来，并肩作战，合力打败东魏军，司马子如等人于是率领军队离去。

二月，辛巳日（初四），梁武帝萧衍在明堂举行祭祀大典。

壬午日（初五），东魏任命咸阳王元坦做太傅，西河王元悰为太尉。

东魏命尚书右仆射高隆之征调十万名役夫拆掉洛阳的宫殿，将那些材料运到邺城。

丁亥日（初十），梁武帝萧衍为了劝民勤于农事，亲自到藉田耕种。

东魏仪同三司娄昭等进攻兖州，樊子鹄派前任胶州刺史严思达守卫东平郡，娄昭攻克了东平郡。于是带领军队包围瑕丘，久攻不下，娄昭引水灌城；己丑日（十二日），大野拔趁樊子鹄议事之机，砍了樊子鹄的头，拿去向娄昭投降。起初，樊子鹄因为部众少，逼着那些年老瘦弱的人都当兵，樊子鹄死了后，这些人就各自分散逃走。众位将领劝娄昭统统将他们捉来杀掉，娄昭说："这座州城已经很不幸，无缘无故地被蹂躏残杀，人们盼望着官府的军队来拯救他们的困境，假如今天我再杀他们，老百姓的冤情要向谁诉说呢？"大家听了，就放弃了追杀的打算。

戊戌日（二十一日），司州刺史陈庆之进攻东魏，与豫州刺史尧雄交战，结果战事失利又退了回去。

三月，辛酉日（十五日），东魏任命高盛为太尉，高敖曹为司徒，济阴王元晖业为司空。

东魏丞相高欢假装与刘蠡升订约讲和，并且将女儿许配给他的太子为妻。刘蠡升没有防备，高欢发兵偷袭他，辛酉日（十五日），刘蠡升手下的北部王砍下刘蠡升的头来投降高欢。其余部众又立了他的儿子南海王为皇帝，高欢进兵攻打他，将南海王抓了起来，又俘虏了他的皇后、诸王、公卿以下四百多人，还有华、夷民众五万多户。

壬申日（二十六日），高欢到邺城朝见东魏孝静帝元善见，将魏孝武帝元修的皇后（高欢的长女）嫁给彭城王元韶为妻。

西魏丞相宇文泰认为战争一直不能停息，官吏百姓都困苦疲惫，于是命令所属官员参考古今适合于目前情况，又利于治理天下的方法，列出二十四条新的法令，奏请西魏文帝元宝炬后实施。

宇文泰任命武功人苏绰为行台郎中，过了一年多，宇文泰还不知道他的才智，而行台里的人却都已经称赞他的才能，任何疑难的事都去请教他，由他做主决定。宇文泰与仆射周惠达商讨大事，周惠达有回答不出来的地方，就请求先退下再商议。当周惠达退出后，便去请教苏绰，苏绰替他分析解决，周惠达再回去禀告宇文泰，宇文泰认为周惠达回答得很好，说："是谁与你一同商讨的呢？"周惠达就提起苏绰的名字，并且称赞苏绰有辅佐君王的才干，宇文泰就提拔苏绰为著作郎。宇文泰与公卿大臣到昆明池观鱼，走到长安城西汉时的旧仓池，宇文泰回过头问身边的人，都没有人知道仓池的历史。宇文泰召请苏绰来询问他，苏绰详细地将仓池的兴衰情况回答出来。宇文泰特别高兴，因此问他有关天地造化万物开始，历代兴盛灭亡的事迹，苏绰对答如流。宇文泰与苏绰并肩骑马，慢慢地向前走，到了昆明池边，竟没有架设渔网捕鱼就回去了。于是留苏绰一同过夜，问他政治上的一些问题，宇文泰最初躺着听他说。苏绰陈述处理政事应当注意的要点，宇文泰起身整理衣襟，端正地坐着聆听，不知不觉地向前移动，脚都伸到坐席的前面去了，于是一直谈到天亮都还不满足。第二天上朝时，宇文泰对周惠达说："苏绰真是一位奇才，我将任命他担任重要的职务。"随即任命苏绰为大行台左丞，参与国家机要大事，从此日益受到宇文泰的宠信。苏绰开始制定各种文书案卷的程序格式，政府批文和下达的文书用红笔书写，下级上报的文书用墨笔书写以及计账、户籍等方面的法规，后来的人多沿用遵循他所制定的许多制度。

东魏任命封延之做青州刺史，接替侯渊的职位。侯渊失去了青州的职位，因而心里害怕，走到广川就反叛了，夜里，偷袭青州南边的外城，劫掠附近的郡县。夏季，四月，丞相高欢命济州刺史蔡俊去征讨他，侯渊的部下大多叛逃，侯渊想投奔到梁朝去，在半路上被卖酒的人杀死，砍下头颅，送到邺城。

梁朝元庆和去攻打东魏的城父，丞相高欢派遣高敖曹带领三万人奔往项城，窦泰带领三万人奔往城父，侯景带领三万人奔往彭城，让任祥做东南道行台仆射，指挥调派各路军队。

五月，西魏加封丞相宇文泰为柱国大将军。

梁朝元庆和率领军队进逼东魏南兖州，东魏洛州刺史韩贤抵抗他的入侵。六月，元庆和攻打南顿，豫州刺史尧雄打败了他。

秋季，七月，甲戌日（三十日），西魏任命开府仪同三司念贤为太尉，万俟受洛干为司徒，开府仪同三司越勒肱为司空。

梁朝益州刺史鄱阳王萧范、南梁州刺史樊文炽，联合行动围攻晋寿，西魏东益州刺史傅敬和投降梁朝。萧范，是萧恢的儿子；傅敬和，是傅竖眼的儿子。

西魏文帝元宝炬下诏逐一列举高欢二十条罪状，并且说："朕将亲自率领大军，与丞相一同去剪除这些凶恶的叛贼。"高欢也向西魏发布讨伐的檄文，说宇文泰、斛斯椿都是叛逆的贼人，并且说："现在我已经分别命令各位领兵将军，带领军队百万人，即将选定日子向西讨伐。"

东魏派遣行台元晏进攻梁朝的元庆和。

有人告发东魏司空济阴王元晖业与七兵尚书薛琡有造反的意图。八月，辛卯日（十七日），两人被抓到晋阳，高欢免去了他们的官职。

甲午日（二十日），东魏征调百姓七万六千人到邺城盖新的宫殿，命仆射高隆之与司空胄曹参军辛术一同负责营造，并且修建在邺城的南城，周长二十五里。辛术，是辛琛的儿子。

赵刚从蛮中出发去见东魏东荆州刺史赵郡人李愍，劝说他归属西魏，李愍听从了他的意见，赵刚因此得以到达长安。丞相宇文泰任命赵刚为左光禄大夫。赵刚劝说宇文泰派人到梁朝去召回贺拔胜和独孤信，宇文泰派赵刚前往梁朝请他们回来。

九月，丁巳日（十四日），东魏任命开府仪同三司襄城王元旭做司空。

冬季，十月，西魏太师上党文宣王长孙稚去世。

西魏秦州刺史王超世，是丞相宇文泰的妻兄。骄横而且贪财敛货，宇文泰上书请求加重处罚，西魏文帝元宝炬下诏赐死了王超世。

十一月，丁未日（初五），梁朝侍中、中卫将军徐勉去世。徐勉虽然刚直比不上范云，但也不会阿谀逢迎，随便附和别人，所以梁朝世代提到贤明的丞相都会称赞范云、徐勉两个人。

癸丑日（十一日），东魏孝静帝元善见在圜丘举行祭祀大典。

甲午日（十一月无此日），东魏阊阖门发生火灾。这个门刚建好的时候，高隆之骑在马上远远地望过去，告诉工匠说："只有西南角的地方高了一寸。"用尺去量，果真是高了一寸。太府卿任忻集夸耀自己建造得精巧，不愿修改。高隆之怀恨在心，因此发生火灾后就在丞相高欢面前进谗言："任忻集暗中与西魏勾结，派人故意将宫门烧掉。"高欢杀死任忻集。

梁朝北梁州刺史兰钦领兵进攻南郑，西魏梁州刺史元罗率领整个梁州投降梁朝。

东魏任命丞相高欢的儿子高洋为骠骑大将军、开府仪同三司，封为太原公。高洋内心非常明智果敢，可是外表看起来好像并不精明，他的兄弟和其他的人都讥笑鄙视他；只有高欢特别器重他，对长史薛琡说："这个小孩的见识、能力都超过我。"还在高洋小的时候，高欢曾经想要考察每个儿子的智能识见，命他们每个人去整理杂乱的丝线，只有高洋拔起刀来将丝线砍断，说："乱的就要砍掉。"又给他们各自配备军队分头出去，命令都督彭乐带领装甲骑兵假装去围攻他们，哥哥高澄等人都恐惧而屈服求饶，只有高洋统御军队与彭乐格斗，彭乐将头盔取下向他求情，高洋仍然将他捉去献给高欢。

起初，大行台右丞杨愔的堂兄岐州刺史杨幼卿，因为直言进谏，被北魏孝武帝元修杀掉，与杨愔共事的郭秀妒忌他的才能，恐吓杨愔说："高王想将你送到孝武帝那里。"杨愔害怕，变更姓名逃到田横岛。过了很久，高欢听说他还健在，召请他做太原公开府司马，不久，又升为大行台右丞。

十二月，甲午日（二十二日），东魏依据文武官员任职的轻重，给予相应的俸禄。

西魏任命念贤做太傅，河州刺史梁景叡为太尉。

这一年，鄱阳地区的妖贼鲜于琛改年号为上愿，共有部众万余人。鄱阳内史吴郡人陆襄征讨并捉住他，依法惩治同党的人，没有出现滥杀无辜的情况。老百姓歌颂说："鲜于平后善恶分，民无枉死赖陆君。"（鲜于琛被平定后，善人恶人立刻分晓，老百姓依赖着陆襄的贤明公正，所以没有冤死的。）

柔然头兵可汗向东魏求婚，丞相高欢封常山王元骘的妹妹为兰陵公主，嫁给头兵可汗为妻。柔然多次侵犯东魏，东魏派遣中书舍人库狄峙奉命出使柔然，与他们订盟约并且结为婚姻关系，从此柔然不再侵扰东魏。

大同二年（丙辰，公元536年）

春季，正月，辛亥日（初九），西魏文帝元宝炬在长安城南郊举行祭天大典，改用神元皇帝拓跋力微来配享宗庙。

甲子日（二十二日），东魏丞相高欢亲自带领万余骑兵侵犯西魏夏州，沿途不生火煮饭，只吃干粮，四日后就到达夏州城下，命兵士绑起长矛当梯子，趁着夜半天黑，攻入城里，擒住刺史斛拔俄弥突，高欢将他争取过来继续任用他，留下都督张琼率领军队镇守在那儿，并且下令迁移斛拔俄弥突部落中的五千户人家，由自己带着返回晋阳。

西魏灵州刺史曹泥，与他的女婿凉州刺史普乐人刘丰又背叛投降东魏，西魏军队包围了他们，用水灌进城里，没被水淹没的城墙只剩四尺高。

东魏丞相高欢调动阿至罗的三万名骑兵，直接飞渡到灵州，绕到西魏军队的后面侵袭，西魏军队向后撤退。高欢带领骑兵迎接曹泥与刘丰，并将他们遗留下的五千户人家，迁移到晋阳，高欢任用刘丰为南汾州刺史。

东魏孝静帝元善见给丞相高欢加九锡。可是高欢坚持推辞，于是作罢。

梁武帝萧衍为已故父亲文帝萧顺之兴建皇基寺祈福，命令有关部门去寻求上等的建材。曲阿人弘氏从湘州买了大木材向东运送，南津校尉孟少卿想找机会向武帝萧衍献媚，就诬陷弘氏的木材是抢劫而来的，因此就将他杀掉，没收了他的木材去修建皇基寺。

二月，乙亥日（初四），梁武帝萧衍为了劝民勤于农事，亲自到藉田耕种。

东魏渤海王的世子高澄，十五岁，为大行台、并州刺史，请求进入邺城辅佐朝政，丞相高欢不允许，丞相主簿乐安人孙搴代为请求，高欢这才答应。丁酉日（二十六日），任命高澄为尚书令，加领军、京畿大都督。朝廷大臣虽然早已听说过他的器度和才识，但还认为他年纪小。等高澄到了朝廷后，执行法令十分严苛，任何政事都没有拖延停滞的，朝廷内外都特别震惊敬佩他。高澄又举荐并州别驾崔暹做左丞、吏部郎，十分亲近信任他。

司马子如、高季式召请孙搴畅饮，孙搴酒醉过度而死。丞相高欢亲自去吊唁，司马子如叩头请罪，高欢说：“你已经折断了我的右手臂，你去替我寻找可以代替孙搴的人才吧！”司马子如推荐了中书郎魏收，高欢任命魏收为主簿。魏收，是魏子建的儿子。有一天，高欢对高季式说：“你喝酒杀了我的孙主簿，魏收处理文书，不能让我满意，司徒高敖曹称赞过一个人做事非常谨慎小心，他是谁呢？”高季式将司徒记室广宗人陈元康推荐给高欢，说：“这人就是晚上也能在黑暗中书写，大家都称他快吏。”召唤他前来，高欢一看，立刻颁授他大丞相功曹的官位，掌理机密文件，不久改迁为大行台都官郎。当时军务国政繁多，但陈元康对于所问的没有不知道的。高欢有时出门，临走时，命陈元康跟在他身后，他坐在马上有时发出命令多达九十多条，陈元康一个一个地数着，都能记录下来。与功曹平原人赵彦深一起担任机密要务，当时人称他们“陈赵”。而陈元康的地位在赵彦深之上，性情又温柔敦厚，高欢十分信任他，说：“这样的人才，实在很难得，是上天恩赐给我的。”赵彦深名叫赵隐，以他的字行于世。

东魏丞相高欢命阿至罗进逼西魏秦州刺史万俟普，高欢率领部众去接应阿至罗。

三月，戊申日（初七），梁朝丹杨人陶弘景去世。陶弘景学识渊博，多才多艺，喜好养生的方法。在南齐担任过奉朝请的职务，后来辞官，隐居在茅山。梁武帝萧衍早年曾与他交好，等到武帝即位后，对他恩惠和礼遇非常深厚，每次收到他的书信，都要焚香虔诚地拜读。武帝多次写信去招请他出来做官，陶弘景都不肯出来。国家每次有吉祥或凶恶的征兆，或者是征战、讨伐的大事，没有不事先征询他意见的，有时一个月中有数次使者来往传信，当时的人称他为“山中宰相”。他临死以前，曾作诗说：“夷甫任散诞，平叔坐论空。岂悟昭阳殿，遂作单于宫！”（晋时有司马王夷甫，气质高雅，十分有才华，但是性情散漫，喜欢谈论那些怪诞的言论；三国魏时有侍中尚书何平叔，虽然很英俊，但是喜欢坐论不切实际的玄理，他们这样难道会领悟到昭阳殿，终究有一天会变成单于的宫殿！）因为当时的士大夫争相谈论玄学义理，不去学习领兵作战的知识，所以陶弘景作这首诗来讽喻朝廷的士大夫。

甲寅日（十三日），东魏任命华山王元鸷为大司马。

西魏任命凉州刺史李叔仁为司徒，万俟洛为太宰。

夏季，四月，乙未日（二十五日），梁朝任命骠骑大将军、开府同三司之仪元法僧为太尉。

梁朝尚书右丞考城人江子四向梁武帝萧衍奉上用袋子密封的奏疏，详尽论述了国家政治的得失，五月，癸卯日（初三），武帝萧衍下诏书说：“古代人说：‘房顶漏水，知道的一定是住在屋子下面的人。’我有过错，不能自己觉察，江子四在密折上所说的情况，尚书可以随时调查，若对老百姓有所损害，应当立即详细地启奏，让我知道！”

戊辰日（二十八日），东魏太尉高盛去世。

西魏司空越勒肱去世。

西魏秦州刺史万俟普与他的儿子担任太宰的万俟洛、豳州刺史叱干宝乐、右卫将军破六韩常以及督将三百人投奔东魏，丞相宇文泰率领轻骑追赶他们，追到黄河以北一千多里，没追上就回来了。

秋季，七月，庚子朔日（初一），东魏大赦境内。

梁武帝萧衍对待魏国降将贺拔胜等十分优厚，贺拔胜请求征讨高欢，武帝萧衍不允许。贺拔胜想回到西魏，从前的荆州大都督抚宁人史宁对贺拔胜说："朱异说的话，武帝没有不听从的，你应当好好地结交他。"贺拔胜听取了史宁的意见。

后来武帝萧衍允许贺拔胜、史宁与卢柔都回到北方，并且亲自在南苑为他们饯行。贺拔胜十分感怀武帝萧衍的恩德，从那以后凡是看见禽兽跑向南方的都不射杀它们。他们走到襄城时，东魏丞相高欢派侯景带着轻便的马骑来邀请他们到东魏，贺拔胜一行抛弃了小船从山路逃走，跟随的人因为挨饿受冻，在路上死了大半。到了长安，贺拔胜亲自进宫向西魏文帝元宝炬请罪，文帝元宝炬握着贺拔胜的手流泪叹息说："我会流亡在外，这是天意，不是你的罪过。"丞相宇文泰举荐卢柔为从事中郎，与苏绰一同掌管机密。

九月，壬寅日（初四），东魏任命定州刺史侯景兼任尚书右仆射、南道行台，统领诸将进犯梁朝。

西魏任命扶风王元孚为司徒，斛斯椿为太傅。

冬季，十月，乙亥日（初八），梁武帝萧衍下诏命令大规模进攻东魏。东魏侯景带领军队七万人进犯梁朝的楚州，擒获刺史桓和；进军淮上，梁朝南、北司二州的刺史陈庆之将侯景的军队击败，侯景丢弃辎重装备逃走了。十一月，己亥日（初二），梁朝撤回北伐的军队。

西魏又重新改始祖神元皇帝拓跋力微为太祖，道武皇帝拓跋珪为烈祖。

十二月，东魏任命并州刺史尉景为太保。

壬申日（初六），东魏派遣使者到梁朝请求谈和，梁武帝萧衍答应了。

东魏清河文宣王元亶去世。

丁丑日（十一日），东魏丞相高欢督导各路军队征讨西魏，派遣司徒高敖曹赶往上洛，大督都窦泰赶往潼关。

癸未日（十七日），东魏任命咸阳王元坦为太师。

这一年，西魏关中发生大饥荒，出现人吃人的现象，死掉了十之七八的老百姓。

大同三年（丁巳，公元537年）

春季，正月，梁武帝萧衍在南郊举行祭天大典，大赦天下。

东魏丞相高欢屯驻军队在蒲坂，修建了三座浮桥，想要渡河。西魏的丞相宇文泰驻军在广阳，对诸位将领说："贼兵从三个方向牵制着我们，又修建浮桥表示要渡河，这是他们想吸引牵制我们的军队，使得窦泰的军队能够进军到西边罢了。高欢从起兵以来，窦泰经常做他的先锋部队，窦泰的手下都是些精锐的士兵，多次打胜战，因此很骄横，现在我们去袭击他，一定可以取胜；打赢了窦泰，那么高欢自然不用交战就会逃走了。"诸将都说："贼兵在近处，却要舍弃近的敌人而偷袭远的，万一有了失误，哪来得及后悔呢！不如分散军队去抵抗他们。"丞相宇文泰说："高欢第二次攻打潼关时，我们的军队只是防守而没有离开灞上，现在他大规模地率军前来，一定以为我们也应该是自守，有轻视我们的心理，趁着这种机会袭击他，何必担心不会胜利！贼兵虽然造了浮桥，但不能立刻渡过来，不出五天，我一定将窦泰捉来！"行台左丞苏绰、中兵参军代人达奚武也认为应当如此。庚戌日（十四日），丞相宇文泰回到长安，诸将意见还是没有统一。丞相宇文泰隐瞒自己的计策，把这件事拿去问宗族侄儿直事郎中宇文深，宇文深说："窦泰，是高欢手下勇健的将领，假如我们的大军现在去进攻蒲坂，那么高欢坚守不出，而窦泰从外围来救援他，我们里外受敌，这是危险的方法啊！不如选择轻便的精锐部队偷偷地潜伏到小关，窦泰骄横急躁，一定会来决战，高欢老成持重，一定不会立即来营救，我们迅速地去攻打窦泰，必定可以将他捉拿住。捉住窦泰，那么高欢的气势自然低落，我们调回军队再去进攻他，一定可以打胜。”丞相宇文泰说：“这正是我心里所想的。”于是声称说要死守陇右。辛亥日（十五日），进见西魏文帝元宝炬然后暗地里将军队向东边带出。癸丑日（十七日）早晨，到了小关。窦泰忽然间听到宇文泰的军队来了，从风陵渡河迎战，丞相宇文泰从马牧泽出击，攻击窦泰，大破窦泰的军队，窦泰的士卒全都战死，窦泰自杀，宇文泰将他的头砍下，传送到长安。东魏丞相高欢因为河上冰很薄，不能够渡河过去营救，只好撤掉浮桥退兵，仪同代人薛孤延殿后，一天当中，砍坏了十五把钢刀，才得以解除危险。西魏丞相宇文泰也领兵返回长安。

高敖曹从商山辗转战斗，引军急进，所经过的地方没有不攻克的，勇往直前，于是攻到了上洛。洛郡人泉岳与他的弟弟泉猛略，还有顺阳人杜窋等人谋划翻过城墙去接应高敖曹，被洛州刺史泉企知道了，将泉岳和泉猛略杀死。杜窋逃走去归附高敖曹，高敖曹命他做向导向上洛进攻。高敖曹被流箭射中了三次，晕坠马下，好久才苏醒过来，又骑上马，脱掉盔甲，巡视城墙。泉企坚守洛州十几天，两个儿子泉元礼与泉仲遵极力奋战抗拒敌人，泉仲遵伤了眼睛，不能再战，洛城终于陷落。泉企看到高敖曹，说：“我兵力衰弱而败，并不是内心服你。”高敖曹任命杜窋为洛州刺史。高敖曹伤得很重，说：“我遗憾没有看见弟弟高季式做刺史。”东魏丞相高欢听到之后，就任命高季式为济州刺史。

高敖曹想进入蓝田关，高欢派人告诉他说：“窦泰的军队已经被消灭了，人心恐怕会骚动，还是赶紧回来，路途十分危险贼兵又多，必要时可以自己脱身。”高敖曹不忍心丢弃那些部众，尽力作战，率领全部军队回来，把泉企、泉元礼带在身边，泉仲遵因为伤重没有跟着一起走。泉企暗中告诫两个儿子说：“我剩下的时日已经不多了，你们的才识、器量都足够为国家建功立业，不要因为我在东边，就丧失了你们做臣子的节操。”泉元礼在半路上逃了回来。泉家、杜家虽然都是当地的豪门大族，但是乡人比较轻视杜家而看重泉家。泉元礼、泉仲遵暗中结合那些豪杰，袭击杜窋，将他杀掉，西魏让泉元礼继承他父亲的官职做洛州刺史。

二月，丁亥日（二十二日），梁武帝萧衍为了劝民勤于农事，亲自到籍田去耕种。

己丑日（二十四日），梁朝任命尚书左仆射何敬容为中权将军，护军将军萧渊藻为左仆射，右仆射谢举为右光禄大夫。

西魏在槐里县获得天子传国的玉玺，文帝元宝炬下令大赦。

三月，辛未日（初六），东魏将七位已故皇帝的神牌灵位（七帝：道武帝拓跋珪、明元帝拓跋嗣、太武帝拓跋焘、文成帝拓跋浚、献文帝拓跋弘、孝文帝元宏、宣武帝元恪）迁到新盖的宗庙。大赦境内。

西魏斛斯椿去世。

夏季，五月，西魏任命广陵王元欣为太宰，贺拔胜为太师。

六月，西魏任命扶风王元孚为太保，梁景叡为太傅，广平王元赞为太尉，开府仪同三司武川王元盟为司空。

东魏丞相高欢到汾阳县的天池游乐，得到了一块奇石，上面隐约地仿佛有可以辨识的字：“六王三川。”高欢拿去问行台郎中阳休之，阳休之回禀说：“六，是大王的字（高欢字贺六浑），‘王’的意思是应该君临天下。河、洛、伊是三条大川，泾、渭、洛也是三条大川。大王假如接受天命，终究应当拥有关中、洛水等地方。”高欢说：“世上的人，闲来没事经常说我要造反，更何况听到你说的这些话，请你谨慎小心，不要乱讲话。”阳休之，是阳固的儿子。行台郎中中山人杜弼趁机劝高欢接受东魏孝静帝元善见的禅位，高欢举起手杖将他赶走。

东魏派兼散骑常侍李谐出使梁朝，让吏部郎卢元明、通直侍郎李业兴为副使。李谐，是李平的孙子；卢元明，是卢昶的儿子。秋季，七月，李谐一行人来到建康，梁武帝萧衍召见他们，与他们谈话，李谐等人应对如流。李谐他们出去后，武帝萧衍目送他们离开，然后对身边的人说："我今天遇到了劲敌，你们这些人曾经说北方朝廷里没有什么人才，这些人是从什么地方来的呢？"当时人说到邺城的风流人物，推李谐与陇西人李神俊、范阳人卢元明、北海人王元景、弘农人杨遵彦、清河人崔瞻为领头。李神俊名挺，是李宝的孙子；王元景名昕，是王宪的曾孙，他们都是以字行世。崔瞻，是崔㥄的儿子。

当时南北方往来通好，必定拿自己的贤才来夸耀，奉命的使者或接待主客，一定都是最杰出的人才，没有才干或门第低的人是不能参与的。每次梁朝的使者来到邺城，邺城内必因此而有所骚动，显贵门户的子弟盛装打扮聚集去观看，赠送礼物也十分优厚，行馆门前一片热闹非凡。宴会的时候，高澄常常派身边的人去试探他们的虚实，假如有一句话能占了上风取胜，高澄就会为他拍手。东魏的使者到了建康，也是这样。

独孤信请求梁武帝萧衍让他回到北方去，武帝答应了。独孤信的父母都在山东，武帝问独孤信要去什么地方，独孤信说："侍奉国君的人不敢因为顾念亲情而对国君不忠。"武帝认为他这种是正义的行为，就送给他十分丰富的礼物。独孤信与杨忠都来到长安，向西魏文帝元宝炬上奏书请罪。西魏因为独孤信有平定三荆的功劳，改封独孤信为骠骑大将军，加侍中、开府仪同三司，其余的官爵都与以前一样。丞相宇文泰喜爱杨忠的勇敢，将他留在自己身边。

西魏宇文深劝告丞相宇文泰进攻恒农。八月，丁丑日（十四日），宇文泰率领李弼等十二将进攻东魏，任命北雍州刺史于谨做先锋，攻打盘豆，攻克了这座城。戊子日（二十五日），到达恒农，庚寅日（二十七日），攻陷了恒农，擒获了东魏陕州刺史李徽伯，俘虏了士兵八千名。

当时黄河北边的许多城邑都归降东魏，行台左丞杨檦说他的父亲杨猛曾经做邵郡的白水县令，所以熟悉当地的豪杰，请求前去劝说他们，以便取得邵郡。宇文泰答应了他的请求，杨檦于是与当地的土豪王覆怜等人一起发兵，拘捕邵郡太守程保与县令共四人，将他们杀掉。杨檦上表奏请让王覆怜为邵郡太守，派遣间谍游说那些归顺东魏的城堡，一个月中，来归降的人很多。东魏派东雍州刺史司马恭镇守正平郡，司空从事中郎闻喜人裴邃打算进攻司马恭，司马恭弃城逃走了，宇文泰让杨檦管理正平郡的事务。

梁武帝萧衍修缮长干寺的阿育王塔，挖出了佛指甲、头发和舍利子。辛卯日（二十八日），武帝萧衍到长干寺，举行无遮大会。同时大赦天下。

九月，柔然替西魏进攻东魏的三堆县，东魏丞相高欢还击他们，柔然战败逃走。

行台郎中杜弼认为文、武官员中有许多贪污的官吏，禀告丞相高欢，请求治他们的罪。高欢说："杜弼，你过来，我告诉你，天下官员贪污的习俗，由来已久。现在那些督军将领的家属大多在关西，宇文黑獭常常引诱招降他们回去，人情所在，去留的事是很难确定的；江东还有老头儿萧衍，专门倡导儒家的礼乐，中原的士大夫认为他们是正统的所在。我们假如急着端正纲常法纪，不采取宽容的态度，恐怕督将都会去归顺宇文黑獭，那些读书人就要投奔到萧衍那儿去了，人才流播四散，还怎么建立这个国家？你应当稍微忍耐些，我不会忘记这件事的。"

高欢将要发兵进攻西魏，杜弼请求先除掉内贼。高欢询问内贼是谁，杜弼说："那些功勋贵戚抢夺百姓财物的就是呀！"高欢没有回答，命军士们拉开弓，架上箭，举起刀，拿着长矛，两边排列着，命令杜弼从中间跑过去，杜弼害怕得两腿发抖直冒汗，高欢于是慢慢地告诉他："箭虽然架上了，但并没有射出；刀虽然举起来，但并没有砍下去；长矛虽然拿在手上，却没有刺出来，你就害怕得没有了魂，胆战心惊，那些有功勋的人冒着锋镝，经过多少次死战才捡回一条生命，虽然有时候贪心鄙吝了些，但是他们对国家的功勋很大，怎么可以与一般人相比呢？”杜弼于是为自己没有想到这些而磕头谢罪。

高欢每次向将士们发布命令时，常常命丞相属官代郡人张华原传达，要是面对鲜卑人他就说：“汉人是你们的奴仆，男子为你们耕种，女人替你们织布，供给你们粟粮布帛，使你们能温饱，你们为什么要欺凌他们呢？”要是面对汉人他就说：“鲜卑人是你们的雇工，取得你们一斛粟粮、一匹绢帛，为你们去攻打贼兵，让你们能安定地生活，你们为什么要憎恨他们呢？”

当时鲜卑人都十分看不起汉人，只害怕高敖曹。高欢发号施令给将士时，常用鲜卑语，若是高敖曹也在队伍里，就用汉语。高敖曹回到上洛，高欢又任命他为军司、大都督，统领七十六个都督。任命司空侯景为西道大行台，与高敖曹以及行台任祥、御史中尉刘贵、豫州刺史尧雄、冀州刺史万俟洛一同在虎牢治理军务。高敖曹与北豫州刺史郑严祖玩握槊游戏，刘贵召请郑严祖，高敖曹不放郑严祖离开，并用木枷锁住使者的脖子。使者说：“锁住很容易，要取下来就很难了。”高敖曹用刀在木枷上将使者的头砍掉说：“有什么困难。”刘贵不敢计较。第二天刘贵与高敖曹一同坐着，外面来通报说修筑河堤的工人有很多被淹死了，刘贵说：“汉人不值钱，随他去死！”高敖曹十分生气，拿刀要砍刘贵，刘贵逃回营里，高敖曹击鼓聚集军队，要去攻打刘贵，侯景、万俟洛一同出来劝说，好久才平息。高敖曹曾经到丞相府，守门的不肯放他进去，高敖曹拉开弓就向门卫射去，高欢知道后，并没有责备高敖曹。

闰月，甲子日（初二），梁武帝萧衍任命武陵王萧纪为都督益州、梁州等十三州诸军事及益州刺史。

东魏丞相高欢带领二十万军队从壶口前往蒲津，派高敖曹率领兵马三万人从河南出兵。当时关中地区正闹饥荒，西魏丞相宇文泰所率领的将士还不到一万人，在恒农驻扎了有五十多天，听到高欢将要渡过黄河，于是率领军队进入函谷关，高敖曹趁机包围恒农。高欢右长史薛琡对高欢说：“西方的敌人已经连着有好几年的饥荒，所以这次冒着生命的危险进入陕州，是想要取得仓库里的粟粮。现在高敖曹已经包围了陕城，粟粮不能再运出去，我们只要在每个要道上部署军队，而不要与他们在野外作战，等到夏天，他们的老百姓自会饿死，我们还发愁元宝炬、宇文黑獭不会投降吗？希望你下令不要渡过河去。”侯景说：“这一次出兵，规模很大，万一不能取胜，仓促间很难控制局面，不如分成两队，前后相接行进，前面的军队假如打胜了，后面的军队就全力追击；前面的军队假如失败了，后面的军队也可以顶替上去。”高欢没有听从，从蒲津渡过黄河。

西魏丞相宇文泰派遣使者告诫华州刺史王罴，王罴对使者说：“有我老罴卧守在要道上，貉子哪里能够通过？”高欢来到冯翊城下，对王罴说：“你为什么不早点投降？”王罴大声地喊道：“这个城就是王罴的坟墓，活着死了都在这里，想送死的就过来！”高欢知道不能进攻，于是渡过洛水，驻兵在许原的西边。

宇文泰到了渭水南边，征调各州的军队，都没有前来会合。宇文泰想进兵攻击高欢，将领都认为寡不敌众，请求等待高欢再向西边进兵时，观察形势再做决定。宇文泰说：“高欢假如到了长安，那么人心必定会有很大的骚动，现在他们从远方刚来到这个新的环境，一切还很陌生，应该可以攻打他们。”立刻就在渭水架设了浮桥，命令士卒带了三天的粮食，率领他们骑着马轻装渡过渭水，其他的必需用品及装备、车辆则命人从渭水南边沿着渭水往西运送。冬季，十月，壬辰日（初一），宇文泰到了沙苑，距离东魏军队六十里，所有将领都十分害怕，只有宇文深向他道贺。宇文泰问他什么原因，宇文深回答说：“高欢镇守在黄河以北，很得众人的拥戴，倘若固守在那里，是很难征服的。现在他孤军渡河而来，并不是众人所希望的，只是高欢对失去窦泰感觉耻辱，固执己见，不听劝谏而来的，这就是所说的在气头上出兵，可以打一仗就将他活捉了。这种道理是很明显的，怎么能不道贺呢？希望丞相授我一个符节，去调动王罴的军队，阻挡他们的退路，使他们一个也活不了。”宇文泰派须昌县公达奚武去窥探高欢的军营，达奚武及三个随从的骑兵，都模仿高欢的将士并穿上他们的衣服，天黑的时候，偷偷来到离高欢军营数百步的地方下了马，暗暗地偷听到了他们军营里的口令，然后上了马到高欢的军营，假装夜间巡逻的人，遇上不守军规的敌方士兵，往往鞭打一顿，摸清了敌人的情形后才回到自己的营地。

高欢听说宇文泰的军队来了，癸巳日（初二），率军与他决战。军中侦察敌情的人回禀宇文泰说，高欢的军队将要来了，宇文泰召请各将领一同谋划。开府仪同三司李弼说："他们人多，我们人少，不可以在平地上列阵，这里再向东面十里有渭曲，可以先占据这个地方等待敌人。"宇文泰听从了他的建议，背着渭水向东西布下阵势，李弼指挥右边方阵，赵贵指挥左边方阵，命令将士都埋伏在芦苇中，约定听到鼓声后，发动进攻。大约傍晚的时候，东魏的军队抵达渭曲，都督太安人斛律羌举说："宇文泰率领全国的军队前来，必定拼死力战，以决胜负，好比狂犬，有时是会咬人的。况且渭曲这地方苇丛那么深，土地又多泥泞，没有办法发挥我方军队的力量，不如慢慢地与他周旋，暗中分派精锐的兵马直接袭击长安，假如他们的巢穴被攻陷了，那么自然不需再打仗就可以捉到宇文泰了。"高欢说："放火将他们烧掉，怎么样？"侯景说："应当活捉宇文泰给老百姓看，假如与部众一起烧死，谁会相信！"彭乐气势很盛，请求战斗到底，说："我方人多，敌方人少，一百个人对付一个人，何必担心不能克敌制胜？"高欢听从他的建议。东魏兵看见西魏兵士很少，于是争着向前进攻，原来的队列乱得不成样子。两兵将要交战时，西魏丞相宇文泰敲响了战鼓，西魏伏兵都奋起作战，于谨等人率领六支队伍与敌人交战，西魏李弼率领精锐的骑兵拦腰攻击东魏兵，东魏军队被截成两半，于是大败东魏军队。李弼的弟弟李檦，身体矮小却勇猛无比，每次跃上战马冲入敌阵，将自己藏在鞍甲中，敌兵看见他都说："赶快避开这个小孩！"宇文泰看了，赞叹着说："有如此的胆识就够了，又何必要有八尺高的身躯呢！"征虏将军武川人耿令贵杀伤了许多人，铠甲衣裳都染成了红色，宇文泰说："看耿令贵的铠甲衣裳，就足以知道他的勇敢，又何必去数他斩获首级的多少而计功呢？"彭乐趁着三分醉意解去甲胄冲到西魏的军阵中，被西魏军一枪刺进肚子，肚破肠流，彭乐将肠子放入肚中又继续与敌人对战。东魏丞相高欢想收兵再战，让张华原巡视各营，依照簿册点兵，没有人回应，张华原急忙跑回来，回禀高欢说："部众都跑掉了，营区里空空的没有人了！"高欢还是不肯回去。阜城侯斛律金说："部队军心都已离散，不可以再用，应当赶快逃到河东。"高欢依旧按着马鞍不肯移动，斛律金用鞭子抽打马匹，马才奔驰而去。晚上，高欢要渡河，偏偏船离岸上很远，高欢跨乘骆驼上船，才得以渡河，一共损失了武装部众八万人，遗弃了铠甲和兵器有十八万件。西魏丞相宇文泰追击高欢直到河边，他在被打散的东魏士兵中挑选留下了两万多人，其余的都释放他们回去。都督李穆说："高欢吓破了胆！赶快去追杀他，一定可以活捉。"宇文泰没有听从，带领军队回到渭南，恰巧所征调的各路兵马刚刚来到，于是在打仗的地方每人种一株柳树，来表扬战功。

侯景对高欢说："宇文泰刚获胜难免会骄傲，一定不会有所防备，希望能带领精锐骑兵两万名，直接去进攻他。"高欢将这件事告诉娄妃，娄妃说："假如真如他所说，侯景哪里还会有回来的道理！打败了宇文泰却失去了侯景，又有什么好处可言？"高欢于是制止侯景出兵。

西魏加封丞相宇文泰为柱国大将军，李弼等十二位大将都进封爵位，增加封邑，每个人都不相同。

高敖曹听到高欢战败的消息，放弃了恒农，退守到洛阳。

己酉日（十八日），西魏行台宫景寿等人出兵前往洛阳，东魏洛州大都督韩贤带兵出击，赶走了宫景寿。洛阳州民韩木兰起来作乱，韩贤将他打败。一个贼兵藏匿在尸体中，韩贤亲自检收铠甲兵器，贼兵突然跳起来砍杀韩贤，韩贤因小腿被砍断而死。

西魏又派遣行台冯翊王季海与独孤信率领步、骑兵两万赶往洛阳，洛州刺史李显前往三荆，贺拔胜、李弼围攻蒲坂。

东魏丞相高欢讨伐西魏的时候，蒲坂的一位百姓敬珍，对他的族兄敬祥说："高欢逼走了孝武帝元修，天下有忠义气节的人都想将刀子插进他的肚子里。现在他又率军向西魏进攻，我想与你共同发兵来切断他的后路，这是千年难逢的大好机会。"敬祥赞同他的建议，集合乡里的人，几天就有一万多人。恰好高欢从沙苑失败退回，敬祥和敬珍带领部众拦击高欢，杀死、俘虏了很多人。贺拔胜、李弼到了河东，敬祥、敬珍带领猗氏等六个县十多万户的民众归降他们，西魏丞相宇文泰任命敬珍为平阳太守，敬祥为行台郎中。

东魏秦州刺史薛崇礼驻守蒲坂，他手下的别驾薛善，是薛崇礼同族的弟弟，对薛崇礼说："高欢有驱逐君主的大罪，我与你拥有这种高官显贵的地位，世代承受国家恩惠，现在大军已经来临，我们还在替高欢坚守，万一城破，我们的头被装在匣子中送到长安，上面被署名为叛逆的贼人，死了仍然感到羞愧。不如弃暗投明，恐怕还能保全性命。"薛崇礼还在犹豫不能决定。薛善便与族人劈开了城门，迎接西魏的军队。薛崇礼仓促逃走，但是中途又被擒获。西魏丞相宇文泰进军蒲坂，大致平定了汾、绛两州。所有与薛氏一起打开城门的薛氏族人，都授给他们五等的封爵。薛善说："背叛叛逆者，归顺君王，这些都是作为人臣常有的节操，怎么能够允许我们所有的人，不论是谁都得封邑呢？"薛善和他的弟弟薛慎坚持辞谢不肯接受。

东魏代理晋州刺史封祖业弃城逃走，仪同三司薛修义追到洪洞，说服封祖业回晋州守城。封祖业不肯。薛修义只好回去镇守晋州，安抚聚合部众，坚守城池。西魏仪同三司长孙子彦带领军队到了晋州城下，薛修义打开城门，在周围埋伏了甲兵等候他进来。长孙子彦没有办法探知内部的虚实，于是退走了。丞相高欢任命薛修义为晋州刺史。

独孤信到了新安，高敖曹带领军队向北渡过黄河，独孤信逼近洛阳，洛州刺史广阳王元湛弃城逃奔邺城，独孤信于是攻占金墉城。

北魏孝武帝元修向西边迁移到关中时，散骑常侍河东人裴宽对他的弟弟们说："天子已经到西边去了，我们不可以留在东边归顺高欢。"裴宽就率领家属逃到大石岭。独孤信进入洛阳，裴宽才出来与他相见。当时洛阳已经荒废，名门士族流落分散到各处，只有河东人柳虬留在阳城，裴诹之留在颍川，独孤信把他们都征召出来，任用柳虬做行台郎中，裴诹之做开府仪同三司的属官。

东魏颍州长史贺若统逮捕刺史田迄，率领全城投降西魏，西魏都督梁回进入并占据这座城。从前的通直散骑侍郎郑伟从陈留发兵，进攻东魏梁州，逮捕刺史鹿永吉。从前的大司马从事中郎崔彦穆进攻荥阳，逮捕太守苏淑，与广州长史刘志都投降了西魏。郑伟，是郑先护的儿子。西魏丞相宇文泰任命郑伟为北徐州刺史，崔彦穆为荥阳太守。

十一月，东魏行台任祥带领督将尧雄、赵育、是云宝攻打颍川，丞相宇文泰派大都督宇文贵、乐陵公辽西人怡峰带领步兵与骑兵两千名去解救颍川的危机。西魏军队到达阳翟时，尧雄他们的军队距离颍川只剩三十里了，行台任祥带领军队四万人跟随在他们后面。西魏的所有将领都认为"敌人军队人数多我们人数少，没有办法与他们对抗"。宇文贵说："尧雄这些人认为我们军队人数少，一定不敢前进。他与任祥联合兵力攻打颍川，颍川城必定非常危险。如果贺若统真的落个城破人亡的结局，我们这些人空坐在这里，又能做什么？现在我们前进据守颍川，还有城让我们坚守，又可令敌人出乎意外，必可打败敌军。"于是赶快向前进军，据守颍川，背靠州城，排成阵式等候敌军。尧雄等人到达后，两军交战，宇文贵大败尧雄的军队，尧雄败走，赵育请求投降，宇文贵俘虏了东魏的士卒好几万人，全部释放了。任祥听到尧雄战败，不敢再前进。宇文贵与怡峰乘胜进逼任祥，任祥退守到宛陵；宇文贵又追到宛陵，攻打他，任祥的军队大败。是云宝将阳州刺史那椿杀死，率领阳城投降西魏。西魏任命宇文贵为开府仪同三司，是云宝、赵育为车骑大将军。

梁朝都督杜陵人韦孝宽征讨东魏豫州，将豫州城攻下，拘捕了行台冯邕。韦孝宽名叫韦叔裕，孝宽是字，他是以字行世。

丙子日（十五日），东魏任命骠骑大将军、仪同三司万俟普为太尉。

梁朝司农张乐皋等人出使东魏。

十二月，西魏行台杨白驹与东魏阳州刺史段粲在蓼坞交战，西魏的军队被打败了。

西魏荆州刺史郭鸾攻打东魏东荆州刺史清都人慕容俨，慕容俨不分昼夜抵抗作战，打了两百多天，趁着对方松懈的机会偷袭郭鸾，大败郭鸾的军队。当时河南很多州都已失守，只有东荆州得以保全。

河间人邢磨纳、范阳人卢仲礼、卢仲礼堂弟卢仲裕等人在沿海地区起兵响应西魏。

东魏济州刺史高季式有亲兵一千多人，马八百匹，铠甲兵器统统具备。濮阳百姓杜灵椿等一批人沦为盗匪，聚集了部众将近有一万人，攻占城池到处抢夺财物，高季式派遣三百名骑兵，一战就抓获了杜灵椿，又攻击阳平的贼人路文徒等人，统统将他们平定了，于是京畿远近乱事都被平定。

有人对高季式说："濮阳、阳平是京畿内的两个属郡，你并没有接到朝廷诏命就去平乱。而那些人也没有侵犯我们的济州，何必急着派遣部队跨越州境到那么远的地方去作战，万一失利了，岂不是要受到处罚？"高季式说："你为什么说这些不忠于国家的话呢？我与国家是同享安定，共赴患难的，哪有看见强盗而有不讨平的道理呢？而且盗贼也知道官府的军队不可能立即到来，又不担心有外州的军队来攻击他们，趁着他们没有防备的时候，去攻打他们，一定可以击败他们，假如因此受到处罚，我也没有什么好遗憾的。"

资治通鉴卷第一百五十八　梁纪十四

起戊午（公元538年），止甲子（公元544年），共七年。

【题解】本卷记录了公元538年到544年的南北朝史事，共七年。正当梁武帝萧衍大同四年到十年，西魏文帝元宝炬大统四年到十年，东魏孝静帝元善见元象元年、兴和元年、二年、三年、四年、武定元年、二年。主要内容还是写东、西魏争战，势均力敌，进一步巩固了北方的分裂形势。此时期，东、西魏着手整顿吏治，改革政治，清查户口，休养生息，出现了一些新气象。梁武帝萧衍例行祭天、大赦、亲耕藉田，无所作为，政治腐败，交趾郡的李贲造反，不仅久征不下，而且颠倒是非，枉杀良将孙冏、卢子雄，梁朝呈现衰败势头。

高祖武皇帝十四

大同四年（戊午，公元538年）

春季，正月，辛酉朔日（初一），发生日食。

东魏在砀郡捕获巨象，送到邺城。丁卯日（初七），东魏孝静帝元善见大赦境内，改年号为元象。

二月，己亥日（初十），梁武帝萧衍亲自到藉田耕种，来劝民勤于农事。

东魏大都督善无人贺拔仁攻打西魏南汾州，西魏刺史韦子粲投降，西魏丞相宇文泰听说之后诛灭了韦子粲的家族。东魏大行台侯景等人从虎牢出兵，打算收复河南各州，西魏梁回、韦孝宽、赵继宗都丢弃了城池向西边逃跑。侯景进攻广州，没有攻克，听说西魏救兵将到，召集各位将领商议，代理洛州政务卢勇请求前往侦察军情，于是带领百名骑兵到达大隗山，遭遇了西魏的军队。天已经黑了，卢勇命士兵将很多狭长的旗帜绑在树顶，晚上，将骑兵分成十队，吹起号角，直奔向前，俘虏了西魏仪同三司程华，杀死了仪同三司王征蛮后才回营。广州守将骆超，于是打开城门投降东魏，东魏丞相高欢任用卢勇代理广州事务。卢勇，是卢辩的堂弟。于是南汾、颍州、豫州、广州四个州又重归东魏管辖。

起初，柔然头兵可汗从北魏刚回国的时候，对北魏称臣纳贡一切都依照礼数。等到北魏孝庄帝元子攸永安年间以后，他在北方称霸，逐渐骄傲自大而不讲礼，虽然仍旧派遣使臣通信，来往不断，但已不再称臣。头兵可汗曾经到过洛阳，内心仰慕中原文化，于是设置了侍中、黄门等官职，后来得到了北魏汝阳王的典签官淳于覃，头兵可汗亲近宠信淳于覃，让他做秘书监，负责文书。等到北魏分裂成东魏、西魏以后，头兵可汗就变得不再恭顺了，多次侵犯北方边境，成为边境的忧患。西魏丞相宇文泰因为刚刚建都关中，恰巧东边又有战事，想要结为姻亲来安抚他们，于是封舍人元翌的女儿为化政公主，让她嫁给头兵可汗的弟弟塔寒为妻。又对西魏文帝元宝炬进言，请求废去乙弗后，迎娶头兵可汗的女儿。甲辰日（十五日），西魏文帝元宝炬命乙弗后削发为尼，派遣扶风王元孚迎娶头兵可汗的女儿，立为皇后。头兵可汗于是扣留了东魏的使者元整，也不派使者回访东魏。

三月，辛酉日（初二），东魏丞相高欢因为沙苑一战的失利请求解除大丞相的职位，东魏孝静帝元善见下诏答应了他的请求，但没过多久，又恢复了他的职位。

柔然头兵可汗将女儿悼后送往西魏，陪嫁有车七百乘，马一万匹，骆驼两千头。到了黑盐池，遇到西魏派遣来的迎接新后的仪仗卫队。柔然人宿营帐篷的门户座席都朝向东边，扶风王元孚请求改向南面，悼后说："我还没见到君王，仍然还是柔然的女子，你们的仪仗面向南，我自己面向东。"丙子日（十七日），西魏文帝元宝炬立头兵可汗的女儿郁久闾氏为皇后。丁丑日（十八日），西魏大赦境内。文帝元宝炬任命王盟为司徒。丞相宇文泰到长安觐见文帝，又回来驻守在华州。

夏季，四月，庚寅日（初二），东魏高欢到邺城觐见东魏孝静帝元善见。壬辰日（初四），高欢回到晋阳。

五月，甲戌日（十六日），东魏派遣兼散骑常侍郑伯猷出使梁朝。

秋季，七月，东魏荆州刺史王则进犯梁朝的淮南。

癸亥日（初六），梁武帝萧衍因为东冶服劳役的犯人李胤之得到如来佛的舍利，下诏大赦天下。

东魏侯景、高敖曹等人在金墉围攻独孤信，太师高欢带领军队跟随在后；侯景将洛阳内外的官寺民居统统烧掉，留下的只有十之二三。西魏文帝元宝炬要到洛阳去祭拜祖宗的陵墓，恰好独孤信因危难而请求援救，于是文帝元宝炬与丞相宇文泰一同向东进发，命令尚书左仆射周惠达辅佐太子元钦留守长安，开府仪同三司李弼、车骑大将军达奚武带领千名骑兵为先锋。

八月，庚寅日（初三），丞相宇文泰到达瀫城，侯景等人排好军阵等待西魏军队的到来，仪同三司太安人莫多娄贷文请求带领军队去攻击西魏的先锋部队，侯景等人坚决阻止他。莫多娄贷文勇猛但是刚愎自用，不肯听从命令，与可朱浑道元率领一千个骑兵向前进发，晚上，在孝水遇到了李弼、达奚武。李弼下令军士们一齐大声呼喊，拖着木柴扬起漫天灰尘，莫多娄贷文逃跑，李弼率军追杀过去将他砍死，可朱浑道元一人骑马逃走，其余的士卒都被俘虏，押送到恒农。

宇文泰进兵瀍水东边，侯景等人连夜解除包围退走。辛卯日（初四），宇文泰带领轻骑追赶侯景到黄河上游，侯景排好兵阵，北边据守着河桥，南边连属着邙山，与宇文泰对战。宇文泰的马被流箭射中惊吓逃奔，失去控制。宇文泰坠落马下，东魏的士兵从后面追上了他，他身边的人全都逃散了，都督李穆跳下马，用手上的马鞭抽打宇文泰的脊背说："你这个萎靡不振的小兵，你们的主将逃到哪里去了，怎么只有你一个人留在这里？"那些追兵没有怀疑这就是他们要找的主将，丢下他奔跑而过。李穆将马交给宇文泰，与他一起逃回军营。

西魏又重新整顿兵马，攻打东魏军队，大败东魏军。东魏军队向北逃走。京兆忠武公高敖曹，心里轻视宇文泰，他竖起自己的帅旗冲入西魏军阵，西魏用他们最精锐的军队去攻击高敖曹，高敖曹全军覆没，他单人独骑逃奔河阳南城。守城的大将是北豫州刺史高永乐，是高欢族兄的儿子，与高敖曹有仇恨，不肯打开城门接纳他。高敖曹抬头大叫请求放下绳索，没有人理睬，只好拔出刀想砍破城门，但是门还没砍破，后面的追兵已经到了。高敖曹躲到桥底下，追来的士兵看见他的随从奴仆拿着他的金带，就问高敖曹在什么地方，奴仆指向桥下，高敖曹知道逃不掉了，于是扬起头来说："来呀！送给你一个当开国公的机会吧！"追兵将他的头砍下拿走了。高欢听到高敖曹被杀，好像丢失了肝胆一样，将高永乐打了两百大板，追赠高敖曹为太师、大司马、太尉。宇文泰奖赏杀高敖曹的那位兵士布绢一万段，年年给他一点，等到北周灭亡的时候，还没有发完。西魏又杀死了东魏西兖州刺史宋显等人，俘虏了士兵一万五千人，掉到黄河里淹死的数以万计。

起初，高欢因为万俟普爵位高，年纪也大了，特别尊重他，曾经亲自扶他上马。他的儿子万俟洛摘下帽子叩头说："我愿意牺牲性命、战死沙场来报答这份深厚的恩宠。"等到邙山之战时，各路军队向北渡过河桥逃走，只有万俟洛按兵不动，对西魏人说："万俟受洛干在这里，要来的就过来吧！"西魏将士害怕，就撤退了，高欢将他驻守的营地命名为回洛。

这一天，东、西魏双方布置的军阵范围都很庞大，头尾相距很远，从早上到晚上，两兵相接，交战好几十回合，烟雾弥漫，彼此无法辨认。西魏独孤信、李远居于右侧，赵贵、怡峰居于左侧，战况都不是很好，又不知道西魏文帝元宝炬与丞相宇文泰在什么地方，都抛弃自己的军队先撤回。开府仪同三司李虎、念贤等做后备部队，看到独孤信他们退走，也与他们一同退走。宇文泰因而烧毁营寨撤回西边，留下仪同三司长孙子彦镇守金墉。

西魏将军王思政跳下马来，举起长矛左右横击，一出击常常杀死好几个敌人。不久陷入敌阵越来越深，跟随他的人都战死了，王思政也受了重伤，晕倒在地，恰好天黑了，敌人也收兵回营去。王思政每次出战，常穿着破旧的战衣，坏的铠甲，敌人看不出他是主帅，因而得以免死。他的帐下都督雷五安在战场上哭喊着找寻王思政，恰好他也苏醒过来，于是雷五安割下自己的衣服包扎王思政的伤口，扶着王思政上马，深夜才返回到营地。

平东将军蔡祐下马步行与敌人搏斗，身边的人劝他乘着马以便撤退时方便，蔡祐生气地说："丞相爱我就像亲生的儿子一般，今天我怎能还爱惜自己的性命呢？"蔡祐率领左右十几个人一起大声呼喊，攻击东魏士兵，杀伤了许多人。东魏的军队包围了他有十几层，蔡祐尽力拉满弓，旋转身体向四面发箭抗敌。忽然有一个东魏人身穿厚甲，拿着长刀向前直冲向蔡祐要杀他，距离蔡祐大约三十步时，身边的人劝他赶快射敌，蔡祐说："我们的命就在这支箭上，怎么可以随便射出去呢？"快要到十步时，蔡祐才射出去，敌人应弦而倒，东魏军队稍稍退后，蔡祐才慢慢地带兵回去。

西魏文帝元宝炬到了恒农，守城的将领已经弃城逃走了，留在恒农的那些被俘虏的东魏士兵紧闭城门守城抵抗，丞相宇文泰攻陷了恒农，杀掉了领头的几百个人。

蔡祐在恒农才追上宇文泰，晚上，进见宇文泰，宇文泰说："承先，你来了，我就不用怕了。"宇文泰因为惊吓而不能入睡，枕着蔡祐的大腿才安心睡觉。蔡祐每次跟从宇文泰出战，常常身先士卒，战斗结束回来时，每个将领都争着邀功，蔡祐始终不说话。宇文泰每次都感慨说："承先嘴里不谈功勋，我应当代替他论功叙赏。"宇文泰留下王思政镇守恒农，拜王思政为侍中、东道行台。

西魏向东征讨时，留在关中的守兵很少，前前后后俘虏的东魏的士兵都分散到民间，听到西魏军队打了败仗，那些人就想造反作乱。

李虎一行人到了长安，也没有想到好的办法，就与太尉王盟、仆射周惠达等请出太子元钦离开京城驻守在渭北。百姓间相互剽夺抢劫，关中大乱。此时，在沙苑俘虏的东魏都督赵青雀、雍州百姓于伏德等人趁机造反，占据了长安内城，于伏德守卫着咸阳，与咸阳太守慕容思庆分别召集降卒来抵抗从洛西撤回来的西魏军队。长安大城的老百姓互相聚合来抵抗赵青雀，每天都与他交战。大都督侯莫陈顺攻打贼兵，多次击败敌人，贼兵不敢再出来。侯莫陈顺，是侯莫陈崇的哥哥。

扶风公王罴镇守河东，打开城门，将军士统统召集起来说："现在听说我们的大军打了败仗，赵青雀又开始作乱，各位不要隐瞒自己的意见。我受命驻守在这里，要以死来报答主上的恩德，假若能与我一起同心协力的话，一定可以抵御敌人的来袭；假如害怕认为城池一定会陷落于敌人手中，那么现在你们可以随意离开这里。"众人被他的话感动，都没有背叛的意思。

西魏文帝元宝炬留在閿乡。丞相宇文泰认为将士与马匹都已经疲惫不堪，不可以立即前进，而且认为赵青雀那些人只是没有纪律的乌合之众，实在不可能造成祸患，于是说："我到长安，带领轻便的骑兵接近他们，必定可以当面捉住他。"通直散骑常侍吴郡人陆通进谏说："叛贼谋逆之计早已确定，肯定没有改过从善的想法，蜜蜂和蝎子都是有毒的东西，怎么可以轻视他们呢？况且贼人还狡诈欺骗说东魏的军队将要到来，现在假如只以轻便骑兵去攻击他们，老百姓就会认为贼人的话可以相信，从而更加惊慌。现在我们的军队虽然疲惫困乏，但是精锐的士卒还有很多，凭借您的威名，总领大军去征讨他们，何必担忧不能战胜呢？"宇文泰听从了他的建议，率领军队向西入关。百姓父老看见宇文泰回来了，没有不悲喜交集的，男男女女都互相庆贺。华州刺史宇文导率领军队进入咸阳，斩掉慕容思庆，捉住于伏德，向南渡过渭水与宇文泰会合，攻打赵青雀，大败赵青雀的军队。太保梁景睿由于生病留守在长安，没有出征，却与赵青雀密谋叛乱，宇文泰将他杀死。

东魏太师高欢从晋阳带领七千名骑兵来到孟津，还没有渡河，听说西魏军队已经撤走了，于是渡过黄河，派遣别将追赶西魏军队，一直追到崤县，没有追上又回来了。高欢攻打金墉，长孙子彦弃城逃走，并且将城里的房屋都烧光了，高欢拆毁金墉城收兵回去。

东魏迁都到邺城时，主客郎中裴让之留在洛阳。当独孤信邙山兵败的时候，裴让之的弟弟裴诹之随着丞相宇文泰进入关中，担任大行台仓曹郎中。高欢将裴让之兄弟五人都关了起来，裴让之说："从前诸葛亮兄弟，分别为吴国、蜀国效力，都能各尽其对君王的忠心，况且现在我的老母还在这里，不忠不孝的事，一定不会做出来。明公能够以诚心对待众人，那么众人的心也会归顺您；假如用猜疑忌妒的心待人，那么离完成霸业就很远了。"高欢就将他们都放了。

九月，西魏文帝元宝炬进入长安，丞相宇文泰回到华州驻守。

东魏大都督贺拔仁攻打邢磨纳、卢仲礼等人，平定了他们。

卢景裕本来是读书人，太师高欢将他放了，请到家中开学堂，教授子弟。卢景裕讲解得十分精细透彻，有些喜欢刁难的人批评毁谤他，甚至大声严厉地责骂，言语很不礼貌，然而卢景裕仍然神情庄重，风度如常，不紧不慢地回答，看不出一点情绪受到影响的痕迹。卢景裕生性喜爱清静，仕途上常有升迁贬谪，不过他也不会表现出得意或懊丧的神色；穿着破旧的衣服，吃粗粝的食物，安然自得，整天特别端庄严肃，仿佛始终在接待宾客一样。

冬季，十月，西魏把高敖曹、窦泰、莫多娄贷文等人的首级归还东魏。

梁朝散骑常侍刘孝仪出使东魏。

十二月，西魏是云宝袭击洛阳，东魏洛州刺史王元轨弃城逃走。都督赵刚袭取广州，攻克了州城。于是从襄州、广州以西的各城镇又重新归属于西魏。

北魏从孝明帝元诩改年号为正光以后，天下各地战乱不已，老百姓为了逃避赋税徭役，大多数都去做了和尚、尼姑，人数多到二百万人，寺院有三万多所。到此时，东魏开始下诏令："各州郡的刺史、县的长官，如果擅自修建寺院的，计算修建寺庙花费的劳工钱粮，以贪污来论罪。"

起初，北魏伊川郡当地的豪强李长寿任防蛮都督，累积战功后升为北华州刺史。当孝武帝元修向西迁都时，李长寿带领部众抵抗东魏，西魏任命李长寿为广州刺史。侯景攻克了他驻守的营垒，杀了李长寿。李长寿的儿子李延孙又召集了他父亲的部属来抵抗东魏，西魏的权贵大臣广陵王元欣、录尚书长孙稚等人都携带家眷去投奔李延孙，李延孙给他们出兵出钱护送他们，使他们安全到达关中。东魏高欢很担忧，多次派遣军队进攻李延孙，但都不能战胜他。西魏任命李延孙为京南行台、节度黄河以南诸军事、广州刺史。李延孙将平定伊水、洛水的乱事当作自己的职责，西魏认为李延孙军队的人数太少，又任命李长寿的女婿京兆人韦法保做东洛州刺史，配备数百名士兵协助他。韦法保名叫韦祐，用字行世。韦法保的军队到了后，与李延孙一起在伏流城安营扎寨。独孤信进入洛阳时，想修缮洛阳宫殿，派外兵郎中天水人权景宣带领步兵三千名出外去采购木料运入洛阳城，恰好东魏的军队到来，河南地区都反叛了，权景宣抄小路向西边逃走，与李延孙一起会合，攻打孔城，将孔城攻下来，洛阳以南的区域不久又归附西魏。丞相宇文泰随即留下权景宣驻守张白坞，并掌管崤关东南各州响应西魏的军队。这一年，李延孙被他的长史杨伯兰杀害，韦法保立即带领军队占据李延孙的栅垒。

东魏将领段琛等人据守宜阳，派遣阳州刺史牛道恒去诱骗西魏边境的百姓。西魏南兖州刺史韦孝宽为此很担忧，于是伪造一封牛道恒写给自己的书信，谈论有关归降的想法，派间谍故意遗失在段琛的军营，段琛果真怀疑起牛道恒来了。韦孝宽就趁着他们相互猜疑的时候，出兵袭击他们，将牛道恒和段琛抓起来，崤山与渑池一带终于安定了。东道行台王思政认为玉壁十分险要，请求修筑城墙并从恒农前去镇守，朝廷诏令给他加官都督汾州、晋州、并州诸军事、并州刺史，行台的职务仍旧保留。

东魏任命高澄代理吏部尚书，开始改革北魏崔亮制定的按照任职年限升迁的制度，选择官吏，提升贤才，又淘汰尚书郎，简选有才能品德及有门第家世的人担任。凡是具有才学名望的士人，即使没有被推荐，也都聘请到自己的门下，每天与他们一同游宴，谈论学问、政事、赋诵诗词，士大夫因此十分赞扬他。

大同五年（己未，公元539年）

春季，正月，乙卯朔日（初一），梁朝任命尚书左仆射萧渊藻为中卫将军，丹杨知县何敬容为尚书令，吏部尚书张缵为仆射。张缵，是梁武帝萧衍舅舅张弘策的儿子。从晋、宋以来，宰相都以谈论诗文、义理为乐，何敬容却单独在公文簿籍上特别勤奋，每天辛勤工作不肯休息，被世俗的人嗤笑和鄙视。梁朝从徐勉、周舍死了以后，掌握大权要务的，外朝就是何敬容，内省就是朱异。何敬容生性敬谨而少文才，以维系国家纲常法度为己任；朱异文采横逸，行事敏捷适当，曲意来博取世俗赞誉。二人行事不相同，却都受到梁武帝萧衍的宠信。朱异很会侍奉君上，喜欢阿谀奉承，当权三十年，到处贪污受贿，欺骗蒙蔽君主的视听，因此远近的人无不对他憎恨愤怒。他的园林住宅、玩赏嗜好、饮食、歌舞美色，都是当时最讲究的享受，每次从朝中休假回家，府邸门口排满了来拜访的朋友的车马，只有王承、王稚与褚翔不去拜访他。王承、王稚，是王暕的儿子；褚翔，是褚渊的曾孙。

丁巳日（初三），御史中丞参礼仪事贺琛上奏说："祭天、祭地与亲耕藉田大典时，来回都应当坐天子的辇车，不要再乘坐马车。"梁武帝萧衍下诏命，采纳了贺琛的建议，祭祀宗庙时仍乘坐人拉的玉辇车。贺琛，是贺玚弟弟的儿子。

辛酉日（初七），东魏任命尚书令孙腾为司徒。

辛未日（十七日），梁武帝萧衍在南郊举行祭天大典。

西魏丞相宇文泰在行台内设立学堂，选取丞郎、府佐中品德优秀、思维敏捷的人充当学生，命令他们白天处理公务，晚上进堂学习。

东魏丞相高欢，因为徐州刺史房谟、广平太守羊敦、广宗太守窦瑗、平原太守许惇有良好的政绩，而且清廉能干，所以给各州刺史写信，褒奖称赞房谟等人来劝勉各州刺史。

夏季，五月，甲戌日（二十二日），东魏孝静帝元善见册立丞相高欢的女儿为皇后；乙亥日（二十三日），孝静帝元善见大赦境内。

西魏任用开府仪同三司李弼做司空。秋季，七月，任用扶风王元孚做太尉。

九月，甲子日（十四日），东魏征发京畿内十万名百姓修筑邺城，四十天才完工。冬季，十月，癸亥日（十月无此日），因为新的宫殿完工，孝静帝元善见大赦境内，改年号为兴和。

西魏在阳武门的外面准备了纸和笔，要大家提意见，以便知晓政治的得失。

十一月，乙亥日（二十六日），东魏派散骑常侍王元景、魏收出使梁朝。

东魏因为发觉《正光历》渐渐有了差错，于是命令校书郎李业兴重新加以修订改正，用甲子作一元六十年的开始，号称《兴光历》，完成后推行。

梁朝散骑常侍朱异上奏："最近设置的新州逐渐增多，然而州的大小不均，请求将各州分为五种品级，州长官俸禄的高低，参佐僚属的多少，都根据各州的等级有所差别。"武帝萧衍下诏依从了他的建议。于是全国第一等级的有二十州，第二等级的有十个州，第三等级的有八个州，第四等级的有二十三个州，第五等级的有二十一个州。当时武帝萧衍正忙于征战的事情，想要收复失地，开拓边境，北边越过了淮水、汝水，东边与彭城相隔，西边开拓了牂柯，南边平定了俚洞并建立的州郡，州县多错综复杂，因此朱异请求划分各州等级。那些第五等级州县都是归附梁朝的少数民族控制的地区，只有州名而没有土地，有的在荒凉边塞的百姓所居住的村落设置州或者郡县，刺史、太守、县令统统任用当地的土著之民担任，尚书省不能全部统御管理，山川险阻，相隔遥远，赋税贡品也很难收取。在五等以外，又有二十几个州不知道在什么地方。一共是一百零七州。又由于在边境镇守，虽治理的百姓不多，但是为了提高将帅的地位，都改建为郡，有的一人兼领两三个郡的太守，州郡虽然很多，但是人口却日益减少。

西魏自从迁都到西边后，礼乐教化散失，丞相宇文泰让左仆射周惠达、吏部郎中北海人唐瑾修改或增加原有的典章制度，到现在才初见完备。

大同六年（庚申，公元540年）

春季，正月，壬申日（二十三日），东魏任命广平公库狄干为太保。

丁丑日（二十八日），东魏孝静帝元善见迁入邺城新的宫殿，大赦天下。

西魏扶风王元孚去世。

二月，己亥日（二十一日），梁武帝萧衍为劝民勤于农事，亲自下藉田耕种。

西魏开始铸造五铢钱。

东魏大行台侯景从三鸦出兵，想要收回荆州，西魏丞相宇文泰派遣李弼、独孤信各自带领五千名骑兵出武关救援，侯景才领兵退回。

西魏文后出家为尼，居住在别宫，柔然女悼后仍然很妒忌她，于是任命她的儿子武都王元戊做秦州刺史，叫文后跟随儿子居住到秦州。西魏文帝元宝炬虽然碍于国家大局不得不废掉文后，但仍然没有忘记彼此的恩爱，于是悄悄嘱咐文后再留头发，有让她再回宫的意思。恰好柔然全国军队渡河向南进犯而来，当时有人说柔然是因为悼后的缘故而来兴师问罪的，文帝元宝炬说："哪里有调动百万军队是为了一个女人的道理呢？虽然是这样，但是有人既然已经这样说了，我又有什么脸面来面对各位将领呢？"于是派中常侍曹宠拿着亲手写的敕令命文后自杀。文后流着眼泪对曹宠说："但愿皇帝长命百岁，天下能太平安乐，我死了也没有什么好遗憾的了！"于是自杀了。文帝元宝炬下令挖掘麦积崖做墓穴将文后葬在那里，称为寂陵。

夏季，丞相宇文泰召集各路人马驻守在沙苑，以便防范柔然的进犯。右仆射周惠达派出兵马镇守京城，在各街巷挖掘深壕，想召请雍州刺史王罴一同商议，但是王罴没有接受他的召请，对派去的使者说："如果蠕蠕（柔然）来到渭北的话，王罴自会带领乡亲父老击败他们，不必劳烦朝廷的兵马，为什么要在天子的京城中做这样的惊扰之举呢？谁像周家的那个小子一样害怕畏惧到这种地步。"柔然到了夏州又撤退而回。不久，悼后因为生病而去世。

五月，乙酉日（五月无此日），西魏行台宫延和、陕州刺史宫延庆投降了东魏，东魏在河北马场设置义州来安置他们。

东魏阳州武公高永乐去世。

闰月，丁丑朔日（初一），发生日食。

己丑日（闰五月无此日），东魏孝静帝元善见封皇兄元景植为宜阳王，皇弟元威为清河王，元谦为颍川王。

六月，壬子日（初六），东魏华山王元鸷去世。

秋季，七月，丁亥日（十二日），东魏派兼散骑常侍李象等出使梁朝。

八月，戊午日（十三日），梁朝大赦天下。

九月，戊戌日（二十四日），梁朝司空袁昂去世，留下奏疏表示不接受任何追赠及谥号，告诫他的儿子不可以呈报有关他生平事迹的行状，也不要立墓志铭以传后世。梁武帝萧衍不同意，仍旧赐给他原来担任的官职，谥号为穆正公。

冬季，十一月，西魏太师念贤去世。

吐谷浑自从莫折念生叛乱的事件后，就不再与西魏来往。伏连筹去世后，他的儿子伏夸吕即位，开始自称可汗，居住在伏俟城。他们的土地东西有三千里，南北也有一千多里，官位分有王、公、仆射、尚书、郎中、将军等名号，这一年，又开始派遣使者，借柔然境内的道路，出使东魏。

大同七年（辛酉，公元541年）

春季，正月，辛巳日（初九），梁武帝萧衍到京师南郊举行祭天大典，大赦天下。辛丑日（二十九日），武帝在明堂举行祭祀典礼。

宕昌王梁企定被他的部属杀害，他的弟弟梁弥定即位。二月，乙巳日（初三），梁朝任命梁弥定做河、梁二州的刺史、宕昌王。

辛亥日（初九），梁武帝萧衍为了劝民勤于农事，亲自到藉田耕种。

西魏幽州刺史顺阳王元仲景因事获罪，西魏文帝元宝炬赐他自杀。

三月，西魏夏州刺史刘平伏占据上郡造反，大都督于谨前往征讨并捉住了他。

夏季，五月，梁朝派遣兼散骑常侍明少遐等人到东魏访问。

秋季，七月，己卯日（初九），东魏宜阳王元景植去世。

西魏任命侍中宇文测为大都督、代理汾州政事。宇文测，是宇文深的哥哥，办理政事非常简明，施惠于民，深得士人与百姓的拥护。汾州和东魏接壤，东魏人常常来侵扰掠夺，宇文测在捉到他们后，就会命令手下将绳子解开，与他们见面，并为他们摆设酒食佳肴，像招待客人一样款待他们，非常礼遇，而且又馈赠粮食，再护送他们离开州境。东魏人非常羞愧，再也不敢来侵扰，西魏汾州与东魏晋州两方居民遇上婚丧喜庆的事情又开始来往，当时的舆论都很称赞。有人密报宇文测与境外敌国往来的事情，丞相宇文泰生气地说："宇文测为我安定边疆，我知道他忠于朝廷，你们又何必挑拨离间我们亲如兄弟的感情？"命令属下将诬告的人杀掉。

西魏丞相宇文泰打算革新，改进当时的政治，推行强国富民的政策法令，大行台度支尚书兼司农卿苏绰竭尽自己的才智，帮助完成这件事，裁减朝中官员，另外设置两个令长，并推行屯田政策，以资助军队、充实国库。又写了六条奏疏，九月，才上奏请求实施：一是纯洁心灵，二是促进教化，三是发挥土地效用，四是提拔贤良有才德的人，五是慎重对待狱讼，六是平均赋税徭役。宇文泰十分重视这些建议，经常将它放置在座席的右侧，并且命令各个部门的官员时时地诵读它，那些州牧、郡守假如不精通这六条诏令与编制预算，就不可以再做官。

东魏孝静帝元善见下诏命群臣百官在麟趾阁商议制定法规制度，叫作《麟趾格》，冬季，十月，甲寅日（十六日），颁布施行。

乙巳日（十月无此日），东魏征发壮丁五万名修筑漳滨堰，三十五天才修筑完成。

十一月，丙戌日（十八日），东魏任命彭城王元韶为太尉，度支尚书胡僧敬为司空，胡僧敬名叫胡虔，以字行世，是胡国珍哥哥的孙子，东魏孝静帝元善见的舅舅。

十二月，东魏派遣兼散骑常侍李骞出使梁朝。

交趾郡的李贲，世代都是雄踞一方的霸主，但李贲仕途上并不很得意。同郡中有一位叫并韶的人，擅长写文章，进见官府请求推选做官，吏部尚书蔡撙认为并姓以前并没有出过有名望的人，就任命他为广阳门郎，并韶认为这是一件羞耻的事。李贲与并韶回到乡里，恰好交州刺史武林侯萧谘因为苛刻残暴而失去人心，当时李贲正监管德州政事，因而联合好几州的豪杰英雄一起造反。萧谘送贿赂给李贲，才逃回广州。梁武帝萧衍派遣萧谘与高州刺史孙冏、新州刺史卢子雄带领军队攻打李贲。萧谘，是鄱阳王萧恢的儿子。

这一年，西魏又增加了十二条新的制度。

东魏丞相高欢认为各州算计绢布的尺度都不依照旧有的规定征收，老百姓吃了许多苦头，因此上奏请求下令全部都以四十尺为一匹。

北魏自从孝昌年间开始动乱以来，农业、商业都不景气，六镇的老百姓相互结伴向内地迁徙，到齐、晋地区来谋生，高欢因此能奠定他的霸业。东西分裂以后，每年都不断地打仗，河南的州郡荒芜太久，都长满了繁茂的杂草，政府和民间，财穷民竭，很多老百姓饿死。

高欢下令各州凡是靠近河边和有渡口、桥梁的地方都要设置粮仓，积存米谷以便利用水陆转运，供给军队的需要，准备应付饥荒，又在幽州、瀛州、沧州、青州四个州临海的地方煮盐，因此国家军队的费用，初步得到保障。到现在，东边连年大丰收，谷粮一斛的价格降到九钱，山东的百姓生活稍微宽裕改善了些。

东魏尚书令高澄娶了孝静帝元善见的妹妹冯翊长公主，生了儿子高孝琬，朝廷贵戚都来道贺，高澄说："这是皇上的外甥儿，应先向皇上道贺。"第三天，孝静帝元善见临幸高澄府第，赏赐彩锦绸缎一万匹。于是各权贵高官竞相馈赠礼品，礼品货物堆满了十个房间。

东魏临淮王元孝友上表说："现行规定百家为一族，二十五家为一闾，五家为一比。百家内有族帅、闾帅、比帅二十五人，征税劳役都可以免除，他们与百姓相比受苦享乐不能均等，就像羊少而狼多，又有互相侵犯蚕食的事，这种弊端的形成已经很久了。京城的每个邑里，有的七八百家只有一个里正、两个小吏，很多事务都做得不错，何况是京城外面的州呢？请依照旧有制度设置三正的名称不要改变，而每闾限制为两个比，共计一族可以减少十一名壮丁，这样可以增加许多税帛和服兵役的人。"东魏孝静帝元善见将这事交给尚书省办理，但是却被搁置而没有实行。

梁朝安成的名门望族刘敬躬因为用妖术迷惑百姓，众人都相信他。

大同八年（壬戌，公元542年）

春季，正月，刘敬躬占据安成郡造反称帝，改年号为永汉，设置文武百官，攻打庐陵，又进逼豫章。江南已经很久没有发生战乱了，人们都骚动害怕，豫章内史张绾招募军队去抵御他。张绾，是张缵的弟弟。二月，戊戌日（初二），江州刺史湘东王萧绎派遣司马王僧辩、中兵曹子郢去征讨刘敬躬，接受张绾的节度。三月（原作二月据《梁书》改），戊辰日（初二），张绾捉住了刘敬躬，将他押解到建康，处死了。王僧辩，是王神念的儿子，学识渊博，口才敏捷，器度、仪表端庄威严，虽然射箭不能射穿人的甲胄，但是心气甚高，志向远大。

西魏开始设置六军。

夏季，四月，丙寅日（四月无此日），东魏派遣兼散骑常侍李绘出使梁朝。李绘，是李元忠的侄子。

东魏丞相高欢到邺城觐见东魏孝静帝元善见。司徒孙腾因罪免职；乙酉日（二十日），孝静帝元善见任命彭城王元韶为录尚书事，侍中广阳王元湛为太尉，尚书右仆射高隆之为司徒。起初，太傅尉景与丞相高欢同样归属于尔朱荣，尉景的妻子，就是高欢的姐姐，尉景仗恃着高欢这位显贵的亲戚，贪污放纵，不遵法纪，被有关部门弹劾，关进监牢里；高欢连续三次进宫请求宽赦，才得以免除死罪，丁亥日（二十二日），贬谪为骠骑大将军、开府仪同三司。高欢去拜访他，尉景躺着不肯起来，大叫说："杀我的时候要快一点啊！"高欢安抚他并向他道歉。辛卯日（二十六日），孝静帝元善见任用库狄干做太傅，任命领军将军娄昭为大司马，封祖裔为尚书右仆射。六月，甲辰日（初十），高欢回到晋阳。

八月，庚戌日（十六日），东魏任命开府仪同三司、吏部尚书侯景为兼尚书仆射、河南大行台，有权按实际情况自定防守以及征讨。

西魏任命王盟为太保。

东魏丞相高欢攻打西魏，从汾州、绛州进军，营垒连接四十里，丞相宇文泰让王思政驻守在玉壁截断他们的通道。高欢写信招诱王思政说："倘若投降，一定将并州给你。"王思政回信说："可朱浑道元投降的时候，为什么没有得到呢？"冬季，十月，己亥日（初六），高欢包围了玉壁，进攻了九天，遇到大风雪，士兵饥饿受冻，大部分都死了，于是解除包围撤走。西魏派遣太子元钦镇守在蒲坂。丞相宇文泰从蒲坂出兵，到了皂荚，听说高欢退兵渡过了汾河，追赶他，没有追上。十一月，东魏任用可朱浑道元做并州刺史。

十二月，西魏文帝元宝炬到华阴狩猎，设盛宴慰劳将士，丞相宇文泰带领各位将领前去觐见。在沙苑北边建造了万寿殿。

辛亥日（十九日），东魏派遣兼散骑常侍杨斐出使梁朝。

梁朝的孙冏、卢子雄要去征讨李贲，因为时值春天，瘴气正在弥漫，请求延缓到秋天；广州刺史新渝侯萧映不同意，武林侯萧谘又催促他们。孙冏等一行人到了合浦，军队中死了十之六七，部队溃散只好退了回来。萧映，是始兴王萧憺的儿子。武林侯萧谘上奏书说孙冏与卢子雄因为和贼兵勾结，所以逗留不肯前进，梁武帝萧衍命令孙冏与卢子雄在广州自杀。卢子雄的弟弟卢子略、卢子烈、主帅广陵人杜天合与他的弟弟杜僧明、新安人周文育等率领卢子雄的部众进攻广州，想杀掉萧映、萧谘两人，替卢子雄报仇申冤。西江督护、高要郡太守吴兴人陈霸先带领精锐的士兵三千人去救援，大败卢子略等人，杀掉了杜天合，捉住了杜僧明、周文育。陈霸先因为杜僧明、周文育勇猛过人，就释放了他们，任用他们做主帅。后来梁武帝萧衍下诏任命陈霸先为直阁将军。

西魏丞相宇文泰的妻子冯翊公主，生了儿子宇文觉。

东魏任命光州刺史李元忠为侍中。李元忠虽然身居要职，但不被俗事及公务所干扰，每天只喝酒作乐，丞相高欢想任用他做仆射，世子高澄说李元忠狂放酗酒，不可以将尚书省要职委命给他。李元忠的儿子李搔听到了这个消息，就请求父亲节制饮酒，李元忠说："我认为当仆射比不上喝酒快乐，你想做仆射，那就不要喝酒。"

大同九年（癸亥，公元543年）

春季，正月，壬戌日（初一），东魏大赦境内，改年号为武定。

东魏御史中尉高仲密娶了吏部郎崔暹的妹妹，不久又将她休掉，因此与崔暹之间有了矛盾。高仲密选用御史时，大多选用自己的亲戚或同乡的人，高澄上奏请求改选，崔暹当时很受高澄的宠爱信任，高仲密怀疑是崔暹在陷害自己，因此更加怨恨他。高仲密后来娶的妻子李氏美丽而又贤惠，高澄看见后很喜欢，但是李氏不肯屈从，衣服都扯破了，李氏就将这件事告诉高仲密，高仲密更加怨恨。不久高仲密出任北豫州刺史，暗中谋划造反，丞相高欢怀疑他，派遣了防城都督奚寿兴去主管北豫州军事，高仲密只负责有关民生的事务。高仲密备酒宴请奚寿兴，埋伏了兵士，趁机将奚寿兴抓了起来。二月，壬申日（十二日），高仲密在虎牢叛变，投降了西魏。西魏任命高仲密为侍中、司徒。

高欢认为高仲密叛变的起因是崔暹，想要杀掉崔暹，高澄先将崔暹藏了起来，再坚持为他恳请赦罪，高欢说："我可以让他活命，但必须痛打一顿。"高澄于是将崔暹交出来，然而却对大行台都官郎陈元康说："你要是让崔暹挨了棍杖，就不要再来见我。"陈元康为了这件事而对高欢说："大王您刚把天下大任交托给大将军高澄，而大将军有一个宠信的人崔暹却连廷杖的罪都无法免除，高澄是您的儿子，父子之间都这样了，更何况是旁人！"高欢于是释放了崔暹。

东魏高季式在永安戍地，高仲密派人送信去向他通报自己叛离东魏，高季式跑去晋阳报告高欢，高欢待他就像从前一样。

西魏丞相宇文泰带领各路军队去接应高仲密，派遣太子少傅李远做先锋，到了洛阳，命开府仪同三司于谨攻打柏谷，攻占了柏谷；三月，壬申日（三月无此日），围攻河桥南城。东魏丞相高欢带领十万军队到达河桥北城，宇文泰的军队退到瀍水边，从上流放下火船要来烧毁河桥，斛律金让行台郎中张亮用一百多只小船载着长锁链，等到火船快要靠近时，用钉子将船钉住，然后用链条拉到对岸，河桥于是得以保全。

高欢渡过黄河后，驻守在邙山布下兵阵，好几天都不前进。宇文泰将那些后勤补给和一切行李装备都留在瀍曲，晚上，登上邙山去偷袭高欢。侦察敌情的士兵来报告高欢说："贼兵离这里还有四十多里，大清早吃了干粮才出发来的。"高欢说："他们当会渴死！"于是布好军阵等待西魏军。戊申日（十八日），早晨，宇文泰军队与高欢军队相遇。东魏彭乐带领数千名骑兵做右翼，冲向西魏军队的北边，所到的地方西魏军队都被击溃奔逃，于是直奔向西魏的营垒。有人来报告说彭乐叛变，高欢十分愤怒。不久西北方向尘沙滚滚扬起，原来是彭乐派使者来报告胜利的好消息，俘虏了西魏侍中、开府仪同三司、大都督临洮王元柬、蜀郡王元荣宗、江夏王元升、巨鹿王元阐、谯郡王元亮、詹事赵善和督将僚佐共四十八人。各路将领乘胜追击西魏军队，大破他们的阵营，被斩下首级的有三万多人。

高欢派彭乐去追赶宇文泰，宇文泰的情况越来越窘迫，他对彭乐说："你不是彭乐吗？你这个痴人，今天假如没有我了，明天哪里还有你呀！还不赶快回营去收取你的金银财宝！"彭乐听信了他的话，获得宇文泰的一袋金带而回，对高欢说："宇文泰从我刀下漏掉了，但已经吓破胆了！"高欢虽然很高兴他打了胜仗，但也很恼怒没能捉住宇文泰，于是命他趴在地上，亲自揪着他发髻，连续往地上叩，并且数落他在沙苑战败的罪过，高欢越说越气，在彭乐的脖颈上举起刀将要砍下去前后有三次，愤怒得咬牙切齿了好长时间。彭乐说："乞请赐予我五千名骑兵，再为大王将宇文泰抓来！"高欢说："你放他们逃走是什么目的？却又说要抓他们回来？"命令部卒拿了三千匹布绢压在彭乐的背上，再将这些布绢赏赐给他。

第二天，两军再交战，宇文泰带领中军，中山公赵贵带领左军，领军若于惠带领右军。中军、右军合力进攻东魏，大败东魏军队，将他们的部众都俘虏了。高欢丢掉了马匹，赫连阳顺跳下马，将马让给高欢，高欢骑上马逃走了，跟从的步兵和骑兵有七个人，当追兵追到时，亲信都督尉兴庆说："大王赶快逃走，我的腰间还有百支箭，足可以杀掉一百个人。"高欢说："假如我能逃过这场劫难，让你做怀州刺史，倘若你死了，会委派你的儿子。" 尉兴庆说："我的儿子还小，希望能委任我的哥哥。"高欢允许了。尉兴庆上前死战，箭射完了后他也被杀死了。

东魏士兵有逃奔到西魏去的，告知高欢在哪里，宇文泰招募勇士三千人，都拿着短兵器，由大都督贺拔胜率领一起去进攻高欢。

贺拔胜在敌军队伍中认出了高欢，手拿着长矛与十三名骑兵去追杀高欢，奔驰好几里后，长矛的刀尖就要刺到高欢的身体，就叫着高欢的鲜卑名字说："贺六浑，贺拔破胡今天一定要将你杀掉！"（贺拔胜字破胡）高欢上气不接下气，河州刺史刘洪徽及时从旁边用箭射贺拔胜，射死了贺拔胜旁边的两个骑兵，武卫将军段韶也射中了贺拔胜的战马，将马射死了，等到备用马牵来，高欢已经逃走了。贺拔胜长叹地说："今天没有带弓箭，这难道也是天意吗？"

西魏南郢州刺史耿令贵，大声呼喊，单骑闯入敌人军阵中，敌人锋利的刀刃向他身上乱砍，大家都认为他已经死了，不久他又举着大刀回来了。这样来回很多次，阻挡在耿令贵前面的人死伤很多，于是他对身边的人说："我难道愿意杀人吗？大丈夫杀贼，不得不如此。如果不能杀死贼兵，又不能被贼兵所伤害，跟那些只会空发议论、舞文弄墨的人又有什么不同呢？"

左军赵贵等五名大将的战况不太顺利，东魏兵士气又重新振作，宇文泰与他们交战，又战败了。恰好天也黑了，西魏兵于是撤退，东魏兵从后面追赶他们；独孤信、于谨收集那些零散的士兵从东魏军队的后方发起攻击，东魏追兵惊慌，于是西魏的军队得以安然逃脱。若于惠连夜撤退，东魏军队从后面追赶，若于惠慢慢下马，命令伙夫安营煮饭，吃过饭后，对身边的人说："在长安死，还是在这里死，有什么不同呢？"于是竖起旌旗吹响号角，聚集零散的士兵慢慢撤退，追赶的东魏骑兵怀疑可能有埋伏的部队，不敢靠近。宇文泰于是退入关中，屯兵在渭州。

高欢进兵陕州，宇文泰派遣开府仪同三司达奚武等人阻击高欢。行台郎中封子绘对高欢说："统一东、西魏，今日正是好时机。从前魏太祖曹操平定汉中，没有乘胜进取巴、蜀两郡，错就错在犹豫不决，后悔也来不及了。希望您不要迟疑。"高欢认为很对，召集了各位将领商量进攻或是退兵，大家都认为："野地里没有青草，人员马匹疲惫不堪，不可以远途追逐。”陈元康说：“两边交兵争战，时间已经很久了。现在侥幸能得胜，这是老天给予我们的机会，好时机不可失去，应当乘胜追击他们。”高欢说：“假如遇到埋伏的军队，我们孤军要怎么脱险呢？”陈元康说：“大王从前在沙苑战役失败时，他们都没有埋伏军队；今天逃奔失利到这个地步，怎么还会有长远的谋略呢？假如放弃大好时机而不追击，以后必定成为忧患。”高欢没有听从他的建议，命刘丰生带领数千名骑兵去追击宇文泰，自己向东边退回。

宇文泰在玉壁召见王思政，将要派他镇守虎牢，人还没到宇文泰就战败了，于是让他镇守恒农。王思政进城，命令兵士将城门打开，脱掉衣服躺着休息，慰劳勉励将士，表现出一点都不害怕的样子。过了几天，刘丰生来到城下，畏惧王思政，不敢发动进攻，率军退走。王思政于是修整内城外郭，建筑瞭望台，储存草料米粮，自此恒农开始有了防守抵御敌人的战备。

丞相宇文泰请求贬官，西魏文帝元宝炬不允许。这一次战役，西魏各将领都没有战功，只有耿令贵与太子武卫率王胡仁、都督王文达奋力作战，立功最多。宇文泰想将雍州、岐州、北雍州三个州给他们掌管，但是由于州有好坏，因而用抽签的方式来决定，宇文泰还分别给他们取了新名字，王胡仁叫王勇，耿令贵叫耿豪，王文达叫王杰，用来表彰他们的功绩。随后，西魏又广泛地招募关、陇地区称霸一方的豪杰英雄来增强军队的实力。

高仲密想要背叛东魏，暗中派遣人去煽动冀州的豪杰英雄，让他们做内应。东魏派高隆之骑着驿站的快马去慰问安抚，冀州才算安定下来。高澄秘密写信给高隆之说：“高仲密的党羽想与他一同投奔西魏的，应当都将他们的家属关押起来，以便将来他们反叛时作为惩戒。”高隆之认为东魏孝静帝元善见已经施行恩德宽赦，依理不应该改变，假如又要收押惩处，表示对百姓言而无信，可能会导致人心动荡，损失一定不少，于是禀告丞相高欢，搁置了高澄的意见。

梁朝任命太子詹事谢举为尚书仆射。

夏季，四月，林邑王攻打李贲，李贲的大将范修在九德郡打败了林邑王。

清水郡氐族酋长李鼠仁，趁着西魏战败，占据险要叛乱，陇右大都督独孤信多次派遣军队前去攻打，都不能取胜。丞相宇文泰派遣典签天水人赵昶去开导说服他们，各酋长聚集商量，有的愿意归降，有的不愿意；那些不愿归降的人想要拿刀杀死赵昶，赵昶神色自若，说话的气势越加严厉，李鼠仁觉悟过来，于是带领他们投降。氐族酋长梁道显反叛，宇文泰又派赵昶去开导说服，迁移了梁道显手下四十多人，并且将他们合并到华州，宇文泰就任用赵昶做都督统领这些氐族部落。

宇文泰派间谍偷偷地进入虎牢，传令守将魏光坚守城池。可是间谍被侯景抓到了，侯景将信改成："应当快点撤离。"再将间谍放进城里，魏光接到信后连夜逃走。侯景捕获了高仲密的妻子、儿女，将他们送到邺城，北豫州、洛州两个州又纳入了东魏的管辖范围。

五月，壬辰日（初三），东魏因为收复了虎牢，下令死罪以下囚犯予以减刑，只是不赦免高仲密的家人。丞相高欢想到高乾从信都起兵就拥护自己，功劳很大，高昂在河阳战死，高季式自首事先告发高仲密叛逃，所以都替他们请求免除连坐而该判的罪刑。高仲密的妻子李氏应该判死罪。高澄穿着华丽的衣服去见她说："现在你要不要跟从我呢？"李氏低下头没有说话，于是高澄收纳她为妾。乙未日（初六），东魏任命侯景为司空。

秋季，七月，西魏大赦天下，任命王盟为太傅，广平王元赞为司空。

八月，乙丑日（初八），东魏任用汾州刺史斛律金做大司马。

东魏派遣兼散骑常侍李浑等出使梁朝。

冬季，十一月，甲午日（初八），东魏孝静帝元善见到西山打猎。乙巳日（十九日），回宫。高澄上奏解除自己侍中的职务，东魏孝静帝元善见让他的弟弟并州刺史太原公高洋接替他为司空。

丞相高欢在肆州北山修筑长城，西边从马陵开始，东边到土蹬，四十天才建完。

西魏各州郡的长官一起来拜见丞相宇文泰，宇文泰命令河北太守裴侠单独站一边，对其他各州郡长官说：“裴侠清廉谨慎，奉公守法，是天下人都比不上的，假如有人能与裴侠一样，也可以与他站在一起。”大家都没话说，也没有人敢回答。宇文泰于是给裴侠十分丰厚的赏赐，朝野都赞叹佩服裴侠，称裴侠为“独立君”。

大同十年（甲子，公元544年）

春季，正月，李贲自称越帝，设置文武百官，改年号为天德。

三月，癸巳日（初九），东魏丞相高欢巡察冀、定两个州，校对河北户口的增加或减少，接着到邺城觐见东魏孝静帝元善见。

甲午日（初十），梁武帝萧衍巡幸兰陵，拜谒建宁陵，命令太子入守京城；辛丑日（十七日），武帝萧衍拜谒脩陵。

丙午日（二十二日），东魏任用开府仪同三司孙腾做太保。

己酉日（二十五日），梁武帝萧衍巡幸京口城北固楼，改名为北顾楼；庚戌日（二十六日），武帝萧衍巡幸回宾亭，宴请家乡父老，以及巡幸所经过的附近县前来迎驾的人，老老少少好几千人，都赐给每人两千钱。

壬子日（二十八日），东魏任命高澄为大将军，统领中书监，元弼为录尚书事，左仆射司马子如为尚书令，侍中高洋为左仆射。

丞相高欢大多在晋阳，孙腾、司马子如、高岳、高隆之，都是高欢的亲信党羽，高欢把朝政委托给他们，邺城中的人称他们为四贵，他们的权势在朝廷或地方都十分显赫，大多都专横、放纵、傲慢、贪婪。高欢打算稍微削夺他们的权势，因而任命高澄为大将军，领中书监，将门下省机要事情全部归并到中书省，文武百官的赏罚都要听命于高澄。

孙腾看见高澄，不肯十分恭敬，高澄喝令身边的人将他从床上拉下，用刀背击打他，罚他站在门外。太原公高洋在高澄面前拜见高隆之，并称他叔父。高澄十分生气地责骂高洋。高欢对朝中公卿说："我的儿子渐渐长大了，你们应当回避他。"于是公卿百官见了高澄没有不害怕的。库狄干是高澄的姑父，从定州来拜见高澄，站在门外，等了三天才见到高澄。

高澄想安排心腹的人在东魏孝静帝元善见左右，提拔中兵参军崔季舒为中书侍郎。高澄每次上书给孝静帝元善见，有所劝谏请求，有时文辞烦琐杂乱，崔季舒就会加以修改润色，使它通顺。孝静帝元善见回复高欢、高澄父子的话，也常常与崔季舒讨论，并且说："崔中书，就像我的乳母一样。"崔季舒，是崔挺的侄子。

夏季，四月，乙卯日（初一），梁武帝萧衍从兰陵回宫。

五月，甲申朔日（初一），西魏丞相宇文泰到长安觐见文帝元宝炬。

甲午日（十一日），东魏派遣散骑常侍魏季景出使梁朝。魏季景，是魏收的同族叔父。

尚书令何敬容小妾的弟弟偷了官家的米，何敬容写信给领军河东王萧誉求情。丁酉日（十四日），何敬容因受牵连而免除了官职。

东魏广阳王元湛去世。

西魏琅邪贞献公贺拔胜留在东魏的几个儿子，丞相高欢都将他们杀死了，贺拔胜愤怒痛恨发病而死。丞相宇文泰经常对人说："各位将领面对敌人时，脸色都会改变，只有贺拔公临阵对敌和平常一样，真是英勇无比！"

秋季，七月，西魏更换了度量衡的标准，又命令将尚书苏绰修改增加的三十六条规定，总共五卷，颁布实施。挑选贤能有才干的人担任州郡县的长官，都是按照新颁布的制度来派遣的，几年以后，老百姓都觉得方便。

从北魏孝明帝元诩改年号为正光以后，魏国政令刑法宽松放纵，当权的人大多贪污。丞相高欢想用司州中从事宋游道做御史中尉，高澄坚持请求任用吏部郎崔暹担任御史中尉，让宋游道做尚书左丞。高澄对崔暹、宋游道说：“你们一个人在御史台、一个人在尚书省，必定会使天下肃静清廉。”崔暹选用毕义云等人做御史，当时的人都称赞他能任用贤才。毕义云，是毕众敬的曾孙。

高澄想提高崔暹的权威，朝廷诸公聚会时，命崔暹最后进来，先通报名字，然后两眼望天，踏着缓慢的步伐，高、崔二人提着衣袖进入厅堂；就座时高澄与诸人分庭对拜行礼，崔暹一点都不谦让就坐下来，敬了两次酒，崔暹就要告辞离开。高澄挽留他吃饭，崔暹说：“恰好接到命令要在御史台办公。”于是不等开饭就提前离开了，高澄还走下台阶去送他。有一天，高澄与各公卿到东山出游，半路上遇到崔暹，在前面引导的人被崔暹的前导仪仗队打到，高澄马上掉转马头回避。

尚书令司马子如由于是丞相高欢的老朋友，又担任了要职，傲慢自大，与太师咸阳王元坦聚敛钱财，贪得无厌；崔暹前后弹劾了司马子如、元坦和并州刺史可朱浑道元的罪状，每一份奏折语气都很严厉。宋游道也弹劾了司马子如、元坦与太保孙腾、司徒高隆之、司空侯景、尚书元羡等人的罪状。高澄拘捕了司马子如，将他关在监狱，一个晚上，他的头发全都白了。司马子如上书给高欢说：“我从夏州拄着拐杖来投靠大王，大王赐给我一辆没有篷盖的牛车，还有一只弯曲角的雌牛犊，小牛犊在路上死了，现在只留下了弯曲的牛角，除此以外，其他的东西都是从别人那里得到的。”丞相高欢写信告诫高澄说：“司马令，是我的老朋友，你应当宽待他。”高澄在街上停下马，命人将司马子如带出来，卸下他的锁链，司马子如很惶恐地说：“不是要杀我吧？”八月，癸酉日（二十一日），朝廷免去了司马子如的官位。九月，甲申日（初三），任命济阴王元晖业为太尉；太师咸阳王元坦被免去职位，回到自己的府邸当他的王爷了，元羡等人也都免官，其余判死罪、罢官的还有很多人。过了很长时间，高欢看到司马子如，可怜他面容憔悴，让他的头趴在自己的膝盖上，亲自为他捉虱子，并且赏赐给他一百瓶酒，五百只羊，五百石米。

高澄当着那些权贵的面，极力地夸赞崔暹的才能，并且告诫嘱咐他们听从崔暹的领导。丞相高欢写信给在邺城的权贵们说："崔暹掌管着御史台，咸阳王、司马令都是我的布衣故旧，地位尊贵，与我关系亲昵，没有人比得过这两个人了，一同被判罪，连我都救不了，你们各位也要小心行事啊！"

宋游道上奏纠正尚书省违规失误达几百条，对尚书省中有权势的官吏王儒那些人都用鞭打并斥责他们，尚书令、尚书仆射以下的官员都嫉妒宋游道。高隆之诬陷宋游道说了大逆不道的话，应该处死。给事黄门侍郎杨愔说："家里养狗就是要它叫。现在狗叫了几次就要杀掉它，恐怕将来再也找不到会叫的狗了。"宋游道终究被罢了官。

高澄对宋游道说："你还是早一点跟着我们到并州去吧！不然的话，那些人迟早会杀死你的。"宋游道跟随高澄到达晋阳，被任命为大行台吏部郎。

己丑日（初八），梁朝大赦天下。

东魏认为经过战争动乱以后，户口统计不确实，徭役、赋税一定有不均衡的现象。冬季，十月，丁巳日（初六），朝廷任命太保孙腾、大司徒高隆之做括户大使，分别核查各州户口，查出没有户籍的人口共有六十多万户，侨居他乡的户口都命他们回到原籍登记。十一月，甲申日（初四），东魏孝静帝元善见任用高隆之为录尚书事，任用前大司马娄昭做司徒。

庚子日（二十日），东魏孝静帝元善见到圜丘祭祀。

东魏丞相高欢袭击山胡，打败了山胡，俘虏了一万余户，将他们分配到各州。

这一年，东魏命散骑常侍魏收兼任中书侍郎，修订国史。自从梁、魏通好后，魏书常写着："想彼境内宁静，此率土安和。"（希望他们境内能安宁平静，我们本国境内也能祥和平安。）梁武帝萧衍回信，只去掉"彼"这个字。魏收起草国书才确定了这样的用语："想境内清晏，今万里安和。”（希望境内能清明平静，如今天下都安和安定。）梁武帝萧衍撰写国书时也仿效这句话。

资治通鉴卷第一百五十九　梁纪十五

起乙丑（公元545年），止丙寅（公元546年），共两年。

【题解】本卷记录了公元545年到546年的南北朝史事，共两年。正当梁武帝萧衍大同十一年、中大同元年，西魏文帝元宝炬大统十一年、十二年，东魏孝静帝元善见武定三年、四年。西魏通过修筑城堡，强化了对河东的控制，对东魏政治、军事重心所在的晋阳地区构成严重威胁。东魏高欢委曲求全与柔然和亲，发动了他生前最后一次讨伐西魏的玉壁大战，兵败西魏，疾病加重，走到了他政治的终点。梁武帝萧衍昏庸治国，对士大夫们过于宽待，十分亲信小人，沉溺于佛教，以个人生活俭约为由，对于大臣的进谏规劝从不听从，对刑事法令疏远放纵，边境不宁，物价飞涨，民不聊生，国势衰微。

高祖武皇帝十五

大同十一年（乙丑，公元545年）

春季，正月，丙申日（十七日），东魏派遣兼散骑常侍李奖出使梁朝。

东魏仪同尔朱文畅与丞相司马任胄、都督郑仲礼等，密谋利用正月十五日夜观看打簇戏的时机作乱，杀死丞相高欢，再推举尔朱文畅为主帅。但事情泄露，都被处死。尔朱文畅，是尔朱荣的儿子；他的姐姐就是敬宗元子攸的皇后，现在与郑仲礼的姐姐郑大车，都是高欢的爱妾，因为她们被宠爱，所以她们的兄弟没有被牵连入罪。

高欢上书说：“并州是军备武器聚集的地方，随时需要动用妇女做纺织裁缝等事情，请修建宫室，用来安置被发配和没入官府的女奴；再请陛下娶吐谷浑的女儿来招降安抚他们。”丁未日（二十八日），东魏设置了晋阳宫。二月，庚申日（十一日），东魏孝静帝元善见娶吐谷浑可汗的堂妹为容华。

西魏丞相宇文泰派遣酒泉胡人安诺槃陀出使突厥，并与突厥往来。突厥原本是西方的小国，以阿史那氏为姓，世世代代居住在金山南边，替柔然做铁工。到了他们的酋长土门统治时期，才开始强大，经常侵犯西魏的西部边疆。安诺槃陀到达突厥的时候，突厥全国人都很高兴地说："大国的使者来了，我们的国家就要兴盛起来了。"

三月，乙未日（十六日），东魏丞相高欢到邺城朝觐孝静帝元善见，百官都在紫陌迎接。高欢拉着崔暹的手慰劳他说："从前朝廷里难道没有执法官吗？为什么都没有人敢检举弹劾？中尉尽心尽力替国家做事，不回避豪强，因而使远近纲纪整肃严明。在战场上冲锋陷阵的人很多；做官的人能刚正不阿的，今天终于让人看见了。富贵是中尉自己努力取得的，高欢父子也没有什么好报答你的。"于是高欢赏给崔暹一匹良马。崔暹拜谢，不料马惊慌逃走，高欢亲自拦住惊马，将缰绳交给崔暹。

东魏孝静帝元善见在华林园设宴，命高欢挑选朝廷里公正耿直的人劝酒；高欢下了台阶跪下说："只有崔暹一个人可以劝酒，同时请求将臣在宴会射礼中所得到的一千段绸绢转送给他。"高澄退席后对崔暹说："连我都敬畏羡慕你，何况是其他的人呢！"然而崔暹心中却颇怀奸诈。起初，魏高阳王元斌有一个庶出的妹妹元玉仪，不能被家人容纳，因而去孙腾家做歌伎，孙腾又将她抛弃；高澄在半路上遇到，很喜欢就收她为妾，于是得到特殊的宠爱，封她为琅邪公主。高澄对崔季舒说："崔暹必定会登门劝阻我，我已经准备好怎么应付他了。"等到崔暹和他商议政事，高澄不再给他好脸色看。过了三天，崔暹故意让怀里藏的名帖落在高澄面前。高澄问："为什么带着这个东西见我呢？"崔暹很恐惧地说："我还没见过公主。"高澄十分高兴，挽着崔暹的手臂，领他进入内室去见琅邪公主。崔季舒对别人说："崔暹常常恼怒我阿谀奉承，在大将军面前，每次都说我这个叔父应该杀；等到看到他的所作所为，早已超过了我。"

夏季，五月，甲辰日（二十六日），东魏大赦境内。

西魏太傅王盟去世。

从西晋以来，文人写文章都争着在辞藻的浮夸华丽上下功夫，西魏丞相宇文泰想要改革这种弊端。六月，丁巳日（初十），西魏文帝元宝炬在太庙祭祀。宇文泰命令大行台度支尚书、领著作苏绰写一篇《大诰》，宣读给群臣听，劝告他们勤于政事；西魏并且下命令："从今以后文章体制都要依照这种文体。"

梁武帝萧衍派遣交州刺史杨瞟去征讨李贲，任命陈霸先为司马；命令定州刺史萧勃在西江与杨瞟会合。萧勃知道士兵们最害怕远行作战，于是想用花言巧语说服留下杨瞟。杨瞟召集各将领询问他们的想法，陈霸先说："交趾地方的叛乱，罪过是从王室开始的，于是导致混乱局面蔓延到好几州，讨捕好几年了。定州刺史萧勃只想贪图眼前的苟且偷安，不顾国家大计。将军您奉命征讨叛逆，就应该不顾性命勇往直前，怎么可以逗留在此不敢前进，助长敌人的威风而灭自己的士气呢？"于是陈霸先整治军队提前出发。杨瞟让陈霸先做前锋。到了交州，李贲带领三万名部众抵抗，在朱鸢被打败了，又在苏历江口战败，李贲逃到嘉宁城，各路军队将他包围。萧勃，是吴平侯萧昺的儿子。

西魏与柔然头兵可汗商量联合军队征讨东魏，丞相高欢很担心，派遣行台郎中杜弼出使柔然，为他的长子高澄向柔然国求婚。头兵可汗说："假如高欢自己娶亲，我就应允。"高欢犹豫不决，娄妃说："为了国家大计着想，你就不要再迟疑了。"他的长子高澄、尉景也都劝他应允。高欢于是派遣镇南将军慕容俨出使柔然迎娶头兵可汗的女儿，称为蠕蠕公主。秋季，八月，高欢在下馆亲自迎娶蠕蠕公主。蠕蠕公主娶来时，娄妃将自己居住的正室让出来给她；高欢向娄妃下跪拜谢，娄妃说："柔然的公主会觉察到我们的关系，希望我们断绝往来，不要再来看我。"头兵可汗派了他的弟弟秃突佳护送他的女儿，并且回访东魏。头兵可汗告谕他弟弟说："等看到生了外孙，你再回来。”蠕蠕公主性格严肃刚毅，终身不肯说汉语。高欢曾因生病而没有去公主那里，秃突佳埋怨生气，高欢立即抱病登车前往。

冬季，十月，乙未日（十月无此日），梁武帝萧衍下诏，重新允许有罪的人交钱赎罪。

东魏派遣中书舍人尉瑾出使梁朝。乙未日（十月无此日），东魏丞相高欢呈请释放邙山大捷所俘虏来的西魏士兵，将民间的寡妇许配给他们。

十二月，东魏任命侯景为司徒，中书令韩轨为司空；戊子日（十四日），任命孙腾为录尚书事。

西魏在长安城南边建造祭天的圜丘。

梁朝散骑常侍贺琛上奏陈述四件事：第一，认为“现在北边东魏稽首顺服，正是繁殖人口、积蓄物资和教育训练军民的时候，然而天下户口减少，关外新收复的州郡更是如此。郡承受不了州的催逼，县又承受不了郡的搜刮，互相骚扰，大家只争着征税，聚敛民财，百姓不堪忍受这些政令，都想办法迁徙流动，这难道不是各州郡长官的过失吗？东部边境户口空虚，都是因为国家政令繁杂，即使偏僻荒远的地方，也无所不至，每次一有使者来，所属地区都要受到骚扰，那些无能的地方官，就恭敬地听任使者剥削摆布，而凶恶奸猾的地方官，又趁机加重掠夺，贪婪残暴，纵使有清廉的地方官，也会受到郡守的阻挠和牵制。这样下去，虽然每年颁布恢复生产的诏令，多次赐予百姓免除赋税的恩德，然而百姓仍然不能返回他们的故居啊”！第二，认为“现在天下所以有贪污横暴的事，实在是风俗崇尚奢侈浮华的结果。现在要是宴饮相聚，就相互争着夸耀自己的财富，堆积的果品好像丘陵那样高，排列的佳肴好像美丽的织绣丝绸一样，百两黄金也支付不了一次宴饮的开销，而宾客与主人，也不过为了吃饱肚子，还没有下桌，那些东西就与腐烂发臭的食物没有两样。而且蓄养歌伎的人，根本没有等级的限制，做官的人，敛财亿万，离任回家后，没过几年，都将这些钱财耗费在宴饮的食物以及歌乐所用的行头上。浪费的金钱财物像山丘一样高，就为了满足短暂的欢愉，甚至有些人还抱怨遗憾从前搜刮的钱财不够多；那些人，假如再让他们做官，就如同给吃人的老虎，再加上翅膀一样，让他们变本加厉地搜刮民脂民膏，那是多么违背道义啊！其他荒淫奢侈的例子，多得可以用百计，习惯已经滋长成风俗了，而且一天比一天厉害，想要再教人谨守廉洁的品行，怎么可能做到呢？实在应当严厉地加以禁止限制，提倡节俭，纠正先前的浮华习惯，改变社会风气。我对当前失去节制风气的叹息，也是平民百姓所忧虑的，正因为耻于赶不上别人的排场，所以才勉强学人家这样做；假如大家都认为艰苦朴素是最好的，一定足以改正这些邪侈的陋俗”。第三，认为“陛下忧虑顾念天下，不怕勤苦辛劳，至于文武百官，无不向皇上奏事。但是一些见识短浅的小人，一旦能得到被君王宠幸的机会，就想耍一些奸诈手段求得进升，不顾国家的大局，虽然明察是非却故意自我宽恕；只是一味地致力于搜求别人的过失，细小的毛病也不放过，把严酷苛刻当作能事，把纠正斥责别人的过失作为要务。表面上仿佛是奉行公事，实际上是在满足他作威作福的欲望，他们犯的罪过越多，就越能巧妙地逃避处罚，于是助长了弊端，奸邪的事情也日渐增多，实际上都是由于这种做法而起的。假如真正能以公正的办法来要求他们，摈除他们奸邪的用心，那么处在下位的人能安心行事，居于上位的人也能清静自得，就不会再有心存侥幸的忧虑了”。第四，认为“如今天下安定无事，可是仍旧每天事情繁多得仿佛做不完一样，应当减少事务，削减花费，因为事情减少就可以让百姓得以休养生息，减少浪费就是聚集财货。朝廷内部应当省察自己职责所在，每个人要查验自己所属部门：凡是京师的治所、署舍、邸第、市肆，以及国家的礼乐、车服、旗章、兵备等，地方上的军屯、驿传、邸治，这些假如有应当撤销的就要撤销，应当精减的就要精减；兴建营造的工程有不是急切需要的，征求的赋税徭役凡是可以缓办的，都一律停下来，以便节省开支，让百姓得到休息。积蓄财物的原因，是为了派上大用场；休养百姓，是用来准备以后大战役时的征调。如果认为办点小事花不了多少钱，那么就会终年不会停息；如果认为小工程不会妨碍老百姓生活，那么一定整年都不会停止。这样下去很难说是要使国家富强或图谋长远了”！

梁武帝萧衍看了奏章，大发脾气，将主管文书的官员召到跟前，亲口下达诏命责备贺琛，诏书大意是这样的：“朕即位已经四十多年了，每天耳闻目睹公车府呈上的臣民直言，与你所说的并没有不同，每每被繁忙的政事所苦，增添朕的疑虑。你不应当把自己混同于一介小民，只是图虚名，在外面到处宣扬，说：‘我可以向皇上直陈意见，只恨朝廷根本不采用我的建议。’为什么不分别具体说明：哪一个刺史横政暴敛，哪一个太守贪婪残暴，尚书、兰台里哪些人奸猾狡诈，哪些钦差盘剥百姓，他们姓什名谁，是从谁的手中掠夺，又给予了谁？清楚地说出这些事情的真相，就可以找出那些人来定罪和罢免，另外再选拔贤能的人。还有，士、民的饮食差别很大，倘若要严加禁止，高墙深院，不说别人怎么能知道呢？假如要挨家挨户去搜查，恐怕更增加对老百姓的骚扰。倘若你指的是朝廷里，我绝对没有这样奢靡浪费的事。从前养的家禽牲畜已经好久不杀来享用了。朝廷中各王侯朝见时的宴会，也只用菜蔬烹调罢了；假如还要再节省，一定会遭到《诗经·蟋蟀》那种讥笑。至于那些供佛、供僧设无遮、无碍会等功德供奉之事，都是从园里直接采来的果物，将一种瓜果变化成好几种花样，一种蔬菜烹调成好几种口味，因为变化多，所以种类多，这又有什么损害公事的地方呢？“我除了出席公宴外，不食用朝廷的米粮，已经好几年了，就是后宫的人也不食用朝廷的米粮。凡是我所修建的塔寺，都与公家的材料和朝廷的工匠无关，都是自己花钱雇人来修成的。国家的官员里有勇敢的，也有怯懦的，而贪污的、清廉的也都被任用，这并不表明就是朝廷故意在庇护、助长他们，卿你认为是朝廷的过错，不过是你一厢情愿的结论，你应当想想导致过错的原因是什么？你说：‘应当用节俭的口号来倡导。’朕不与嫔妃同房已经三十几年，至于现在居住的地方不过只能放置一张床罢了，雕刻装饰的物品也没有搬进宫廷里来；朕生性不爱喝酒，也不喜好音乐歌舞，因而朝廷中的宴会，从来没有演奏过音乐，这些是文武贤臣都知道的。朕半夜三更就起床处理政事，依照事情多少来分配时间，公事少，中午以前就可处理完，公事多的话，总要过了正午才能吃饭，常常一天只吃一餐，这样白天、晚上地忙碌；朕从前腰围超过十围，现在瘦得只剩下两尺多一点，旧的腰带还保留着，这不是胡乱说的。朕到底为了谁这样做呢？是为了救天下苍生所以如此啊！你又说：‘百官没有不上奏政事的，但都心怀诡诈，竞相求取升官而已。’现在假如不让任何人上奏陈事，由谁来担负起这个重任呢？倘若要专门委托给某一个，又要怎么样才能找到合适的人选呢？古人说：‘专门听信某些人的话就会有奸邪的事产生，单独信任某些人就会导致乱事。’秦二世将重任委托给赵高，汉元后将大任托付给王莽，结果出现了那种只知道混淆是非，指鹿为马的行为，又怎么能仿效呢？你说‘吹毛求疵’又是指谁呢？‘擘肌分理’又是指什么事情呢？治所、署舍、邸第、市肆等，哪一个是应当除去的？哪一个是可以裁减的？哪一个地方的修建营造不是急备要用的？哪一个地方的征收可以暂缓？应当分别举出实情，统统列在奏表上让我知道！富国强兵的方法，让百姓休息，节省劳役的方案，也应当具体列好，假如不具体分别列册，那么你就是欺骗、蒙蔽朝廷。朕侧耳倾听你翔实的建议，希望你再具实上奏，朕自然会认真省察阅读，交给尚书省处理，分别颁布天下，希望革新后的新气象，又能在现在的朝廷中见到。”贺琛只是谢罪罢了，不敢再说什么了。

梁武帝萧衍为人孝顺、慈爱、恭敬、勤俭、博学多才又善写文章，阴阳、卜筮、骑射、音律、书法、围棋等没有不精通的。又能勤于政务，冬天，四更刚过就起来处理政事，手拿着笔杆暴露在寒冷的空气中，手都冻得表皮皲裂。自天监年间开始信佛以来，长年守斋不吃鱼肉，一天只吃一顿饭，而且只吃青菜、粥汤、粗糙的米饭，有时遇到事情繁多，日过正午了，就用水漱口算是吃了饭。身穿粗布的衣服，使用木棉织成的质劣的围帐，一顶帽子戴了三年，一床被子盖了两年，后宫从贵妃以下，不能穿拖地长裙，生性不喝酒，除非宗庙的祭祀，举行大宴会和举办佛法大会，从来不奏乐。即使处在幽暗的没有人的房间，照常整理衣帽，大热天从来不曾拉起衣服或者光着膀子，对待宫中服杂役的小臣，就像对待大宾客一般有礼。但是对士大夫们过于宽待，以致地方州郡长官大多盘剥百姓，派出的使者在各郡县刁难骚扰。又十分亲信小人，在考察的严谨上又颇有缺失。又造了许多塔庙，国家和民众的钱财浪费巨大。江南久居安定生活，风俗变得奢靡浪费，因而贺琛说出来，正触及实情。梁武帝萧衍憎恶他触及实情，所以生气。

◆臣司马光说：梁高祖武皇帝萧衍之所以不能有好的结局，是应当的！为人君主听取接纳臣子的建议出现过失，在于只注意烦琐细碎的地方，而为人臣的进献改革措施出现的弊端，也在于烦琐细碎。所以贤明的君主把握要领来驾驭一切事务，而忠心的臣子上陈治国的大略方针来改正国君的缺失，这样的话就可以不用劳动多少身心而收到长远的功效，说的话非常简洁却大有益处。看贺琛的建议还没有达到简洁直陈的程度，而高祖萧衍已经生气愤怒，袒护自己的缺点，而夸耀自己的长处；追问贪心暴虐的人究竟是谁，盘问劳役人民、浪费公款的事由项目，用难以回答的问题来困扰他，用难以对答的言辞责备他。梁武帝萧衍将自己食用蔬菜水果的俭朴生活当作伟大的德行，每天辛勤工作到过了正午就认为可以使国家达到太平的境地，自以为具备了人君的大德，没有再可以改进的了。文武百官的进谏规劝，他都不听从。这样下去，比贺琛更恳切、更激烈的言辞，谁还敢进谏直陈呢！因此，奸邪欺罔的事发生在眼前，他也看不见，国家大计错综颠倒，他也不知道，最终落得身败名裂，甚至国家败亡，宗嗣断绝，被千古后代人耻笑，怎么不令人悲哀呢？◆

梁武帝萧衍真心崇尚文雅，对刑事法令疏远放纵，从公卿大臣以下，都不将审判狱讼当一回事。奸邪的官员，凭借权势玩弄法令，到处可以看到用钱财贿赂的事，冤假错案很多。大致判两年徒刑以上的每年有五千人；徒刑囚犯在狱中服役要担任的工作，有五种（专任木匠的做木工，专任冶金的做冶金，专任皮革的做皮革，专任美工色彩的就做颜色渲染，专任陶瓷制作的就做陶工），假如没有专长的就要戴上枷锁；假如生病的，可以暂时解除刑具，此后囚徒内有能力贿赂官员的，那么守吏就假称囚犯生病，解除他的刑械而受到优待；没有能力拿钱贿赂的，就算生病也没法得到解除刑械的待遇，更增加了囚犯的苦楚。当时王侯的子弟，大部分蛮横淫乱，不守法纪。武帝萧衍当时因为年纪大了，厌烦处理政务。再加上一心向佛，每当判了囚犯重罪时，就整天不快乐；有人想造反谋逆，事情被发觉，还哭泣着宽恕他们。从此王侯越发专横，有的大白天就在京都街上杀人，有的夜晚到公家行库去剽夺抢劫，假如犯了罪就藏到王侯家中，官员往往不敢去拘捕。武帝萧衍明明知道这种弊端，但因为过于慈爱，往往也无法制止。

西魏东阳王元荣任瓜州刺史，带着他的女婿邓彦一起赴任。元荣死后，瓜州最大的望族上表请求让元荣的儿子元康继任为刺史，邓彦将元康杀掉而夺取了刺史之位。西魏无力征讨，于是任用邓彦做瓜州刺史，每次征召他都不肯前来，又向南勾结吐谷浑。丞相宇文泰认为瓜州路途遥远，很难劳师动众去征讨，打算用计谋攻取，就任命给事黄门侍郎申徽为河西大使，秘密命令他设谋除掉邓彦。

申徽带领五十名骑兵，到达瓜州以后，停留在宾馆；邓彦看到申徽带来的士兵不多，没有怀疑什么。申徽暗中派人劝邓彦归顺朝廷，邓彦不肯听从；申徽又派人表示赞成邓彦留在瓜州的计策，邓彦相信他，于是来到宾馆晋见。申徽先与瓜州主簿敦煌人令孤整等人秘密谋划，在邓彦晋见时抓住他，责备他后又将他绑起来；随后宣读诏书并告慰明示所有的官吏百姓，并且说“大军马上会来”，城里没有人敢轻举妄动，于是押送邓彦到长安。宇文泰封申徽为都官尚书。

中大同元年（丙寅，公元546年）

是年夏季四月方改年号为中大同。春季，正月，癸丑日（正月无此日），杨瞟等攻陷了嘉宁城，李贲投奔到新昌獠族中，杨瞟等各路军队停留在江口。

二月，西魏任命义州刺史史宁为凉州刺史。前凉州刺史宇文仲和占据凉州，不肯离职，瓜州百姓张保将瓜州刺史成庆杀掉来响应宇文仲和，晋昌百姓吕兴将太守郭肆杀掉，来响应张保。丞相宇文泰派遣太子太保独孤信、开府仪同三司怡峰与史宁一同去征讨他们。

三月，乙巳日（初三），梁朝大赦天下。

庚戌日（初八），梁武帝萧衍到同泰寺，就停留在同泰寺临时的官署中，讲《三慧经》。夏季，四月，丙戌日（十四日），方才讲完，大赦天下，改大同十二年为中大同元年。当天晚上，同泰寺佛塔发生火灾，武帝萧衍说："这是妖魔作怪，应当大规模做法事。"文武百官都十分赞成。于是武帝萧衍下诏令说："道虽然高，但魔更盛，应当行善阻止魔的滋长，要竭尽全力完成土木工程，再修造一座比以前大一倍的佛寺。"于是建造了十二层佛塔；将要建造完成的时候，恰好遇到侯景的叛乱便停止修建。

西魏史宁去劝说开导凉州的官吏和百姓，官吏和百姓们大都能来归附，只有宇文仲和占据城池不肯归降。五月，独孤信派各位将领夜间攻打州城的东北方，自己带领壮士偷袭州城的西南面，一直到天亮，才攻克了城池，于是捉住了宇文仲和。

起初，张保想杀死瓜州主簿令狐整，因为令狐整很得人望，杀掉他担心失去民众的心，虽然表面上装出敬重的样子，实际上内心十分嫉恨令狐整。令狐整表面上假装与张保很亲近，便派人去说服张保："现在独孤信的军队从东边渐渐逼近凉州，凉州的形势孤立而危险，恐怕不是他们的敌手，应当立即分派精锐的部队去援救他们。但是军队的成功或失败都在将领的好坏上，令狐延保，文武全才，派他带领军队去救援，没有不成的啊！"张保听从了这个建议。

令狐整带领军队行到玉门郡，召集英雄豪杰宣示张保的罪状，军队又马上回头反击张保。先攻克了晋昌，杀掉了吕兴，又进攻瓜州，州里的人平常就非常信服令狐整，都背叛张保来向令狐整投降。张保逃往吐谷浑。

大家商量推举令狐整担任瓜州刺史，令狐整说："我们是由于张保叛逆作乱，担心全州的人都被陷入不义的境地，所以共同讨伐他，现在你们又要推举我，不是更加重我的过错吗？"于是推举西魏派来的波斯使者张道义代行瓜州政事，将情形详细具表上奏。丞相宇文泰任命申徽为瓜州刺史。召请令狐整担任寿昌太守，封为襄武男。令狐整带领宗族三千多人入朝，跟随宇文泰征讨，逐次升官到骠骑大将军、开封仪同三司，加侍中。

六月，庚子日（二十九日），东魏任命司徒侯景为河南大将军、大行台。

秋季，七月，壬寅日（初一），东魏派遣散骑常侍元廓出使梁朝。

甲子日（二十三日），梁武帝萧衍下诏命说："不是犯大逆不道的罪行，父母、祖父母不必连坐。"

先前，梁朝只有建康与三吴、荆、郢、江、湘、梁、益等州使用铜钱进行买卖，其余各州郡间杂着用谷子或布帛来交换物品，交州、广州则专门用金、银做买卖。武帝萧衍铸造了五铢钱和女钱，让两种钱一同使用，禁止了那些古钱的通行。普通年间，又铸造了铁钱。自此民间私自铸造钱币的很多，造成物价暴涨，做买卖时甚至用车子载着钱，而不再逐个算计。还有，从破岭以东，每八十文折合一百文，叫作"东钱"；江、郢以上，七十文折合成一百文，叫作"西钱"；建康地方以九十文折合为一百文，叫作"长钱"。丙寅日（二十五日），梁武帝萧衍下诏命说："《庄子》书里讲到猕猴的习性，养猕猴的人每天喂它们芋头，给它们早晨三个晚上四个，它们就发怒不高兴，可是改成早晨四个晚上三个，它们就十分高兴，实际上芋头并没有增多也没有减少，可是却有喜怒不同的现象。最近听说外面多用九陌钱，陌钱少的时候东西就贵，陌钱足够的时候东西就便宜，并不是东西有贵贱的差别，而是人的心理有问题，对事物衡量产生错觉。至于边远的地区，货币混乱的状况一天比一天严重，这只是扰乱了国家的制度，没有使老百姓的钱财增多。从今以后，可以通用分量足的陌钱！命令文书发布后，以一百天为限期，假如还有再犯法的，男子就要被罚到边远地区搬运东西，女子就要以身抵押做苦工，均服役三年。”诏令下来，然而大家仍旧不遵从，陌钱一天天地减少；到了末年，竟然以三十五文折合为一百文了。

梁武帝萧衍年岁大了，几个儿子各怀鬼胎，互相猜忌，邵陵王萧纶做丹杨尹，湘东王萧绎任江州刺史，武陵王萧纪任益州刺史，权力都和皇帝一般；太子萧纲很忌恨他们，常常挑选精锐的步卒来保卫东宫。八月，梁武帝萧衍任命邵陵王萧纶担任南徐州刺史。

东魏丞相高欢到邺城朝觐孝静帝元善见。高澄将洛阳的《石经》五十二碑搬到邺城。

西魏迁调并州刺史王思政担任荆州刺史，让他从诸将中推举一位可代为镇守玉壁的将领。王思政推举了晋州刺史韦孝宽，丞相宇文泰听从了他的意见。东魏丞相高欢调动东魏的全部兵力，将要征讨西魏；癸巳日（二十三日），从邺城出发的军队在晋阳会合；九月，军队到了玉壁，将玉壁包围了起来。他们向西魏的军队挑战，但是西魏军队不肯应战。

李贲又带领两万名部众从獠中出发，驻守在典澈湖一带，大量地制造舰船，充满了整个典澈湖。梁朝的士兵都很害怕，停留在典澈湖口，不敢前进。陈霸先对各位将领说：“我们的军队已经出征很长时间了，将士疲惫困苦，而且我们孤立无援，又进入敌人的心脏地区，假如第一仗不能打胜，恐怕很难再期望生还了！现在我们趁着他们多次失利，人心还没有稳定，而且夷、獠军队不知团结，像乌鸦聚集在一起，最容易被摧毁。现在正是一同出生入死的时候，要下决心全力攻取；倘若再无缘无故停驻不前，大好时机就要失去了！”各位将领都沉默没有人回应。这天晚上，江水突然涨了七丈高，流进典澈湖中。陈霸先整顿所带领的军队趁着急流率先前进，各路军队也在鼓声中都向前猛攻；李贲部众大败溃散，逃入屈獠洞里。

冬季，十月，乙亥日（初六），梁朝任命前东扬州刺史岳阳王萧詧做雍州刺史。梁武帝萧衍不立岳阳王萧詧兄弟而另外立了太子萧纲，所以内心对他们有些愧疚，武帝对他们的宠爱，仅次于自己其他几个儿子。因为会稽地方人民生活富裕，所以轮流派萧詧兄弟到东扬州任职来安抚他们的心。萧詧兄弟内心仍然愤愤不平。

萧詧认为皇上年老，朝廷里有很多政事混乱不堪，所以蓄聚钱财货物，礼贤下士，招募天下勇敢的人，他的左右多达好几千人。他认为襄阳地方地势险要，是梁国开业的根基，遇到动乱时还可以图谋建立大功。于是在政事上尽心尽力，安抚士人百姓，常常布施恩德，招揽人才，采纳他们的规劝意见，管辖区域内被治理得井井有条。

东魏丞相高欢攻打玉壁，白天晚上都不停歇，西魏韦孝宽随机应变抵抗东魏的进攻。玉壁城里没有水源，必须汲取汾水，高欢派人在汾水上游阻隔水道，使汾水流到他处，不靠近玉壁城，一个晚上就完成了这一工作。高欢在玉壁城的南面堆起土山，想趁机攻入城中。玉壁城上本来就有两座城楼，韦孝宽命人绑起木材接在楼上，保持比土山高的高度来抵御东魏的进攻。高欢派使者去告诉韦孝宽说："就算你将城楼绑到天那么高，我还会穿地攻取你的。"于是挖地道十条，又采用术士李业兴的"孤虚法"，集中进攻玉壁城的北面，北面是天设地造的险要之地。韦孝宽挖掘很长的深坑，阻挡高欢的地道，选拔精锐士卒驻守在深坑上；每次高欢的军队穿过深坑，这边的战士就捕杀他们。又在深坑外面堆积许多木柴，储备了一些火种，一旦地道中有敌人，就塞下木柴投下火把，并用皮囊吹火，一经鼓风吹动，火气进入地道，敌人在地道中间都被烧得焦烂。敌人又用战车来撞城门，战车一撞上，没有不撞坏的，没办法再防御了。韦孝宽将布缝起来制成帐幕，随着敌人战车来的方向张开帐幕，布悬在天空，车子自然没有办法撞坏。敌人又在竹竿上绑上松枝、麻毛这些易燃的物品，灌进油燃上火去烧布幔，并且想将城楼烧掉。韦孝宽命人制作了很长的钩子，用尖利的刀刃做钩刀，敌人的火竿快来时，就用长钩远远地割断火头，松枝、麻毛等都掉落下去。敌人又在玉壁城的四面凿二十条地道，地道中间立有梁柱，放火烧梁柱，梁柱折断，于是城墙崩塌。韦孝宽在崩塌的地方竖立起木栅来抵御，使敌人不能攻进城。敌人用尽了攻打城池的方法，而城中防御的办法还绰绰有余。韦孝宽又夺取了高欢堆的土山。高欢无可奈何，于是派仓曹参军祖珽劝说韦孝宽："你独自把守孤城，而西边也没有人来救援你们，恐怕终究无法保全，为何不早点投降呢？"韦孝宽回答说："我们的城池坚固无比，军队粮食也绰绰有余，你们攻打城池是自找劳苦，我们守城的倒是可以以逸待劳，哪里有十天半个月就已经需要靠救援的道理！倒是担心你们部队有不能返回的危险。我韦孝宽是关西的男子汉，一定不会做投降将军！"祖珽又对城中的人说："韦城主享受着西魏丰厚的俸禄，或许还可以有如此的忠心，但是你们这些军人百姓，为什么一定要跟随他赴汤蹈火，牺牲生命呢？"于是用箭将悬赏捉拿韦孝宽的报酬数额射进城中，说："能杀掉韦城主来投降的，封他做太尉，并且加封他做开国郡公，赏赐布帛一万匹。"韦孝宽在招募书的背面亲手题字，射回到城外说："能将高欢杀掉的，也依照这个标准赏赐。"祖珽，是祖莹的儿子。东魏一共苦攻了五十天，士兵作战牺牲与病死的总计有七万人，一同埋在一个坟墓。高欢精疲力尽，于是旧病发作。有流星坠落在高欢的军营中，将士、兵卒都吃惊害怕。十一月，庚子日（初一），高欢解围退兵。

先前，高欢另外派遣侯景率领军队奔赴齐子岭，西魏建州刺史杨檦守卫车箱城，担心东魏军侵犯邵郡，于是带领军队去抵御他们。侯景听说杨檦来了，砍断木头，阻断道路六十多里，仍旧恐惧不安，于是撤回河阳。

庚戌日（十一日），高欢命段韶跟从太原公高洋驻守在邺城。辛亥日（十二日），高欢征调世子高澄在晋阳会合。

西魏任命韦孝宽为骠骑大将军、开府仪同三司，进升爵位为建忠公。当时人称赞王思政能知人善任。

十一月（当为十二月之误），己卯日（十一日），高欢因为出征没有战功，上表请求解除都督中外诸军队，东魏孝静帝元善见同意了。

高欢从玉壁归来后，军中传言韦孝宽用定功弩射死了丞相高欢。西魏这边听到了就发布敕令说：“强劲的大弓一旦射出去，凶恶的人自然就会死掉。”高欢听到这话，于是接见诸贵，请他们就坐，命斛律金作《敕勒歌》，高欢亲自唱和，感慨伤心而流下眼泪。

西魏的大行台度支尚书、司农卿苏绰，性格忠心朴实，常常认为国家动乱未能平治是自己的责任，举荐贤能，依法处理一切政务；丞相宇文泰诚心地相信他，别人没有办法挑拨离间。宇文泰有时出游，常常事先签署好空白的文书纸交给苏绰；有事需要处理，就根据情况随时办理，等到宇文泰回来时，也只是禀告他知道就行了。苏绰常说：“治理国家的大道，就是应该像慈祥的父亲那样去广爱大众，像严厉的老师那样去训导百姓。”每次与公卿谈论国事，从白天到晚上，不管大小事情，他都要一清二楚，最后积劳成疾病死了。宇文泰很痛心和惋惜，对公卿们说：“苏尚书一生清廉谦逊，我想要成全他平生的志向，节俭办理他的后事，又恐怕人们不理解我的心意；假如要厚赠他追加谥号，又担心违背了往昔相知甚深的心；要怎么办才好呢？”尚书令史麻瑶，越过班次上前说：“节俭办理后事，就是表彰苏尚书的美德。”宇文泰采纳了他的建议。将苏绰送回武功，归葬乡里，用一辆布车载着他的灵柩，宇文泰与朝廷百官徒步送他的灵柩到同州外城。宇文泰在丧车后面斟酒祭地说：“苏尚书你这一辈子做的事，妻子、兄弟不了解的，我都了解。也只有你懂得我的心，我知晓你的志向。现在刚刚一同安定了天下，却突然离开我远去，这该怎样办呢？”于是放声痛哭，不知不觉间酒杯从手中掉在了地上。

东魏司徒、河南大将军、大行台侯景，右脚偏短了些，骑马弯弓都不擅长，然而却擅长谋略算计。各位将领如高敖曹、彭乐等都是当时最勇敢的人，侯景却常常轻视他们说：“这些人都如野猪一样，怎么能应付那些情势，有勇无谋罢了！”侯景曾对丞相高欢说：“希望带领士兵三万人，横行天下，一定要渡江去捉住萧衍那老头，让他做太平寺的主人。”高欢让他率领十万大军，全权管理黄河以南，依靠信任他就像自己一半的身体。

侯景一向看不起高澄，曾对司马子如说：“高王健在的时候，我不敢有背叛的心意；一旦高王死了，我不会与那个鲜卑小儿一同参与国政。”司马子如捂住他的嘴巴。等到高欢病重时，高澄伪造高欢的书信去召请侯景。从前，侯景与高欢约定说：“现在我掌领兵权在远方，别人很容易耍欺诈，你给我写信时都请加上小黑点作为记号。”高欢答应了。侯景接到信，见没有加黑点，知道有诈，所以推托不肯去，又听说高欢病得十分厉害，于是采纳了他的行台郎颍川人王伟的计策，聚集兵士，坚固防守。

高欢对高澄说：“我虽然生病，但是你的脸上却显露着忧郁不安的神色，为什么呢？”高澄还没有回答，高欢就说：“难道是担心侯景会叛变吗？”高澄回答说：“是的。”高欢说：“侯景统治河南已经十四年了，常常有飞扬跋扈的心志，我能安抚他，但这不是你所能管束驾驭的。现在天下还没有安定，假如我死了，不要立即发布丧事。库狄干是鲜卑的老人，斛律金是敕勒的老人，都生性耿直，终究是不会背叛你的。可朱浑道元、刘丰生从那么远的地方来投奔我，一定不会有反叛的心。潘相乐本来就是修道的人，心地善良忠厚，你们兄弟一定会得到他的助力。韩轨有些木讷愚直，应当宽待他。彭乐心机很难猜测，要提防他。能打败侯景的，只有慕容绍宗，我故意不尊贵他，特地留给你。”又说：“段孝先是个忠贞守节、仁义厚道的人，智勇双全，在亲族中，只有这个孩子是可以造就的人才，军机大事，可以与他一同筹划。”又说：“邙山那次战斗，我没有听取陈元康的建议，留下祸患给你，我死了眼睛都闭不上。”潘相乐，是广宁人。

资治通鉴卷第一百六十　梁纪十六

起止丁卯（公元547年），共一年。

【题解】本卷记录了公元547年一年的史事。正当梁武帝萧衍太清元年，西魏文帝元宝炬大统十三年，东魏孝静帝元善见武定五年。这一年着重记述东魏丞相高欢去世，侯景反叛东魏引发的事变。东魏成功地消除了政治领袖更替而形成的危机，西魏小心翼翼地避免了陷入新一轮的战事，梁朝则接纳侯景，并派十万大军支援，梦想统一全国，从而将北方政权内部的政治危机引向江南。侯景既向西魏称臣，又归顺梁朝，联结两国以求自保。东魏讨伐叛贼，西魏、梁朝救援，加上叛军侯景，共四股力量在河南争战。

高祖武皇帝十六

太清元年（丁卯，公元547年）

是年四月始改年号为太清。春季，正月，朔日（初一），发生日偏食，但太阳并未完全消失，还残留一部分像钩子一样。

壬寅日（初四），梁朝荆州刺史庐陵威王萧续去世。梁武帝萧衍任命湘东王萧绎做都督荆、雍等九州诸军事、荆州刺史。萧续一向贪婪，临死写有一道表章，派遣中录事参军谢宣融进献给武帝萧衍金银宝器一千多件，梁武帝才知道他富有，于是问谢宣融："庐陵威王的金银财宝都在这里了吗？"谢宣融说："这些已可以说是非常多了，怎么可以更多呢？我们大王的过错就像日食和月食一样，大家有目共睹，他想让陛下您了解这一切，所以临死的时候也不隐瞒他的罪过。"梁武帝的不满这才消除了。

起初，湘东王萧绎做荆州刺史时，有小小的过错，萧续接替他以后，将萧绎的过错上表给朝廷，从此两个人不通书信。萧绎听到萧续死去的消息，回到家里高兴得跳起来，脚上的鞋都踏破了。

丙午日（初八），东魏渤海献武王高欢去世。高欢性情深沉缜密，每天神情庄重，没有人能猜测他的心事，在权衡机密要务上，变幻莫测，料事如神。统领军队时，法令严格整肃。听讼断狱，明察秋毫，没人能欺瞒他。提拔人才，托付重任时，重视才能，假如能承担使命的，哪怕是仆人也照常任用；假如是虚张声势，实际上没有能力的，他都不会任用。风尚高雅，崇尚节俭，使用的刀、剑、马鞍、勒绳都没有用金玉来装饰。年少时酒量很大，自从担当要职后，喝酒不超过三杯。知人善任，喜好士人，全心爱护那些有功劳的旧臣，每次擒获了敌国能尽心死节的忠臣，他常常不加罪给他们。因此文武百官乐于被他任用。他死后长子高澄保守秘密没有发丧讣告，只有行台左丞陈元康知道他死了。

侯景自以为与高澄有过节，内心很不自在。辛亥日（十三日），占据河南背叛，归顺西魏，颍州刺史司马世云打开城门响应他。侯景诱捕了豫州刺史高元成、襄州刺史李密、广州刺史怀朔人暴显等。又派遣士兵二百人拿着武器，黄昏时潜入西兖州，想要偷袭攻取西兖州，刺史邢子才发觉了这一行动，率兵围捕，将他们都抓到了，于是邢子才发送公文到东边各州，这些州各自提高警觉防备，因此侯景无法攻陷这些地方。

各将领都将侯景的背叛归罪于崔暹，高澄迫不得已，想杀掉崔暹来向侯景谢罪。陈元康进谏说："现在天下虽然还没有平定，但是典章制度、国家法纪已经制定了，倘若因为几个将领在外镇守，想取悦他们的心，就冤杀了无辜的人，就等于亏缺废弃刑法政典，这不只是背弃了上天神明，又要拿什么来安抚天下百姓！汉景帝刘启时误杀晁错的事在前可以作为借鉴，希望您谨慎考虑。"高澄于是没有杀崔暹。接着派遣司空韩轨督导各路军队去征讨侯景。

辛酉日（二十三日），梁武帝萧衍到京师南郊举行祭天大典，大赦天下。甲子日（二十六日），梁武帝在明堂祭祀。

三月（当为二月），西魏下诏令说："从今以后应当处宫刑的人，仅收入官府为奴，不必再施刑。"

西魏任命开府仪同三司若于惠为司空，侯景为太傅、河南道行台、上谷公。

庚辰日（十三日），侯景又派遣他的行台郎中丁和到梁朝上表说："臣与高澄有怨仇，请准予我率领函谷关以东，瑕丘以西的豫、广、郢、荆、襄、兖、南兖、济、东豫、洛、阳、北荆、北扬十三个州前来归顺，只有青、徐几州，只要写封信就能来归降了。而且黄河以南的地方，都是我所管辖的范围，要说服易如反掌。倘若青州、徐州一平定，再慢慢地去攻取河北的燕、赵地方。"梁武帝萧衍召集群臣商量这件事。尚书仆射谢举等人都说："近年来与东魏通好，边境地方平安无事，现在接纳他们叛乱的臣子，臣私自以为并不合适。"武帝萧衍说："虽然话是如此，但是能得到侯景的效力，那么塞北地方就可以攻取了，机会是很难得的，怎么可以固执而不知变通呢？"

这一年，正月，乙卯日（十七日），梁武帝萧衍梦见中原的州郡长官都率领他们的属地来投降，整个朝廷为之欢呼庆祝。天亮后，见到中书舍人朱异，就将做梦的事告诉他，并且说："我平常很少做梦，倘若有梦必定会成真。"朱异说："这乃是天下一统的征兆。"

等到丁和来到梁朝，说侯景决定在正月乙卯日（十七日）归附梁朝，武帝萧衍更加认为他的梦是神异的。然而心中仍然不能确定，曾自言自语说："我们国家的疆土完整巩固，没有一点缺损，现在突然间接受侯景的土地，难道这事是适当的吗？倘若一时疏忽而导致纷乱，后悔又怎么来得及呢？"朱异猜测到武帝萧衍的心思，对武帝说："圣明的教化能驾驭天下，使南北全部归顺景仰，正由于没有机会，因而不能达到心愿。现在侯景将东魏的土地分一半送来，这不正是上天在引导他的心志，人们在帮助他的谋划，不然何以会这样呢？倘若拒绝而不接纳侯景，恐怕将要断绝以后归降人的希望。这实在是很容易了解的事，希望陛下不必再迟疑了。"梁武帝萧衍于是决定接纳侯景。

壬午日（十五日），梁武帝萧衍任命侯景为大将军，封为河南王，都督黄河南北诸军事、大行台，以皇帝名义直接处理管辖区内的事务，就像东汉邓禹以前那样。平西谘议参军周弘正，擅长根据日食、月食和星象的变异来推测吉凶，在这件事以前，他对旁人说："国家几年后当有战乱发生。"等到他听说接纳了侯景的事情后，说："祸乱的原因就在这里啊！"

丁亥日（二十日），梁武帝萧衍为了劝民农事，亲自下藉田耕种。

三月，庚子日（初三），梁武帝萧衍临幸同泰寺，举行舍身仪式，就像大通元年那次一样。

甲辰日（初七），梁朝派遣司州刺史羊鸦仁，统领兖州刺史桓和、仁州刺史湛海珍等人，率领兵士三万人赶赴悬瓠，运粮食接应侯景。

西魏大赦境内。

东魏高澄担心各州叛乱，于是亲自出去巡视安抚。留段韶把守晋阳，将军事委托给他；任命丞相功曹赵彦深为大行台都官郎中。命陈元康事先将丞相高欢处理军政事务的条例教令写在数十张纸上，交给段韶和赵彦深，在以后的日子中依次实行。临出发时，高澄握着赵彦深的手流着泪说："将我的母亲、弟弟托付给你了，希望你能明白我的心意！"夏季，四月，壬申日（初六），高澄到邺城觐见东魏孝静帝元善见。东魏孝静帝元善见为他设宴款待，高澄起来跳舞，有见识的人都认为高澄父亲刚死就乐而忘哀，是不会有好下场的。

丙子日（初十），梁朝群臣捐钱给佛寺为梁武帝萧衍赎身。丁亥日（二十一日），梁武帝萧衍回到宫中，大赦天下，改年号为太清，就像大通元年一样。

甲午日（二十八日），东魏派遣兼散骑常侍李系出使梁朝。李系，是李绘的弟弟。

五月，丁酉朔日（初一），东魏大赦境内。

戊戌日（初二），东魏任命襄城王元旭为太尉。高澄派遣武卫将军元柱等带领几万士兵马不停蹄地赶去攻打侯景。在颍川北面与侯景相遇，元柱等人大败。侯景认为羊鸦仁等人的军队还没有到来，所以仍旧退回颍川镇守。

甲辰日（初八），东魏任命开府仪同三司库狄干为太师，录尚书事孙腾为太傅，汾州刺史贺拔仁为太保，司徒高隆之任录尚书事，司空韩轨担任司徒，任用青州刺史尉景做大司马，领军将军可朱浑道元做司空，仆射高洋做尚书令，领中书监，徐州刺史慕容绍宗做尚书左仆射，高阳王元斌做尚书右仆射。戊午日（二十二日），尉景去世。

韩轨等人在颍川包围侯景。侯景非常害怕，割东荆、北兖州、鲁阳、长社四城贿赂西魏以便求得援救。尚书左仆射于谨说："侯景年轻时就学习军事，奸巧欺诈很难预料，不如先给他高官俸禄，观察他的变化，不可以先派兵出去。"荆州刺史王思政认为："假如不利用时机进攻，后悔就来不及了。"随即派荆州的步卒和骑兵一万多名从鲁阳关向阳翟进发。丞相宇文泰听到后，加封侯景为大将军兼尚书令，派遣太尉李弼、仪同三司赵贵带领一万名军士奔向颍川。

侯景担心梁武帝萧衍会责怪他，就派遣中兵参军柳昕上奏梁武帝，认为："朝廷派的军队还没有到达，正逢生死攸关的时候，于是只好求救于关中，解救眼前的危急。臣既然在高欢那儿不能安身，怎么可能被宇文泰接纳？只是手被毒蛇咬了，要断掉手腕，事情实在是迫不得已，本来想为国效力，希望陛下不要加罪指责！臣得到他们的助力，不能马上背弃，现在用四州的地方做诱敌的资本，宇文泰已经派人去镇守。从豫州以东，齐海以西，都在臣的掌握中；现在所有的地方，都归梁朝管辖，悬瓠、项城、徐州、南兖，都可以派人前去接管。希望陛下能立即命令边境各地，聚集众多的军队，来与我互相接应，不要使得彼此有所误会！"武帝萧衍回答他说："《春秋》大义：大夫离开国境，尚有专断的权力，何况你始创奇谋，将要建立伟大功业，依理必须随事情变化而行动，根据需要来应变。卿对本朝的诚心是有凭有据的，又何须浪费口舌多做解释呢？”

西魏任命开府仪同三司独孤信为大司马。

六月，戊辰日（初三），梁朝任命鄱阳王萧范做征北将军，总督汉北征讨诸军事，攻打穰城。

东魏韩轨等包围颍川，听说西魏李弼、赵贵等人将要到来，乙巳日（六月无此日），领兵回到邺城。侯景想趁机拘捕李弼和赵贵，夺取他们的军队；赵贵产生了怀疑，没有前往。赵贵想引诱侯景进到他们的军营再抓捕他，李弼制止了这件事。羊鸦仁派遣长史邓鸿带领军队到汝水，李弼领兵回到长安。王思政进入颍川据守。侯景假装要去进攻东魏，领兵退出颍川城，驻扎在悬瓠。

侯景又向西魏请求支援，丞相宇文泰派同轨防卫主帅韦法保与都督贺兰愿德等带领军队去救助他。大行台左丞蓝田人王悦对宇文泰说：“侯景与高欢，开始是因为同是怀朔镇人，同乡交情深厚，终而有君臣的默契，侯景职任上将，地位高于台司，现在高欢刚过世，侯景就立即在外叛乱，他的野心实在是很大，终究不肯居于人下的缘故。况且他能背叛高氏，怎么可能为我们朝廷坚守节操呢？现在加重他的势力，再派兵援助，我私下担忧朝廷将来会被后人耻笑！”宇文泰于是召请侯景入朝。

侯景暗中想背叛西魏，事情还没有考虑成熟，于是厚赏安抚韦法保等人，希望韦法保能被自己所用，外表上表现得十分亲热而没有一点猜疑的样子。侯景每次到西魏各路军中，带领的侍从很少，对西魏军中的各位将领也都亲自前往问候。同轨防长史裴宽对韦法保说：“侯景阴险狡猾，一定不肯进入长安，他放下架子想与你亲近，恐怕不值得信任。倘若埋伏军队，将他杀死，也是一次难得的功劳。假如你不如此做，就应当深深地对他提防小心，不可以相信他对你的诱惑煽动，免得留下后悔的灾祸。”韦法保深觉有理，不敢图谋算计侯景，只是小心提防而已，不久韦法保向侯景请辞回到自己的镇所。王思政也发觉侯景的欺诈，暗中召集贺兰愿德等撤回，并且分派各路军队，占据了侯景的七个州、十二个镇。侯景果然辞谢不肯入朝，给丞相宇文泰信函中说："我与高澄同列都觉得羞耻，怎么可以与您比肩同坐！"宇文泰于是派遣行台郎中赵士宪全部召回前后所派遣的各路去援助侯景的军队。侯景于是决定投降梁朝。西魏将领任约带领他所率领的千余名军队投降了侯景。

宇文泰将从前颁给侯景的使持节、太傅、大将军、兼尚书令、河南大行台、都督河南各军事的头衔收回再颁给王思政，王思政推辞不肯接受；宇文泰一次又一次地派使者诚恳地劝说，王思政才只接受了都督河南诸军事的职位。

高澄要回到晋阳，命弟弟高洋做京畿大都督，留守在邺城，派黄门侍郎高德政辅佐他。高德政，是高颢的儿子。丁丑日（十二日），高澄回到晋阳，才发布高欢的死讯。

秋季，七月，西魏长乐武烈公若于惠去世。

丁酉日（初二），东魏孝静帝元善见为丞相高欢举哀，穿缌缞的丧服，丧礼依照汉代霍光去世的情形办理。追赠相国、齐王，备九锡的特殊礼遇。戊戌日（初三），孝静帝元善见任命高澄为使持节、大丞相、都督中外诸军、录尚书事、大行台、渤海王；高澄上奏辞去渤海王的爵位。壬寅日（初七），孝静帝元善见诏令太原公高洋摄理军国大事，派遣中使诚恳地劝谕高澄上任。

庚申日（二十五日），梁将羊鸦仁进入悬瓠城。甲子日（二十九日），梁武帝萧衍诏令更改悬瓠为豫州，改寿春为南豫州，改合肥为合州。任用羊鸦仁做司、豫二州的刺史，镇守悬瓠；任命西阳太守羊思达做殷州刺史，镇守项城。

八月，乙丑日（初一），梁武帝萧衍下诏大举进军攻打东魏。派遣南豫州刺史贞阳侯萧渊明、南兖州刺史南康王萧会理分别督导各将领进攻东魏。萧渊明，是萧懿的儿子；萧会理，是萧续的儿子。起初，武帝萧衍想用鄱阳王萧范做元帅；朱异正在外休假，一听到这消息，立即回朝上奏说："鄱阳王萧范雄豪盖世，超越世人，部下愿效死力，然而他所到的地方对百姓十分残暴，不是能体恤百姓的将才。而且陛下从前登北顾亭远望的时候，说江右地方有叛乱的气息，骨肉至亲也会变成仇人，现在这件事，尤其应当仔细斟酌。”武帝萧衍没有说话，停了一下才说：“萧会理这个人怎么样呢？”朱异回答说：“陛下已经得到想要的人了。”萧会理懦弱而且没有什么谋略，所乘坐的抬轿，用木板做轿身，上面又盖着牛皮，希望能御兵又能自保，武帝得知后，很不高兴。贞阳侯萧渊明镇守寿阳，多次请求出兵，武帝答应了他。萧会理认为自己是皇孙，又担任都督的职位，所以从萧渊明以下的人，几乎不来往。萧渊明和几位将领把情况密告朱异，武帝又将萧会理追回来，于是任命萧渊明做都督。

辛未日（初七），高澄到邺城觐见东魏孝静帝元善见，坚持辞去大丞相的职位；东魏孝静帝元善见下诏命他和以前一样做大将军，其他的职务也和从前任命的一样。

甲申日（二十日），东魏假装葬齐献武王高欢在漳水的西边；秘密地在安县鼓山石窟佛寺的旁边挖成墓穴，将高欢的灵柩放进去，堵住洞口，杀掉所有的工人。等到北齐亡国的时候，一个匠人的儿子知道埋葬的地点，搬开石头，拿走里面的金银财宝逃走了。

戊子日（二十四日），梁朝武州刺史萧弄璋攻打东魏碛泉、吕梁两个城戍，攻陷了城池。

有人告诉东魏大将军高澄说：“侯景想要回到北方来。”恰好侯景的大将蔡道遵回到北方来，说：“侯景很后悔自己的过错。”侯景的母亲和妻子、儿女都在邺城，于是高澄就写信劝谕他，告诉他全家仍然安好，假如回来，答应让他终生担任豫州刺史，还给他宠妻、爱子，所领属的文武官员，都不再追究。侯景让王伟回信说：“现在我已经引动梁朝和西魏共同出兵要向北边征讨，勇猛如熊豹的武士一起进攻，收复中原，我希望能靠自己的力量，何必再烦劳你的恩赐！从前王陵归附汉朝，母亲虽被项羽捉去但王陵并没有回到项王那里，刘邦的父亲在楚做囚犯，汉高祖刘邦依然生活自在，何况是妻子、儿女，有什么好介意的，或许你认为杀他们对你有益，我想阻止也没有办法，杀他们对我也没有什么损失，只是又增加杀戮的事，受累的是你，又关我什么事呢？”

戊子日（二十四日），梁武帝萧衍下诏任命侯景做录行台尚书事。

东魏孝静帝元善见很英俊，体力超过一般人，能挟着石狮子跳过宫中的围墙，射箭百发百中，又喜爱文学，做事从容不迫，举止庄重文雅。当时人认为有孝文帝元宏的风范，大将军高澄十分忌恨他。

起初，献武王（高欢）常自责于赶走孝武帝元修入关的过错，所以侍奉孝静帝元善见，十分恭敬，不管大小政事都要禀报，事情做与不做也完全遵从圣旨。每次侍奉宴会，总是低头伏地向孝静帝元善见进酒；孝静帝元善见设立法会时，乘坐御车出外进香，高欢拿着香炉步行跟从，弯曲身子，屏住气息，察言观色，秉承孝静帝的意思做事，所以下面的人侍奉孝静帝也不敢不恭敬。

等到高澄当权时，突然间骄傲怠慢，派中书黄门郎崔季舒观察孝静帝元善见的动静，大小事情都要清楚地知道。高澄写信给崔季舒说：“那个痴人（孝静帝）比起从前来怎么样了？愚痴的情形好些了吗？要用心仔细地核查校阅。”孝静帝元善见曾到邺城的东边去打猎，追逐奔驰就像飞一样，监卫都督乌那罗受工伐在后面大喊：“陛下不要驰马，大将军会发怒的！”高澄曾陪侍孝静帝饮酒，举起酒杯劝孝静帝说：“臣高澄给陛下敬酒。”孝静帝十分生气，说：“自古以来没有不灭亡的国家，朕这辈子还活着干什么？”高澄发怒说：“朕？朕？长着狗脚的朕！”命崔季舒打了孝静帝三拳，才甩着衣袖走出宫。第二天，高澄命崔季舒入宫去向孝静帝谢罪，孝静帝也向崔季舒回谢，赏赐给崔季舒绢布百匹。

孝静帝元善见不堪受屈辱，吟咏谢灵运的一首诗：“韩亡子房奋，秦帝鲁连耻。本自江海人，忠义动君子。”（韩亡国后，张良勇敢奋起；秦称帝，鲁仲连引以为耻。本来均是江海人，忠义可以振奋君子的心。）常侍、侍讲颍川人荀济明白孝静帝元善见的心意，于是与祠部郎中元瑾、长秋卿刘思逸、华山王元大器、淮南王元宣洪、济北王元徽等密谋杀掉高澄。元大器，是东魏华山王元鸷的儿子。孝静帝元善见假意下诏问荀济："想要在什么时候开讲？"于是暗中在宫中堆了土山，挖掘地道通向北城。挖到千秋门时，守门的士兵感觉到地下有响声，就去报告高澄。高澄带兵进宫，看到孝静帝元善见，不拜就坐了下来说："陛下为什么要造反？我们父子对国家的贡献，天下人都知道，有什么对不起陛下的地方！这一定是左右妃嫔们出的主意。"想杀掉胡夫人与李嫔。孝静帝元善见严正地说："自古以来只听到做臣子的背叛国君，从来没听过做国君的背叛臣子。你自己想要造反，何必来责怪我！我将你杀掉，那么国家就会太平了，倘若不杀你，国家灭亡的日子一定不会太久，我的生命都不值得珍惜，何况是那些嫔妃！你一定要弑朕谋篡，迟早都在你。"高澄于是离开座位叩头，大声痛哭，向孝静帝元善见谢罪。接着君、臣两人痛快地喝酒，到深夜才回去。过了三天，孝静帝元善见被幽禁在含章堂。壬辰日（二十八日），荀济等一批人被押到闹市，用大火烧死了他们。

起初，荀济年轻时住在江东，博学能文。与梁武帝萧衍是布衣旧交，知道武帝有伟大的志向，然而任性使气不肯听从武帝，常常对人说："假如他有不寻常的举动，我也应当起兵，在盾牌的把手上磨墨做檄文来声讨他的罪过。"梁武帝很生气。等到武帝萧衍即位的时候，有人在武帝面前推荐荀济，武帝说："荀济这个人是有才干，但喜欢做违反礼俗的事，爱与人唱反调，不可以任用他。"荀济上书劝谏武帝说，为崇信佛法而盖塔寺是奢侈浪费，武帝很生气，想召集在朝的文武百官，当众杀死他。舍人朱异秘密通报他，荀济就逃奔到东魏。高澄当中书监时，想任用荀济做侍读，高欢说："我疼爱荀济，想要保全他，所以不任用他，荀济一入宫，一定会坏事。"高澄坚持请求，高欢才答应。等到这次密谋失败，侍中杨遵彦对荀济说："你已经年老力衰，何苦要做这种事呢？"荀济说："雄心壮志还在啊！"接着下狱后又辩驳说："因为自己慨叹年纪衰老，功名都没建立，所以想要挟持天子，杀掉那些权贵的大臣。"高澄想要宽恕他的死罪，亲自问他说："荀公到底为什么要造反？"荀济说："我只是奉天子的命令将高澄杀掉，怎么叫造反？"主管部门因为看到荀济年老多病，用小车将他载到刑场，连小车一起焚烧了。

高澄又怀疑大将军府谘议参军温子升知道元瑾等人的密谋，当时正命他作《献武王碑》，等到写完后，立即将他押到晋阳监狱，让他挨饿，结果他吃下自己的破袄而死。高澄命人将他的尸体丢弃在路边，没收他的家人，充当官府的奴婢，太尉长史宋游道替他收尸埋葬。高澄对宋游道说："我最近与京师的诸位显贵人士谈论朝廷里的士人，认为卿疏远朋党，将会给你带来灾祸，现在才知道卿真是一个注重老交情、崇尚节义的人，天下那些替你恐惧不安的人，是不了解我的心思。"九月，辛丑日（初七），高澄回到晋阳。

梁武帝萧衍命令萧渊明在寒山修筑泗水堰，来灌彭城，以便等得到彭城后，便可以进军与侯景相呼应。癸卯日（初九），萧渊明驻军在寒山，距离彭城十八里路，于是截断水流，修造挡水堰。侍中羊侃监工筑堰，二十天完成。东魏徐州刺史太原人王则环城固守，羊侃劝萧渊明趁着水势攻打彭城，萧渊明不肯听从。各位将领和萧渊明商讨军机大事，萧渊明不能回答，只说："到时依照当时的情况，采取相应措施。"

冬季，十一月，西魏丞相宇文泰，跟随西魏文帝元宝炬到岐阳狩猎。

东魏大将军高澄派大都督高岳去救援彭城，想让金门郡公潘乐担任副将。陈元康说："潘乐在机智应变上稍迟缓些，比不上慕容绍宗，况且先王临死有遗命，您对这个人要以赤诚的心相待，侯景不值得担心。"当时慕容绍宗在外任职，高澄想召见他，又担心他会吃惊而生反叛的心；陈元康说："慕容绍宗知道我特别蒙受朝廷照顾优待，最近派人送来金钱。我想使他能安定心志，因而接受了他的馈赠，并且很诚恳地回了他的信，我可以保证他不会有叛乱的事。”乙酉日（十一月无此日），东魏任用慕容绍宗做东南道行台，与高岳、潘乐一起出征。起初，侯景听到韩轨来讨伐，说：“这个吃猪肠的小子能干些什么呢？”听说高岳来讨伐，说：“军队是精锐的，不过人却是一般的。”各位将领没有一个不被他轻视的。等到听说慕容绍宗来征讨，敲着马鞍，面露惧色，说：“谁叫那个鲜卑小儿派慕容绍宗来的？假如是这样的话，高王一定还没死啊！”

高澄任命廷尉卿杜弼为军司，代理行台左丞，临派他出征时，高澄还询问他为政的关键以及应警惕的事务，让他写出几条来，杜弼请求用口陈述，说：“天下重大的事务，没有比赏罚更关键的，奖赏一个人，要使得天下人都能高兴，惩罚一个人，要使得天下人都会害怕，假如这两件事没有缺失的话，自然是最完美的。”高澄很高兴，说：“话虽简要，道理却十分中肯。”

慕容绍宗带领十万名部众据守橐驼岘。羊侃劝贞阳侯萧渊明趁着他们远道而来去进攻他们，萧渊明不肯听从，第二天早晨，羊侃又劝萧渊明出战，他也不听从；羊侃只好带领所属的军队出去驻守在堤坝上。

丙午日（十三日），慕容绍宗到了彭城城下，带领步卒骑兵一万名攻打潼州刺史郭凤的营地，箭如雨一样落下。萧渊明正喝醉酒，大睡不起，好不容易唤醒，命各将领去救援，可是大家都不敢出兵。北兖州刺史胡贵孙对谯州刺史赵伯超说：“我们这些人领兵前来，原本是要做什么的呢？现在遇到敌兵却不出去作战？”赵伯超没有说话。胡贵孙单独率领部下去与东魏兵作战，斩下敌人二百个首级。赵伯超拥有数千名士兵却不敢前去救援，对他的部下说：“敌人的气势这么盛，与他们打仗，一定会失败，不如我们带领全部军队早点回去。”大家都说：“好。”于是逃了回去。

起初，侯景常告诫梁朝人说：“追剿东魏的败兵不可超过二里路。”慕容绍宗即将出征时，认为梁人轻躁而凶猛，担心自己的军队无法抵抗，一个一个地将将士召集过来对他们说："我将假装败退，引诱梁军深入，你们再从后面进攻他们。"东魏兵真的战败逃走，梁人不听侯景的告诫，乘胜深入敌人的阵营。东魏的将卒都很相信慕容绍宗的话，争着一起趁敌人不备攻打他们，梁兵大败，贞阳侯萧渊明和胡贵孙、赵伯超等人都被东魏俘虏，逃散、死伤的士兵有好几万人。羊侃集合士卒列阵慢慢地退回。

梁武帝萧衍恰好在睡午觉，太监张僧胤报告朱异有事要上奏，梁武帝大惊，立即起来登上轿子来到文德殿。朱异说："韩山的军队出征失利。"武帝一听，恍惚失神得差点从座椅上掉下来，张僧胤扶住武帝坐好，武帝感叹说："我将不再保有王室，而像晋朝一样为夷狄所灭吗？"

郭凤退守潼州，慕容绍宗围攻他。十二月，甲子朔日（初一），郭凤弃城逃走。

东魏让军司杜弼做声讨的檄文送交梁朝，檄文中说："我们皇室的光辉垂示于后世，光耀可与上天媲美，只有你们吴、越地方，阻碍我们的声威教化，东魏皇帝怀着平息天下干戈的心愿，先丞相高欢也憎恶下达进兵的命令，于是释放了你们的俘虏，希望能修好敦睦。虽然好的计划，长远的打算，是我们开始实施的，可是战争停止，百姓安定，获利的却是你们。侯景这个叛逆的小子，生猜忌不忠的心，远去投奔关中、陇西，归附你们奸邪的朝廷，叛逆的西魏之主却以君臣之礼对待他，与他结为兄弟，难道说对他没有恩情吗？终究还是难以留住他。不久前他改变心意，亲自挑起战端。凶暴的人恶贯满盈，不能被西魏接纳，茫然无所归属，于是把金陵当作逃亡的聚会处，将江南当成流亡寄居的地方，甜言蜜语，卑躬屈膝，作为容身的企图，他奸诈的言辞、浮华的游说，也应当知道了吧！而你们僭伪的梁朝大小官员，幸灾乐祸、见利忘义，君主在上荒淫无道，臣子在下蒙蔽作乱，勾结侯景奸诈险恶之人，断绝邻国的和睦邦交，在境内征兵，纵容盗匪，进犯邻国。事实上任何东西没有一定的去向，任何事情也没有一定的趋势，有时趁着形势做下去反而蒙受灾害，有时因为得到这里反而那边失去更多。所以从前吴国侵犯齐国，于是勾践率领军队入侵，灭亡了吴国，赵国接纳了韩国的土地，终于与秦兵在长平交战，导致国力衰微。何况是你们驱赶疲惫的百姓，突然间进犯到我徐州之地，修筑堡垒，堵塞河川，舍弃船只想寻求利益。所以我们那些拿着鼓槌挥动旗帜的大将，能攻城略地，勇猛过人的士兵，带着愤怒的脸色，就像对付自己的仇敌一样。你们营连着营，拥有军队那么多，依山傍水，不过就像螳螂一般，打起仗来也只是抬起螳螂臂当作斧头，披着像蛣蜣保护翅膀的壳甲，用这些东西来抵挡车辙、轮轴，就好像坐在堆积的薪柴上等待火把燃烧。等到双方兵刃刚刚相接，尘埃扬起时，已经弃了戟丢了戈，土崩瓦解，轻而易举就被抓去当俘虏，不解甲就被绑起来坐在中军的鼓下受到羞辱。同宗族的人，不同姓名的人全部在监狱里对望。双方差距那么远，强弱又不同，何必因为得到一个人而丢掉了整个国家，见小利而忘大害，就如看见黄雀而忘掉陷阱一样。这是聪明的人不会去干的事，有仁德的人不会向他看齐的。诚然，过去的事我们就不要再去追究，未来的我们还要去追寻。侯景以一个鄙俗的乡间小子，因为遇到际遇，位列三公的高职，拥有万家的采邑，掂量掂量自己的分量，早就可以满足了。然而他钻营顺逆，纷乱不止，难道这只是白忙活的吗？他的用意实在是可以知道的。你们却给他权柄，就好像收藏财物不谨慎，以致引起盗贼偷窃的想法一样，使得情势足以容纳奸邪，让他有机会趁势而起。现在你们梁朝在南边多次失败，这是老天要你们亡国的征兆！侯景这老贼，诡诈的计谋，又将开始了。然而推倒坚硬刚强的是很难成功的，反而是几经摧毁将折的朽木更能发挥他的力量。推算侯景虽然不是像孙子、吴起那样的猛将，手下也没有像燕国、赵国一样的精锐士兵，不过是涉足在兵马行阵中阅历很久的人，学习过打仗的本事，虽不是剽悍冒进的军队，但也不是脆弱易亡的部队。抗拒我魏国恐怕力量还不够，要进攻你梁国则军力有余，只是害怕他尾巴比身体还要大，脚后跟比大腿还要粗，倔强而难以屈服，狠暴乖戾难以驯服，现在征召他，那么他反抗快，但是祸患较小；现在不征召他，那么他就慢慢地作乱，终究会酿成大祸。可能会像东晋苏峻那样遥望廷尉不服惩治，也可能会像西汉黥布那样不肯为臣，自己占据淮南，想要称帝。又恐怕会像楚国一样，猿逃走了，为了找猿，不得不烧掉树林，城门失火，殃及池鱼，无端而受难。迫使江、淮的士子，荆、扬的人物，在箭石中牺牲性命、在雾露中英年早逝，你们的梁武帝萧衍，没听说过有什么好的德行，一向也是轻薄阴险，让臣子射麻雀来论功绩，摇船来比勇力，年纪已经老了，心思又将混乱了，政事荒废，百姓外逃，礼乐崩坏，再加上任用罢免官员昏聩不明，废立太子失序，装模作样，搅乱民俗，凭持才智蒙骗愚钝的人，本性凶暴恶毒，却狂妄地努力于佛业，性情浮躁急进，却胡乱地坚守着清静。灾祸异变必定会降临于你们君主头上，毁谤怨恨的话也会从百姓口中说出，人人憎恶痛苦，家家心思紊乱，这种现象不是一朝一夕造成的，所以会这样是日积月累渐渐形成的。将这种危险浮躁的风俗留传下去，任意放纵子孙的轻薄行为，到处结党营私，兵权掌握在外人手里，一定会使灾祸降在骨肉亲人身上，祸兆也一定由亲信的人惹起，强劲的弓箭手一定会冲向城堡，长矛也会指向皇宫；就像赵武灵王进入危险的地方，只能搜寻雏雀而食，无力拯救脏腑的危机，就像楚成王临死请求食熊掌，希望能延长片刻生命。现在正是外力崩溃、朝中混乱的时候，你们鹬蚌相争，我方乘机取利。我们正想派遣骏马骑兵狂奔南下，精良甲兵可与日月同辉，豪杰大将并列行阵，百万部众群聚，观其形势，正任由我军运转，因此说善于驾驭别人的形势，就像在千仞的高山上滚石一样，现在我们声威大震，一出兵必像破竹一样，节节迎刃而解，局势一定不可阻遏。终必使得钟山渡过长江，青包车盖的天子坐车进入洛阳，梁都建业的宫殿一定会因荒芜而荆棘丛生，山上的麋鹿都会跑到姑苏馆去游玩。

只怕兵革战车践踏了的土地，剑士骑兵摧残过的地方，江南的名产杞梓遭到折断，竹箭因而受到损毁。假如你们南方梁朝的王孙公子都能诚心归降我们，为我们效命，一定会给你们客卿的俸禄，特别再加上骠骑的封号。你们诸位君子，多多劝勉以便自求多福。”以后梁朝灾祸败亡，都和杜弼说的完全相同。

侯景围攻谯城没办法取胜，退而攻打城父，攻克了城父。壬申日（初九），侯景派遣行台左丞王伟等到建康游说梁武帝萧衍：“邺城中的文武官员一起谋划，召请臣一同去征讨高澄，结果事情败露，高澄幽禁了东魏皇帝元善见，杀掉元姓宗族六十多人。河北地方的人，都怀念他们的国主来统治，所以请求先立一位元氏后裔来迎合大家的愿望。那么，陛下就有继绝世的功业，臣侯景也有立功的机会，黄河南北都是大梁圣朝附属的小国，国中的男女，都将成为大梁的臣民婢妾。”梁武帝萧衍真的以为如此，乙亥日（十二日），武帝下诏派太子舍人元贞做咸阳王，资助他兵马，让他回到北方去统治魏国，等到渡过长江，允许他使用仅次于天子的仪仗。元贞，是元树的儿子。

萧渊明到了邺城，东魏孝静帝元善见打开阊阖门接受降俘，责备后释放了萧渊明，把他送到晋阳，大将军高澄待他十分优厚。

慕容绍宗率领军队攻打侯景，侯景的补给、支援装备、粮秣等装了好几千辆车，马有几千匹，士卒四万人，退守涡阳。慕容绍宗的军队有十万人，旌旗铠甲可与日光争辉，敲着鼓迅速前进。侯景派使者去问慕容绍宗说：“你们是要送客，还是要一决雌雄呢？”慕容绍宗说：“想和你一决胜负。”于是顺着风势，排好军阵。侯景关闭营垒，等到风停了才出兵。慕容绍宗说：“侯景奸诈无比，喜欢趁人不备从背后进攻。”于是派兵加以戒备，果然被慕容绍宗料中。侯景命令战士穿着短的战甲，拿着短刀进入东魏军阵，只低头看下面，砍人的腿，马的脚。东魏军队因此战败。慕容绍宗从马上掉下来，仪同三司刘丰生被砍伤，显州刺史张遵业被侯景捉去。

慕容绍宗、刘丰生都投奔到谯城，副将斛律光、张恃显责备他们兵败的过失。慕容绍宗说："我作战这么多次，从来没见过侯景那么难对付的人。你们试着去攻打他看看！"斛律光等人披上铠甲将要出征，慕容绍宗告诫他们说："不要渡过涡水。"二人驻军在涡水的北面，斛律光骑着轻便的马向对岸射箭，侯景隔着涡水对斛律光说："你是追求功勋才来这里，我是害怕被高澄杀死才离开东魏。我是你父亲的朋友，为什么要射我？你难道明白不可以渡过涡水到南边来吗？一定是慕容绍宗教你的吧。"斛律光不知应该怎么回答。侯景命他的侍徒田迁射斛律光的马，箭穿过马胸；斛律光换了马躲藏在树林中，马又被射中，只好退回军阵里。侯景抓住了张恃显，随即又将他放了。斛律光回到谯城，慕容绍宗说："今天究竟怎么样？还要责备我吗？"斛律光，是斛律金的儿子。

开府仪同三司段韶分别在涡水两岸驻军，偷偷地顺风放火，侯景带领骑兵跳进水里，出来后再逃走，草湿了，火就不再燃烧。

西魏岐州经过长久的战乱，刺史郑穆刚来时，只有三千户人家，郑穆安抚百姓，使他们遵守法纪，安定聚居，才几年的时间，就增加到四万多户，考核政绩他是各州中最好的；丞相宇文泰提拔郑穆做京兆尹。

侯景与东魏慕容绍宗相持了好几个月，侯景的粮草用完了，他的部将司马世云向慕容绍宗投降。

资治通鉴卷第一百六十一　梁纪十七

起止戊辰（公元548年），共一年。

【题解】本卷记录了公元548年一年的史事。正当梁武帝萧衍太清二年，西魏文帝元宝炬大统十四年，东魏孝静帝元善见武定六年。这一年北朝东、西魏没有大事发生，南朝梁武帝接纳奸人东魏叛将侯景，引狼入室，酿成祸乱，史称太清之祸。侯景被东魏平叛军队击败，在率数百人逃亡途中，利用梁将韦黯的怯懦与愚蠢，偷袭并占据了淮南重镇寿阳，东魏为了全力夺取西魏军队占据的河南各州镇，主动向梁“示好”，梁武帝年老昏庸，一面纵容侯景在淮南发展势力，一面积极与东魏讲和，激起侯景起兵南攻建康，从而发生惨烈的建康皇城围攻战。

高祖武皇帝十七

太清二年（戊辰，公元548年）

春季，正月，己亥日（初七），慕容绍宗派遣五千铁骑夹攻侯景。侯景蒙骗他的部众说：“你们的家属，都已经被高澄杀死了。”侯景手下的士兵都相信他的话。慕容绍宗远远地叫道：“你们的家属还好好地活着，假如回来，仍旧保留你们的旧官爵。”他散开头发向北斗星立誓，来表示他的话不是谎言。侯景的士兵不喜欢向南渡过淮河，他的将领暴显等带领所属部众向慕容绍宗投降。侯景的部众大败溃散，争着抢渡涡水，河水因此被阻塞不流。侯景与几个心腹骑着马从硖石过了淮水，渐渐地召集一些逃散的士兵，集合了步骑一共八百人，向南经过小城时，有人爬到城上的短墙向侯景骂道：“跛脚奴才！还想做什么！”侯景十分生气，攻破城门，杀掉那个骂他的人才离开。白天晚上拼命赶路，追军也不敢靠近。侯景又派使者对慕容绍宗说：

"侯景倘若被你们抓到，你又有什么用处呢！"慕容绍宗于是放了他。

辛丑日（初九），梁朝任命尚书仆射谢举为尚书令，代理吏部尚书王克为仆射。

甲辰日（十二日），豫州刺史羊鸦仁因为东魏军队渐渐逼近，以粮草运输供应不上为借口，放弃了悬瓠城，回到义阳；殷州刺史羊思达也放弃项城逃走了；东魏军队把这些城池都占据了。梁武帝萧衍十分愤怒，斥责羊鸦仁。羊鸦仁很害怕，上奏启请宽限时日收复城池，不敢回到义阳，驻军在淮河岸上。

侯景打了败仗后，不知道要到那里去，当时鄱阳王萧范改派南豫州刺史，还没有上任。马头戍主刘神茂，平时就与监州事韦黯意见不合，他听说侯景来了，就去迎接他。侯景问他："寿阳离这里不远，城池坚固险要，我想去投靠，韦黯会接纳我吗？"刘神茂说："韦黯虽然据守城池，只不过是监州罢了，大王若奔驰到近郊，他一定会出来迎接，可趁机将他抓起来，必定可以成事。等到占据了城池，再慢慢地向陛下禀奏，朝廷假如知道大王回到南方来，一定很高兴，绝对不会怪罪的。"侯景拉着他的手说："这是上天在开导我啊！"刘神茂请求带领步骑一百名先出发作为向导。壬子日（二十日），侯景晚上才来到寿阳城下；韦黯以为是贼兵，命士卒穿上铠甲，登上城头短墙，侯景派他的随从去告诉他们说："河南王战败来投靠这里，希望赶快打开城门。"韦黯说："我没有接到陛下的命令，所以也不敢打开城门应允你们的请求。"侯景对刘神茂说："事情好像不太顺利啊！"刘神茂说："韦黯生性懦弱也没有什么主见，可以派人继续说服他。"于是派遣寿阳人徐思玉去拜见韦黯说："河南王是朝廷的重臣，你也是知道的。现在战事失利前来投靠，为何不接纳呢？"韦黯说："我接到的命令，只知道把守城池，河南王自己战败，关我什么事！"徐思玉说："国家托付给你的是边外的战略要地，现在你不肯打开城门，假如魏兵来了，河南王被东魏军队杀掉，你难道能单独地存活下去吗？到那时候又有什么脸面去向朝廷交代呢？”韦黯深觉有理。徐思玉出城通报，侯景很高兴地说：“救我的人，就是你。”癸丑日（二十一日），韦黯打开城门接纳侯景，侯景派遣他的部将分别把守住四个城门，责问韦黯，要将他杀掉；过了一会儿又拍手大笑，很高兴地准备酒宴。韦黯，是韦叡的儿子。

梁朝听到侯景战败了，还未得到准确消息。有人说：“侯景与将士都死了。”朝廷上下都特别忧心。侍中、太子詹事何敬容来到东宫，太子说：“淮北又有信来了，侯景一定得以保全性命，不是像传言那样。”何敬容说：“倘若侯景能死，那才是朝廷的大福。”太子脸色都变了，惊讶地询问原因，何敬容说：“侯景是一个翻云覆雨、变化无常的叛逆臣子，终究会让国家大乱。”太子在东宫玄圃亲自讲授老、庄学说，何敬容对学士吴孜说：“以前西晋崇尚玄学，使得中原沦没在胡、羯手中，现在太子在东宫也是如此，江南地方也将变成犬戎的属地！”

甲寅日（二十二日），侯景派遣仪同三司于子悦乘马飞奔前去将失败的消息上奏朝廷，并且自行请求贬官削职。梁武帝萧衍下诏安慰他，没有允许。侯景又请求补给，武帝认为侯景的士兵刚刚打了败仗，不忍心让他调动。乙卯日（二十三日），武帝就任命侯景为南豫州牧，本官仍旧不变；改派鄱阳王萧范为合州刺史，镇守合肥。光禄大夫萧介上表进谏说：“我听说侯景在涡阳打了败仗，单人独骑逃命回来，陛下不追究他从前的罪过，又下令接纳他。我听人家说过凶恶的人的本性是不会改变的，天下的恶人都一样。从前吕布杀掉丁原去侍奉董卓，终于还是杀掉董卓成为叛贼；刘牢之反叛王恭投降于东晋，最终还是背弃东晋制造祸乱。这是什么原因呢？俗话说：‘狼的儿子终究是野兽的心肠，毕竟没有驯服亲和的习性，以喂养老虎为例，最后必定会因为饥饿而发生咬人的惨祸啊！’侯景凭借凶险狡猾的才智，又得到高欢提携庇护，位至三公，职任诸侯，然而高欢刚过世，坟土未干，立即反过来咬他们一口。叛逆的兵力不够，就又逃命到关西求援；宇文泰不肯收纳他，所以又前来投靠我们。陛下从前所以能包容他，是打算像汉代安排投降的胡人，在边境建立属国，以便征讨匈奴，所希望获得的是一次战事的胜利罢了！现在侯景的军队已经失败，土地又失去了，只不过是边境上的平凡匹夫罢了，陛下难道为了爱护一个匹夫而放弃与邻国东魏的友好吗？假如国家仍然等候他再振奋高呼，贞臣尽死节的功效，那么我私下认为侯景绝对不是贞节而能尽忠的臣子；他背弃国家就像脱掉鞋子一样，背弃君王就像丢掉草芥一样，又怎么能知晓他是远远地仰慕我朝圣德，是江、淮地方的忠臣呢？事情的迹象已经很清楚，没有什么可以怀疑的。臣已经老了，又常受疾病的困扰，不应当干涉朝廷政务，但是以前楚国令尹子囊快死的时候，遗言命子庚一定要修筑郢城，君子说子囊有忠心，临死还不忘保卫社稷；卫人史鱼，临终前因有感于卫灵公不用蘧伯玉，不斥退弥子瑕，而且屡谏不听，所以命儿子以尸死谏，感动了卫灵公，这是史鱼尸谏的节操。我忝为宗室遗老，怎么敢忘记汉成帝刘骜时刘向上封事进谏的忠心！”梁武帝萧衍赞叹他的忠心，然而仍然没有采纳他的建议。萧介，是南朝宋元嘉年间萧思话的孙子。

己未日（初三），东魏大将军高澄到邺城觐见孝静帝元善见。

西魏任命开府仪同三司赵贵为司空。

西魏文帝元宝炬孙子诞生，大赦境内。

二月，东魏杀掉他们的南兖州刺史石长宣，讨伐侯景的余党；其余被侯景威逼听命的，都赦免了他们的罪过。

东魏已经得到了悬瓠、项城，又全部收复了旧有的边境，大将军高澄好几次派人送文书到梁朝，又请求两国通好，梁朝没有答应。高澄对贞阳侯萧渊明说：“先王与梁朝和好，已经有十几年了，听说梁武帝萧衍在礼佛时祝文说：‘为魏主及先王高欢祈福。’这乃是梁武帝的一番厚爱心意；不料一朝失信，导致现在的动乱，我知道这不是梁武帝本来的心意，必定是侯景煽动的，应当派遣使者来讨论。假如武帝没有忘记从前和先父的交情，那么我也不敢违背先王的遗愿，被东魏抓来的那些人一定会遣送回国，侯景的家属也一定会一同遣送到梁朝。”

萧渊明于是派遣省事夏侯僧辩捧着奏书上呈给梁武帝萧衍，说：“渤海王高澄是一位宽厚的长者，假如两国再通友好，一定允许我萧渊明回国。”武帝萧衍得到启奏，感动得流下眼泪，与朝中大夫一同商议。右将军朱异、御史中丞张绾等人都说：“使战乱平息，百姓安息，只有通好才是适当的。”只有司农傅岐说：“高澄为什么要通好，一定又有什么阴谋，所以叫贞阳侯派遣使者前来，想让侯景自己产生猜疑；侯景假如思想不安定，一定图谋叛乱。倘若应允通好，正好落入他的计谋圈套。”朱异等人坚持请求通好讲和，武帝萧衍也讨厌战争，于是听从朱异的话，赐给萧渊明书信说：“知道高澄大将军对待你不薄，看了你的启奏，十分安慰感怀，一定会另外派遣使者，重新修复两国的友谊。”

夏侯僧辩回去的路上，途经寿阳，侯景私下查访得知这件事，收押夏侯僧辩再审问，夏侯僧辩都一一回答。于是侯景写了一封给萧渊明的回信，又上奏给梁武帝萧衍说：“高氏心地歹毒，在北边领土上积满了怨恶，高欢的死是每个人所祈愿的，也是老天顺从民意想杀死他。他的儿子高澄继承了他的恶毒心性，大家都在计算着他的灭亡时日，所以老天罔昧而让他打一次胜仗的原因，是上天故意要动摇他的心，使他恶贯满盈罢了。高澄假如行为合于天意，内心没有什么好担忧的，又何必急着要拿财宝璧玉来求和呢？这难道不是因为西魏的军队扼住他的喉咙，北方柔然兵压迫在他的脊背上吗？所以说甜言蜜语，厚币重帛，都是拿来安抚大国的。臣听说：‘一天放纵敌人，就会留下数代的灾祸。’何必怜悯高澄这一个小子，而丢弃了亿万百姓的心，我私下以为北魏之强，没有比天监初年时再强的了，钟离的战役，他们一匹战马都没回去。在他们强盛时，陛下尚且可以攻伐战胜他们；等到他们衰弱时，反而想与他们谈和。这是放弃自己的成功，而放纵了垂死的俘虏，让他成为强梁，而遗留给后世祸患，这样不只是我这个愚臣生气，实在是让每个有志气的士人都痛心的事情。从前伍子胥从楚国逃到吴国，吴王阖闾任用他，最终破楚入郢，消灭了楚国；陈平离开项羽归降刘邦，刘邦任用他，终于兴起称帝；臣虽然才能比古人卑劣驽钝，但心志却与他们一样。臣确实知道高澄就像晋人嫉妒贾季奔翟而翟国富强，讨厌随会奔秦而给晋人带来忧患，所以请求订盟约议和，希望剪除他的祸患。假如臣死而有益于梁朝，我一定万死不辞。只怕留下千秋笑柄，有污良史。”侯景又写信给朱异，馈赠给他三百两金子，朱异收了金子而没有把侯景的这道奏章进呈梁武帝萧衍。

己卯日（十七日），梁武帝萧衍派使者去慰问高澄。侯景又启奏说：“臣与高澄，不合的裂痕已经很深，我仰赖着圣朝的恩德，期待能洗刷仇恨耻辱，现在陛下又与高澄讲和，让臣无地自容，乞请发布檄文而让我出战，宣扬我们圣朝的国威！”梁武帝萧衍回答说：“朕与您的君臣关系已经确定，哪里有成功时就相互接纳，失败了就相互背叛的道理？现在高澄派使者前来求和，朕也更想要停息战事。进退的权衡，国家自有制度，你尽管清静养身，不必劳神担忧！”侯景又启奏说：“臣现在蓄积粮草，集合部队，喂饱马，修造武器，确定了进兵的日期，攻克东魏，但又不可以没有出兵的理由，所以希望陛下做主下达命令罢了！现在陛下将臣远弃在外，南北再通好往来，恐怕将来我这卑微的性命，不免要丢在高澄的手中。”梁武帝萧衍又回复他说：“朕是万乘大国的君主，怎么可以在这件小事上失信，想你必定能理解这份用心，不必再劳驾启奏了！”

侯景于是伪造了东魏邺都来信，请求用贞阳侯萧渊明来换回侯景，梁武帝萧衍打算同意。舍人傅岐说：“侯景因为走投无路而来归降，要放弃他是不吉祥的事，而且他是身经百战的人，他难道答应束手就擒吗？”谢举、朱异说：“侯景是败逃之将，一个使臣的力量就可把他抓来。”武帝萧衍听从了他们的建议，又回信说：“贞阳侯萧渊明早上送来，侯景晚上送回。”侯景对身边的人说：“我就知道这吴地老头儿是个薄心肠的人！”王伟游说侯景：“现在你坐在这儿听命也是死，造反干大事也是死，只好由你自己谋划决定了！”于是开始做谋反的准备：所统辖郡县的百姓，全部招募为军士，立刻停止征收商税和田租，百姓的女儿都许配给将士。

三月，癸巳日（初二），东魏任用太尉襄城王元旭做大司马，开府仪同三司高岳做太尉。辛亥日（二十日），大将军高澄向南到达黎阳，从虎牢渡河进入洛阳。西魏同轨防长史裴宽与东魏大将彭乐等人交战，被彭乐捉住，高澄对他十分礼遇，但裴宽趁机逃回西魏。高澄又从太行山回到晋阳。

李贲在屈獠洞被杀，首级送到建康。李贲的哥哥李天宝逃入九真，收拾残余的士兵两万人围攻梁朝的爱州。交州司马陈霸先带领部众前去讨平了他，梁武帝萧衍下诏任命陈霸先为西江督护、高要太守、督导七郡诸军事。

夏季，四月，甲子日（初三），东魏吏部令史张永和等伪造文书任用官吏，事情被揭发后，被检举揭发、自首的有六万多人。

甲戌日（十三日），东魏派太尉高岳、行台慕容绍宗、大都督刘丰生等带领步卒、骑兵十万人去攻打西魏颍川的王思政。王思政命令部众藏起战鼓，放下旌旗，好像全营都没有人的样子。高岳仗着自己人多势众，四面进攻城池。王思政选拔刚强勇猛的将士打开城门迎战，高岳的军队败走。高岳又筑起土山，不分昼夜地进攻，王思政随着他进攻的方位来防御守备，又攻取了他们的土山，并在城池的短墙上安置高楼来帮助防守。

五月，西魏任命丞相宇文泰为太师，任用广陵王元欣做太傅，李弼做大宗伯，任命赵贵为大司寇，于谨为大司空。太师宇文泰侍奉太子巡视西方边境，登上陇山，到了原州，越过北长城，东向五原，再回到蒲州，听说西魏文帝元宝炬身体不舒服就回来了。等回到长安，魏文帝元宝炬已痊愈，宇文泰就回到华州。

梁武帝萧衍派遣建康令谢挺、散骑常侍徐陵等出使东魏，恢复从前友好的关系。徐陵，是徐摛的儿子。

六月，东魏大将军高澄巡视北部边疆。

秋季，七月，庚寅朔日（初一），发生日食。

乙卯日（二十六日），东魏大将军高澄到邺城朝觐孝静帝元善见。认为假的道士太多，甚至有泛滥的趋势，开始撤除南郊的道坛。八月，庚寅日（初二），高澄回到晋阳，派遣尚书辛术带领各路将领侵犯江、淮的北部，共获得二十三州。

侯景自从到寿阳后，不断地向朝廷提出请求，梁朝也不曾拒绝。侯景请求娶王、谢宗族的女子，梁武帝萧衍说："王、谢宗族门第高贵，不是你匹配的对象，可以在朱、张宗族以下挑选。"侯景愤怒地说："将来，我要让萧衍的女儿许配给奴仆！"又启奏请求赏赐锦布万匹为军人做战袍，中领军朱异建议给他粗布。侯景又认为御史台所供给的兵器大多不精纯，启奏请求东冶的锻工再加以炼造。侯景任用安北将军夏侯夔的儿子夏侯譒做长史，徐思玉做司马，夏侯譒于是去掉"夏"字改"侯"姓，假称是侯景的同族侄子。

梁武帝萧衍没有采用侯景的建议，和东魏通好，从此以后侯景上奏疏时渐渐露出背逆傲慢的态度，又听说派徐陵等出使东魏，背叛的意图更加明显了。元贞知道侯景有背叛的心志，多次启奏请求调回朝廷。侯景对他说："黄河北边的战役虽然没有什么成果、江南这边又何必担忧会失掉，为什么不稍稍忍耐些呢？"元贞很害怕，逃回建康，将这些事都上表报告；武帝萧衍任命元贞为始兴内史，也没有再追问侯景的事。

临贺王萧正德，每到一个地方总是贪婪残暴，不遵守法令，多次受到梁武帝萧衍的斥责，因此怀恨在心，暗中蓄养亡命的士卒，储备粮草，积存财货，希望国家有变时，趁机造反。侯景知晓了这件事。萧正德在北方时曾与徐思玉很有交情，侯景就派徐思玉拿着书信去对萧正德说："现在陛下年纪大了，常有奸邪臣子干扰朝政，依我看，祸患败亡的日子不远了。大王本来应当是储君人选，中途又遭到废除罢黜，天下敬畏，都心归大王。侯景虽不聪敏，实在诚心想效劳，希望大王允许我达成百姓的心愿，我的忠心，望能鉴察！”萧正德大喜说：“侯公的心意，正与我一样，这是上天给我的机会啊！”回信说：“朝廷的事，就像你所说的一样，我有这种打算，已经很久了，现在我做内应，你在外行事，哪里会有不成功的道理！机密的事情必须从速行动，现在正是时候。”

鄱阳王萧范秘密启奏说侯景想谋逆造反，当时梁武帝萧衍把边陲之事专门委派给朱异，动静事宜都由他决定，朱异认为一定不会有这种事情。武帝回复萧范说：“侯景孤单势危，现在只是寄居在那儿，就好像婴儿一样还要靠人喂奶，以这样的情势，怎么能够造反？”萧范重新陈述说：“不早一点消灭他，祸患会牵连到百姓。”武帝说：“朝廷自会处理，不需要你来操这么多的心。”萧范又请求派合肥的部众去征讨他，武帝不允许。朱异对萧范的使者说：“鄱阳王就是不愿意朝廷里有一位外来的客人！”从此萧范的启奏，朱异都不再通报给梁武帝萧衍。

侯景邀请羊鸦仁一起造反，羊鸦仁将派来的使者抓起来，上报朝廷。朱异说：“侯景只有几百个反叛的部众，能做得了什么呢！”命令将使者交给建康监狱，不久就放了他，押送回去。侯景更加肆无忌惮，启奏梁武帝萧衍说：“假如臣的事是真的，就应当依国法处置，但是假如能受到明察，而没有罪过的话，就应当将羊鸦仁杀掉！”侯景又说：“高澄很狡猾，而陛下却宁愿完全相信他的话！陛下接纳了他诡诈的谎言，要求讲和，这让臣私下也觉得可笑。臣怎么能粉身碎骨而投靠在仇人的门下呢？请求能得到江西地区，让臣控制督导。假如不允许，立刻率领铁甲骑兵，渡过长江，向闽、越出兵，这不只是朝廷的羞辱，也是王公大臣所担心的事。”武帝萧衍派朱异传话回答侯景的使者说：“就像穷困的人家养十个、五个客，都还能让客人满意，朕只养了一个客，就有愤怒的言辞，这实在是朕的罪过啊！”赏赐给他许多绸缎钱币，信使往来不断。

戊戌日（初十），侯景在寿阳造反，他以杀掉中领军朱异、少府卿徐驎、太子右卫率陆验、制局监周石珍为借口反叛了梁朝。朱异这些人平素都是奸佞狡诈，骄横贪暴，蒙蔽君主，玩弄权术的，被当时人痛恨，因此侯景假托杀他们的名义来起兵。徐驎、陆验是吴郡人；石珍是丹杨人。徐驎、陆验轮流担任少府丞，因为做事苛刻，众多商贾都怨恨他们，朱异特别与他们亲近，当时的人称他们为“三蠹”。

司农卿傅岐，是性情耿直的官吏，曾对朱异说：“你担任国家要职，得到的荣耀受到的宠爱如此之多，我最近听说，您的行为卑鄙、龌龊、乱七八糟，假如让圣上知道，想要免祸还可能吗？”朱异说：“外面对我的毁谤和诬蔑，陛下知道已经很久了。只要我心地坦荡，没有一点愧疚，又何必去担心别人的话！”傅岐对别人说：“朱异快要完了，他仗恃着谄媚陛下而得到官位，花言巧语来拒绝别人的劝谏，听到危难的事情临头也不害怕，知道自己的过错又不知悔改，上天夺去了他的分辨力，难道他还能久存吗？”

侯景向西去进攻马头，派遣他的将领宋子仙向东进攻木栅，抓住了戍主曹璆等人。梁武帝萧衍听到后，笑着说：“这又能做什么呢！我折断马鞭来揍他一顿。”下令悬赏能将侯景杀掉的，封为三千户公，拜官为州刺史。甲辰日（十六日），武帝萧衍下诏令任命合州刺史鄱阳王萧范做南道都督，北徐州刺史封山侯萧正表做北道都督，司州刺史柳仲礼做西道都督，通直散骑常侍裴之高做东道都督，任用侍中开府仪同三司邵陵王萧纶持节督率众军来征讨侯景。萧正表，是萧宏的儿子；柳仲礼是柳庆远的孙子；裴之高是裴邃哥哥的儿子。

九月，东魏濮阳武公娄昭去世。

侯景听说梁武帝萧衍派军队征讨他，就向王伟询问应对的计策，王伟说：“假如邵陵王萧纶带兵来的话，他们人多，我们人少，必定会被他们围困。不如放弃淮南，一心一意向东进兵，带领轻便骑兵直扑建康；临贺王萧正德从里面造反，大王从外面进攻，天下不难平定。军队作战贵在迅速，应当立即出发上路。”侯景于是留下表弟中军大都督王显贵固守寿阳；癸未日（二十五日），蒙骗他们说要出去打猎，率军离开寿阳，别人都没有察觉。冬季，十月，庚寅日（初三），侯景传言说要前往合肥，而实际上是去偷袭谯州，谯州助防董绍先打开城门投降侯景，将刺史丰城侯萧泰抓了起来。萧泰，是萧范的弟弟，起初是中书舍人，倾尽家财去侍奉当时权贵，被破格任命为谯州刺史。到了谯州任上，到处征调民间壮丁，命这些人给他抬轿，手持扇、伞等物，不管是士人还是普通百姓，倘若觉得做这些可耻而不做的话，就重重地用刑杖责罚，如果多送财物贿赂他，就可以免除，因此人心都散乱不堪。等到侯景一到，人们都没有战备的心，所以就失败了。

庚子日（十三日），梁武帝萧衍下诏令派遣宁远将军王质带领部众三千人巡视长江防止作乱。侯景进攻历阳，太守是庄铁，丁未日（二十日），庄铁开城投降。于是劝侯景说："国家太平的时间太久了，人人不习惯作战，听说大王起兵，国内外的人都震惊恐惧，应当趁着这个时机立即赶往建康，可以不必让战士流血就建立大功业。倘若让朝廷稍微有点准备，内外稍微安定些，只要调遣老弱的兵士一千多人直接占据采石渡口，大王纵然有百万的精兵，也渡不了长江！"侯景于是留下仪同三司田英、郭骆镇守历阳，让庄铁做向导，率领军队靠近江边。江上镇守在边城的官员相继上奏。武帝萧衍就向都官尚书羊侃询问征讨侯景的计策，羊侃请求"派两千人立即据守采石渡口，命令邵陵王萧纶袭击攻打寿阳，让侯景进没办法进，退又失去了巢穴，像乌鸦那样聚合的部队，自然就会瓦解崩溃"。朱异说："侯景一定没有渡江的心志。"于是不采用羊侃的建议。羊侃说："这次一定要失败了！"

戊申日（二十一日），梁武帝萧衍任用临贺王萧正德做平北将军，都督京师诸军事，驻守丹杨郡。萧正德派遣大船数十艘，假装说是装运芦荻，秘密去接侯景渡江。侯景将要渡江时，担心王质会从中作梗，派间谍监视他。恰好临川太守陈昕上奏说："采石渡口急切需要加强防守，王质的水军兵力弱了些，恐怕无法完成重任。”武帝萧衍就任用陈昕做云旗将军，接替王质戍守采石，征召王质担任丹杨尹。陈昕，是陈庆的儿子。王质离开采石，而陈昕还留在建康没去采石赴任。密探告诉侯景说：“王质已经离开采石了。”侯景让他折断江南岸树枝作为验证，密探按照他的话做了后返回。侯景大喜说：“我的事成功了！”己酉日（二十二日），侯景从横江渡过长江到达采石，一共有马数百匹，兵士八千人。这天晚上，朝廷才开始下令戒严。

侯景分派军队袭击姑孰城，将淮南太守文成侯萧宁抓了起来。南津校尉江子一带领水军一千多人，想在下流阻挡侯景；他的副将董桃生，家住在江北，与他的部属首先溃散逃跑。江子一收拾了残余部众，退回建康。江子一，是江子四的哥哥。

太子看到事态紧急，穿戴军服进朝叩见梁武帝萧衍，接受战略指示。武帝萧衍说：“这是你自己的事，何必又要问我呢！朝廷内外的军政事务，都交给你了。”太子就进驻中书省，指挥布置军事要务，人心惶惶，没有人肯应募出征。朝廷还不知道临贺王萧正德与侯景勾结的事情，仍然让萧正德驻守朱雀门，宁国公萧大临驻守新亭，太府卿韦黯驻守六个城门，修缮宫城，作为迎敌的准备。萧大临，是萧大器的弟弟。

己酉日（二十二日），侯景的军队到了慈湖，建康城内大为惊恐，皇城御街上的行人互相抢劫掳掠，不能再通行。朝廷赦免了东冶、西冶、尚方钱署和建康监狱被关的囚犯劳工，任命扬州刺史宣城王萧大器都督城内诸军事，让羊侃担任军师将军作为萧大器的副手，命南浦侯萧推驻守东府，西丰公萧大春驻守石头，命轻车长史谢禧、始兴太守元贞驻守白下，韦黯与右卫将军柳津等分别守卫宫城各门和朝堂。南浦侯萧推，是安成王萧秀的儿子；萧大春，是萧大临的弟弟；柳津，是柳仲礼的父亲。收聚各个府寺仓库中国家积蓄的钱财，集中在德阳堂，用来充实军备。

庚戌日（二十三日），侯景军队到了板桥，派遣徐思玉求见梁武帝萧衍，其实是想窥探城里的虚实。梁武帝召见质问他。徐思玉假装说背叛了侯景请求单独向皇上报告情况，武帝将左右人都屏退，舍人高善宝说："徐思玉从敌人那里来，情况很难预料，怎么可以让他单独和陛下在殿堂上？"朱异侍候在旁坐，说："徐思玉难道是刺客吗？"徐思玉拿出侯景的启奏，说："朱异等玩弄权术，请求能携带武器进入朝廷，除掉国君身边的恶人！"朱异十分惭愧害怕。侯景又请求派遣通晓事理的舍人出来总录侯景所说的事，以便皇上分辨是非，梁武帝派中书舍人贺季、主书郭宝亮跟随徐思玉到板桥慰劳侯景，侯景向北面接受敕令，贺季说："今天的出兵举动是以什么名义？"侯景说："想做皇帝啊！"王伟上前说："朱异等人扰乱国事，所以要除掉奸邪的臣子罢了。"侯景已经说出诳妄的话，于是留住贺季，只派遣郭宝亮回宫。

百姓听说侯景来了，争相进城，公私混乱，再也没有秩序。羊侃划分设计城防，都是用宗室来镇守。军士争着进入武器库房，取用兵器盔甲，主管的官员也无法禁止，羊侃下令杀掉了好几个人，才阻止了争夺。这时候，梁朝建国已经四十七年了，境内没有什么事，在位的公卿与乡里士大夫很少见到兵器。贼兵忽然间来到，官府百姓都惊骇震动。老将都死光了，年轻的将领都出巡在外，军队的指挥，全由羊侃决策，羊侃有胆有识，太子全仰仗于他。

辛亥日（二十四日），侯景的军队到了朱雀桁南边，太子派临贺王萧正德把守宣阳门，东宫学士新野人庾信把守朱雀门，带领宫中文武官员三千多人在朱雀桁北扎营。太子命庾信断开大浮桥来削弱敌人的兵势，萧正德说："百姓看到断开浮桥，一定大大惊恐，可先暂且安定民心。"太子采纳了他的建议。不久侯景到了，庾信带领部众断开大浮桥，才刚撤开一艘船，看见侯景的军队都戴上铁面具，于是退后躲在城门下。庾信正在吃甘蔗，有飞箭射中了门柱，庾信手上的甘蔗应声而掉落，于是庾信丢弃了军队，拔腿逃跑了。南塘游军沈子睦是临贺王萧正德的同党，又将浮桥重新闭合让侯景军队渡过去。太子派王质带领精锐的三千名兵士援助庾信，到了领军府，与贼兵相遇，还没有列好阵势就逃走了。萧正德带领军队在张侯桥迎接侯景，在马上互相作揖，就进入了宣阳门，萧正德对着宫门下拜，悲伤地流下眼泪，随着侯景渡过淮水。侯景的军队都穿着青色战袍，萧正德的军队都穿着红色的战袍，青色的内里，在和侯景会合后，就将青色内里反过来，也与侯景军队一样都换成青色战袍。侯景乘胜攻到皇城下，京城里人心惊慌，羊侃欺骗大家说得到了一封系在箭上射进来的信，信上说："邵陵王萧纶、西昌侯萧渊藻的援兵已经在附近的路上了。"大家才稍稍安心。西丰公萧大春放弃了石头城，逃到京口；谢禧、元贞放弃了白下城逃走；渡口守将彭文粲等打开石头城投降侯景，侯景派遣他的仪同三司于子悦驻守石头城。

壬子日（二十五日），侯景排列兵阵包围皇城，军旗都是黑色的，将启奏文书射进城中说："朱异等人蔑视朝廷，行动轻浮，作威作福，臣被他所陷害，想把他杀掉。陛下假如杀掉朱异那批人，那么臣一定掉转马头率军回到北边去。"梁武帝萧衍问太子："有这回事吗？"太子回答说："是的。"武帝想将朱异杀掉。太子说："贼寇用朱异那些人做借口起兵，假如现在真的将他们杀了，对紧急的情势也没有什么帮助，只是让人耻笑罢了，等到将来贼兵平定后再杀他们也不晚。"武帝才打消杀他们的念头。

侯景将皇城包围起来，各处一起攻城，打鼓吹号的声音，喧闹声几乎要震动天地。又放火烧大司马以及东、西华城门。羊侃命人在门上凿挖洞穴，灌进水来扑灭火势，太子捧着银鞍，去奖赏战士；直阁将军朱思带领好几个战士爬过城墙到外面洒水，很久才将火扑灭。贼兵又用长柄的斧头去砍东掖门，门快要被打开了，羊侃命人在门扇上挖个洞，用长矛杀了两个人，砍门的贼人才退走。侯景占据了公车府，萧正德据守左卫府，侯景的同党宋子仙驻守东宫，范桃棒据守同泰寺。

侯景抓了东宫的好几百名歌伎，分送给军士。东宫靠近皇城，侯景的部众爬到城墙上向城内射箭。到了晚上，侯景在东宫摆酒奏乐，太子派人放火烧营，台殿与里面所藏的图书都被烧光了。侯景又烧掉乘黄厩、士林馆、太府寺。癸丑日（二十六日），侯景制造了数百个木驴来攻城，城上投下石头将它们打碎。侯景又制造尖顶的木驴，石头砸不破，羊侃派人制作用苇草绑着的像雉尾样子的火把，再将油蜡灌进去，一起丢下去点燃，不一会儿又将尖顶的木驴烧光了。侯景又制造了登城楼车，高十几丈，想爬上往城里射箭。羊侃说："车那么高而深坑是空虚的，楼车过来必定会倒塌，我们可以躺下来看。"等到车一发动，果真都倒塌了。

侯景不能攻克皇城，士卒死伤的又很多，于是又修建了长的围墙将内外隔绝开来，又请求诛杀朱异等人。城中也射出悬赏规格到城外，说："有能送来侯景首级的，授给他侯景的官位和一亿万钱，布绢各万匹。"朱异、张绾商议出兵攻打他们，询问羊侃，羊侃说："不可以，现在派出的兵倘若太少，不足以击败敌人，只是白白挫伤了军中的锐气罢了；假如太多，一旦失利，城门窄小，一定会导致一大部分人伤亡。"朱异等不肯听从，派一千多人出去迎战，还没有来得及交战，就退了回来，争着挤桥过水，死了一大半的人。

羊侃的儿子羊鷟，被侯景抓住了，将他绑在城下，给羊侃看，羊侃说："我牺牲整个宗族生命，报效君主，都还遗憾不够报答，怎么会吝惜一个儿子，希望你早点将他杀掉吧！"过了几天，又将他绑出来了，羊侃对羊鷟说："我以为你早已经死了，没想到，还活着呢！"于是羊侃拉开弓要射他。侯景被羊侃的忠义感动，也没有杀羊鷟。

庄铁担心侯景不能取胜，假托说要去迎接母亲，和身边的数十人前往历阳，先派人送信去欺骗田英、郭骆说："侯景已经被朝廷的军队杀掉了，朝廷命我回来镇守。"郭骆等人十分害怕，放弃了历阳逃往寿阳，庄铁一进城，不敢停留，带着他的母亲投奔到寻阳。

十一月，戊午朔日（初一），梁武帝萧衍杀掉一匹白马，在太极殿前祭祀蚩尤。

临贺王萧正德在仪贤堂即皇帝位，下诏说："自普通年间以来，奸邪臣子扰乱朝政，陛下又久病不愈，国家将要危乱。河南王侯景离开封地，来到朝廷，扶持我继承这个宝座，现在大赦天下，改年号为正平。"立了他的长子萧见理做皇太子，任命侯景为丞相，将女儿嫁给侯景，并且拿出家中的宝器财物来资助军费。于是侯景在皇城宫门外扎营，分派他的军队两千人进攻东府；南浦侯萧推带兵抵抗，三天，还是没有攻下。

侯景亲自带兵前去攻打，箭、石头像雨一样落下，太子的长子宣城王萧大器的防阁将军许伯众，偷偷地带领侯景的部众登上城墙。辛酉日（初四），攻陷了东府，杀掉南浦侯萧推与城中战士三千人，将他们的尸体运到杜姥宅，远远地对城中的人说："假如不早点投降，就一定是这样！"

侯景声称梁武帝萧衍已经驾崩，城中的人都以为是真的。壬戌日（初五），太子请求武帝出来巡视京城，梁武帝登上大司马门，城上的守军听到帝王出行时清道的声音，都欢呼流泪，军心才稍微安定。

江子一从采石战败回到建康，梁武帝萧衍责备他，江子一谢罪说："臣为国效命，常担心不能为国家牺牲，可是现在所领属的部众，都丢下臣逃走了，臣以一人的力量怎么能去抵挡敌人呢？不过假如贼兵敢到这里来侵扰皇宫，臣立誓一定与敌人拼死来赎过去的罪过，不死在皇宫前，也会死在皇宫后。"乙亥日（十八日），江子一启奏太子，与他的弟弟左丞江子四、东宫主帅江子五带领所领属的百余士卒打开承明门出去迎战。江子一直接冲到贼兵阵营，贼军埋伏的士兵没有行动，江子一大叫："贼党为何不赶快出来！"过了很久，贼人的骑兵才从两边夹攻过来。江子一直奔到前面，伸出长矛刺向贼兵，跟随的侍从没有人敢跟着向前，贼兵将他的肩膀砍下而死。江子四、江子五互相说："与哥哥一起出来，有何面目只让哥哥单独去应战！"都脱下头盔奔向贼兵。江子四被长矛射中，穿过胸膛而死；江子五被射中脖子，回到深壕，悲痛而死。

侯景刚到建康时，认为很快就可以将城攻下，号令严整，士卒也不敢对百姓侵扰施暴。等到多次攻不下来时，人心慢慢沮丧离散。侯景担心援兵四面聚集过来，军队一下子就会溃散，又因为石头城各仓库也都没有粮食了，军中粮食匮乏；于是放纵士卒去强夺百姓的米粮和金帛、子女。此后，米一升涨到七八万贯钱，人吃人，饿死了十之五六的人。

乙丑日（初八），侯景在城东、城西堆起土山，驱使胁迫士人与百姓做工，不分富贵贫贱，胡乱殴打，疲惫瘦弱的就将他杀了填山，号哭声惊天动地。百姓不敢逃避躲藏，都出来归顺他们，十日间，民众达到数万人。城里也建造了土山来应对。太子、宣城王以下的人都亲自挑土，拿着畚箕、圆锹，在山上建造芙蓉花状的四丈高的层楼，又用彩帛织毛来装饰，招募敢死队两千人，穿着厚衣袍罩着铠甲，称作“僧腾客”，分配在东土山、西土山，白天晚上双方交战不歇。恰好下大雨，城内土山崩溃，贼兵趁机攻入，将要攻进时，城内士兵苦战也阻挡不了敌人，羊侃命令士兵多丢火把，做一个火龙来截断敌人的通路，慢慢地再在里面建造新城墙，贼兵终究无法前进。

侯景招募那些身为奴婢而愿意投降的人，都解除他们的奴隶身份而成为平民。得到朱异的奴仆，让他做仪同三司，将朱异的家产都给了他。奴仆乘着一匹好马，穿着锦衣锦袍，在城底下抬头骂朱异：“你做了五十年的官，才做到中领军的官位；我刚刚归顺侯王，已经做到仪同三司了。”于是三天内，一大堆奴仆都跑去跟从侯景，约有一千多人，侯景都安抚他们，配给军职，人人都感激他的恩德，要为他效命。

荆州刺史湘东王萧绎听说侯景包围了皇城，丙寅日（初九），下令戒严，发送公函给所管辖的湘州刺史河东王萧誉、雍州刺史岳阳王萧詧、江州刺史当阳公萧大心、郢州刺史南平王萧恪等处，征调军队前去救援。萧大心，是萧大器的弟弟；萧恪，是萧伟的儿子。

朱异派人送信给侯景，陈述祸福。侯景给他回信，并且告诉城中的官吏百姓，认为："梁朝近年来，奸臣当权，搜刮百姓，来满足他们贪婪的欲望。假如说没有的话，大家可以看看：现在国家的城池苑囿，王公的住宅府邸，僧尼的佛塔寺庙，还有那些在位的官僚，妻妾成群，奴仆数千，他们不耕种也不纺织，可是却穿着华丽的衣袍，吃着丰盛的佳肴，不是向百姓搜刮的，又是从哪里拿来的呢？我所以来到皇城之下的原因，是要杀死那些权贵，不是想颠覆国家社稷。现在你们在城里指望着四方将领来救援，我看那些王侯、将领，心思只在保全他们自已，谁愿意竭尽全力为朝廷效力，与我争夺胜败呢！长江天险，是魏武帝曹操、文帝曹丕所惊叹而难渡的，可是我只要一艘小船就渡过来了，而且天气晴朗，气象平静，不费吹灰之力，这倘若没有天人的帮助，怎么会如此顺利呢？希望各位仔细考量，自求多福。"

侯景又写信给东魏孝静帝元善见，说："臣进攻取得寿春，暂时想停兵休整，然而萧衍知道此时已经是他皇运已经到头之时，所以辞去宝座，臣的军队还没有攻入梁朝国都，他已经舍身到同泰寺了。上个月二十九日，我军来到建康。天下的苦难虽然尚未能得到解救，但战事总算暂时平息，心里永远想念着家乡，就如同马儿想念着北方的家园一样，人马的心情都是相同的。最近就要整顿队伍，回去侍奉圣朝。臣的母亲、兄弟，很久以前听说被杀掉了，最近收到陛下的敕令，才知道他们仍然健在。这乃是陛下的仁慈宽厚，大将军的恩德所在，我能力低劣，不知道如何来回报恩德！现在就要准备好东西启程去迎接臣的母亲、弟弟、妻子、儿女，希望陛下大发慈悲，特别准予释放他们！"

己巳日（十二日），湘东王萧绎派遣司马吴晔、天门太守樊文皎等带领军队发兵江陵。

陈昕被侯景捕获，侯景与他一起痛快喝酒，命陈昕召集他的军队，想任用他。陈昕不同意，侯景派他的仪同三司范桃棒将陈昕抓了起来。陈昕于是游说范桃棒，让他带领所属部众去偷袭并且杀掉王伟、宋子仙，然后到皇城去投降。范桃棒听从他的建议，偷偷地利用晚上遣送陈昕到城外，并且用绳子将他坠入城中。梁武帝萧衍很高兴，敕令拿了银券赏赐给范桃棒说："事情成功后，封你做河南王，立即拥有侯景的人马，并且赏给你金银、绢帛和歌伎。"太子担心范桃棒诈降，犹疑不决，武帝很生气地说："接受人家的投降是常理，何必突然间又要怀疑什么！"太子召集公卿开会商量，朱异、傅岐说："范桃棒投降一定不是假的，范桃棒一投降，贼人侯景一定很吃惊，趁着这机会去进攻，必可以大败贼人。"太子说："我们坚固城墙自卫来等待外边的救援，援兵倘若到了，贼人难道不能平定！这是万全的计策，现在假如开门接纳范桃棒，范桃棒的情况，要知道谈何容易！万一他又起了变化，后悔就来不及了。国家安危所在，必须详细思考。"朱异说："殿下假如认为国家大事急切，就应当接纳范桃棒，倘若一定还要迟疑不决，就不是我所能理解的了。"太子终究还是不能决定。范桃棒又叫陈昕启奏说："现在只带领我所领属的五百人，假如到了城门，都将铠甲脱掉，乞请朝廷打开城门恩赐接纳。等事成了之后，一定保证擒拿侯景。"太子看到他诚恳深切，更加怀疑他。朱异抚着胸说："失掉了这个机会，国家就要完了！"不久范桃棒被部下告发，侯景分尸处死了他。陈昕不知道，按照约定的时候出来，侯景扣留了他，并且逼迫他写信射入城中说："范桃棒将带领轻便骑兵数十人先进城。"侯景想穿上战甲，外面再披上衣服跟随着进城，陈昕不肯听从，决心一死，最后只得将陈昕杀掉。

侯景派萧见理与仪同三司卢晖略戍守东府。萧见理凶恶阴险，晚上，与一群匪徒在朱雀桥上偷窃抢劫，被流箭射中而死。

邵陵王萧纶到了钟离，听说侯景已经渡过采石，萧纶日夜赶路，挥师进城救援，渡长江时，船到江中突然刮起大风，人马溺死了十之一二。于是带领宁远将军西丰公萧大春、新淦公萧大成、永安侯萧确、安南侯萧骏、以前的谯州刺史赵伯超、武州刺史萧弄璋等人，步卒骑兵三万名从京口向西而上。萧大成，是萧大春的弟弟；萧确，是萧纶的儿子；萧骏，是萧懿的孙子。

侯景派军队到江乘抵御萧纶的军队。赵伯超说："假如走黄城大路，一定与贼兵相遇，不如直奔钟山，突然攻占广莫门，让贼人意想不到，一定会解除皇城的包围。"萧纶听从他的建议，晚上行军，走错了路，多绕了二十多里路，庚辰日（二十三日）早上，扎营在蒋山。侯景见到后大为惊骇，将所强夺的妇女和珍宝都运到石头城，准备船只打算逃跑。侯景把军队分成三路进攻萧纶，萧纶与侯景交战，打败了他们。当时山顶寒冷积雪，就领兵下山住在爱敬寺。侯景在覆舟山北面列开兵阵，乙酉日（二十八日），萧纶进军玄武湖边，与侯景对阵，但没有交战。到了黄昏，侯景又另外约定明天交战，萧纶答应了。安南侯萧骏看到侯景的军队退走，以为是败逃，就与壮士一同追赶侯景的军队，侯景立刻回师攻击，萧骏的军队败亡逃走，萧骏赶往萧纶的军中。赵伯超看见了也带兵逃走，侯景乘胜追击，各路军队都溃败了。萧纶收拾残余士卒大约一千人，跑进天保寺；侯景追赶他，放火烧毁天保寺。萧纶投奔到朱方，士兵踩在冰雪上，脚常常陷入冰雪里。侯景将萧纶的所有补给装备都拿走，又活捉了西丰公萧大春、安前司马庄丘慧、主帅霍俊等才收兵。丙戌日（二十九日），侯景在京城下陈列所缴获的萧纶军中的铠甲兵器以及杀死的首级和俘虏的萧大春等，派人喊话说："邵陵王萧纶已经被乱兵杀死了。"只有霍俊说："邵陵王只是稍稍失利，已经率军回到京口了，城中只要坚持固守，援军不久就会到了。"贼兵用刀击打他的脊背，霍俊声音脸色更加严厉。侯景认为他有义气释放了他，但是临贺王萧正德却将他杀掉了。

当天晚上，鄱阳王萧范派遣他的世子萧嗣和西豫州刺史裴之高、建安太守赵凤举，各自率领军队入城救援，扎营在蔡州，来等待上流的各路军队。萧范派裴之高督导江右援军的各项军务。侯景将秦淮河南岸的居民迁到北岸，将他们的房舍烧掉，大街以西全被烧光了。

北徐州刺史封山侯萧正表镇守钟离，梁武帝萧衍召请他入城救援，萧正表以船粮还没准备好做借口推托，没有率领军队前进。侯景任命萧正表做南兖州刺史，封为南郡王。萧正表于是在欧阳竖立门栅来阻挡救援的军队，他率领一万名部众，称要入城援救，实际上是想去偷袭广陵。秘密写信去诱骗广陵县令刘询，让他烧城来响应，刘询将这件事告诉南兖州刺史南康王萧会理。十二月，萧会理派刘询带领步卒骑兵一千人趁夜偷袭萧正表，大败萧正表的军队，萧正表逃回钟离，刘询没收他的兵粮，带回去交给萧会理，然后与他一起入城救援。

癸巳日（初七），侍中、都官尚书羊侃去世，城中更加人心惶惶。侯景大量制造攻城用具，陈列在宫门前面，大车高达数丈，一部车子装二十个轮子。丁酉日（十一日），侯景又进攻皇城，用蛤蟆车载运泥土填平护城河。

湘东王萧绎派遣世子萧方等带领步卒骑兵一万名进城解救建康的危机。庚子日（十四日），在公安发兵。萧绎又派竟陵太守王僧辩用船带领一万名将士，从汉川出发，载运粮食向东而下。萧方才智过人，擅长骑马射箭，每次作战，都亲自冲锋陷阵，以为节义而死作为己任。

壬寅日（十六日），侯景用火车去烧皇城的东南楼台。材官吴景，心思灵巧，在城内地面上堆起城楼，火才刚扑灭，新楼又建立起来了，贼兵以为是神力。侯景趁火燃起，偷偷地派人从下面挖空城墙。城楼快崩塌时才被发觉；吴景命人在城内又建造了弯曲的城墙，形状好像半圆形的月亮，又丢掷火把到城外去烧贼兵的进攻用具，贼兵才退走。

太子派洗马元孟恭带领一千人从大司马门出去抵御，元孟恭和左右的人却逃去投降了侯景。

己酉日（二十三日），侯景修建的土山渐渐逼近城楼，柳津命令士兵做地道将土挖走，外面土山崩塌，将贼兵整个压住。又在城内修建飞桥，悬在半空罩着两个土山上，侯景的部众看到飞桥远远地伸出来，飞快地逃走了，城内又丢掷编制好的像雉尾一样的火把，去烧贼人的东山，楼台门栅都被烧光，死在城下的贼兵堆积如山。于是贼人放弃了土山不再修整，自己烧毁了进攻的工具。材官将军宋嶷向侯景投降，教侯景引玄武湖的水淹没皇城，宫门前一时洪水泛滥。

梁武帝萧衍征召衡州刺史韦粲做散骑常侍，派都督长沙人欧阳頠为衡州监州事。韦粲，是韦放的儿子。回来时，韦粲抵达庐陵，听说侯景作乱，韦粲检阅军队后，挑选五千名精兵，加速前往援救。到了豫章，听说侯景已经离开了横江，韦粲就近和内史刘孝仪商量，刘孝仪说："一定要去营救的话，也要接到敕令。怎么可以轻信谣言，随意自相惊扰呢！也许不是这样啊。"当时刘孝仪正在摆设酒宴，韦粲很生气，将酒杯丢在地上说："贼兵已经渡江，就要逼近宫阙，水、陆交通都中断，哪里还有比这更好的机会可以报效国家的？如果没有敕令就不出兵，怎么能求得心安？我韦粲今天还有什么心情喝酒？"上马奔驰出去调集军队。

将要出发时，恰好江州刺史当阳公萧大心派遣使者前来邀请，韦粲就奔驰去见萧大心说："上游的各藩镇里，江州距离京城最近，按情理，殿下应当进军在前头。但是镇守地处中游的江州任务也很重要，应该需要接应，不可没有人镇守。现在我们应当暂且虚张声势，将部队移到溢城镇守，然后派遣偏将随从在后，在局势上便可弥补不足。"萧大心赞成他的意见，派遣中兵柳昕率领两千名士兵跟随着韦粲，韦粲到达南洲，他的表弟司州刺史柳仲礼也率领步卒骑兵一万多人到了横江，韦粲立即派人送粮食、兵器给他们，并且散发私人的金帛去奖赏那些将士。

西豫州刺史裴之高从张公洲派船只载运柳仲礼的军队，丙辰日（三十日）晚上，韦粲、柳仲礼和宣猛将军李孝钦、前司州刺史羊鸦仁、南陵太守陈文彻，联合军队驻扎在新林王游苑。韦粲建议推举柳仲礼做大都督，通报下游的各支军队；裴之高自认为年纪最长，居于下位是羞耻的事，不肯谦让，讨论了好几天不能决定。韦粲激昂地对大家说："现在是一同奔赴解决国家的危难，最重要的是灭掉贼兵。

推荐柳司州的原因，正是他在边境保卫国家，时间很久，先前已经使侯景恐惧，而且士兵、马匹都很精锐，没有能比他更好的人选了。假如论职位次第，柳司州在我韦粲之下，说到年岁，也比我小，只是为了国家大计，不要再计较。依现在形势来看，最重要的是各位将领要先和谐，假如人心不同，各怀鬼胎，大好时机就会失去，裴公是朝廷德高望重的旧臣，怎么能夹带着个人感情而阻碍了国家大计！我请求替各位去向他解释。”于是单独乘坐大船来到裴之高的军营，恳切地责备他说：“现在陛下、太子正处在危险急迫中，狡猾的盗贼声势盛大就像洪水漫天，做臣子的就应当同心协力，怎么可以互相闹矛盾？你裴豫州一定想要与我们作对的话，那么我们就将群起先攻打你了。”裴之高低下头哭泣着向他谢罪。于是推举柳仲礼做大都督。

宣城内史杨白华派他的儿子杨雄带领郡内兵马随后赶到，救援的军队大会师，一共有十多万人，沿着淮水立起栅栏。侯景也在北岸竖立栅栏来应对。

裴之高与弟弟裴之横用小船带领一万名士兵驻守在张公洲。侯景囚禁了裴之高的弟弟、侄子、儿子、孙子，靠着水边陈列兵阵，然后将他们锁在一起排列在兵阵前，将鼎镬、刀锯等刑具拿出来放在他们的后面，对裴之高说：“裴公不投降，现在就将他们烹杀掉。”裴之高召集会射箭的能手射自己的儿子，射了两次，都没有射中。

侯景带领步卒一万人在后渚向对方挑战，柳仲礼欲出兵迎击，韦粲说：“天已经晚了，我们的士兵也很疲劳，不可以出去应战。”柳仲礼就坚守营垒不出战，侯景也只好领兵退回。

湘东王萧绎带领精锐士卒三万名从江陵发兵，留下他的儿子绥宁侯萧方等留守，谘议参军刘之遁等三次上书请求萧绎留下，萧绎都回答说不可以。

鄱阳王萧范派遣他的将军梅伯龙到寿阳攻打王显贵，攻陷了寿阳外城；攻打中城时，没攻下就退回了。萧范又增加更多的部队，命他们再次进攻。

东魏大将军高澄担心民间的钱币太粗劣，分量不足，建议不必禁止百姓私自铸钱，但是必须先在城门口称一下，钱币假如没有重五铢的，不可以拿进市场。朝廷商议结果认为当年谷物歉收，请求等待下一年实行，于是没有执行。

西魏太师宇文泰要杀死安定国臣王茂，但找不出罪名。尚书左丞柳庆劝谏，宇文泰发怒说："你袒护罪人，也应当连带获罪！"将柳庆抓到面前来。柳庆面色不改，语气也不屈服，说："我听说国君在事情上被假象蒙蔽的就称为不明，做臣子的明明知道而不劝谏的就称作不忠，我已经竭尽所能忠于国君，不敢吝惜生命而怕死，只是怕您是个不明的人罢了。"宇文泰终于觉悟，立即派人赦免王茂的罪，但已经来不及了，于是赏赐王茂的家人很多钱帛，说："用这些来弥补我的罪过。"

丙辰晦日（三十日），柳仲礼晚上进入韦粲的军营，商议部署各路援军。天亮后，与侯景会战，各将领都有自己据守的地点，柳仲礼命令韦粲驻扎在青塘。韦粲认为青塘恰好处于通往石头的道路中间，是贼兵一定争取的地方，颇为害怕。柳仲礼说："青塘是个重要地方，非兄驻守不可；假如怀疑兵太少不能抵抗的话，我当再派军队来协助。"于是柳仲礼派直阁将军刘叔胤去支援韦粲。

资治通鉴卷第一百六十二　梁纪十八

起止己巳（公元549年），共一年。

【题解】本卷记录了公元549年一年的史事。正当梁武帝萧衍太清三年，西魏文帝元宝炬大统十五年，东魏孝敬帝元善见武定七年。这一年，北朝东魏势力扩张，高澄趁梁朝内乱，侵犯梁朝淮南各州镇，又向西打败西魏名将王思政，收复了因侯景叛乱而丢失的全部河南土地。本卷的主要内容还是写侯景叛乱的太清之祸。侯景兵围建康皇城，四面八方救援皇城的军队在建康汇集，建康繁荣不再，经过一百多天的激烈大战，建康士民死伤十之八九，十里长街片瓦不存，变为废墟。宗室诸王不在梁武帝死后齐心协力报君国之仇，反而各怀私心，互相攻伐，地方势力各图发展。梁朝纲纪紊乱，政治腐败，随处可见。

高祖武皇帝十八

太清三年（己巳，公元549年）

春季，正月，丁巳朔日（初一），柳仲礼把营垒从新亭迁到朱雀桁。恰好遇到大雾，韦粲的军队在路上迷失了方向，等到了青塘，已经过了半夜，竖立的栅门还没有连接起来。侯景看到后，立即率领精锐士卒去进攻韦粲。韦粲派军主郑逸还击，命令刘叔胤用船带领军队从后面去拦截侯景，刘叔胤害怕懦弱不敢进攻，郑逸于是战败。侯景乘胜攻进韦粲的军营，身边的人拉着韦粲躲避贼兵，但是韦粲却站立不动，大声命令子弟全力应战，于是与儿子韦尼，以及三个弟弟韦助、韦警、韦构，还有堂弟韦昂统统战死，亲戚中死去的也有好几百人。柳仲礼正在吃饭，一听到消息，将筷子一丢立即披起战甲，和他的部下一百名骑兵奔驰前去救援，与侯景在青塘交战，大败侯景的军队，斩下敌人首级数百个，沉溺在淮水而死的也有一千多人。柳仲礼的长矛就快刺到侯景，而贼将支伯仁却从后面砍中了柳仲礼的肩膀，马陷进泥潭中，贼兵的长矛集中刺向柳仲礼时，骑将郭山石及时营救，柳仲礼得以免死。柳仲礼受了重伤长成肿疮，会稽人惠臶用嘴去吸吮脓疮，使血不再流出，所以柳仲礼能够不死。从此侯景不敢再渡过秦淮河南岸，柳仲礼也丧失了斗志，不再提打仗的事。邵陵王萧纶又收集散失的士卒，与东扬州刺史临城公萧大连、新淦公萧大成等从东边道路一起赶来。庚申日（初四），在朱雀桁南边排列营垒，也公推柳仲礼担任大都督。萧大连，是萧大临的弟弟。

朝廷上下都认为侯景的叛乱起源于朱异，所以一同指责他，朱异羞愧、愤怒，因而发病，庚申日（初四），朱异去世。因为旧例，不能赠给他尚书官，梁武帝萧衍非常痛惜朱异，特别追赠他为尚书右仆射。

甲子日（初八），湘东王世子萧方等与王僧辩的军队赶到。

戊辰日（十二日），封山侯萧正表献出北徐州投降了东魏，东魏徐州刺史高归彦派军队接收了北徐州。高归彦，是高欢的同族弟弟。

己巳日（十三日），梁朝太子迁居到永福省。高州刺史李迁仕、天门太守樊文皎带领的援兵一万多人到了城下。皇城和援军信件往来早已隔绝，有一个叫羊车儿的人献了一个计策，命人制作纸鸢，用长绳绑着，将敕令写在里面，放它随风飘去，希望能送到各路军队中，题着："能得到这个纸鸢，送交给援军的，赏银子一百两。"太子来到太极殿前面趁着西北风将它放出去。贼兵觉得很奇怪，认为是用来压伏人的诅咒妖术，就将它射了下来。援军招募能进城去送信的人，鄱阳世子萧嗣的左右侍从李朗请求先接受鞭打，欺骗贼人说获罪受刑，所以反叛投降贼人，因此得以趁机进城，城里才知道原来援兵已经四面八方聚集过来，全城都高兴地打鼓喧闹。梁武帝萧衍任命李朗为直阁将军，赐给他金钱再派他回去。李朗沿着钟山后坡，晚上行走，白天隐伏，几天后才回到军营。

癸未日（二十七日），鄱阳世子萧嗣、永安侯萧确、庄铁、羊鸦仁、柳敬礼、李迁仕、樊文皎带领军队渡过淮水，攻打东府前面的栅栏，将它烧掉，侯景只得退兵。众军在青溪的东边安营，李迁仕、樊文皎带领精锐步卒五千名单独前进，深入敌人阵地，所到的地方都将敌人打得一败涂地。到了菰首桥东边，侯景的大将宋子仙埋伏士兵攻击他们，樊文皎战死，李迁仕逃回。柳敬礼，是柳仲礼的弟弟。

柳仲礼神情傲慢而凶狠，蔑视各位将领，邵陵王萧纶每天执鞭为礼到门口求见，也总是推托不肯相见，因此和萧纶还有临城公萧大连结下很深的仇恨。萧大连又和永安侯萧确有点摩擦，各路军相互猜忌阻挠，没有心思作战。援兵刚来时，建康的百姓扶老携幼等候欢迎，可是援军才刚渡过淮水，就放纵士兵盗窃掠夺百姓，因此士民十分失望，贼兵中有人密谋想要响应官军的，听到这种消息，也打消了念头。

王显贵献出寿阳城投降东魏。

临贺王萧正德的记室吴郡人顾野王起兵讨伐侯景，二月，己丑日（初三），顾野王领兵到达建康。起初，皇城刚刚关闭城门时，公卿都系念着粮食，不分男女贵贱都出来扛米，共取得米四十万斛，收集各府库所藏钱帛五十万亿，一起聚合在德阳堂，但是没有准备薪柴、草料、鱼盐。到现在，只好将尚书省拆掉拿来作为柴火用。将草席拆开，割断来喂马，草席吃光了，又喂马匹吃饭。军队士卒没有肉可吃，有的煮铠甲的皮饰、熏老鼠、捕麻雀来吃。御厨房有干海带，味酸咸，拿来分给将士们吃。士兵在宫殿和省台中杀马，掺杂着人肉，吃了的都会生病。

侯景的军队也闹饥荒，搜刮抢掠不到东西吃；东府城还有米粮，可支撑一年，但是援军阻断了通路。又听说荆州兵快要来了，侯景更加担心。王伟说："现在皇城没办法立刻攻下，援兵又一天比一天多，我们军队里缺少粮食，假如假装求和来缓和一下局势，东城的米，还足够食用一年，趁着求和的时机，运米进入石头城，援军一定不会采取动作，然后我们可以休整部队，养好战马，再修造好兵器，等到他们松懈没有防备时，再去进攻，一次出击就可以攻取他们的土地了。”侯景听从了他的建议，派遣他的大将任约、于子悦来到城下，拜送表章请求和谈，乞请再去镇守寿阳。太子因为城中穷困，告诉梁武帝萧衍，请求允许侯景的求和。武帝很生气地说：“讲和不如死！”太子坚持请求说：“侯景围困逼迫已经这么久了，援军互相争执而不作战，应当允许他们请和的要求，以后再作打算。”梁武帝萧衍迟疑了好久，才说：“你自己考虑这件事吧！不要千百年后让人取笑就好。”于是回复允许侯景请和。侯景要求把长江以西南豫州、西豫州、合州、光州四个州的地盘割让给他，并且请求要宣城王萧大器出来护送他，然后才渡过长江。中领军傅岐极力争辩说：“哪有贼人自己先发兵来包围宫城而又与他们谈和的事呢！这只不过是想用缓兵之计罢了。他们就像戎狄一样，拥有野兽般的贪欲，他们的话一定不能够相信。而且宣城王萧大器是肩负承嗣王位重责的人，关系国家命运，怎么可以让他做人质去护送他？”梁武帝萧衍就任命宣城王萧大器的弟弟石城公萧大款做侍中，到侯景那儿做人质。又下令各路军队不能再前进，下诏命说：“善于用兵的人不用交战，能息止干戈才是武。现在任命侯景做大丞相，都督江西四州（南豫、西豫、合州、光州）诸军事，和从前一样做豫州牧、河南王。”己亥日（十三日），在西华门外设立祭坛，派遣仆射王克、上甲侯萧韶、吏部郎萧瑳与于子悦、任约、王伟登上祭坛一同订下盟约。太子詹事柳津离开西华门，侯景离开栅门，两人远远相对，再杀牲畜歃血为盟立誓。盟约订好后，侯景的包围还是没有解除，专心修造铠甲兵器，推托说：“没有船，不能马上离开。”又说：“担心驻守在秦淮南岸的援军追赶。”请求派送石城公萧大款回到皇城，让宣城王萧大器来做人质护送他，提的要求越来越多，但一点没有离开的意思。太子知道他的话都是在欺骗，但仍然不断地笼络侯景。萧韶，是萧懿的孙子。

庚子日（十四日），从前的南兖州刺史南康王萧会理、前任青冀二州刺史湘潭侯萧退、西昌侯世子萧彧众军共有三万人，到了马印洲。侯景担忧他们会从白下到上游来，启奏说：“请北军聚集回到南岸，不这样的话，妨碍我们渡江。”太子立刻勒令萧会理从白下城移军到江潭苑。萧退，是萧恢的儿子。

辛丑日（十五日），梁武帝萧衍任用邵陵王萧纶做司空，鄱阳王萧范做征北将军，柳仲礼做侍中、尚书右仆射。侯景任命于子悦、任约、傅士悊都做仪同三司，夏侯譒做豫州刺史，董绍先做东徐州刺史，徐思玉做北徐州刺史，王伟做散骑常侍。梁武帝萧衍又任命王伟做侍中。

乙卯日（二十九日），侯景又启奏说：“恰好有江西使者来，高澄已经攻取寿阳、钟离，臣现在是没有可以投靠立足的地方了，请求暂借广陵及谯州，等到夺回寿阳，立刻奉还给朝廷。”又说：“援军既然在南岸，因而我们必须在京口渡江。”太子都应允了。

癸卯日（十七日），梁朝大赦天下。

庚戌日（二十四日），侯景又启奏说：“永安侯萧确、直阁赵威方常常隔着栅栏骂：‘陛下自己与你订盟约，我终究是要打败你的。’请召令永安侯和赵威方入城，我就立刻带兵上路回到北方。”梁武帝萧衍派遣吏部尚书张绾召回永安侯萧确，辛亥日（二十五日），任命萧确为广州刺史，赵威方为盱眙太守。萧确多次启奏坚决推辞，不肯进城，武帝不允许。萧确先派遣赵威方进城，自己想趁机向南投奔到荆、江二镇。邵陵王萧纶流着眼泪对萧确说：“宫城被包围已经很久了，圣上担忧恐惧，臣子的心情，急切有如身在汤火中，所以这样只想暂且订盟来遣散他们，缓和目前局势，更为他日计谋打算。命令都已经发布了，为什么还要推托违抗呢？”当时台使周石珍、东宫主书左法生都在萧纶那儿，萧确对他们说：“侯景虽然口口声声说要离开，却不肯放弃对皇城的长期包围，他的意思是可以知道的。现在将我召唤进城，对事情又有什么帮助呢？”周石珍说：“陛下的命令就是这样，您怎么能推托呢？”萧确意志坚定不肯屈服，萧纶很生气地对赵伯超说："赵谯州你去替我杀掉他，将他的头带进城去！"赵伯超举刀看着萧确说："我赵伯超认识君侯，但是刀子却不认识你！"萧确只好流着眼泪进入皇城。

梁武帝萧衍常年吃蔬菜，等到皇城被包围，时日一长，厨房里蔬菜都没有了，就只好吃鸡蛋。萧纶请托使者暂时通融呈上几百个鸡蛋，武帝亲自挑选鸡蛋，悲痛得泣不成声。

湘东王萧绎驻军在郢州的武城，湘州刺史河东王萧誉驻军在青草湖，信州刺史桂阳王萧慥驻军在西峡口，他们都借口说等待四方援兵，因而滞留不肯前进。中记室参军萧贲是一位性情耿直的人，看到萧绎不早点前去援救，心里对他十分不满，曾经与萧绎玩双六博戏，萧绎食子后举棋不下，萧贲说："殿下一点都没有下的意思。"萧绎深深地怀恨在心。

等到接到敕令，萧绎想要回师，萧贲说："侯景以一个为人臣子的身份却出兵去进犯皇宫，现在侯景假如将兵卒放走，还没有渡过长江，连小孩都能杀死他们，因而他一定不会这样做。大王拥有十万名部众，还没见到贼兵就想退走，为什么要这样呢？"萧绎很不高兴，没多久，就借着其他事由将他杀了。萧慥，是萧懿的孙子。

东魏在河内有百姓四千多户，因为是西魏北徐州刺史司马裔的乡亲，所以就相互带领着去投奔他。丞相宇文泰想封爵给司马裔，司马裔坚持推辞说："读书人从远地方来归顺圣朝的教化，司马裔怎么能统领他们呢？出卖这些义士来求得我自身的荣耀，这不是我愿意做的。"

侯景将东府的米运往石头城，运完后，王伟听说荆州的军队已经撤走了，其他援军虽然很多，但都相互不能统一，就对侯景说："大王以人臣的身份起兵，围困皇城，逼迫羞辱了妃嫔，践踏污秽了宗庙，大王的罪过就是拔掉头上的头发去数也数不完。今天弄到这种地步，还想求得安定的容身之处吗？背叛盟约而能打胜仗的，自古以来例子很多，希望暂且观察事态的发展。"临贺王萧正德也对侯景说："大功业马上就要建立了，怎么可以放弃呢？"侯景于是呈上启奏，陈述梁武帝萧衍的十条过失，并且说："臣正要准备离去，所以敢冒昧直言陈述。陛下崇尚修饰，虚妄而荒诞，不喜欢听到真实的记录，将妖魔鬼怪当作福祉祥瑞，将上天惩罚的罪人，当成没有过错的人。您附会推演六艺，而排斥摈除前贤学说，这是西汉王莽的做法啊！拿铁钱来交换货物，轻重、贵贱没有标准可循，这是后汉公孙述的弊制啊！滥授官爵，乱刻官印，弄得朝纲混乱，这是西汉末更始皇帝刘玄、西晋赵王司马伦的作风啊！豫章王萧综将国君你当成深仇大恨的人，邵陵王萧纶喜怒无常，父亲还活着，遇到丧车，却把孝子的丧服抢来穿上，这是后赵石虎的作风。您大肆修建佛寺，百般奢侈浪费，使得百姓饥饿，这是东汉笮融、后秦姚兴那批鼠辈的做法。"又说，"建康宫廷里崇尚奢侈，陛下只与主书朱异决断一切事务，政事通过贿赂而完成，宦官势大而蛮横，僧尼都很富足。皇太子喜欢珠玉，沉迷酒色，说话轻佻，吟咏跳不出《桑中》；邵陵王到处残害百姓；湘东王的官员们贪婪放纵；南康王、定襄侯的下属都像穿着衣冠而没有人性的猕猴。这些人，论亲是您的儿孙亲侄，论职位是藩臣，我到京城已经一百天了，有谁真肯为王室尽力？依这种情形来看，希望国运能长久，是不可能的道理。从前鬻拳兵谏楚王不听，用军队威逼楚王，最后楚王才改正了过失，今天我这种举动，又有什么罪过呢？恳请陛下能因这种小惩罚来警戒大过，远离谗邪的小人而接纳忠臣的进言，让臣不会有再举兵的忧虑，而陛下也不会有被围困城池的羞辱，那么这将是天下百姓最幸运的事情了！"

梁武帝萧衍看了他的启奏，又羞愧又愤怒。三月，丙辰朔日（初一），武帝在太极殿前设立祭坛，祭告天地，因为侯景违背盟约，而点燃烽火，擂鼓呐喊。起初，刚关闭城门的时候，男女十几万人中，穿着铠甲的士兵有两万多人；城被包围了这么久，大部分的人都患了水肿气喘，死了十之八九，能登城作战的不满四千人，大都瘦弱气喘。横在路上的尸体，四处都是，没办法掩埋，腐烂的污水流满了水沟。然而众人的心还盼望着外来的援兵。柳仲礼只知召集歌伎侍妾，备酒享乐，各将领每天去请求出战，柳仲礼都不应允。安南侯萧骏劝说邵陵王萧纶："皇城危险到如此地步，然而都督却不去营救，万一发生不能预料的事情，殿下又有何面目活在世上！现在应当兵分三路，在贼兵没有意料的情况下去进攻他们，一定可以成功。"萧纶不肯听从。柳津登上城墙对柳仲礼说："你的君王正在危难中，你却不肯竭尽全力前来营救，百年以后，后人会怎样批评你呢？"柳仲礼也不在意。梁武帝萧衍问柳津应对的计策，柳津回答说："陛下有邵陵王，臣有柳仲礼，这两个人一个不忠一个不孝，贼兵怎么能平定？"

戊午日（初三），南康王萧会理和羊鸦仁、赵伯超等将营地推进到东府城北，约好晚上将军队引渡过去。等到了天明， 羊鸦仁等人还没有到达，侯景部众发现了，援军的军营还没立好，侯景就派宋子仙去攻打他们，赵伯超听到消息赶快撤走。萧会理等人的军队大败，战死和溺死的有五千人。侯景将那些首级堆在宫门前，向城中的人示威。

侯景又派于子悦去请和，梁武帝萧衍派御史中丞沈浚来到侯景的居所。侯景实在没有离开的打算，因而对沈浚说："现在天气正热，军队不可以移动，乞请暂时留在京师为朝廷效力。"沈浚发怒指责他，侯景不回答，举刀骂沈浚，沈浚说："背弃恩德，忘记道义，违反誓约，本就是天地所不容许存在的人！我沈浚已经五十岁的年纪，常常担心的是不能死得其所，何必用死来吓唬我呢！"于是掉头直走，头也不回。侯景认为他十分忠贞正直，放过了他。

于是，侯景破坏了玄武湖的堤防引导湖水分百条通道灌进城里，白天晚上不停地灌输。邵陵王的世子萧坚驻守在太阳门，每日赌博喝酒，不体恤官吏士卒，他的书佐董勋、熊昙朗都很痛恨他。

丁卯日（十二日），天快亮时，董勋、熊昙朗在城西北楼引领侯景的军队登上城，永安侯萧确极力应战，不能击退他们，于是推门进去启奏梁武帝萧衍说："皇城已经失陷了。"梁武帝安卧床上没有动静，说："还可以再打一仗吗？"萧确说："不可以。"武帝感叹地说："天下是我努力得到的，也是我自己失去的，又有什么好懊悔的呢？"便对萧确说："你赶快离开，告诉你的父亲，不要挂念朕与太子了。"顺便命他去慰劳外面的各路军队。

不久，侯景派王伟进入文德殿拜谒梁武帝萧衍，武帝下令揭起门帘开门让王伟进来，王伟拜谢呈上侯景的启奏，说："臣被奸邪佞臣陷害，领导部众入朝，惊动了圣驾，现在到宫门等待处罚。"武帝问："侯景在哪里？可以召唤他进来。"侯景进入太极东堂晋见武帝，带了武装部队五百人护卫自己。侯景在殿下叩头行礼，司仪引他到三公的席位。武帝神色如常，问他说："你在军中时日很久，岂不是很辛苦？"侯景不敢抬头看前面，汗流满面。梁武帝又说："你是哪一州的人？却敢来到这个地方，妻子还在北方吗？"侯景都不知道应该怎么回答。任约在旁边代替他回答说："臣侯景的妻子、儿女都被高氏杀死了，只留下自己一个人来归顺陛下。"武帝又问："你开始渡江时，带了多少人？"侯景说："一千人。"又问："围困皇城时，有多少人？"侯景说："十万人。"又问："现在你有多少人？"侯景说："国土以内的，没有不是属于我的。"武帝萧衍低头不再说话。

侯景又到永福省见太子，太子也没有恐慌的脸色。侍卫都害怕得逃散了，只有中庶子徐摛、通事舍人陈郡人殷不害在旁侍奉。徐摛对侯景说："侯王应该以礼来见太子，怎么可以如此呢？"侯景这才叩拜。太子与他说话，侯景又不知道怎么回答。

侯景退下后，对他身边的厢公王僧贵说："我常常跨上战马和敌人对阵，面对刀丛箭雨，而心情平稳安定，一点也没有畏惧的心，今天见了萧公，让我内心觉得很恐惧，难道说天威真的不可冒犯？我不愿意再看见他了。"于是将两宫的侍卫统统撤走，放纵兵士将车子、衣服车马、宫人等都抢得干干净净。收捕朝中文武大臣、王侯，送到永福省，派王伟驻守武德殿，于子悦驻守在太极殿东堂。假传诏令，大赦天下，加封自己为大都督中外诸军事、录尚书事。

建康的官吏平民四处逃难。太子洗马萧允逃到京口，停留下来不走了，说："生死是命中注定的，哪里是可以逃得了的呢？祸患所以会来，都是因为人们贪图利益；假如不求利，祸患又要从哪里滋生呢？"

己巳日（十四日），侯景派遣石城公萧大款用梁武帝萧衍的诏令去解除外面的援军。柳仲礼召请各将领商量，邵陵王萧纶说："今天的命运，都委托给你这位将军了。"柳仲礼一直看着他没有回答。裴之高、王僧辩说："将军拥有百万的军队，致使皇宫陷落，正是应该全力决一死战的时候，我们何必多说什么？"柳仲礼竟然一句话也没说，各路军于是各自分散，退回到原来驻守的地方。南兖州刺史临成公萧大连、湘东王世子萧方、鄱阳王世子萧嗣、北兖州刺史湘潭侯萧退、吴郡太守袁君正、晋陵太守陆经等各自回到原来的城镇。袁君正，是袁昂的儿子。邵陵王萧纶投奔到会稽。柳仲礼和他的弟弟柳敬礼、羊鸦仁、王僧辩、赵伯超都打开营门投降，军士没有不叹息愤怒的。柳仲礼等人进了皇城，先去拜见侯景再去觐见梁武帝萧衍，武帝不跟他说话。柳仲礼去见他的父亲柳津，柳津悲痛哭泣地说："你不是我的儿子，又何必劳驾你来看望我！"

湘东王萧绎派全威将军会稽人王琳送了二十万石米供给援军，到了姑孰，听说皇城陷落，将米丢入长江又回去了。

侯景下令将皇城内堆积的尸体烧掉，病重还没死的，也聚集在一起烧死。

庚午日（十五日），梁朝诏令各州郡镇守长官可以恢复原来的职位。侯景留下柳敬礼、羊鸦仁，而派遣柳仲礼回到司州，王僧辩回到竟陵。起初，临贺王萧正德与侯景有约定，平定皇城那天，不能再保全梁武帝萧衍和太子。等到城门打开后，萧正德带领部众挥舞着刀想要进城，侯景先派他的徒众把守住城门，萧正德因而没办法进来。侯景再任命萧正德为侍中、大司马，百官都恢复原有的职位。萧正德入宫看到武帝，边拜边哭。武帝说："哭个不停，后悔也来不及了。"

秦郡、阳平、盱眙三郡都向侯景投降，侯景将阳平郡改成北沧州，将秦郡改为西兖州。

东徐州刺史湛海珍、北青州刺史王奉伯以及淮阳太守王瑜都献出属地去投降东魏。青州刺史明少遐、山阳太守萧邻弃城逃走，东魏占领了这些地方。

侯景任命仪同三司萧邕做南徐州刺史，接替西昌侯萧渊藻镇守京口。又派遣他的部将徐相去攻打晋陵，陆经率郡投降了他。

起初，梁武帝萧衍任命河东王萧誉做湘州刺史，将湘州刺史张缵迁调做雍州刺史，接替岳阳王萧詧。张缵依仗着自己的才能名望，看不起萧誉这个毛头小子，所以在迎接招待上十分怠慢。

萧誉到任后，检点州府里交接时的事物，留下张缵不让他走，听说侯景作乱，对张缵颇多凌辱逼迫。张缵担心被他陷害，所以趁着晚上乘轻便小船逃走了，即将要到雍州，又担心萧詧会拒绝他，张缵和湘东王萧绎有交情，因而想借用他来杀掉萧誉兄弟，于是前往江陵。等到皇城沦陷，各王都返回自己的州镇，萧誉从湖口回到湘州，桂阳王萧慥因为荆州督府的军队都留在江陵，想等到萧绎回来时去拜见，再回信州。张缵给萧绎写信说："河东王萧誉想乘船溯水而上来偷袭江陵，岳阳王在雍州，共谋叛乱，不可让他们如愿以偿。"江陵巡江军主朱荣也派使者去告诉萧绎说："桂阳王萧慥留在这里，想要与萧誉、萧詧相呼应。"萧绎很害怕，将船凿破，把米沉到水里，将系船的绳索砍断，从蛮人的地方奔驰回到江陵，拘禁了萧慥，又将他杀掉。

侯景任命前任临江太守董绍先做江北行台，命他拿着梁武帝萧衍的亲手敕令去召请南兖州刺史南康王萧会理。壬午日（二十七日），董绍先到了广陵，部众还不到二百人，都因为几天的饥饿疲惫不堪。萧会理士气激昂，马匹健壮，僚佐游说萧会理："侯景已经攻陷了京邑，想先除掉各藩镇，然后夺取王位。如果四方诸侯都拒绝，他必定会溃败，为何要放弃全州的土地去资助匪寇，送给他呢？不如先杀掉董绍先，举兵坚守城池，与东魏联合起来，等待将来的变化。"

萧会理一向很懦弱，就将城池整个交给董绍先。董绍先进了城，部众都不敢有所行动。萧会理的弟弟萧通理请求先回到建康，对他的姐姐说：“事情已经到了如此地步，怎么可以全家都坐着等死？应当好好地为前途着想，只是不晓得老天给我们的命运是什么罢了。”董绍先全部接手了广陵的文武官吏与部众、铠甲兵器、府库财物，派遣萧会理单枪匹马地回到建康。

湘潭侯萧退与北兖州刺史定襄侯萧祗逃往东魏。侯景任命萧弄璋做北兖州刺史，州民出兵抵抗萧弄璋，侯景派直阁将军羊海带领军队去支援萧弄璋，羊海带着他的部众投降了东魏，东魏于是占领了淮阴。萧祗，是萧伟的儿子。

癸未日（二十八日），侯景派遣于子悦等带领老弱兵数百名向东侵犯吴郡。新城戍主戴僧逷有精锐甲兵五千人，去劝说太守袁君正：“贼人现在缺乏粮食，从皇城获得的粮食，也不过能支撑十天罢了，我们倘若关闭关口坚守拒敌，他们立即会饿死。”当地的土豪陆映公担心倘若打不胜，资产必定会被强夺，都劝太守袁君正去迎接于子悦。袁君正素来胆小，载着米、牛和酒到近郊去迎接他们。于子悦扣押了袁君正，掠夺财物、子女，江东的百姓都建立堡垒抵抗于子悦。侯景又任命任约做南道行台，镇守姑孰。

夏季，四月，湘东王世子萧方等到了江陵，湘东王萧绎才知道皇城已经陷落，命令砍伐江陵四周七里内的树木设立栅栏，挖掘三道深沟进行防守。

东魏高岳等攻打西魏的颍川，攻不下来。大将军高澄再增加兵力去协助他们。在通往颍川的道路上增援军队相继不断，可是过了一年，还是没有攻克。山鹿忠武公刘丰生献计，破坏洧水的堤坝去灌城，城墙大多崩塌，高岳将部众分成十几部分，分批轮流休息不停进攻，王思政冒着飞石箭雨，和士卒们同甘共苦，城中四处都是水，饭锅吊在半空中才能煮饭。太师宇文泰派大将军赵贵指挥东南各州的军队去救援，从长社以北，都成了沼泽，援军到了穰城，就不能再前进了。东魏派擅长射箭的弓箭手乘坐大船对着城内放箭，城池即将被攻陷；东魏燕郡景惠公慕容绍宗与刘丰生到堤坝上视察，看见东北方尘土飞扬，两人赶快躲进船里藏起来。不一会儿暴风来了，远近一片昏暗，船索被吹断了，船一直漂向城里去；城上的人用长钩钩住船，并且用弓箭乱射，慕容绍宗跳到水里淹死了，刘丰生游泳上岸，奔向土山，城上的人用箭射杀了他。

甲辰日（十九日），东魏加封大将军渤海王高澄为相国，封为齐王，特给他赞拜时不必具名，入朝不必趋行，可以带剑履上殿的特殊礼遇。丁未日（二十二日），高澄到邺城朝觐孝静帝元善见，再三推辞封爵；孝静帝没有答应。高澄召请亲密将领僚属秘密商量，大家都劝高澄应当服从朝廷的命令，只有散骑常侍陈元康认为不应接受，高澄因此不喜欢他。崔暹趁此举荐陆元规做大行台来分散陈元康的职权。

湘东王萧绎入城救援时，让所管辖的各州都要出兵，雍州刺史岳阳王萧詧派遣府司马刘方贵带兵从汉口出发，萧绎召见萧詧，命他自己带兵出发，萧詧不肯听从。刘方贵暗中和萧绎联系，密谋偷袭襄阳，还没有出发，恰好萧詧有别的事召见刘方贵，刘方贵认为谋划的事情泄露，于是占据樊城违抗命令，萧詧派兵去征讨他。萧绎给予张缵丰厚的资助派他去雍州赴任，张缵到了大堤，萧詧已经攻陷樊城，杀掉了刘方贵。张缵到了襄阳，萧詧拖延没有离开襄阳，只是让张缵在城西白马寺居住；萧詧还指挥着军政要务，听到皇城陷落，于是不接受张缵取代自己。雍州助防杜岸欺骗张缵说："看岳阳王萧詧的样子是容不下你，不如暂时到西山去避一避祸。"杜岸是襄阳有名的豪族，兄弟九人都因为骁勇而出名。张缵于是与杜岸结盟，穿上妇人的衣服，乘坐青布车帘的车子，逃往西山。萧詧派杜岸带领军队去捉拿他，张缵乞求遁入佛门，改名为法缵，萧詧答应了他。

荆州长史王冲等人写信给湘东王萧绎，请他用太尉、都督中外诸军事的身份秉承梁武帝萧衍的旨意主持各藩的会盟，萧绎没有答应。丙辰日（五月初二），又请求他以司空的身份主持诸藩的会盟，萧绎也没有答应。

梁武帝萧衍虽然表面上似乎被侯景控制，而内心却愤愤不平。侯景想任用宋子仙做司空，武帝说："三公是调理阴阳的人，怎么可任用这个人呢？"侯景又请示任用他的另外两个党羽担任便殿的主帅，武帝不肯。侯景不敢勉强，心里十分害怕。太子入宫，流着泪向武帝进言，武帝说："是谁叫你来的？倘若国家有神灵，就会帮助我们渡过难关，假如不是这样，有什么事值得流泪呢？"侯景派他的军队进入朝廷官衙驻守，有的士兵赶着驴、马，带着弓箭、战刀，随便出入宫殿，武帝很奇怪，就问是怎么回事，直阁将军周石珍回答说："这是侯丞相的甲士。"武帝大发脾气，怒骂周石珍说："是侯景，谁说是丞相！"身边的人都恐惧万分。从此以后武帝所要求的，大部分都不能得到，饮食菜肴也被裁减节制，于是忧郁愤怒而生病了。太子将幼子萧大圜托付给湘东王萧绎，并且剪下指甲、头发寄存在那儿。五月，丙辰日（初二），梁武帝萧衍躺在净居殿，嘴巴苦涩，要求喝蜂蜜，得不到，又一再地说："荷！荷！"便断了气，享年八十六岁。侯景封锁消息，不发布讣闻，将灵柩迁到自己住的昭阳殿，把太子接到永福省，命他像平常一样入朝觐见。王伟、陈庆都侍奉着太子，太子呜咽着流泪，不敢哭出声，殿外的文武百官都没有人知道这件事。

东魏高岳自从慕容绍宗死了以后，灰心丧气，不敢再靠近长社城。陈元康对大将军高澄说："大王从辅佐政事以来，也没有为国家立什么特殊功勋，虽然曾经击破侯景的军队，但侯景原本就是东魏人，也不是什么外来的贼寇。现在颍川十分危急，希望大王利用这个机会为自己立点战功。"高澄采纳了他的建议。戊寅日（二十四日），自己带领步卒骑兵十万人去攻打长社，亲自督导修建堤坝。堤坝三次缺口，高澄十分生气，将挑土的人和他们的提篮都推下河中堵塞缺口。

辛巳日（二十七日），梁朝为梁武帝萧衍发丧，将武帝的棺木放于太极殿，这一天，太子即皇帝位，大赦天下，侯景驻守在朝堂，分派士兵在左右守卫。

壬午日（二十八日），梁朝下诏令，凡是北方人在南方做奴婢的都可以免除奴婢身份，免除的奴婢数以万计。侯景又对他们中的一些人提拔任用，希望他们为己所用。

梁高祖萧衍末年，建康的官民在穿衣、饮食、器具上都争着崇尚奢华，因为过分浪费，所以粮食的储备不够半年的食用，常常借助四方运输供给。自从侯景叛乱以后，道路阻隔断绝，数月间，因为没有食物，到了人吃人的地步，还免不了有人饿死，而活着的人也不过百分之一二而已。皇亲贵戚、大户人家也都自己出来采食野生稻谷，因为饿死而丢弃在水沟山壑中的尸体，数也数不清。

癸未日（二十九日），侯景派仪同三司萧来亮进入宛陵县，宣城太守杨白华诱杀了他。甲申日（三十日），侯景派遣他的大将军李贤明去攻打宣城，没有攻克。侯景又派中军侯子鉴进入吴郡，任命厢公苏单于担任吴郡太守，派仪同宋子仙等带领军队驻守在东边的钱塘，新城戍主戴僧逷抵抗他。御史中丞沈浚避难回到东边，到了吴兴，太守张嵊与他一同谋划，发兵去征讨侯景。张嵊，是张稷的儿子。东扬州刺史临城公萧大连也占据扬州，不肯听从侯景的命令。所以侯景的号令可以指挥的只有吴郡以西、南陵以北的地方罢了。

西魏文帝元宝炬下诏令说："太和年间代郡人改姓的，都可以恢复原来的姓氏。"

六月，丙戌日（初二），梁朝任命南康王萧会理担任侍中、司空。

丁亥日（初三），梁朝立宣城王萧大器为皇太子。

起初，侯景将派太常卿南阳人刘之遴颁授给临贺王萧正德天子的印章，刘之遴剃掉头发，穿上出家人的衣服逃走了。刘之遴博学能文，曾经担任湘东王萧绎的长史，他将回到江陵，萧绎一向妒忌他的才能，己丑（初三），刘之遴到达夏口，萧绎秘密把毒药送去毒死他，然而却亲自为刘之遴写墓志铭，给刘之遴的家属送了很重的礼物。

壬辰日（初八），梁朝封皇子萧大心做寻阳王，萧大款做江陵王，萧大临做南海王，萧大连做南郡王，萧大春做安陆王，萧大成做山阳王，萧大封做宜都王。

长社城中没有盐，百姓都生病了，手脚弯曲肿胀，死了十之八九。大风从西北边吹起来，将水吹进城里，城墙崩毁。东魏大将军高澄发令给城中的人说："假如能生擒王思政大将军的就给他封侯，要是大将军身体受到损伤，他左右亲近的人都要杀头。"王思政带领部众占据土山，告诉高澄说："我现在已经是智穷力竭的时候，只有用死来报答国家的恩德。"于是仰天大哭，向西边拜了两拜，想要用剑自杀，都督骆训说："您经常告诉我们说：'你们拿我的头去投降，不仅能得到富贵，也保全了整座城的人。'现在高澄相国既然有这样的命令，您难道就不哀伤士卒会因你而死吗？"众人一同抓住他，不让他自杀。高澄派通直散骑赵彦深到土山送给王思政一把白羽扇，赵彦深握着王思政的手，表达高澄的意思，再拉着他下山。高澄没有让他下拜，十分礼遇他。王思政起初刚进入颍川时，有将士八千人，等到城陷落后，才剩下三千人，兵士都没有背叛他。高澄把将卒都遣散分配到远方，将颍川改为郑州，对王思政特别礼遇。西阁祭酒卢潜说："王思政没有以身殉国，有什么值得尊重的！"高澄对身边的人说："我有卢潜为我做事，这又得到一个王思政。"卢潜，是卢度世的曾孙。

起初，王思政驻守在襄城，想要将长社当作行台治所，派遣使者魏仲向太师宇文泰报告，并且写信给淅州刺史崔猷。崔猷回信说："襄城控制着京、洛一带，实在是当今的战略要地，假如有什么事情，也很容易相互接应。颍川和贼寇为邻，又没有险要的山川，贼兵倘若悄悄进来，就直接到城下了。倒不如驻军在襄城，作为行台治所。在颍川设置州治所，派遣良将在那里镇守，那么内外都坚固，人心就比较容易安定，就算有不能预料的情况，难道会产生祸患吗？"魏仲去见宇文泰，都把这些事向宇文泰禀告了。宇文泰发令命王思政依照崔猷的计策。王思政又坚持请示，而且约定说："贼兵如果从水路进攻一年以内，从陆路进攻三年以内，朝廷不需要救援。”宇文泰这才答应他。等到长社陷落的时候，宇文泰深深地后悔。崔猷，是崔孝芬的儿子。

侯景投奔梁朝时，丞相宇文泰担心东魏又会去攻占侯景原有管辖的地方，派各将领分别把守各城。等到颍川沦陷，宇文泰认为各城道路都隔绝阻断了，就命令他们率军回来。

梁朝上甲侯萧韶从建康投奔江陵，说是受到梁高祖萧衍秘密诏令征调军队，任命湘东王萧绎做侍中、假黄钺、大都督中外诸军事、司徒、承制，其余藩镇都增加了职位封号。

宋子仙围攻戴僧逷，没有攻克。丙午日（二十二日），吴郡大盗陆缉等人起兵袭击吴郡，杀掉苏单于，推选前淮南太守文成侯萧宁做首领。

临贺王萧正德埋怨侯景出卖了自己，秘密写信召请鄱阳王萧范，让他带兵进入建康；侯景拦截了他写的信，癸丑日（二十九日），侯景勒死了萧正德。侯景任命仪同三司郭元建做尚书仆射、北道行台、总领江北诸军事，驻守在新秦；册封元罗等姓元的十几个人为王。侯景很喜爱永安侯萧确的英勇，常常安排他在左右近身。邵陵王萧纶暗地里派人召请萧确，萧确说：“侯景举止轻浮，只是一个莽夫罢了，我想亲手杀死他，只恨找不出适合时机，你回去禀告我家王爷，不要挂念萧确。”侯景和萧确到钟山游玩，萧确拉开弓要射鸟，却趁机将箭对准侯景，不料弓弦断了，箭没有发出去，侯景察觉了，将萧确杀死了。

湘东王萧绎娶了徐孝嗣的孙女做王妃，生了世子萧方等。王妃长得很丑又爱忌妒别人，行为上常常有失检点，萧绎两三年才去她的宫室一次。王妃听到萧绎要来，因为萧绎瞎了一只眼睛，于是就化半面妆等待他来，萧绎一看很生气就出去了，所以萧方等也不受宠爱。等到萧方等从建康返回江陵，萧绎看到他统率军队从容稳重，这才赞赏他的才能，进入后堂告诉了徐妃，徐妃没有回答他，低下头流着眼泪退下。萧绎很生气，将她平日污秽淫乱的行为一条条罗列出来，张榜公布，萧方等看了，更加害怕了。湘州刺史河东王萧誉刚健勇敢，很得士兵的心，萧绎将要去征讨侯景，派遣使者催促萧誉运出军粮、提供部众。萧誉说：“彼此都是军府，我怎么忽然受他管？”使者往返了多次，萧誉就是不给。萧方等请求征讨萧誉，萧绎就任命小儿子安南侯萧方矩做湘州刺史，让萧方等带领精锐士卒两万名护送萧方矩。萧方等要出发时，对左右亲信说：“这一次出兵，我一定会死，不过假如死在该死的地方，我还有什么好遗憾的呢？”

侯景任命赵威方做豫章太守，江州刺史寻阳王萧大心派遣军队抵抗他，擒获了赵威方，将他关在州府的监狱里，赵威方寻机逃回建康。

湘东王世子萧方等的军队到达麻溪，河东王萧誉率领七千名士兵去攻打他，萧方等的军队战败，萧方等淹死了。安南侯萧方矩收拾残余的军队退回江陵，湘东王萧绎知道萧方等的死讯，没有一点悲伤的表情。萧绎宠爱的姬妾王氏，生了儿子萧方诸。王氏突然死了，萧绎怀疑是徐妃害死的，就逼徐妃自杀，徐妃跳井而死，萧绎用老百姓的丧礼将她埋葬，不让儿子们为她穿丧服。

西江督护陈霸先起兵征讨侯景，侯景派人诱骗广州刺史元景仲，答应奉他做君主，元景仲因此归顺侯景，暗地里谋害陈霸先。陈霸先知道后，与成州刺史王怀明等人集合兵力在南海郡，迅速发布檄文来声讨元景仲，说：“元景仲已与贼兵联合，朝廷派曲阳侯萧勃为广州刺史，军队已经驻扎在朝亭。”元景仲所率领的部属听说后，都背叛元景仲逃散了。秋季，七月，甲寅日（初一），元景仲在府衙堂下上吊自杀。陈霸先迎接定州刺史萧勃镇守广州。

从前的高州刺史兰裕，是兰钦的弟弟，他与几个弟弟煽动诱骗始兴等十个郡，攻打督率衡州事的欧阳頠。萧勃派陈霸先去救援，将兰裕等一批人都抓了起来。萧勃于是派陈霸先去督率始兴郡的政事。

湘东王萧绎派遣竟陵太守王僧辩、信州刺史东海人鲍泉去进攻湘州，分配给他们军队粮草，并且限定时日启程。王僧辩认为竟陵的部下还没有到齐，想等到大部队到齐了再出发，于是与鲍泉进入府衙告诉萧绎，请求延期出发。萧绎怀疑王僧辩借故观望拖延，按着剑大声地骂道："你害怕出征违抗命令，想勾结贼兵吗？今天你只有死路一条了！"于是砍向王僧辩，刺中了他的左大腿，王僧辩昏死过去，很久才苏醒过来，随即将他送到监狱里。鲍泉十分震惊害怕，不敢说话。王僧辩的母亲流着眼泪步行到萧绎府中谢罪，诉说自己教子无方，萧绎怒气才缓解，赠给王僧辩好的伤药，所以王僧辩才没有死。丁卯日（十四日），鲍泉单独率军攻伐湘州。

陆缉等人争着四处暴虐掠夺，吴郡民众不肯归顺他。宋子仙从钱塘调回军队攻打他。壬戌日（初九），陆缉放弃了城池投奔到海盐，宋子仙又攻占了吴郡。戊辰日（十五日），侯景在吴郡设置吴州，任命安陆人王大春做刺史。

庚午日（十七日），梁朝任命南康王萧会理兼尚书令。

鄱阳王萧范听说建康失守，已经实行戒严令，想进入建康，僚佐里有人劝他说："现在东魏人已经占领了寿阳，假如大王离开了这里，那么东魏骑兵必定会想去侵犯合肥。前一个贼寇还没有平定，下一个城池又要失去防守，要怎么办才好呢？不如等到四方的军队聚集过来后，选派优良的大将带领精锐的部众前去，这样进可以尽救助王室、平定乱事的职责，退也可以巩固根本。"萧范于是打消了进兵的念头。恰好东魏大将军高澄派遣西兖州刺史李伯穆率军逼近合肥，又派魏收写信劝降萧范。萧范正好谋划征讨侯景，想趁此借东魏为后援，于是带领两万名战士从东关出来，并且将合州送给李伯穆，又派谘议参军刘灵商量遣送两个儿子萧勤、萧广作为人质到东魏去，以便请求东魏派兵援助。萧范驻守濡须等待长江上游的军队下来，派世子萧嗣率领一千多人驻守在安乐栅，上游各路军队都没有下来，萧范缺粮，只好采食菰米、稗、菱、藕来充饥。萧勤、萧广到了邺城，东魏人始终不为他们出兵。萧范进退不得，只好逆流西上，驻军在枞阳。侯景出兵驻守在姑孰，萧范的大将裴之悌带领部众去投降侯景。裴之悌，是裴之高的弟弟。

东魏大将军高澄到了邺城，辞谢爵位及特殊的礼遇，并且请求册立太子。高澄对济阴王元晖业说："最近你读些什么书？"元晖业说："多次阅读伊尹、霍光的传记，不读曹操、司马懿的书。"

八月，甲申朔日（初一），侯景派他的中军都督侯子鉴等人攻打吴兴。

己亥日（十六日），鲍泉驻扎在石椁寺，河东王萧誉迎战失败；辛丑日（十八日），萧誉又在橘洲打了败仗，战死和溺死的有一万多人。萧誉退守长沙，鲍泉又领兵围困他。

辛卯日（初八），东魏立皇子元长仁做太子。

东魏渤海文襄王高澄因为他的弟弟太原公高洋在兄弟的排行上仅次于自己，心里常常猜忌他。高洋也深深觉得自己应当韬光养晦，所以很少开口说话，常常自我贬退，与高澄说话，没有不顺从的。高澄很轻视他，经常说："这样的人也能得富贵，相术书还有什么可以解释的！"高洋为他的夫人赵郡人李氏制作衣服玩物，高澄就强夺过去，夫人有时生气不肯给，高洋就会笑着说："这种东西还可以再去买来，哥哥需要的，何必要吝惜给予呢？"高澄有时羞愧不敢拿走，高洋就拿给他，他也不谦让。高洋每次退朝回到家里，就关闭楼门静静坐着养身，即使面对着妻子也整天不开口说话。有时袒胸光脚又跑又跳，夫人问他为什么这样，高洋说："为随你意跳跳耍耍罢了！"其实他是在锻炼身体。

高澄俘获了徐州刺史兰钦的儿子兰京，将他分配为掌膳食的奴仆，兰钦想赎回儿子，高澄不应允；兰京常常自己请求，高澄鞭打他，说："再来请求，就将你杀掉。"兰京与他的同党六个人共谋叛乱。高澄在邺城，住在北城的东柏堂，他所宠爱的人是琅邪公主，想让她来往方便，因而常常将侍卫差遣到外面。辛卯日（初八），高澄与散骑常侍陈元康、吏部尚书侍中杨愔、黄门侍郎崔季舒屏退了左右的人，密商接受魏主禅位，部署拟订百官的人选和职位。兰京送饭食来，高澄叫他退下，然后对在座的人说：“昨天晚上我梦见这个奴仆用刀砍我，应当赶快将他杀掉。”兰京听到了，将刀子放在盘子底下，又假装说来送饭食。高澄十分生气地说：“我又没有要你送饭来，为什么突然间送来？”兰京挥动着刀说：“是来杀你的！”高澄跳下床伤了脚，躲到床下，贼人兰京挪开床，将他杀了。杨愔狼狈逃走，掉了一只靴子；崔季舒躲在厕所中；陈元康用身体掩护高澄，与贼人争夺刀子被砍伤，肠子都流了出来；库直王纮冒着刀刃的危险对抗贼人；纥奚舍乐在搏斗中死去。当时变动发生得十分突然，里里外外的人都很震惊恐惧。太原公高洋在宫城东双堂，听到后，面不改色地指挥部署军队，进去讨平了那些贼人，将他们杀死，并且将他们的尸体切割成肉块，然后慢慢地走出来，说：“奴仆们造反，大将军受了伤，没有什么大碍。”朝廷内外无不感到惊恐奇怪。高澄死了，高洋封锁消息而不发丧。陈元康写信与母亲诀别，又口述让功曹参军祖珽记录他提出的善后建议，到了晚上就死了。高洋将他收殓在自己的府邸，谎称陈元康被派到外地办事去了，还任命陈元康为中书令。高洋任用王纮做领左右都督。王纮，是王基的儿子。

功臣贵戚认为主要的军队都在并州，所以奉劝高洋早一点回到晋阳，高洋采纳他们的建议。晚上，召请大将军督护太原人唐邕部署分派将士控制各地重镇，唐邕一下子就安排好了，高洋因此特别重视他。

癸巳日（初十），高洋暗示东魏孝静帝元善见借确立太子，大赦境内。高澄去世的消息渐渐传开，东魏孝静帝元善见偷偷地对身边的人说：“大将军现在死了，这好像是天意，权力应当再回到王室！”高洋留下太尉高岳、太保高隆之、开府仪同三司司马子如、侍中杨愔驻守邺城，其他的勋贵都跟随他。甲午日（十一日），高洋在昭阳殿谒见东魏孝静帝元善见，随从的装甲兵士有八千人，上到殿阶上的有二百多人，个个都捋起袖子伸出胳膊手按着刀柄，仿佛面对着强敌一样。高洋命主持朝仪的人传话启奏说："臣有家里的事要办，必须回到晋阳。"拜了两拜就退了回去。东魏孝静帝元善见吓得脸色都变了，目送他出殿，说："这个人看起来好像不好相处，朕不晓得又要死在哪一天了！"晋阳的旧臣、老将素来都很轻视高洋，等到他一回到晋阳，大会文武百官，英姿勃发，言行畅达，大家都十分惊讶。高澄的政令有不合时宜的，高洋全都修正。高隆之、司马子如等很厌恶度支尚书崔暹，于是上奏陈述崔暹与崔季舒的过失，他们被鞭打二百下后，流放到边疆。

侯景任命宋子仙做司徒、郭子建做尚书左仆射，与领军任约等四十人一起为开府仪同三司，于是下诏令说："从今以后开府仪同不需再增加将军的封号。"此后开府仪同增加到很多，没办法再记数了。

鄱阳王萧范派人从枞阳送信向江州刺史寻阳王萧大心告急，萧大心派人邀请萧范。萧范领着军队到达江州，萧大心将他安置在湓城。

吴兴的兵力又少又弱，张嵊是个读书人，不熟悉打仗带兵的事。有人就劝张嵊效法袁君正献出州郡迎接侯子鉴。张嵊长叹一声说："袁家的人世世代代都以忠贞相传，可是没料想袁君正一下子就毁坏了名节。我怎么会不知道吴郡假如沦陷了，吴兴势必难以保全，我只是为国家尽心尽力，将生命交付出去，就是死了也不会有二心！"九月，癸丑朔日（初一），侯子鉴的军队到达吴兴，张嵊战败，回到郡府，穿整齐衣服，安静地坐着，侯子鉴将他捉起来送到建康。侯景嘉奖他有节操，想让他活命，张嵊说："我有辱担任守城池的职务，现在朝廷正值危亡的时候，我又不能光复大业，今天还是赶快让我去死吧！"侯景想保全他一个儿子的性命，张嵊说："我们一家都已经被登记在鬼名簿上了，不会屈从做你的俘虏而求得恩德！"侯景十分生气，就将他们全家都杀掉了，并且把沈浚也杀了。

河东王萧誉向岳阳王萧詧告急，萧詧留下谘议参军济阳人蔡大宝把守襄阳，带领部众两万、骑兵两千攻打江陵以便救援湘州。湘东王萧绎很害怕，派遣身边的人到监狱向王僧辩请教计策，王僧辩将方法策略一个个地陈述明白，萧绎才宽赦了他，让他做城中都督。乙卯日（初三），萧詧到了江陵，分别编了十三营去进攻江陵，恰好下大雨，平地上水面涨高了四尺，萧詧军队士气低落。萧绎和新兴太守杜崱有交情，秘密邀请杜崱。乙丑日（十三日），杜崱和他的哥哥杜岌、杜岸以及弟弟杜幼安、侄子杜龛各自带领所领属的军队来向萧绎投降。杜岸请求率领五百名骑兵袭击襄阳，日夜赶路，当他们距襄阳城还有三十里的时候，被城中的守兵发现，蔡大宝请出萧詧的母亲龚保林登城抵抗作战。萧詧听到消息后，连夜逃走，将粮食、金帛、铠甲、兵器都丢到溠水去，数也数不完。张缵脚有毛病，萧詧将他载在车上随侍在军中，等到战败逃跑的时候，看守他的人担心被追兵追上，因而把张缵杀掉，丢弃尸体逃走了。萧詧到了襄阳，杜岸逃奔到广平，投靠他的哥哥南阳太守杜巘。

湘东王萧绎因为鲍泉围攻长沙很久也攻不下来，十分生气，派平南将军王僧辩代替他做都督，数落鲍泉的十条罪状，命令舍人罗重欢与王僧辩一起同行。鲍泉一听到王僧辩前来，很惊愕地说："让王竟陵来协助我，贼兵是很容易平定的。"擦拭座席等待王僧辩。王僧辩进来后，背对鲍泉坐下，说："鲍郎，你有罪，湘东王命令我将你锁起来，希望你不要以为我们有旧交情而期望我能袒护你。"命罗重欢宣读命令，然后将鲍泉锁在床边。鲍泉为自己启奏申述，并且为军队稽留不进而自行请罪，萧绎这才平息怒气，于是释放了鲍泉。

冬季，十月，癸未朔日（初一），东魏任命开府仪同三司潘相乐为司空。

起初，历阳太守庄铁带领部众去归顺寻阳王萧大心，萧大心任命他做豫章内史。庄铁到达郡城后立即叛变，又推举观宁侯萧永为首领。萧永，是萧范的弟弟。丁酉日（十五日），庄铁率军去袭击寻阳，萧大心派遣大将徐嗣徽去反击，将庄铁打败。庄铁逃走，到了建昌，光远将军韦截击他，庄铁丢弃了他的母亲、弟弟、妻子、儿女，单独骑着马回到南昌，萧大心派遣韦构率军去追讨他。

宋子仙从吴郡前往钱塘。刘神茂从吴兴前往富阳，从前的武州刺史富阳人孙国恩打开城门投降了刘神茂。

十一月，乙卯日（初四），侯景葬梁武帝萧衍于修陵，庙号高祖。

百济国派遣使者入贡梁朝，看到建康城荒芜破败，和从前完全不同，于是在皇城正南门的端门前哭了起来；侯景十分生气，拘捕百济国的使者送到庄严寺，不允许他们任意出去。

壬戌日（十一日），宋子仙急攻钱塘，戴僧逷投降了他。

岳阳王萧詧派将军薛晖攻打广平，攻下来了，捉到杜岸，将他送到襄阳。萧詧把他的舌头拔掉，用鞭子抽他的脸，把身子剁成几大块下锅煮。又将他祖父的墓挖开，焚烧尸骨，将骨灰到处散扬，把头颅留下做漆碗。

萧詧已经和湘东王萧绎结为死敌，担心不能生存下去，因而派使者去向西魏求援，请求作为西魏的附庸。西魏丞相宇文泰命东阁祭酒荣权出使到襄阳，萧绎派司州刺史柳仲礼镇守竟陵图谋萧詧，萧詧十分害怕，派他的妃子王氏和世子萧嶚到西魏去做人质。丞相宇文泰想谋取经营江、汉地区，因而派开府仪同三司杨忠都督三荆等十五州诸军事，驻守在穰城。柳仲礼到了安陆，安陆太守沈勰打开城门投降。柳仲礼留下长史马岫和他的弟弟马子礼守城，自己带领部众一万名赶往襄阳，宇文泰派杨忠与行台仆射长孙俭带领军队攻打柳仲礼以救助萧詧。

宋子仙乘胜渡过浙江来到会稽。邵陵王萧纶听说钱塘已经失利，所以就逃奔到鄱阳，鄱阳内史开建侯萧蕃率兵抵抗他，萧纶向萧蕃进攻，将萧蕃的军队击败了。

西魏杨忠率军到达义阳，太守马伯符献出下溠城投降。杨忠让马伯符做向导。马伯符，是马岫的儿子。

南郡王萧大连做东扬州刺史。当时会稽土地肥沃、物产丰富，能作战的兵有好几万，粮食、武器堆积如山，东部土著居民苦于侯景的残酷暴虐，都乐意为南郡王效力，然而萧大连却早晚沉醉在饮酒享乐中，不考虑军政事务；司马东阳人留异，凶狠狡诈、残酷暴虐，大家既很害怕又憎恶他，萧大连却将全部的军事委托给他。十二月，庚寅日（初九），宋子仙攻打会稽，萧大连弃城逃走，留异逃回他的家乡，不久又率领他的军队去投降宋子仙。萧大连想投奔鄱阳，留异为宋子仙做向导，在信安追到了萧大连，将他抓住送回建康，萧大连仍酒醉未醒。梁简文帝萧纲听到消息，拉起帷幕遮住自己，用衣袖遮住脸暗自哭泣。于是三吴全部被侯景占领，在会稽的那些公侯都向南翻过了大庾岭。侯景任命留异做东阳太守，将他的妻子和儿女留下做人质。

乙酉日（二十八日），东魏任命并州刺史彭乐担任司徒。

邵陵王萧纶进兵到九江，寻阳王萧大心将江州让给他，萧纶不肯接受，率军向西前进。

始兴太守陈霸先联络郡中贤俊豪杰想征讨侯景，郡人侯安都、张偲等各自率领部众千余人归顺他。陈霸先派遣主帅杜僧明带领两千名士兵驻扎在大庾岭上，广州刺史萧勃派人阻止陈霸先说：“侯景是强横勇猛的枭雄，天下没有人能敌得过他，上次援军来了十万名，士兵、马匹都很精良强悍，还没有办法战胜他，你们只是小小的部众，能把他怎么样呢？最近听说岭北那些王侯闹得都向一锅开水，骨肉之间互相残杀，你和皇家没有什么关系，怎么可以暗中与他们勾结？不如暂时留在始兴，远远地虚张声势，可以保岭南安如泰山。”陈霸先说：“我蒙受国家大恩，从前听说侯景渡江，就想去救援，遇到元景仲和兰裕在中途阻截我，使得京都陷落，国君受辱，臣子蒙难，谁还敢吝惜自己的生命呢？君侯是皇族支系，责任重大，统领一方，假如能派我的军队去救援，总比不派军队要好，怎么还要阻止呢？”于是派遣使者从小路绕道去江陵，接受湘东王萧绎的调度。当时南康土豪蔡路养起兵攻占了整个郡城，萧勃就任命他的心腹谭世远担任曲江县令，与蔡路养相勾结，一起阻止陈霸先。

西魏杨忠攻克随郡，将太守桓和抓了起来。

东魏派金门公潘乐等带领军队五万去袭击司州，刺史夏侯强向他投降。于是东魏将淮南土地全部占有。

资治通鉴卷第一百六十三　梁纪十九

起止庚午（公元550年），共一年。

【题解】本卷记录了公元550年一年的南北朝史事。正当梁朝简文帝萧纲大宝元年，西魏文帝元宝炬大统十六年，北齐文宣帝高洋天宝元年。东魏禅位高氏，北齐建立。西魏侵犯梁朝西境。南朝梁国仍全境混乱。侯景占据建康，控制皇帝，担任丞相，号称宇宙大将军，但他控制的梁朝建康朝廷，已经失去地方势力的支持。侯景性情残暴，以杀人为戏，民心反抗，日渐高涨。

太宗简文皇帝上

大宝元年（庚午，公元550年）

春季，正月，辛亥朔日（初一），梁朝大赦天下，改年号为大宝。

陈霸先从始兴发兵，到了大庾岭，蔡路养带领两万名士兵驻扎在南野抵抗陈霸先。蔡路养妻子的侄子兰陵人萧摩诃，才十三岁，单人独骑出去作战，没有人能抵挡得了他。杜僧明的马受伤，陈霸先救了他，并且将自己所骑的马给他，杜僧明跨上马又去作战，众军因此乘势追杀，蔡路养大败，脱身逃走了。陈霸先向南康前进，湘东王萧绎假借梁简文皇帝萧纲的名义颁授陈霸先为明威将军、交州刺史。

戊辰日（十八日），东魏加封太原公高洋的职位为丞相、都督中外诸军事、录尚书事，大行台、齐郡王。

庚午日（二十日），邵陵王萧纶到了江夏，郢州刺史南康王萧恪在郊外迎接他，并且将整个州让给他，萧纶不肯接受，于是推举萧纶做假黄钺，都督中外诸军事，假借梁简文皇帝萧纲的名义设立百官。

西魏杨忠围困安陆，柳仲礼奔驰回去救援。各将领都担心假如柳仲礼一来，那么安陆必定很难攻下，请求赶快进攻，杨忠说：“攻和守的形势不同，我们不能够立即攻下城；我们带领的军队会日益疲惫，到时腹背受敌，这不是好计策。南方的军队大多擅长在水上作战，不太熟悉在野地里作战，柳仲礼的军队就在附近的路上，我们出其不意，派兵去偷袭他，他们行军疲劳而我们正是振奋的时候，一战就可以战胜他们。打败了柳仲礼，那么安陆这边不必再攻自然会投降，其他各城可以传送文书然后平定他们。”于是挑选了两千名骑兵，命他们口衔木棍，趁夜晚前进，在漴头将柳仲礼打败，捉住了柳仲礼和他的弟弟柳子礼，将他们的部众也都俘虏了。马岫献出安陆，别将王叔孙献出竟陵，都投降了杨忠，此时汉水以东土地又都归属西魏管辖。

广陵人来嶷游说前广陵太守祖皓：“董绍先是一个急躁而没有计谋的人，不能得到百姓的拥戴，偷袭并杀掉他，这本来就是大丈夫的责任。现在我们想要纠集带领义勇的军队，一起来拥护你为首领，假如能够成功，可以建立像齐桓公、晋文公那样的功绩，老天一定也不会责备我们的行为，而且还能够成为梁室的忠臣。”祖皓说：“这正是我所想的啊！”于是与他们一起征召了一批勇士，共一百多人。癸酉日（二十日），偷袭广陵，杀掉了南兖州刺史董绍先；占领了城池，派人到远近各城镇传送文书，推举前太子舍人萧勔做南兖州刺史，仍旧联合东魏做援军。祖皓，是祖暅的儿子；萧勔，是萧勃的哥哥。乙亥日（二十五日），侯景派郭元建带领部众突然来袭，祖皓环城固守。

二月，西魏杨忠乘胜抵达石城，想进逼江陵，湘东王萧绎派遣舍人庾恪游说杨忠：“萧詧来攻打他的叔叔，然而西魏却要来帮助他，这怎么能使天下人信服呢？”杨忠因此停军在湕水北面。萧绎派遣舍人王孝祀等护送儿子萧方略去西魏做人质请求和谈，西魏答应了他。萧绎和杨忠订立盟约说：“西魏以石城做疆界，梁以安陆做疆界，请同时互相为附庸国，并且相互送儿子做人质，互相往来贸易，永远保持睦邻友好。”杨忠这才返回。

宕昌王梁弥定被同族人梁獠甘袭击，梁弥定投奔到西魏，梁獠甘自立为王。羌族酋长傍乞铁葱攻占了渠株川，与渭州老百姓郑五丑联合各羌族一起反叛西魏。丞相宇文泰派大将军宇文贵、凉州刺史史宁去征讨他们，捉住并杀了傍乞铁葱、郑五丑。史宁另外又去进攻梁獠甘，击败了他，梁獠甘带领百余名骑兵投奔到境外羌人巩廉玉那里。史宁又在宕昌迎回梁弥定，让他担任宕昌王，又在渠株川设置岷州，进攻巩廉玉，杀死梁獠甘，俘获巩廉玉，将他押送到长安。

侯景派遣任约、于庆等带领两万名部众去进攻各个藩镇。

邵陵王萧纶想救援河东王萧誉，但是军队里粮食不够了，于是写信给湘东王萧绎说："天时、地利，还比不上人和，何况我们都是手足兄弟，怎么可以互相攻打呢？现在国家正是受危害遭羞辱的时候，创伤这么多，伤痛又那么深，我们只有开诚布公，学习勾践卧薪尝胆的精神，和血吞泪，随时备战，其他小小的积怨，应当要宽容互谅。假如外来的灾难不能除去，家中的祸乱却不停不休，从现在的一些实例追溯到过往史实，没有不因此灭亡的。出征作战的道理，在于求得胜利；至于骨肉间的争斗，越是胜利越觉得凶残，胜利又有什么功绩可言，败了只是徒然损失，劳累将士反而有损道义，损失的不免太多了。侯景的军队没有对长江上游发动侵略的原因，实在是由于藩邦屏障坚固，宗镇强盛严密。假如弟弟你攻下湘州，仍不收起兵器，萧誉就要怀疑你进逼，又怎么能自安，到时一定引进西魏军来寻求援助。倘若现在不能求得安定，整个国家就危险了。您一定要解除湘州的围困，为国家生存大计着想。"萧绎回信给萧纶，陈述河东王萧誉罪大恶极，依法都不能宽赦，而且说："萧督若引杨忠的军队威胁侵扰，我可以轻而易举地就将他们击退，到底谁是谁非，我就不再多讲了。假如湘州早上平定，我的军队黄昏就会上路。"萧纶接到信后，丢在桌子上，感慨万分地流下眼泪说："天下的事，到了如此地步，湘州倘若失陷，我这里也保不住了！"

侯景派遣侯子鉴带领水军八千人，自己带领步兵一万，攻打广陵，三天后，将广陵攻下，抓住祖皓，将他绑起来用箭射他，箭射满了他的身体，然后用车分尸示众，城中无论老少都半埋在地上，骑马奔驰射杀他们。任命侯子鉴做南兖州刺史，驻守广陵。侯景回到建康。

丙戌日（初六），梁朝任命安陆王萧大春为东扬州刺史。撤销了吴州。乙巳日（二十五日），任命尚书仆射王克做左仆射。

庚寅日（初十），东魏任用尚书令高隆之做太保。

梁朝宣城内史杨白华进攻据守安吴，侯景派于子悦带领部众去攻打他，没有攻下。

东魏行台辛术带领军队进犯梁朝，围攻阳平，没有攻克。

侯景娶了梁简文帝萧纲的女儿溧阳公主，十分疼爱她。三月，甲申日（三月无此日），侯景在乐游苑请梁简文帝参加在水边举行的驱除不祥祭祀的春禊宴聚，施帐设饮一共三天。梁简文帝回宫后，侯景与溧阳公主一同坐在御床上，背北朝南并肩坐着，文武百官并列两旁侍奉宴饮。

庚申日（十一日），东魏晋升丞相高洋的爵位为齐王。

梁朝临川内史始兴人王毅等攻打庄铁，鄱阳王萧范派遣他的大将巴西人侯瑱去援救庄铁，王毅等战败被杀。

鄱阳王世子萧嗣与任约在三章交战，任约战败逃走，萧嗣因此迁移镇守在三章，称作安乐栅。

夏季，四月，庚辰朔日（初一），湘东王萧绎任命上甲侯萧韶为长沙王。

丙午日（二十七日），侯景请求梁简文帝萧纲到西州，梁简文帝乘坐白色的辇车，侍卫有四百多人，侯景则有刚猛的铁甲卫士数千名跟随，分在左右保护。梁简文帝听到音乐声，悲伤地流下眼泪，命侯景起来跳舞，侯景也请梁简文帝起来跳舞。

酒宴快结束，坐上的人逐渐散去，梁简文帝萧纲在座席上抱着侯景说：“我很想念你啊，丞相！”侯景说：“陛下假如不想念我，我怎么能到这里呢？”宴会一直到晚上才结束。

当时江南连年发生旱灾、蝗灾，江州、扬州尤其厉害，百姓四处迁徙逃亡，也有相互结伴到山谷、江湖，采草根、树叶和菱角、苋米来吃的，饥民所到之处，都没吃的东西了，死人满山遍野。有钱人家也没有吃的东西，个个饿得都像鸟一样尖脸，像鹄般的身形，只好穿起绫罗绸缎的衣服，身上戴着珠宝，睡在床上，等待死亡来临。千里之内没有煮饭的烟火，也很少看得见人的踪迹，一堆堆人死后的白骨，仿佛小山丘一样堆着。

侯景性情残暴，在石头城设立大石碓。有触犯刑律的就用石碓捣杀。常常告诫各位将领说："把敌人的栅门攻陷或讨平了城镇，就要将那里的人都杀掉，让天下的人都知道我们的厉害。"因此他的将领们每次打胜仗，就专门做烧杀掠夺的事，杀人、砍人就好像在砍草一样，甚至有以此来游戏玩乐的。因而百姓即使明知是死也不归顺他。侯景还下令禁止百姓互相交谈，违反的受刑罚还要株连亲戚。做他的将帅的，一律称呼为行台；来投降归顺的，一律称呼为开府；他身边的亲信就称左右厢公，比一般人勇猛刚强的称库直都督。

西魏文帝元宝炬封皇子元儒为燕王，元公为吴王。

侯景召唤宋子仙返回京口。

邵陵王萧纶在郢州，将州衙办公署称作正阳殿，将里里外外的斋堂阁楼都加上名称。他的部下欺压萧恪的将帅，因此郢州的将佐没有不怨恨他的。谘议参军江仲举，是南平王萧恪的重要谋士，于是游说萧恪除掉萧纶，萧恪惊讶地说："假如我杀掉了邵陵王，让一镇得以保持宁静，荆州、益州的兄弟们，内心一定十分喜悦，海内倘若平定了，那么大家一定会用兄弟的大义来指责我，况且现在最大的敌人侯景还没有消灭，骨肉就要相互残杀，这是自取灭亡的道路，你还是暂时打消这个念头吧！"江仲举不肯听从，部署诸将，约定日期将要发动兵变，结果事情被泄露出去，邵陵王萧纶压死了他。萧恪狼狈地前去谢罪，萧纶说："是那批小人的所作所为，不是兄长的意思。凶党都已经死了，兄长不必忧虑！"

王僧辩急切地攻打长沙，辛巳日（初二），攻克了长沙。拘捕了河东王萧誉，并杀死了他。将首级传送到江陵，湘东王萧绎把萧誉首级送回长沙安葬了他。

起初，萧绎世子萧方等战死，萧誉部将临蒸人周铁虎的功劳最多，萧誉很看重他。王僧辩捉到了周铁虎，命令部属将他烹杀掉，他大叫说："侯景还没有消灭，为什么要杀壮士？"王僧辩对他说的话感到惊讶，就释放了他，将他的部下也还给他。萧绎任命王僧辩为左卫将军，加侍中、镇西长史。

萧绎从去年听到梁高祖萧衍驾崩的消息后，由于长沙还没有攻下来，于是将消息隐匿起来。壬寅日（二十三日），才为梁武帝萧衍发丧，用檀木雕刻了高祖的肖像，放置在百福殿，十分恭谨地供奉，一举一动都前往请示。萧绎认为简文帝萧纲被贼臣侯景控制着，因而不肯用大宝的年号，仍旧称作太清四年。丙午日（二十七日），萧绎下令大举出兵征讨侯景，并且用檄文通知远近各地。

鄱阳王萧范到了湓城，将晋熙郡改为晋州，任命他的世子萧嗣为刺史，江州所属郡县的守令多被更换。寻阳王萧大心，他的政令推行范围只在寻阳一郡而已。萧大心派兵去攻打庄铁，萧嗣和庄铁平常交情不错，因而庄铁请求他们派兵来援救，萧范派侯瑱带领精锐甲兵五千去援助庄铁，因此两镇相互猜疑忌恨，再也没有征讨叛贼侯景的心志了。萧大心命徐嗣徽带领部众两千名，在稽亭建造堡垒来防范萧范的军队，阻断了交通，当时市面上买不进米粮，萧范有数万名部众，没有办法得到粮食充饥，大多饿死了。萧范愤怒怨恨，背上毒疮发作，五月，乙卯日（初七），萧范去世。萧范的军队封锁消息不发讣闻，共同推举萧范的弟弟安南侯萧恬做军主，有部众几千名。

丙辰日（初八），侯景任命元思虔为东道大行台，驻守钱塘。丁巳日（初九），任命侯子鉴为南兖州刺史。

东魏齐王高洋开府建署的时候，渤海人高德政做记室参军，因此两人十分亲近，无话不谈。金紫光禄大夫丹杨人徐之才、北平太守广宗人宋景业对图谶都有精深的研究，认为当太岁星运行到午年的时候，一定会有朝代更替的事情发生，于是由高德政向高洋禀告，劝高洋早点接受禅让。高洋将这件事告诉娄太妃，太妃说：“你的父亲像一条龙一般，你的哥哥也似一头猛虎，他们都还认为皇位是不可以随便妄想占有的，因而一辈子仍然北面称臣，你是什么人，还贪心妄想去做像舜、禹那等伟大的事情吗？”高洋将这些话告诉徐之才，徐之才回答他：“就是由于你比不上你的父兄，因而应当早点升到这尊贵的地位啊！”高洋铸造铜像卜问是否可以成功，又派开府仪同三司段韶去询问肆州刺史斛律金，斛律金来晋阳见高洋，坚持主张不可以这样做，认为宋景业首先陈述接受天命的符命，所以请求先将他杀掉。

高洋与各权贵在太妃面前商议，太妃说：“我的儿子个性非常懦弱耿直，必定不会有僭越的心志，高德政喜欢惹祸，是他教唆的。”高洋认为人们意见无法统一，派高德政到邺城去观察公卿们的心意，人还没回来；高洋便率兵东进，到了平都城召集各位功勋贵戚商议，大家都不敢回答。长史杜弼说：“关西宇文泰，是我们国家面对的实力雄厚的敌人，假如我们接受东魏孝静帝元善见的禅让，恐怕他们要挟持西魏文帝元宝炬，自称是忠义之师而向东发兵，大王要拿什么来应对他们呢？”徐之才说：“今天与我们争夺天下的那些人，他们也想做大王所想做的事，就算他们不服气，不过也会跟在我们后面称帝罢了。”杜弼无言以对。高德政到了邺城，劝谏公卿，没有人附和他。司马子如在辽阳迎接高洋，坚持主张不可接受禅让。高洋打算回到晋阳，仓丞李集说：“大王是为了什么事来的呢？现在却急着要回去？”高洋假装派人在东门将他杀掉，又另外命人赏赐他十匹绢，于是回到晋阳。从此以后，高洋常常很不高兴。徐之才、宋景业等人每天都在陈述阴阳占卜的道理，告诉高洋应当早点接受禅让的天命。高德政也不停地敦促劝说。高洋命术士李密占卜这件事，卜到《大横》的卦，说：“这是汉文帝刘恒登位占卜得到的卦啊！”又命宋景业用蓍草筮卜问，遇到《乾》卦变至《鼎》卦，说：“《乾》，是国君。《鼎》是五月的卦。应当在仲夏五月受禅。”有人说：“五月做官不可以上任，假如犯了忌，将死在这个位子上。”宋景业说：“大王当了天子，就不必还要有下一次的升迁了，怎么不是死在职位上呢？”高洋十分高兴，于是从晋阳出发。

高德政草拟了到达邺城应当办理的各项事务，分条向高洋汇报，高洋命令亲信陈山提乘驿站快马，拿着草拟的条目和秘密书信交给杨愔。这个月，陈山提到了邺城，杨愔立刻召集太常卿邢卲商量拟定各种礼节，秘书监魏收草拟九锡、禅让、劝进等各种文书；杨愔引领东魏的宗室诸王进入北宫，扣留在东斋。甲寅日（初六），东魏晋升高洋为宰相，总领百官，并准备给他车马、衣服、乐器、朱户、纳陛、虎贲、弓矢、铁钺、柜经鬯等九锡的礼遇。高洋行进到前亭，他乘坐的马突然倒地，高洋心里很讨厌，到了平都城，不肯再前进。高德政、徐之才极力请求说：“陈山提先到邺城，担心他会把消息泄露出去。”高洋随即命司马子如、杜弼由驿站借马继续前进进入邺城，以便观察人心。司马子如等到了邺城，大家以为大局已定，无法挽回，所以不敢有其他的议论。高洋到了邺城，征调民夫拿着筑墙工具在城南集合。高隆之向他请示说：“用这些做什么？”高洋变了脸色说：“我自有我的事，你问什么？想全族都被砍头是不是？”高隆之谢罪退下，于是修建圜丘，准备祭天典礼用的礼仪器物。

丙辰日（初八），司空潘乐、侍中张亮、黄门郎赵彦深等人请求上殿奏事，东魏孝静帝元善见在昭阳殿接见他们。张亮说：“朝代的更迭，就像五行的运转，有始有终，齐王高洋圣明有德，四方归附景仰，希望陛下能仿效从前的圣君尧、舜禅让贤能的美德。”孝静帝元善见收敛仪容庄重地说：“这件事我已经推让很久，谨当退位让贤。”又说：“假如这样的话，我应当写禅让诏书。”中书郎崔劼、裴让之说：“禅让诏书已经拟好了。”让侍中杨愔呈递上来。东魏孝静帝元善见签署后，说：“你们要将朕迁到哪里呢？”杨愔回答说：“北城另外有一个馆舍。”孝静帝便走下宝座，走到东廊，吟诵范晔《后汉书·汉献帝纪》里的赞词说："汉献帝刘协生不逢时，身遭播迁，国家又遭变故，汉有天下四百年而终，永远只能像尧的儿子丹朱一样做虞的宾客。"掌管禅让的官员，请孝静帝离开皇宫到别的馆舍去，孝静帝说："古人对自己不要的发簪，破烂的鞋子都还会留念，朕想与六宫的妃嫔告别，可以吗？"高隆之说："现在的天下仍旧是陛下的天下，更何况是六宫。"孝静帝走进后宫，与妃嫔及其下属告别，整个后宫的人都痛哭起来。赵国人李嫔吟诵陈思王曹植的诗："大王要爱惜自己的福体，希望和大王共享有长寿。"直长赵道德准备了一辆车在东阁门等候，孝静帝登上车，赵道德越过前面抱住孝静帝，孝静帝十分生气地骂道："朕敬畏上天，顺应民心，哪个不是东西的奴仆敢这样子逼迫主人！"赵道德仍然不下车。走出云龙门，王公百官都拜别送行，高隆之流泪哭泣。于是孝静帝进入北城，住在司马子如在邺城的南宅，派遣太尉彭城王元韶等捧着玉玺印绶，禅位给齐王高洋。

戊午日（初十），齐王高洋在南郊即皇帝位，大赦境内，改年号为天保。从北魏敬宗元子攸以后，百官就停发俸禄，从现在开始又恢复供给。己未日（十一日），北齐封东魏孝静帝元善见为中山王，特别准许他不必以臣礼相待。追尊齐献武王高欢为献武皇帝，庙号为太祖，后来改为高祖；追尊文襄王高澄为文襄皇帝，庙号为世宗。辛酉日（十三日），尊王太后娄氏为皇太后。乙丑日（十七日），北齐将东魏给各位官员的封爵按不同情况降了级，那些追随高欢起兵的功勋贵戚，还有关西及江南等地来归降的，不在降爵的范围之内。

梁朝文成侯萧宁在吴郡起兵，共有部众一万人。己巳日（二十一日），萧宁向吴郡进攻，代行吴郡政事的侯子荣反击他，将萧宁杀死。萧宁，是萧范的弟弟。侯子荣于是放纵士兵在吴郡境内大肆劫掠。

自从东晋司马氏迁都江东以来，三吴可以说是最富庶的地区，朝廷贡品、租赋、商人、旅人都出于这里。等到侯景叛乱后，金帛被抢夺光了，于是开始抢人来吃，有的把人卖到北朝，留下来的百姓都快死光了。

这时，只有荆、益所属的地区还算完整充实，太尉、益州刺史武陵王萧纪向各征镇发布移文，派世子萧圆照带领兵卒三万名，受湘东王萧绎节度。萧圆照的部队到了巴水，萧绎授给他信州刺史的职位，命令他驻守白帝城，没有允许他继续东下。

六月，辛巳日（初三），梁朝任用南郡王萧大连代行扬州政务。

江夏王萧大款、山阳王萧大成、宜都王萧大封从信安抄小路投奔江陵。

北齐国主高洋封宗室高岳、高隆之等十人，和功臣库狄干、斛律金、贺拔仁、韩轨、可朱浑道元等七人为王。癸未日（初五），晋封弟弟高浚为永安王，高淹为平阳王，高潋为彭城王，高演为常山王，高涣为上党王，高淯为襄城王，高湛为长广王，高湝为任城王，高湜为高阳王，高济为博陵王，高凝为新平王，高润为冯翊王，高洽为汉阳王。

鄱阳王萧范死后，侯瑱去投靠庄铁，庄铁猜忌他；侯瑱内心常常不安，丙戌日（初八），侯瑱设计欺骗庄铁说要商议要事，趁机将庄铁杀了，自己占据豫章。

寻阳王萧大心派遣徐嗣徽趁夜袭击湓城，安南侯萧恬、裴之横等攻击并赶跑了徐嗣徽。

北齐国主高洋娶了赵郡人李希宗的女儿，生了两个儿子高殷和高绍德，又娶了段韶的妹妹。等到将要建立中宫时，高隆之、高德政想结交功勋贵戚取得援助，就说："这些汉族的女人，不配母仪天下，应当再选择更好的对象婚配。"高洋不肯听从。丁亥日（初九），高洋立李氏做皇后，封段氏为昭仪，儿子高殷为皇太子。庚寅日（十二日），高洋任用库狄干做太宰，任命彭乐为太尉，潘相乐为司徒，司马子如为司空。辛卯日（十三日），高洋任用清河王高岳做司州牧。

侯景任用羊鸦仁做五兵尚书。庚子日（二十二日），羊鸦仁出逃到江西，想要前往江陵，到了东莞，盗匪怀疑他身上藏有金子，截杀了他。

西魏想让岳阳王萧詧为梁武帝萧衍发丧并继承王位，萧詧辞谢，不肯接受。丞相宇文泰派荣权册封萧詧做梁王，开始建立行台，设立百官。

陈霸先修筑崎头古城，迁徙到那里驻守。

起初，北燕国昭成帝冯弘投奔到高丽，命他的族人冯业带三百个人用舟筏渡海投奔南朝宋国，因而留在新会。从冯业到他的孙子冯融，世世代代做罗州刺史，到冯融的儿子冯宝成为高凉太守。高凉大姓冼氏，世代是蛮族酋长，部落有十几万户，有个女儿，足智多谋，也很会用兵，各蛮洞都诚服于她的信义；冯融迎娶她做冯宝的妻子。冯融虽然世代为一方长官，但不是当地的土著，他的号令没办法推行；冼氏约束本族的人，让他们遵从老百姓应守的礼仪，和冯宝一起审问案件，假如有首领犯罪，虽然是亲戚也秉公办理，没有丝毫的宽容，因此冯氏才得以推行他的政令。

高州刺史李迁仕占据大皋口，派遣使者召请冯宝，冯宝想前往，冼氏阻止他说："刺史不应当无缘无故召唤太守，一定想欺骗你一同反叛。"冯宝说："你怎么知道呢？"冼氏说："刺史被召唤去救援朝廷时，就以有病在身而推托，铸造兵器又聚合部队，然后才召唤你，这一定是想将你当人质，而命令你出动军队，希望暂时不要去以观察他的变化。"几天后，李迁仕果然造反，派遣主帅杜平虏带领军队进到灨石，在鱼梁修筑城池，接着进逼南康，陈霸先派周文育去攻打他。冼氏对冯宝说："杜平虏是一位勇将，现在进入灨石与官军对抗，依形势看一时回不来，李迁仕在高州，现在也没办法做什么。你假如自行前往，一定打仗，所以应当派遣使者用谦卑的言辞和厚重的礼物去告诉他说：'我不敢自己前来，所以想派遣我的夫人前来参见。'他一听，一定很高兴而没有防备的心。我带领一千多人，一边挑着杂物走路，一边宣扬着说，要用财物来赎罪，能靠近到栅栏下，击败他们是必然的事。"冯宝采纳了她的建议。李迁仕果然不设防备，冼氏偷袭攻击，大败他们的军队，李迁仕逃走投奔宁都。周文育也将杜平虏赶走，攻占了灨石镇。冼氏与陈霸先在灨石会合，回来后，冼氏对冯宝说：

"陈都督不是一般的人才，很得士兵的拥护，一定能平定贼兵，你应当全力资助他。"

湘东王萧绎任命陈霸先为豫州刺史，兼领豫章内史。

辛丑日（二十三日），裴之横攻打稽亭，徐嗣徽打跑了他。

秋季，七月，辛亥日（初三），北齐立世宗高澄的妃子元氏为文襄皇后，宫室名为静德殿。又封世宗高澄的儿子高孝琬为河间王、高孝瑜为河南王。乙卯日（初七），北齐任命尚书令封隆之为录尚书事，尚书左仆射平阳王高淹为尚书令。

辛酉日（十三日），梁王萧詧到西魏朝见文帝元宝炬。

起初，东魏派遣仪同武威人牒云洛等去迎接鄱阳王世子萧嗣，让他镇守皖城。萧嗣还来不及出发，任约的军队就到了。牒云洛等率军退走，萧嗣于是失去了援军，出兵作战，战败而死。任约于是侵占土地到达湓城，寻阳王萧大心派遣司马韦质出去应战，战败，帐下还有战士一千多人，都劝萧大心退守建州，萧大心不肯听从，戊辰日（二十日），献出江州向任约投降。从前萧大心派太子洗马韦臧镇守建昌，有武装士兵五千名，听说寻阳已经失守，想带领部众投奔江陵，还没出发，就被部下杀死。韦臧，是韦粲的儿子。

侯景部将于庆侵占土地到达豫章，侯瑱兵力不足，投降了于庆，于庆将侯瑱送到建康。侯景因为与侯瑱是同姓，所以待他十分优厚，将他的妻子和弟弟留下来做人质，派侯瑱跟随于庆去安抚彭蠡湖以南的各郡，任命侯瑱为湘州刺史。

起初，巴山人黄法㲹有勇力，当侯景叛乱的时候，联合百姓保卫乡里。巴山太守贺诩到江州，委派黄法㲹监管巴山郡中事务。黄法㲹驻守在新淦，于庆从豫章分派军队攻击新淦，黄法㲹打败了他。陈霸先派周文育进军攻打于庆，黄法㲹率领部队与他会合。

邵陵王萧纶听说任约将要到来，派司马蒋思安带领精锐军队五千人去袭击任约，任约部众溃败；蒋思安不做防备，任约收拾残兵偷袭他，蒋思安战败逃走。

湘东王萧绎将宜都改为宜州，任命王琳为刺史。

这个月，梁朝任命南郡王萧大连为江州刺史。

西魏丞相宇文泰因为北齐国主高洋称帝，带领各路军队讨伐高洋。宇文泰派齐王元郭镇守陇右，征调秦州刺史宇文导做大将军，都督二十三州诸军事，驻兵咸阳，以镇守关中。

益州和尚孙天英带领徒众几千人趁夜攻打州城，武陵王萧纪和他交战，将孙天英杀了。

邵陵王萧纶大修铠甲、兵器，将要征讨侯景。湘东王萧绎厌恶他，八月，甲午日（十七日），萧绎派遣左卫将军王僧辩、信州刺史鲍泉等带领水军一万名，向东奔赴江、郢，声称去对抗任约，而且还说要迎接邵陵王萧纶回江陵，将湘州给他。

北齐国主高洋刚刚登基，励精图治。赵道德以私事请托黎阳太守清河人房超，房超不打开请托信，用大杖打死了使者；北齐国主高洋赞赏房超，命令郡县长官各自设置大杖来击杀请托的使者。过了很久，都官中郎宋轨上奏章说："假如奉命去请托，还要导致杀身的大刑，那要是自身触犯了刑法，怎样加罪呢？"高洋才罢除了这种刑法。

司都功曹张老上书请求制定北齐的法律，北齐国主高洋下令右仆射薛琡等人将从前北魏《麟趾格》的法令制度，再拿来讨论删改修订。

北齐国主高洋精选六军的宿卫兵士，必须每个人能对付一百个人，保证他一到战阵必能抱定必死决心，才能入选，叫作"百保鲜卑"，又选了汉人里面勇力超凡的人，号称"勇士"，以备边防要塞之需。

北齐国主高洋又开始把户口制定为九等级，有上、中、下三等，每等又分上中下，有钱的就缴纳钱财，没钱的就服徭役劳工。

九月，丁巳日（初十），西魏军从长安出发向东攻打北齐。

王僧辩的军队到了鹦鹉洲，郢州司马刘龙虎等暗中派人送礼给王僧辩，邵陵王萧纶听到后，派遣他的儿子威正侯萧礩带领军队去攻打刘龙虎，刘龙虎战败，投奔到王僧辩那儿。萧纶写信去责备王僧辩说："将军前年杀了人家的侄子，今年又征讨人家的哥哥，用这种方法求荣，恐怕是天下人所不答应的事。"王僧辩写信给湘东王萧绎，萧绎命令他继续进兵。辛酉日（十四日），萧纶将部下集合到西园，流着眼泪说："我本来没有其他的野心，只是立志想把贼兵消灭而已，可是湘东王萧绎常常说我是想跟他争帝位，所以多次讨伐我。现在假如我想守住城池，就会断绝粮运储备，倘若想开战，又怕会让千年以后的人耻笑，又不能无缘无故就被抓去，因而决定到下游去避一避难。"部下壮士都争着请求出战，萧纶不肯听从，和他的儿子萧礩从仓门乘船向北出逃。王僧辩进城占据郢州。萧绎任命南平王萧恪为尚书令、开府仪同三司，世子萧方诸任郢州刺史，王僧辩任领军将军。

萧纶在路上遇到镇东将军裴之高，裴之高的儿子裴畿强夺了他的兵器，萧纶和身边的人乘快船逃到武昌涧饮寺，僧人法馨将萧纶藏在岩洞下面。萧纶的长史韦质、司马姜律等听说萧纶还活着，跑去迎接他，说服了北江州七栅的流亡百姓资助粮草兵器。萧纶出来在巴水扎营，流民中有八九千人都去投靠他，渐渐收集了失散的士卒，驻扎在齐昌。派遣使者去向北齐请和，北齐国主高洋任命萧纶为梁王。

湘东王萧绎改封皇子萧大款为临川王，萧大成为桂阳王，萧大封为汝南王。

癸亥日（十六日），西魏军队到了潼关。

庚午日（二十三日），北齐国主高洋到了晋阳，命令太子高殷住在凉风堂监理国事。

南郡王中兵参军张彪等从若邪山起兵，攻克了浙东各县，有部众好几万人。吴郡人陆令公等劝说太守南海王萧大临去投奔他，萧大临说："张彪假如会成功，不需要我们的力量；倘若他失败了，就会将罪过归到我们身上以求自我解脱，因而不可以去投靠他。”

任约进兵侵犯西阳、武昌。起初，宁州刺史彭城人徐文盛等招募了士兵好几万人去征讨侯景，湘东王萧绎任命他为秦州刺史，命他带领军队东下，与任约在武昌遭遇。萧绎任命庐陵王萧应为江州刺史，任命徐文盛为长史代理庐陵王管理军政事务，督导各位将领抵抗任约。萧应，是萧续的儿子。邵陵王萧纶引领的齐兵尚未到达，就将营地移到马栅，距离西阳八十里，任约听到后，派遣仪同叱罗子通等带领铁甲骑兵二百名偷袭他，萧纶没有防备，骑着马赶快逃跑。当时湘东王萧绎也和北齐联络，因而齐人只在旁边观望，不去援助萧纶。定州刺史田祖龙去迎接萧纶，但是萧纶认为田祖龙和萧绎的交情深厚，怕去了后反被他捉住，又回到齐昌。当他们走到汝南时，西魏任命的汝南城主李素，是萧纶从前的老部下，将城门打开接纳了他，任约于是攻占了西阳、武昌。

裴之高带领子弟和所属军队一千多人到了夏首，湘东王萧绎召见他，任命他做新兴、永宁二郡的太守。又任命南平王萧恪担任武州刺史，驻守武陵。

起初，邵陵王萧纶任用衡阳王萧献做齐州刺史，驻守齐昌，任约攻打并抓住了他，将他送到建康杀死。萧献，是萧畅的孙子。

乙亥日（二十八日），梁朝进封侯景为相国，封邑二十郡，为汉王，赐给他特殊的礼遇。

岳阳王萧詧回到襄阳。

黎州的百姓进攻刺史张贲，张贲弃城逃走，州民又引领氐族的酋长北益州刺史杨法琛占领了黎州，杨法琛派出王、贾二姓的人去觐见武陵王萧纪，请求任用杨法琛做黎州刺史。萧纪狠狠地痛骂他们，将杨法琛的儿子杨崇颙、杨崇虎当人质关了起来。冬季，十月，丁丑朔日（初一），杨法琛派遣使者想要依附西魏。

己卯日（初三），北齐国主高洋到达晋阳宫。广武王高长弼和并州刺史段韶不和，北齐国主高洋将往晋阳，高长弼对北齐国主高洋说："段韶在那里拥有强兵，恐怕不会顺从人意，怎么可以直接就去他那里呢？"北齐国主高洋不肯听从。到达晋阳后，北齐国主高洋就把高长弼说的话告诉了段韶，说："像你这么忠心耿耿的人，还有人进谗言，何况是其他的人呢！"高长弼，是高永乐的弟弟。乙酉日（初九），特别加封任命元韶任尚书左仆射，段韶任右仆射。

乙未日（十九日），侯景加封自己为宇宙大将军、都督六合诸军事，写好诏文呈递给梁简文帝萧纲，梁简文帝惊讶地说："竟有宇宙将军的称号啊！"

梁简文帝萧纲立皇子萧大钧为西阳王，萧大威为武宁王，萧大球为建安王，萧大昕为义安王，萧大挚为绥建王，萧大圜为乐梁王。

北齐东徐州刺史行台辛术镇守下邳。十一月，侯景征调税租运往建康，辛术带领部队渡过淮河，截断了他漕运的道路，烧掉一百万石粮食，于是围攻阳平，侯景的行台郭元建领军救援。壬戌日（十六日），辛术劫掠了三千多户民众，回到下邳。

武陵王萧纪带领各路军队从成都出发，湘东王萧绎派遣使者送书信阻止他们说："蜀人勇猛凶悍，很容易躁动却很难平定，老弟你要好好镇守蜀地，我自会将贼兵灭掉。"又另外写一张字条说："想与你分地而治，像吴、蜀一样各为一国，并且希望我们像鲁、卫一样兄弟情深，常常互通书信。"

甲子日（十八日），南平王萧恪带领文武官员拿着奏表拜请推举湘东王萧绎为相国，总领百官；萧绎没有答应。

西魏丞相宇文泰从弘农建桥，渡过黄河，到达建州。丙寅日（二十日），北齐国主高洋带领军队驻扎在东城。宇文泰听说他的军队军容严整盛大，感叹地说："高欢没有死啊！"恰好雨下个不停，从秋到冬，西魏军队的牲畜大都死了，宇文泰就从蒲阪撤军。这时候河南从洛阳以东，河北从平阳以东，都划入北齐的疆界。

丁卯日（二十一日），徐文盛驻军在贝矶，任约带领水军迎战，徐文盛大败任约，斩杀叱罗子通、赵威方，并且进兵大举口。侯景派遣宋子仙等带领士兵两万去援助任约，让任约守住西阳，任约很久不能前进，侯景只好自己出军驻守在晋熙。

南康王萧会理认为建康空虚，因而想与太子左卫将军柳敬礼、西乡侯萧劝、东乡侯萧勔起兵杀死王伟。安乐侯萧乂理出逃到长芦，招募士众共得到一千多人。建安侯萧贲、中宿世子萧子邕得知他们的谋划，就将此事告诉了王伟。王伟拘捕了萧会理、柳敬礼、萧劝、萧勔和萧会理的弟弟祁阳侯萧通理，将他们都杀死了。萧乂理被身边的人杀死。钱塘人褚冕，因为是萧会理的旧交，被王伟严刑拷打，始终没有二话。萧会理隔着墙壁对他说："褚郎，卿难道不是因为我而导致如此吗？卿虽然拼死维护我，但我的内心确实是想将贼人杀死。"褚冕终究不肯屈服，侯景只好宽宥他。萧劝，是萧昺的儿子；萧贲，是萧正德的弟弟；萧子邕，是萧憺的孙子。

梁简文帝萧纲从即位以来，侯景对他的防卫十分严密，外人是没办法见到他的，只有武林侯萧谘和仆射王克、舍人殷不害可以见到，并且由于他们都是文弱书生，因而能够在梁简文帝的卧室内进进出出，梁简文帝也只是和他们谈论文义罢了。等到萧会理一死，王克、殷不害都很担心惹祸，渐渐疏远了梁简文帝。只有萧谘没有离开梁简文帝，每天朝见请安从未间断；侯景很厌恶他，就派萧谘的仇人刁戍在广莫门外把萧谘杀了。

梁简文帝萧纲即位时，侯景和梁简文帝登上重云殿，向着佛像叩拜发誓说："从今以后，我们君臣两个没有任何猜忌，臣一定不会辜负陛下，陛下也不能辜负了臣。"等到萧会理遇刺的消息泄露后，侯景怀疑梁简文帝早知道了这件事，所以杀了萧谘。梁简文帝知道自己可能不能久活，指着自己所住的宫殿对殷不害说："庞涓一定会死在这里。"

侯景带领部众到宣城去征讨杨白华，杨白华力竭投降，侯景认为杨白华是北方人，保全了他的性命，让他担任左民尚书，杀掉了他哥哥的儿子杨彬来报复从前来亮被杨白华杀死的仇恨。

十二月，丙子朔日（初一），侯景封建安侯萧贲做竟陵王，中宿世子萧子邕为随王，并且赐给他们姓侯。

辛丑日（二十六日），北齐国主高洋从晋阳回到邺城。

邵陵王萧纶在汝南，修筑城池，集合士兵，将攻打安陆。西魏安州刺史马祐将这件事禀告丞相宇文泰，宇文泰派遣杨忠带领一万名军士去救援安陆。

武陵王萧纪派遣潼州刺史杨乾运、南梁州刺史谯淹联合士兵两万名去征讨杨法琛，杨法琛出兵据守剑阁来对抗他们。

侯景从晋熙返回建康。

起初，北魏敬宗元子攸任命尔朱荣担任柱国大将军，位在丞相之上；尔朱荣败亡以后，这个官衔就被废掉了。

大统三年，西魏文帝元宝炬又任命丞相宇文泰担任这个官职。以后有辅佐皇帝登位之功，名望和功绩都很高的人，也担任这个官职，一共有八个人，这八个人是安定公宇文泰、广陵王元欣、赵郡公李弼、陇西公李虎、河内公独孤信、南阳公赵贵、常山公于谨、彭城公侯莫陈崇，称作八柱国。宇文泰这时开始登记平民中才智勇力出众的人作为府兵，他们自身的租、庸、调一切纳物都予以免除，利用农闲的时候，让他们操练武功，学习战争阵法，所需要的马匹粮草，由六家平民供应，共设一百府，每府由一郎将率领，一百府分属二十四个军。宇文泰担任总统领，督导中外诸军事；元欣因为是宗室中德高望重的人，位列八柱国，只是在宫禁中悠闲地进出罢了。其余的六人每人分别督导两大将军，共有十二位大将军，每位大将军又各统领开府两人，开府各率领一军。从此以后功臣中官位到柱国大将军、开府仪同三司、仪同三司的人很多，一律是闲散的官衔，没有统领军队，虽然也有继续掌管军队的，但是声名威望都在八柱国之下。

北齐国主高洋命令散骑侍郎宋景业制定《天保历》，颁布实行。

资治通鉴卷第一百六十四　梁纪二十

起辛未（公元551年），止壬申（公元552年），共二年。

【题解】本卷记录了公元551年至552年共两年间的南北朝史事。当时正值梁简文帝大宝二年，梁元帝承圣元年；西魏文帝大统十七年，废帝元年；北齐文宣帝天保二年、三年。本卷着重写了侯景的覆灭。侯景的覆灭，看似是因政治、军事失策所导致，但再往深探究，则是因为以其为代表的北镇武人缺乏文化底蕴所造成。陈霸先在平侯景的行动中，起到了至关重要的作用，为后来陈朝的建立奠定了基础。

太宗简文皇帝下

大宝二年（辛未，公元551年）

春季，正月，新吴人余孝顷出兵抗拒侯景，侯景派于庆去攻击他，没有取胜。

庚戌日（初五），湘东王萧绎派遣护军将军尹悦、安东将军杜幼安、巴州刺史王珣带领士兵两万名从江夏前往武昌，接受徐文盛的节度。

杨乾运攻克剑阁，杨法琛退守石门，杨乾运据守南阴平。

辛亥日（初六），齐主高洋在圜丘举行祭祀大典。

张彪派遣他的将领赵稜围攻钱塘，孙凤围攻富春，侯景派遣仪同三司田迁、赵伯超去救援，赵稜、孙凤战败逃走。赵稜，是赵伯超哥哥的儿子。

癸亥日（十八日），齐主高洋为劝民勤于农耕，亲自到藉田耕种。乙丑日（二十日），齐主高洋在太庙祭祀。

西魏杨忠围攻汝南，梁将李素战死。二月，乙亥日（初一），城池被攻陷，俘获邵陵王萧纶并将他斩杀，把尸体丢到江边，岳阳王萧詧收尸埋葬。

有人密告北齐太尉彭乐阴谋造反，壬辰日（十八日），彭乐获罪被杀。

北齐派遣散骑常侍曹文皎出使江陵，湘东王萧绎派兼散骑常侍王子敏回访。

侯景任用王克为太师，宋子仙为太保，元罗为太傅，郭元建为太尉，支化仁为司徒，任约为司空，王伟为尚书左仆射，索超世为右仆射。侯景设置三公的官职，动辄数十位，仪同更多。他派宋子仙、郭元建、支化仁做佐命、元功，王伟、索超世做谋主，于子悦、彭隽担任主持锄奸断狱的事，陈庆、吕季略、卢晖略、丁和等做他的爪牙。梁人中被侯景任用的，有归降的将军赵伯超、前制局监周石珍、内监严亶、邵陵王的记室伏知命。其余的如王克、元罗及侍中殷不害、太常周弘正等，因为他们深孚众望，侯景加给他们尊位，但不把他们当亲信。

北兖州刺史萧邕计划归降西魏，侯景杀了他。

杨乾运进兵攻占平兴，平兴是杨法琛所治理的。杨法琛退守鱼石洞，杨乾运放火烧掉平兴城后撤军离去。

李迁仕收拾部众回去攻打南康，陈霸先派遣他的大将杜僧明等抵抗他，活捉李迁仕，杀了他。湘东王萧绎派陈霸先进兵攻取江州，任命他为江州刺史。

三月，丙午日（初二），北齐襄城王萧淯去世。

庚戌日（初六），西魏文帝元宝炬崩殂，太子元钦继立。

乙卯日（十一日），徐文盛等攻陷武昌，向芦洲进兵。

己未日（十五日），北齐任命湘东王萧绎为梁朝相国，设立梁国台署，总领百官，秉承皇帝的制令行事。

北齐司空司马子如请求封王，齐主高洋很生气，庚子日（三月无此日），罢免了司马子如的官职。

任约报告情势紧急，侯景带领部众向西而上，带着太子萧大器跟随军中同行，作为人质，留下王伟居守宫中。闰月，侯景由建康出兵，从石头城抵达新林，战船首尾相接。任约分派军队在齐安袭击并打败了定州刺史田龙祖。壬寅日（二十九日），侯景的军队到达西阳，与徐文盛的军队隔着江各自修筑营垒。癸卯日（三十日），徐文盛大败侯景军队，射中了他的右丞库狄式和，库狄式和落水而死，侯景逃跑回到军营。

夏季，四月，甲辰日（初一），西魏将文帝的灵柩埋葬在永陵。

郢州刺史萧方诸，年方十五，因为行事鲍泉为人和顺软弱，萧方诸就常常侮辱他，有时命鲍泉匍匐在座席上，将他的背当马骑。萧方诸倚仗徐文盛的军队就驻扎在附近，便不再设置防备，每天玩一种类似掷骰子的赌博游戏，饮酒作乐。侯景听说江夏空虚，没有防备，乙巳日（初二），派宋子仙、任约带领精锐骑兵四百名，从淮内偷袭郢州。丙午日（初三），风雨交加，天色昏暗不明，有人登上墙头看见贼兵，告诉鲍泉说："贼人的骑兵来了！"鲍泉说："徐文盛的大军就在下方，贼兵能从什么地方闯进来呢？一定是王珣军队里的人回来了。"不久，来禀告的人越来越多，这才命令将城门关闭，宋子仙等人已经进了城。萧方诸正坐在鲍泉的肚子上，用五色彩带给他的胡子结辫子，看到宋子仙到了，萧方诸立即迎接拜礼，鲍泉躲藏到床下。宋子仙俯身从小缝里看见鲍泉白色的胡子杂着彩带，很惊讶，于是抓住了他，连同司马虞豫，一同送到侯景那里。因为顺风，侯景在长江中张开船帆，所以速度超过了徐文盛等人的军队，丁未日（初四），侯景进入江夏。徐文盛的部众因为害怕都溃散了，徐文盛和长沙王萧韶等逃回江陵。王珣、杜幼安因为家乡就在江夏，所以归降了侯景。

湘东王萧绎任命王僧辩为大都督，带领巴州刺史丹杨人淳于量、定州刺史杜龛、宜州刺史王琳、郴州刺史裴之横向东讨伐侯景，徐文盛以下都受他调度指挥。戊申日（初五），王僧辩等的部队到了巴陵，听说郢州已经陷落，就留守在那里。萧绎写信给王僧辩说："贼兵已经取胜，必定会趁着胜势继续西下，不辞辛劳地向远地进攻，你们只要守在巴丘，以逸待劳，不用担心不能克敌。”又对将佐说：“假如贼兵分水、陆两路前进，直指江陵，这是最上策。据守夏首，积蓄兵粮，这是中策。全力以赴进攻巴陵，这是最下策。巴陵城小但坚固，王僧辩足可以胜任。侯景攻城倘若攻不下来，野外又没有什么东西可以抢夺，大热天瘟疫随时会发生，粮食吃完了，军队士兵疲惫，我们一定可以打败他。”于是命令罗州刺史徐嗣徽从岳阳、武州刺史杜崱从武陵领军前去和王僧辩会合。

侯景派丁和带领五千士兵把守夏首，宋子仙领兵一万做先锋，直接赶往巴陵，派任约直指江陵，侯景带领大军水路、陆路继续前进。这时，沿着长江守卫巡逻的士兵，看到他的威势都纷纷请求投降，侯景又广布哨逻到隐矶来彰显兵势。王僧辩把守城池坚固防守，放倒军旗，暂停打鼓以隐藏军势，表面上看平静得像没有人一样。壬戌日（十九日），侯景的部队渡过长江，派轻骑到城下，问道：“城里是谁在那儿呢？”有人回答说：“王领军。”骑兵说：“为什么不早点投降？”王僧辩说：“大队人马倘若只向荆州去的话，这个城自然不敢阻挡你们。”骑兵就离开了。不久，侯景将王珣捉到城下，命他说服他的弟弟王琳。王琳说：“哥哥受命征讨贼兵，却不能为国难而牺牲性命，内心不会很羞愧吗？反而想要诱降我！”拿了弓就射他，王珣羞愧地退走了。侯景的军队拿着短兵器分成百路攻城准备肉搏战，城中鼓声响起，弓箭、石头像雨点般纷纷落下，侯景的士兵死了很多，只好撤退。王僧辩派遣轻骑兵出去应战，一共十几次，都打了胜仗。侯景穿着铠甲在城下亲自督战，王僧辩却佩着绶带，乘着车，奏着鼓乐巡视城中，侯景望见后，很佩服他的勇敢和胆识。

岳阳王萧詧听说侯景攻克了郢州，派遣蔡大宝带领一万军士进兵驻守武宁，遣派使者到江陵，欺骗他们说是去救援。众人商量想回答使者说：侯景军队已被打败，请他退军。湘东王萧绎说：“现在命他退军，等于是驱使他进兵。”就命使者回去对蔡大宝说：“岳阳王多次启请连和，不相侵扰，你怎么突然据守在武宁呢？现在应该派遣天门太守胡僧祐带领精锐武装士兵两万名、精强的骑兵五千人驻守在湕水，等待时日进兵。”岳阳王萧詧听到后，召集他的军队回去了。胡僧祐，是南阳人。

五月，西魏陇西襄公李虎去世。

侯景昼夜不停地进攻巴陵，没有攻下，军队里粮草已经吃完，疾病瘟疫流行，士兵死伤大半。湘东王萧绎派遣晋州刺史萧惠正带领军队去援助巴陵，萧惠正推辞不能承命，举荐胡僧祐代替自己。胡僧祐当时正因忤逆圣旨被连累而关在狱中，萧绎立即释放了他，拜他为武猛将军，命他去救援，告诫他说：“倘若贼兵用水战，你只要用大战舰对付他们，一定可以战胜。倘若用陆战，你可以划着船桨直接到巴丘，不必与他们交战。”胡僧祐到了湘浦，侯景派任约带领精锐士卒五千名驻守在白塉等着他们。胡僧祐从另一条路往西边上去，任约认为他害怕自己，赶紧追赶他，到了芊口，大叫胡僧祐说：“吴地小儿，怎么不早点归降，逃到哪里去！”胡僧祐不回答，偷偷地领军到赤沙亭，恰好信州刺史陆法和到了，和他一起会合。陆法和有奇异的法术，隐居在江陵百里洲，衣食与住处都和佛门中清苦守戒的和尚一样，有时预言吉凶的事，多被说中，别人无法了解他。侯景包围台城时，有人问他说：“事态的发展会怎么样呢？”陆法和说：“大凡人家采果实，总要等待成熟时，不用摘取，自然会落下来。”那个人请他说得明白些，陆法和说：“可能攻下来也可能攻不下来。”等到任约向江陵进军，陆法和自行请求攻打他，萧绎答应了。

壬寅日（三十日），任约到了赤亭。六月，甲辰日（初二），胡僧祐、陆法和联合军队攻打他，任约的军队溃败，被杀死、溺死的很多，任约被捉拿送到江陵。侯景听到后，乙巳日（初三），将营地放火烧了，连夜逃走。侯景任命丁和为郢州刺史，留下宋子仙等，部众号称两万，戍守在郢城；别将支化仁驻守在鲁山，范希荣担任江州政事，仪同三司任延和、晋州刺史夏侯威生驻守晋州。侯景与部下士兵几千人，顺流而下。丁和用大石头击杀鲍泉和虞预，将他们沉溺到黄鹤矶里。

任约到了江陵，萧绎宽赦了他。徐文盛因为发牢骚，被投入监狱处死。巴州刺史余孝顷派遣他哥哥的儿子余僧重带领军队去援救鄱阳，于庆退兵逃走。

萧绎任用王僧辩做征东将军、尚书令，胡僧祐等都加上新职位、称号，派他们领军东下。陆法和请求回师，回来后对萧绎说："侯景的叛乱自然会平定，但是蜀地方面的贼兵又快来了，请让我守住险要等候他们。"于是领军驻守在峡口。庚申日（十八日），王僧辩到了汉口，先攻打鲁山，俘虏了支化仁并将其送到江陵。辛酉日（十九日），攻打郢州，攻陷外城，杀掉上千人。宋子仙撤退据守在金城，王僧辩四面修建土山，攻打他。

豫州刺史荀朗从巢湖离开濡须截击侯景，打败他的后军，侯景逃回，船队前后失去联系。太子的船驶入枞阳浦，船中心腹臣子都劝太子趁这个时机到北方去，太子说："自从国家动乱败亡后，我的心志就没想过要苟且偷生，现在主上又蒙受羞辱，我怎么忍心背离而去呢？现在我要离去，就是背叛父亲，而不只是躲避贼兵而已。"于是哭泣流泪，随即命令向前出发。

甲子日（二十二日），宋子仙等被围攻逼迫，请求将郢城送给王僧辩，允许他回去投奔侯景；王僧辩假装答应，命令属下给他百艘船只来安定他的心绪。宋子仙认为他们很值得相信，放下船只将要出发时，王僧辩命令杜龛带领一千名精锐勇士爬上城墙，击鼓呐喊，急促前进，水军主帅宋遥带领楼船，楼船四合如云，江上一片昏暗。宋子仙一边应战一边退走，在白杨浦被打败，周铁虎活捉了宋子仙和丁和，送到江陵，把他们杀了。

庚午日（二十八日），齐主高洋因为司马子如是高欢从前的老朋友，又让他担任太尉。

江安侯萧圆正做西阳太守，宽厚温和好施舍，归顺他的人很多，拥有一万名部众。湘东王萧绎想将这些人图谋占有，任命萧圆正为平南将军。等他来的时候，又不接见他，让南平王萧恪和他喝酒，喝醉后，将他囚禁在内省，瓜分了他的所属军队，命人告发他的罪状。从此引发了荆州、益州的仇隙。

陈霸先领军朝南康出发，灨水里的石头从前形成了二十四个险滩，恰好水猛然向上涨了好几丈，三百里路中间，巨大的石头都被淹没，陈霸先军队暂时驻扎在西昌。

铁勒将要征讨柔然，突厥酋长土门拦截袭击，打败了他的军队，将他的部众五万多户都降服了。土门倚仗他的强盛，向柔然求婚，柔然头兵可汗大为愤怒，命人去责骂污辱他说："你，是我的铁匠，怎么还敢说这种话！"土门也发怒，杀掉使者，与柔然绝交，转而向西魏求婚。西魏丞相宇文泰将长乐公主嫁给他。

秋季，七月，乙亥日（初四），湘东王萧绎派长沙王萧韶监管郢州政事。丁亥日（十六日），侯景返回建康。于庆从鄱阳回到豫章，侯瑱关闭城门拒绝了他，于庆逃往江州，占据郭默城。萧绎任命侯瑱为兖州刺史，侯景将侯瑱留为人质的子弟都杀掉了。

辛丑日（三十日），王僧辩乘胜攻克湓城，陈霸先带领所领属的三万士兵将要与他会合，驻守在巴丘。王僧辩的军队从荆州来，缺少粮食，陈霸先有粮食五十万石，分了三十万石去救济他。八月，壬寅朔日（初一），王僧辩的先锋进攻于庆，于庆放弃郭默城逃走，范希荣也放弃寻阳城逃走。晋熙人王僧振等起兵包围郡城，王僧辩派遣沙州刺史丁道贵去援助他，任延和放弃城池逃走。湘东王萧绎命令王僧辩暂时驻扎在寻阳，等待各路军队集合过来。

起初，侯景攻陷建康时，常常嘲笑吴儿胆怯懦弱，容易被偷袭夺取，应等平定中原，然后做皇帝。侯景娶了简文帝的女儿溧阳公主，很宠爱她，因而妨碍了政事，王伟多次劝谏侯景，侯景告诉溧阳公主，溧阳公主口出恶言，王伟恐怕被溧阳公主的谗言所害，因此游说侯景除掉简文帝。侯景从巴陵战败回来时，勇猛的将士大多殉难身死，自己害怕不能长久活下去，想要早点登上帝位。王伟说："自古以来，想要改朝换代，就必须先废掉旧主，另立新主，宣示我们的威势声望，而且可以断绝百姓的期望。”侯景采纳了他的建议。派前任寿光殿学士谢旲拟写诏书，认为“弟侄争着要继承王位，一时搅乱了常规，失去了纲常秩序，这都是由于朕不是正统的继承人，因而导致祸乱灾害，应当让位给豫章王萧栋”。侯景派吕季略拿进去，逼迫梁简文帝写下来。萧栋，是萧欢的儿子。

戊午日（十七日），侯景派遣卫尉卿彭儁等带领军队进入重云殿，废简文帝为晋安王，幽禁在永福省，将里外侍卫全部撤除，命那些能冲陷敌军的骑兵在左右看守着，四面墙头上都种上有刺的荆藤。庚申日（十九日），下诏令迎接豫章王萧栋。萧栋当时正被拘押幽禁，分配的粮食很少，只能仰赖着蔬菜过日子。正与他的妃子张氏在田里锄挖葵菜，天子的车驾突然来到，萧栋很惊讶，不知道他们要做什么，哭泣着上车。

侯景杀掉哀太子萧大器、寻阳王萧大心、西阳王萧大钧、建平王萧大球、义安王萧大昕和在建康的王侯一共二十多人。太子神色端庄凝重，对于侯景的党羽一点也没有屈服的意思，他的亲近左右偷偷问他，太子说：“贼兵倘若行事是合乎道义的，就不会被杀，就算我凌辱谩骂态度傲慢，他们也不敢说话。倘若被杀的时机到了，就算一天里一百次向他们跪拜，也没什么用处。”又问他：“殿下现在处在困难危险中，而容貌态度却怡然自得，与平常没有两样，是什么缘故呢？”太子说：“我猜想，自己的死期一定在侯景这些贼人的前面，假如我的叔父们能将贼人杀掉的话，贼人必定会先来杀我，然后他才会去死。假如不能杀贼人，他也会杀掉我而取得富贵，又何必用必定会死的生命去担心那些没有什么用处的忧愁呢？”等到遇难时，太子的脸色仍然没有改变。他慢慢地说：“我早就知道会发生这样的事，感叹它来得太晚了些！”上刑的人想用衣带绞死他，太子说：“这样怎么能杀死我！”命令他们拿帐绳来绞脖子，才气绝而死。

壬戌日（二十一日），萧栋即皇帝位。大赦天下，改年号为天正。太尉郭元建听到后，从秦郡奔驰回来，对侯景说：“先帝和太子，既然没有什么罪过，为什么要废黜他们呢？”侯景说：“王伟劝我说：‘早点废黜掉，可以断绝百姓对他们的期望。’我于是听信他的话来安定天下民心。”郭元建说：“我们挟持天子，号令诸侯，还担心事情没有办法成功，你无缘无故废掉皇帝，这是自找危机，有什么安心可言！”侯景想再迎回梁简文帝恢复他的帝位，让萧栋为太孙。王伟说：“废黜帝王和另立新主都是国家大事，怎么可以变来变去呢！”只好停止。

乙丑日（二十四日），侯景又派人到吴郡杀掉南海王萧大临，到姑孰杀掉南郡王萧大连，到会稽杀掉安陆王萧大春，到京口杀掉高唐王萧大壮。将太子妃赏赐给郭元建，郭元建说：“哪里有皇太子妃做人家妾的！”竟不与她相见，听凭她去修道。

丙寅日（二十五日），萧栋追尊昭明太子为昭明皇帝，追尊豫章安王为安皇帝，金华敬妃为敬太皇太后，豫章太妃王氏为皇太后，立妃子张氏为皇后。任命刘神茂为司空。

九月，癸巳日（二十三日），齐主高洋前往赵州和定州，随后前往晋阳。

己亥日（二十九日），湘东王萧绎任命尚书令王僧辩为江州刺史，江州刺史陈霸先为东扬州刺史。

王伟劝说侯景将太宗杀掉，以断绝众人的希望，侯景采纳了他的建议。冬季，十月，壬寅日（初二）晚上，王伟与左卫将军彭儁、王修纂向太宗进酒说：“丞相因为陛下被幽禁在这儿，忧心已经很久了，特地命臣等来这里为陛下被敬酒祝寿。”太宗笑着说：“我已经将帝位让出来了，怎么还能称陛下呢？这杯寿酒表示我的寿命就将到此为止了！”于是彭儁等拿着曲项琵琶等乐器，与太宗痛快喝酒。太宗知道自己将要被杀掉，因而喝得酩酊大醉，说：“没料到会快乐到如此地步！”醉了就大睡。王伟退了出去，彭儁拿进来装土的囊袋，堆在太宗身上，王修纂坐在土囊上面，太宗就断气了。王伟将门扉拆开来做成棺木，把灵柩运到城北的酒库中。太宗自从被幽禁后，再也没有侍者和纸，只好将文字写在墙壁和板障上，写成诗和几百篇文章，文辞十分凄恻悲怆。侯景给他的谥号为明皇帝，庙号是高宗。

当侯景向江陵逼近时，湘东王萧绎向西魏求援，命令梁州、秦州两州的刺史宜丰侯萧循将南郑割给西魏，召唤萧循回到江陵。萧循认为无缘无故将城池送给别人，不是忠臣应有的节操，回复说：“请让我等待您改变命令。”魏太师宇文泰派遣大将军达奚武带领三万名士兵攻取汉中，又派遣大将军王雄从子午谷出兵，攻打上津。萧循派遣记室参军沛人刘璠向武陵王萧纪求援，萧纪派潼州刺史杨乾运去救援他。萧循，是鄱阳王萧恢的儿子。

王僧辩等听说太宗去世，丙辰日（十六日），启禀湘东王萧绎，请求给太宗尊崇的名号，萧绎没有答应。

司空、东道行台刘神茂听说侯景从巴丘战败回来，暗中谋划反叛侯景，吴中的士大夫都支持他；他就和仪同三司尹思合、刘归义、王晔、云麾将军元頵等占据东阳以便接应江陵，派遣元頵和别将李占下去据守建德、江口。张彪进攻永嘉，攻下了永嘉城。新安的百姓程灵洗起兵据守郡城以接应刘神茂。这时浙江以东地区都归降江陵。湘东王萧绎任命程灵洗为谯州刺史，领新安太守。

十一月，乙亥日（初五），王僧辩等又上表劝湘东王萧绎进位，萧绎没有答应。戊寅日（初八），萧绎任命湘州刺史安南侯萧方矩为中卫将军，担任自己的副手。萧方矩，是萧方诸的弟弟。任命南平王萧恪为湘州刺史。侯景任命赵伯超为东道行台，驻守在钱塘；任用田迁做军司，据守在富春；任用李庆绪做中军都督，谢答仁做右厢都督，李遵为左厢都督，以征讨刘神茂。

己卯日（初九），萧栋加给侯景九锡，汉国设置丞相以下官职。己丑日（十九日），豫章王萧栋让位给侯景，侯景在南郊即皇帝位。回来后，登上太极殿，他的党羽有好几万，都吹起口哨大声欢呼拥上去。侯景大赦天下，改年号为太始。封萧栋为淮阴王，与他的两个弟弟萧桥、萧樛一起被锁在密室里。

王伟请求建立七庙，侯景说：“什么叫作七庙？”王伟说：“天子祭祀七代祖先。”并请示侯景七代祖先的名讳，侯景说：“前几世的我记不得，只记得我父亲名为侯标，而且他们都在朔州，哪里会来吃你祭祀的东西！”大家都笑起来。侯景的党羽里有人知道侯景的祖父名叫乙羽周；此外都由王伟制定他们的名位，追尊他的父亲侯标为元皇帝。

侯景担任丞相时，以西州为相府，文武官员不管尊卑贵贱都会接见；等到做了皇帝，居住在皇宫中，不是从前的老朋友他就不接见，因此很多将领都有抱怨。侯景喜欢骑着马，用弹弓射空中的飞鸟，王伟常常阻止他，不许侯景随便外出。侯景闷闷不乐，更加失意，说：“我无缘无故当皇帝干什么？这和被人家摈弃有什么区别。”

壬辰日（二十二日），湘东王萧绎任用长沙王萧韶做郢州刺史。

益州长史刘孝胜等劝说武陵王萧纪称帝，萧纪虽然并未答应，却大造天子的车服。

十二月，丁未日（初八），谢答仁、李庆绪攻打建德，捉住元頵、李占，将他们送到建康，侯景砍掉了他们的手脚让他们等死，过了一天就死了。

齐主高洋每次出入，常常带着中山王在自己身边相随，王妃太原公主常常为中山王先尝饮食，以便保护监视。这个月，齐主高洋请太原公主喝酒，命人拿毒酒给中山王喝，趁机害死他，他的三个儿子也一起被害。高洋给中山王的谥号为魏孝静皇帝，葬在邺城西漳水的北边。后来齐主高洋突然又去挖他的坟墓，将棺木丢到漳水里。齐主高洋起初受禅位时，魏的神主都寄放在七帝寺，到这时，都取来烧掉了。

彭城公元韶是高欢的女婿，受到的宠幸与其他元氏不同。开府仪同三司美阳公元晖业，因为位高望众，而且志气不凡，尤其被齐主高洋忌恨，他跟随齐主高洋在晋阳。元晖业在宫门外骂元韶说：“你还不如一个老妇人，捧着玉玺去送给别人，你为什么不将它打碎呢？我敢说这些话，就知道我马上就要死了，但你又能活几天？”齐主高洋听到后就将他杀了，又杀了临淮公元孝友，挖开汾水的冰面，将尸体沉到水里。元孝友，是元彧的弟弟。齐主高洋曾经将元韶的胡子鬓发剃掉，擦上粉黛留在身边，说："我用彭城公做我的妃嫔。"表示说他懦弱得像妇人一样。

世祖孝元皇帝上

承圣元年（壬申，公元552年）

春季，正月，湘东王萧绎任用南平内史王褒做吏部尚书。王褒，是王骞的孙子。

北齐人多次侵犯侯景的边防要地，甲戌日（初五），侯景派遣郭元建带领步军赶往小岘，侯子鉴率领舟师向濡须进发，己卯日（初十），到达合肥，北齐人关闭城门不肯出来应战，只好领兵退还。

丙申日（二十七日），齐主高洋攻打库莫奚，大败他们的军队，俘虏四千人，缴获牲畜十余万只。

齐主高洋连年出征塞外，给事中兼中书舍人唐邕精通军事文书，从督将以下在军中效力建功的原委和四方各地军队兵士的强弱多少，相互更替来回，兵器机械的精良粗糙，粮食的储备多少等情形，没有不熟悉的。有时在齐主高洋面前检查校阅，即使有几千人，不用拿着文书簿册，也能念出他们的姓名，从来没有差错。齐主高洋常说："唐邕是个精明能干的人，一个人抵得上一千个人。"又说："唐邕每次处理军中要务，手一边批阅文件，口还布置任务，耳朵又要听别人汇报，实在与平常人不同啊！"高洋对他的宠爱赏赐，是别的臣子无法比得上的。

西魏的将领王雄攻取上津、魏兴，东梁州刺史安康人李迁哲的军队战败，归降了他。

突厥酋帅土门偷袭攻打柔然，击败了他们的军队。柔然的头兵可汗自杀，他的太子庵罗辰与阿那瑰的堂弟登注俟利、登注的儿子库提一同率领部众投奔北齐，其余的部众又拥立登注的第二个儿子铁伐做领袖。土门自号伊利可汗，封他的妻子为可贺敦，子弟称作特勤，其他率领军队的都叫作设。

湘东王萧绎命令王僧辩等向东去攻打侯景，二月，庚子日（初二），各路军从寻阳出发，船只相连数百里。陈霸先带领装甲兵士三万名，船舰两千艘，从南江出了湓口，在白茅湾与王僧辩会合，筑起高坛，歃血立盟，一同宣读盟誓文章，流下眼泪，慷慨激昂。癸卯日（初五），王僧辩派侯瑱攻打南陵、鹊头两个边境，攻克两境。戊申日（初十），王僧辩等驻扎在大雷，丙辰日（十八日），从鹊头发兵。戊午日（二十日），侯子鉴回到战鸟，西路大军突然来到，侯子鉴惊恐万分，逃奔回到淮南。

侯景派遣仪同三司谢答仁在东阳征讨刘神茂，程灵洗、张彪都指挥军队去救援他，刘神茂想独自一人立功，没有答应他们前来，自己率兵驻扎在下淮。有人对刘神茂说："贼兵擅长野外作战，下淮地势平坦，刚好四面都受到敌人牵制，不如据守在七里濑，贼兵一定不敢进攻。"刘神茂不听。刘神茂军中将佐大多是北方人，不与刘神茂一心，别将王晔、郦通一起据守在外营，投降了谢答仁，刘归义、尹思合等弃城逃跑。刘神茂孤弱危险，辛未日（二月无此日），也投降了谢答仁，谢答仁将他押送回建康。

癸酉（二月无此日），王僧辩等到达芜湖，侯景的守将张黑弃城逃走。侯景听了，十分害怕，下诏令赦免湘东王萧绎、王僧辩的罪过，大家都嘲笑他。侯子鉴据守在姑孰、南洲以便对抗西方军队，侯景派他的党羽史安和等带领两千名士兵去援助。三月，己巳朔日（初一），侯景下诏令想亲自到姑孰，又派人告诫侯子鉴说："西方人善于水战，不要在水上和他们争锋，从前任约失败，实在就是这个原因。假如步、骑兵能一同出击，一定可以打败他们，你只需在岸上结营，领着船进入水滨等待他们。"侯子鉴于是舍弃舟船上了岸，关闭营门不出去。王僧辩等率军在芜湖停留十多天，侯景的党羽十分高兴，告诉侯景说："西方军队畏惧我们的强大，看情形恐怕要逃走了，不进攻，将会失去机会。”侯景于是又命令侯子鉴做水战准备。

丁丑日（初九），王僧辩抵达姑孰，侯子鉴带领步兵骑兵一万多人渡过沙洲，在岸边挑战，又用上千艘小船装载战士。王僧辩命令小船都退后躲开，留下大军舰停在两岸。侯子鉴的军队认为水军想退逃，争着出来追击他们，王僧辩的大舰切断了他们的退路，击鼓声、呼喊声同时响起，双方在江上大战，侯子鉴大败，士兵逃跑落水溺死的有几千人。侯子鉴幸免一死，收拾溃败的兵卒退回建康，据守在东府。王僧辩留下虎臣将军庄丘慧达镇守姑孰，领军前进，历阳戍卒前来投降。侯景听说侯子鉴战败，十分恐惧，泪流满面，和衣躺在床上，好长时间才起来，悲叹地说："侯子鉴，你可把我坑了！"

庚辰日（十二日），王僧辩督导各路军队抵达张公洲，辛巳日（十三日），王僧辩领军趁着涨潮进入淮水，进兵禅灵寺前。侯景召唤石头津的首领张宾，命他集中秦淮河的大小船只和出海的巨舰，装满石头沉入河中，塞住淮水出口，沿着淮水修筑城墙，从石头城到朱雀街，十余里间，楼墙相接。王僧辩向陈霸先请教计策，陈霸先说："从前柳仲礼的数十万军队隔水观望，屯兵不前，韦粲当时在青溪，也不肯渡河进攻，贼兵登上高处远望，里里外外都看得十分清楚，所以能打败我们的军队。现在要围攻石头城，就必须渡到北岸去。各位将领倘若不能当先锋，我请求先去竖立栅栏。"壬午日（十四日），陈霸先在石头城西边落星山修筑栅栏，所有各路军队依次接连成八个营栅，一直出了石头城西北面。侯景担心西州路被阻断，自己带领侯子鉴等也在石头东北修筑五座城墙来阻断大路。侯景命王伟守着台城。乙酉日（十七日），侯景杀掉湘东王的世子萧方诸和前平东将军杜幼安。

刘神茂被押到建康，丙戌日（十八日），侯景命令用大剉碓的刑法，先放上他的脚，一寸一寸地砍断，一直到头。留异外表是和刘神茂一路，而暗中却和侯景私通，所以免除了祸患。

丁亥日（十九日），王僧辩向招提寺北面进兵，侯景带领一万多名部众、铁骑八百多匹，在西州的西面列阵。陈霸先说："我们人多，敌人人少，应当分散敌军兵力，用强的来对抗弱的，为什么让他们把精锐的军队聚集一起，与我们拼命呢！”于是命令各将领分配处置各路军队。侯景率军冲进将军王僧志的行阵里，王僧志稍微退却了一下，陈霸先派遣将军安陆人徐度带领两千名弓箭手横向截断他的后路，侯景的军队只好后撤。陈霸先和王琳、杜龛等调动铁骑，趁机攻入侯景阵伍，王僧辩率领大军继续前进，侯景战败退到栅中据守。杜龛，是杜岸哥哥的儿子。侯景的仪同三司卢晖略驻守石头城，开了北门投降，王僧辩进去据守石头城。侯景与陈霸先作生死的决战，侯景带领一百多名骑兵，丢掉长矛拿着刀，左冲右突冲入陈霸先的军阵，但陈霸先的军阵稳稳不动，他的部众因此全部溃散，各路军追剿败兵一直到西明门。

侯景回到宫阙下，不敢进入台城，召唤王伟责骂他说：“你劝我称帝，今天却连累了我！”王伟无话可说，绕着官阙藏匿起来。侯景想要出逃，王伟拉着他的缰绳劝阻他说：“自古以来，哪里有背叛的天子啊！现在宫中的卫士，还足够与敌人打一仗，放弃这里，要到哪里去安身呢！”侯景说：“我从前打败贺拔胜，击败了葛荣，声名称雄于河、朔地方，渡过长江攻克台城，降服柳仲礼，真是易如反掌，现在是老天要亡我了！”于是抬起头来观望着宫阙，叹息了好久。侯景用皮囊装着在江东所生的两个儿子，挂在马鞍的后面，与房世贵等一百多名骑兵向东逃去，想到吴地投靠谢答仁。侯子鉴、王伟、陈庆投奔朱方。

王僧辩命令裴之横、杜龛镇守杜姥宅，杜崱进入据守台城。王僧辩不约束军士，因而兵士们剽窃掠夺百姓，城中百姓男女裸露，从石头直到东城，满路上都是号哭声。这晚，军士放火，太极殿和东西堂的宝器、宫中的羽仪旌旄、天子的大车等一切都被烧光。

戊子日（二十日），王僧辩命令侯瑱等带领精锐兵甲五千名去追击侯景。王克、元罗等带领台城内的旧臣在路上迎候王僧辩，王僧辩慰劳王克说：“事奉夷狄的国君很辛苦吧！”王克羞愧得说不出话来。

又问："玉玺在什么地方？"王克过了好久才说："赵平原拿去了。"王僧辩说："王氏世代公卿，一朝而坠落无遗了。"王僧辩迎接太宗的灵柩放置在朝廷殿堂，率领百官按礼仪痛哭跪拜。

己丑日（二十一日），王僧辩等上表劝请萧绎进位，而且在都城建业迎接。湘东王萧绎回答说："淮海的长鲸侯景，虽然要被杀了，但襄阳的岳阳王萧詧像一只短狐一样，还没有完全改过。等天下太平了，你们再商议此事吧！"

庚寅日（二十二日），南兖州刺史郭元建、秦郡的戍主郭正买、阳平的戍主鲁伯和、兼摄南徐州政事的郭子仲，都献出据守的城池一起投降。

王僧辩从江陵发兵时，启奏湘东王萧绎说："等贼兵平定后，嗣君恢复君位了，不知道要如何行礼？"湘东王说："台城六门里面，自然听凭你处置。"王僧辩说："讨伐贼兵的谋划工作，是臣分内的职责，但是要像成济一样去暗杀帝王的任务，请你另找别人吧！"湘东王萧绎就秘密告谕宣猛将军朱买臣，让他便宜处置。等到侯景战败，太宗也死了，豫章王萧栋和两个弟弟萧桥、萧樛相扶着走出密室，在路上遇到杜崱，为他们拿掉了锁链。两个弟弟都说："现在总算可以免除死祸了！"萧栋说："祸与福互为倚伏，变化都还很难知道，我还有点担心呢！"辛卯日（二十三日），他们遇到朱买臣，邀请他们一起到船舰上饮酒，还没结束宴饮，就将他们一起沉溺到江水里了。

王僧辩派遣陈霸先带领军队到广陵接受郭元建等人投降，又派使者去慰问他们。各将领大多私自派使者另外去索取马匹兵器，恰好侯子鉴渡江到了广陵，就对郭元建等说："我们这辈人，都是与梁朝有深仇大恨的人，我们还有什么脸面去见他们的主子！不如投奔到北方，还有机会回到家乡。"于是都投降了北齐。陈霸先到了欧阳，齐的行台辛术已经驻守广陵了。

王伟与侯子鉴互相失援后，直渎戍主黄公喜捉到了他，送到建康。王僧辩问他说："你是贼人的丞相，不能为贼主守死节，反而躲在草野间想苟且偷生吗?”王伟说:“失败或兴起,这是天命,假如汉帝侯景早先听从我的话,不放你回去,怎么会有今天呢!”尚书左丞虞骘曾经受到王伟的凌辱,于是在他脸上吐了口水。王伟说:“你是个不读书的人,不值得与你说什么。”虞骘惭愧退下。王僧辩命令罗州刺史徐嗣徽镇守朱方。

壬辰日(二十四日),侯景逃到晋陵,获得田迁的残余军队,驱逐掠夺当地的居民,向东奔逃到吴郡。

夏季,四月,齐主高洋派大都督潘乐和郭元建带领五万军士攻打阳平,攻陷了阳平城。

王僧辩启奏萧绎由陈霸先镇守京口。

益州刺史、太尉武陵王萧纪,颇有武略,治理蜀地十七年,向南开拓了宁州、越嶲,向西打通资陵、吐谷浑,内部努力兴办耕种、纺织、食盐、冶铁等经济事业,对外向远方通商取利,所以蜀地财富增加很快,兵器、铠甲积存很多,有八千匹战马。听说侯景已经将台城攻陷了,湘东王萧绎将要去讨伐他,就对亲信僚属说:“湘东王萧绎是一介文士,怎么能匡复社稷!”萧纪里面寝宫柏殿的柱子上绕着环节生出花来,萧纪认为那是代表自己祥瑞的象征。乙巳日(初八),萧纪即皇帝位,改年号为天正,立儿子萧圆照做皇太子,萧圆正为西阳王,萧圆满为竟陵王,萧圆普为谯王,萧圆肃为宜都王。任命巴西、梓潼二郡的太守永丰侯萧撝为征西大将军、益州刺史,封为秦郡王。司马王僧略、直兵参军徐怦极力劝阻,萧纪不肯听从。王僧略,是王僧辩的弟弟;徐怦,是徐勉的侄子。

起初,台城被包围时,徐怦奉劝萧纪赶快去救援,萧纪不想去,因而怀恨在心。恰好蜀人费合密告徐怦谋反,徐怦在和将帅来往的书信上说:“各种事情都过去了,人数也具备了。”萧纪认为这是他造反的征兆,萧纪对徐怦说:“以我和你的旧交情,当会使你的儿子安然无恙。”徐怦回答说:“生个儿子假如像你这样,父亲有难不去救援,留着有什么用处!”萧纪于是将他们都杀掉,砍下头来悬挂在市中,也杀掉了王僧略。永丰侯萧撝感叹地说："武陵王的帝业是没有希望了！善良的人，是国家的根本，现在先杀掉他们，不灭亡还等着什么呢！"

萧纪征召宜丰侯的谘议参军刘璠做中书侍郎，派去召请的使者，八次往返，才把他请来。萧纪命令刘孝胜向刘璠深切地表明心意，刘璠苦苦请求回去。中记室韦登私下对刘璠说："殿下阴险，常将不愉快的事隐藏在心里，你若不留下来，将会导致大的祸患，不如一同完成大志，使自己身显名扬！"刘璠正色说："你是想用婉言来劝说我吗？我与宜丰侯主从的名义已定，怎么能用安危来动摇自己的心志呢！殿下正要宣扬大义于天下，绝不会以杀害一个匹夫为快意。"萧纪知道刘璠一定不能被自己任用，就赐给他丰厚的礼物将他送回去。萧纪任用宜丰侯萧循做益州刺史，封为随郡王，任命刘璠做萧循的府长史、蜀郡太守。

谢答仁征讨刘神茂回来，到了富阳，听说侯景已经战败逃走，于是带领一万多人想到北面迎候侯景，赵伯超据守钱塘对抗他。侯景行进到嘉兴，听到赵伯超背叛他，就退回驻守吴地。己酉日（十二日），侯瑱在松江追到侯景，侯景还有二百艘船，部众数千人，侯瑱进攻，打败了他们，擒获彭隽、田迁、房世贵、蔡寿乐、王伯丑。侯瑱活活地剖开彭隽的肚子，抽出肚内的肠子，彭隽还没有死，用手把自己的肠子收回肚里，侯瑱这才砍死他。

侯景与几十个心腹单独驾着大船逃走，把他的两个孩子推入水里，快要进入大海时，侯瑱派遣副将焦僧度去追赶他们。侯景娶了羊侃的女儿做小妾，任用他的哥哥羊鹍做库直都督，待他十分优厚；羊鹍跟随侯景向东逃走，与侯景所亲近的王元礼、谢葳蕤暗中图谋造反。谢葳蕤，是谢答仁的弟弟。侯景的船进入大海，想往蒙山去。己卯日（四月无此日），侯景白天在睡觉，羊鹍对那个熟悉航海路线的人说："这儿哪里有蒙山，你只要乖乖地听我指挥就好。"于是直接奔向京口。到了胡豆洲，侯景才发觉，很吃惊，问岸上的人，说："郭元建还在广陵。”侯景十分高兴，想去投靠他。羊鹍拔出刀子，叱责领航的人命船向京口驶去，接着告诉侯景说：“我们为您效力已经很久了，今天到这个地步，终究是不会有什么好结果了，想砍下你的头，去求取富贵。”侯景还来不及回答，白刀子已经一齐砍下来。侯景想跳水，羊鹍用刀去砍他。侯景跑进船里，用佩刀去挖船的底板，想挖个洞，放水进来，使船沉没，羊鹍用长矛刺杀了他。尚书右仆射索超世在另一条船上，谢葳蕤假借侯景的命令召唤他前来，然后将他抓起来。南徐州刺史徐嗣徽杀掉索超世，将盐放进侯景的肚子里，把他的尸体送到建康。王僧辩将他的头砍下送到江陵，砍断他的手派谢葳蕤送到北齐；将侯景的尸体暴露在市街，士兵百姓争着抢来吃，连骨头都抢光了；溧阳公主也想吃侯景的肉。起初，侯景的五个孩子都在北齐，世宗高澄剥下他的长子的脸，将他烹杀了，其他小的都下到蚕室割去生殖器。齐显祖高洋即位时，梦见猕猴坐在他的床上，因此就把侯景的几个孩子全部烹杀掉。赵伯超、谢答仁都向侯瑱投降，侯瑱把他们和田迁等一起送到建康。王僧辩在市街上杀掉了房世贵，将王伟、吕季略、周石珍、严亶、赵伯超、伏知命都押送到江陵。

丁巳日（二十日），湘东王萧绎下令解除戒严。

乙丑日（二十八日），梁朝在庄陵埋葬简文帝，庙号太宗。

侯景败逃时，将传国玉玺带在身边，命他的侍中兼领平原太守赵思贤掌管，说：“假如我死了，也要将它沉到江中，不要让吴儿他们再拿到。”赵思贤从京口渡江，在路上遇到强盗，随从就将它丢到草丛间，到了广陵，他们把这件事禀告了郭元建。郭元建将它捡回来，交给辛术，壬申日（四月无此日），辛术把玉玺送到邺城。

甲申日（四月无此日），北齐任用吏部尚书杨愔做右仆射，将太原公主嫁给他。太原公主，是魏孝静帝的皇后。

杨乾运到了剑阁北面，西魏达奚武迎击他，在白马大败杨乾运的军队，割下虏获士兵的左耳陈列在南郑城下，并派人去羞辱宜丰侯萧循。萧循十分生气，派出军队与他们作战，都督杨绍埋伏士兵攻打他，萧循的士兵几乎全部被杀死或杀伤。刘璠回到白马西边，被达奚武擒获，送到长安。太师宇文泰平素就听过他的盛名，对他就像老朋友一样。当时南郑城久久不能攻克，达奚武请求屠城，宇文泰将要答应他。刘璠到西魏朝廷去请求不要这样做，宇文泰发怒，没有允许；刘璠哭泣不停地请求，宇文泰说："事奉人就应当像他这样。"于是听从了刘璠的请求。

五月，庚午日（初三），司空南平王萧恪等又劝湘东王萧绎进位，湘东王萧绎还是不肯接受，派遣侍中丰城侯萧泰去进谒山陵，重新再修整庙社。

戊寅日（十一日），侯景的首级被送到江陵，悬挂在市街三天示众，煮熟了后，用漆漆过，藏在武库里。庚辰日（十三日），任用南平王萧恪做扬州刺史。甲申日（十七日），任命王僧辩为司徒、镇卫将军，封为长宁公。任命陈霸先为征虏将军、开府仪同三司，封长城县侯。

乙酉日（十八日），在刑场上杀死侯景所任命的尚书仆射王伟、左民尚书吕季略、少府周石珍、舍人严亶。赵伯超、伏知命饿死在监狱里。因为谢答仁对太宗没有失礼，特别赦免了他。王伟在监狱里时曾上奏五百字的诗句，湘东王萧绎爱惜他的才能，也想宽宥他；有嫉恨王伟的人，就对湘东王萧绎说："前不久王伟写了一篇声讨的檄文很不错。"萧绎要求拿给他看，檄文中说："项羽是重瞳子，尚且有乌江的惨败；湘东王只有一只眼睛，岂能为中国所归服！"萧绎大怒，将王伟的舌头钉在柱子上，用刀挖他的肚子，把他的肉一块一块地割下才杀死他。

丙戌日（十九日），北齐合州刺史斛斯昭攻打历阳，攻陷城池。

丁亥日（二十日），萧绎下令，因为"王伟等一批人已经死了，其余的那些旧有的达官显贵，被逼迫而苟且偷生的，那些勇猛有功勋的豪杰，跟随侯景，以求免祸的，都不再追究"。

扶风百姓鲁悉达，集合乡里的人保护新蔡，勤力耕田，储蓄粮食。当时江东饥荒、战乱，饿死的人十有八九，剩余的百姓携老带幼去投奔他。鲁悉达分送给他们粮食，依靠他的救助而得以保全性命的人很多，鲁悉达召集晋熙等五个郡的百姓，将他们的土地都纳入自己的管辖。他还命他的弟弟鲁广达率领军队，跟随王僧辩讨伐侯景，侯景被平定后，萧绎任命鲁悉达为北江州刺史。

齐主高洋派他的散骑常侍曾文皎等来梁朝访问，湘东王派散骑常侍柳晖等回访，并且通报了平定侯景的事；也派舍人魏彦去告诉西魏。

齐主高洋派潘乐、郭元建带领军队去围攻秦郡，行台尚书辛术劝谏说："朝廷里和湘东王来往的信使一直不停。阳平，从前是侯景的土地，夺取它是可以的；现在王僧辩已经派遣严超达镇守秦郡，在道义上怎么可以再去争夺呢！而且正值雨季，天下大雨，道路难走，不如叫他们班师回来。"高洋不听。陈霸先命令别将徐度领兵协助秦郡坚固防守。北齐的军队有七万，进攻很猛烈，王僧辩派左卫将军杜崱去营救，陈霸先也从欧阳出兵来会合，与郭元建在士林大战，大败郭元建的军队，斩了一万多个首级，活捉一千多人。郭元建收拾剩余的残兵败将向北逃去；因为两方仍然通好，所以也就不再追击。

辛术升迁为吏部尚书。从魏迁都邺城以来，吏部尚书的职位，有名的有好几个人，各有得失：齐世宗高澄年轻有为，志气高扬，他的缺点在于草率疏忽；袁叔德为人深沉细致，做事谨慎忠厚，他的缺点在于太看重细节；杨愔个性风流，喜好辩论，有口才，任用士人则过于虚浮。只有辛术个性崇尚忠贞清明，任用士人必因他的才能器识，循名责实，新官旧职皆可相互推荐举用，即使胥吏有才能也一定提升，世家子弟有才能也不会被遗弃，考查他前后选拔人才的情况，最得中道。

西魏达奚武派遣尚书左丞柳带韦进入南郑，劝说宜丰侯萧循说："你所固守的地方十分险要，所依靠的是外来的援助，所保护的是百姓。现在大王的军队已经进来，你所倚仗的险要无法固守；杨乾运在白马一战已经战败逃走，那些魁首无法再进兵，你所期望的救援靠不住；四面八方都被包围，你所治理的百姓也无法得到保护。而且你们的朝廷早已遭遇丧乱，国家没有主人，你又想为谁效忠呢？还不如转祸为福，让福泽能降临到子孙的身上！”萧循只好请求投降。柳带韦，是柳庆的儿子。

开府仪同三司贺兰德愿听说城中粮食已吃完，请求领军前去攻城，大都督赫连达说：“不必打仗就能取得城池，这是最上策，怎么可以因为想虏获他们的子女，贪求他们的财货，而不爱惜老百姓的生命呢！而且观察他们的兵士和马匹仍然很健壮，城池也还坚固，进攻的话，纵使能将城攻下来，那么彼此一定都会有所损伤；就像受困的野兽，到最后还会挣扎搏斗一样，胜败还很难说呢。”达奚武说：“您说的话是对的。”于是接受萧循的投降，虏获城中男女两万名才回去，从此剑阁北面都划入西魏的版图。

六月，丁未日（十一日），齐主高洋回到邺城。乙卯日（十九日），齐主高洋又到晋阳。

庚寅日（六月无此日），萧绎立安南侯萧方矩为王太子。

北齐派遣散骑常侍谢季卿来梁朝祝贺平定侯景的叛乱。

梁朝衡州刺史王怀明作乱，广州刺史萧勃讨平了他。

北齐政令繁杂，赋税很重，江北的百姓不愿意归属北齐，当地的豪门俊杰多次请求王僧辩派兵收回江北地区，王僧辩因为已经与北齐通好，一直没有答应。秋季，七月，侨居在广陵的朱盛等，暗中聚集党羽数千人，计划偷袭杀掉北齐的刺史温仲邕，派遣使者向陈霸先请求帮助，说已经攻下外城。陈霸先派使者去禀告王僧辩，王僧辩说：“人的性情常常是虚伪多变的，因而不容易测知，假如真的已经攻下外城，急切需要协助，就应当去，倘若不是这样，就不必麻烦出兵了。”派去的使者还没有回来通报，陈霸先已经过江去了，王僧辩只好叫武州刺史杜崱等去帮助他。恰好朱盛的谋划败泄出去，陈霸先因此进兵包围广陵。

八月，西魏安康人黄众宝造反，攻打魏兴，抓住太守柳桧，进兵围攻东梁州。命柳桧诱说城中投降，柳桧因为不肯屈从被杀。柳桧，是柳虬的弟弟。太师宇文泰派遣王雄和骠骑大将军武川人宇文虬去征讨黄众宝。

武陵王萧纪从外水发兵东下，任命永丰侯萧撝做益州刺史，镇守成都，命他的儿子宜都王萧圆肃担任副手辅助他。

九月，甲戌日（初九），司空南平王萧恪去世。甲申日（十九日），萧绎任命王僧辩做扬州刺史。

齐主高洋派使者告诉王僧辩、陈霸先说："请解除广陵的包围，一定归还历阳和广陵两座城池。"

陈霸先领军回到京口，江北的百姓跟随陈霸先渡江的有一万多人。湘东王任命陈霸先做征北大将军、开府仪同三司、南徐州刺史，征召陈霸先的长子陈昌和哥哥的儿子陈顼到江陵，任命陈昌做散骑常侍，陈顼做领直。

宜丰侯萧循投降西魏时，丞相宇文泰答应他回到南方，可是过了很长时间都没有送他回去的意思。宇文泰从容地问刘璠说："我能与古代哪个人相比？"刘璠回答说："我常常将您比成商汤、武王，可是现在我所看到的，就是齐桓公、晋文公您都比不上！"宇文泰说："我怎么能与商汤、武王相比，只是希望能向伊尹、周公看齐就不错了，不过为什么比不上齐桓公、晋文公呢！"刘璠回答说："齐桓公保存了三个亡国鲁、卫、邢，对诸侯有所交代；晋文公和士兵约定伐原只要十天的承诺，虽然最后十天没有攻克原国，他还是退兵。"话还没说完，宇文泰拍手说："我知道你的意思了，你想激我罢了。"就对萧循说："大王想到荆州去投靠湘东王萧绎，还是到益州去投奔武陵王萧纪？"萧循请求回到江陵，宇文泰准备厚礼送他回去。萧循率领文武官员一千多家和自己相随，湘东王萧绎怀疑他会谋反，派使者去偷看观察，在道路上时时观望；他刚到的那天晚上，湘东王派人劫窃他们的财物，等到天亮，萧循呈送马匹兵器，湘东王萧绎才放下心，引他入内，相对流泪，任命萧循做侍中、骠骑将军、开府仪同三司。

冬季，十月，齐主高洋从晋阳到离石，从黄栌岭开始修造长城，北面到社平戍，四百余里，设置三十六处戍守的营区。

戊申日（十四日），湘东王萧绎把湘州刺史王琳捉到殿中，杀掉了他的副将殷晏。

王琳原本就是会稽地方军人家庭的子弟，他的姐妹都进入王宫，因而王琳小时常与湘东王一起玩耍。王琳喜欢斗勇，所以湘东王萧绎任他为将帅。王琳恭敬诚恳、礼贤下士，所得到的赏赐，也不拿回家。他的部下一万名，大多是江、淮一带群聚的盗匪，王琳跟随王僧辩平定侯景叛乱，与杜龛都是功劳最大的人。在建康，倚仗恩宠，放纵暴虐，王僧辩也无法禁止他。王僧辩因为宫殿失火，担心获罪，所以就想用王琳推卸责任，于是秘密启奏湘东王，请求杀掉王琳。湘东王任命王琳为湘州刺史，王琳怀疑恐怕会有祸事，命长史陆纳带领所属军队先到湘州，自己亲自前往江陵陈情谢罪，临行时，对陆纳等人说："假如我没有回来，你们要到哪里去呢？"大家都说："请求与你一起死。"互相流泪道别，到了江陵，湘东王把王琳逮捕下狱。

辛酉日（二十七日），湘东王萧绎任命儿子萧方略为湘州刺史，又派廷尉黄罗汉做长史，命他和太舟卿张载到巴陵，先收编王琳的军队。张载很受湘东王宠爱，然而对待属下却严厉苛刻，荆州的人憎恶他就像仇人一样。黄罗汉等到了王琳的军中，陆纳和士卒都痛哭，不肯接受命令，并且捉住黄罗汉和张载。湘东王派遣宦官陈旻去开导他们，陆纳却当着陈旻的面将张载的肚子剖开，抽出肠子绑在马的脚上，让马绕着走，肠子被抽光了才断气死掉。又用刀割他的肉，剜出他的心，对着他拍手跳舞，然后将剩下的骨头烧掉。因为黄罗汉清明谨敬，所以免除了他的罪。陆纳和各将领领兵攻打湘州，当时湘州没有主事的人，陆纳就占据了它。

各位公卿藩镇多次劝湘东王萧绎进位。十一月，丙子日（十二日），梁世祖萧绎在江陵即皇帝位，改年号为丞圣，大赦天下，这一天，梁元帝萧绎没有升坐正殿，只是公卿排列两边拜了一下而已。

丁丑日（十三日），梁元帝萧绎任命宜丰侯萧循做湘州刺史。

己卯日（十五日），梁元帝萧绎立太子萧方矩做皇太子，改名为萧元良。皇子萧方智为晋安王，萧方略为始安王，萧方等的儿子萧庄为永嘉王。追尊母亲阮修容为文宣皇后。

侯景叛乱时，州郡大半都归入西魏的版图，从巴陵以下到建康，以长江为界，荆州界的最北到武宁，西边到硖口，岭南又被萧勃占据，所以萧绎诏令所通行的地方只有千里以内，百姓立户设籍的，不满三万人而已。

陆纳在渌口偷袭攻击衡州刺史丁道贵，大败他的军队。丁道贵投奔零陵，他的部队都投降了陆纳。梁元帝萧绎听到后，派遣使者征召司徒王僧辩、右卫将军杜龛、平北将军裴之横和宜丰侯萧循一同去讨伐陆纳，萧循驻守在巴陵等待着。侯景叛乱时，零陵人李洪雅占据郡城，梁元帝萧绎就任命他做营州刺史。李洪雅请求征讨陆纳，梁元帝萧绎允许了他。丁道贵收拾残余的部众和他一起联合起来。陆纳派遣他的将军吴藏进攻，击败了李洪雅的军阵，李洪雅等人退守空云城，吴藏领军去围攻他。不久，陆纳请求投降，并且送妻子、儿女为质以表示诚意，梁元帝萧绎派陈旻到陆纳处所，陆纳的部众都哭泣了，说："王琳被囚禁起来，所以我们这些党徒逃罪到湘州，并不是有其他的野心。"于是交出妻子、儿女给陈旻。陈旻到了巴陵，萧循说："这是欺诈的手段啊！一定会来偷袭我军。"于是秘密加以防备。陆纳果真晚上派轻装士兵跟随在陈旻后面，相约到了城下击鼓呐喊。

十二月，壬午日（十二月无此日）早上，距离巴陵十里路后，那些部众以为已经到了城下，就击鼓大喊，萧循军中惊恐。萧循坐在胡床上，从营垒的门看过去，陆纳乘船从两面夹攻，射下的箭多得就像雨点一样，萧循正在吃甘蔗，一点也没有惊慌的样子，慢慢地分派将士去攻打陆纳，掳获了他的一艘战舰，陆纳退守长沙。

壬午日（十二月无此日），齐主高洋回到邺城。戊午日（二十五日），高洋又到晋阳。

资治通鉴卷第一百六十五　梁纪二十一

起癸酉（公元553年），止甲戌（公元554年），共二年。

【题解】本卷记录了公元553年至554年共两年间南北朝的史事。当时正值梁元帝承圣二至三年；西魏废帝二至三年；北齐文宣帝天保四至五年。此时，西魏开始扩张，疆域逐步扩大，几与北齐等同。北齐国主高洋，身具双重性格，一方面为政苛刻残酷，民间多有怨言；同时作战时又能身先士卒，成为军士的典范。梁朝兄弟相残，覆败亡国。

世祖孝元皇帝下

承圣二年（癸酉，公元553年）

春季，正月，王僧辩从建康出兵，承顺梁元帝萧绎的命令，让陈霸先从京口来代理镇守扬州。

丙子日（十三日），山胡围攻北齐的离石。戊寅日（十五日），齐主高洋去讨伐他，军队还没到，胡人已经跑了，齐主高洋便巡视三堆，大规模狩猎后才返回。

萧绎任命吏部尚书王褒做左仆射。

己丑日（二十六日），北齐改铸钱币，钱上铸的文字为“常平五铢”。

二月，庚子日（初七），李洪雅力穷势竭，献出空云城向陆纳投降。陆纳拘禁李洪雅，杀掉丁道贵。陆纳因为看到佛门宝志和尚的诗谶上有“十八子”，所以认为李氏会当王，甲辰日（十一日），拥戴李洪雅称王，号为大将军，命他乘坐平肩的车子，吹吹打打，陆纳带领数千名部众，在左右辅翼着他。

西魏太师宇文泰辞去丞相、大行台，担任都督中外诸军事。

王雄到了东梁州，黄众宝带领部众向他投降。太师宇文泰赦免了他，把他的部众迁到雍州。

齐主高洋把柔然可汗铁伐的父亲登注和哥哥库提送回他们国家。铁伐不久就被契丹人杀掉，国人拥立登注做可汗。登注又被他们的长老阿富提杀掉，国人又拥立库提。

突厥伊利可汗死后，他的儿子科罗即位，号为乙息记可汗；三月，派遣使者献了五万匹马给西魏。柔然的另外一个部落又拥立阿那瑰的叔父邓叔子做可汗；乙息记在沃野北面的木赖山击败邓叔子。乙息记死后，没有立他的儿子摄图，反而立了他的弟弟俟斤，号为木杆可汗。木杆形貌奇特怪异，个性十分刚健勇猛，很有才智谋略，善于带兵打仗，邻国都很怕他。

梁元帝萧绎听说武陵王萧纪东下，就叫研究神仙法术的方士在画板上画了萧纪的像，亲自用钉子钉他的肢体，表示对他的憎恶，又将抓来的侯景的俘虏送给萧纪，表明侯景已经平定。起初，萧纪出兵，都是太子萧圆照的策谋。萧圆照当时镇守巴东，拘押使者，启奏萧纪说："侯景还没有平定，应当再去进兵讨伐，听说荆镇被侯景打败。"萧纪相信了他的话，所以派遣军队东下。

元帝萧绎很害怕，写信给西魏说："萧纪就像子纠一样，是我的亲族，请君去讨伐他吧！"太师宇文泰说："攻取蜀地控制梁国，就在这一次的行动了。"各将领都认为很难。大将军代人尉迟迥，是宇文泰的外甥，只有他认为可以克敌制胜。宇文泰询问他方略，尉迟迥说："蜀地和中国隔绝有一百多年，倚仗着它的天险，不担心我们去征讨，假如用精强的骑兵去袭击它，没有攻不下来的。"宇文泰于是派尉迟迥督导开府仪同三司原珍等六军，甲士一万二千名，骑兵一万名，从散关去征讨蜀地。

陆纳派遣他的将军吴藏、潘乌黑、李贤明等攻占了车轮。王僧辩到了巴陵，宜丰侯萧循把都督的职位让给王僧辩，王僧辩不肯接受。梁元帝萧绎于是任命王僧辩、萧循各为东、西都督。夏季，四月，丙申日（初四），王僧辩驻守车轮。

吐谷浑可汗夸吕，虽然派使者和西魏沟通往来，仍然不断到魏地攻劫掠夺，宇文泰带领骑兵三万名越过陇山，到达姑臧，去征讨他们。夸吕很害怕，请求归降；不久又和北齐通使往来。凉州刺史史宁偷偷观察，知道他们将要回去时，在赤泉偷袭了他们，俘获了他的仆射乞伏触状。

陆纳沿着两岸修筑城池，抵抗王僧辩。陆纳的士兵都身经百战，所以王僧辩很怕他们，不敢轻易出兵，稍微筑了连城来逼迫他们。陆纳认为王僧辩胆怯，所以不加戒备。五月，甲子日（初三），王僧辩命令各路军队水陆一起前进，急切进攻，王僧辩亲自拿着旗打着鼓，宣丰侯萧循亲自冒着箭和石块，攻克了他们两座城池，陆纳部众大败，步行逃走，退守长沙。乙丑日（初四），王僧辩进攻包围他们。王僧辩坐在高突的土垄上察看他们修建围墙壁垒，吴藏、李贤明带领一千名精锐士卒打开城门突然冲出来，蒙着楯直奔向王僧辩。当时杜崱、杜龛一起侍卫在王僧辩左右侧，装甲卫士只有一百多人，奋力作战抵抗，王僧辩坐在胡床上没有动，裴之横从旁边攻打吴藏等，吴藏等人失败退走，李贤明战死，吴藏逃脱奔向城里。

武陵王萧纪到了巴郡，听说有魏兵，就派遣从前的梁州刺史巴西人谯淹回去救援蜀地。起初，杨乾运请求为梁州刺史，萧纪却任命他为潼州刺史；杨法琛请求为黎州刺史，却派他到沙州；因此两个人都不高兴。杨乾运哥哥的儿子杨略劝杨乾运说：“现在侯景乱事刚刚平定，大家应当同心协力保卫国家、安抚百姓，假如兄弟相互打斗用兵，这是自取灭亡的道路。木头腐朽了就不能再雕刻，时势衰微了就难以再去辅佐，不如我们向关中投诚，还可以保全功劳名望。”杨乾运认为不错，命杨略领了两千人镇守剑阁，又派遣他的女婿乐广镇守安州，与杨法琛都偷偷地和西魏私通往来。西魏太师宇文泰秘密赐给杨乾运铁契，授予他骠骑大将军、开府仪同三司、梁州刺史等职位。尉迟迥让开府仪同三司侯吕陵始做前锋；到了剑阁，杨略退兵到乐广那里，出城去接应侯吕陵始，侯吕陵始入城据守安州。甲戌日（十三日），尉迟迥到达涪水，杨乾运献出整个州投降他。尉迟迥分配军队驻守，再进兵攻打成都。当时成都看得见的军队还不到一万人，府库空空，永丰侯萧撝绕城守卫。谯淹派遣江州刺史景欣、幽州刺史赵拔扈去救援成都，尉迟迥命原珍等攻击赶跑了他们。

武陵王萧纪到了巴东，听说侯景叛乱已经平定，于是深自后悔，召唤太子萧圆照责备他，萧圆照回答说："侯景虽然平定，但是江陵地方还没有归顺。"萧纪也认为既然已经称帝，不可再屈于人下，想完成东进的心志。当时将帅士兵整天想着回到故乡，江州刺史王开业认为应当回去重新拯救根本，再做将来的打算；各将领也都认为应当如此。萧圆照和刘孝胜却坚持说不可以，萧纪采纳了他们的建议，于是向部众宣布说："谁敢再来进谏的就是死罪！"己丑日（二十八日），萧纪到了西陵，军中气势很盛，船只首尾相连，将河川都遮蔽了。护军陆法和在峡口两岸修建了两座城，运送石头去填平江水，用铁锁阻断通路。

梁元帝萧绎将任约从监狱中放出，任命他为晋安王的司马，去帮助陆法和抗拒萧纪，并且对他说："你的罪是不可宽恕的，我不杀你，就是为了今天要用你！"于是撤除禁兵，将兵力分配给他，又把庐陵王萧续的女儿许配给他，派宣猛将军刘棻与他一起去。

庚辰日（十九日），巴州刺史余孝顷带领一万名士兵在长沙和王僧辩会合。

豫章太守观宁侯萧永，昏昧而没有判断力，亲信武蛮奴弄权，军主文重很憎恶他。萧永率军去讨伐陆纳，到了宫亭湖，文重就将武奴蛮杀掉，萧永的军队溃散，逃奔江陵。文重带领他的部众投奔开建侯萧蕃，萧蕃杀掉他吞并了他的部众。

六月，壬辰日（初一），武陵王萧纪修建连城，攻断铁锁，陆法和接连上报紧急情况。梁元帝萧绎又从监狱中将谢答仁提出来，任用他做步兵校尉，分配兵力，命他去救援陆法和；又派遣使者送去王琳，命他去说服、晓谕陆纳。乙未日（初四），王琳到了长沙，王僧辩命人把王琳带出来给陆纳他们看，陆纳部众都向他礼拜而且哭泣流泪，陆纳派使者对王僧辩说："朝廷假如宽赦王琳的罪，就想请求让他入城。"王僧辩不答应，又将王琳送回江陵。陆法和不停地请求救援，梁元帝萧绎想召集长沙兵，又担心无法抵挡陆纳，于是又将王琳送回，允许他入城。王琳入城后，陆纳便投降了，湘州平定。梁元帝萧绎又恢复了王琳的官爵，命他率领军队向西去救援峡口。

甲辰日（十三日），北齐章武景王库狄干去世。

武陵王萧纪派遣将军侯叡带领七千名部众去营造堡垒，以便与陆法和对抗。梁元帝萧绎派使者送给萧纪一封信，允许他回到蜀地，让他拥有一方势力，萧纪不肯听从，回信给萧绎时用兄弟的礼数。陆纳平定后，湘州的各路军队相继回到西边，梁元帝萧绎又写信给萧纪说："我的年纪比你大一点点，也有平定乱事的功劳，按照这些推演，应当由我来继承帝位，假如你能派遣使者上表称臣，这是我所期待的；假如说事情不该如此，那我就此停笔，也没什么好说了。兄弟间本应互相友爱，虽然形体各异，但心志应当相同，同出一气。汉代赵孝自愿代替瘦弱的弟弟去死，情意深厚，但我们却永远不会再有相见的一天，孔融对兄长让枣推梨，欢快愉悦，这种事已经一去不返了。兄弟友爱，存在内心，并不是这封信就能完全表达的。"萧纪军队停留的时日太久，每次作战都不顺利，又听说西魏方面的敌人已经深入成都，成都孤立无援，萧纪很愤怒，不知该怎么办。于是派遣他的度支尚书乐奉业到江陵请求议和，请求依照以前的旨意，归还蜀地。乐奉业知道萧纪一定会失败，启奏梁元帝萧绎说："蜀军缺乏粮食，士兵大部分都死了，败亡的时日是可以算出来的。"梁元帝萧绎因此不肯答应萧纪的请和。

萧纪用黄金一斤做成大饼，一百个饼装成一个箱子，装到有一百个箱子，银子比金子还要多五倍，锦绣的毛毡、丝织的彩帛到处都是，每次作战，就将它们悬挂出来，向将士展示，却不拿来奖赏。宁州刺史陈智祖请求发散出去来招募勇敢的士卒，萧纪不听，陈智祖痛哭致死。有请示事务的，萧纪都以疾病为借口不肯见他们，因此将卒分崩离析。

秋季，七月，辛未日（十一日），巴东的百姓符升等杀掉了峡口的城主公孙晃，向王琳投降。谢答仁、任约进兵攻打侯叡，击败他的军队，攻陷了三座壁垒。这时两岸十四座城池都已投降，截断了萧纪的退路。萧纪不能退兵，只好顺江东下，游击将军樊猛从后面追赶攻打他，萧纪部众溃败，跳下水淹死的有八千多人，樊猛围攻并且困守住他。梁元帝萧绎秘密下令给樊猛说："萧纪活着，就是不成功。"梁元帝萧绎想杀死武陵王萧纪，樊猛领兵到萧纪的居所，萧纪在船上绕着座椅徘徊，看到樊猛，将金袋丢掷给樊猛说："用这个雇请你，送我去见七官（萧绎）一面。"樊猛说："天子怎么能随随便便见呢？杀掉你，金子还能跑哪里去？"于是杀掉萧纪和他的小儿子萧圆满。陆法和拘捕太子萧圆照兄弟三人，将他们送到江陵。梁帝萧绎削除了萧纪的名籍，赐他改姓饕餮氏。刘孝胜也被逮捕入狱，不久就将他释放。梁元帝萧绎派遣使者去对江安侯萧圆正说："西军已经败亡，你的父亲也不知生死如何。"想让他自杀。萧圆正听到后，大声痛哭，不停地哭叫着世子的名字。元帝多次派人去偷看，知道他不会死，将他移送到廷尉的监狱，萧圆正看到了萧圆照，萧圆正说："哥哥你为什么挑动父辈他们骨肉相残，使得痛苦残酷到这个地步！"萧圆照只说："计谋错误！"梁元帝萧绎下令断绝了他们在狱中的饮食，他们自咬手臂来吃，十三天才死，远近的人听到都十分悲痛。

乙未日（七月无此日），王僧辩回到江陵，下令各路军队返回他们镇守的城池。

西魏尉迟迥围攻成都五十天，永丰侯萧撝多次出来应战，都失利，于是请求投降。各将领想不答应，尉迟迥说："让他们投降就可以保全将士的性命，使远方的百姓都喜悦；继续攻打他们，那么将士就会受伤，远方的百姓就会畏惧。"于是接受他的投降。八月，戊戌日（初八），永丰侯萧撝和宜都王萧圆肃率领文武到军门投降，尉迟迥依照礼节接待，和他们在益州城北订下盟约，官吏百姓都恢复他们的基业，只收取奴婢和储蓄的货财来犒赏将士，军中没有人私自劫掠。西魏任命永丰侯萧撝和萧圆肃一起做开府仪同三司，任命尉迟迥做大都督益、潼等十二州诸军事、益州刺史。

庚子日（初十），梁元帝萧绎下诏将回建康，领军将军胡僧祐、太府卿黄罗汉、吏部尚书宗懔、御史中丞刘瑴劝谏说："建业的帝王气数已尽，而且和敌虏仅隔一条长江，假如有什么不测，后悔就来不及了！而且古代相传不是也有说：'荆州的州数假如满一百，一定会出天子。'现在枝江新生出一个沙洲，已经满百数了，陛下就像一条龙一样在天空飞跃，这就是验证啊！"梁元帝萧绎命朝廷大臣一同商议。黄门侍郎周弘正、尚书右仆射王褒说："现在百姓没有看到圣驾进入建康，认为陛下您还是列国诸王；希望陛下能顺从天下百姓的期望。"当时群臣大多是荆州人，都说："周弘正是东边来的人，当然希望东下回到建康实现抱负，恐怕不是好计策。"周弘正当面驳斥说："东人劝说回东方，说不是好的计策；西人想定居在西方，难道就是长远的计策吗？"梁元帝萧绎笑了。又到后堂去商量，与会的有五百人，梁元帝萧绎问他们说："我想回建康，你们各位认为怎么样呢？"大家都不敢先开口答话。元帝说："劝我迁都离开的可以袒露左肩。"裸露左肩的超过半数。武昌太守朱买臣对元帝说："建康是旧有的都城，是祖庙陵寝的所在地；荆州是边陲地带，不是天子的住宅。希望陛下不要迟疑，以免后悔。臣的家在荆州，难道不希望陛下也住在这里吗？只是担心住在这儿，是臣子可以得富贵，却不是陛下享富贵啊！"梁元帝萧绎命术士杜景豪占卜看看，结果不吉利，杜景豪对元帝说："还是不要迁都好。"退下后对别人说："这个签兆恐怕是鬼贼所留下来的呢！"梁元帝萧绎认为建康凋敝残破，而江陵正是全盛之时，心里也想就此安定，最后还是决定听从胡僧祐等的建议。

梁元帝萧绎任命湘州刺史王琳做衡州刺史。

九月，庚午日（十一日），梁元帝萧绎下诏命王僧辩回去镇守建康，陈霸先再回到京口。丙子日（十七日），任命护军将军陆法和做郢州刺史。陆法和处理政事，不使用刑狱，专门使用佛法和西域幻术来教化百姓，所领属军有几千人，全都称为弟子。

契丹进犯北齐边境。壬午日（二十三日），齐主高洋到北方巡视冀、定、幽、安四州，于是讨伐契丹。齐主高洋让郭元建在合肥训练两万多名水军，将要进攻建康，接纳了湘潭侯萧退，又派遣将军邢景远、步大汗萨带领部众去接应。陈霸先在建康听到这个消息，向梁元帝萧绎报告，梁元帝萧绎派王僧辩去镇守姑孰，以便抵御他们。

冬季，十月，丁酉日（初八），齐主高洋到了平州，从西道赶往长堑，派司徒潘相乐带领精锐骑兵五千名从东道前往青山。辛丑日（十二日），高洋到了白狼城；壬寅日（十三日），到达昌黎城，齐主高洋命安德王韩轨带领精锐骑兵四千名在东边切断了契丹逃走的路线。癸卯日（十四日），齐主高洋到了阳师水，日夜兼程，偷袭契丹。齐主高洋脱下帽子露出发髻，袒露胳臂，昼夜不停，拼命赶路，走了一千多里，翻山越岭，身先士卒，只是吃肉喝水，豪气更加坚定。甲辰日（十五日），齐主高洋和契丹军队相遇，奋力攻击，大败契丹军队，掳获十多万人口，各种牲畜几百万头。潘相乐又在青山打败了契丹的另一支部队。丁未日（十八日），齐主高洋回到营州。

己酉日（二十日），王僧辩到达姑孰，派遣婺州刺史侯瑱、吴郡太守张彪、吴兴太守裴之横在东关修建堡垒，等待北齐国军队到来。

丁巳日（二十八日），齐主高洋爬上碣石山，眺望沧海，然后前往晋阳。齐主高洋任用肆州刺史斛律金做太师，命他回晋阳，任用斛律金的儿子斛律丰乐做武卫大将军，让斛律金的孙子斛律武都娶义宁公主，高洋对斛律金宠爱的优厚程度，是群臣无法比拟的。

闰月，丁丑日（闰十一月无此日），南豫州刺史侯瑱与郭元建在东关交战，北齐军队大败，溺水死的有上万人。湘潭侯萧退又回到邺城，王僧辩返回建康。

吴州刺史开建侯萧蕃，依仗自己兵力强盛，不肯进纳贡物，梁元帝萧绎秘密命令他的将军徐佛受谋划杀死萧蕃。徐佛受派他的徒众假扮成打官司的人，进见萧蕃，趁机把萧蕃抓住。梁元帝萧绎任命徐佛受为建安太守，任用侍中王质为吴州刺史。王质到了鄱阳，徐佛受将他安置在金城，自己占据罗城，掌管各门的锁钥，整治船舰、武装军队，王质也不敢跟他争。前开建侯萧蕃的部属数千人攻打徐佛受，徐佛受投奔到南豫州，侯瑱将他杀掉，王质才得以执行各州的州务。

十一月，戊戌日（十一月无此日），梁元帝萧绎任命尚书右仆射王褒做左仆射，湘东太守张绾做右仆射。

己未日（初一），突厥又进攻柔然，柔然全国投奔北齐。

癸亥日（初五），齐主高洋从晋阳向北袭击突厥，以迎接柔然，废掉了柔然的可汗库提，立阿那瑰的儿子庵罗辰做可汗，将他们安置在马邑川，送给他们粮食和缯帛；齐主高洋又亲自到朔州去追击突厥，突厥请求投降，高洋答应他们投降后才返回。从此，突厥向北齐进贡献礼不断。

西魏尚书元烈想谋杀宇文泰，事情败泄，宇文泰将他杀掉。

丙寅日（初八），梁元帝萧绎派侍中王琛出使西魏。西魏太师宇文泰暗地里有谋占江陵的野心，梁王萧詧听到后，增加了他的贡物和献礼。

十二月，北齐宿预百姓东方白额开城投降梁朝，江西各州郡都起兵响应。

承圣三年（甲戌，公元554年）

春季，正月，癸巳日（初六），齐主高洋从离石道去征讨山胡，派遣斛律金从显州道，常山王高演从晋州道双面夹攻，大败山胡，男子十三岁以上的都杀掉，女子和幼小瘦弱的男孩就犒赏给军士，于是平定了石楼。石楼绝壁险峻，从魏以来没有被攻破过，于是远近的山胡人没有不害怕诚服的。有位都督作战受伤，他的什长路晖礼没有营救，齐主高洋命令剖开路晖礼的心、肝、胆、肺、肾五脏叫另外九个人去吃，肉和肮脏的东西都被吃光，从此高洋开始用威势加虐于人。

陈霸先从丹徒渡江，围攻北齐的广陵，秦州刺史严超达从秦郡进兵围攻泾州，南豫州刺史侯瑱、吴郡太守张彪都从石梁出兵，作为他们的后援。辛丑日（十四日），梁元帝萧绎派晋陵太守杜僧明带领三千人去救援东方白额。

西魏太师宇文泰开始做九命的文典，用来排列朝廷内外的官爵，朝廷以外官员的最低官品为九品。

西魏主元钦从元烈死后，就有怨言，于是秘密商议想杀死太师宇文泰；临淮王元育、广平王元赞流着泪悲切地劝谏，元钦不肯听从。宇文泰的儿子都还小，哥哥的儿子章武公宇文导、中山公宇文护都出外镇守，只有几个女婿是心腹之人，大都督清河公李基、义城公李晖、常山公于翼都做武卫将军，分别掌管禁兵。李基，是李远的儿子；李晖，是李弼的儿子；于翼，是于谨的儿子。因此魏主元钦密谋的事泄露，宇文泰废掉了魏主，将他安置在雍州，立了他的弟弟齐王元廓为国主，废掉年号，重新改称元年，恢复姓拓跋氏，九十九姓改成单姓的，都恢复了原来的旧姓。北魏最初统有三十六国，大姓有九十九个，后来大多被灭绝。宇文泰奖赏各将领中功劳高的为三十六国，其余的为九十九姓，所带领的士卒也改随他们的姓。

三月，丁亥日（初一），长沙王萧韶攻取了巴郡。

甲辰日（十八日），梁元帝萧绎任用王僧辩做太尉、车骑大将军。

丁未日（二十一日），北齐的将领王球进攻宿预，杜僧明出来迎战，大败他的军队，王球回到彭城。

郢州刺史陆法和向梁元帝萧绎启奏时称司徒，元帝觉得很奇怪。王褒说："陆法和既然是有神仙法术的人，他一定是预先知道自己会当司徒。"戊申日（二十二日），梁元帝萧绎任命陆法和为司徒。

己酉日（二十三日），西魏侍中宇文仁恕来梁朝访问。恰好北齐的使者也到江陵，梁元帝萧绎接见宇文仁恕没有像接见北齐使者时那样隆重热烈，宇文仁恕回去后，就禀告了太师宇文泰。梁元帝萧绎又请求按照旧有的地图来划分疆界，用词很不客气，宇文泰说：“古人曾说，‘老天所弃绝的，又有谁能够再让他兴起呢！’这说的就是萧绎啊！”荆州刺史长孙俭多次上陈进攻夺取梁朝的对策，宇文泰把他召回朝廷，问他实施策略，又派他返回镇守，秘密做好出兵的准备。马伯符秘密遣使者前往梁朝将消息禀告元帝，梁元帝萧绎不相信。

柔然可汗庵罗辰背叛北齐，齐主高洋率领军队去讨伐，大败柔然军，庵罗辰父子向北逃走。太保安定王贺拔仁进献的马匹不太雄骏，齐主高洋很生气，拔掉贺拔仁的头发，免官做平民，送到晋阳去挑炭。

北齐中书令魏收撰写《魏书》，很喜欢凭爱憎来褒贬人物，常对人说：“什么东西，敢给我魏收脸色看！我推举你，你就可以升天，我压抑你，你就要入地！”书完成后，中书舍人卢潜上奏说：“魏收欺骗罔误了这一代人，罪该斩。”尚书左丞卢斐、顿丘人李庶也都说魏收的书稿不确实。魏收启奏齐主高洋说：“我因写史书和这些望族结了怨仇，必定会被刺客杀掉。”齐主高洋很生气，于是卢斐、李庶和尚书郎中王松年都因毁谤史书而连累获罪，鞭打二百，流放到造兵甲的地方。卢斐、李庶都死在监狱中，卢潜也被关进监狱里。然而当时的人终究不信服这部史书，叫它作“秽史”。卢潜，是卢度世的曾孙；卢斐，是卢同的儿子；王松年，是王遵业的儿子。

夏季，四月，柔然进犯北齐的肆州，齐主高洋从晋阳去攻伐他们，到了恒州，柔然溃散逃跑。齐主高洋率领两千多名骑兵殿后，投宿在黄瓜堆。柔然的另一支军队几万名骑兵突然到来，齐主高洋安然地睡着，天亮才起来，态度神情平静自在，指挥调度，勘查形势，然后发兵奋勇攻击；柔然溃败逃走，北齐军队追击他们，倒地的尸体连接二十多里远，俘虏了庵罗辰的妻子、儿女，捉到三万多人，命都督善无高阿那肱带领几千名骑兵堵塞他们的逃路。当时柔然的军力仍然很强盛，阿那肱因为兵卒很少，请求增派，齐帝高洋却减少他的一半军队。阿那肱只好奋勇攻击，大败柔然军队。庵罗辰越过岩谷，仅只身逃脱。

丙寅日（十一日），梁元帝萧绎派散骑常侍庾信等到西魏访问。

癸酉日（十八日），梁元帝萧绎任用陈霸先做司空。

丁未日（四月无此日），齐主高洋又亲自带兵攻打柔然，大败柔然军队。

庚戌日（四月无此日），西魏太师宇文泰用毒酒毒死废帝元钦。

五月，西魏直州百姓乐炽、洋州百姓黄国等作乱，开府仪同三司高平人田弘、河南人贺若敦去征讨，没有取胜。太师宇文泰命令车骑大将军李迁哲和贺若敦一同讨伐乐炽等，平定了他们。李迁哲和贺若敦向南出巡，安抚各地直到巴州，巴州刺史牟安民投降西魏，巴、濮的百姓都归降于西魏。蛮族的酋长向五子王攻克了白帝城，李迁哲去袭击他们，向五子王逃走，李迁哲从后面追赶进攻，打败了他们。宇文泰任命李迁哲做信州刺史，镇守白帝城。信州从前没有储蓄粮食，李迁哲和军士们一同采集野菜根做粮食，偶然有好的食物，往往分给士兵共尝，所以军士都很感动悦服。李迁哲屡次攻打叛逆的蛮族，都击败了他们，那些蛮族很害怕，都降服了，送来粮食，并且派遣他们的子弟来做人质。从此州境平定安静，军备储粮也很丰富。

柔然的乙旃达官进犯西魏的广武，柱国李弼追击，击败了他们。

广州刺史曲江侯萧勃，认为自己的官位并不是当今陛下所授予，内心很不安定，梁元帝萧绎也有点怀疑他。萧勃启奏请求入朝。五月，乙巳日（二十日），梁元帝萧绎任命王琳做广州刺史，萧勃做晋州刺史。梁元帝萧绎因为王琳部队强盛，又深得士卒的拥护，所以想将他迁官到远一点的地方。王琳和主书广汉人李膺交情十分深厚，所以私底下对李膺说："我，实在是一个卑微的小人，蒙受陛下提拔而能有今天的地位。现在天下还没有平定，将我迁官到岭南，倘若万一朝廷有什么不安定的事，如何能用到我的力量呢？我私自揣测主上的心意也只不过是怀疑害怕我造反罢了。我清楚自己的本分声望，实在不敢怀有非分之想，怎么可能和官家争着做皇帝呢？不如让我做雍州刺史，镇守武宁，我自会放兵屯田，为国家防御守卫。”李膺深深信服王琳的话，却不敢向梁元帝萧绎启奏。

散骑郎新野人庾季才对梁元帝萧绎说：“去年八月丙申日（初六），月亮犯了心中星；今年丙戌日（五月无此日），赤气又干犯北斗星。心是表示天王，丙是主楚的分野，臣担心夏历十一月，会有大兵进攻江陵，陛下应留重臣镇守江陵，整饬军队回到建康避避灾祸吧！如果西魏方面的敌虏侵略逼迫，也只限于荆州、湘州，对于整个国家来说，还是没什么好担忧的。”梁元帝萧绎也懂得天文学，知道南方楚地有祸患，叹息地说：“祸福都是天意，躲避它又有什么益处呢！”

六月，壬午日（二十七日），北齐的步大汗萨领兵四万赶往泾州，王僧辩派侯瑱、张彪从石梁领兵去帮助严超达抵抗，侯瑱、张彪迟迟留兵不肯前进。将军尹令思带领士兵一万多人计划偷袭盱眙。

北齐济州刺史段韶率领军队到宿预去征讨东方白额，广陵、泾州都来告紧，各将领也很担忧。段韶说：“梁氏丧亡乱国，国家没有固定的国主，人人心中都有背离的想法。陈霸先外表假装同心同德，而实际上内心也有背离的意愿，诸君不必担忧，我揣测得非常审慎明白！”于是留下仪同三司敬显携（携当作俊）等围攻宿预，自己率领军队加速赶往泾州，半途转往盱眙。尹令思没想到北齐的军队会突然到来，听到风声后赶快撤退。段韶进兵攻打严超达，击败了他的军队，回兵赶往广陵，陈霸先解除围攻离开。杜僧明回到丹徒，侯瑱、张彪回到秦郡。吴明彻围攻海西，镇守的将军中山人郎基坚固防守，削木头制成箭，剪纸片当成羽，围攻了一百天，终究还是没有攻克，只好带兵回去。

柔然带领其余的部众向东边迁徙，而且还想向南进犯，齐主高洋率领轻骑兵在金川阻击他们。柔然听说后，远远地逃走了，营州刺史灵丘人王峻设下埋伏突袭他们，俘虏了他们称王的好几十人。

邓至羌族檐桁失去了他的国家，投奔西魏，太师宇文泰派泰州刺史宇文导带领军队去接纳他。

北齐段韶回到宿预，派辩士去说服东方白额，东方白额打开城门请求订立盟约，段韶于是趁机将他抓获杀掉。

秋季，七月，庚戌日（二十六日），齐主高洋回到邺城。

西魏太师宇文泰向西边巡察，到了原州。

八月，壬辰日（八月无此日），北齐任用司州牧清河王高岳做太保，司空尉粲做司徒，任用太子太师侯莫陈相做司空，尚书令平阳王高淹做录尚书事，任用常山王高演做尚书令，中书令上党王高涣做左仆射。

乙亥日（二十一日），北齐仪同三司元旭犯罪被赐死。丁丑日（二十三日），齐主高洋到晋阳。齐主高洋还没有做东魏丞相时，太保、录尚书事平原王高隆之经常侮辱他。等到高洋将要接受禅位时，高隆之又认为不可以这样，齐主高洋因此怀恨在心。崔季舒毁谤他说："高隆之每次看到有诉讼的事，就会显出哀怜体恤的样子，表示这不是他所能定夺的，将罪责指向陛下。"齐主高洋因此将他囚禁在尚书省。高隆之曾经和元旭一起喝酒，对元旭说："和大王您交往，应该生死与共，不可有相辜负的地方。"有人就将这句话密报上去，齐主高洋因此更加愤怒，命壮士击打他一百多拳，然后将他丢弃在外面，辛巳日（二十七日），高隆之死在路上。过了很久，齐主高洋又回想起高隆之便愤怒起来，抓了他的儿子高慧登等二十人到面前，齐主高洋用马鞭敲击马鞍为号令，马一飞奔所有的头同时都断了，将他们的尸体一并投到漳水里；又把高隆之的坟墓挖开，取出他的尸体，砍断肢体遗骨，然后用火烧掉，丢到漳水里。

齐主高洋派常山王高演、上党王高涣、清河王高岳、平原王段韶率领军队到洛阳西南修建伐恶城、新城、严城、河南城。九月，齐主高洋巡视这四座城，想用它们引来西魏军队，西魏军队不肯出来，高洋便前往晋阳。

西魏宇文泰命令侍中崔猷开山修路，以便通往汉中。

梁元帝萧绎喜好玄谈，辛卯日（初八），梁元帝萧绎在龙光殿讲解《老子》。

曲江侯萧勃迁移居所到始兴，王琳派遣副将孙玚先去驻守番禺。

乙巳日（十二日），西魏派遣柱国常山公于谨、中山公宇文护、大将军杨忠率领五万士兵进犯梁朝。冬季，十月，壬戌日（初九），西魏兵从长安出发。长孙俭问于谨说："假如你是萧绎，将如何应对呢？"于谨说："在汉、沔地方夸耀兵威，席卷一切而渡过长江，直接驻守丹杨，这是最上策；迁徙外城的百姓退守到内城，加高城墙，等待援军到来，这是中策；倘若难于移动，据守在罗城，这是最下策。"长孙俭说："依你的揣测萧绎会用哪种策略呢？"于谨说："他会采用最下策。"长孙俭说："什么原因呢？"于谨说："萧氏据守江南，已经过了好几十个年头，适逢中原又发生许多变故，根本没有闲暇向外发展；攻打梁朝，又因为我们东边有北齐的骚扰忧患，他一定会以为我们的兵力无法分散。而且萧绎懦弱没有谋略，疑心很重，缺乏决断，那些百姓很难一开始就与他的想法相同，都眷恋着乡邑，不肯迁移，所以我知道他会采用下策！"

癸亥日（初十），武宁太守宗均禀告西魏军队快要来了，梁元帝萧绎召集公卿商议。领事胡僧祐、太府卿黄罗汉说："两国已经通好，而且也没有什么摩擦的地方，一定不会这样吧？"侍中王琛说："臣揣测宇文泰的态度，也一定不会有进兵的道理。"于是又命王琛出使西魏。丙寅日（十三日），于谨到了樊州、邓州，梁王萧詧率领部众与他会合。辛卯日（十月无此日），梁元帝萧绎停止讲授《老子》，内外加以戒严。王琛到了石梵，没有看见西魏的军队，派人带信奔驰回去告诉黄罗汉说："我到了石梵，边境上一切都很平静，上次的报告都是儿戏罢了。"梁元帝萧绎听了，有点怀疑。庚午日（十七日），又开始讲授《老子》，不过百官都穿着军服听讲。

辛未日（十八日），梁元帝萧绎派主书李膺到建康，征召王僧辩做大都督、荆州刺史，命令陈霸先迁徙去镇守扬州。王僧辩派遣豫州刺史侯瑱带领程灵洗做前军，兖州刺史杜僧明带领吴明彻等做后军。甲戌日（二十一日），梁元帝萧绎晚上登上凤凰阁，低头叹息说：“客星进入翼、轸，如今一定会失败了！”服侍的嫔妃都哭了。

陆法和听说西魏的军队到了，率军从郢州进入汉口，将要到江陵去。梁元帝萧绎派人去迎接说：“这里自然能击败敌人，你只要镇守在郢州，不必行动。”陆法和回到郢州，用白土涂在城门上，表示有丧事，他穿着丧服，坐在草席上，一整天，才脱下来。

十一月，梁元帝萧绎在津阳门外大阅兵，遇到北风暴雨，元帝乘着轻便的辇车回到宫里。癸未日（初一），西魏军队渡过汉水，于谨命令宇文护、杨忠率领精锐骑兵先攻占江津，切断梁元帝萧绎东边的去路。甲申日（初二），宇文护攻克武宁，捉住宗均。这一天，梁元帝萧绎乘马出城巡视栅栏，栅栏是插木桩围成的，周围有六十多里。任命领军将军胡僧祐都督城东各军事，尚书右仆射张绾担任副手，左仆射王褒都督城西各军事，四厢领直元景亮担任副手；王公以下各有每个人的职守。丙戌日（初四），梁元帝萧绎命令太子巡行城楼，命令居住的百姓帮助运送木材、石头。晚上，西魏军队到了黄华，距离江陵四十里路，丁亥日（初五），西魏军队到达栅栏下。戊子日（初六），巂州刺史裴畿、裴畿的弟弟新兴太守裴机、武昌太守朱买臣、衡阳太守谢答仁打开枇杷门出去应战，裴机杀死了西魏的仪同三司胡文伐。裴畿，是裴之高的儿子。

梁元帝萧绎征召广州刺史王琳做湘东刺史，命他领兵入城援救。丁酉日（十五日），栅栏内着火，烧掉了好几千户人家和二十五座城楼，梁元帝萧绎驾临被烧掉的那些城楼，远望西魏军队已经渡过长江，四顾叹息。这天晚上，梁元帝萧绎留在宫外，寄宿在百姓家；己亥日（十七日），梁元帝萧绎搬到祇洹寺。于谨命令修建围墙，江陵城内外的消息开始断绝。

庚子日（十八日），信州刺史徐世谱、晋安王司马任约等在马头修筑堡垒，遥作声援。当晚，梁元帝萧绎巡行城池，口中还占着诗句，群臣也有与他和韵相答的。梁元帝萧绎撕裂布帛写信，催促王僧辩说："我忍着不死等候你来，现在你可以来了吧？"壬寅日（二十日），梁元帝萧绎回到宫中。癸卯日（二十一日），出宫到长沙寺。戊申日（二十六日），王褒、胡僧祐、朱买臣、谢答仁等打开城门出去应战，全都战败返回。己酉日（二十七日），梁元帝萧绎迁移到天居寺去住。癸丑日（十二月初一），移到长沙寺去住。朱买臣按着剑鞘进谏说："只有杀掉宗懔、黄罗汉两个人，才可以向天下人谢罪。"梁元帝萧绎说："从前要留下来实在是我自己的意思，宗懔、黄罗汉二人有什么罪过呢？"二人退避到众人中去了。

王琳军队到达长沙，镇南府长史裴政请求从小路先去通报江陵，到了百里洲，被西魏人抓到。梁王萧詧对裴政说："我，是武皇帝的孙子，不可以做你的国君吗？假如听从我的安排，富贵会传递给你的子孙；倘若不肯的话，你的脑袋就要搬家！"裴政假装回答说："谨遵命令。"萧詧将他锁在城墙下面，命令他说："王僧辩听到台城被围，已经自立为帝。王琳孤弱，不能再来救援。"裴政却告诉城里的人说："大量的援兵已经来了，你们要奋勉，我由于从小路偷进来结果被抓了，必当牺牲性命，报效国家。"监督他的人打他的嘴，萧詧很生气，命人赶快把他杀掉。西中郎参军蔡大业进谏说："这是老百姓所仰望的人，杀掉他，那么荆州就不可能攻克了。"于是释放了他。裴政，是裴之礼的儿子；蔡大业，是蔡大宝的弟弟。

当时到各地去征召的军队，都还没来。甲寅日（十二月初二），西魏军全线攻城，城中守军靠着门户，蒙着楯，等候战争的来临，胡僧祐亲自冒着箭、石，早晚督促作战，奖励将帅兵士，严格执行奖惩，部众都为国效力牺牲，西魏军队没有办法前进。不久，胡僧祐中流箭而亡，内外都非常惊骇。西魏全军攻向栅门，造反的人打开了西边的门让西魏军队进来，梁元帝萧绎和太子、王褒、谢答仁、朱买臣后退保守金城，派汝南王萧大封、晋熙王萧大圆到于谨那儿当人质请求讲和。西魏军刚来进攻时，众人都认为王僧辩的儿子可以做都督，可是梁元帝萧绎不肯用他，又夺走了他的军队，命他和左右的十个人进来把守殿中；等到胡僧祐一死，才任用他来都督城中各军事。裴畿、裴机、历阳侯萧峻都出城投降。于谨借裴畿的手杀掉了胡文伐，最后连裴畿也杀掉了。萧峻，是萧渊猷的儿子。当时城南虽然被攻破，但城北的各位将领还在和西魏军队苦战，天暗下来后，听说城南已失陷，才溃散。

梁元帝萧绎进入东阁竹殿，命令舍人高善宝焚毁古今图书十四万卷，自己要引火自焚，左右的人拦阻他。梁元帝萧绎又用宝剑去砍柱子，宝剑折断了，元帝叹息说："文武之道，今晚已经全完了！"于是命御史中丞王孝祀写降文。谢答仁、朱买臣劝谏说："城中的士兵还很坚强，趁着昏暗突破重围逃出去，敌人一定很吃惊，逼近他们，就可以渡过长江去投靠任约了。"梁元帝萧绎平常不习惯骑马奔驰，说："事情必定不会成功，只是徒然增加羞辱罢了！"谢答仁请求亲自护持梁元帝萧绎，元帝问王褒，王褒说："谢答仁是侯景的余党，怎么可以相信！与其成全他的功勋，倒不如投降算了。"谢答仁又请求把守内城，收拾士卒，还可以获得五千人，梁元帝萧绎认为可以，立刻颁授给他城中大都督的职位，并将公主许配给他。接着召唤王褒来商量，王褒认为不妥，梁元帝萧绎又收回成命。谢答仁又请求入见而不被允许，气得吐血而去。于谨要求用太子做人质，梁元帝萧绎命王褒送太子前去。于谨的儿子因为知道王褒擅长书法，就拿了纸和笔给他，于是王褒写道："柱国常山公家奴王褒。"一会儿，黄门郎裴政冲出门出走。梁元帝萧绎便拆除了佩饰的旌旄、脱下身上的纹绣衣物，穿着白色衣服，骑着白马逃出东门，抽出身上的剑，敲打着门扇说："我萧世诚怎么到了这个地步！"西魏军士看到元帝出来，越过深坑去牵他的马辔，到了白马寺北面，就将他所骑的骏马抢过来，换上一匹劣马给他，派身高壮健的胡人用手扼住他的背押着他走，遇到于谨，胡人拉着元帝，叫他下拜。梁王萧詧派铁骑拥着元帝进入营区，关在黑色的布幔帐棚下，萧詧狠狠地责备、凌辱了元帝一番。乙卯日（十二月初三），于谨命开府仪同三司长孙俭进去占领金城，梁元帝萧绎欺骗长孙俭说："城里我埋了千斤金子，想将它送给你。"长孙俭就带着梁元帝萧绎进城。元帝趁机阐述被萧詧侮辱的情状，对长孙俭说："以前我只是欺骗你，想告诉你这件事罢了，哪里有天子自己埋金子的事！"长孙俭就把元帝关押在主衣库里。

梁元帝萧绎性情十分残忍，又因高祖宽厚放纵导致祸端，所以他从政崇尚严刻。等到西魏军队包围台城时，监狱中被判死刑的囚犯还有几千人，有司请求释放他们充当战士，元帝不允许，命令他们将犯人全部杀掉，事情还没有做，城就失陷了。

中书郎殷不害原先在别的地方督导战事，城池失陷时，找不到母亲，当时冰雪相交，积存很厚，冻死的人填满了山沟深坑，殷不害一边走，一边在路上哭，想找他母亲的尸体，四处寻找，看到山沟中有死人，就下去抱起来看，全身都冻僵湿透了，一口水都不喝，不停地号哭，这样到了第七天，才找到母亲的尸身。

十二月，丙辰日（初四），徐世谱、任约退兵驻守巴陵。于谨强迫梁元帝萧绎写信招降王僧辩，元帝不肯。

使者说："大王今天哪里还有自由？"梁元帝萧绎说："我既然没有自由了，王僧辩自然也不听我的了。"又向长孙俭请求将宫中人王氏、荀氏和幼子尸首还给他，长孙俭都还给了他。有人问他："你为什么将书烧掉？"梁元帝萧绎说："读了万卷书，还会有今天的下场，因而把书烧掉算了。"

庚申日（初八），齐主高洋向北巡行，到了达速岭。一边走一边视察山川险要，想要修筑长城。

辛未日（十九日），梁元帝萧绎被西魏人杀掉。梁王萧詧派遣尚书傅准监督行刑，用袋子装满泥土，将萧绎压死。萧詧命人用布把尸体缠住，外面用蒲席捆起来当棺木，再绑上白茅，埋葬在津阳门外。一并杀死了愍怀太子萧元良、始安王萧方略、桂阳王萧大成等。世祖萧绎本性爱书，常常叫身边的人读书，白天晚上都不停止，有时虽然熟睡，书卷还是没有放下来，有人读错或欺骗他，世祖萧绎就惊醒过来。写文章，拿起笔来，一下子就写好。常常说：“我作为一个文士绰绰有余，做武夫就很惭愧了。”评论他的人认为这句话说得很精当。

西魏立梁王萧詧为梁主，把荆州割给他，长宽为三百里，但西魏却占有了雍州地区。萧詧住在江陵东城，西魏设置了边防主将，带领军队住在西城，外表上是帮助萧詧防备抵御敌人，实际上却是在防备监视着萧詧。西魏派前任仪同三司王悦留下镇守江陵。于谨没收了府库里的珍宝和刘宋制造的浑天仪、梁朝制造的铜晷表、直径有四尺的大玉和各种法物；俘虏了王公以下的官员并挑选几万名男女百姓去当奴婢，分别犒赏给三军，驱赶他们回长安，幼小瘦弱的全部杀掉。幸免于难的只有三百多家，然而被人、马践踏和冻死的有十分之二三。

西魏军队驻守在江陵，梁王萧詧的将军尹德毅劝萧詧说：“魏人贪婪、无所顾忌地残杀无辜，掠夺我们的士兵百姓，这种罪行多得数也数不完。江东的百姓被蹂躏成这个样子，大家都在埋怨是殿下将他们引来的。殿下杀了人家的父亲，使人家的子弟变成孤儿，谁还会辅助殿下立国呢？现在西魏的精锐军队都集中在这里，假如殿下设宴款待于谨等人，让他们在宴席中畅饮，预先埋伏武士，趁机将他们杀掉，再分别命令各位将领，去偷袭他们的营垒，消灭所有的敌人，控制他们剩余的党徒，接纳江陵的百姓，安抚他们，文武百官，依照每个人的才能拜官授职。魏人一定会畏惧屏息，不敢再来送死，王僧辩那些人，只要写书函就可以召请他们来。然后可穿起朝服渡过长江，到建康去登皇帝位，顷刻间，就可以建立大功。古人说：‘老天给你的倘若不拿，反而要受到祸患。’希望殿下能够高瞻远瞩，不要想着匹夫的行径。”萧詧说：“卿的计策并非不好，只是魏人对我这么优厚，怎么可以背弃人家的恩德呢？倘若突然间用了卿的计策，人家将会看不起并唾弃我。”不久全城的长幼都被俘虏去了，襄阳也失守了，萧詧才感叹地说：“真恨没有采用尹德毅的建议啊！”

王僧辩、陈霸先等一同推举江州刺史晋安王萧方智做太宰，承奉制命。

王褒、王克、刘瑴、宗懔、殷不害和尚书右丞吴兴人沈炯被押送到长安，太师宇文泰都用厚礼款待他们。宇文泰亲自到于谨的府第，设宴慰劳他，十分高兴，并且赏赐给于谨一千名奴婢、从梁朝拿来的宝物以及雅乐一部，另外封他为新野公，于谨坚决推辞，宇文泰不答应。于谨认为自己长久以来担当重要职务，现在功业已经建立，想过悠闲自在的生活，于是呈奉上从前自己所骑的骏马和所穿的铠甲等装备。宇文泰了解他的意思，说："现在狡诈的敌人还没有平定，您怎么可以一个人独善其身呢！"于是不肯接受。

这一年，西魏秦州刺史章武孝公宇文导去世。

西魏加封益州刺史尉迟迥督导六州，连前面的合起来共有十八州，从剑阁以南，可以假借天子的命令封侯拜爵和进退人才。尉迟迥赏罚分明，广布威信恩德，温和亲民，对于尚未归服的区域加以笼络，所以华人、夷人都很感怀他。

资治通鉴卷第一百六十六　梁纪二十二

起乙亥（公元555年），止丙子（公元556年），共二年。

【题解】本卷记录了公元555年至556年共两年间南北朝的史事。当时正值梁建安公绍泰元年、太平元年；西魏恭帝二至三年；北齐文宣帝天保六至七年。此时，梁朝又一次发生政变，政治上出现无序状态，全境陷入混战，陈霸先两次击败越过长江窥视江南的北齐入侵军队，重建政权并独揽大权。西魏宇文泰开始对政权大规模改造，改造未完去世，后由其侄宇文护继续推动政权的变更。北齐原本国势强盛，却因国主高洋过度嗜酒、荒淫暴虐导致国势日趋衰弱。

敬皇帝

绍泰元年（乙亥，公元555年）

春季，正月，壬午朔日（初一），梁邵陵太守刘棻带领军队救援江陵，到达三百里滩，军队里的宋文彻杀掉了他，带领他的军队回去驻守邵陵。

梁王萧詧在江陵即皇帝位，改年号为大定；追尊昭明太子萧统为昭明皇帝，庙号为高宗，追尊昭明太子的妃子蔡氏为昭德皇后；追尊他的母亲龚氏为皇太后，立他的妻子王氏为皇后，儿子萧岿做皇太子。奖赏刑罚一切制度都跟他称王时一样，只是上疏给西魏时就自称臣，采用西魏的历法。至于官爵的颁授，也按梁氏以前旧有的制度，其中的功勋等级，就兼用西魏所置的柱国等名称。任命谘议参军蔡大宝做侍中、尚书令，参与掌理选拔官员的事宜；任命外兵参军太原人王操做五兵尚书。蔡大宝严谨而有智谋，一向通达政事，文辞丰瞻而迅速，后梁主萧詧诚心信任他，将他当成谋主，比作诸葛孔明；王操也比不上他。追赠邵陵王萧纶做太宰，谥号为壮武；河东王萧誉追做丞相，谥号为武桓。又任命莫勇做武州刺史，魏永寿做巴州刺史。

湘州刺史王琳带领军队从小桂北下，到达蒸城，听说江陵已经失陷，于是为世祖萧绎发丧，三军都穿上丧服，派遣别将侯平带领水军去攻打后梁。王琳在长沙驻扎军队，传递公文给各州郡，制定进兵攻取计策。长沙王萧韶和上游的各位将领都推举王琳做盟主。

齐主高洋命清河王高岳率领军队进攻西魏的安州，以便援救江陵。高岳到了义阳，江陵已经失陷，于是进兵逼近长江，郢州刺史陆法和与仪同三司宋莅献出州郡投降；长史江夏太守王珉不肯顺从，被杀。甲午（十三）日，北齐召回高岳，派仪同三司清都人慕容俨驻守郢州。王僧辩派遣江州刺史侯瑱去攻打郢州，任约、徐世谱、宜丰侯萧循都领军前去会合。

辛丑日（二十日），北齐立贞阳侯萧渊明做梁主，派上党王高涣率领军队送他回去，徐陵、湛海珍等都听任他们跟从萧渊明一起回归。

二月，癸丑日（初二），晋安王萧方智从寻阳来到建康，入居朝堂，即梁王位，年仅十三岁。任命太尉王僧辩做中书监、录尚书、骠骑大将军、都督中外各军事，加封陈霸先为征西大将军，任用南豫州刺史侯瑱做江州刺史，湘州刺史萧循做太尉，任用广州刺史萧勃做司徒，镇东将军张彪做郢州刺史。

齐主高洋先派殿中尚书邢子才骑马传令到建康，送给王僧辩一封信，认为："继承王位的梁主晋安王太幼弱了，没办法承担国家重任。贞阳侯，是梁武帝的侄子，长沙王萧懿的儿子，以年龄声望来说，还算能保全金陵，因而我们拥立他做梁主，让他回到你们国家。你应当分派舟舰，迎接现在的梁主，同心协力，好好规划长远蓝图。"乙卯日（初四），贞阳侯萧渊明也给王僧辩写信请求前来迎接。王僧辩回信说："嗣主是孝元帝的儿子，受帝位于文祖庙，名正言顺，假如您能回到朝廷来，共同扶持王室，效法伊尹、吕尚，承担重任，众人都要仰慕而归服；假如心意在帝位，就不敢听命了。"甲子日（十三日），北齐任命陆法和为都督荆雍等十州的各军事、太尉、大都督、西南大行台，又任用宋莅做郢州刺史，任用宋莅的弟弟宋篮做湘州刺史。甲戌日（二十三日），上党王高涣攻克谯郡。己卯日（二十八日），贞阳侯萧渊明又给王僧辩写信，王僧辩不予理会。

西魏任用右仆射申徽为襄州刺史。

侯平攻打后梁的巴、武二州，故刘棻的主帅赵朗杀了宋文彻，献出邵陵归顺王琳。

三月，贞阳侯萧渊明到达东关，散骑常侍裴之横抵御他。北齐军司尉瑾、仪同三司萧轨向南侵犯皖城，晋州刺史萧惠出城投降。北齐改晋熙为江州，任用尉道做刺史。丙戌日（初六），北齐攻陷东关，杀掉裴之横，擒获几千人；王僧辩很害怕，出兵驻守姑孰，商量接纳萧渊明。

丙申日（十六日），齐主高洋回到邺城，封世宗高澄的两个儿子高孝珩做广宁王，高延宗做安德王。

孙瑒听到江陵失陷，放弃广州回去了；曲江侯萧勃去年躲避王琳驻扎在始兴，现在又占据了广州。

西魏太师宇文泰派遣王克、沈炯等回到江南。宇文泰得到了庾季才，对他厚待礼遇，命令他参掌太史。庾季才拿出自己私有钱财，去赎回那些做奴婢的亲朋旧友，宇文泰问他："为什么要这样做呢？"庾季才回答说："我听说攻陷别人的国家，要礼遇他们的贤士，这是自古以来的正道。现在郢都沦陷，它的国君确实是有罪的，但是做官的人有什么罪过呢？却都变成卑贱的奴隶，我只不过是个客居外地的鄙夫，不敢进言献词，但是我私下确实很哀怜他们，因而私自出钱去赎回他们。"宇文泰恍然大悟说："这是我的过错啊！倘若没有你，就要失去天下人的寄望了！"于是发出通令，释放了几千名去做奴婢的梁朝俘虏。

夏季，四月，庚申日（初十），齐主高洋到了晋阳。

五月，庚辰日（初一），侯平等捉住莫勇、魏永寿。江陵陷落时，世子萧方等的儿子、梁元帝的孙子永嘉王萧庄已经七岁了，尼姑法慕把他藏起来，王琳迎回萧庄，将他送回建康。

庚寅日（十一日），齐王高洋回到邺城。

王僧辩派遣使者呈奉启奏给贞阳侯萧渊明，以明确君臣的礼节，又派遣别使呈奉奏表给北齐，将王子显和王子显的母亲刘氏、弟弟的儿子王世珍送到萧渊明那儿做人质，派遣左民尚书周弘正到历阳去迎接萧渊明，顺便请求让晋安王萧方智做皇太子；萧渊明答应了。萧渊明请求给他三千卫士，王僧辩担心会出变乱，只给他冗散的士兵一千人。庚子日（二十一日），王僧辩派遣龙船和天子的车驾去迎接萧渊明。萧渊明和北齐上党王高涣在江北订盟，辛丑日（二十二日），萧渊明从采石渡江。于是梁朝的车队往南走，北齐的军队回到北方。王僧辩怀疑北齐军队有诈，把船停在长江中流，不敢靠近西岸。北齐侍中裴英起护送萧渊明，与王僧辩在江宁会合。癸卯日（二十四日），萧渊明进入建康，对着朱雀门痛哭，迎接他的人也相对痛哭。丙午日（二十七日），萧渊明即皇帝位，改年号为天成，册立晋安王做皇太子，王僧辩为大司马，陈霸先为侍中。

六月，庚戌朔日（初一），北齐征调百姓一百八十万人修筑长城，从幽州夏口西边一直到恒州，一共九百多里，命令定州刺史赵郡王高叡率领军队去监督。高叡，是高琛的儿子。

北齐慕容俨开始进入郢州，然而侯瑱等却突然到了城下，慕容俨按照自己制定的策略进行防御，侯瑱等没办法攻下；慕容俨趁着空隙出兵攻打侯瑱等人的军队，大败他们。城里粮食都吃完了，只好煮草木的根、叶和靴子、皮带、兽角来吃，慕容俨和士卒们同甘共苦，坚持防守了半年，大家都没有背叛的想法。贞阳侯萧渊明即位，命令侯瑱等人解除围困，侯瑱撤军回来镇守豫章。北齐也因为郢州城在长江以南很难防守，因此就割让给了梁朝。慕容俨回到北齐，看到齐主高洋，悲哀得不能克制自己。齐主高洋叫他到跟前来，握住他的手，脱下他的帽子看看他的头发，叹息了很久。

吴兴太守杜龛，是王僧辩的女婿。王僧辩将吴兴改为震州，任用杜龛做刺史，又用他的弟弟侍中王僧愔做豫章太守。

壬子日（初三），齐主高洋因为梁国已称藩属，下诏令，凡是梁朝的百姓都遣送回南方。

丁卯日（十八日），齐主高洋回到晋阳；壬申日（二十三日），高洋率领军队攻打柔然。秋季，七月，己卯日（初一），高洋到了白道，留下一些行李装备，带领五千名轻便骑兵去追击柔然。壬午日（初四），高洋追到怀朔镇，亲自冒着箭、石攻击，多次出战，大败柔然军队，一直追到沃野，俘虏了他们的酋长、活捉两万多人，俘获牛、羊牲畜数十万只。壬申日（七月无此日），齐主高洋回到晋阳。

八月，辛巳日（八月无此日），王琳从蒸城回到长沙。

齐主高洋回到邺城，因为佛教和道教教义教规都不相同，所以想去掉其中的一教，将两家的学者集合起来，在自己面前辩论诘难，于是下令道士都要剃去头发做和尚；有不肯服从的，杀了四个人，道士们才奉行命令。于是，北齐的境内都没有道士了。

起初，王僧辩和陈霸先一同灭掉侯景，两人交情十分深厚，王僧辩还为儿子王頠聘娶陈霸先的女儿，恰好王僧辩的母亲去世，还没有完婚。王僧辩驻守石头城，陈霸先驻守京口，王僧辩对他非常诚心，王頠的哥哥王顗多次向父亲劝谏提防陈霸先，王僧辩都不肯听从。等到王僧辩接纳贞阳侯萧渊明回梁，陈霸先派遣使者去苦苦规劝，前后好几次，王僧辩都没有改变主张。陈霸先私底下感叹地说："梁武帝的子孙那么多，只有孝元帝萧绎能为梁复仇雪耻，他的儿子又有什么罪过，要突然间废掉他呢！我和王公一起处在被托付遗孤的地位，然而王公却忽然间改变心意，向外去依附戎狄，去帮助名不正言不顺的人登基，他的心志到底是想干什么呢！"于是秘密制作了衣袍数千件和锦彩金银等宝物作为赏赐将士的用具。

恰好有人禀告北齐的军队大举出兵，到了寿春，将要入境进犯，王僧辩派遣记室江旰去通知陈霸先，让他加以防备。陈霸先将江旰扣留在京口，发兵去攻打王僧辩。九月，壬寅日（二十五日），陈霸先召集部将侯安都、周文育和安陆人徐度、钱塘人杜稜商量这件事。杜稜认为很困难，陈霸先怕他会将谋划泄露出去，用手巾绞住杜稜的脖子，使他闷气昏倒在地，将他关在另一间密室里。陈霸先部署将士，分别赐给金银布帛，派弟弟的儿子著作郎陈昙朗镇守京口、掌管州府政事，派遣徐度、侯安都率领水军奔赴石头城，陈霸先带领马队步兵从江乘县到罗落桥前去会合，这天晚上，各路人马出发，陈霸先带着杜稜一起同行。知道他们密谋的，只有侯安都等四名将领，外人都认为是江旰来征求援兵去对抗齐兵，也不以为奇怪了。

甲辰日（二十七日），侯安都领着船舰将要赶往石头城，看到陈霸先扣住马头不再前进，侯安都很害怕，追上陈霸先骂他说："今天起兵，事势都已成定局，生死就在这一决定，在后面还想观望什么？倘若失败，大家一起死，迟延观望能免除被砍头吗？"陈霸先说："侯安都怒骂我！"于是下令前进。侯安都到了石头城北面，舍弃船舰登上岸。石头城的北面连接着山丘，不很高峻危险。侯安都穿着铠甲带着长刀，由军人抬着，攀入城上的短墙内，众人随着进入里面，一直来到王僧辩的卧室。陈霸先的军队也从南门进来。王僧辩正在视察政事，外面有人来通报说有军队进城，不久，军队从里面出来。王僧辩立即跑出来，遇到他的儿子王頠，两人一起离开阁楼，率领身边数十人在议事厅前苦战，兵力不够，退走登上南门楼，跪拜请求哀怜。陈霸先想放火将他们烧掉，王僧辩和儿子王頠都走下来，被抓了起来。陈霸先说："我有什么罪过，您要和北齐的军队一起来征讨我？"停了一下又说，"您是什么意思，北齐军队来犯，一点防备都没有？"王僧辩说："委托您防守北门，怎么能说没有防备呢？"这天晚上，陈霸先用绳子将王僧辩父子勒死。后来竟然没有看到北齐军队，看来也不是陈霸先诡诈。前青州刺史新安人程灵洗带领所属军队来救援王僧辩，与陈霸先他们在石头城西门奋力作战，军队战败；陈霸先派遣使者去召请他们归服，过了很久他们才投降。陈霸先深深嘉许他的义举，任用程灵洗做兰陵太守，命他帮助防守京口。乙巳日（二十八日），陈霸先写檄文通告中外人士，列举王僧辩的罪状，而且说："我所要讨伐的，只有王僧辩父子兄弟而已，其他的亲戚党徒，一概不加问罪。"

丙午日（二十九日），贞阳侯萧渊明退位，离开皇宫到官邸去。百官都上表给晋安王萧方智，请他登位。冬季，十月，己酉日（初二），晋安王即皇帝位，大赦天下，改年号为绍泰。内外文武官员都加赐爵位一等。任用贞阳侯萧渊明做司徒，封为建安公。告诉北齐说："王僧辩暗中企图篡夺叛逆，因而杀掉他，仍旧请求向北齐称臣，永远作为藩属。"北齐派遣行台司马恭和梁朝在历阳订立盟约。

辛亥日（初四），齐主高洋到晋阳。

壬子日（初五），梁朝加封陈霸先为尚书令、都督中外诸军事、车骑将军，扬、南徐二州刺史。癸丑日（初六），梁朝任命宜丰侯萧循做太保，建安公萧渊明做太傅，曲江侯萧勃做太尉，王琳做车骑将军、开府仪同三司。

戊午日（十一日），梁朝尊奉皇上萧方智的母亲夏贵妃为皇太后，立妃子王氏做皇后。

杜龛倚仗王僧辩的势力，平素对陈霸先很不礼貌，在吴兴，曾对陈霸先的宗族绳之以法，陈霸先深深地怨恨着杜龛。等到将算计王僧辩时，密派他哥哥的儿子陈蒨回到长城县，竖立栅栏来防御杜龛。王僧辩一死，杜龛据守吴兴对抗陈霸先，义兴太守韦载带着郡中的军队响应他。吴郡太守王僧智，是王僧辩的弟弟，也据守城池抵抗守卫。陈蒨到了长城，收集士卒仅几百人，杜龛派遣他的大将杜泰带领精兵五千突然赶到，将士们大惊失色，陈蒨却谈笑自如，不慌不忙地分配各人的职守，十分明确，大家慌乱的心才安定下来。杜泰日夜辛苦进攻，过了几十天，都没办法攻克，这才退兵。陈霸先派周文育进兵义兴，义兴所领属的县卒都是陈霸先从前的士兵，很会用弓箭，韦载收押了几十人，用长锁链将他们绑着，命令亲信的人监督他们，命他们射周文育的军队，与他们约定说："射十次没有两次射中的就要被处死。”因而每次发箭往往要射死一个人，周文育的军队稍微退后了些。韦载又在城外倚着河水竖立栅栏，双方相持了几十天。杜龛派遣他的堂弟杜北叟率领军队抵抗，杜北叟战败，回到义兴。陈霸先听说周文育出师不利，辛未日（二十四日），上表请求向东征讨，留下高州刺史侯安都、石州刺史杜稜在台省守卫。甲戌日（二十七日），军队到了义兴，丙子日（二十九日），陈霸先攻拔了他们的水栅。

谯、秦二州刺史徐嗣徽的堂弟徐嗣先，是王僧辩的外甥。王僧辩死后，徐嗣先逃亡投奔徐嗣徽，徐嗣徽献出谯、秦二州投向北齐那边去了。等到陈霸先向东征讨义兴，徐嗣徽秘密结交南豫州刺史任约，带领精锐骑兵五千人趁他们不备去偷袭建康，这一天，袭击攻占了石头城，游骑又前进到宫阙下。侯安都关闭城门将旗帜藏起来，显示自己的兵势很弱，命令城中的兵士说：“哪一个爬上短墙去偷看敌人的就杀头！”到了傍晚，徐嗣徽等只好收兵回到石头城。侯安都晚上为作战做了准备，天快亮时，徐嗣徽等又来到皇城前，侯安都率领三百武装士兵打开东、西掖门出去迎战，大败徐嗣徽的军队，徐嗣徽等逃回石头城，不敢再进攻逼迫台城。

陈霸先派遣韦载同族的弟弟韦翙拿着书信去劝降韦载，丁丑日（三十日），韦载和杜北叟都投降了，陈霸先十分优厚地礼遇安抚他们，任用韦翙监督义兴郡，将韦载安置在他的身边，以便和他谋划计议。陈霸先收兵回到建康，派周文育去征讨杜龛，救援长城。

将军黄他在吴郡攻打王僧智，没有攻下，陈霸先派宁远将军裴忌去帮助他。裴忌挑选自己军队中的精锐，以轻便的装备日夜不停地从钱塘直接赶往吴郡，晚上，到了城下，命军队击鼓呐喊逼近城池。王僧智认为大批军队到来，就乘着轻便的快船逃到吴兴去了。裴忌进城据守吴郡，陈霸先便任用裴忌做了吴郡太守。

十一月，己卯日（初二），北齐派五千名兵士渡江驻守姑孰，以便接应徐嗣徽和任约。陈霸先派合州刺史徐度在冶城竖立栅栏。庚寅日（十三日），北齐又派安州刺史翟子崇、楚州刺史刘士荣、淮州刺史柳达摩从胡墅带领一万名士兵，运送三万石米、一千匹马进入石头城。陈霸先向韦载请教计策，韦载说："北齐的军队假如分兵先据守三吴的通路，进占东面边境，那么我们的时机就没有了。现在应当迅速在淮南利用侯景从前的营垒修造城墙，以便保障东边道路的运输，然后分派兵力阻断他们的粮食转运，那么北齐将领的首级十天就可以拿到。"陈霸先采纳他的建议。癸未日（初六），派遣侯安都利用夜晚偷袭胡墅，烧掉北齐的船只一千多艘，仁威将军周铁虎阻断了北齐的运输道路，抓住了他们的北徐州刺史张领州；陈霸先仍旧派遣韦载到大航去修建侯景从前的壁垒，命杜稜去防守这些壁垒。北齐人在仓门、秦淮水南边竖立两个栅栏与梁兵对抗。壬辰日（十五日），北齐大都督萧轨率领军队驻扎江北。

起初，北齐的平秦王高归彦幼年时就没有父亲，高祖高欢让清河昭武王高岳养育他，高岳对他很刻薄，所以高归彦对他充满怨恨。等到显祖高洋即位，高归彦担任领军大将军，特别受宠爱器重，高岳以为自己有抚养他的功德，因而更加依赖他。高岳多次带兵都立了功，颇有威名，然而性情豪爽奢靡，喜好美酒女色，在邺城的南面修建府第，处理公务的厅事后面还开了街巷。高归彦在背后偷偷地告诉齐主高洋："高岳僭越身份学宫廷内的装设，还修了长巷，只是少了宫阙门罢了！"齐主高洋因此很讨厌他。高洋收纳娼妇薛氏到后宫，高岳之前曾因薛氏姐姐的缘故，将她接到家里。有一天晚上齐主高洋到薛氏家里，她的姐姐为她的父亲乞请司徒的官职，齐主高洋很生气，将她姐姐悬吊起来，用锯子锯死了她。齐主高洋责备高岳和她有奸情，高岳不服气，齐主高洋更加生气，乙亥日（十一月无此日），派高归彦拿毒酒给高岳喝，高岳自诉己身无罪，高归彦说："喝下去就能保全全家。"喝下去后高岳就死了，齐主高洋给他的葬礼和追赐都依照礼法。

薛嫔很得齐主高洋的宠爱，过了很久，齐主高洋突然间想起她曾和高岳私通过，无缘无故就将她的头砍了下来，藏在怀里，前往东山举行宴会喝酒。大家喝酒正在酣畅开怀的时候，齐主高洋突然从怀里取出薛嫔的头，把它投掷在盘子上，又叫人将她的尸体拿来分割了，拿起她的大腿当琵琶来玩弄，满座席的人都十分惊讶。齐主高洋把她的尸体收拾好，对着尸体流着眼泪说："美人很难再得到了！"命人载着她的尸体离开，高洋披散着头发跟随在后面。

甲辰日（二十七日），徐嗣徽等攻打冶城栅，陈霸先带领精锐甲兵从西明门出来进攻他，徐嗣徽等大败，留下柳达摩等守城，自己到采石去迎接北齐援军。

梁朝任命郢州刺史宜丰侯萧循做太保，广州刺史曲江侯萧勃做司空，一起征召入侍。萧循接受太保的职位，但是辞谢不肯入朝。萧勃正想谋划兵变，所以不肯接受任命。

镇南将军王琳侵犯西魏，西魏的大将军豆卢宁抵御他。

十二月，癸丑日（初七），侯安都进攻秦郡，攻克徐嗣徽的军营栅栏，擒获几百人。没收徐嗣徽的家产，得到了他的琵琶和鹰，派人送还给他说："昨天到贤弟的住处拿到了这些东西，今天交还给你。"徐嗣徽很害怕。丙辰日（初十），陈霸先对着冶城把船连起来搭建浮桥，将全部军队运送过河，进攻他们南岸的两座栅栏。柳达摩等渡过淮水排兵布阵，陈霸先督促军队迅速作战，放火烧了栅栏，北齐军队大败，争着乘船逃走，互相挤迫，掉落水中溺死的有上千人，呼喊的声音震动天地，陈霸先把他们的船都俘获了。当天，徐嗣徽和任约领着北齐水兵和步兵一万多人回去据守石头城，陈霸先派遣军队到江宁，占据险要地势。徐嗣徽等水、步兵不敢前进，留守在江宁、浦口，陈霸先派侯安都带领水兵击败了他们，徐嗣徽等单独驾船逃走，侯安都将他们军中的财物器械全部收缴。

己未日（十三日），陈霸先四面围攻石头城，城中没有水，一升水的价钱值一匹绢。庚申日（十四日），柳达摩派遣使者向陈霸先请求谈和，并且以儿子做人质。当时建康内部虚弱，粮食转运又很不顺畅，朝廷的臣子都想和北齐谈和，请求用陈霸先的侄子陈昙朗去做人质。

陈霸先说："现在朝中掌权的各位贤人都想和北齐谈和，解除目前的危局而获得休息，假如我违逆了众人的意思，你们一定认为我是疼爱陈昙朗，不体恤国家的危难，今天就决定派遣陈昙朗到贼寇的朝廷。不过齐人不会讲信用，认为我们衰弱，必当背弃盟约。齐寇假如来犯，诸君必须为我奋勇作战啊！"于是以陈昙朗和永嘉王萧庄、丹杨尹王冲的儿子王珉做人质，与齐人在城外订了盟约，双方任凭将士们投奔南方或北方。辛酉日（十五日），陈霸先在石头城的南门陈列兵阵，送齐人回北方，徐嗣徽、任约都逃奔北齐。陈霸先收缴了北齐的马匹、兵器、舟船、米粮，不计其数。齐主高洋杀掉柳达摩。壬戌日（十六日），北齐和州长史乌丸远从南州奔回历阳。

江宁令陈嗣、黄门侍郎曹朗占据姑孰造反，陈霸先命令侯安都去平定他们。陈霸先担心陈昙朗会逃走隐匿，自己带领步卒骑兵到京口去迎接他。

交州刺史刘元偃带领他的部属几千人归顺王琳。

西魏任用侍中李远做尚书左仆射。

西魏益州刺史宇文贵派遣谯淹的侄子谯子嗣去诱导说服谯淹，让他做大将军，谯淹不肯，杀了谯子嗣。宇文贵十分生气，讨伐谯淹，谯淹被迫从东遂宁迁移军队到垫江驻扎。

起初，晋安百姓陈羽，世代都是闽中的豪门望族，他的儿子陈宝应很会利用权势欺诈，郡中人因害怕而顺服他。侯景作乱时，晋安太守宾化侯云将整个郡让给陈羽，陈羽因为年老，只治理郡事，叫陈宝应去典校军队。当时东边境内荒年饥馑，然而晋安却很丰足，陈宝应多次从海路出去，侵犯劫掠临安、永嘉、会稽，有时载运米粮与他们交易物品，因此得以富强。侯景被平定后，世祖萧绎任命陈羽做晋安太守。等到陈霸先辅佐政事，陈羽请求让位给他的儿子陈宝应，陈霸先答应了。

这一年，西魏宇文泰劝谏淮安王元育上表请求依照古制降爵位为公，因此宗室的各王都降为公。

突厥木杆可汗攻打柔然邓叔子，消灭了他们，邓叔子收拾残余部众投奔西魏。木杆可汗向西攻破嚈哒，向东赶走了契丹，向北吞并契骨，声名威望使塞外各国臣服。他的领地东起辽海，西到西海，长一万里，南边从大漠以北五六千里都归属他们。木杆可汗依恃他的强盛，请西魏把邓叔子等人都杀掉，使者不停地在双方道路上奔驰传信。太师宇文泰拘捕了邓叔子以下共三千多人，交给突厥使者，在青门外把邓叔子等人都杀了。

起初，西魏太师宇文泰认为汉、魏的官制太繁杂，命令苏绰和尚书令卢辩按《周礼》更换制定六官。

太平元年（丙子，公元556年）

春季，正月，丁丑日（初一），西魏按《周礼》初建六官，任命宇文泰做太师、大冢宰，柱国李弼做太傅、大司徒，任命赵贵做太保、大宗伯，独孤信做大司马，任命于谨做大司寇，侯莫陈崇做大司空。其余百官，都仿照《周礼》。

戊寅日（初二），梁朝大赦天下，那些与任约、徐嗣徽同谋的人，也不再追究。癸未日（初七），陈霸先派从事中郎江旰说服徐嗣徽让他回到南方，徐嗣徽将江旰抓起来押送给北齐。

陈蒨、周文育联合军队在吴兴攻打杜龛。杜龛勇敢但缺少谋略，爱喝酒却常常醉倒，他的将军杜泰暗中和陈蒨私通。杜龛和陈蒨等交战失利，杜泰趁机说服杜龛，让他投降，杜龛答应了。杜龛的妻子王氏说："和陈霸先的仇恨已经到这个地步了，怎么可以求和！"王氏随即拿出自己的私财奖赏招募士卒，又反击陈蒨等，大败他们的军队。不久，杜泰向陈蒨投降，杜龛喝醉酒还没醒来。陈蒨派人将他背出去，在项王寺前杀掉了他。王僧智和他的弟弟豫章太守王僧愔都投奔到北齐。

东扬州刺史张彪一向被王僧辩看重，因而不肯归降陈霸先。二月，庚戌日（初五），陈蒨、周文育率领轻便骑兵袭击会稽，张彪战败，逃进若邪山中，陈蒨派遣他的将军吴兴人章昭远去追杀了他。东阳太守留异馈赠粮食给陈蒨，陈霸先任用留异做缙州刺史。

江州刺史侯瑱原本追随王僧辩，也拥兵据守豫章和江州，不肯归降陈霸先。陈霸先任命周文育做南豫州刺史，命他率领军队去攻打湓城，庚申日（十五日），又派侯安都、周铁虎带领水军在梁山设置栅栏，以防备江州。

癸亥日（十八日），徐嗣徽、任约进攻采石，抓住戍主明州刺史张怀钧，将他送到北齐。

后梁主萧方智在公安攻打侯平，侯平和长沙王萧韶领军回到长沙。王琳派遣侯平镇守巴州。

三月，壬午日（初七），梁朝下诏令兼用古今铜钱。

戊戌日（二十三日），北齐派遣仪同三司萧轨、库狄伏连、尧难宗、东方老等和任约、徐嗣徽合兵十万进犯梁朝，离开栅口，向梁山而来。陈霸先幕帐内善于突击冲锋的勇士黄丛迎敌还击，击败北齐军队，北齐军队退守芜湖。陈霸先派遣定州刺史沈泰等率军前去，归属侯安都指挥，一同据守梁山，以便抵御他们。周文育进攻湓城，没有攻克，被召回。夏季，四月，丁巳日（十三日），陈霸先到梁山巡察安抚各路军队。

乙丑日（二十一日），北齐仪同三司娄叡征讨鲁阳蛮，击败了他的军队。

侯安都率领轻装军队在历阳袭击并大败北齐行台司马恭的军队，俘虏一万多人。

西魏太师宇文泰娶了孝武帝的妹妹冯翊公主，生了略阳公宇文觉；姚夫人生了宁都公宇文毓。宇文毓在各儿子中年纪最大，娶了大司马独孤信的女儿。宇文泰想立后嗣，对公卿们说："我想立嫡子承嗣，担心大司马心里会有怀疑的地方，不知道应当怎么办。"大家都沉默不语。尚书左仆射李远说："原本立子嗣应该立嫡长子而不是立年纪最大的，略阳公本来就是世子，您又有什么疑虑呢？假如猜疑独孤信，请先把他杀掉吧！"于是拔起刀站起来。宇文泰也站起来，说：

“为什么要如此呢？”独孤信又陈述辩解，李远才停止。于是所有公卿都赞成李远的建议。李远到外面后，向独孤信敬拜谢罪说：“面临重大抉择的要事，不得不这样！”独孤信也向李远致谢说：“今天靠你决定了这件大事。”于是宇文泰立宇文觉做世子。

西魏太师宇文泰向北巡行。

五月，北齐人召请建安公萧渊明，欺骗他答应将军队退回，陈霸先准备船只遣送他们回去。癸未日（初九），萧渊明背上的疽疮发作去世。甲申日（初十），北齐军队从芜湖出发，庚寅日（十六日），进入丹杨县，丙申日（二十二日），抵达秣稜的故治村。陈霸先派周文育驻守方山，徐度驻守马牧，杜稜驻扎大航南岸来抵御他们。

北齐汉阳敬怀王高洽去世。

辛丑日（二十七日），北齐跨越淮水竖立桥栅使军队渡水而过，晚上到达方山。徐嗣徽等在青墩排列舰队，一直连到七矶，以阻断周文育的归路。周文育等击鼓呐喊出兵，徐嗣徽没办法阻挡，到了天明，周文育反过来进攻徐嗣徽。徐嗣徽的勇猛骁将鲍砰单独以小舰殿后，周文育乘着小船与他交战，周文育跳入鲍砰的小舰中，杀了鲍砰，接着把他的小舰拖回来。徐嗣徽的部众大为惊骇，于是将船停留在芜湖，从丹杨步行而上。陈霸先追回侯安都、徐度等。

癸卯日（二十九日），北齐军队从方山进到倪塘，巡游骑兵到了台城，建康城震惊害怕。皇上萧方智把宫中的军队都派出来驻扎长乐寺，内外聚集严密。陈霸先在白城对抗徐嗣徽，恰好和周文育相会。将要开战时，风很大，陈霸先说：“军队是不迎风而战的。”周文育说：“现在事态紧急，何必管他古法怎么样！”抽起长矛骑上马率先进攻，风也跟着旋转，周文育杀伤了几百人。侯安都和徐嗣徽等在耕坛南边大战，侯安都带领十二名骑兵突破敌人的兵阵，击败了敌军，活捉北齐仪同三司乞伏无劳。陈霸先暗中从战场上撤下三千名精锐士兵，配给沈泰渡过长江，到瓜步偷袭北齐行台赵彦深，缴获船舰百余艘、粟米一万斛。

六月，甲辰日（初一），北齐军队潜伏到钟山，侯安都和北齐将军王敬宝在钟山的龙尾开战，军主张纂战死。丁未日（初四），北齐军队到达幕府山，陈霸先派别将钱明带领水军离开江乘，阻截攻击齐人粮食的运输，全数缴获了他们的船和米。北齐军队缺乏粮食，只好杀马和驴来吃。庚戌日（初七），北齐军队越过钟山，陈霸先和各路军队分别停留在乐游苑东面和覆舟山北面，阻断敌人的紧要路口。壬子日（初九），北齐军队到达玄武湖西北，想要驻守北郊坛，各路军从覆舟向东移，停留在坛北，与齐人相对。

适逢连日大雨，平地水涨了一丈多高，北齐军队白天夜里都浸在泥水中，脚指头都烂了，将煮饭的锅鼎高高地悬着生火做饭，然而台中和潮沟的北路却很干燥，梁军每每都能更换轮替。当时四方壅蔽阻隔，粮食没办法运输，建康城中民户流散，没地方征收粮食。甲寅日（十一日），雨稍微停歇，陈霸先想开战，向商人购买麦饭，分送给军士，军士全都饥饿疲惫。恰好陈蒨送来三千斛米、一千只鸭子，陈霸先命士兵煮饭杀鸭，人人用荷叶包着饭，上面盖着几片鸭肉。乙卯日（十二日），天没亮，士兵就在席蓐上吃饭了，等到天亮，陈霸先带领部下出了幕府山，侯安都对他的部将萧摩诃说："你勇猛刚健是出了名的，听一千遍也只是听说而已，倒不如看你表现一次。"萧摩诃回答说："今天让您看看我的表现。"等开战后，侯安都掉下马，北齐士兵包围过来，萧摩诃一个人骑着马大喊，直冲向包围的齐军，齐军溃败逃散，侯安都才免于一死。陈霸先和吴明彻、沈泰等所有军队前后一起进攻，展开大会战，侯安都从白下领军横过来冲向敌军后面，北齐军队大败，梁军杀死、掳获北齐军数千人，相互践踏而死的不计其数，生擒并杀掉徐嗣徽和他的弟弟徐嗣宗。追击逃奔的北齐军队到了临沂。另外江乘、摄山、钟山等各路军队也相继打了胜仗，擒获萧轨、东方老、王敬宝等将帅共四十六人。那些能逃到江边的军兵，绑了荻草做筏子用来渡过长江，到江水中流，筏子冲散被溺死，尸体漂流到京口，遮蔽了江水，堆满江岸；只有任约、王僧愔得以免死。丁巳日（十四日），各路军队离开南州，烧掉了北齐的舟舰。

戊午日（十五日），梁朝大赦天下。己未日（十六日），解除严禁。军兵们将杀敌所得的赏赐拿去买酒，每人都喝得烂醉。庚申日（十七日），梁朝杀掉齐将萧轨等，北齐听说了，也杀掉人质陈昙朗。陈霸先将南徐州授给侯安都，奖赏他的战功。

侯平多次攻破后梁军队，但是因为王琳的兵力较弱，就不再受他指挥；王琳派遣将领去征讨他。侯平杀掉巴州助防吕旬并收编了他的部队，奔往江州，侯瑱和他结为兄弟。王琳的军势愈来愈衰弱，乙丑日（二十二日），王琳派使者呈奉奏表到北齐，并且献上驯服的巨象。江陵沦陷时，王琳的妻子蔡氏、世子王毅都陷落在西魏，王琳又进献钱财到西魏，以便赎回妻子儿女；也向梁朝称臣。

北齐征调壮丁木匠三十多万修筑扩建三台宫殿。

齐显祖高洋初即位时，留心政事，政务存简去芜，力求精要，知人善任，坦诚待人，人人都能为国尽力。又能用法令来驾驭下属，倘若有违犯规章的人，即使是功勋贵戚也绝不包容，内外没有不肃然的。至于军国的机要谋略，独自裁决；每次亲临行伍兵阵，亲自冒着箭、石，所到地方都能克敌制胜。几年以后，渐渐因为功业太多而自矜，于是喝酒淫乱，行为放肆骄狂；有时跳舞唱歌，整日整夜不停；有时披散着头发，穿着胡人的衣服，或是杂乱地披着锦带彩饰；有时光着身体，涂满了香粉眉黛；有时骑着驴、牛、橐驼、白象，也不用马鞍缰绳；有时命崔季舒、刘桃枝背着他走，拿着胡鼓用手拍打；功勋贵戚的官邸，早晚随意驾临，到市街里坊去游玩，坐在街头，宿于巷口；有时盛暑日当正午，暴露着身子，有时隆冬脱掉衣服奔驰跑步；跟随的人实在不能忍受，可是高洋却泰然自若。三台的房屋高二十七丈，栋梁两边相距有二百多尺，工匠都觉得危险害怕，大家把绳子绑在身上防备摔下，高洋却挺直了脊背在上面飞快地走，一点都没有恐惧害怕的表情；有时还在那儿优雅起舞，和着节拍来回旋转，旁人看了没有不心惊的。高洋曾在路上问一位妇人说："当今天子怎么样？"妇人回答说："疯癫痴傻的，怎么能做天子！"高洋就将她杀掉了。

娄太后因为齐主高洋喝酒癫狂，拿起手杖打他说："那样的父亲怎生出这样的儿子！"齐主高洋说："应该把这个老太婆嫁到胡地去。"娄太后大怒，于是不再说笑。齐主高洋想逗太后笑，自己匍匐在地上，用身子举起床来，将床上的太后跌落到地上，还受了点伤。等到清醒后，高洋羞愧悔恨，命人堆积木材点上火，想跳入火中。太后又惊又怕，亲自将他拉起来挽着他，勉强对他笑着说："从前是你喝醉酒了！"齐主高洋在地上安置席子，叫平秦王高归彦拿着木杖，自己责备自己，口中还列举着罪状，将衣服脱下，用背来受罚，对高归彦说："倘若不打出血来，我就把你杀掉。"太后上前去抱住他，齐主高洋流着眼泪苦苦请求，才打了脚板五十下，然后穿上衣服、戴上帽子拜谢，悲伤得不能控制自己。高洋因为这件事戒掉了酒，但过了十天，又恢复和从前一样了。

齐主高洋临幸李后的娘家，用胡人的响箭射李后的母亲崔氏，骂着说："我醉的时候连太后都不认得，老奴婢算什么！"用马鞭乱打了一百多下。虽然任命杨愔做丞相，但命他到厕所给自己递送擦拭的篾片，用马鞭抽打他的背，血流得都湿透了背袍。高洋还想用小刀划他的肚子，崔季舒假装开玩笑地说："小公子怎么爱戏弄人家呢！"才将刀拿走。又把杨愔放在棺木中，用丧车载着。又曾经拿着长矛在马上飞驰，三次假装要刺向左丞相斛律金的胸膛，斛律金都站着不动，高洋就赏赐他布帛千段。

高氏本家的妇女，不管亲疏，高洋大多和她们淫乱，有时又将她们赏赐给左右，又多方面地折磨羞辱她们。彭城王高浟的太妃尔朱氏，是魏敬宗的皇后，齐主高洋想与她交欢，尔朱氏不肯，高洋亲手把她杀死了。

原东魏乐安王元昂，是李后的姐夫，他的妻子颇有姿色，齐主高洋好几次到她家，想收纳她做昭仪。将元昂唤来，命他伏在地上，用响箭射了一百多下，流血凝固几乎有一石的重量，终究还是死了。李后整天哭啼，不肯吃饭，乞请让位给自己的姐姐，娄太后又当面加以训导，齐主高洋才没有纳元昂的妻子为昭仪。

高洋又曾经在众人面前召见都督韩哲，韩哲没有犯罪，也把他杀掉。制造了大镬、长锯、剉、碓等刑具，陈列在朝堂上，每次喝醉酒，往往要亲手杀人，认为是一种消遣娱乐。被杀的人还要被分尸，或用火烧掉，或丢进水里。杨愔就挑选邺城的死囚，将他们放在殿廷左右的屋内，叫作供御囚，齐主高洋想杀人时，常把他们抓来听命，假如三个月没被杀，就宽宥他的罪。

开府参军裴谓之上书极力劝谏，齐主高洋对杨愔说："这个蠢人，怎么敢如此大胆！"杨愔说："他是想让陛下把他杀掉，才能让后世的人知晓他的声名。"齐主高洋说："这个小人，我偏不杀他，看他怎么成名。"齐主高洋和身边的人喝酒，说："好快乐啊！"都督王纮说："有大乐，也有大苦。"齐主高洋说："什么意思？"王纮回答说："长夜痛饮，不觉悟国家将会败亡，自身伤命，所以是大苦！"齐主高洋把王纮绑起来，想把他杀掉，想到他有救过世宗（高澄）性命的功劳，这才放了他。

齐主高洋到东山野游设宴，因为关、陇地方还没平定，摔掉杯子十分愤怒，将魏收召到跟前，立下诏命，向远近各地宣告，要发动西征。西魏人震怒恐惧，打算迁到陇阪西边，以避开齐兵，实际上却没有实行。有一天，高洋哭着对群臣说："宇文黑獭不接受我的命令，怎么办？"都督刘桃枝说："请给我三千骑兵，我到长安去把他捉来。"齐主高洋认为他很勇壮，赐给他布帛千匹。赵道德进言说："东西两国势均力敌，你可以将他们抓来，他们也可以把你抓过去。刘桃枝乱说话该杀，陛下怎么还随便赏赐他呢？"齐主高洋说："赵道德的话很对。"追回赐给刘桃枝的赏赐，将它赐给赵道德。齐主高洋乘马想从高峻的岩岸进入漳水，赵道德把缰绳拉回来；齐主高洋很生气，要杀他。赵道德说："臣死了也没有什么遗憾，当到地下去禀告先帝，说你酗酒疯狂，实在没办法再教训了。"齐主高洋默然而没杀他。有一天，齐主高洋对赵道德说："倘若我喝酒过量，你一定要用杖痛打我。"赵道德打他，齐主高洋跑走。赵道德追他，边追边喊："你是什么东西，怎么敢有这种举动！"

典御丞李集当面进谏，将齐主比成桀、纣，齐主高洋命令人把他绑起来丢到流水中，沉下去很久，又命人提起来，对他说："我和桀、纣比起来怎么样？"李集说："恐怕还比不上桀、纣！"齐主高洋又命人把他沉溺到水中，拉出来，再问，这样前后共有四次，李集的回答都一样。齐主高洋大笑说："天下有这样的痴人，现在才知道进谏夏桀而死的龙逄、进谏殷纣而死的比干还不算是俊才呢！"于是放了他。不久，李集又被人领来觐见，好像又要进谏的样子，齐主命人带出去腰斩。他到底是斩人或是赦免他的罪，是没有人能预测的。

朝廷内外人人忧痛，恨得咬牙切齿。齐主高洋因平常能暗中观察，又善记忆，加以严密推断，因而群臣百官都很害怕，不敢做坏事。齐主高洋又把政务托付给杨愔，杨愔总管机要，衡量事理，百事都能修治，所以当时人都说君王在上昏昧，但在下政教却十分清和。杨愔风表鉴裁，朝野都很敬重他。他年轻时曾经历了很多困苦的事，等到得志时，只要曾给过他一点恩惠的，他都会重重地报答人家，若是从前曾经想杀害他的人，他就不追究了；掌理选拔官员二十多年，都把奖掖拔擢贤才当成自己的要务。他天生记忆力就很好，见过一面就不会忘记人家的姓名。参加应选的鲁漫汉自认为地位卑贱，担心他见了也不会认识。杨愔说："你从前在邺城中的元子思坊，乘坐着一只短尾的母驴，看到我，没有下驴来，用方麴遮住脸，我怎么会不认识你！"鲁漫汉惊叹佩服。

秋季，七月，甲戌日（初一），前天门太守樊毅进攻武陵，杀掉武州刺史衡阳王萧护；王琳派司马潘忠去攻打他，将樊毅抓了回来。萧护，是萧畅的孙子。

丙子日（初三），梁朝任用陈霸先做中书监、司徒、扬州刺史，进爵为长城公，其他的和从前一样。

起初，余孝顷做豫章太守时，侯瑱镇守豫章，余孝顷在新吴县另外竖立城栅，和侯瑱相对抗。侯瑱派他的堂弟侯奫镇守豫章，自己把所有部众带去攻打余孝顷，过了很久也没攻下，于是修筑长墙驻守。癸酉日（七月无此日），侯平发兵攻打侯奫，大肆劫掠豫章，烧毁城池后逃往建康。侯瑱的部众溃散，侯瑱逃往湓城，投靠将军焦僧度。焦僧度劝他投奔北齐，恰好陈霸先派记室济阳人蔡景历南上，说服侯瑱让他投降，侯瑱就到宫阙前来请罪，陈霸先为他将侯平杀了。丁亥日（十四日），任命侯瑱做司空。

南昌百姓熊昙朗，世代为郡里望族。熊昙朗勇猛有力，侯景叛乱时，聚集部众据守丰城建栅栏，世祖萧绎任命他做巴山太守。江陵沦陷，熊昙朗的兵力慢慢强大，侵掠邻县。侯瑱在豫章，熊昙朗表面好像顺从的样子，暗中却图谋造反，等到侯瑱战败逃走，熊昙朗把他的马匹兵器都拿走了。

己亥日（二十六日），北齐大赦境内。

西魏太师宇文泰派遣安州长史钳耳康买出使王琳，王琳也派遣长史席豁回访，并请求将世祖萧绎和愍怀太子萧元良的灵柩归还，宇文泰应允。

八月，己酉日（初七），鄱阳王萧循在江夏去世，弟弟丰城侯萧泰监管郢州事务。王琳派兖州刺史吴藏攻打江夏，兵败身死。

西魏太师宇文泰向北巡行，渡过北河。

西魏任命王琳做大将军、长沙郡公。

西魏江州刺史陆腾征讨陵州叛獠，獠人依山筑城，很难攻下。陆腾就在城下一面陈列歌伎，獠人丢了兵器不管，带着妻儿登上城楼观看，陆腾悄悄派兵从其他三面一起上去，斩下了一万五千人的首级，平定了獠乱。陆腾，是陆俟的玄孙。

庚申日（十八日），齐主高洋要到西部巡行，百官在紫陌殿送行，齐主高洋派骑兵拿长矛将他们团团围住，说："我举马鞭，你们就把那些送行的人都杀掉。"太阳快下山了，齐主醉得起不了床。黄门郎是连子畅趁机说："陛下这样做，那些臣子都很畏惧惊恐。"齐主说："很害怕吗？假如是这样的话，就不要杀了。"于是出发到晋阳。

九月，壬寅日（初一），梁朝改年号为太平，大赦天下。任命陈霸先做丞相、录尚书事、镇卫大将军、扬州牧、义兴公。任命吏部尚书王通做右仆射。

突厥族木杆可汗借道凉州进攻吐谷浑，西魏太师宇文泰派凉州刺史史宁带领骑兵跟着他们，到了番禾，吐谷浑发觉了，逃到南山。木杆可汗想分派军队去追赶，史宁说："树敦、贺真两座城是吐谷浑的巢穴，将他们的大本营攻下来，其余的部众自然会溃散。"木杆可汗采纳了他的建议。木杆可汗从北路赶往贺真，史宁从南路前往树敦。吐谷浑可汗夸吕在贺真，派他的征南王带领几千人守住树敦。木杆可汗攻陷贺真，俘获夸吕的妻子儿女；史宁攻克树敦，俘虏了征南王；史宁回程时，和木杆可汗在青海会合，木杆可汗赞叹史宁的勇敢果断，赠送他丰厚的礼物。

甲子日（二十三日），王琳派水军攻打江夏；冬季，十月，壬申日（初一），丰城侯萧泰献出郢州投降。

北齐征发二千六百名山东寡妇分配给军人，有丈夫而被胡乱抢走的占十分之二三。

西魏的安定文公宇文泰回到牵屯山时病倒，用驿马召来中山公宇文护。宇文护到达泾州，见到宇文泰，宇文泰对宇文护说："我的两个儿子都还小，外来的贼寇正是强盛的时候，天下的大事，就托付给你了，希望你努力完成我的志向。"乙亥日（初四），宇文泰在云阳去世。宇文护回到长安，发讣闻告丧。宇文泰能驾驭英雄豪杰，而且英豪都能被他所用，他个性崇尚质朴，不喜伪饰，明达政事，尊奉儒家，喜好古道，所有制度，都仿效三代的体例来实施。丙子日（初五），世子宇文觉继位做太师、柱国、大冢宰，出任镇守同州，当时才十五岁。

中山公宇文护，名位一向很卑微，虽然被宇文泰托孤，然而各王公都想当权，没有人肯听从他。宇文护向大司寇于谨请教计策，于谨说："我早年蒙受先公特殊的知遇，感情就像亲骨肉一样，今天的事，我一定会以死力争。假如面对各位王公大臣商议确定国策，你绝对不可退让就是了。"第二天，各王公举行会议，于谨说："先前帝室倾危，假如没有安定公宇文泰，就不会有今天的安定。现在安定公突然去世，继位的世子又年幼，中山公是安定公长兄宇文颢的儿子，接受顾命嘱托，军国大事，照理应由他来监管。"于谨言辞严肃表情高亢，大家都畏惧起来。宇文护说："这是家事，我虽然平庸昏昧，怎敢有所推辞。"于谨平时和宇文泰平起平坐，宇文护也常常去拜望他。这时于谨起身对宇文护说："您倘若统理军国大政，我等都会依从。"于是行再拜礼。各王公迫于于谨的威仪，也行再拜礼，于是众人的议论才算平息。宇文护治理内外朝政，安抚文武百官，人心于是安定下来了。

十一月，辛丑日（初一），梁朝丰城侯萧泰投奔到北齐，北齐任命他做永州刺史。北齐下诏令征召王琳做司空，王琳辞谢不肯赴任，留下他的将领潘纯陀监管郢州，自己回到长沙。西魏送还了王琳的妻子、儿女。

壬子日（十二日），齐主高洋下诏令说："魏朝末年，豪杰聚集了乡里军队，利用时机请求托附，各自设立很多州郡，分离大州郡，合并小州郡，公事私务都很烦琐靡费，壮丁人口也少于先前，守令却比从前要多一倍。而且那些离京师较远的边疆地带，时而归附，时而叛离，从前也大多是虚伪不实，有一百家的县邑，就自已立个州名，有三户人家的居民，就随意报以郡的名目，依照这些名目去追查实情，却发现都不是这回事。"于是合并裁减了三个州、一百五十三个郡、五百八十九个县、三个镇以及二十六个戍。

梁朝下诏命分江州的临川、安成、豫宁、巴山四个郡设置为高州。任命明威将军黄法𣰰做刺史，镇守巴山。

十二月，壬申日（初二），梁朝任命曲江侯萧勃做太保。

甲申日（十四日），西魏安葬安定文公宇文泰。丁亥日（十七日），西魏把岐阳的土地封给世子宇文觉为周公。

起初，侯景叛乱，临川的百姓周续在临川郡起兵，始兴王萧毅将整个郡让给他后就离开了。周续的部将都是郡里的豪门大族，大多骄慢强横，周续制裁他们，那些将领都很怨恨他，就一起将他杀掉了。周续的宗人周迪勇冠军中，大家拥立他做头领。周迪平时穷困卑微，担心郡里人不肯顺从，因同郡周敷家族望高而显贵，就放下身段去结交，周敷也恭谨地事奉周迪。周迪据守上塘，周敷据守旧郡，朝廷任命周迪做衡州刺史，领临川内史。当时百姓受侯景叛乱的影响，都放弃了耕种，一群群地聚集起来做强盗，只有周迪所管辖的地区在经营农桑，各自有剩余的粮食积蓄，政治教化也很严明，征收赋税徭役百姓都能按期完成，其余各郡缺乏粮食丝帛都靠他们补给。周迪个性朴实，没有威严仪表，居家经常打着赤脚，虽是外面陈列兵卫，内有歌伎，照样搓绳劈竹篾，旁若无人。他不太会说话，但胸襟诚朴，临川人都依附他。

北齐从西河起修整原来秦朝在长城沿线设置的戍所，筑起长城向东一直延伸到大海为止，前后所建，东西长共三千多里，大抵每十里设有一戍，在其他要害地方则设置州镇，共有二十五所。

西魏宇文护因为周公宇文觉幼弱，想早一点正位来安定人心。庚子日（三十日），让西魏恭帝下诏禅位给周公宇文觉，命大宗伯赵贵拿着节杖、捧着封册，济北公宇文迪敬呈皇帝的玉玺；西魏恭帝离开皇宫居住在大司马府。

资治通鉴卷第一百六十七 陈纪一

起丁丑（公元557年），止己卯（公元559年），共三年。

【题解】本卷记录了公元557年至559年，共三年间南北朝的史事。此时正值陈高祖永定元年至三年，北周孝闵帝元年、明帝元年至三年，北齐文宣帝天保八至十年。南朝政权不断更迭，公元557年十月，陈霸先在建康称帝，陈朝建立，境内初步安定；公元559年，陈武帝陈霸先驾崩。北朝西魏禅让，北周政权正式建立，北周效法西周的制度，行用《周礼》，使这一政权在历史上也有了一定意义。重点写了齐主高洋最后的疯狂，他酗酒无度，酒后乱性，荒淫无耻，无比暴虐，滥杀朝臣及亲人，致使举行丧礼群臣号哭时无人流泪。

高祖武皇帝

永定元年（丁丑，公元557年）

十月，受禅始改年号为永定。春季，正月，辛丑日（初一），周公宇文觉即位为天王（仿《周礼》古制，称天王，国号周，史称北周），设坛举行焚柴告天大典，仪式完毕，亲临露门朝堂，接受文武百官朝贺；追尊王考文公宇文泰为文王，追尊王妣元氏为文后；大赦境内。降封西魏恭帝元廓为宋公。同时，下令改制，因北周得木德而兴，取代西魏的水德而王，为配合五德的移转而有所变革，于是宣布改用夏历，变易车骑服饰的颜色，以黑色为最尊贵。最后，又发布一道人事命令，加封李弼为太师，赵贵为太傅兼大冢宰，独孤信为太保兼大宗伯，中山郡公宇文护为大司马。

梁敬帝萧方智下诏调升车骑将军、开府仪同三司王琳为司空、骠骑大将军，任命尚书右仆射王通为尚书左仆射。

周王宇文觉到圜丘祭祀昊天上帝，自认为先祖出自炎帝神农，因此，在圜丘举行祭祀昊天上帝，以及在方丘举行祭祀地祇时，便用炎帝神农来配享。在南郊坛祭祀所感帝灵威仰，以及在北郊坛祭祀后土时，用始祖献侯莫那来配享。在明堂祭祀上帝时，用王考文王宇文泰配享。周王下诏追尊王考庙号为太祖。癸卯日（初三），周王到方丘祭祀地祇。甲辰日（初四），周王到大社祭祀土地神。随后，周王下令废除市门税。乙巳日（初五），周王到太庙祭拜祖先，并依照东汉郑玄《礼记注》的讲解，设立太祖庙一所和两所昭庙、两所穆庙，合为五庙，此后，太祖庙以下，其中有功德的神主，得以另立祧庙（限两所），庙可永不迁毁。辛亥日（十一日），周王到南郊坛祭祀所感帝灵威仰。壬子日（十二日），周王册立元氏为王后。王后，原是晋安公主，为西魏文帝元宝炬的女儿。

北齐南安城主冯显派遣密使，请求归降北周，北周柱国宇文贵派丰州刺史太原人郭彦带兵前去接应，北周于是据有这座形势险要的南安城（在今河南叶县南）。

吐谷浑对北周进行侵扰，围攻凉（今甘肃武威县）、鄯（今青海西宁县）、河（今甘肃导源县）三州。北周秦州都督派渭州刺史于翼率军前往援救，于翼却没听命前往。他的幕僚属员都劝他应当前去救援，于翼对他们说："攻城略地的战术，并非夷狄所擅长。这次吐谷浑的入侵，只不过是想在边境劫掠抢夺些牲畜罢了。只要那些边邑坚壁清野，让他们想劫掠也劫掠不到什么东西，到头来，我们不去赶他们走，他们自己也会退走。现在，我们纵然劳动部队前去追赶，只怕也追不上。对于吐谷浑的来去动向，我于翼已揣测得十分清楚，希望你们就不要再多说了。"没过几天，边境传来吐谷浑远去的消息，果然和于翼预料的一样。

起初，梁世祖萧绎将始兴郡（今广东曲江县）升格为东衡州，并晋升始兴内史欧阳頠为东衡州刺史。过了一段时间，又擢升欧阳頠为郢州刺史，可是广州刺史萧勃却留住欧阳頠，不让他到郢州上任。梁世祖萧绎因而派王琳接替萧勃为广州刺史。萧勃不敢违抗，便委派他的部将孙荡（据《陈书·欧阳頠传》，“孙荡”当作“孙场”）监守广州，负责办理移交，自己却先带走所有的部队，移驻始兴，以避开王琳的兵锋。萧勃进驻始兴后，原东衡州刺史欧阳頠就让出始兴，另外占据一城。他只管闭门自守，并不去拜谒萧勃，对萧勃不理不睬。萧勃看在眼里，非常恼怒，便派部队前去偷袭，硬将他给抓过来，还没收了他所有的财货、马匹和军械。但过了不久，就饶了他，跟他订立盟约，放他回到任所。到了西魏攻克江陵（公元554年），杀害梁世祖，欧阳頠于是听命于萧勃。二月，庚午日（初一），萧勃在广州起兵，派欧阳頠和他的部将傅泰、萧孜担任前锋。萧孜，是萧勃的侄儿。南江州刺史余孝顷也起兵响应，出兵帮助他们。梁朝朝廷接获警报，急遣平西将军周文育征调各路兵马，前去讨伐。

癸酉日（初四），周主宇文觉在黎明，到国都东门外，举行迎拜太阳神的典礼。戊寅日（初九），周主到太社祭祀土地神。

北周楚国公赵贵和卫国公独孤信，功高权重，自以为在西魏时，就和周太祖宇文泰平起平坐，到了北周，军政大权却全落在晋国公宇文护一人手里，他们二人心里十分不满，很不服气。赵贵于是跟独孤信密谋暗杀宇文护，彼此约好日期，就在要采取行动前，独孤信却又出面阻止；正在迟疑间，开府仪同三司宇文盛告发了他们二人的密谋。丁亥日（十八日），宇文护埋伏甲士，乘赵贵上朝时，命人把他拿下，立刻处斩，同时免去独孤信的官职。

梁朝领军将军徐度率军出东关（在安徽巢县东南），侵入北齐。戊子日（十九日），徐度兵临合肥，烧毁齐战船三千艘。

欧阳頠等从南康出兵，抵达豫章（今江西南昌），驻兵在苦竹滩（今江西丰城县西北），傅泰入据蹠口城（在今南昌县西南），余孝顷则派他的弟弟余孝励驻守豫章郡城，自率大军进据石头渚（在今江西新建县西北）。巴山太守熊昙朗假装跟欧阳頠同路，诱骗他一起去袭击高州刺史黄法𣰰；暗中却又通知黄法𣰰，跟他约好日期，共同联合，好去打败欧阳頠，并且跟他约定：“事成之后，分给我马匹和军械。”熊昙朗于是出兵，跟欧阳頠掎角并进。到达黄法𣰋城下，他跟黄法𣰋虚战几个回合，就假装不敌败逃。欧阳頠顿失援手，又被黄法𣰋乘胜杀来，落得仓皇败逃，熊昙朗却尾随其后，一路拾取欧阳頠军队丢下的甲仗，然后满载运回巴山（故城在今江西崇仁县西南三十一里）。周文育统军南征，苦于缺少战船，侦察得知余孝顷有船在上牢（今江西奉新县东北），便派军主焦僧度领军前去偷袭，将对方船队全都抢夺过来。于是溯江而上，到豫章立栅扎营。此时粮食补给不继，军中米粮就要用完，诸将打算退兵，可是周文育不答应。他派人走捷径，到临川郡给周迪送信，向他乞借粮食，还说要与他结拜为兄弟。周迪看了信，心里很高兴，满口应允输送粮食。周文育得到接济援助之后，并不进军，反而派遣老弱各兵，搭乘原船，沿流分批东下，又烧毁豫章所立营栅，伪装逃走的样子。余孝顷望见，认为他粮尽撤军，心里大为欢喜，守卫便松懈下来，不再设防。哪知周文育却由小径兼程速进，绕出上流，攻占芊韶（在今江西新建县南）。芊韶的上流，是欧阳頠和萧孜的营垒，下游是傅泰和余孝顷的营栅，周文育盘踞在他们中间，修筑城堡，宴飨军士。引得欧阳頠等惊慌失措。欧阳頠移营退守泥溪（在今江西新淦县南），筑城自守。周文育派遣严威将军周铁虎等领军前去偷袭欧阳頠。癸巳日（二十四日），擒获欧阳頠。周文育于是在各船之上，陈列兵甲，并跟欧阳頠乘船共饮，顺流巡行到蹠口城下，然后命部将丁法洪进攻傅泰，没多久，也将傅泰擒拿过来。萧孜、余孝顷眼见两位将领轻易就被擒住，吓得魂飞魄散，一溜烟似的逃跑了。

甲午日（二十五日），周主宇文觉任命于瑾为太傅，大宗伯侯莫陈崇为太保，任命晋国公宇文护为大冢宰，柱国武川人贺兰祥为大司马，任命高阳郡公达奚武为大司寇。

北周杀害已逊位的西魏恭帝。

三月，庚子日（初一），周文育派人将欧阳頠、傅泰等一干俘虏，用槛车押解到建康。丞相陈霸先跟欧阳頠过去有很好的交情，便释放了欧阳頠，并且对他很优待。

北周晋国公宇文护因赵景公独孤信位高权重，不打算公开杀戮他。己酉日（初十），宇文护逼令独孤信在家中自尽。

甲辰日（初五），梁敬帝萧方智任用司空王琳为湘、郢二州刺史。

曲江县侯萧勃在南康，收到前线传来欧阳頠等溃败的消息，一时军心大乱，情绪难以稳定。甲寅日（十五日），德州刺史陈法武和前衡州刺史谭世远阵前倒戈，杀死了萧勃。

夏季，四月，己卯日（十一日），梁朝铸造四柱钱，以一个四柱钱，折换二十个民间私铸的细钱。

己卯这一天，北齐派使者到建康来议和。

壬午日（十四日），周王宇文觉到成陵祭拜周太祖；乙酉日（十七日），周王宇文觉由成陵返回长安宫。

北齐主高洋任命太师斛律金为右丞相，任命前大将军可朱浑道元为太傅，任命开府仪同三司贺拔仁为太保，任命尚书令、常山王高演为司空，任命录尚书事、长广王高湛为尚书令，任命尚书右仆射杨愔为尚书左仆射，仍保留原加官开府仪同三司，并省尚书右仆射崔暹转为尚书左仆射，任命上党王高涣为录尚书事。

丁亥日（十九日），周王宇文觉到太庙祭拜祖先。

壬辰日（二十四日），梁敬帝萧方智下令宣布四柱钱贬值，改为一个四柱钱折合十个细钱（原为折合二十个细钱）。丙申日（二十八日），又下令禁止民间所铸细钱，不再流通使用。

已故曲江县侯萧勃手下主帅兰敳，偷袭杀害前衡州刺史谭世远，为萧勃报仇；谭世远的军主夏侯明彻又杀死兰敳，也为谭世远复仇，并拿着萧勃首级，向周文育投降。萧勃旧属记室参军李宝藏拥立怀安侯萧任占据广州。萧孜、余孝顷仍占据豫章郡的石头渚，分筑两座城堡，各夺其一，又多置船舰，夹水列营。丞相陈霸先派遣平南将军侯安都领军前来帮助周文育讨平叛逆。

戊戌日（三十日），侯安都赶到，秘密行军，利用有风的夜晚，顺风纵火，把石头渚两岸的贼船，烧个精光。周文育带领水军，配合侯安都的陆军，两面进攻，没过多长时间，萧孜便窘迫惶急，出城投降；余孝顷看大势不妙，弃营逃回新吴（故城在今江西奉新县西三十里），豫章郡动乱平定，周文育等班师凯旋。丞相陈霸先因为欧阳頠声威传播于南方之地，于是起用他为衡州刺史，让他负责平定岭南的叛乱。当他还没有抵达任所，他的儿子欧阳纥已经攻克始兴；等他赶到岭南，南方诸郡都望风归降，于是收复广州，岭南一场叛乱，也就全部平定。

北周仪同三司齐轨对御正中大夫薛善说："军国大权，应当还给天子，怎能还掌握在权贵之家呢？"薛善跑去将齐轨所说的话告诉晋国公宇文护，宇文护憎恶齐轨不利于己，就将他给杀了；因为薛善忠于自己，便提升他为都督中外诸军事府司马。

五月，戊辰日（五月无戊辰，戊辰为六月初一），余孝顷派人到丞相府，向陈霸先请求投降。

王琳不愿接受朝廷的征召，于是大量制造舟船，准备进攻陈霸先。六月，戊寅日（十一日），陈霸先任命开府仪同三司侯安都为西道都督，周文育为南道都督，命他二人率领水师两万，在武昌会合西征王琳。

秋季，七月，辛亥日（十四日），周主宇文觉到太庙祭拜祖先。

河南、河北发生严重的虫灾，齐主高洋问魏郡丞崔叔瓒说："什么缘故招致蝗灾？"崔叔瓒回答说："按《汉书·五行志》有这么一说：'在不适宜的时节，劳民动众，大兴土木，那么蝗虫就来降灾。'目前，陛下动员百姓外修长城，内筑三台，招致蝗灾，大概是这个缘故吧！"齐主高洋不待他说完，就怒不可遏地命亲信打他的耳光，拨散他的头发，用溷汁浇他的头，然后将他倒拖出去。崔叔瓒，是崔季舒的哥哥。

八月，丁卯日（初一），北周将梁世祖萧绎的灵柩，以及被俘的诸将家属千余人送还给王琳。

戊辰日（初二），周主宇文觉到太社祭祀土地神。

甲午日（二十八日），梁敬帝萧方智晋升丞相陈霸先为太傅，加授黄钺（金斧。人臣得此，得代表天子主征伐），特许优礼，入朝拜见君主，不必唱名。九月，辛丑日（初五），梁敬帝萧方智又晋升丞相陈霸先为相国，统领百官，晋封陈公，加赐九锡，建置百官。

北周孝愍（亦作闵）帝宇文觉个性刚直果决，憎恶晋国公宇文护独揽大权。司会中大夫李植，早在太祖宇文泰时，担任相府司录参军，就已参掌朝政；军府司马孙恒，也久居权贵要职。到了宇文护执政，二人担心受到排挤，于是与宫伯中大夫乙弗凤、贺拔提等一同到孝愍帝宇文觉面前说宇文护的坏话。李植、孙恒说："宇文护自诛杀赵贵以来，权势日益盛大，谋臣老将，争着去依靠他，政事不分大小，都取决于他。依臣等看来，宇文护包藏野心，不守臣道。为防他势力蔓延，希望陛下早日动手除掉他！" 孝愍帝宇文觉听了，认为很对。乙弗凤、贺拔提二人又从旁插嘴说："凭先王（宇文泰）那般的英明，尚且还要委任李植、孙恒来参议朝政，现在若将国事托付他二人，还担心事情会有办不成的吗？况且宇文护常自比周公，臣听说周公摄政七年，然后才还政给成王，试问陛下怎能苦等七年，悒悒不乐，事事受制于他呢？"周主孝愍帝听他二人这么说，心里越发相信，因此多次招引武士到后园演习，演练擒拿的架势。李植等人又拉另一宫伯中大夫张光洛同谋铲除宇文护，张光洛却出卖了李植，将他的密谋全都告诉了宇文护。于是宇文护外调李植为梁州刺史，孙恒为潼州刺史，借此来拆散他们的阴谋。后来，周主宇文觉思念李植等人，多次想召还他二人，宇文护就出面阻挠，甚至流泪进谏说："天下至亲，莫过于兄弟，假若兄弟尚且都相互猜疑，那么天下又有谁值得信赖呢？太祖（宇文泰）因为陛下年纪小，嘱托我辅佐您。就国家方面来说，我同您有君臣之义；就家族方面来说，我跟您有兄弟之情。对国对家，我既兼有双重的情感，实愿尽我佐助辅弼的责任。如果陛下能亲自处理政务，声望远播四海，那么臣死之时，也会如活着一般欣慰。只是恐怕一旦除掉臣后，让那些奸邪的小人得志，非但不利陛下，甚至将危害到社稷。这样的话，会使我无颜面见太祖于九泉之下，臣既是陛下的堂兄，又已位居宰相，我还有什么奢望的呢？希望陛下不要轻信奸臣的谗言，疏远背弃骨肉至亲呀！”周主宇文觉经他这么一说，虽然暂时不召李植等还朝，可是心里对宇文护仍旧存有猜忌。

乙弗凤等更加恐惧，密谋也就越发积极。约好日子，召集群公入宫宴饮，准备在宴饮中拿下宇文护处斩。张光洛又将这次密谋转告宇文护。于是宇文护召集柱国贺兰祥、领军将军尉迟纲等商议对策。贺兰祥等劝说宇文护废黜宇文觉。此时，尉迟纲总领禁军，宇文护便派他入宫，召乙弗凤等商量政务。待乙弗凤等到来，便依次把他们拿下，送往宇文护府，接着又解散了值宿宫禁的警卫人员。周主宇文觉蓦然听说廷外卫兵相继撤走，这才惊觉形势不妙。左右谋臣一个都不见了，只有他独自一人在内殿，急命宫人各执武器，把守殿门。正在部署中，宇文护已派贺兰祥带兵入宫，威逼宇文觉让位，并将他监禁在旧邸（宇文觉九岁被封为略阳郡公时之官邸）。宇文护于是召集公卿商议，他的意思是要废黜宇文觉为略阳公，改迎岐州刺史、宁都郡公宇文毓（宇文觉庶长兄）入主为君。公卿们都说：“这是您晋国公的家务事，您的决定，我们怎敢不唯命是从？”宇文护于是下令将乙弗凤等推出宫门外斩首，另召回孙恒，一起加以处决。

当时，李植的父亲、柱国大将军李远，出镇弘农，宇文护召李远跟李植还朝。李远担心发生变故，沉吟很久，最后慨然地说：“大丈夫宁为忠义鬼，怎可做叛逆臣？”于是应征回朝。到了长安，宇文护顾念李远功业素来显著，本想保全他，因此特引他入内相见，对他说：“令郎有异图，不仅要谋杀我宇文护，并且还想危害倾覆宗庙社稷。叛臣贼子，您我理应共同痛恨，请您早些自行处置！”说完，就拉出李植，交给李远带回处置。李远一向钟爱李植，李植又巧言抵赖，陈说早先并没出此计谋。李远信以为真。第二天早晨，李远领着李植拜谒宇文护。宇文护原以为李远已将李植处死，可是左右亲信却说李植也在门外。宇文护听了，十分生气地说："阳平郡公（李远）不信我说的话！"于是下令传李远入内，一方面招呼李远同坐，同时派人带略阳公宇文觉到李远座前，要他与李植对质。后来，李植无话可说，便向略阳公宇文觉抗辩说："最初设此计谋，本想安定社稷，有利于至尊。现在事情已闹到此种地步，一死罢了，何劳说那么多话呢？"李远听到他们最后的对话，吓得瘫软在坐床上，然后恨恨地说："若果然如此，满门合该万死！"于是宇文护杀了李植，并逼迫李远自尽。李植的几个弟弟——李叔诣、李叔谦、李叔让等，都连坐被杀，其余的因年纪幼小得免一死。起初，李远的弟弟——开府仪同三司李穆，知道李植不是保家的人，常劝李远除掉他，李远不听他的劝告，到了临刑前，才哭着对李穆说："我不听你的劝告，家门才落到此种地步！"李穆本来也要受刑，因前有此言，最终得以免刑，却也被削夺官爵，降级为民。他的子弟，也全部被免去官职。李植的弟弟——淅州刺史李基，娶了义归公主（宇文泰女）为妻，本当连坐受刑，李穆请求用两个儿子的性命换取他一条命，宇文护感念他的义气，便将李基和李穆的两个儿子全都释放了。

一个多月后，宇文护杀死略阳公宇文觉，并废黜王后元氏，逼她出家为尼。

癸亥日（二十七日），宁都公宇文毓从岐州回到长安。甲子日（二十八日），宇文毓即位为天王。大赦境内。

冬季，十月，戊辰日（初三），梁敬帝萧方智加封陈公霸先为陈王。辛未日（初六），梁敬帝萧方智禅让帝位给陈霸先。

癸酉日（初八），北周太师、魏武公李弼去世。

陈王陈霸先派遣中书舍人刘师知引导宣猛将军沈恪带兵入殿，逼迫梁主萧方智出宫。沈恪推开阁门，入见陈王，叩头推辞说："我曾经服事萧氏，今天不忍心见到梁主被逼出宫的事情，我情愿被处死也决不接受这份差事！"陈霸先赞赏他的忠心，也就不再强迫他去干，改派荡主（按：古人以左右冲杀为“荡阵”，其锐卒谓之“跳荡”，别帅谓之“荡主”）王僧志代他执行护送梁主出宫的事。乙亥日（初十），陈王陈霸先在南郊坛举行登基大典，礼毕，车驾还宫，大赦天下，改年号为永定。废黜梁敬帝萧方智为江阴王，梁朝皇太后夏氏为江阴国太妃，皇后王氏为江阴国妃。

陈武帝陈霸先任命给事黄门侍郎蔡景历担任秘书监，兼中书通事舍人。这时陈朝的政令都出自中书省，省内分置二十一局，都与尚书诸曹相配对，总领国家机密要务，尚书省只是听命行事而已。

丙子日（十一日），陈武帝陈霸先出行到钟山，在蒋帝庙祭祀蒋帝。庚辰日（十五日），陈武帝陈霸先下诏，派人从杜姥宅迎出佛牙，因开设无遮大会（“无遮”者，谓宽容无阻之意，即圣贤道俗贵贱上下，一律参与，平等行财法二施之大会也），陈武帝亲自来到阙前膜拜。

辛巳日（十六日），陈武帝陈霸先追尊皇考陈文赞为景皇帝，庙号太祖，追尊皇妣董氏为安皇后，追立前夫人钱氏（胡三省曰：“帝先娶同郡钱仲方女，早卒。”）为昭皇后，立世子陈克为孝怀太子。册立夫人章氏为皇后。章皇后，是吴兴乌程人。

陈朝尚书省增置删定郎这一官职，专门主管制定律令。

乙酉日（二十日），周主宇文毓到圜丘祭祀昊天上帝。丙戌日（二十一日），宇文毓到方丘祭祀地祇。甲午日（二十九日），宇文毓到太社祭祀土地神。

戊子日（二十三日），陈武帝陈霸先迁太祖景皇帝神主附于太庙，开始共用一太牢祭祀七庙，始祖庙用三牲的头来祭祀，其余的，用三牲的肢体来祭祀。

侯安都西征王琳，率舟师抵达武昌（今湖北鄂城县），王琳部将樊猛弃城逃走，周文育也从豫章赶到武昌会师。两人正要率军西上，忽然听到陈王陈霸先接受梁敬帝禅让帝位的消息，侯安都不禁哀声叹道：“我今天必定失败，师出无名了！”这时，侯安都为西道都督，周文育为南道都督，两将一同进发，而部队不相统辖，于是号令不一，部下相互发生争执，导致两位将领彼此互相不满。大军进抵郢州（今武昌市），王琳部将潘纯陀在城上预先埋伏射手，遥射官军，前锋部队，多被箭所伤。侯安都大为生气，便督军围攻郢城，可是猛攻多时，还攻不下来。这时王琳已亲领大军赶到弇口（今武昌西南，弇水入江之口），来解郢城之围。侯安都不得已，解除对郢城的围攻，留下沈泰一军守住汉曲（今汉阳县附近），自率余众，赶往沌口（今汉阳县西南三十里），准备迎战王琳。行进途中，恰好遇到逆风，舟船不得前进。王琳大军据守东岸，侯安都率军据守西岸，两军隔江相持数日，才整舰交锋会战，结果，侯安都等战败。侯安都、周文育，以及偏将徐敬成、周铁虎、程灵洗等，全被王琳捉住。沈泰听闻前军失利，不待王琳攻到，就先撤军奔还。王琳引见被俘诸将，有所责骂，诸将都垂首无语，只有周铁虎反唇抗辩，言辞声调强硬不屈，顿时引发王琳怒火，便将周铁虎推出斩首，而将侯安都等，全部用一长链系牢，锁在自己所乘大舰的底舱，派一位名叫王子晋的亲信太监负责看管。然后王琳将湘州督军府从长沙移驻到郢城（武昌），并命部将樊猛顺流东下，偷袭攻下江州（治今江西九江）。

十一月，丙申日（初一），陈武帝陈霸先册封皇兄陈道谭的长子陈蒨为临川王，次子陈顼为始兴王；皇弟陈休先的儿子陈昙朗已死在北齐，而陈武帝还不知道，也遥封他为南康王。

庚子日（初五），周主宇文毓到太庙祭拜祖先。丁未日（十二日），宇文毓到圜丘祭祀昊天上帝。十二月，庚午日（初六），宇文毓到成陵祭拜周太祖宇文泰。癸酉日（初九），宇文毓回到长安宫。

巴西人谯淹，被北周逼迫，带领七千水军及三万老弱部众，从蜀江顺流东下，准备前去投奔王琳。北周派开府仪同三司贺若敦、叱罗晖等设伏截击，斩杀谯淹，并将余众全部俘虏而去。

这一年，陈武帝陈霸先命给事黄门侍郎萧乾到闽中进行招抚工作。这时，熊昙朗占据豫章（今江西南昌），周迪占据临川（今江西临川县），留异占据东阳（今浙江金华县），陈宝应占据晋安（治今福建闽侯县东北），各霸一方，互相勾结。闽中土豪，也纷纷立砦自保。

陈武帝陈霸先很担心这一带的反复无常，于是派萧乾前去安抚，向他们晓以福祸的道理。萧乾不辱使命，闽中豪帅都率众请求归降朝廷，陈武帝陈霸先便任命萧乾为建安（今福建建瓯县）太守，就近镇抚临郡。萧乾，是萧子范的儿子。

起初，梁朝兴州刺史席固举州投降西魏，周太祖宇文泰任用席固为丰州刺史。席固任职已久，凡所施为，还依照梁朝旧法，不遵从北周的制度，北周朝廷便密议找人接替他，可是一时又找不到合适的人选。最后决定调用司宪中大夫令狐整暂时接替席固镇守丰州，并委任他部署接替席固的方略。令狐整到任后，对州府内的吏民，广布恩泽威严，屈身安抚接待，几个月工夫，恩德遍于州府。朝廷于是正式任命令狐整为丰州刺史，改调席固为湖州刺史。令狐整迁移州治到武当，十日之内，州城府署就齐备周全，跟随他迁移而至的人，多得像散集一样。席固离任而去，他的部属大多愿意留在丰州当令狐整的属下，令狐整拿朝廷的法制来劝告他们，不许他们这么做，那些部属没有不流泪而去的。

北齐在长城内重筑一道内城，西起库洛枝（在今山西偏关县东北境），东到鸣纥戍（今山西繁峙县东北境），全长四百多里。

起初，北齐术士有“亡高者黑衣”的预言，所以北齐高祖（高欢）每次外出，都不愿见到和尚。齐显祖（高洋，高欢的第二子）在晋阳（今山西太原），问亲信说：“天下何物最黑？”亲信回答说：“最黑的，莫过于漆。”齐显祖高洋想入非非，默思几个兄弟中，上党王高涣排行第“七”，莫非应在此人？于是便派库直都督破六韩伯升乘驿车，到邺都（今河南临漳），征召高涣前来。高涣随破六韩伯升来到紫陌桥（在临漳县西），料知此去凶多吉少，就杀死破六韩伯升，然后渡河南逃；行抵济州（今山东茌平县碥磝城），被人捉住，送往邺都，关入地牢。

齐显祖高洋为太原郡公时，与永安王高浚（高欢第三子），一起去见世宗高澄（洋与浚之长兄），高洋有时流鼻涕，但没擤掉，高浚就责骂高洋身边的人说："为何不替二哥揩抹鼻涕？"为了这事，高洋恨死了高浚。等到即位之后，高浚担任青州刺史，人既聪明，又能同情宽恕人，所以属吏州民都十分喜欢他。高浚因齐显祖爱喝酒，曾私下对亲近的人说："二哥因酗酒而败坏道德，朝臣没有敢直言劝谏的，现在大敌未灭，我很引以为忧。我想乘快速的驿车进入邺城，当面进谏他，不知道他肯听我的话吗？"话刚说完，人还没有启行，已有人将他的话密告齐显祖，齐显祖就更加痛恨他。

等到高浚入朝，跟随齐显祖游玩东山，齐显祖裸露身体，纵酒为乐，高浚劝谏说："人主不应当这么做！"齐显祖听了，心里十分不高兴。高浚又在隐蔽的暗处，召唤杨愔，责备他为何不劝阻国君。当时，齐显祖有令，不准左右大臣跟诸王打交道，杨愔害怕违旨，便将高浚责备他的话，向上启奏。齐显祖知道了，很生气地说："小人言语，向来就令人难以忍受！"于是停止酒宴，起驾回宫。高浚不久也回到青州，他又上书直言劝谏，齐显祖下旨征召他入都。高浚害怕遭遇不测，托疾不到，齐显祖立刻派出侦骑，驰乘快速驿车，前去逮捕高浚。高浚被押进京，青州吏民多达数千人感念高浚恩德，扶老携幼，挥泪为他饯行。高浚到了邺都，与上党王高涣一同被关入铁笼里，放置在北城地牢中，饮食便溺同在一处。

永定二年（戊寅，公元558年）

春季，正月，王琳引兵东下，进兵到湓城（今江西九江县西），在白水浦（九江县西）扎营。这时他手下武装精良之士，有十万之众。王琳拉拢北江州（治今湖北蕲春县）刺史鲁悉达，任命他为镇北将军；陈武帝陈霸先担心鲁悉达跟王琳联手，也授他征西将军。两方都致送他敲吹女乐，鲁悉达却也毫不客气，通通照单收下，然后拖延观望，哪边也不去就任新职。陈武帝派安西将军沈泰去攻打他，他却严阵以待，沈泰打不过他。王琳想引兵东下，也被他截住中流，不能前进。王琳多次遣使去招诱他，他始终不肯归降。己亥日（初五），王琳不敢挥兵东下，便遣记室参军宗虩向北齐乞援，并请接回永嘉王萧庄，承继梁祀（按：萧庄，梁元帝萧绎之孙，梁敬帝萧方智之子）。这时，衡州刺史周迪想独占南川之地，召集所辖八郡守宰，缔结盟约，齐声说要进兵援救京邑，陈武帝防备他借名图变，特遣人下谕阻止，并厚加抚慰。

新吴洞主余孝顷派遣一位法号叫道休的和尚，代表他向王琳献策说："周迪、黄法氍等都归顺金陵，暗中窥伺您的空隙，您若大军东下，他们必定会成为您的后患，您不如先平定南川，然后再顺流东下，我余孝顷愿尽率所部，追随将军，驱驰效劳。"王琳于是派遣轻车将军樊猛、平南将军李孝钦、平东将军刘广德等，带领八千人马，去跟余孝顷会合，并委任余孝顷总督三将。三将诸营兵屯驻在临川故郡，先向周迪征调兵粮，借以观察周迪的反应。

陈武帝陈霸先任用开府仪同三司侯瑱为司空，任用衡州刺史欧阳頠为都督交、广等十九州诸军事、广州刺史。

周主宇文毓任用晋国公宇文护为太师。

辛丑日（初七），陈武帝陈霸先到南郊坛祭祀天神，随后颁诏大赦天下。乙巳日（十一日），陈武帝陈霸先亲临北郊坛祭祀地祇。

辛亥日（十七日），北周国主宇文毓亲下藉田举行耕种的典礼。（藉田，天子亲耕之田也。）

癸丑日（十九日），周主宇文毓册封夫人独孤氏为王后。

戊午日（二十四日），陈武帝陈霸先亲临明堂，祭祀上帝。

二月，壬申日（初九），南豫州刺史沈泰投奔北齐。

北齐北豫州刺史司马消难，鉴于齐主高洋昏庸暴虐日益严重，担心灾祸临身，因而不得不委屈自己的心意，好言抚慰部属，暗中进行自我保全的计策。司马消难娶了齐高祖高欢的女儿为妻，跟公主感情不和，公主跑回宫里谮毁他。又赶上上党王高涣斩使逃跑，邺城中不断搜索，秩序大为混乱，朝廷怀疑高涣可能逃往成皋（北豫州治所）躲藏。司马消难的堂弟司马子瑞担任尚书左丞，与御史中丞毕义云有嫌隙，毕义云派遣御史张子阶到北豫州采集民间传闻。张子阶一到北豫州，便首先禁止司马消难的州府典签和家客等的行动自由。司马消难担忧祸临，便密令所亲信的中兵参军裴藻，借助休假得以外出之便，命他抄小路进入关中，请求归附北周。

三月，甲午日（初一），北周派遣柱国达奚武、大将军杨忠率领骑兵五千人，前去接应司马消难，从偏僻小路驰入北齐境五百里，前后三次派遣使者通报司马消难，可是他都没有回复消息。到了距虎牢关三十里，达奚武疑心情况有变，想打退堂鼓，杨忠却很坚定地说："只有冒死前进，绝不可以后退求生！"于是独自率领千骑，星夜赶往城下。虎牢城四面陡峭险峻，无处可供攀援，只听不时传来守夜者敲击更柝的声音。达奚武原说要走，却又亲自赶来，来了之后，看见整座城池静悄悄的，一点儿动静也没有，他又带领数百骑向西奔驰而去，杨忠则约束余下的骑兵，不准妄动。等到司马消难打开城门，他便一马当先，闯入城内，并且派人快马加鞭，去召回达奚武。这时，北齐镇城将领伏敬远部署甲士两千人，驻守东城，点燃烽火，严加戒备。达奚武心生畏惧，不想据守此城，于是劫取财物带着司马消难以及司马消难的部众等先行入关，杨忠独自率领三千骑兵殿后。驰抵洛水南岸，人疲马乏，都解下马鞍，躺下休息。

没过多久，北齐军队便来追赶，抵达洛水北岸，杨忠很镇静地对将士们说："只请放心饱食，因为现在我们处在这个前无去路，后有追兵的境地，每个人为求生存，一定会拼死奋战，我料定敌人一定不敢渡水来阻击我们的！"过了一阵，北齐军队果生疑惧，不敢渡水来追，于是杨忠这才徐徐带领军队返回。达奚武看在眼里，很是赞叹，说："我达奚武自认为是天下健儿，今天看了杨将军的表现，真是让我佩服极了！"司马消难入关后，周主宇文毓任用他为小司徒。

丁酉日（初四），齐主高洋从晋阳回到邺城皇宫。

齐主高洋应允王琳的请求，发兵护送梁永嘉王萧庄回江南，并册封王琳为梁丞相、都督中外诸军、录尚书事。王琳派遣他哥哥的儿子王叔宝率领所管辖十州刺史的子弟到邺都做人质。王琳于郢州（今武昌市）拥立萧庄即皇帝位。梁永嘉王萧庄下诏改年号为天启。追谥建安公萧渊明为闵皇帝，任用王琳为侍中、大将军、中书监，其余的官职，依照北齐先前的册命。

夏季，四月，甲子日（初二），陈武帝陈霸先到太庙祭祀祖先。

乙丑日（初三），陈武帝陈霸先派人加害了梁敬帝萧方智，另立梁武林侯萧谘的儿子萧季卿承继他为江阴王。

己巳日（初七），周主宇文毓任用太师宇文护为雍州牧。

甲戌日（十二日），北周王后独孤氏去世。

辛巳日（十九日），齐主高洋下诏大赦境内。

齐主高洋因为国内发生严重旱灾，特意到西门豹祠祈雨，可是祈求之后，雨仍没降下来，高洋就毁了西门豹祠，还挖了他的墓。

五月，癸巳日（初一），余孝顷等在工塘（今江西临县东南四十里）屯聚兵马两万，连接八城以威逼周迪。周迪恐惧，同他议和，答应输送兵粮。樊猛等接受他的条件，想与他结盟，就此撤兵而去；可是余孝顷贪图利益，不肯就此罢兵，反而竖起木栅来围攻他。因此，樊猛等便跟余孝顷产生嫌隙，彼此不和。

周主宇文毓任用大司空侯莫陈崇为大宗伯。

癸丑日（二十一日），北齐广陵南城主张显和，以及长史张僧那，各自率领他们的部属前来归附陈国（按：是年五月癸巳朔，“癸丑”为五月二十一日，本段文字应移至下文“辛丑”“甲辰”两段之后，月日先后，乃不颠倒）。

辛丑日（初九），齐主高洋任命尚书令、长广王高湛为录尚书事，任命骠骑大将军、平秦王高归彦为尚书左仆射。

甲辰日（十二日），高洋任命前尚书左仆射杨愔为尚书令。

辛酉日（二十九日），陈武帝陈霸先到大庄严寺舍身；壬戌日（三十日），文武百官上表启请，陈武帝才回宫。

六月，乙丑日（初三），齐主高洋出巡北方，命太子高殷监理国政，特为他设立大都督府，开建府衙，选派僚佐，以与尚书省分理众务。齐主高洋特别重视东宫僚佐的人选，特任赵郡王高叡为侍中，兼任大都督府长史。

己巳日（初七），陈武帝陈霸先下诏，命令司空侯瑱、领军将军徐度，率领水军为前军，溯江西上，讨伐王琳。

己巳这一天，齐主高洋北巡到祁连池；戊寅日（十六日），齐主高洋由祁连池返回晋阳（太原）。

秋季，七月，戊戌日（初七），陈武帝陈霸先亲临石头城，送侯瑱等率军出征。

高州刺史黄法氍、吴兴太守沈恪、宁州刺史周敷合兵援救周迪。周敷从临川故郡出兵，扼守江口，截断上下水路通道，然后分兵进攻余孝顷先前所连诸城，因为樊猛等的坐视不救，余孝顷所据诸城，全被攻克。刘广达因先乘船顺流离去，所以没被俘虏。余孝顷等都弃船登岸，率领残兵遁逃，周迪从后追赶，最后，将他们全部俘虏。派人押送余孝顷及李孝钦到建康，将樊猛交还给王琳。

甲辰日（十三日），陈武帝陈霸先派吏部尚书谢哲前往湓城，向王琳晓谕顺逆、祸福的道理。谢哲，是谢朏的孙子。

八月，甲子日（初三），周主宇文毓下诏大赦境内。

乙丑日（初四），齐主高洋从北方返回邺宫。

辛未日（初十），陈武帝陈霸先下诏，派临川王陈蒨西征王琳，率水军五万，从建康出发，陈武帝陈霸先亲临冶城寺送行。

甲戌日（十三日），齐主高洋又北上晋阳。

王琳驻军在白水浦（今江西九江县西），周文育、侯安都、徐敬成等用甜言蜜语劝诱王子晋，说是若肯放了他们，一定用厚礼酬谢。王子晋为利所动，于是伪用小船，依傍着王琳主舰垂钓，趁着夜晚，偷载周文育等，渡到岸上，潜入苇丛中，周文育等人步行奔回陈军阵营，然后又回到建康，向朝廷请求治罪。陈武帝陈霸先听说他们从贼营逃回，待罪阙下，不禁惊喜交加，立即召入引见，并温言安慰宽恕他们。戊寅日（十七日）陈武帝陈霸先下诏恢复周文育等人官职。

谢哲从湓城王琳军所回来复命，启奏说王琳愿意撤军返回湘州，陈武帝陈霸先于是下诏召回西征各路军队。癸未日（二十二日），陈朝西征诸军从大雷（今安徽望江县治）回到京师。

九月，甲申日（九月无此日），周主宇文毓加封少师元罗为韩国公，以承继西魏后嗣。

丁未日（十七日），周主宇文毓到同州。冬季，十月，辛酉日（初一），从同州返回长安。

余孝顷的弟弟余孝劢和余孝顷的儿子余公飏，仍然盘踞新吴旧栅（今江西奉新县西），不肯归降朝廷。庚午日（初十），陈武帝陈霸先命开府仪同三司周文育督率众军，从豫章出兵，进剿余孝劢等。

北齐邺下三台扩建完成，改铜爵台为金凤台，改金虎台为圣应台，改冰井台为崇光台。十一月，甲午日（初五），齐主高洋从晋阳返回邺城，大赦境内。齐主高洋登三台观赏游玩，一时兴至，戏用槊（古兵器，即丈八长矛）刺都督尉子辉，一刺就杀死了他。

常山王高演（高欢第六子，齐文宣帝同母弟）因齐主高洋沉溺美酒，酒后又常常无故杀人，不由得忧愤现于容色，文宣帝高洋发觉，对高演说："只要你在，我为何不可以纵酒为乐呢？"高演不便直谏，只是拜伏于地，哭泣不已。文宣帝不觉也大悲痛，取下酒杯，用力摔在地上说："你大约是嫌我酗酒，自今以后，有敢向我进呈酒的，我一定斩他！"因而取出他自己所用的酒杯，全部予以敲毁丢弃掉。可是过不多久，他沉迷于酒，更甚于从前。有时，带着几分醉意，闯入一些贵戚家，跟人角力争斗，对手不限贵贱，常闹得鸡犬不宁。但只要高演一到，那么内外便都肃静下来。高演秘密撰拟条陈，准备进谏，他的朋友王晞认为不可。高演不听，伺机直切地进谏，果然触动齐主高洋的怒火。高演生性严苛，他当尚书令时，省内尚书郎中剖析处理事情稍有差误，他便施以杖刑，手下令史有作奸犯科的，他立刻拷问鞭打。这时，齐主高洋召唤高演站立在面前，用刀尖对准他的胸肋，另外宣召被他处罚过的人，用刀架着他们的脖子，威逼他们说出高演的过失；可是这些被高演责罚过的人，在这性命攸关的时刻，竟然全都不敢妄言高演的不是，齐主高洋这才息怒，释放了高演。王晞，是王昕的弟弟。齐文宣帝高洋怀疑高演的谏稿出自王晞手笔，因此有意杀死王晞。常山王高演私下对王晞说："王博士，明日我当做一件事，为救活你，也是为保全我，你应当深加体谅，请勿见怪！"第二天，高演当众打了王晞二十大板。就在此时，齐主高洋想起谏稿的事，动怒要杀王晞，正好听说王晞已受杖刑，因此就不再杀他，虽然不再杀他，却剃光他的头发，外加鞭打，然后发配到甲坊（制作甲杖之坊），罚他做苦役。过了三年，高演又因进谏，跟齐主发生争执，挨了齐主一顿狠揍，高演气愤填膺，就闭口绝食。娄太后生怕高演死去，便日夜哭泣，急得齐主高洋不知如何是好，自言自语道："倘小儿真的死了，我将怎么向老母交代？"于是频频前往高演府邸，探视病情，并且一再宽慰他说："打起精神呀！勉强加餐，我会把王晞交还给你。"于是派人到甲坊把王晞释放了，命令他到高演府邸规劝高演。高演看见王晞回来，抱着他说："我气息奄奄，恐不再与你相见了！"王晞流着眼泪说："天道神明，怎么会让殿下死于此处？陛下在亲属关系上，是殿下的哥哥；在地位的尊崇上，是一国之君，殿下怎好和他计较是非？殿下闭口绝食，太后也闭口不吃，殿下纵使不爱惜自己，难道就不顾念太后吗？"王晞的话还没说完，高演就勉强提起精神，坐起进餐。王晞也从此免除甲坊徒刑的苦役，重新成为常山王的好友。到了常山王高演当上录尚书事，朝廷新任命官吏在就职之前，一定到高演府邸谢恩；外调官吏，将要赴任时，也一定去高演府邸辞行。王晞认为这样不妥，便向他进谏说："朝臣受爵于陛下，却谢恩于私门，自古就认为不可如此，殿下应该废除这项陋规！"高演听从他的意见，于是杜绝了官场上一切谢恩及辞行的陋习。又过了一段时间，高演神色舒缓地对王晞说："主上起居无常，我岂可因从前触动主上一次盛怒，就闭口结舌不再劝谏了呢？你应该就耳闻目睹，为我撰拟一篇诤谏的草稿，我当伺机直切地诤谏。”王晞于是条录十余事，进呈给高演，却劝阻高演说：“当今朝廷所倚仗的柱石，就只殿下一人，可是殿下不知自重，竟要学那匹夫庶人的直谏，而轻视一时突来的灾祸，酒会使人乱性，让人失去理智；刀剑无知，哪里会认得人的亲疏？殿下如果再进谏，一旦遭逢盛怒，真的出现意外之祸，那么殿下的家业将怎么办？皇太后又将怎么办？”高演听了，悲伤得不能自持，过了好一阵子，才说：“事情竟会严重到这种地步吗？”第二天，高演见到王晞，对他说：“我想了一整夜，现在已打消进谏的念头。”说完，立刻命人点火，当着王晞的面，将那篇谏稿给烧了。后来，高演忍耐不住，又伺机苦苦诤谏，文宣帝高洋命大力士将高演反绑，自己则拔出长剑，架在高演的脖子上，破口责骂道：“小子懂得什么？竟敢来数说我的不是，是谁教你的？”高演反驳说：“天下的人都闭口不敢说，除了我，还有谁敢进谏？”文宣帝高洋督促左右赏他杖刑，乱打了数十大板，恰好文宣帝高洋醉倦入寝，高演方得脱身。

文宣帝高洋亵狎放浪，四处游荡，遍及宗室亲族家，所到之处流连不返；唯有到常山王府第，不待欢极，便动身离开。尚书左仆射崔暹屡有诤谏，高演对崔暹说：“如今连太后都不敢多说，我们兄弟也闭口不言，崔仆射独能犯颜直谏，宫廷内外之人，都深感羞愧！”

太子高殷，自小温和舒雅，通明事理，礼尊文士，喜好学术，留心朝政，获得很好的声誉。可是文宣帝高洋却嫌太子得汉人禀性（按太子母李皇后为汉人），不像自己，有意废黜他。文宣帝高洋登上金凤台，召太子随侍，喝令他动手杀死囚犯，太子心软，面露为难之色，文宣帝再三威逼他，他终究砍不断囚犯的头。文宣帝高洋不禁大怒，亲自用马鞭鞭打太子，吓得太子精神错乱，自此气息畏悸而语言蹇滞。文宣帝高洋每当宴饮酒足，就说：“太子个性懦弱，社稷事重，最终应当传位给常山王。”太子少傅魏收对杨愔说：“太子是国家的根本，根本不可动摇。主上酒过三杯后，多次扬言要传位给常山王，弄得臣下相互猜疑。倘若属实，当早决行，这话不可当儿戏，否则，恐怕徒然给国家增加动乱。”杨愔将魏收的话转告给文宣帝高洋，文宣帝这才不再说废太子的事。

文宣帝高洋性既残忍，因而主管部门审讯囚犯的手段也没有一个不是严酷暴虐的。例如，有的将犁耳烧热，命囚犯站立其上；有的将车钮烧红，让囚徒把手臂从中间穿过去。受刑的人，忍受不了这种痛苦，弄得一些没有罪的人，只好冤屈地承认自己有罪。那些掌管刑法的官吏中，只有三公郎中、武强人苏琼，历任朝廷和地方官职，他所到之处，都能以宽和公平的态度来审理案子。当时，赵州和清河郡多次有人告发谋反的人，上级都将这些案子交付苏琼核查审理，结果，很多被诬陷的人，都能获得申理，昭雪冤情。尚书崔昂对苏琼说：“如果想建立功名，应当另想其他的法子；多次为叛逆的人申理雪冤，也不怕惹上谋逆的罪，这未免将自己的生命看得太轻了吧！”苏琼听了，面色很严肃地对崔昂说：“我所申雪的，都是些冤枉的人；真正叛逆的人，我也决不放纵啊！”崔昂听了，自觉非常羞愧。

齐文宣帝高洋憎恶临漳令稽晔和太子舍人李文师，便将他二人赐予臣下做奴仆。中书侍郎、彭城人郑颐找祠部尚书王昕聊天，私下想引诱王昕说出什么，好据此来陷害他，于是就借稽、李二人的事，对王昕说：“自古没有士大夫去当人奴仆的。”王昕不防有他，脱口回道：“纣王无道，箕子降为奴隶。”郑颐于是跑去禀告文宣帝高洋说：“王元景（王昕字）将陛下比作纣王。”文宣帝高洋对王昕怀恨在心。

没过多久，文宣帝高洋跟朝臣聚饮，王昕托词有病，不参加，文宣帝高洋派出侦骑去捉拿他，见他正在摇膝吟诗，文宣帝高洋知道了，立即将他斩首于殿前，并将尸首扔入漳水去喂鱼。

齐主高洋，北面修筑长城，南面援助萧庄，兵马为此而死去的，多得要用数十万的数字来计算。又加以扩建三台、宫殿，赏赐臣下没有节度，因此弄得国库的收入，不足以支付开销。于是他就用减少百官薪饷，少付军人用粮，合并裁撤州郡县镇戍官员的方法，来节省国库的支出。

十二月，庚寅日（十二月无此日），齐主高洋任命可朱浑道元为太师，尉粲为太尉，任命冀州刺史段韶为司空，常山王高演为大司马，任命长广王高湛为司徒。

壬午日（二十三日），周主宇文毓下诏大赦境内。

齐主高洋巡行北城，因而下地牢去探视永安简平王高浚和上党刚肃王高涣。齐主高洋临穴高歌，命高浚等合唱，高浚等既惶恐又悲伤，不觉声音颤抖，齐主高洋听了，也不禁怆然泪下，便有意释放他们。这时随同前来的长广王高湛跟高浚一向不睦，忙上去劝阻说："猛虎入笼，怎可再纵放出穴？"齐主高洋被他这么一提醒，就沉下脸来，不再说话。高浚听见高湛在挑拨离间，便呼高湛的小名说："步落稽，皇天看到你的坏心，必不会饶恕你！"齐主高洋也认为高浚和高涣都有雄才大略，饶他们不死，恐为后患，加上高浚还跟高湛在旁笑骂，不禁触动怒火，取来长矛，亲自上前刺杀高浚，每当长矛刺下，高浚和高涣就伺机抓住，将之拉扯折弯，惹得高洋怒火更盛，于是又命大力士刘桃枝等也用槊向笼内乱刺，一刺一伤，弄得高浚和高涣痛哭呼天，悲声震彻远近。高洋又命人将柴火乱投笼内，将高浚二人活活烧死。然后加覆土石。后来，掘土起尸，头发皮肤全都烧光，遗骸焦黑如炭，远近知道这件事的，无不为之痛伤悲愤。齐主高洋因为仪同三司刘郁捷刺死高浚，就将高浚的妻子陆氏赏赐给他；冯文洛刺死高涣，就将高涣的妻子李氏赏赐给他。刘、冯二人，本是高洋家旧日的奴仆。后来数日，齐主高洋因为陆氏不得高浚的宠爱，便饶了她，不必下嫁给刘郁捷。

高凉太守冯宝死后，岭南濒海地区发生动乱。冯宝的妻子冼氏招抚部落，数州之地，又得安定如故。她的儿子冯仆，年方九岁。这一年，冼氏派遣冯仆，带领所辖各区酋长入朝进贡，陈武帝陈霸先十分高兴，下诏任命冯仆为阳春（治今广东肇庆府阳春县）太守。

后梁主萧詧派遣大将军王操率军夺取王琳所辖长沙、武陵、南平等郡。

永定三年（己卯，公元559年）

春季，正月，己酉日（二十一日），周太师宇文护上表归还朝政，周主宇文毓这才开始亲自处理政务，但是有关军事方面的事情，还是归宇文护全权管理。北周开始改都督诸州军事官为总管。

王琳派遣使者召请桂州刺史淳于量。淳于量表面上虽然与王琳合作，但是暗中却跟陈朝有信使往来。二月，辛酉日（初三），陈武帝陈霸先任用淳于量为开府仪同三司。

壬午日（二十四日），侯瑱领军侵入齐境，烧毁了对方停泊在合肥的舰船。

丙戌日（二十八日），齐主高洋在甘露寺坐禅参修，深入体验佛理，在他坐禅清修期间，只限军国大事，才得向他启奏。尚书左仆射崔暹去世，齐主高洋亲临其第哭丧，问崔暹的妻子李氏说："你很想念亡夫崔暹吗？"李氏回答说："当然想念！"齐主高洋笑道："你若真想念他，那么为何不自己去看他呢？"说到这里，拔刀一挥，斩下李氏脑袋，随手扔到墙外。

北齐将领斛律光率领一万骑兵，进攻北周开府仪同三司曹回公，在阵前将他斩杀，北周柏谷城（在河南宜阳县南）主薛禹生弃城逃走，斛律光于是又攻取文侯镇（今山西稷山县西北），设下戍楼围栅，加派部队驻守，然后凯旋。

三月，戊戌日（十一日），齐主高洋任用高德政为尚书右仆射。

吐谷浑侵犯北周的边境。庚戌日（二十三日），周主宇文毓派遣大司马贺兰祥率军进讨吐谷浑。

丙辰日（二十九日），齐主高洋从辽阳返回邺都。

梁永嘉王萧庄到达郢州，派遣使者到邺都向北齐朝贡。王琳派遣他的部将雷文策领兵偷袭后梁监利郡，雷文策进袭成功，杀死监利太守蔡大有。

齐主高洋在当东魏孝静帝丞相时，现任胶州刺史定阳人文肃侯杜弼当时担任他的长史。后来，高洋准备接受东魏孝静帝的禅让，杜弼认为不可，曾出面加以谏止。高洋即位后，曾问他："治国应当用何种人？"杜弼回答说："鲜卑人只会骑乘车马，治国要用汉人。"高洋认为这话是讥讽他，于是对他怀恨在心。后来，高德政当权用势，杜弼不肯屈服听命于他，曾在大庭广众之前，当面折辱高德政，高德政怀恨在心，多次在齐主面前数说杜弼的过错。杜弼倚仗旧谊，不相信别人的谗言能够说动齐主加害他。不料，到了这年夏天，齐主高洋因饮酒，又生怀恨杀人之心，想起杜弼前前后后的一些过失，便派人到胶州处斩杜弼；没过多久，心生懊悔，便又派人乘快捷驿车去阻止，可是等使者赶到，杜弼已经身首异处了。

闰四月，戊子日（初二），周主宇文毓下令主管历法的官吏，重新修订周历。

丁酉日（十一日），陈武帝陈霸先派遣镇北将军徐度带领部队到南皖口（镇名，地当皖水入江口，在今安徽怀宁县西）修筑城垒。

北齐高德政跟杨愔同为宰相，杨愔常嫉妒他。齐主高洋嗜酒酣饮，醉后所为，全无法纪，高德政多次诤谏，齐主高洋很不高兴，对身边的人说："高德政常盛气凌人地逼迫我。"高德政知道齐主高洋对他不满，心怀畏惧，打算退出朝廷，便借口生病，不再上朝。齐主高洋对杨愔说："我非常担心高德政的病。"杨愔回答他说："陛下若是任用他为冀州刺史，保管他的病可不治而愈。"齐主高洋信以为真，就任命高德政为冀州刺史。高德政接到新的任命，果真就能起身动弹。齐主高洋晓得他原来是在装病，心里特别愤怒，立即召来高德政，当面对他说："听说你生病，我为你针灸。"说着，便亲自拿小刀刺高德政，将他扎得血流满地。后来，齐主高洋又命人将他拖下，斩去他的双脚，刘桃枝愣在一旁，持刀不敢砍下，齐主高洋便怒骂他说："不砍，就让你人头落地！"刘桃枝逼不得已，便斩下高德政三根脚趾。虽然如此，齐主怒犹未息，还将高德政拘押在门下省，到了半夜，才用毡舆（舆轮以毡裹之，免其颠簸）送他回家。第二天一大早，高德政的妻子拿出珍宝，摆满四床，准备为高德政请托，不料齐主高洋忽然跑到她家，瞥见珍宝满床，便特别生气地说：“我的府库，也没收藏有这样珍奇的宝物！”因而质问高德政这些珍宝是如何得来的，高德政回答说：“都是魏朝宗室贿赂的。”齐主高洋听了，就命人将高德政拖出门外斩首，高德政的妻子出来叩头求饶，齐主高洋又命人将她推出斩首，还有高德政的儿子高伯坚，也一起杀掉。同在丁酉这一天，齐主高洋任用司州牧、彭城王高浟为司徒，任用侍中、高阳王高湜为尚书右仆射。乙巳日（十九日），齐主高洋让司空、彭城王高浟兼任太尉。

北齐册封皇子高绍廉为长安王。

辛亥日（二十五日），周主宇文毓任用侯莫陈崇为大司徒，达奚武为大宗伯，任命武阳郡公豆卢宁为大司寇，柱国、辅城郡公宇文邕为大司空。

乙卯日（二十九日），周主宇文毓下诏说：“为给罪人有悔过自新的机会，掌管纠察的官吏，不得纠举罪人大赦之前的事。但是厩舍库房中的马匹、财帛和谷粮，都是天子与海内之人所共有的东西，任何人都不得加以侵占窃取。若有侵盗上述公物的，虽经宽宥，可免其罪，但是侵占的公物，需依照法令规定，追缴赔偿。”

北周贺兰祥领兵西击吐谷浑，将对方击败，攻克洮阳（在今甘肃临潭县西南）、洪和（今甘肃临潭县治）二城，北周朝廷将这次战争夺取的土地，增置一个洮州（治洮阳城）。

五月，丙辰朔日（丙辰为闰四月三十日，五月朔应为丁巳），发生日食。

北齐太史上奏说：“今年应当除旧布新。”齐主高洋问特进、彭城郡公元韶说：“汉光武帝什么缘故能够中兴？”元韶回答说：“因为铲除各位刘氏宗亲，没赶尽杀绝。”齐主听了，反而心生杀机，于是下令杀光元魏宗室，用来应合太史的奏言。癸未日（二十七日），诛杀始平郡公元世哲等二十五家，拘禁元韶等十九家。元韶被关在地牢里，饮食断绝，因空无一物可食，只好咬自己的衣袖来充饥，最后，活活饿死在地牢里。

周文育、周迪、黄法𣰰等一同围剿余公飏（余孝顷字），这时，豫章太守熊昙朗也领军前来助战，一时各路兵马多达万人聚集。周文育军驻兵在金口（今江西新建县西南），余公飏率军诣营诈降，本想伺机擒拿周文育，但是周文育发觉有诈，反而先下手将他捉住，派人将他押送到建康。周文育领兵进据三陂（在金口西南）。王琳派遣部将曹庆，带领两千兵马，前来援救余孝劢。曹庆分遣偏将常众爱率领一部分部队对抗周文育，自己亲自率领剩余部众攻打周迪和安南将军吴明彻，周迪等都被他击败，周文育的军队也退守到金口。熊昙朗因周文育军失败，竟起歹念，想谋害周文育，以响应常众爱。周文育的监军孙白象获悉他的阴谋，劝周文育先下手杀掉他，周文育没有听从孙白象的话。当时，周迪兵败，弃船逃跑，不知去向。乙酉日（二十九日），周文育才收到周迪的信。周文育拿着周迪送来的信，亲自到熊昙朗的军营，原想拿信给他看，并面商如何抵抗曹庆军，没料想熊昙朗竟在帐内座上将周文育给杀了，接着又收并周文育的部队，因而进占新淦城（在今江西清江县东北）。并统军万人，转而袭击周敷，周敷迎战，纵兵痛击，熊昙朗战败，单骑逃回巴山（在今江西崇仁县西南）。

鲁悉达部将梅天养等引领北齐军队入城，鲁悉达急率部下千人，渡江归降陈朝，陈武帝陈霸先任命他为平南将军、北江州刺史。

六月，戊子日（初三），周主宇文毓因为境内一连下了很久的雨，于是下诏，要百官进呈密奏，直言诤谏朝政得失。其中左光禄大夫猗氏人乐逊上奏四项时事：其一，认为“近来县令郡守任期短，更换频繁，上级却又责求他们在有限的任期内，要有政绩，为求有个好的考评结果，个个都用威猛严苛的态度来对待人民；而今，关东诸州百姓，沦陷北齐，生活特别痛苦，倘若我们的郡守县宰施行政令，都崇尚威猛严酷，而不知宽厚爱民的话，那么这种政声，传到沦陷区百姓那里，怎能让那些劳苦的百姓倾心归降到我们这里来呢？”其二，认为“近世，拓跋魏迁都洛阳，使得这个地方一度变得极为繁荣。许多有钱有势的人家，争着过奢侈无度的生活，结果，使得洛阳祸乱并起，天下也因此而分崩败乱。近来，我们朝廷显贵的器具服饰，渐趋华丽，各行工匠所制作的用品，都穷极奇异精巧，臣实在担心下层民众追随这种风尚，有损原本纯朴而善良的政风和民俗”。其三，认为“主管选拔官员的官吏，选拔何人补某缺，拟授某人某官职，都应该和众人一同商决；现在州郡选拔官吏，尚且还召集乡闾的人一同决定，何况为朝廷选拔人才的部门，怎可不跟天下的人，一同选拔负有人望的贤才呢？由此可见，选拔官员的工作，又不是什么机密不可让人知晓的事，那么又有什么好秘密而不能公开的呢？希望吏部今后选置官员时，应该让大家心里明白，凡所选授，都是经由公正公开的评选，然后呈奏陛下加以任用”。其四，认为“高洋占领淆山以东一大片的土地，一时还不容易征服，这好比下棋打劫，双方势均力敌，对峙双方相持不下，这时，彼此先后争行，只要一方落子偶有一点不当，也许就会造成对方的获胜，因而今后我们应舍小求大，先求保证整个封域的安全，不应贪取边陲零星小块的土地，而轻举妄动”。

北周处士韦琼，是守边良将韦孝宽的哥哥。他志好淡泊简朴，当魏、周禅代之间，朝廷曾经先后十次征召他，他都不肯违背自己的志向出来做官。周太祖宇文泰特别敬重他，不勉强改变他的志向。到周世宗宇文毓即位，对他更是礼敬有加，尊称他为“逍遥公”。晋国公宇文护为表达对他的崇敬，也延请他到官邸来，拿些军国之事向他请教。由于宇文护贵为执政，加上爱好经营府第，所有房舍，都装修得十分豪华。韦琼仰头凝视堂宇很久，然后徐徐叹道：“喜爱喝酒，酷嗜音乐，注重栋宇的高峻，讲究墙垣的彩绘，只要犯上其中一样，没有一个不毁家亡国的。”宇文护听了他这么严厉的批评，心里十分不悦。

北周骠骑大将军、开府仪同三司寇俊，是寇赞的孙子（按：寇赞为北朝道教人物寇谦之之兄，仕魏为南雍州刺史，《魏书》卷四十二有传），少年时代，就有很好的学识和品德。他的家人曾卖东西给人，多赚取对方五匹绢，寇俊在事后知晓了这件事，很气恼地说：“贪求别人的财物，亏损自己的品行，我是不屑这样做的！”于是寻访买主，退还他五匹绢绸。寇俊厚待宗亲，和睦族人，衣食的丰俭，都与他们相同。教训子孙，首推礼义。自西魏文帝大统年间，他就称老告病，不再上朝参见君主；周世宗宇文毓很诚恳虚心地想跟他相见，寇俊不得已，才破例入宫朝见国君。周世宗亲自扶着他，引领他同席而坐，向他询问许多魏朝洛阳的旧事。当寇俊告辞回府，周世宗特意将自己的坐车让给他乘坐，并让他从自己跟前启驾出宫，周世宗回头对身边近侍们说：“唯有积善的人，才能获得君王如此这般的礼遇。”

周文育进剿余孝劢时，陈武帝又派南豫州刺史侯安都率军前去支援。等到周文育遇害，侯安都引兵退还，途中遭遇王琳部将周炅、周协等从南川返回北方，侯安都同他们交战，擒获他们。余孝劢的弟弟余孝猷带领部属四千余家，到侯安都营门投降，侯安都连有斩获，便大胆进军到左里（在今江西都昌县西北，又名左蠡，以位于彭蠡湖左得名），向曹庆、常众爱等军发动进攻，将对方击败。常众爱奔逃到庐山，庚寅日（初五），庐山村民斩杀常众爱，侯安都派人将他的首级传送到建康。

陈武帝陈霸先下诏，命临川王陈蒨率军前往南皖口修筑城栅，另派东徐州刺史、吴兴人钱道戢驻防皖口城。

丁酉日（十二日），陈武帝陈霸先得病，人不舒服。丙午日（二十一日），驾崩。陈武帝每临战事，常能运用自己独特的谋略；为政崇尚宽厚简约，倘若不是军旅急需，决不轻易向人民开征兵赋。陈武帝生性节俭朴素，日常膳食，菜肴只不过几样而已。私设小宴，都用瓦器、蚌盘，菜肴果实，并不十分丰盛，只令吃饱而已。后宫妃嫔，没有金玉翡翠的装饰，也不设置歌钟女乐。

当时，皇子陈昌还在长安，国内没有嫡子继承王位，国外又有强敌压境，老将都领军在外，朝中又没有身负重责的大臣，这时，只有中领军杜稜掌管宿卫兵士，独在建康。章皇后于是召请杜稜和中书侍郎蔡景历入宫商定计议：暂时先封锁陈武帝死讯，不发丧开吊，并立即派人到南皖口，奉迎临川王陈蒨回朝。蔡景历亲自跟宦官、宫女秘密制作敛服与敛具。那时，六月大暑天热，为防止尸体发臭，必须营造天子的棺椁，但担心斧斤砍木头的声音，传到外头，于是将棺木改用蜡造。至于诏敕公文，照常颁布发行。

侯安都从江西引军还朝，恰好抵达南皖，因此和临川王陈蒨一道还朝。甲寅日（二十九日），临川王陈蒨返回建康，入居中书省，侯安都跟百官商议决定，奉迎临川王陈蒨承继王位，临川王谦让不敢担任。章皇后因嗣子陈昌仍在长安，还不肯下令就立临川王为国君，公卿大臣揣知皇后意旨如此，便都迟疑起来，不敢议决。当下惹恼了侯安都，他正色厉声地说："当今四方还未平定，哪有时间远到长安迎立皇子陈昌？临川王陈蒨对王朝立有大功，大家应当共同拥立他为国君。今天立君的事，哪个敢响应落后的，我就斩他！"说到这儿，就按剑上殿，禀告章皇后，请她交出玉玺，又亲手解开陈蒨发带，推他到丧主的位置，然后迁移大行皇帝的棺柩到太极殿西堂阶台上。章皇后迫不得已，这才下令，由陈蒨承继帝位。就在这一天，临川王陈蒨即位为皇帝，颁诏大赦天下。秋季，七月，丙辰日（初一），陈文帝陈蒨尊奉皇后章氏为皇太后。辛酉日（初六），任命侯瑱为太尉，任命侯安都为司空。

齐显祖高洋准备到晋阳，临行前，下令杀光元魏宗室，凡是父亲、祖父封王，或是自身曾经显贵的，全家都被押到东市刑场处斩，其中对于婴儿的处置，先是往高投到半空中，然后用长矛朝上将他刺死。元魏宗室前后被杀害的，一共七百二十一人，尸体全都扔进漳水，水中的鱼吃尸体，百姓取鱼剥腹往往捞出人的指甲，邺都的人，为了这事好久都不敢吃鱼。齐主高洋诛杀元魏宗室的手法，还有一绝，那就是让元黄头跟一群囚犯，从金凤台各乘纸鸱（犹今滑翔翼）而飞，摔不死的，就免其罪戮。元黄头是唯一飞渡漳水，坠落到紫陌浮桥而没摔死的人，本可就此免刑，但是齐主高洋却又将他交付御史中丞毕义云，活活将他饿死在狱中。只有开府仪同三司元蛮、祠部郎中元文遥等几家获得赦免。元蛮，是元继的儿子，常山王高演的岳父。元文遥，是元遵的五世孙。定襄令元景安，是元虔的玄孙，他请求改姓高氏，他的堂兄元景皓驳斥他说："哪有舍弃本宗而改从他人之姓的呢？大丈夫立世，宁可玉碎，也不能瓦全。"元景安将他说的话，禀告齐主高洋，高洋便下令拘捕元景皓，然后将他杀害。同时，赐元景安姓高氏（齐国姓）。

八月，甲申日（八月无此日），陈朝君臣将武皇帝棺柩安葬到万安陵（在今江苏江宁县方山西北），尊奉陈武帝庙号为高祖。

戊戌日（十四日），齐主高洋册封皇子高绍义为广阳王；另外任命尚书右仆射、河间王高孝琬为尚书左仆射，任命都官尚书崔昂为尚书右仆射。

北周御正中大夫崔猷建议，认为："圣人承袭旧制，也应适应时代需要，而作权宜变通。今圣上实为天子，但名义上只称王，不足让威信号令天下，请遵循秦、汉旧制，改称皇帝，建立年号。"己亥日（十五日），周主宇文毓听从崔猷的建议，开始称皇帝，追尊文王宇文泰为文皇帝，并改年号为武成。

癸卯日（十九日），齐主高洋下诏说："民间或有父祖本来不姓元，而冒充元氏；或被元氏认养抚育，而妄称姓元的，不论时代远近，一概听任改回本姓。"

起初，陈高祖追谥皇兄陈道谭为始兴昭烈王，由他的次子陈顼承继封爵。到了陈世祖即位，陈顼留在长安，还无法回来，陈世祖因本宗缺乏主祭的人，于是在戊戌日（十四日），特下诏改封陈顼为安成郡王，另外册封皇子陈伯茂为始兴郡王（以奉昭烈王祀）。

起初，周太祖（宇文泰）讨平巴、蜀之后，认为那是一块形势险要的地方，不想派资深老将去镇守，于是问自己几个儿子说："哪个可以前往？"年长的几个都不应声，唯独年幼的安成郡公宇文宪应声愿往，周太祖宇文泰嫌他年纪太小，不应允他去。壬子日（二十八日），周主宇文毓任用他的弟弟宇文宪为益州总管，当时宇文宪年已十六，善于安抚人民，又能留心政事，所以益州的人特别喜欢他。九月，乙卯日（初一），北周任命大将军、天水郡公宇文广为梁州总管。宇文广，是宇文导的儿子。

辛酉日（初七），陈文帝陈蒨册封皇子陈伯宗为太子。

己巳日（十五日），齐主高洋前往晋阳。

辛未日（十七日），周主宇文毓册立他的弟弟辅城郡公宇文邕为鲁国公，安成郡公宇文宪为齐国公，宇文纯为陈国公，宇文盛为越国公，宇文达为代国公，宇文通为冀国公，宇文迪为滕国公。

乙亥日（二十一日），陈文帝册封太子的母亲吴兴人沈氏为皇后。

北周少保、怀宁庄公蔡祐去世。

北齐显祖高洋酷嗜喝酒，狂饮成疾，已经到了不能吃饭的地步，他自知时日无多，对李后说："人终归会死，死何足惜？只可怜嗣子年纪还小，担心有人篡夺他的王位！"接着回过头对常山王高演说："你想篡夺王位的话，只好任凭你去夺，但切莫杀害我的子嗣！"尚书令、开封王杨愔，领军大将军、平秦王高归彦，侍中、广汉人燕子献，黄门侍郎郑颐，同受遗诏辅佐太子。冬季，十月，甲午日（初十），齐主高洋崩殂（年三十一）。癸卯日（十九日），北齐朝廷举行哀祭，文武百官大声痛哭，全部是有声无泪，只有杨愔一人，涕泗横流，泣不成声。就在这一天，太子高殷即皇帝位，大赦境内。庚戌日（二十六月），尊奉皇太后娄氏为太皇太后，皇后李氏为皇太后。另外又下诏：凡先帝生前土、木、金、铁等各种营作，一律停工。

王琳获悉陈高祖去世，便任命少府卿、吴郡人孙玚为郢州刺史，总理留守事务，而他自奉梁永嘉王萧庄，出兵进驻濡须口（今安徽和县西南裕溪口），并写信给北齐扬州道行台慕容俨，请他率军出驻临江，为其声援。十一月，乙卯日（初二），王琳进逼大雷（在今安徽望江县东）。陈文帝命太尉侯瑱、司空侯安都，以及开府仪同三司徐度等，征调部队，前往抗击。安州刺史吴明彻（据《陈书世祖纪》及《吴明彻传》，吴明彻为“安州刺史”，远在梁元帝承圣三年，至是，吴明彻已晋升为“南兖州刺史”），星夜偷袭湓城（今江西九江市），王琳先有防备，派遣巴陵太守任忠设伏截击，大败吴明彻的军队，吴明彻落得单骑逃回。王琳因而领兵继续东下。

北齐主高殷任命右丞相斛律金为左丞相，任命常山王高演为太傅，任命长广王高湛为太尉，任命司空段韶为司徒，任命平原王高淹为司空，任命高阳王高湜为尚书左仆射，任命河间王高孝琬为司州牧，任命侍中燕子献为尚书右仆射。

辛未日（十八日），北齐显祖高洋的灵柩，由晋阳运抵邺城。

十二月，戊戌日（十五日），北齐主高殷改封上党王高绍仁为渔阳王，封广阳王高绍义为范阳王，封长乐王高绍广为陇西王。

资治通鉴卷第一百六十八　陈纪二

起庚辰（公元560年），止壬午（公元562年），共三年。

【题解】本卷记录了公元560年至562年共三年间的南北朝史事。当时正值陈文帝天嘉元年至三年；北周明帝武成二年、武帝保定元年至二年；北齐废帝乾明元年、孝昭帝皇建元年至二年、武成帝太宁元年至二年。这一时期，北周、北齐、陈三国均时政动荡，宫变迭起，内部政治都经历着重大的调整，其中最为明显的就是北齐。北齐高演废帝自立，打破了北齐帝位父子相承的局面，而他崩逝后也将帝位传给了同母弟弟高湛。三国在此期间没有大的战争，但边境却不断发生纷扰，最终通过陈文帝陈蒨与两国通好，使南北对峙的局面暂时平静下来。

世祖文皇帝上

天嘉元年（庚辰，公元560年）

春季，正月，癸丑朔日（初一），陈文帝陈蒨下诏大赦天下，改年号为天嘉。

齐主高殷下诏大赦境内，改年号为乾明。

辛酉日（初九），陈文帝陈蒨前往南郊坛祭祀天神。

齐高阳王高湜，凭借言行诙谐幽默，以及善于谄媚逢迎，很得齐显祖高洋的宠爱，常被唤侍左右，要他手执大杖，鞭打诸王，太皇太后娄氏的儿子也常常挨他打，因此娄氏特别痛恨他。等到齐显祖去世，高湜有罪（居丧不哀），太皇太后用荆杖打他百余下，到了癸亥日（十一日），高阳王高湜竟因太皇太后一顿毒打而去世。

辛未日（十九日），陈文帝陈蒨前往北郊坛祭祀地祇。

〔是月〕齐主高殷从晋阳返回邺城。

二月，乙未日（十三日），陈朝高州刺史纪机从前线驻所逃回宣城，窃据郡城，响应王琳，泾县县令贺当迁出兵，讨平了他。

王琳又领兵东下，到了栅口（今安徽芜湖县大江北岸运漕河入江口），侯瑱督率诸军，出屯芜湖，双方势均力敌，僵持了百余天。二月东关（今巢湖县东南）水势渐涨，舟舰得以通行，王琳率领合肥、巢湖的水军，后舰船头紧接前船船尾，一路依次前行，顺流入江，军容兵势，极为盛大。侯瑱也采取行动，进兵到虎槛洲（今安徽繁昌县东北五十里）。王琳驰出船舰，隔着虎槛洲列阵在大江西岸，与侯瑱对阵。第二天，两军要决一大战，但到决战前，风势渐起，王琳移动阵势，退守大江西岸。到了晚上，东北风刮得更大，阵风吹往西南，将王琳的舰队吹得船翻人仰，陷没沙中，加以江浪又大，舰船回不了湖边。苦熬一夜，好不容易等到天亮风停，王琳这才率领饱受风灾袭击的船舰，开入浦口整修。因夜里风刮得实在厉害，侯瑱等也撤退驰入芜湖。

北周听说王琳领兵东下，便派都督荆、襄等五十二州诸军事、荆州刺史史宁，带领数万兵马，乘虚偷袭郢州。郢州留守孙玚，凭据四周城垣，设防固守。这时，王琳接到孙玚密报，进退两难，担心动摇军心，导致溃散，不得已，暂将孙玚的书信藏匿起来，自己率领舟师东下，直逼陈军，距芜湖十里，停泊列阵，夜里击柝的声音，隔江不远的陈朝军队都可清楚地听到。北齐开府仪同三司刘伯球也率领万余人，来为王琳助阵，还有北齐扬州行台慕容恃德的儿子慕容子会，也带领铁骑两千，进驻芜湖西岸，声援王琳。

丙申日（十四日），侯瑱传令军中，在寝褥上进食早点，随时待命出战。这时，西南风吹得很急，王琳自谓得天资助，于是带领大军，顺江乘风，直指建康。侯瑱等也不加阻拦，一直等到王琳大军已过，才徐徐驰出芜湖，尾随其后，这样，西南风反为侯瑱所用。王琳瞥见陈朝军队船舰逼近，便命人投掷火把，原想烧毁陈舰，不料扔出的火把，被西南风吹转，反而烧起自己的船舰来。侯瑱也趁机发动拍竿，猛烈拍击王琳的船舰，又出动船板外蒙上生牛皮的蒙冲战斗小舰，顺流去冲撞王琳的船舰，此外，又烧熔铁浆，随风浇洒王琳的舰船，几招下来，王琳水军大败，各舰多遭损毁，军士溺水而死的，约占全军十分之二三，其余的弃船登陆上岸，又被陈军截杀殆尽。驻屯在西岸的北齐步兵，望见王琳水军大败，陈朝军队又追杀而来，于是阵势大乱，四散逃窜，自相蹂躏践踏，都陷入芦荻泥淖中；奔驰在前的骑兵，赶紧弃马蹿走，逃兵能走脱的，只占全数的十分之二三。最终，陈军擒住北齐将领刘伯球、慕容子会，斩杀虏获之多，要以上万的数字来计算，梁、齐两军败亡丢下的军资器械，堆积如山，全为陈军所有。王琳乘着舴艋轻舟，突围逃走，行抵湓城，还想收聚离散的部下，可是部众都散去，没有人愿意再跟随，他只好带着妻妾和左右近侍等十余人，急向北走，投向齐国去了。

当初，王琳指派侍中袁泌跟御史中丞刘仲威留在栅口，侍卫辅佐永嘉王萧庄，等到王琳兵败，永嘉王萧庄身边的人都四下奔逃，只有袁泌独乘轻舟，护送萧庄平安抵达北齐边境，嘱托刘仲威再继续护送萧庄，共入齐都，他才拜别永嘉王，南来投降陈军。袁泌，是袁昂的儿子。在这次战役中，王琳部将樊猛，同他的哥哥樊毅，也带领他们的部属，前来投降陈军。

同在丙申这一天，北齐君臣将文宣皇帝高洋的灵柩安葬到武宁陵，尊上他的庙号为高祖，后又改称为显祖。

戊戌日（十六日），陈文帝陈蒨下诏说："衣冠士族，将帅士兵，过去沦陷归顺王琳一党的，现在全部原谅宽宥，并按照才能选拔任用。"

己亥日（十七日），齐主高殷任用常山王高演为太师、录尚书事，任命长广王高湛为大司马，并省录尚书事，任用尚书左仆射平秦王高归彦为司空，任命赵郡王高叡为尚书左仆射。

同一天，齐主高殷下诏说："诸元魏宗室良家子女，没入于宫内，以及赏赐王侯将相家做奴仆的，全都释放回家。"

乙巳日（二十三日），陈文帝陈蒨下令，任命太尉侯瑱为都督湘、巴等五州诸军事，镇守湓城（今江西九江市）。

北齐显祖高洋去世，常山王高演留在宫中监理丧事，娄太后本想立他为君，但因为有人反对，所以没有实现；等到太子高殷即位，常山王高演才又回到朝臣的班列。这时因为高殷仍在守丧期间，所以还是让高演居留东馆，所有百官想要上奏的事，都先跟他商议决定。杨愔等因高演跟长广王高湛为皇室宗亲，权势逼人，恐对幼主不利，于是对他二人心生疑忌。过不多久，杨愔等密奏太后，要高演离开东馆，回到他常山王的府邸，从此内宫颁出的诏敕，高演便没有机会参与过问。

后来，有人对高演说："鸷鸟离开巢穴，一定会留下被人探巢取卵的忧患。殿下处在今日的地位，怎好多次出宫归第呢？"中山太守阳休之拜见高演，高演闭门不敢接见。阳休之便对常山王的好友王晞说："从前周公早晨读书百篇，晚上接见七十位宾客，尚且还担心数量不够多，录王有什么好嫌恶疑惧，竟要如此拒绝宾客呢？"

在此之前，齐显祖高洋在位的时候，群臣人人自危，担心不能保全。到了济南王继位（按：高殷即位不到一年，即废为济南王），高演对王晞说："现在主上垂衣拱手，无为而治（意谓不事杀戮），我辈也乐得优游闲适。"进而又夸奖说，"现今主上宽厚仁慈，真是一位遵守成法，不尚诛伐的好君主。"王晞说："先帝在时，委任一位胡人辅导东宫，现今主上年纪尚轻，忽然要处理烦琐的政务，殿下本应朝夕陪侍在他左右，亲自承接他的旨意，为什么离开皇宫回到府邸，却让他姓外亲掌管出纳诏命呢？如此日久，朝政大权，定将归属他人，到时，殿下即使想退居藩邸，哪能办得到呢？就算你能够谦逊退让，您自忖度，高氏家祚，能长久保全吗？"高演沉默了好久，才说："那你让我怎么自处呢？"王晞说："周公抱着成王，摄政七年，然后归政给成王，幸有前例，希望殿下考虑考虑！"高演说："我怎么敢自比为周公呢？"王晞说："以殿下今日的声望和地位，纵想不当周公，恐怕还不能呢！”高演默然不语。齐显祖时，经常派遣胡人康虎儿保护太子，因而王晞前面提到：“先帝时，东宫委一胡人傅之。”

齐主高殷准备从晋阳（太原）出发返回邺宫，当时群臣计议，认为常山王高演必当留守根本之地。可是执政大臣们猜疑他，不想让他留守晋阳，竟让他跟随齐主返回邺城，改派长广王高湛留守晋阳；不久，当权的人，又猜忌长广王，启奏齐主也要长广王一起跟随返回邺城。外朝群臣听到有这样曲折的变故，莫不感到惊骇诧异。齐主高殷又任命王晞为并州长史。高演动身起行，王晞远出城郊送他，高演恐有侦骑窥伺，便叫王晞回城，临行时，握着王晞的手，嘱咐他说：“要努力！小心！”说罢，就策马扬鞭而去。

平秦王高归彦总领宫禁护卫之事，杨愔没和高归彦商议，便宣布敕令，将高归彦带领的从驾卫队，留下五千人在晋中，暗中防范特殊情况的发生。回到邺宫数日，高归彦才知晓有此事，因此就怨恨杨愔。

领军大将军可朱浑天和，是可朱浑道元的儿子，娶了齐主高殷的姑姑东平公主为妻。他经常说：“朝廷如果不诛杀常山、长广二王，少主绝无保全的可能。”侍中燕子献提议，挟持太皇太后娄氏从居北宫，好让内宫政权归于皇太后。

又自从天保八年以来，朝廷封爵、赏赐，大多冗滥无度，到了幼主即位，杨愔想加以淘汰清理，于是率先上表请求解除开府仪同三司和开封王的职位，一切因国君恩赐荣宠，而滥得爵位的人，一概罢免爵位。因此，一批嬖幸失职的人，都趋附高演、高湛。平秦王高归彦，最初跟杨愔、燕子献同心辅政，后来，中途变节，全部将杨、燕等人如何疏远、猜忌二王的情节，通通告诉高演、高湛。

侍中宋钦道，是宋弁的孙子。齐显祖在位时，派他在东宫教授太子处理政务的方法。这时，宋钦道面奏齐主说：“两位王叔威权太重，应当速速除去。”齐主高殷不肯，只是说：“可与令公杨愔共同详细计议此事。”

杨愔等商议的结果，决议将两位王叔外调出去做刺史，但因为齐主仁慈，担心他不准所奏，于是上表启奏给皇太后，里面详细说明：为了幼主的安危，不得不这样做。有位名叫李昌仪的宫人，是高仲密的妻子，李太后因为她是同姓，跟她很亲近友好，便将杨、燕二人的密奏交给她看，不料这个李昌仪竟然将这封密奏的内容偷偷地告诉了太皇太后娄氏。

杨愔等稍有所闻，不得不改变决议。于是奏请外调长广王高湛出镇晋阳，常山王高演则仍留在邺宫，担任录尚书事。诏书既下，二王也都拜受了新职。乙巳日（二十三日），常山王高演在尚书省大会百官，杨愔等准备前去赴会，散骑常侍、兼中书侍郎郑颐劝阻他说："事情不可预料，不应贸然前去。"杨愔回答说："我等忠心报国，为什么要担心被别人加害？今天常山王拜受新职宴客，我们哪有不赴会的道理？"

这天一大清早，长广王高湛就在录尚书后室，预先埋伏好数十位家奴，并和席上勋贵（有功勋的贵人）贺拔仁、斛律金等数人相知会，约定："等我酌酒敬杨愔等人时，我各劝他们连干两杯，他们干完一杯，一定会推辞不干另一杯，我便大声劝说：'执酒啊！干啊！'他们不肯，我便又劝：'执酒啦！'到第三次，我再劝说：'为何不执酒呢？'你们便当场将他们给抓起来！"到了宴会，果然依照计划进行。杨愔大声说："诸王谋反，想杀害忠良吗？我等尊奉天子，削弱藩侯，忠心报效国家，哪有什么罪呢？"常山王高演自觉情虚，想要缓和冲突。高湛却坚持不可，唤出一批悍役，于是拳打杖殴，把杨愔、可朱浑天和、宋钦道等人，打得头破血流，然后又指挥悍役，每十个捉拿他们一个。燕子献力大，头发又少，狼狈推开众人逃出，才跑出门口不远，便被斛律光追上，也被抓住拖回。燕子献不禁叹道："大人决定计谋迟疑，竟落到这种地步！"长广王高湛又命太子太保薛孤延等分头去捉拿郑颐，结果在尚药局将其抓到。郑颐也不禁叹道："不听智者的劝告，弄到这种地步，难道不是命吗？"

二王（常山王、长广王）联同平秦王高归彦、贺拔仁、斛律金等，押着杨愔一干人，很鲁莽地冲向云龙门，看到守门都督叱利骚，招他来，他不过来，便派骑将上前将他给杀了。开府仪同三司成休宁赶到城门，拔出佩刀，斥责高演，高演让高归彦去劝解他，成休宁厉声辩驳，不肯依从。高归彦久掌禁军，素为军士所畏服，他们见到高归彦，便纷纷放下武器，成休宁无奈，也不禁叹息，让出路来放他们过去。

高演进入云龙门，到昭阳殿击鼓奏事，高湛和高归彦等留在朱华门外。齐主高殷跟太皇太后娄氏并肩走出，太皇太后娄氏坐在殿上，皇太后李氏和齐主高殷随侍两边。高演跪下，叩头到砖地，然后向殿上启奏说："臣与陛下，本是至亲骨肉，杨遵彦（杨愔字）等想独揽朝纲，专擅大权，从王公以下，都趦趄不敢前进，屏气噤声。而他们相互勾结，构成国家动乱之源，倘若不早除去，必将危害宗庙社稷。臣与高湛，以国事为重，贺拔仁、斛律金等顾惜献武皇帝创下的基业，因而一同捉拿杨遵彦等入宫，未敢擅自杀戮他们。自知专权独断的罪失，合当万死！"

此时庭中及两边厢廊的卫士有两千多人，都披甲待命，武卫将军娥永乐，孔武有力，异于常人，素来受到齐显祖高洋的厚待，他拔刀出鞘寸余，仰视嗣主高殷，请示是否要除去高演。可是齐主没有向他示意。偏偏齐主又口吃，说话迟钝，惶急之间，不知该说些什么，倒是太皇太后娄氏看出娥永乐想要有所行动，生恐他对自己的孩子不利（常山王高演是其第三子），便叱令披甲执杖者退下，可是娥永乐等不肯退下；娄氏便又厉声骂道："奴辈不听我令，今天就让你们人头落地！"卫士们这才退下，而娥永乐一面纳刀还鞘，一面暗暗流下泪来。

太皇太后娄氏接着问道："杨郎现在哪里？"贺拔仁回答说："杨愔被拳杖乱殴，一个眼球已被击落出来。"太皇太后悲伤地说："杨郎哪会做出危害宗庙的事呢？留下他为国效劳，难道不好吗？"说到此，转头责备嗣主高殷说："这批逆臣想杀我两个儿子（常山王高演、长广王高湛），接下来就要杀我了，你为何纵容他们？"嗣主高殷被她一逼，更说不出话来。太皇太后娄氏且悲且愤地说："怎么可以让我母子受汉族老妪（娄太皇太后，鲜卑也；李太后，华族也，故云然）的摆布！”李太后闻言，急忙拜伏谢罪。太皇太后娄氏便对李太后发誓，保证说：“我敢说高演绝不是有意造反，只是想除去谋害他的人罢了！”高演听了，忙在殿下叩头不止，表示正是如此。李太后听到太皇太后这样说，又看常山王还在殿下叩头不已，便对嗣主高殷说：“为什么不快去安慰你叔叔呢？”嗣主高殷这才开口说道：“朕亦不敢求叔父哀惜，岂敢哀怜这批汉辈（指杨愔等），但得保全侄儿性命，侄儿自下殿离去，此辈任凭叔父处置！”高演闻言，立刻起身，传令下去，将杨愔等人一一处斩。

长广王高湛因为郑颐曾说过他的坏话，于是先割去郑颐的舌头，砍断他的手臂，然后再砍下他的脑袋。常山王高演命平秦王高归彦带领禁军卫士进驻华林园，用京畿军士把守宫门楼阁，然后在华林园内，擒拿处死了娥永乐。

太皇太后娄氏亲临杨愔的丧事，看到杨愔一目被剜，不禁痛哭说：“杨郎忠而获罪，怎么不让人悲伤！”因而用御府之金，为他制作一个金眼球，亲自放入杨愔的眼眶内，然后说道：“聊表我哀惜的心意。”常山王高演也懊悔杀死了杨愔。于是假天子之命，宣布杨愔等人罪状，并宣布：“罪只及一人，不牵连家属。”但没过多久，却又按户口簿收押五家（杨愔、可朱浑天和、燕子献、宋钦道、郑颐）的家属，经常山王的好友王晞极力劝阻，这才下令只收押罪犯本人一房的家属，孩子幼童也统统处死，罪犯的兄弟，凡是任职为官的，都革去官职，以后不得为官。

杨愔死后，齐主任命中书令赵彦深接替杨愔掌理中书机密事务。鸿胪少卿阳休之私下对人说：“将要跋涉千里的时候，却杀死骐驎而鞭策不良于行的笨驴，难道不可悲之甚吗？”

戊申日（二十六日），齐主高殷任命高演为大丞相、都督中外诸军、录尚书事，任命高湛为太傅、京畿大都督，任命段韶为大将军，任命平阳王高淹为太尉，任命平秦王高归彦为司徒，任命彭城王高浟为尚书令。

江陵被西魏攻克时，长城公（陈霸先）世子陈昌跟中书侍郎陈顼都被掳往长安。陈高祖陈霸先即位后，多次遣使入周，请求周主放还他们，周主口里答允，可是并未真正遣还。到了陈高祖去世，周主这才遣送陈昌返回江南，因为王琳阻梗中流，陈昌无法回来，暂时停留在安陆（今湖北安陆县）。到了王琳兵败，江流畅通，陈昌这才又从安陆启程，临渡江前，给陈文帝陈蒨写信，言辞极不谦逊。陈文帝心里很不高兴，召来侯安都很凄怆地跟他说："太子将要回来了，我当别求一藩封，作为退位养老的处所。"侯安都却不以为然地说："自古至今，哪有被人替代的天子？臣虽愚昧，断不敢接受诏命！"因此自告奋勇，请求前去迎接陈昌。于是群臣进呈奏章，请求陈文帝陈蒨加授陈昌爵位、官职。庚戌日（二十八日），陈文帝陈蒨任命陈昌为骠骑将军、湘州牧，进封衡阳王。

齐大丞相高演前往晋阳，一抵达，便召见王晞，对他说道："没有早听你的劝告，致使小人弄权，差点弄到覆灭的地步，方今陛下身侧的小人暂已清除，你看最终应当如何安排我才好？"王晞回答说："从前，以殿下往日的声望，还可以按照人伦礼教的准则来决定进退；可是现在地位形势有变，已经牵扯到天命时运，不再是用寻常的道理所能处置的了。"高演奏请征调赵郡王高叡为大丞相府长史，王晞为大丞府司马。三月，甲寅日（初三），齐主高殷下诏说："凡军务及国政，都需先申报到晋阳，禀呈大丞相经手谋划。"

北周军队初到郢州，协助孙玚防守的张世贵，献出外城向周军投降，郢州一时失去军民三千余人。北周军队堆起土山，架设长梯，昼夜不停地攻打郢城，并利用风势，放火烧城，焚毁内城南面五十余座城楼。当时，孙玚手下兵士不满千人，他亲自四处巡察抚慰，或劝以酒，或赐以食，因此所有士卒都感奋而愿为他拼死效命。北周军队主帅因苦攻郢城不下，便伪托周主诏命，拜孙玚为柱国、郢州刺史，封万户郡公，想借此来拉拢他，让他归降北周。孙玚也假装答应，借以缓和对方的攻势，暗中却利用时机，修缮攻战的器械和防守的城堞，没用多少时间，便都修补完整，于是继续抵御固守下去。不久，北周军队听到王琳兵败溃逃，陈朝军队乘势西上，即将到来，于是撤围离去。孙玚也召集将校佐吏谈话，对他们说："我跟王公同心戮力，匡复梁室，他激战于前线，我坚守于后方，为梁室付出的辛苦，也够多了。而今王公兵败北走，梁室又复兴无望，这岂非是天命吗？"于是派遣使者，奉上表启，献出长江中流之地，归降于陈。

当王琳率领大军东下时，陈文帝向南川（南康至豫章一带）征调兵马，江州刺史周迪和高州刺史黄法氍率领水军，准备沿流（赣江）而下，支援前线（安徽芜湖）。不料，熊昙朗占据豫章郡城，在江中布列战舰，截断中流水路，周迪等因此联合周敷，一同围攻熊昙朗。到了王琳败走的消息传来，熊昙朗党羽离心，于是周迪攻陷他的豫章郡城，并虏获男女一万多口。熊昙朗战败逃走，逃入村中，村民斩杀熊昙朗。丁巳日（初六），熊昙朗的首级传送到建康，朝廷下令，熊氏所有宗族的人，一律处斩。

北齐军队原先据守鲁山（故城在今湖北汉阳县东北），戊午日（初七），王琳兵败，北齐军队也弃城逃走，陈文帝陈蒨下诏，命南豫州刺史程灵洗前往驻守。

甲子日（十三日），陈文帝下诏，设立沅州、武州。任用右卫将军吴明彻为武州刺史（兼治沅州），另又任用孙玚为湘州刺史。孙玚拥据上流，内心不安，一再请求入朝为官，于是朝廷改授他为中领军，征召他入朝；孙玚还未拜受新职，陈文帝又调迁他为吴郡太守。

壬申日（二十一日），齐主高殷册封齐世宗高澄的儿子（第二子）高孝珩为广宁王，册封（第三子）高长恭为兰陵王。

甲戌日（二十三日），衡阳献王陈昌从北周进入陈国国境。陈文帝陈蒨下诏，命令主书及舍人沿途迎接。丙子日（二十五日），衡阳献王陈昌渡江行到中流，被人谋害丧命，使者回报，说他是落入水中淹死的。侯安都因处置衡阳献王陈昌之事有功，进爵为清远郡公。

起初，陈高祖陈霸先派遣荥阳人毛喜陪同安成王陈顼一起到江陵拜谒梁世祖萧绎，梁世祖萧绎任用毛喜为尚书功论侍郎。到了西魏攻克江陵，他跟衡阳王陈昌等都被掳往长安。这次，他跟从衡阳献王陈昌回到江南来，因而向陈文帝陈蒨献上与北周通好的计策。陈文帝陈蒨于是派侍中周弘正入关，与北周修好。

夏季，四月，丁亥日（初六），陈文帝陈蒨册立皇子（第七子）陈伯信为衡阳王，承继衡阳献王陈昌的香火。

周世宗宇文毓聪慧敏捷，兼有宏识雅量，晋国公宇文护很忌恨他，唆使膳部中大夫李安在进呈给宇文毓吃的糖饼内下毒，周主吃后，腹痛难忍，自知遭人暗算。庚子日（十九日），周主宇文毓病危，口授遗诏五百多字，内中有一段对公卿大臣们说："朕子年幼，不能主掌国政。鲁国公宇文邕，是朕的大弟，他为人宽厚仁爱，宽宏大量，向为海内之人所共闻知，将来能壮大我周国的，一定是这个人！"辛丑日（二十日），周世宗宇文毓病逝（时年二十七）。

鲁国公宇文邕，自小就有很好的器度和材质，特别被世宗宇文毓宠爱。后来，每当朝廷有重大事情，周世宗宇文毓都找他研讨商议；他生性低调沉着，有远见，如果不是他人讨教问询，绝不开口多言，世宗为此，常赞赏说："这个人平日不大说话，一说话，一定切中肯綮。"壬寅日（二十一日），鲁国公宇文邕（宇文泰第四子）即位为帝，大赦境内。

五月，壬子日（初二），齐主高殷任用开府仪同三司刘洪徽为尚书右仆射。

侯安都的父亲侯文捍担任始兴内史，死在住所。侯安都办完丧事回京，陈文帝陈蒨派人迎接他的母亲到建康来，好让侯安都能奉养她，可是他的母亲眷念故里，一再请求留居乡里，不愿进京。乙卯日（初五），陈文帝陈蒨下诏重新设置东衡州，任用侯安都的堂弟侯晓为东衡州刺史；侯安都的儿子（第三子）侯秘，只有九岁，陈文帝陈蒨也任命他为始兴内史，让他们都在乡间侍养侯安都的母亲。

六月，壬辰日（十二日），陈文帝陈蒨下诏，命人在江宁择地安葬梁元帝，送丧的车驾、旗帜等礼仪，都按梁朝旧制。

北齐殓收永安、上党二王的遗骸，予以安葬。并敕命上党王妃李氏恢复自由之身，回归自己王府。冯文洛还眷恋着旧有的情谊，修饰打扮自己，跑到常山王府看望她。王妃让侍卫排列左右，引冯文洛站立阶下，责骂他说："我前遭祸难，流离失所，被迫改嫁而失节，只恨自己的意志操守寡微薄弱，不能自尽。而今幸蒙恩诏，得还藩王的府邸，你算什么东西？竟还想来羞辱我！"于是拿荆杖打了他一百下，将他打得血流满地。

秋季，七月，丙辰日（初七），陈文帝陈蒨册封皇子（第三子）陈伯山为鄱阳王。

北齐丞相高演因王晞是柔弱书生，担心他不合武将们的心意。每到夜晚将他载入官邸议事，一到白天就不与他交谈。有一回，召他进入密室，屏退左右，单独对他说："近来王侯和一些权贵，一见面就催促逼迫，说我违背天意，不吉祥，担心将来会发生祸乱；我想用法令制裁他们，你看怎么样？"王晞回答说："朝廷（指天子高殷）前些时疏远宗亲（指常山、长广二王），殿下急遽下手（指杀害杨愔、燕子献等），所作所为，违背臣道，对天子而言，正如芒刺在背，君臣上下，相互猜忌，变故怎能持久而不爆发呢？殿下纵想谦逊退让，贱视帝位，在下担心这样确实有违上天旨意，并且也会毁坏先帝（指高欢）所创的基业。"高演变脸作色说："你怎么敢说这种话？我当用国法处置你！"王晞又说："天时人事，同谋无异，因而胆敢冒犯雷霆之怒，不怕斧钺诛戮，不过我这样做，只怕也是神明所赞同的呢！"高演叹息说："拯救灾难，匡正时局，应当另赖圣贤，我怎敢私自谋划，希望你不要再多说了！"王晞于是告退出府。这时，相府从事中郎陆杳正要出使去外地，刚巧在府里遇到王晞，便握着王晞的手，要王晞劝高演早日即位。王晞便又将陆杳的话转报高演，高演说："如果里里外外的人都有这个意思，赵彦深早晚都在我身边，为什么竟没听他讲过这件事？”王晞于是利用公务的空当，悄悄地探问赵彦深，赵彦深说：“我最近也在惊讶这种消息谣言，每次想向丞相转陈，可是临到开口，就口颤心跳。你既然已经开了头，我也当跟进，冒死向丞相直陈我的肺腑之言。”因而联合王晞，共同劝说高演顺天应人，登基为帝。

高演经人这么劝说，便入启太皇太后。侍中赵道德发表意见说：“相王（指丞相、常山王）不效法周公，辅佐成王，竟要骨肉间相互夺位，难道不怕后世的人骂你篡位吗？”太皇太后娄氏说：“赵道德的话有道理。”于是不答应高演的请求。没过多久，高演又启请太皇太后说：“天下人心未定，担忧变故突然发生。为安人心，预防变乱发生，须及早确定名位。”太皇太后本已有心立高演，于是应允了他的要求。

八月，壬午日（初三），太皇太后娄氏下令，废黜齐主高殷为济南王，出居别宫。命常山王高演入继为君，不过另有诫语，叮嘱他说：“不得让济南王有任何意外发生！”

齐肃宗高演（高欢第六子，文宣帝母弟，娄太后第三子）在晋阳即皇帝位，大赦境内，改年号为皇建。改称太皇太后娄氏为皇太后，改称皇太后李氏（济南王高殷之母，即高演之嫂）为文宣皇后，移居昭信宫。

乙酉日（初六），齐主高演下诏，封赏佐命功臣的后代，赐赠郡国老人礼物（黄帽、鸠杖），延见拜访直言陈事的忠正之士，褒奖追赠为国牺牲的战士，追赠名高德劭而未蒙褒扬的人。

齐主高演对王晞说：“自从我当上国君，你为何变得像外人一样，几乎不来见我呢？自今以后，纵使是非你职责所管的事情，只要你有意见，随你方便，做成牒牍，等我稍一得空，就直接呈递上来。”因敕令王晞跟尚书阳休之、鸿胪卿崔劼等三人，每当办完公事，就入宫到自己正寝东边的厢房，一同列举簿录历代礼乐、职官，以及田市征税有不便施行于当今，而古今相传沿用施行没有停止的；或古时施行有利，如今却废弃不用的；或有道德高尚，而长久沉沦蹉跎，郁郁不得志的；或巧言蛊惑世人，妖邪妨害政事的，全都要他们详加考证，逐条奏上。早晚供给宫中的餐点，夕阳西斜之后，才听任他们回家。

齐主高演深沉聪慧，有见识器度，自少年时，就掌管尚书省，通晓熟习吏事；即位之后，更加勤勉努力，大肆更改齐显祖高洋时代的弊政，当时的人都佩服他的英明，却讽刺他苛细。他曾问中书舍人裴泽，外面的人对于君王的批评如何，裴泽率直回答说："陛下聪明，处事又极公正，自可远比古代贤王；但有识之士，都说陛下过于苛求细节，帝王的器量，还嫌不够恢宏。"齐主高演笑着说："确实像你所说的。朕初理大政，担忧不够周全，事无大小，必加考察，因而招致人家说我苛细。这样的做法，怎可长久下去，只是担心以后不苛细时，又有人嫌我做事多疏忽简略呢！"裴泽因此而受到齐肃宗的宠信。

有一天，库狄显安在一边陪侍，齐主高演对他说："显安，你是我亲姑姑的儿子，现在我们除去君臣的礼仪，你可以放胆地说我没有做好的地方。" 库狄显安就说："陛下多妄言。"齐主问他说："怎么见得呢？" 库狄显安回答说："陛下以前看见文宣帝高洋用马鞭打人，你常以为那样不对；而今，您做皇帝后，自己却也用马鞭打人，您说您没有妄言吗？"齐主高演听他这么一说，赶紧拉着他的手，向他道谢。随后，又要他直言批评，库狄显安便说："陛下过于苛细，当上天子，竟然更像一个管事员。"齐主高演说："朕也很清楚这一点。但不会持续太久，我将加以改进，逐步做到大而化之，以至于无为而治的境界。"齐主高演又去问王晞，王晞说："库狄显安说得很对。"库狄显安，是库狄干的儿子。群臣向齐主高演提出批评建议，他都平和自然地接受和采纳。

齐主高演生性孝顺，太后娄氏有病，他因发愁而无心穿正鞋履，容貌神色，立即消瘦憔悴，尽心服侍，曾有过将近四十天不曾宽衣解带。只要太后病体略微加重，他便伏卧阁外，所有太后的药物饮食，他都亲手打理。娄太后曾患心病，痛到无法忍受，高演侍立帷幕前，用指甲掐手心，血从衣袖流出，想以自己的痛楚，替代他母亲的痛苦。平常友爱诸弟，没有君臣的隔阂。

戊子日（初九），齐主高演任用长广王高湛为右丞相，任命平阳王高淹为太傅，任命彭城王高浟为大司马。

北周军队的司马（大司马官属，中大夫）贺若敦领兵一万人，突然攻到武陵（今湖南常德县西），武州刺史吴明彻抵御不了，领军退守巴陵（今湖南岳阳县）。

西魏攻克江陵时，巴、湘等州都落入北周手里，周主派遣梁人驻守。太尉侯瑱等（破王琳后），领兵西上，围逼湘州。贺若敦带领步骑前往援救，乘胜轻进，长驱深入，在湘川水边扎下军营。

九月，乙卯日（初七），北周将领独孤盛带领水军，跟贺若敦的步骑军同时进发。辛酉日（十三日），陈文帝陈蒨派遣仪同三司徐度领军前往巴丘，与侯瑱大军会合，共同抵御北周军队。这时，恰好遇到秋水泛滥，独孤盛、贺若敦军队的江上通路被陈军切断，粮食补给将要断绝。贺若敦等于是分兵四处抢劫掠夺，来填补粮食的亏空。贺若敦担心侯瑱知道他的军粮短缺，于是在营内聚土堆成许多土丘，然后上面覆上食米，召请军营旁边的村人，假装向他们打探消息，故意让他们在营外窥见营内储粮很多，随后就打发他们回去。这样，侯瑱通过村人侦测得来的情报，认为周军真的粮食很充足，于是便不敢过分逼迫他们。贺若敦又增修营垒，搭盖庐舍，准备做长久驻留下来的打算，湘、罗一带的百姓，因为双方战争对峙的缘故，都荒废了农业耕作。侯瑱等也拿贺若敦没有办法。

在此之前，当地百姓常乘轻便小船，载运米粟鸡鸭去犒赏侯瑱的军士。贺若敦深以为忧，于是命士兵冒充当地人，用船装载货物，船中埋伏士兵。侯瑱的军兵远远望见，以为是馈饷的船又来了，争着前去迎接，埋伏船中的战士，便一跃而出，将他们一个个擒拿过来。还有，贺若敦的军队常有叛徒乘马投降侯瑱的。贺若敦便另取一匹马，一方面赶马上船，另一方面下令船上的人挥舞马鞭，不让那匹马上船，几次下来，那匹马害怕船上的马鞭，再也不敢上船了。贺若敦在湘江岸边埋伏杀手，然后派人乘那匹害怕上船的马，前去岸边招引侯瑱军队的人过来，假装说是来投降的。侯瑱派兵渡过长江迎接，士兵争着去牵马上船，那匹马已经畏惧上船，怎么赶也不上船，就在这一拉一赶之间，埋伏的杀手发动进攻，将侯瑱派来的人，全都加以杀害。从此以后，真有馈饷东西给侯瑱，以及真的逃亡投奔侯瑱的，侯瑱都以为其中有诈，一一加以拒绝，并不分青红皂白地予以攻击。

冬季，十月，癸巳日（十五日），侯瑱伺隙偷袭，在杨叶洲大败独孤盛的水军，独孤盛收兵登岸，筑城自保。丁酉日（十九日），陈文帝陈蒨下诏，命令司空侯安都率领部队，前去会合侯瑱，南征巴、湘。

十一月，辛亥日（初四），齐主高演册立夫人元氏为皇后，世子高百年为太子。这时，高百年才五岁。

齐主高演征聘前开府长史卢叔虎担任中庶子。卢叔虎，是卢柔的堂叔。齐主高演向卢叔虎请教一些当世的事务。卢叔虎劝齐主西征北周，他说："北齐跟北周相比，我方强，敌方弱，我方富，敌方贫，两国国力相差悬殊。然而两国争战不息，我方没能吞并对方的原因，在于我方不能善用国家富有和兵强马壮的实力。过去都采取轻骑兵野战，双方胜负，难以预料，那是胡人骑兵的一种打法，并非深谋远虑、万全不败的战术。今后，我们应当在平阳（今山西临汾县）设置重镇，与对方的蒲州（今山西永济县）遥相对峙，挖深护沟，筑高城墙，运补粮食，积储武器。当对方闭关不出的时候，我方就出兵，像蚕吃桑叶般逐步侵夺他们河东的土地，日复一日地迫使他们日益穷困；假若他们开关出兵的话，那非得派出十万以上的军队不可，否则就不足以与我们对抗。若真派出这么多的部队，那么他们所消耗的粮食，全部来自关中的补给。我方军士，一年一轮调，可以以逸待劳且谷粮充足。当对方前来开战，我方则坚决固守闭门不理；等到对方退去，我方则乘其疲惫，随时加以追击。他们从长安往西，居民稀疏，城邑相距遥远，敌方部队一来一往，实在困难艰苦，一旦跟我们对抗相持下来，那么他们的农业就将荒废，如此，不出三年，他们自然就会落到败亡的地步。”齐主高演听他这么精当的分析，对他深感佩服。

齐主高演亲自率领军队，向北讨伐库莫奚（鲜卑别种），追逐到天池（山西宁武县西南六十里管涔山上），库莫奚绕出长城，向北逃跑。齐主分遣骑兵，多路追击，缴获牛羊牲口七万只，然后凯旋。

十二月，乙未日（十八日），陈文帝陈蒨下诏说：“从今年孟春到夏初，死刑犯已经说出实情认罪的，应当暂且停止宣判，延至秋冬才行刑。”

己亥日（二十二日），北周巴陵城主尉迟宪举城投降陈朝，陈朝派遣巴州刺史侯安鼎前去接应驻守。庚子日（二十三日），独孤盛率领残余部队，从杨叶洲偷偷逃走。

丙午日（二十九日），齐主高演从前线返回晋阳。

齐主高演在殿庭之前处斩人犯，问王晞说：“此人的罪刑应当处死吗？”王晞回答说：“此人合当处死，但遗憾的是死的不是地方。臣听说：‘（《礼记·王制》）杀人须在集市，当众举行，以便众人一同知道他的罪行而弃绝他。’殿廷并非行刑的所在。”齐主高演听了，面色羞愧，向王晞谢过说：“从今以后，当为王公改过。”

齐主高演想任用王晞为侍郎，王晞极力推辞，不愿接受。有人劝王晞不要跟齐主疏远。王晞说：“我从少年以来，看过位高权重的人太多了，得志不了多久，很少有不败亡的。可见得到人主恩惠私宠，无法长久。万一失宠，求退无门。况且，我生性懒散怠惰，不堪担当时务，不是我不想做高官显爵，只是考虑得太透彻，我还是守我本分来得好！”

起初，齐显祖高洋在位末期，收成不好，谷价飞涨；到了济南王高殷即位，尚书左丞苏珍芝建议，整修石鳖（在今江苏宝应县西）等处屯田。自从修复屯田以后，淮南防御部队所需的军粮，得到充足的供应。肃宗高演即位后，平州刺史嵇晔建议，疏浚督亢旧陂（今河北涿县东南，其附近涿县、定兴、新城、周安诸县之间，一带平衍之区，在战国时，为燕膏腴之地），设置屯田之所。此后，政府每年在这儿能够征收到谷粟数十万石，北部边境地区的粮食恐慌，也得到圆满解决。后来，又在河内设置怀义等屯所，来供应河南的粮食，从此也稍微减轻国内转运粮食的辛劳。

天嘉二年（辛巳，公元561年）

春季，正月，戊申日（初一），周主宇文邕改年号为保定。擢升大冢宰宇文护为都督中外诸军事，令五府（地官、春官、夏官、秋官、冬官）总受天官统领，事情不分大小，都先交由大冢宰宇文护裁决，然后奏闻。

庚戌日（初三），陈文帝陈蒨下诏大赦天下。

庚戌这一天，周主宇文邕前往圜丘祭祀昊天上帝。

辛亥日（初四），齐主高演前往圜丘祭祀上帝。壬子日（初五），又到太庙祭祀祖先。

壬子（初五）这一天，周主宇文邕前往方丘祭祀地祇。甲寅日（初七），到南郊坛祭祀感生帝灵威仰。乙卯日（初八），又前往太社祭祀土地神。

齐主高演派遣王琳出兵合肥，召募淮南楚地故旧，另谋南进发展。陈朝合州刺史裴景徽，是王琳哥哥王珉的女婿，他愿意率领私人武装，引导齐师南下。齐主高演命王琳跟扬州道行台左丞卢潜率军前往策应，王琳犹豫不决。裴景徽因见王琳很长时间没有反应，生恐事情泄露，引来杀身之祸，所以先拔身投奔北齐了。齐主高演任命王琳为骠骑大将军、开府仪同三司、扬州刺史，镇守寿阳（今安徽寿县）。

己巳日（二十二日），周主宇文邕前往太庙祭拜祖先，并在太祖庙廷，颁行太祖宇文泰所述《周礼》六典建置六官的方法。

辛未日（二十四日），北周湘州城主殷亮献出城池投降，湘州宣告平定。

侯瑱跟贺若敦僵持了很长时间，侯瑱无法取胜，便请求贺若敦借给他们船只运送军队，渡江离开。贺若敦害怕其中有诈，拒不答应。后来侯瑱又派使者与贺若敦会商，贺若敦回复侯瑱说："湘州乃是我们国家的地方，被你们侵略围逼，你如果一定要我撤走，那你要先撤退到离我百里外的地方。"侯瑱于是留船在江岸，领军退离渡口百里。贺若敦这才拔营北返。他的部队，在军中病死的，多达十分之五六。武陵、天门、南平、义阳、河东、宜都等郡，全部落入陈军手中。北周晋国公宇文护因贺若敦丢失国土，无功而还，便将他罢官除名，废为平民。

二月，甲午日（十八日）黎明，周主宇文邕在东郊举行迎拜太阳神的祭典。

北周因小司徒韦孝宽曾在玉壁（今山西稷山县西南）建立功勋，于是在玉壁设置勋州，并任用韦孝宽为勋州刺史，借以表彰他的功劳。

韦孝宽待人有恩，说话守信，善用间谍，派入北齐的间谍，都肯为他效力；甚至齐人都有接受他的金银财物，跟他互通消息的，所以有关北齐的动静，北周朝廷都能从他这儿事先得知。当时有一位名叫许盆的主帅（城主），将所戍守的城池，献出投降了北齐，韦孝宽暗中派遣间谍收拾他，不消多时，就取了他首级返回。

离石（今山西离石县）以南，生胡（匈奴别种，稽胡之未归化者）经常离开巢穴来抢劫掠夺人畜，由于他们的老巢远在北齐境内，北周无法前往将他们剿灭。韦孝宽想在生胡进出而又地势险要的地方，修筑一座城垒来控制他们，于是征调河西役夫囚犯十万人，外加兵甲精良之士一百人，派遣开府仪同三司姚岳率众前去督工修建。姚岳因为监卫兵力太少，不敢前去。韦孝宽告诉他说："我估计十天就可筑好此城。所筑的城距离北齐晋州四百多里，第一天，我们破土动工，第二天，敌方才会发觉。假设对方想阻挠破坏，而立即在晋州征调部队的话，他们需用三天的时间，部队才能集合完毕，加上会商谋划，又得耽误两天，再计算他们行军，没有两天的时间赶不到，等到他们真正赶到，我们的城垣和城壕，足以构建完成。”于是命姚岳前去筑城。北齐果然征调部队，赶到边境上，因怀疑前有大军，便停顿下来，不再前进。当天夜晚，韦孝宽命人在汾水以南，依傍介山（山西万泉县西南）、稷山（山西稷山县南）的几个村落，到处放火，北齐军队不明就里，以为满山火光处，都是北周的军营，心生畏惧，便收兵回垒，不敢阻挠北周筑城。姚岳终于如期筑完城池而返。

三月，乙卯日（初九），陈朝太尉零陵壮肃公侯瑱去世。

丙寅日（二十日），北周下令境内役男原分八番轮役的，改为十二番轮役，每一役男平均每岁服役一个月。

夏季，四月，丙子朔日（初一），发生日食。

周主宇文邕任用少傅尉迟纲为大司空。

丙午日（四月无此日），周主宇文邕册封周愍帝宇文觉的儿子宇文康为纪国公，同时，册封皇子宇文赟为鲁国公。宇文赟，是李皇后的儿子。

六月，乙酉日（十一日），北周派遣御正殷不害从长安出发，前来江南访问。

秋季，七月，北周改铸新钱，正面印有“布泉”二字，一枚布泉，折抵民间五个细钱，跟五铢钱同时流通使用。

己酉日（初五），周主宇文邕追封大伯父宇文颢为邵国公，过继晋国公宇文护的儿子宇文会为邵国公的后嗣；追封宇文颢的弟弟宇文连（二伯父）为杞国公，过继章武公宇文导的儿子宇文亮为杞国公的后嗣；追封宇文连的弟弟宇文洛生（三伯父）为莒国公，过继宇文护的儿子宇文至为莒国公的后嗣；追封太祖宇文泰的儿子武邑郡公宇文震（周主邕之二哥）为宋国公，过继世宗宇文毓（周主邕之长兄）的儿子宇文实为宋国公的后嗣。

齐主高演与长广王高湛联手谋害杨愔和燕子献时，曾应允事成之后，立高湛为皇太弟，后来却立自己的儿子高百年为皇太子，高湛心里十分不满。齐主高演在晋阳，长广王高湛留守邺都。散骑常侍高元海，是齐高祖高欢的从孙，留在邺城，负责机密事务。齐主高演将领军代人库狄伏连外放为幽州刺史，另将斛律光的弟弟斛律羡内调为领军，以此分散高湛的权势。高湛明白这件事的用意，便留下库狄伏连，不让他去幽州上任；而斛律羡到了，又不让斛律羡到领军府视事。

先前，济南闵悼王高殷经常住留在邺都，观望云气的人（太史）上奏说："邺中有天子气。"平秦王高归彦害怕济南王复辟，对自己不利，便劝齐主高演除掉他。齐主高演于是派高归彦到邺都，征召济南王前往晋阳。

高湛内心不安，向高元海请教应对策略。高元海很轻松地说："皇太后现在还很健康，陛下十分孝顺母亲，友爱兄弟，殿下无须多虑！"高湛责问他说："你说这无关痛痒的话，岂是我以诚意相待所愿意听到的吗？"高元海听了，因兹事体大，请求先回省内，利用夜晚的时间，好好地考虑这件事，高湛却留他在尚书后堂。高元海通宵达旦都没有睡觉，只是不停地、慢慢地绕着床走。天还没亮，高湛就迫不及待地跑出来问他："你的神机妙算怎么样了？"高元海回答说："夜中想到三策，只是不知堪不堪用？第一，请殿下效法西汉梁孝王的故事，带几个人，驰入晋阳，先拜见太后，向她哀求，然后拜见陛下，请求释去兵权，直到老死为止，都不干预朝廷政事，那么就可安如泰山，这是上策。第二，倘若上策不行，那么就应当上表启奏，说是权威太盛，害怕招惹众人的毁谤，请求外放为青、齐二州刺史，退居偏远的地方，沉静自处，免招他人非议，这是中策。"说到这儿，高元海便将第三策停住不说。高湛逼问他下策如何，高元海说："我不敢说，一说出来，怕会遭到诛灭宗族的灾祸。"高湛一再逼他，一定要他说出来，高元海这才说："济南王高殷是嗣承嫡子，陛下假传太后令，废了他而自立为君，群臣未必都心悦诚服。现在殿下如果召集文武百官，将陛下征召济南王的诏敕，拿出来给他们看，然后率众擒拿掌握军权的斛律丰乐（斛律羡，字丰乐），斩杀晋阳派来的高归彦，拥立济南王，号令天下，以正义讨伐叛逆，这是万世难得有此一时的好时机，虽是下策，却比上策更佳！”高湛听了，极为兴奋。但他生性怯懦，迟疑不敢行动，另外召来术士郑道谦等，卜算吉凶。郑道谦等占验卦象，都说：“起事不利，不妄动则得吉祥。”当时，有位林虑县（今河南林县治）令，名叫潘子密，精通占候（就日月食及星象之变异以推测吉凶），暗中跑来对高湛说：“陛下不久就会去世，殿下将继位为君。”高湛还不敢相信，暂且将他拘押在后堂密室，等候时间，看他说的话是否灵验。在这期间，又召来巫师，要他们再仔细占卜，结果多说：“无须起兵，自有大庆。”

高湛这才接受齐肃宗诏敕，命数百骑护送济南王前往晋阳。九月，齐主高演派人进毒酒，毒杀济南王，济南王高殷不肯饮酒，于是派去的人动粗将他扼杀。过后不久，齐主高演又深感懊悔。

冬季，十月，甲戌朔日（十月朔应是癸酉，甲戌为初二），发生日食。

丙子日（初四），齐主高演任用彭城王高浟为太保，任命长乐王尉粲为太尉。

齐肃宗高演出外打猎，突有狡兔蹿出，惊动坐骑，将齐主高演摔落马下，折断肋骨。娄太后亲往探视，问及济南王高殷现在何处。连问三次，齐主高演不敢回答。娄太后很愤怒地逼问说：“是不是你将济南王杀了？不听我的话，活该早死！”于是掉头不顾而去。

十一月，甲辰日（初二），齐主高演临终前下诏，内容大意是说，嗣子高百年还小（才六岁），不能听政。可差遣尚书右仆射、赵郡王高叡，前往邺都晓谕长广王高湛，征召他来继承帝位。又有信给长广王高湛说：“高百年没罪，你要找一个好地方安置他，莫学前人杀人孤儿啊！”就在这一天，齐主高演在晋阳宫病逝，临终时，还说遗憾不能侍奉太后终老，以及营造山陵，以尽孝道。

◆颜之推评论说：“孝昭皇帝高演，天生就十分孝顺母亲，可惜不知避忌，以至于做出杀害济南王的事情，实在因为不多读经书所致。”

(《颜氏家训·勉学篇》语)◆

赵郡王高叡先派黄门侍郎王松年乘快捷驿车到邺都，宣布肃宗高演遗诏。长广王高湛疑心其中有诈，便密差亲信之人到晋阳停放肃宗高演灵柩的地方，让他开棺验看齐肃宗是否真的死了。直到使者回报情况属实，高湛这才放心，欢天喜地地跨上骏马，驰往晋阳。临到晋阳，派河南王高孝瑜先驰入宫，更换宫禁宿卫。癸丑日（十一日），齐世祖高湛（高欢第九子，肃宗高演母弟）在晋阳南宫即皇帝位。依例下诏大赦境内，改年号为太宁。

北周答应放还安成王陈顼，先派司会上士杜杲随周弘正南来访问。陈文帝陈蒨晓得弟弟陈顼可以回来，十分高兴，立刻派遣使者，随杜杲入周回访，并愿割让黔中土地和鲁山郡，作为酬报。

齐主高湛任命彭城王高浟为太师、录尚书事，平秦王高归彦为太傅，任命尉粲为太保，平阳王高淹为太宰，任命博陵王高济为太尉，段韶为大司马，任命丰州刺史娄叡为司空，赵郡王高叡为尚书令，任命任城王高湝为尚书左仆射，并州刺史斛律光为尚书右仆射。娄叡，是娄昭兄长的儿子。齐主高湛降封肃宗太子高百年为乐陵郡王。

丁巳日（十五日），周主宇文邕到岐阳打猎。十二月，壬午日（十一日），返回长安。

陈朝太子中庶子馀姚人虞荔，与御史中丞孔奂，因为国库收入不够支付军国开支，于是联名奏请立法制定课征煮海盐税和酒科收归国家专卖的法律。陈文帝陈蒨下诏批准实施。

起初，陈高祖陈霸先将陈文帝陈蒨的女儿丰安公主下嫁给留异的儿子（第三子）留贞臣为妻，并征召留异为南徐州刺史，但是留异却拖延不赴任。到了陈文帝陈蒨即位，又征调留异为缙州刺史，兼领东阳太守，留异经常派他的长史王澌入朝，王澌每次回去，都说朝廷虚弱。留异信以为真，表面上虽然对朝廷表示归顺，但是骨子里，却常怀谋逆，从鄱阳信安岭和王琳暗通信使。等到王琳兵败北走，陈文帝陈蒨派遣左卫将军沈恪去接替留异的职务，实际上要沈恪率领军队去袭击他。留异也想到这一点，便出兵下淮戍守（在浙江桐庐县东五十里，与富阳县接界，旧为江流扼要处），抵御沈恪。沈恪挥兵与他交战，不幸败北，退回到钱塘郡（今浙江杭县），留异倒还不敢过分得罪朝廷，于是奏上表启，自罚而谢罪。此时，朝廷众军正在湘、郢从事扫荡，无暇对他进行讨伐，于是下诏安抚晓谕他，暂且先将他笼络住，不让他叛离。留异也知道朝廷终究会征讨他，于是派军扼守下淮及建德（今浙江建德县），防止官兵从钱塘江水路进袭。丙午日（十二月无此日），陈文帝陈蒨下诏，命司空、南徐州刺史侯安都率兵进讨留异。

天嘉三年（壬午，公元562年）

春季，正月，乙亥日（正月无此日），齐主高湛从晋阳宫返回邺都。辛巳日（正月无此日），前往南郊坛祭祀天神。壬午日（正月无此日），到太庙祭拜祖先。丙戌日（正月无此日），册封王妃胡氏为皇后，并册立皇子高纬为皇太子。皇后胡氏，是魏兖州刺史安定人胡延之的女儿。戊子日（正月无此日），齐主高湛大赦境内。

己亥日（正月无此日），齐主高湛任命冯翊王高润为尚书左仆射。

北周凉景公贺兰祥在己亥这一天去世。

壬寅日（初一），北周在蒲州（今山西永济县）开凿河渠，另又在同州（今陕西大荔县）开凿龙首渠。

丁未日（初六），周主宇文邕封陈文帝陈蒨的弟弟安成王陈顼为柱国大将军，派遣杜杲护送他返回江南。

辛亥日（初十），陈文帝陈蒨前往南郊坛祭祀天神，用始祖胡公来配享。二月，辛酉日（二月无此日），陈文帝到北郊坛祭祀地祇。

闰月，丁未日（初七），齐主高湛把太宰、平阳王高淹外调为青州刺史，任命太傅、平秦王高归彦为太宰、冀州刺史。

高归彦一向被肃宗高演厚待，因为位兼将、相，倚仗权势，骄傲自大，欺凌贵戚。到世祖高湛即位，侍中、开府仪同三司高元海、御史中丞毕义云、黄门侍郎高乾和等，常在世祖面前数说他的坏话，还说："高归彦威望权势震撼人主，迟久必生祸乱。"齐主高湛回忆高归彦反复无常的事迹，不由得暗暗地猜忌地，于是侦伺高归彦回家的空当，立刻召魏收在御前草拟外放高归彦为冀州刺史的草诏，然后交给高乾和誊写，因敕令守门官吏在白天不要让高归彦随便进宫。当时，高归彦正在家纵酒为乐，过了一夜，还不知情。到了黎明，准备早朝，走到宫门，被挡驾，才知道被调了官，不禁大惊失色而退回。他立刻通名谢罪，可是宫内已发出敕令，命他早点上路，特别赐给他钱帛等物品，另外又敕令都督将军都去为他送行，送到清阳宫为止。诸督将跟他拜别就走，没有敢与他谈话的，只有赵郡王高叡，同他交谈很久，但是没有人知道他们在讲什么。

齐主高湛在做长广王时，清都人和士开，凭借精于握槊（按：握槊，为古赌戏之一种。）兼善弹琵琶，深得长广王高湛的宠爱，被征聘为开府行参军。到了长广王高湛登上皇位，和士开累积官资，擢升到黄门侍郎。高元海、毕义云、高乾和等都妒忌他，正想弹劾他，和士开却先上启奏，说高元海等勾结朋党，想作威作福。经他这么一说，高乾和等就渐渐地被疏远。毕义云晓得惹不起他，反过头来向他行赂，经他在齐世祖面前美言几句，才得调迁为兖州刺史。

陈文帝陈蒨征调江州刺史周迪镇守湓城，又征召他的儿子入朝，周迪观望不前，他的儿子也不入朝。其余南江酋长渠帅，私自任命县令县长，大多不接受朝廷征召，朝廷因在别处正有战事，没有闲暇去讨伐，只想先笼络住他们，不让他们叛离就好。其中，只有豫章太守周敷独自先行奉命入朝，朝廷便加封他为安西将军，特赐鼓吹一部，并赏赐女妓、金帛，然后命他回去镇守豫章。周迪认为周敷的名位以前都在自己之下，一旦入朝，便超过自己而获得显贵，内心深感不满，于是暗中跟留异相互勾结，并且派遣他的弟弟周方兴发兵偷袭周敷，周敷大败周方兴。周迪又派遣他哥哥的儿子在船中埋伏甲士，假装成商贩，准备偷袭湓城，可是还未发动，事情就先败露，寻阳太守、监江州事、晋陵人华皎派兵阻截，将周迪派去偷袭的船舰、甲士，全部俘虏过来。

陈文帝陈蒨擢升陈宝应的父亲陈羽为光禄大夫。陈宝应的子女，不管大小，都加封爵位，并命掌管皇族事务的宗正卿，条录他的本系，编入宗室簿册。可是，陈宝应因为娶了留异的女儿为妻，所以暗中与留异有勾结。

虞荔的弟弟虞寄，流落寄居闽中，虞荔因想念他而生出病来，陈文帝陈蒨为了虞荔，特别下旨，征召虞寄还都，可是陈宝应却违抗朝廷命令，扣住虞寄，始终不让他回京。虞寄曾安然自在地找机会以逆顺的道理向他讽谏，陈宝应就故意用别的话头来打断他。陈宝应曾找身边的人读《汉书》给他听，他本是躺着在听的，但当那人读到蒯通游说韩信"相您的背，将来贵不可言"的时候，竟坐起身来，连声叫道："可谓智士！可谓智士！"虞寄却很严肃地对他说："蒯通胡乱瞎说，而误杀三位贤士，哪够资格称为智士？怎比得上班彪作《王命论》，懂得归向真命天子呢？"

虞寄多次进谏陈宝应，陈宝应都不听，虞寄晓得无法再劝他，但又害怕陈宝应闯祸牵连到他，于是改穿居士服，避居到东山寺，假称脚有病，不再起床。陈宝应认为他是装的，便派人去烧他的卧室，虞寄安稳地躺着，并没有起身下床，左右亲近的人急着要扶他出去，虞寄说："我寄居闽中，生死之命，悬在他人手上，我又能到哪儿去躲避呢？"说完，仍坚卧在床，不肯离去，那个纵火的人，回过头来将火扑灭。

乙卯日（十五日），齐主高湛任用任城王高湝为司徒。

北齐扬州刺史、行台王琳多次请求出师南袭陈国，行台尚书卢潜权衡局势，认为不可南侵。恰好陈文帝陈蒨致书齐主高湛，送达寿阳，愿与齐国和亲。卢潜将那封国书奏呈朝廷，趁机上表启，请暂时止兵，避免战争。齐主高湛听从卢潜所请，与陈国和好，于是派遣散骑常侍崔瞻南来访问，并归还南康愍王陈昙朗的棺椁。王琳因此和卢潜产生嫌怨，互相上表罗列对方是非。齐主高湛征召王琳回到邺城，调升卢潜为扬州刺史，兼领扬州行台尚书。崔瞻，是崔㥄的儿子。

陈朝初年，梁末大乱之后，铁钱不再流通，民间都私自通用鹅眼钱。甲子日（二十四日），陈朝改铸五铢钱，一枚五铢钱，折抵十个鹅眼钱。

后梁主萧詧甘于节俭朴素，不好饮酒和女色。对人虽多怀疑猜忌，可是抚慰将士有恩，将士也都愿为他效力。萧詧因封疆褊小狭隘，市城村落又多衰败，战争不息，却又多次不能获胜，于是郁郁不得志，竟致脊背生疽（肿烂）而病逝（年四十四）。死后，被安葬在平陵，谥号宣皇帝，庙号中宗。萧詧的太子萧岿（詧第三子）即位为皇帝，改年号为天保，尊奉祖母龚太后为太皇太后，嫡母王皇后为皇太后，生母曹贵嫔为皇太妃。

三月，丙子日（初七），安成王陈顼自长安回到建康，陈文帝陈蒨下诏拜授陈顼为中书监、中卫将军。

陈文帝对护送安成王归国的北周大使杜杲说："舍弟今蒙优礼送还，实在应该感激周朝的恩赐；但要不是赂以鲁山之地，只怕也不一定就会放还安成王吧！"杜杲反驳说："安成王留在长安，只不过是一个布衣之士罢了，但是，送归南国，却是陛下的大弟，他的价值，岂只是一座城池而已呢？本朝和睦九族，以恕己之心而推及于人，往上遵循太祖（宇文泰）的遗旨，往下想修复两国之间的和睦，基于这个理由，因此才遣送安成王返归南国，而今竟说是用普通的无关紧要的土地，才换得骨肉至亲的团聚，这可不是使臣所敢听闻的啊！"陈文帝陈蒨听他这么一说，深感羞愧，连忙说："适才所言，是与你开玩笑的，幸莫当真！"于是对待杜杲礼遇有加。

安成王妃柳氏和他的世子陈叔宝还留在穰城（河南邓县外城东南隅），陈文帝陈蒨又派毛喜随杜杲前往长安，请求放还安成王的妻小，北周都将他们放还江南。

丁丑日（初八），陈文帝陈蒨调升安右将军吴明彻为江州刺史，派遣他督统高州刺史黄法氍、豫章太守周敷等人，共同征讨周迪。

甲申日（十五日），陈文帝陈蒨下诏大赦天下。

留异原先以为官军要来讨伐的话，一定是从钱塘水路溯江而上，不久，侯安都竟选择陆路，从诸暨经永康，直奔而来。留异见状大惊，急忙逃到桃枝岭，在岩口竖立栅栏，抵御王师。侯安都亲自指挥进攻，被流箭所伤，血流到脚踝，仍端坐在轿子上指挥，容貌举止，平静如常。官军根据山垅地势，在峡谷间选择一处狭窄的地方，筑起土山，壅水为堰。恰好赶上雨季，水量充沛，过了不久，水就涨满峡谷，侯安都引船入堰，搭起楼舰，高度和留异城垒等齐，于是发动拍竿，拍碎他们城上的矮墙，留异挡不住猛烈的攻势，便同儿子留忠臣脱身逃往晋安，前去投靠陈宝应（留异的女婿）。侯安都攻陷城垒，俘虏了留异的夫人和其他的儿子，铠甲器仗，全部予以没收，奏凯而归。

留异的党羽向文政还盘踞在新安故城（今浙江淳安县西），陈文帝陈蒨任用贞毅将军程文季为新安太守，程文季带领精兵三百，轻装疾行，前往进讨。向文政战败投降。程文秀，是程灵洗的儿子。

夏季，四月，辛丑日（初二），北齐武明娄太后去世。齐主高湛居母丧，不改穿丧服，仍旧穿着绯（赤色）袍。隔不多时，齐主高湛又登上三台，置酒作乐。宫女进呈白袍（丧服），齐主高湛把它扔到台下。散骑常侍和士开请求暂停奏乐，高湛又发脾气，把他捶打一顿。

乙巳日（初六），齐主高湛派遣使者抵达建康访问。

北齐青州刺史上表，称黄河水变清，齐主高湛派遣使者前去致祭，改年号为河清。

此前，北周文武官员因立功而获得封爵的，朝廷都没有发给他们封邑的租赋。到癸亥日（二十四日）这一天，周主宇文邕才下诏，准许柱国等勋德贵重之臣所辖的邑户，无须固定居住在自己封邑之内，也可寄食于外县。

五月，庚午日（初一），周主宇文邕下诏大赦天下。

己丑日（二十日），齐主高湛任用尚书右仆射斛律光为尚书令。

壬辰日（二十三日），周主宇文邕任用柱国杨忠为大司空。六月，己亥日（初一），周主宇文邕任命柱国、蜀国公尉迟迥为大司马。

秋季，七月，己丑日（二十一日），陈文帝陈蒨为太子娶王氏为妃。王氏，是金紫光禄大夫王周[固]的女儿（按“王周”为“王固”之误）。

北齐平秦王高归彦外放到冀州，内心很不安宁，他原想等齐主高湛到晋阳时，乘虚攻入邺都。可是还没有行动，就被手下郎中令吕思礼告发。齐主高湛于是下诏，命大司马段韶和司空娄叡，发兵前往征讨。高归彦在州境南郊，私置驿马和差吏，州境驿使传来京师大军将要逼近的消息，高归彦便关闭城门，登城拒守。长史宇文仲鸾等不肯依从，高归彦便将他们全部杀掉。高归彦自称大丞相，拥有士兵四万人。齐主高湛因都官尚书封子绘是冀州人，他的祖父、父亲都当过冀州刺史，并且很得当地人民的爱戴，于是命封子绘搭乘快捷驿车，迅速前往信都（故城在今河北冀县东北）。封子绘赶到信都，巡行城下，向城民晓以祸福逆顺的道理。城内官吏、百姓出来投降的络绎不绝。因此城中动静，大小消息，官方都能知晓得一清二楚。

等到大军包围城下，高归彦登城大呼道：“孝昭皇帝临崩时，六军百万，全部掌握在我手上，我起身奔向邺城，奉迎陛下，我那时尚且不反，难道今日反而会造反吗？只恨高元海、毕义云、高乾和等人，伪诈迷惑圣上，妒忌忠良，只为杀此三人，如若心愿得了，我立刻临城自刭，死也甘心！”段韶等不理他这一套，只管加紧攻城。不久，城被攻陷，高归彦弃城，单骑向北逃走，逃到交津口（今河北武强县东），被官军擒获，押送邺都。乙未日（二十七日），高归彦被人载上露车，嘴里塞上木条，两手也被反绑。刘桃枝用刀架在他脖子上，将他押入市曹，跟在他后面击鼓，然后行刑，连同他的子孙共十五人，一同斩首示众。

齐主高湛命令封子绘留在信都，代行冀州刺史事。高湛知道高归彦以前谗害清河王高岳，便将高归彦的亲属奴婢共百口，赏赐高岳家，因怀思高岳的战功，又追赠高岳为太师。

丁酉日（二十九日），齐主高湛任用段韶为太傅，娄叡为司徒，任命平阳王高淹为太宰，斛律光为司空，任命赵郡王高叡为尚书令，河间王高孝琬为尚书左仆射。

癸亥日（七月无此日），齐主高湛前往晋阳。

癸亥这一天，陈文帝陈蒨派遣使者抵达北齐访问。

九月，戊辰朔日（初一），发生日食。

戊辰这一天，陈文帝陈蒨任用侍中、都官尚书到仲举为尚书右仆射兼丹阳尹。到仲举，是到溉的弟弟到洽的儿子。

吴明彻督率众军到临川讨伐周迪，围攻多时，没能取胜。丁亥日（二十日），陈文帝陈蒨诏命安成王陈顼接替吴明彻担任前军统帅。

十月，戊戌日（初二），周主宇文邕下诏说："因国防军费浩繁，百姓财物匮乏，今后凡供给朕的饮食、衣物，以及宫中的开支用度，一概削减；至于文武百官，也应体念时艰，注意节俭。"

十一月，丁卯日（初一），周主宇文邕任用赵国公宇文招为益州总管。

丁丑日（十一日），北齐派遣兼散骑常侍封孝琰出发江南访问。

十二月，丙辰日（二十一日），齐主高湛从晋阳返回邺都。

齐主高湛逼迫奸淫昭信文宣皇后李氏（高湛之嫂），李氏不肯，高湛便威胁她说："你若不依从我，我就杀你儿子。"李后害怕，只好听凭他泄逞兽欲。不久，有了身孕。太原王高绍德（李后第二子）到昭信宫见他母亲，李后躲避不敢接见他，太原王发脾气说："儿子不晓得吗？姐姐（齐俗呼母为"姐姐"）肚子大，因此不敢见儿。"李后听他儿子这样喊叫，内心大为羞愧，因此，一生下女婴，就丢弃不养。齐主高湛知晓此事，举刀责骂她说："你既杀我女儿，我怎能不杀你儿子！"说完，就召来太原王高绍德，当着李后的面，用刀尖刺杀高绍德。李后悲切痛哭。高湛越发生气，扒光她的衣服，将她乱打一气。李后呼天抢地不止，高湛命人拿绢制的囊袋，把她裹装起来，血不时从囊袋里渗流出来，命人将她丢入宫沟，待打捞起来，过了很久，才苏醒过来，最后，用牛车将她载往妙胜寺，让她削发为尼。

资治通鉴卷第一百六十九　陈纪三

起癸未（公元563年），止丙戌（公元566年），共四年。

【题解】本卷记录了公元563年至566年共四年间南北朝的史事。当时陈朝正值天嘉四至六年，天康元年；北周正值武帝保定三至五年，天和二年；北齐正值武成帝太宁三至四年，后主天统元年、二年。陈文帝陈蒨最终平定江南割据叛乱，与北周通好，数年间，就恢复了社会秩序，使陈朝进入一个稳定的时期。北周君臣协同合作，政治较为清明，北周发起两次与北齐的战争，均以失败告终，表明北周军队还不够强大，同时又缺乏整合的能力。北齐宫变不断，国力日趋衰败。北齐世祖高湛即位后，崇尚胡商享乐之风，嗜酒又听信谗言，虐杀骨肉，差点丧国。

世祖文皇帝下

天嘉四年（癸未，公元563年）

春季，正月，齐主高湛任用太子少傅魏收为尚书右仆射。当时，齐主高湛整日尽情喝酒，朝廷政事，全都委托侍中高元海处理。高元海本是平庸鄙俗之人，不堪承当重任，齐主高湛也看不起他；由于魏收名气才华一向享有盛誉，所以任用他为右仆射。本想大加任用，但是魏收胆小怯懦，遇事推托，不久，又发生阿谀纵容之事，齐主高湛于是将他罢官，除去名籍。兖州刺史毕义云写信给高元海，评议时事，高元海进宫，不慎将那封信遗落在地，让给事中李孝贞捡到，奏呈齐主，齐主高湛于是逐渐疏远高元海，调升李孝贞为中书舍人，召请毕义云还朝。和士开又趁机在背后讲高元海的坏话，齐主高湛用马鞭打了高元海六十下，责备他说："你以前教我叛逆，要我这做弟弟的去背叛哥哥，这是多么的不义；要我用邺城弱小的兵力，去抵抗并州的雄师，这是多么的无智！这样不义、无智的人，还留在我身边做什么？”于是，外放他为兖州刺史。

甲申日（十九日），周迪的部队溃散，周迪只身突出重围，逃往晋安，投靠陈宝应。官军收复临川，俘虏了周迪的妻小。陈宝应派兵援助周迪，留异也派儿子留忠臣去追随、辅助周迪。

虞寄写信给陈宝应，条陈十事，向他直言劝谏，信的内容大略如下：“自从上天厌弃梁朝天子的德行，一时英雄并起，人人都以为可得天下，然而平凶除乱，四海之人乐意推举为天子的，仅陈氏一人，这岂非是天命有所归属，王者更替的次序，真有定数存在，非人力所能强求？陈氏得天下，是上天所授，这是不可与他抗衡的第一个理由。凭借王琳的强大，侯瑱的实力，他们进足以震动中原，与天下群雄一较短长；退足以称雄江外，割据一方；然而朝廷或命一旅官兵进讨，或凭借一位使臣游说，王琳就冰消瓦解，逃奔北齐：侯瑱则叩头归顺，托命王朝，这又是上天借与陈朝天子威严，帮助他平定祸乱，像他那样得天保佑的人，这是不可与他抗衡的第二个理由。当今，将军凭藩侯宗戚的显贵身份，拥聚东南无数部队，尽忠事奉君主，用心为王室效力，岂不是要功勋高过窦融，尊宠超过吴芮吗？如此的话，天子自然会分颁玉琏，赐您爵位，划野授土，封您为侯为王，那么您不就可以南面称孤了吗？有如此美满的结局，这是您犯不着兴兵去跟陈氏抗衡的第三个理由。本朝君王，不记人瑕疵，忘掉人过失，而以宽大的胸怀和优厚的礼遇来待人，例如余孝顷、潘纯陀、李孝钦、欧阳頠等，都被视为亲近可信的人来委用，任用他们为捍卫国家的重臣，胸中恢宏开朗，毫无记仇的痕迹。况且将军与皇上的关系，既不像张绣那样，跟国君有很深的冤仇；也不同于毕谌失信，对国君有深重的欺骗，应该不用顾虑危亡，不怕失去富贵，这是犯不着去和陈氏争强抗衡的第四个理由。如今，朝廷跟北周、北齐二国，敦睦友好，国境之外，已无战事之忧，讨伐国内叛逆，合兵指向一方，这是早晚的事。目前的情势，与刘邦、项羽竞逐的时机不同，也和楚、赵合纵的形势有别，这哪里还是优游闲逸，两手高拱，坐着谈论文王，无须多费力气，就可坐收渔翁之利的时机呢？这是不利于与陈氏争强抗衡的第五个理由。何况留将军偏安东南，孤悬东南海角，心存狼顾之忧，屡经摧折败北，实力声望，亏损丧失，勇气胆量，衰竭殆尽。他的部将都首鼠两端，只图个人利益，其他一概不管，这样还有谁能为他披铠甲，执长矛，长驱直入，誓死无退，系马埋轮，奋不顾身，身先士卒去杀敌呢？这是您不可和留异结盟，去与陈氏对抗的第六个理由。凭将军的强盛，比之侯景怎么样？凭将军的部众，较之王琳怎么样？陈武帝消灭侯景在前，今上击败王琳于后，这是天的运道所致，并非人力所能办到。况且，战争之后，百姓都已厌恶动乱，还有谁能远离祖坟，抛妻弃子，出生入死，不顾性命，追随将军，在明亮锋利的刀刃间过日子呢？这是将军不能率众和陈氏对抗的第七个理由。遍观前代史实，子阳、季孟，颠倒倾覆相连；馀善、右渠，孤危灭亡相继。上天的意旨，值得敬畏；山川的险阻，难以倚仗。何况，将军想凭借数郡的土地，抵抗天下的雄兵，凭诸侯的身份，抗拒天子的严命，强与弱，逆与顺，能够相等吗？这是您不可跟陈氏争夺天下的第八个理由。况且，不是我同族的人，他的心与我不同；一个不疼爱他亲属的人，怎会去亲爱他人？留将军已承受国家爵禄，儿子娶公主为妻（留异子贞臣娶世祖长女丰安公主），尚且抛弃天子而不顾，背叛英明的国君而自立，等他危急的时候，怎可能与人甘苦与共，而不做出背叛将军的事情来呢？到了部队疲惫，势力衰微，害怕诛戮之祸，贪图赏赐之利，必有类似晋阳之围，韩、魏倒戈杀智伯的事情发生；也一定会有类似井陉之战，张耳斩杀陈馀的举动出现，内部已经存有危机，这是将军不可与陈氏争雄的第九个理由。

北军远出万里战斗，兵锋难以抵挡。而将军在自己境内作战，人们多顾念家室，不肯尽力，南军寡不敌众，将帅也比不上北军。想出兵，而无正当的理由；要举事，却无适当的时机，凭此起兵，不知会有什么好的结局，这是您不可以与陈氏争衡的第十个理由。为将军打算，不如和留氏断绝婚姻关系（陈宝应娶留异女为妻），卸甲息兵，完全遵从诏旨行事。当今宗室封藩还少，皇子也都年幼，凡能参与皇家宗族事务的，都蒙皇上宠遇封爵。况且凭将军的门第、威望及权势，若能行藩臣的职分，北面俯首称臣，那么你的功名和事业，岂止和刘泽相提并论而已呢？我虞寄感念你的恩德，不觉吐露许多狂妄的言论，冒犯之罪，纵使遭受斧钺的刑斩，也会觉得像吃荠菜一般的甘甜。”陈宝应看了虞寄写来的信，不禁大怒。所幸身边的人劝解陈宝应说：“虞公病势更严重了，词多错谬，请不要介意！”陈宝应的怒气这才稍微消解，而且因为虞寄是当地百姓所仰望效法的人物，也只好宽容了他。

北周梁躁公侯莫陈崇跟随周主宇文邕到原州（今甘肃固原县治）。周主宇文邕却又连夜赶回长安，有人私下奇怪究竟发生了什么大事，侯莫陈崇对亲近的人表示他的看法，说：“我最近听占卜的人说，晋国公宇文护今年流年不利，皇上今晚突然赶回长安，多半是晋国公宇文护死了的缘故吧！”此话一出，大家都在传这个话，不久，就有人告发了这件事。乙酉日（二十日），周主宇文邕召集诸公到大德殿，当众申斥侯莫陈崇，侯莫陈崇惶恐谢罪。当天晚上，冢宰宇文护派遣使者，带领卫兵，包围侯莫陈崇府邸，逼令他自杀，对他的葬礼，依然按照对待一般大臣去世时的葬礼一样。

壬辰日（二十七日），陈文帝陈蒨任用高州刺史黄法𣰰为南徐州刺史，临川太守周敷擢升为南豫州刺史。

周主宇文邕命令司宪大夫拓跋迪制定《大律》[二]十五篇（按《隋书·刑法志》：“周造大律凡二十五篇”）它的刑罚总则：一是杖刑：用大荆杖打，分为打十、二十、三十、四十、五十下等五种。二是鞭刑：用鞭子抽打，分为打六十、七十、八十、九十、一百下等五种。三是徒刑：拘禁罪犯服劳役，分为服一年、二年、三年、四年、五年等五种徒刑。四是流刑：遣送犯人到远方，分为距离皇城二千五百里、三千里、三千五百里、四千里、四千五百里等五种。五是死刑：绝人性命的刑法，分为罄、绞、斩、枭、裂等五种。五刑之属各有五种，一共二十五种。

庚戌日（二月十六日），陈文帝陈蒨任用司空、南徐州刺史侯安都为江州刺史。

辛酉日（二月二十七日），周主宇文邕下诏说："大冢宰、晋国公宇文护，以亲戚论，是朕的堂兄；以官职论，是朕的首辅，从今以后，朝廷诏诰及各种机关文书，都不得称晋国公的名讳。"宇文护上表，再三推辞不接受。

三月，乙丑朔日（初一），发生日食。

齐主高湛下诏，命令司空斛律光督率步骑二万，到轵关（在今河南济源县西北，关当轵道，因名轵关）修筑勋掌城，因而增筑长城二百里，分别设置十二城戍。

丙戌日（二十二日），齐王高湛任用兼尚书右仆射赵彦深为左仆射（左仆射，当作右仆射）。

夏季，四月，乙未日（初二），周主宇文邕任用柱国达奚武为太保。

周主宇文邕预备视察太学学政，特命太傅、燕国公于谨为三老，于谨上表启奏，再三辞谢不敢当，周主宇文邕下诏不准，于是将延年杖赐给于谨。戊午日（二十五日），周主宇文邕视察太学，并举行宴请三老之礼。三老于谨入门，周主宇文邕亲自到门与屏的中间去迎候他，于谨回礼答谢。主管礼仪的人，在堂的正中央设三老席，席位朝南。太师宇文护登上堂阶，在三老席摆置几案，于谨升堂就席，朝南倚几而坐。大司马豆卢宁登上堂阶，为于谨摆正鞋子放置的位次。周主宇文邕登上堂阶，站在画有斧形屏风的前面，面朝西。主管膳食的官吏，供上饭食，周主宇文邕端着酱碟，跪着向于谨献食；接着又挽袖露臂，亲自替于谨切割牲肉。三老于谨吃完饭，周主又端起酒杯，跪着与他劝饮。等管膳食的人员撤去酒席，周主宇文邕面北而立，向三老请教治国之道。于谨起身，站立在席后，朝南面对周主宇文邕说：

"木材受到绳墨的矫正，便能变得端直，国君接纳忠臣的进谏，就能变得圣明。圣明的国君，虚心采纳臣下的诤谏，借以得知朝政的得失，天下便能安定。"于谨又说："治国理政要以忠信为本，假如必不得已，宁可去掉军备，去掉粮食，也不可丢掉忠信；希望陛下要守信用，不可失信于百姓。"于谨又说："治国要有法纪，对于有功的人，一定给他奖赏；有过的人，一定给他处罚。那么为善的人，一天比一天更积极地为善；做恶的人，一天比一天更努力地改正过失。"于谨又说："言行一致，是立身处世的根本，希望陛下凡事三思而后言，九虑而后行，莫让言有失，行有过。要知道，天子的过失，好比天上的日食、月食一样，天下的人，没有不看见的，希望陛下一定要谨言慎行！"三老于谨说完，周主宇文邕一拜之后再次下拜，感谢于谨教诲。于谨也回拜答礼。礼成而出。

陈朝司空侯安都自恃功高，逐渐骄横放纵，经常聚集文士武将，驰骋射箭，吟诗作赋，府中宾客，动辄多达千人。所管辖的将帅，又大多不遵法度，朝廷检案验问，收押摄捕，他们便都争相逃往侯安都的府邸，倚为护符。陈文帝陈蒨秉性严肃明察，不免怀恨在心，但侯安都竟骄狂如故，一点也没察觉。每有章表奏疏，已经封好口，只要想到其中某事意有未尽的，竟又拆封，末后写上"又启某事"的字样。等到入宫陪侍天子欢宴，每到酒喝得饱足，侯安都竟敢箕坐斜靠，目无天子。他曾陪皇上到乐游园（在江宁县覆舟山南）禊饮（古人于阴历三月上旬巳日，临水濯濯，以除邪秽之祭祀叫"禊"，修禊之宴饮曰"禊饮"），宴饮过半，侯安都很不识趣地问陈文帝陈蒨说："陛下今日，比做临川王时，怎么样？"陈文帝先是不搭理他，他竟再三逼问，陈文帝陈蒨这才冷淡地答道："这虽出自天命，但也未始不是明公您的功劳！"侯安都听了，状甚得意。宴会结束，向陈文帝陈蒨乞借供帐水饰（供帐，陈设之帷帐。水饰，供游览用之船只上之装饰。），准备载他的妻妾在御堂宴饮。陈文帝陈蒨虽然勉强应允，但是内心十分不悦。第二天，侯安都坐在皇帝的座位上，让宾客坐在群臣的位子上举杯向他敬酒，口祝延年益寿之词。事情被陈文帝侦知，陈文帝对他更加猜忌。恰好又遇到重云殿失火，侯安都带领将士，身带兵器上殿，陈文帝特别憎恶他，于是暗中开始防备他。

到了周迪反叛，朝臣商议，都认为陈文帝一定会派侯安都领军前去征讨，但是陈文帝陈蒨却改派吴明彻领兵前去。之后，又经常派尚书台的官吏，去审问侯安都的部下，检察搜捕藏匿在侯安都处的叛逆。侯安都心里感到不安，便派南徐州别驾周弘实暗中结交中书舍人蔡景历，刺探省中情事。蔡景历记录下经过情形，详细奏报陈文帝陈蒨，趁机顺迎皇帝意旨，报称侯安都谋反。陈文帝陈蒨担心不易制服他，于是先调他为江州刺史。

五月，侯安都从京口（今江苏丹徒县治，陈北徐州治京口）返回建康，部队进入石头城。六月，陈文帝陈蒨派人召请侯安都到嘉德殿参加宴会，另又召集他的部下将帅，齐聚尚书朝堂。趁侯安都入宴时，先将他拘押在嘉德殿西省（中书省），接着就逮捕他部下的将帅，把他们身上佩带的武器全部没收，才释放他们回去。陈文帝陈蒨这时才取出蔡景历的奏表，公示于朝堂，于是下诏公布侯安都的罪状。第二天，在西省赐侯安都自尽，他的家属妻小，赦免无罪，丧葬所需，由朝廷拨款资助。

起初，陈高祖陈霸先在京口，与诸将宴饮，杜僧明、周文育、侯安都等举杯向陈高祖陈霸先祝寿。酒过数巡，三人都夸耀起功劳来。陈高祖陈霸先喟然叹道："卿等都是良将，但各有短处。杜公志向远大，然而见识不明，和部下狎习而无尊严，对上却很骄慢无礼；周侯交友不加选择，待人太过诚心，且不知防备别人暗算；侯郎傲慢放诞，而不知满足，举止轻率，并且任性胡为，如此这般，都不是保全性命的正道。"后来这三人的下场，都和陈高祖陈霸先所预料的一样。

乙卯日（二十三日），齐主高湛派遣散骑常侍崔子武出发到江南访问。

北齐侍中、开府仪同三司和士开，深得齐主高湛宠爱，齐主不论在外朝接见百官，或在内宫宴饮游玩，连短暂的片刻时间，都不能看不见和士开，有时连着好多天不让他回家，有时一日之内，多次召他进宫；或者是放他回去之后，立即又追他回来，在他往回赶而未到达时，骑马去催促他的人，络绎于途。和士开千方百计谄谀逢迎，常惹得齐主高湛心花怒放，因此对他的宠信，一天比一天隆盛，而他前前后后得到的赏赐，也多得无法一一述说。每次侍候左右，言语、措辞、容貌、举止，极尽猥亵鄙俗之能事，君臣在一起荒唐胡闹，日以继夜，不再有君臣尊卑的礼数。和士开常向齐主说："自古以来，帝王没有不死的，尧、舜、桀、纣，死后全化作灰土，有什么差别呢？陛下应当趁少壮能玩的时候，及时尽情享乐，管他什么礼义道德，求取一日的快活，足抵千年的虚名。国事尽可交托大臣，何必担忧他们办不成事呢？何苦辛劳自己，约束自己而不开心呢？"齐主高湛听他这么一说，大为开心，于是委托赵彦深掌管行政人事，元文遥掌管经济财政，唐邕统领外兵及骑兵，信都人冯子琮与胡长粲负责辅佐太子。自此以后，齐主高湛每隔三四日，才坐朝一次，去了，也只翻翻奏表，批书数字罢了，并不太讲话，才坐一会儿就罢朝，又回宫去玩乐了。胡长粲，是胡僧敬的儿子。

齐主高湛命令和士开与胡后对坐握槊。河南康献王高孝瑜目睹情形，便向齐主高湛劝谏说："皇后母仪天下，怎可与臣子对坐赌博，还手碰手呢？"齐主高湛不以为然。高孝瑜又说："赵郡王高叡，他的父亲死于非命，也不应该亲近。"高叡跟和士开因此怀恨，便在背后一同讲高孝瑜的坏话。和士开对齐主高湛说："高孝瑜奢侈僭越。"高叡也说："山东一带的人，只知道有河南王，不再知道有陛下。"齐主高湛于是猜忌高孝瑜。高孝瑜和尔朱御女偷情（按齐制：八十一御女，比正四品，是帝王之御妻），有人禀报齐主高湛，齐主十分震怒。庚申日（二十八日），齐主高湛召高孝瑜前来，逼令他一口气连喝三十七杯酒。高孝瑜身体肥大，腰带十围，强饮之后，烂醉如泥，颓然倒地。齐主高湛命手下娄子彦用车载他回去，并带上鸩酒，途中，高孝瑜要水解渴，娄子彦便拿鸩酒给他喝，行到西华门，高孝瑜烦热难耐，跳入河中解热，竟不明不白地淹死。齐主高湛得到娄子彦回报，知晓高孝瑜已死，还假意为他发丧，追赠他太尉、录尚书事。当时还留在宫内的诸王，都不敢为他哭出声来，只有河间王高孝琬（孝瑜弟）大声哭号而出。

秋季，七月，戊辰日（初六），周主宇文邕到原州。

八月，辛丑日（初十），齐主高湛下诏，将三台宫改称大兴圣寺。

九月，壬戌日（初一），广州刺史、阳山穆公欧阳頠去世。陈文帝陈蒨下诏，让他的儿子欧阳纥继承父亲的爵位。

甲子日（初三），周主宇文邕从原州（今甘肃固原县治，在六盘山北）登上陇山（又名陇坂、陇首，东起陕西陇县，西北跨甘肃清水县，山高而长，绵延陇县、静宁、镇原、清水之境）。

周迪又越过东兴岭（在今江西黎川县县界，为赣、闽往来通道），进犯骚扰。辛未日（初十），陈文帝陈蒨诏命护军将军章昭达率军前去征讨。

丙戌日（二十五日），周主宇文邕抵达同州（治今陕西大荔县）。

起初，北周想跟突厥木杆可汗联合出兵攻打北齐，愿意聘娶他的女儿为后，派遣御伯大夫杨荐和左武伯太原人王庆前往求婚。北齐得到这个消息，害怕合纵之势形成，对北齐不利，因此也派遣使者前往突厥求婚，馈赠木杆可汗的礼物特别丰盛。木杆可汗贪图齐国的厚礼，便向北周悔婚，并且想捉拿杨荐等送给齐国的使臣。杨荐晓得这些变化，于是前往木杆可汗的毡帐，变起脸来，指责木杆可汗说：“我太祖宇文泰，以前跟可汗共结两国的友好，当时蠕蠕（柔然）部落数千人来归顺我国，可汗要这批人，我太祖遵从您的意思，便将这批人全部交给您的使臣，借以满足可汗的愿望，奈何今天忽然要背恩忘义，纵然不怕我周国，难道就不害怕鬼神的惩罚吗？”木杆可汗听到“鬼神”二字，触动迷信，不禁神色黯淡沮丧，过了好一阵子，才回答说：“你说得对，我心意已决，当与贵国共同讨平东贼，然后再送女出嫁也不迟。”杨荐等便先回国复命。

周主宇文邕得知杨荐等归来报告木杆可汗的决定，便召集公卿商议，众臣请求发兵十万，东出攻打北齐，唯独柱国杨忠认为兵不在多，只需征调骑兵万人，便已足够。戊子日（二十七日），周主宇文邕任命杨忠为统帅，带领步骑一万，从北道出发，会同突厥讨伐北齐；又派遣大将军达奚武率领步骑三万，从南道出平阳（山西临汾县南），约好南北两路，在某一日期，共会晋阳（太原）城下。

冬季，十一月，辛酉日（初一），陈朝章昭达大败周迪。周迪抽身逃跑，潜伏流窜山谷间，当地百姓合力帮助他掩护躲藏，即使藏匿者会遭杀戮，也没有人肯泄露周迪藏身在何处。

十二月，辛卯日（初一），周主宇文邕从同州回到长安。

丙申日（初六），陈文帝陈蒨下诏大赦天下。

章昭达领兵，翻越杉岭（按：闽、赣分界处有杉岭，杉岭上有杉关，自古以来，为赣、闽往来之通道），前往建安（今福建瓯县），讨伐陈宝应。陈文帝陈蒨又下一诏，命益州刺史余孝顷督率会稽、东阳、临海、永嘉诸军，从东道出兵，会合章昭达，共同攻打陈宝应。

这一年，陈文帝陈蒨首次使用天子的礼仪，在建康祭祀始兴昭烈王。

北周北道元帅杨忠，接连攻克北齐二十多城。北齐扼守陉岭（山西代县西北之句注山）要塞。杨忠发兵进攻，攻破这道防线。突厥木杆、地头、步离三位可汗，亲率十万骑兵，前来与杨忠会合。己丑日（十二月无此日），突厥三位可汗，从恒州（今山西大同县东）分三路一同进抵晋阳。当时大雪连下几十日，南北千余里，平地积雪数尺深。齐主高湛，从邺都兼程前往援救。戊午日（二十八日），高湛赶到晋阳。另命斛律光率领步骑三万，前往平阳驻扎，防御北周南路达奚武军的进袭。己未日（二十九日），周主跟突厥部众逼临晋阳城下。齐主高湛登城遥望，害怕对方的强大，身着军装，想带领宫人向东而去，以避开对方的兵锋。赵郡王高叡、河间王高孝琬一齐拦住他的坐骑，劝说他留下不要跑。高孝琬请他将六军委托给高叡调度指挥，必能严整以抗敌。齐主高湛采纳他的建议，便下令六军都归高叡调度，而攻防的实际事务，则交由并州刺史（原留守晋阳者）段韶负责执行。

天嘉五年（甲申，公元564年）

春季，正月，庚申朔日（初一），高叡调度诸军一切妥当，齐主高湛登上晋阳北城，突厥可汗也凭高远望，只见北齐军容非常严整，不禁暗自吃惊，回过头责备北周军统帅说："你说齐国朝政混乱，我才南下，会同你去征讨他。现在虽未交锋，但看他们眼中寒光闪闪，如含有铁质兵器一样，这样的部队，哪是容易打败的呢？"

周军统帅听突厥可汗这样说，心里十分不服气，便下令进攻，用步卒为前锋，从西山（太原县西三十五里）而下，距城二里多，向北齐军队挑战。北齐诸将都想出城迎战，段韶不允，他告诉诸将说："步卒脚力，有其限度，现在积雪很厚，不便迎击，不如静守阵伍，以逸待劳，等他们精疲力竭，我们便出城痛击，一定能够打败他们。"到出击时，齐军在战鼓和喊杀声中，精锐尽出。突厥可汗震惊骇异，领军登上西山，不肯驰下助战，周师孤立无援，被齐军杀得大败而还。周师退回关中，突厥可汗也领军出塞，放纵部下，大肆掳掠，从晋阳以北七百余里，人畜均遭突厥掳掠一空。段韶持重，虽然一路追赶，但不敢过分逼近。突厥回到陉岭，山谷路滑，铺上毡垫行军。胡马苦寒疲弱，膝盖以下，腿毛全都脱落。返抵长城，马匹死亡殆尽；兵士大多将长矛截短作为手杖，借以支撑，一步一步走回塞北。

北周南道元帅达奚武进军抵达平阳，还不知晓杨忠已经败走。斛律光写信给他，信上语带讥讽地说："鸿鹄已飞上浩渺的苍穹，罗捕的人，还守在水草丛生的洼地张望。"达奚武接到斛律光的书信，也引兵退走。斛律光自后追赶，伺机侵入周境，俘虏两千余人，奏凯而归。

斛律光回到晋阳，面见齐主，齐主高湛因为新遭大兵压境，情绪紧张了好久，见到斛律光得胜归来，沉重的心这才松弛下来，于是抱着斛律光的头，大声痛哭。任城王高湝在旁劝止说：“何必哭成这样呢？”齐主高湛这才停止哭泣。

起初，齐显祖高洋在位时，北周常常担忧齐兵西渡进攻，因此每到冬季，便驻守接壤的黄河，一遇河水结冰，就敲碎冰层，以免敌人由冰上过来偷袭。到了世祖高湛即位后，近侍奸佞小人当权，朝政日益紊乱，回过头，变成齐人敲碎冰块来防备周师的进逼。斛律光既伤感又担忧地说：“以前，朝廷常有吞并关、陇（北周）的志向，而今反落到被侵犯的地步，国君宰臣仍只愿沉迷在声乐女色中吗？”

辛巳日（二十二日），陈文帝陈蒨前往南郊坛祭祀天神。

二月，庚寅朔日（初一），发生日食。

起初，齐显祖高洋命群官刊定魏《麟趾格》（按《麟趾格》为东魏的刑律，东魏初，沿用后魏之律令，至孝静帝兴和三年，诏命文襄王高澄与群臣在麟趾阁议定新制，颁布实施，称为《麟趾格》）为《齐律》，进行了好几年，还是没有完成。当时，军务、国政变动频繁，刑法政令很不统一，官吏诉讼判决，定人罪罚，很少有根据法律条文的，相沿称之为“变法从事”。到了世祖高湛即位后，想改革显祖时代的弊政，于是一再督促修订律令的官员尽快完成《齐律》。到了这一年，才宣告完成《齐律》十三篇，《新令》四十卷。它的名目有五种：一是死刑：最重的是车裂分尸，其次是枭首，之后是斩，最轻的是绞。二是流刑：将死罪以下的重犯，遣送流放到边疆，充当戍卒。三是徒刑：从五年有期徒刑到一年有期徒刑，共分五种。四是鞭刑：用鞭子抽打，分为打百下、八十下、六十下、五十下、四十下等五种。五是杖刑：用大荆杖打，分打三十下、二十下、十下等三种。从死刑到杖刑，轻重刑罚共有十五种等级（按应为十八种等级）。又《齐律》定有赎刑的办法，规定流外官（按后魏、北齐、隋、唐官制，从一品至九品，谓之“流内”；不入于九品者，称为“流外”。）及老、小、阉、痴，以及过失犯等，凡悔过而符合赎刑的，过去赎罪用金钱，此后都改用绢来代替。三月，辛酉日（初三），齐主高湛下诏颁布实施《齐律》，并大赦境内。自齐颁行

《齐律》后，做官的人才开始遵守法令。齐主高湛又敕令官宦子弟要经常讲习律令，因此齐人都通晓法令。

齐《新令》又规定：男子十八岁以上，政府授予土地，开始向政府缴纳田租和户税。到二十岁，要服兵役；年满六十岁，免服役。过了六十六岁，将以前所授之田，退还政府，政府免除他的田租和户税。男子十八岁以上，授予露田八十亩（种谷物之田），妇女授给四十亩，奴婢授给的田亩，依照良人亩数。有耕牛一头（按《隋书·食货志》云："丁牛一头，授田六十亩，限止四年。"）授予田地六十亩。北齐田租户税的征收，户税大体是每一壮丁、妇女（一夫一妇即一户），每年缴纳一匹绢，八两绵；田租则是每年缴纳二石粟，附加税五斗；奴婢缴纳的田租，为常人的一半；至于有耕牛者，所要缴纳的户税，是每年缴纳二尺绢；田租是缴纳一斗粟，附加税五升。上述征收来的田租，要缴送尚书台（中央政府）；附加征收的，要缴送郡府（地方政府），作为防范水灾或旱灾救急之用。

己巳日（十一日），北齐群盗田子礼等数十人，共同谋划劫持太师、彭城景思王高浟为主，他们诈称为敕使，直奔高浟的王邸，闯进内室，宣称奉敕令，引高浟上马，用刀架着他，打算带他冲向南殿。高浟一路大声呼救，不肯听从，这批土匪就把他杀了。

庚辰日（二十二日），周主宇文邕下令，百官上朝，开始使用笏板。

齐主高湛任用斛律光为司徒，武兴王高普为尚书左仆射。高普，是高归彦哥哥的儿子。甲申日（二十六日），齐主高湛任命冯翊王高润为司空。

夏季，四月，辛卯日（初三），齐主高湛派遣兼散骑常侍皇甫亮出发到建康访问。

庚子日（十二日），周主宇文邕派遣使者抵达建康访问。

癸卯日（十五日），周主宇文邕任用邓国公、河南人窦炽为大宗伯。五月，壬戌日（初五），宇文邕册封世宗宇文毓的长子宇文贤为毕国公。

甲子日（初七），齐主高湛自晋阳返回邺都。

壬午日（二十五日），齐主高湛任用赵郡王高叡为录尚书事，前司徒娄叡为太尉。甲申日（二十七日），齐主高湛任命段韶为太师。丁亥日（三十日），齐主高湛任命任城王高湝为大将军。

壬辰日（五月无此日），齐主高湛又前往晋阳。

在这个月，周主宇文邕外放太保达奚武为同州刺史。

六月，齐主高湛杀掉乐陵王（前孝昭皇帝太子）高百年。当时，有白虹环绕太阳两圈。后来又横贯太阳，却没有完全贯穿。接着，赤星又出现，齐主高湛想杀高百年来压制灾祸。碰巧有博陵人贾德胄教导高百年写字，高百年曾写好几个“敕”字，贾德胄将它封入密启呈给齐主。齐主高湛借机发怒，派人急召高百年。高百年自知难免一死，便割下所佩戴的玉玦，留给他的妃子斛律氏（与之诀别），然后到晋阳宫凉风堂觐见齐主。齐主高湛命高百年再写几个“敕”字，检验笔迹，果然和贾德胄所呈奏的“敕”字相似，顿时火冒三丈，喝令左右将高百年胡乱捶打。捶打一阵后，高湛又命人将他倒提起来，绕着凉风堂，一边绕着走一边打，任凭高百年如何求饶，齐主也不放过他。可怜高百年所过之处，血流满地。等他气息奄奄时，齐主高湛才命人将他斩首，投尸入池，池水立即变红。乐陵王妃斛律氏闻知高百年惨死，便手握玉玦，绝食痛哭，一个多月后也身亡了（时年十四），死后，玉玦还握在她手掌中，五指紧扣，无法掰开。她的父亲斛律光亲自用手慢慢去分开她紧握的手指，过了好一阵，才掰开。

庚寅日（初三），北周改御伯为纳言。

起初，周太祖宇文泰跟随贺拔岳在关中时，派人到晋阳迎接晋国公宇文护。宇文护的母亲阎氏跟周主宇文邕的姑姑都留在晋阳。后来，晋阳被北齐占据，北齐将她们配入中山宫，充当侍役。到了宇文护位居将相，掌管国政，曾派密使，进入北齐打探她们的下落，但都没有消息。后来北齐派遣使者到玉壁，请求通商贸易。宇文护想借机打听母亲与姑姑的消息，于是就任命司马下大夫尹公正为谈判代表，与齐使前往玉壁，展开谈判，并伺机跟他谈到寻找晋国公母亲和姑姑下落的事，来使见通商有望，对方又有求于他，于是谈得十分愉快。恰好勋州刺史韦孝宽（坐镇玉壁）俘获关东人，后来放他东还，顺便托他带书信到北齐，信上说西朝（北周，因在关西，故称西朝）有意与北齐和好通商。这时，北周因之前进攻晋阳一役没有取胜，还想联合突厥再度大举讨伐北齐。齐主高湛听到这个消息，大为惊讶，便通过韦孝宽，送信给宇文护，明示宇文护母亲的消息，并答应让他母亲西归，并且请求两国通商和好。宇文护收到这个大好消息，复信表示乐意和好。齐主高湛接到回信，便先遣送宇文护的姑姑回国。

秋季，八月，丁亥朔日（初一），发生日食。

周人本来已经派遣柱国杨忠领军会同突厥，再度伐齐，但是抵达北河（在今绥远境内蒙古鄂尔多斯右翼）后，又被召回。

戊子日（初二），周主宇文邕任用齐国公宇文宪为雍州牧，许国公宇文贵为大司徒。九月，丁巳日（初二），周主宇文邕任用卫国公宇文直为大司空。并追录辅佐帝业的开国功勋，追封开府仪同三司、陇西郡公李昞为唐国公，追封太驭中大夫、长乐郡公若干凤为徐国公。李昞，是李虎的儿子；若干凤，是若干惠的儿子。

乙丑日（初十），齐主高湛册封他的儿子高绰为南阳王，册封高俨为东平王。高俨是太子高纬的亲弟弟。

突厥侵犯齐国幽州，聚众十余万人，侵入长城，大肆掠夺一番而去。

北周皇姑西归入关时，齐主高湛派人替晋国公宇文护的母亲阎氏写了一封信，托她带给宇文护。信中详细讲述宇文护幼时几件事，又寄上宇文护离别时所穿过的锦袍，作为证物，信上大略说：“我适逢千载难遇的良机，承蒙大齐的恩德，哀怜我年老，给予我恩惠，答应我能与你相见。即使是禽兽草木，母子尚且相依一起。我有何罪，竟然与你远别分离？现在不知何来的福运，居然还有希望与你相见？

说到这里，内心既悲痛，又惊喜，如同人死而复生。世间所有的东西，都可谋求而获得；母子分隔两国，如何可以求得相会呢？纵然你尊贵已至王公之位，富裕而享有山海之饶，却有八十老母，流落漂泊千里，死亡就在旦夕之间，却不能有哪怕一朝短暂的相见，一日短暂的相处。寒冷的时候，得不到你送的衣服；饥饿的时候，也得不到你送的食物，你虽荣华富贵至极，光彩照耀人间，但这对我而言，又有什么用呢？今日之前的我，你不能承担供养的职责，事已过往，今复何足置论；今天以后的我，残余的生命，就掌握在你的手中。你头上顶着青天，脚下踩着大地，天地中藏有鬼神，莫道鬼神冥昧无知，可以欺骗！”

宇文护接到皇姑转来的母亲的信，悲伤得无法克制，当下取过纸笔，立刻回信，信上大概是这样说的：“魏末天下动乱，疆土分崩，百姓离散，遭遇灾祸，我远离母亲，没想到一别就是三十五年。天地之间，凡是有气息、有生命的动物，都知晓有母子亲情，可是有哪一个像我宇文萨保，如此的不孝呢？儿子贵为王公诸侯，母亲却沦为俘虏奴仆。天热时，看不到母亲炎热；天冷时，看不到母亲寒冷。穿的，不知道您有没有夏服和冬装；吃的，不知道您是挨饿还是饱足。沦落异国的母亲，虚无缥缈，如在天地之外，无从打听得到您的下落。自认为应怀抱冤恨苦痛，终此一生，只有寄望九泉之下，才能遇到您！不料北齐解开禁网，带给我放您归来的消息，磨敦、四姑，都蒙哀怜，许可放还。当我刚听说齐朝这个旨意，高兴得谢天谢地，抑制不住内心的狂喜，魂魄就要飞越关山，冲去和您相会。现今齐朝盛大的恩泽，已经沾润广布。有家有国的人，以恪守信义为根本，我很恭敬地猜度，齐朝发遣母亲归来，应当已有了日期，一旦能拜见母亲，便可了却我这一生的心愿。齐朝释放母亲，对我而言，就好像是使死者复生，枯骨再长出肉来一样，天地之间再大的恩情，哪还有比这个更大的。我纵有负载山岳的能耐，也不能够负荷齐朝所给予我的厚恩大德。”

宇文护的信送达北齐，北齐并未立即释放他母亲归国，反而暂时将她扣留下来，让她再写信给宇文护，企图借此要挟宇文护给北齐一个重大的报答，才肯遣送他的母亲归国，于是两国信使又再三往返。当时，段韶大军屯驻边塞以防范突厥入侵。齐主高湛派遣黄门徐世荣搭乘快捷的驿马车，带着周国宇文护送来的书信，去征询段韶的意见。段韶说："北周反复无常，一向不讲信义，最近晋阳一役，已可知晓其梗概。宇文护表面上托名为宰相，可是衡量他的权力，跟国君无异。既然他为母亲而来求和，为何不正式派遣一个使臣前来呢？现在如果光凭他一封书信，就放还他的母亲，只怕会显示我们的怯懦。不如表面应允他，待到双方和好的基础坚定了，再送还他母亲也不迟。"齐主高湛没有听从他的意见，就遣送宇文护的母亲归国。

阎氏回到北周，满朝庆贺，周主宇文邕特为她大赦境内。所有资给供奉，极尽丰盛华美，每年四季和伏腊诸节日（夏祭日伏，冬祭日腊），周主宇文邕都带领其他亲戚，依照宗族尊卑长幼的辈分，向她老人家行家人之礼，并且都拿着酒杯向她敬酒，祝她长命百岁。

突厥从北齐幽州撤退后，便停驻在塞北，重新召集各部兵马，派人通知周朝，依照先前所订盟约，要同周师一同出击齐国。闰月，乙巳日（二十日），突厥又进犯北齐幽州。

北周晋国公宇文护因为刚迎接母亲归来，正在感念齐国的恩典，本不想出兵侵犯北齐；但是如若不出兵，又怕对突厥失信，转生边患。迫不得已，还是上表请求东征，动员六柱国及十二大将军所统领的关中诸府兵二十四军、相府所属左右厢禁卫兵，以及秦、陇、巴、蜀之兵，外加羌、胡归属周国的番兵，一共二十万人。冬季，十月，甲子日（十日），周主宇文邕祭祀太庙，在太庙庭院中，亲授斧钺给总指挥宇文护。丁卯日（十三日），又亲自前往沙苑（今陕西大荔县南，在洛、渭二水之间）慰劳出征将士。癸酉日（十九日），周主宇文邕自沙苑返回长安宫。

宇文护大军进抵潼关，派遣柱国尉迟迥统领精兵十万为前锋，直捣洛阳（是为中路）。大将军权景宣率领山南（荆、襄）部队，赶往悬瓠（今河南汝南县，是为南路）。少师杨檦出兵轵关（今河南济源县西，是为北路）。

周迪收拾残余部众，又出兵东兴。宣城太守钱肃镇守东兴，献出城池投降周迪。吴州刺史陈详领军前往讨伐，反被周迪打败，周迪势力又重新复兴起来。

南豫州刺史、西丰脱侯周敷，带领所属部众进攻周迪，屯驻定川，与周迪对垒。周迪写信欺骗周敷说："我先前与你同心协力，哪会想到相互残害呢？现在我愿还朝，承受所当承受的罪罚。希望通过你替我向朝廷表达我的肺腑之诚，并烦请你挺身前来，共立盟誓。"周敷不虑有诈，应允他的请求，动身前去和周迪结盟。可是才刚登上坛坫，就被周迪杀害。

陈宝应盘踞福建晋安、建安两郡，在郡境水边、陆上，都设立营栅，用来抵抗章昭达。章昭达领军与他交战，战况不利，于是驻兵上游，命军兵砍伐木材，编结木筏，上面加装拍竿。没过多久，遇到大雨，江面水涨，章昭达便放出木筏，先顺流冲毁陈宝应所设立的水栅，又出兵攻击他的陆军。正准备交战，碰巧陈文帝陈蒨派遣余孝顷从海路赶到，于是两军合力进攻陈宝应。十一月，己丑日（初五），陈宝应大败而逃，逃到莆口（福建莆田县界），对他的儿子说："早听虞公的话，也不致沦落到今日这个地步。"不久，章昭达追上他，将他拿下，并俘虏了留异和陈宝应一些宗族同党，全部押解到建康处斩。只有留异的儿子留贞臣，因为娶了陈文帝女儿的缘故，特蒙恩赦，得免一死，其余陈宝应的幕下僚佐，都被处斩。

陈文帝陈蒨早先听说虞寄曾劝谏陈宝应，因而特别下旨，命章昭达优礼遣送虞寄到建康。不久，虞寄还朝，陈文帝立刻召见慰劳他说："管宁尚幸无恙。"后来陈文帝陈蒨下诏，任用虞寄为衡阳王掌书记。

北周晋国公宇文护大军挺进，驻扎弘农（河南陕县）。甲午日（初十），尉迟迥进军围攻洛阳，雍州牧、齐国公宇文宪、同州刺史达奚武、泾州总管王雄等驻扎在邙山（在洛阳北），策应前军。

戊戌日（十四日），齐主高湛派遣兼散骑常侍刘逖出发到建康访问。

起初，北周杨檦担任邵州刺史（治今山西垣曲县），镇守捍卫东部边境二十多年，多次跟齐人交战，战无不胜。因此这次出征，他对北齐便先存有轻敌之心。出了轵关之后，独自领军深入，又不加设防。甲辰日（二十日），北齐太尉娄叡带领轻装骑兵，突然杀到，大败杨檦军队，杨檦一败涂地，逃跑无路，于是解甲投降北齐。

权景宣一路人马，进攻围困悬瓠。十二月，北齐豫州道行台、豫州刺史、太原人王士良、永州刺史萧世怡，都献出城池投降北周。权景宣派开府郭彦镇守豫州，谢彻进守永州（按豫州治悬瓠，永州治今河南泌阳县南），遣送王士良、萧世怡以及降卒千余人到长安。

北周堆土为山，挖掘地道，想尽办法要攻克洛阳，可是经过三十天，还是没能攻克。晋国公宇文护命令诸将先挖一道长坑，阻断通往河阳的道路（按河阳即今河南孟县，孟县与孟津县间黄河上，有河桥，为北齐晋阳救援洛阳之孔道），用以遏阻北齐南下的救兵，然后领兵会同尉迟迥攻打洛阳。当时，北周认为齐人必不敢出兵援救洛阳，于是不再设防，只是多派侦骑，虚张防御而已。

齐主高湛派遣兰陵王高长恭、大将军斛律光率军前往援救洛阳，两位将领听说周兵强盛，因此快到洛阳时便停留下来，没敢冒险轻进。齐主高湛召来并州刺史段韶，问他说："洛阳危急，今想派你前往援救，但是担心突厥入侵，又需靠你防守抵御，你看洛阳之围，如何救援才好？"段韶回答说："北虏（指突厥）侵犯边境，他的威胁只如同人身上的疥癣之患罢了；而今西邻窥伺围攻洛阳，他的严重性有如人身上的心腹大患。权衡轻重，臣愿奉诏南行，急往救助！"齐主高湛高兴地说："朕意也正如此。"于是命令段韶统率精骑一千，立即从晋阳出发。丁巳日（初三），齐主高湛亲自率领六军，也从晋阳向洛阳进兵。

己未日（初五），北齐太宰平原靖翼王高淹去世（考《北史卷》五十及《北齐书》卷十《高祖十一王传》，并言高淹封平阳王）。

段韶从晋阳启行，五天的时间，就渡过河桥，渐向洛阳逼近。碰巧遇到连日天阴雾浓，周军无从侦知他的行踪。壬戌日（初八），段韶赶到洛阳，带领麾下三百骑兵，会同诸将，登上邙阪（北邙之阪），侦察周军形势。前进到太和谷（在洛阳东北），与周军相遇，段韶立刻驰马而下，将窥察到的敌情，传告诸营将帅，并立即集结各营骑兵，编整队伍，准备决战。段韶为左军，兰陵王高长恭为中军，斛律光为右军。北周没料到齐军会突然到来，望见齐军阵容严整，全都感到惶恐惊骇。段韶远远地发话，问周人说："宇文护才刚得其母回国，不但不感恩报德，反过头来，突然侵犯我国，请问这究竟是什么意思？"周人无话可说，却强词夺理说："上天派遣我们前来，你又何必多此一问呢？"段韶责骂他们说："天道赏善罚恶，你们说天让你们来，这分明是天让你们这批失信的坏蛋来送死受罚的吧！"

北周派步兵在前，上北邙山迎战齐兵，段韶一边战一边退，等对方精疲力竭，命令骑兵个个下马痛击，两军短兵相接，北周军队大败，霎时瓦解，有的坠落崖底，有的跳入溪涧，死伤累累。

兰陵王高长恭带领精骑五百，冲入周军，一路拼杀，不久便抵达金墉城下（洛阳县东）。城上的守军不认识他，高长恭摘下头盔面具，露出真面目与他们相见，城上的人认出是兰陵王救兵来到，高兴不已，忙缒下弓弩手，接应高长恭，杀退围兵。原本包围在城下的周兵本就无心应战，于是解围遁走，营帐都来不及收拾，丢弃在地，从邙山到谷水，沿途三十里间，抛下的物资装备，遍满川泽。只有齐国公宇文宪、达奚武以及庸忠公王雄等将领，还在后面率兵掩护，进行抵御。

王雄驰马挺槊，冲入斛律光阵中，斛律光看他来势凶猛，掉头就跑。王雄紧盯不舍，斛律光趋出阵后，落荒蹿走，亲信失散，身上只剩一箭，随从只剩一奴。那王雄又匆匆追到，斛律光赶紧取弓搭箭，预备致命一击，碰巧王雄飞舞着长矛，逼近只隔丈余，大声嚷道："我爱惜你，不愿杀死你，但当把你活捉去见天子。”话刚说完，斛律光箭已射出，正中王雄额头，深入脑中。王雄疼痛难支，伏卧马上，双手抱转马头，夹腿奔回，等马跑回营中，他也气绝身亡。前军溃败，泾州总管王雄又告阵亡，周军上下，人心惶惶。

齐国公宇文宪巡行抚慰，督导勉励，军心才稍微安定下来。宇文宪在夜里召集部队，准备明早再战。达奚武劝阻他说：“洛阳大军溃败，人心震摇惊骇，如果不乘夜速还，只恐明日想撤退都撤退不了。我达奚武在军中多年，各种战争落败的情势，可见得多了；齐公年轻，经历的事情还少，岂可将数营军兵的生命，委弃于虎口？”宇文宪听从他的劝告，于是乘夜拔营而还。南路权景宣军，得到洛阳兵败的消息，也放弃包围豫州，退回关中。

丁卯日（十三日），齐主高湛赶到洛阳。己巳日（十五日），任用段韶为太宰，斛律光为太尉，兰陵王高长恭为尚书令。壬申日（十八日），齐主高湛东行到虎牢（今河南汜水县西北），经滑台（河南滑县）抵达黎阳（滑县北）。丙子日（二十二日），高湛从洛阳前线返回邺都。

北周大军东征的同时，杨忠也率军出沃野，去接应突厥。因为军粮补给不继，诸将感到忧愁，却想不出有什么解决的方法。杨忠倒是想出一计，他招诱稽胡酋长，来到他的营帐，一方面招呼他们坐下，另一方面安排河州刺史王杰领军击鼓而至，假装是宇文护派来的使者，杨忠故意问他奉有什么任务而来。王杰说：“大冢宰已经平定洛阳，听说此地有稽胡骚扰，特派我跟突厥一同来征讨不听从命令的稽胡。”在座的酋长听说晋国公东征得胜，现在又派人要来讨伐他们，都很害怕，杨忠便抚慰晓谕他们，只要乖乖合作，供应粮食，就保证没事。诸胡酋长回去后，便相继运来粮食，一时粮食多得填塞堆积满地，由于遇到东征周师溃败，杨忠不得已也领兵返回。

晋国公宇文护本来就没有什么智谋韬略，加上这一回出征，又不是他的本意，因此无功而退。回到朝廷，他带领诸将向周主叩头请罪。周主宇文邕不加深责，略予慰劳，就命他们退下回去休息。

这一年，北齐山东发生大水灾，因饥饿而死的人，不计其数。

宕昌王梁弥定多次侵扰北周边境，周主宇文邕命大将军田弘去征讨，将梁弥定消灭，在梁弥定原来统辖的地区，设置宕州（治所在今甘肃岷县南）。

天嘉六年（乙酉，公元565年）

春季，正月，癸卯日（二十日），齐主高湛任用任城王高湝为大司马。

齐主高湛前往晋阳。

二月，辛丑日（二月无此日），周主宇文邕派遣陈国公宇文纯、许国公宇文贵、神武郡公窦毅、南阳郡公杨荐等，准备皇后的仪仗、宿卫、行殿，再带上六宫以下一百二十人，到突厥可汗的牙帐（可汗所驻之帐所，帐上竖有可汗之牙旗）迎聘他的女儿为皇后。窦毅，是窦炽兄长的儿子。

丙寅日（十三日），周主宇文邕任用柱国、安武郡公李穆为大司空，绥德郡公陆通为大司寇。

壬申日（十九日），周主宇文邕前往岐州。

夏季，四月，甲寅日（初二），陈文帝陈蒨任用安成王陈顼为司空。

陈顼凭借皇帝大弟的尊贵，威势日盛，权倾朝野。直兵参军鲍僧叡，假借陈顼威势，做出许多违反法纪的事情，王公大臣都不敢说话，御史中丞徐陵撰写奏疏弹劾他。徐陵导引南台（御史台）官属捧着上奏的文书入殿。陈文帝陈蒨看到徐陵朝服章徽庄严肃穆，一副凛然不可侵犯的样子，不由得也敛容端坐。徐陵上前朗读奏书，当时陈顼在殿上侍立于陈文帝身边，抬头注视陈文帝，焦急流汗，惊慌失色。徐陵差遣殿中御史导引陈顼走下大殿。陈文帝陈蒨因为徐陵的奏章，竟免去陈顼侍中、中书监等官职。从此，朝廷百僚都为之震动，而不敢触犯法纪。

丙午日（四月无此日），北齐大将军、安东王娄叡因行事违法，被罢免官职。

北齐著作郎祖珽，有文才，多技能，为人却疏略粗率，品行卑劣。他曾担任齐高祖高欢都督中外诸军事府的功曹参军，因参加宴会，发生金叵罗（酒器名）失窃的事情，结果在他发髻中找到；又因诈骗官粟三千石，被鞭打二百下，然后发配甲坊（制甲仗之坊）服徒刑。在齐显祖高洋做丞相时，祖珽当秘书丞，又盗窃了《华林通略》一部，外加其他赃罪，应当判处绞刑，齐显祖高洋念他服事先朝，特地饶他一命，只将他革职为民。齐显祖高洋虽然憎恶他多次违犯法纪，可是却欣赏他的文采技艺，命他入值中书省，掌诏诰。

齐世祖高湛在做长广王时，祖珽曾经调胡桃油（涂画用）进献给他，并趁机对高湛说："殿下有天子骨相，孝徵（祖珽字）梦见殿下乘龙升天。"长广王说："倘若果真有那一天，当令吾兄也大富大贵。"到了长广王即帝位，为实现诺言，就擢升祖珽为中书侍郎，不久又提拔他为散骑常侍。从此，他便与和士开在齐世祖身边，朋比为奸。

祖珽私下对和士开说："你目前得到陛下的宠幸，自古以来，无人可与你相比。可是一旦陛下驾崩，你将凭什么得到善终？"和士开被他这么一问，惹得愁容满面，赶紧向他请教计策。祖珽便教导他说："你何不启奏主上，只要说：'文襄、文宣、孝昭的太子，都没有能够嗣立为君，现在应当让皇太子早日登上大位，先确定君臣名分。'此计如若成功，皇后、太子必定都会感激你，这是万无一失的好计策。你不妨略为示意陛下，让他粗略了解其中的利害，如果担心陛下未必就肯让位给太子，我自会从外面配合，上表评论，不怕陛下不依从。"和士开满口答应。

不久，正赶上彗星出现，太史上奏说："彗星出现，象征除旧布新，人间应该更易君主。"祖珽于是趁机上书说："陛下虽贵为天子，但还不能算是极尊贵；如果传位给太子，自己做太上皇，这才是尊贵至极，并且还上合天道呢！"于是又援引魏显祖拓跋弘禅位给太子的故事，作为例证，供齐主高湛参考。齐主高湛采纳了他的建议。

丙子日（二十四日），齐主高湛命太宰段韶，持节、捧皇帝玉玺组绶，传位给太子高纬，太子高纬在晋阳宫即位为帝，下诏太赦天下，改年号为天统。又下诏，册封太子妃斛律氏为皇后。于是王公大臣一起上世祖高湛尊号为太上皇帝，军国大事仍然向他奏闻。太上皇命黄门侍郎冯子琮、尚书左丞胡长粲辅佐少主，出入宫禁之中，专管宣敷上奏的事。冯子琮，是胡太后的妹夫。

祖珽因此被提拔为秘书监，外加仪同三司，很受齐太上皇的宠信，也深得二宫的倚重。

丁丑日（二十五日），北齐少主高纬任用贺拔仁为太师，侯莫陈相为太保，冯翊王高润为司徒，赵郡王高叡为司空，河南[间]王高孝琬为尚书令（按高孝琬为河间王，河南王为高孝瑜）。戊寅日（二十六日），北齐少主高纬任用瀛州刺史尉粲为太尉[傅]，斛律光为大将军，任命东安王娄叡为太尉，尚书[右]仆射赵彦深为尚书左仆射（《通鉴》漏书一"右"字，据《北齐书》《北史后主纪》补）。

五月，突厥派遣使者到北齐，开始与北齐来往和好。

六月，己巳日（十八日），北齐太上皇派遣兼散骑常侍王季高到江南访问。

秋季，七月，辛巳朔日（初一），发生日食。

陈文帝陈蒨派遣都督程灵洗从鄱阳另一通道，进攻周迪，出其不意，大破贼众。周迪和部下十多人，逃窜到山谷洞穴中，辗转日久，追随他的人，渐感不耐。后来周迪派人秘密跑出山谷，前往临川采买鱼菜，被临川太守骆牙逮捕，骆牙向他晓以大义，要他效力擒拿周迪，并派出心腹勇士，尾随潜入山中。那人引诱周迪出来打猎，等周迪一出来，路旁先埋伏好的勇士便一拥而上，将他斩杀。丙戌日（初六），周迪的首级从临川传送到建康。

庚寅日（初十），周主宇文邕前往秦州。八月，丙子日（二十六日），宇文邕从秦州返回长安。

己卯日（二十九日），陈文帝陈蒨册封皇子陈伯固为新安王，陈伯恭为晋安王，陈伯仁为庐陵王，陈伯义为江夏王。

冬季，十月，辛亥日（初二），周主宇文邕改函谷关城为通洛防，任用金州刺史贺若敦为中州刺史，驻守函谷关。

贺若敦倚仗才干，怀有怨气，回顾一同征战侪辈，都已经当上了大将军，唯独自己不是，兼以湘州一役，保全部队回来，认为理应受赏，却反被革职为民。后来，虽又被起用，但仍愤愤不平，恰好有尚书台使到中州，他对台使口出怨言，事情被晋国公宇文护获悉，宇文护大怒，征召他还都，逼令他自尽。贺若敦临死前，对儿子贺若弼说：“我立志平定江南，而今未能实现，你是我的儿子，一定要实现为父的心愿。还有，我因多嘴，招来杀身之祸，你不可不引以为戒！”说完，就拉出他儿子的舌头，用锥子刺出血来警示他。

十一月，癸未日（初五），北齐太上皇高湛从晋阳返回邺都。

北齐世祖高湛为长广王时，多次遭到显祖高洋的捶打，因而心里常衔恨他。齐显祖每次见到祖珽，常常称呼他老贼，因此祖珽也很怨恨齐显祖。祖珽为了报复，并且取悦于世祖，就对世祖高湛说：“文宣帝（显祖）疯狂残暴，怎能号称为‘文’呢？既然不是创业帝王，又怎得称为‘祖’呢？如果文宣帝能够称为‘祖’，那么陛下万岁之后又当如何称呼呢？”齐世祖觉得他的话很有道理。

己丑日（十一日），北齐太上皇高湛下诏改太祖献武皇帝谥号为神武皇帝，庙号为高祖；献明皇后亦改为武明皇后。至于文宣帝谥号的问题，下令有司另外加以详议。

十二月，乙卯日（初七），陈文帝陈蒨册立皇子陈伯礼为武陵王。

壬戌日（十四日），北齐太上皇高湛前往晋阳。

庚午日（二十二日），北齐有司启奏改文宣皇帝谥号为景烈皇帝，庙号为威宗。

天康元年（丙戌，公元566年）

二月，改年号为天康。春季，正月，己卯日（初二），发生日食。

癸未日（初六），周主宇文邕大赦境内，改年号为天和。

辛卯日（十四日），北齐少主高纬前往圜丘祭祀昊天上帝。癸巳日（十六日），高纬到太庙举行五年一次的大祫祭。

丙申日（十九日），北齐少主高纬任用吏部尚书尉瑾为尚书右仆射。

己亥日（二十二日），周主宇文邕亲下藉田，举行耕种典礼。

庚子日（二十三日），北齐少主高纬前往晋阳。

北周派遣小载师杜杲到陈朝访问。

二月，庚戌日（初三），北齐太上皇高湛从晋阳返回邺都。

丙子日（二十九日），陈文帝陈蒨大赦天下，改年号为天康元年。

三月，己卯日（初三），陈文帝陈蒨任用安成王陈顼为尚书令。

丙午日（三十日），周主宇文邕前往南郊坛祭祀天神。夏季，四月，辛亥日（初五），因天旱，周主宇文邕举行祈雨大典。

陈文帝陈蒨身体不舒服，尚书台阁诸事，全部交给尚书仆射到仲举和五兵尚书孔奂共同裁决。孔奂，是孔琇之的曾孙。陈文帝陈蒨病得很重，孔奂、到仲举与司空、尚书令、扬州刺史、安成王陈顼、吏部尚书袁枢、中书舍人刘师知等人侍奉医药。袁枢，是袁君正的儿子。太子陈伯宗柔弱，陈文帝陈蒨担忧他不堪嗣位为君，回头对大弟陈顼说："我想效法周太伯让弟的故事，你意以为如何？"陈顼闻言惶恐，拜伏于地，涕泗交流，再三辞谢。陈文帝陈蒨又对到仲举、孔奂等说："而今三国鼎立，天子事务繁重，应当立年长的国君，较为合适。朕想效法晋成帝立母弟为嗣的故事，远承殷代兄终弟及的方法，卿等可要遵从朕的旨意！"孔奂流着眼泪启奏说："陛下饮食失调，偶然身体有病，不久就可康复痊愈，皇太子年纪还轻，他的盛德日益在进步。安成王陈顼以皇上大弟之尊，如周公辅助成王，足以辅佐太子处理政事。如果无故废立，臣等愚昧，实在不敢承奉诏旨！"陈文帝陈蒨叹道："古人那种直道而行的风范，现在我又发现孔卿身上留有这种遗风。"于是任用孔奂为太子詹事，让他辅佐教导太子。

◆臣司马光说：人臣事奉国君，朝见的时候，就该想到应怎样去顺从国君的优点，光大他的美德；到了退朝，又要想到怎样去匡正国君的缺点，补救他的过失。孔奂在陈文帝面前，被视为心腹亲信，往往片言只语，就能决定国家大计方针，如果认为陈文帝的话不是真心的，那么他就应该如窦婴面辩，袁盎廷争，防微杜渐，杜绝安成王窥伺帝位的野心；倘若认为陈世祖的话是真诚的，那么就应该请他公开地下诏书，宣告中外，让世祖享有宋宣公禅位的美誉，而高宗（指安成王陈顼）不致有楚灵王篡弑的恶名。不然的话，既然认为太子是嫡子嗣主，名分早定，不可轻易动摇，想要调教辅弼而保全他，那么就该竭尽忠诚，坚守节义，像晋国的荀息，赵国的肥义。为什么在国君活着的时候，就揣摩他的心意而去迎合他；等到他死了，权臣盗移国祚却不能挽救，嗣主失去王位，却不能尽节！像这种人，真乃奸邪臣子中更加厉害的。然而陈世祖赞美他有古代直道而行者的遗风，并将辅佐六尺之孤的重任交托给他，难道不是谬悖而有违事理吗？◆

癸酉日（二十七日），陈文帝陈蒨驾崩。

陈文帝陈蒨在艰难困苦的环境中崛起，深知民间疾苦，明辨臣下真伪。自奉节俭，勤于政事。每夜就宫廷闺门中，等待处理亲信刺取的宫外文案，前后连续不断，都在当夜一一判决实行。他敕令报更传递漏签（更签，漏壶记时刻之签也）到殿中的人，一定要将更签投掷到阶石上，让它发出铿然的响声，他说：“我即使睡着了，借此可以惊醒，继续批阅公文。”

太子陈伯宗即皇帝位（史称陈废帝），大赦天下。

五月，己卯日（十三日），陈伯宗尊皇太后章氏为太皇太后，皇后沈氏为皇太后。

乙酉日（初九），北齐少主高纬任用兼尚书左仆射、武兴郡王高普为尚书令。

吐谷浑龙涸王莫昌率领部落归降北周，北周将其地改置为扶州（州治即今四川松潘县治）。

庚寅日（十四日），陈废帝陈伯宗擢拔皇叔安城王陈顼为骠骑大将军、司徒、录尚书事、都督中外诸军事。

丁酉日（二十一日），陈废帝陈伯宗任命中军大将军、开府仪同三司徐度为司空，任命吏部尚书袁枢为尚书左仆射，任命吴兴太守沈钦为尚书右仆射，任命御史中丞徐陵为吏部尚书。

徐陵因为梁末以来，选拔官吏，诸多冗滥，于是写信答复一些钻营求官的人说："梁元帝承继侯景叛乱后的灾荒凶年，王太尉（僧辩）接续江陵失陷后的灾祸败乱，那时典章制度破坏无存，致使任用官吏的方法极为纷杂。陈武帝永安[定]（按陈武帝年号永定）初年，本朝建立之始，干戈未停，府库空虚，白银很难获得，黄札易于制作，于是暂且授人官阶荣耀，借以代替钱银绢帛。致使员外、常侍，多得在路上肩与肩相并而行；谘议、参军，市集中多得数不胜数。难道说朝廷的法度，原来就一定是要这样的吗？方今衣冠人才已多，礼乐制度日上正轨，选拔官吏授予官职，已有秩序，你们怎可还存有非分之想，那不是治国者所愿看到的！"大家对他选拔官吏的态度都感到佩服。

己亥日（二十三日），北齐少主高纬册封太上皇的儿子高[仁]弘为齐安王，册封高仁固[坚]为北平王，册封高仁英为高平王，册封高仁光为淮南王。

六月，北齐（太上皇）命兼散骑常侍韦道儒到江南访问。

丙寅日（二十一日），陈朝君臣在永宁陵安葬文皇帝灵柩，庙号为世祖。

秋季，七月，戊寅日（初三），北周修筑武功等城，以容纳安置军人。

丁酉日（二十二日），陈朝废帝陈伯宗册立王妃王氏为皇后。

八月，北齐太上皇高湛前往晋阳。

北周信州蛮酋冉令贤、向五子王等盘踞巴峡造反，攻克白帝城，党羽众多，势力遍及两千余里。北周曾先后派出开府仪同三司元契、赵刚等领军前往讨伐，始终没能加以平定。九月，周主宇文邕命开府仪同三司陆腾，督率开府仪同三司王亮、司马裔等再去讨伐。

陆腾大军屯驻在汤口（四川云阳县东，接奉节县界有汤水，汤水入江之口，谓之汤口），冉令贤驻扎在大江南岸，分据险要，设置十城，又远远地和涔阳蛮相勾结，让他们作为声势上的援助（按涔阳在湖北公安县南，以在涔水之北得名），亲自率领精兵坚守水逻城。陆腾召集诸将商量对策，诸将都想先攻取水逻城，然后再攻打江南诸城。

陆腾却说："冉令贤凭借水逻城固若金汤般的险固，外加涔阳蛮的援助，兼以军粮充足，器械精良。单凭我们深入敌境的一支孤军，集中全力去进攻他们防御严密而坚固的城垒，万一一战而不能取胜，那么就会增长他们的气焰。与其如此，不如屯兵汤口，先攻取江南之地，逐次剪除他的羽翼，最后再进军攻打水逻城，这是稳操胜券的战术。"于是派遣王亮率军渡江，只花不到十天的工夫，就攻陷对方八城，俘获的敌人和招纳投降过来的，都要以上千的数字来计算。于是，招募挑选勇敢而善战的人，兵分数路攻打水逻城。蛮帅冉伯犁、冉安西一向跟冉令贤有仇隙，陆腾派人去挑拨离间，用金钱和布匹去利诱贿赂他们，让他们做向导去进攻水逻城。水逻城的旁边有一座石胜城，冉令贤派他哥哥的儿子冉龙真把守。陆腾也暗中派人去利诱他，冉龙真于是献出城池投降。水逻城内部崩溃；周军冲入砍杀，斩下一万多颗首级，活捉一万多人。冉令贤逃走，陆腾派兵追赶，将他擒获之后，加以处斩。陆腾在水逻城旁，堆积群蛮的尸体，聚为京观（大冢），自后群蛮每次路过望见，就大声痛哭，再也不敢叛乱。

向五子王盘踞石黑城（在四川奉节县东北境），让他的儿子向宝胜占据双城（在湖北巴东县北）。自从水逻城被平定后，陆腾一再派人去晓谕他，向五子王还是不肯归顺。于是派兵讨伐，将向五子王擒获，并活捉一万多人，凡是向姓酋长，全部予以处决。

信州过去州治所在白帝城，讨平群蛮后，陆腾奏请朝廷将信州州府迁移到八陈滩北（在四川奉节县南），并请求任命司马裔为信州刺史。

小吏部陇西人辛昂，奉命出使梁、益等州，并且替陆腾督运粮草。当时，临（治今四川忠县）、信（治今四川奉节县东北）、楚（治今四川巴县）、合（治今四川涪陵县东南）等州百姓都进行叛乱，辛昂用顺逆福祸的道理去晓谕他们，当地百姓听从归附他的，多如归市。辛昂于是分配年老力弱的，负责运粮的工作；年轻力壮的，就担任打仗的任务，大家全无怨言，都乐意听从他的调遣。等到辛昂出使任务完成，准备回朝时，正好遇到巴州万荣郡（故治在今四川达县西北）百姓反叛，围攻郡城，阻断山区通道。辛昂对他的同伴说："叛徒凶恶猖獗，如果等候奏报，再派兵征讨的话，万荣郡城孤立无援，一定会陷没寇党之手。只要有利于百姓，我们奉使在外，权宜专断行事，应当是可以的。"

于是就在通（治今四川达县）、开（治今四川开县）两州招募兵士，招得三千人，日夜兼程，出敌不意，直冲叛贼营垒，叛贼认为大军杀到，一听风声不对，就瓦解溃退，于是整个万荣郡便获得保全。北周嘉勉他权宜行事得当，任命他为渠州刺史（治今四川渠县）。

冬季，十月，[乙卯]（十二日），北齐少主高纬任用侯莫陈相为太傅，任城王高湝为太保，任命娄叡为大司马，冯翊王高润为太尉，任命开府仪同三司韩祖念为司徒。

庚申日（十七日），陈朝废帝陈伯宗到太庙祭祀祖先。

十一月，乙亥日（初二），周主宇文邕派遣专使前往建康吊丧。

丙戌日（十三日），周主宇文邕去巡视武功等处修筑的新城。十二月，庚申日（十八日），周主宇文邕回到长安。

北齐河间王高孝琬怨恨执政者们奸佞不法，用草扎束成他们的形状，然后弯弓去射他们。和士开、祖珽等向北齐太上皇高湛诋毁他，说："高孝琬扎结草人，草人很像圣上。又，上回突厥侵犯并州，高孝琬脱下头盔，投掷地上，说：'我难道是老太婆，需要穿戴这种东西？'在这句话里，将陛下比作妇人。还有，东魏的歌谣说：'河南种谷河北生，白杨树端金鸡鸣。'河南、河北的意思，就是'河间'。'金鸡鸣’三字，隐喻河间王高孝琬将设金鸡于竿，即位而行大赦。”北齐太上皇帝听了这话，便对河间王高孝琬产生了疑心。

碰巧高孝琬得到佛牙，放置在自己的府第中，入夜有神光显现。北齐太上皇听到这个消息，便派人前往搜寻，搜出镇库矟幡（矛长丈八曰“矟”，用矟悬幡曰“矟幡”）数百张。北齐太上皇认为这些是造反的器械，于是下令收捕审讯高孝琬和他的家人。高孝琬的姬妾中，有一位姓陈的，因为得不到宠幸，便诬告他说：“高孝琬曾经画陛下画像，对着哭泣。”其实是世宗的像。北齐太上皇大怒，命武卫赫连辅玄倒持鞭杖，用力鞭打高孝琬，高孝琬忍受不了，大呼叔父饶命。北齐太上皇怒叱他说：“你是何人？敢呼我为叔父？”高孝琬回答他说：“我是神武皇帝高欢的嫡孙，文襄皇帝高澄的嫡子，东魏孝静皇帝的外甥，为何不能称你为叔父？”北齐太上皇见他竟敢辩驳，于是更加生气，拿起巨杖，用力猛打，高孝琬两腿应声折断，活活被高湛打死。

河间王高孝琬被打死，安德王高延宗哭得十分伤心，眼泪流尽，继之血出，因悲愤难消，他便又扎结草人，扮成北齐太上皇，一边打一边问：“为什么杀我哥哥？”不料竟被家奴告发，北齐太上皇命人将高延宗捉来，命他伏卧在地，用马鞭狠狠地抽打他二百下，直到他僵卧没有声息，这才停手，高延宗又差点被他打死。

这一年，北齐下诏特赐侍中、中书监元文遥姓高姓。没过多久，又擢升他为尚书左仆射。

自魏末以来，北齐县宰多用小厮仆役，因而士大夫都不屑于当县长。元文遥认为县令是治理百姓最重要的地方长官，于是请求变更选拔办法，暗中先选好贵族子弟，然后由皇上颁布敕令，任命他们为地方守宰；但又担心他们上奏申诉，因而召集他们，齐聚神武门，由赵郡王高叡宣读皇上意旨，并唱选担任县令者的姓名，厚加慰勉晓谕，再遣送他们上任。北齐任用士人担任县宰，是从这时开始的。

资治通鉴卷第一百七十　陈纪四

起丁亥（公元567年），止辛卯（公元571年），共五年。

【题解】本卷记录了公元567年至571年共五年间南北朝的史事。主要记述了北齐、北周、陈三国的内政与外交。当时正值陈废帝光大元年、二年，陈宣帝太建元年至三年；北周武帝天和二至六年；北齐后主天统三年至武平二年。陈朝经历武帝、文帝两代人近十年的努力，基本实现了对南方较为稳定的控制。陈文帝去世后，陈朝发生宫变，引起边境动乱。陈霸先的次子陈顼，夺了侄子陈伯宗的帝位，即陈宣帝，其在位期间，政局较为稳定。北齐政治日趋昏暗，北周政治却渐显清明，两国因争夺宜阳及汾北发生战争，北周因军事力量不够强大及缺乏有效整合而败北。北齐国主高纬执掌朝政后，充分继承了其父高湛的昏庸无道及喜听谗言，致使宫变不断发生。

临海王

光大元年（丁亥，公元567年）

春季，正月，癸酉朔日（初一），发生日食。

陈朝尚书左仆射袁枢去世。

乙亥日（初三），陈废帝陈伯宗下诏大赦天下，改年号为光大。

辛卯日（十九日），陈废帝陈伯宗前往南郊坛祭祀天神。

壬辰日（二十日），北齐太上皇高湛从晋阳返回邺都。

己亥日（二十七日），周主宇文邕亲下藉田，举行耕种大典。

二月，壬寅朔日（初一），北齐少主高纬举行加冠礼，并下诏大赦境内。

起初，陈高祖陈霸先担任梁敬帝丞相的时候，任用刘师知为中书舍人。刘师知博览经籍，精通文学，熟悉典制朝仪，经历世祖一朝，职位虽然没有升迁，但是深得世祖的器重和委任，与扬州刺史、安成王陈顼、尚书仆射到仲举等同奉遗诏，辅立幼主登基。刘师知和到仲举经常留在宫禁之中，参与决断众务，陈顼和亲信三百人入居尚书省。刘师知看到陈顼地位声望、权势为朝野人士所瞩目，心里猜忌他，便和尚书左丞王暹等谋划矫诏迁陈顼移出尚书省。众人犹豫不决，不敢率先采取行动。东宫通事舍人殷不佞，一向以成就建立名义节操为己任，况且在东宫又被皇上亲信委任，于是自告奋勇，驰马跑到宰相府（是时以尚书省为相府），假传国君的敕令，对陈顼说："方今四方平静无事，安成王可以还居东府（在江宁县东，为南朝宰相府第），经管处理扬州府务。"

陈顼奉到敕令，计划迁出尚书省，中记室参军毛喜（是时陈顼为骠骑大将军，毛喜为其军府中记室参军）奔驰入省，拜见陈顼说："陈朝据有天下，为时尚浅，国丧连续而至，内外疑惧不安。皇太后深思大计，召大王入居尚书省，一同稳定文武百官。今天殷不佞所宣敕令，据我推测，一定不是太后的旨意。因为事关宗庙社稷的安危，希望殿下仔细思虑。依我之见，应当再奏报太后，弄清楚是怎么一回事，不要让奸人阴谋得逞。现在殿下一出尚书省，便受制于人，好比当年曹爽，纵然只想做个富家翁就好，可是哪能办得到呢？"

陈顼觉得他的分析十分有理，于是命他跟领军将军吴明彻详加计议。吴明彻也认为："嗣君居丧，政务颇多疏忽，安成王殿下跟帝室的亲密，与周公、邵公没有什么不同，理应辅佐嗣君，安定社稷，希望留在尚书省内，不必多疑！"

于是陈顼谎称有病，没有迁出尚书省，一方面召来刘师知，留下他长谈；另一方面，派毛喜入宫奏报皇太后。皇太后沈氏说："嗣君陈伯宗幼弱，政务全都委托二郎，撵他出省，并不是我的意思。"毛喜又转报废帝。废帝说："这一定是刘师知他们出的主意，朕事先并不知有这样的事。"毛喜出宫，回复陈顼。陈顼于是拘禁刘师知，亲自入宫谒见皇太后与嗣君，极力陈述刘师知的罪过，并将自己草拟的惩处刘师知的敕文，请求嗣君认可。然后将刘师知发付廷尉治罪，当晚，在狱中赐他自尽。接着，又贬谪到仲举为金紫光禄大夫。王暹、殷不佞全部交有司治罪。殷不佞，是殷不害的弟弟，从小就以孝行著称；陈顼很看重他，因而他得免一死，只被革除官职。王暹经审讯治罪后，惨遭杀害。从此以后，政事不分大小，全都交由陈顼一人处理。

右卫将军、会稽人韩子高，坐镇领军府。留在京师的诸将中，他所率领的兵马最为强盛。他与到仲举密谋诛除陈顼，计划还未付诸实施。毛喜请求陈顼挑选兵马，配给韩子高，并赐给铁、炭，让他营造器械铠甲。陈顼很惊异地问道："韩子高想谋反，正要抓捕收押他，为何反而供给他一些造反的东西呢？"毛喜回答说："文帝陵才刚营建完毕，边境寇贼仍多，而韩子高深受前朝委任，名义上还算顺从，如果立刻收执他，只恐他未必肯认罪受缚，或许对抗起义，反而成为我们的祸患。所以，表面上，要以至诚与他相待；背地里，很自然地引他进入圈套，让他一点都不觉有疑，然后我们伺机干掉他，只要一个壮士的力量，就可以成功。"陈顼经他这么解说，很赞赏他的计谋。

到仲举被罢黜回到私宅，内心很不安宁。他的儿子到郁，娶了陈文帝的妹妹信义长公主为妻，由宣城太守升迁为南康内史。因为遇到国丧，还未上任。韩子高由于兵权过重，也深感不安，请求外放为衡州或广州刺史。到郁常乘小车，外面披上妇人的衣服以避人耳目，跑去跟韩子高商议。碰巧前上虞令陆昉，以及韩子高的军主告发他们谋反。陈顼在尚书省，通知文武百官明早入省商量立皇太子的事。清晨，趁到仲举、韩子高等人到尚书省的时候，分别把他们拿下，连同到郁，一并发送廷尉定罪，当晚，下诏赐他们在狱里自尽。其他党羽，一概不加问罪追究。

辛亥日（初十），陈南豫州刺史余孝顷因谋反被杀。

癸丑日（十二日），陈朝废帝陈伯宗任用东扬州刺史、始兴王陈伯茂为中卫大将军、开府仪同三司。陈伯茂，是陈废帝同母的弟弟，刘师知、韩子高等设谋除掉陈顼，陈伯茂都曾参与其中。司徒陈顼担心他煽诱内外，鼓动事端，因而启请陈废帝陈伯宗授他中卫之职，命他居留宫禁之中，专陪皇帝游乐休息。

三月，甲午日（二十三日），陈朝废帝陈伯宗任用尚书右仆射沈钦为侍中、尚书左仆射。

夏季，四月，癸丑日（十三日），北齐派遣[兼]（据《北齐书》补）散骑常侍司马幼之到建康访问。

陈湘州刺史华皎，听到韩子高被杀的消息，内心深感不安，于是积极缮治兵甲，聚集徒众，巡行安抚部众，并上表启奏，请求改调广州，借以窥伺朝廷意向。司徒陈顼假装答应，可是改调他的诏书迟迟不肯发出。华皎也提防朝廷对他不利，就暗中派遣使者到北周，悄悄勾引周兵南下，同时又归降后梁，奉萧岿为主，并送他的儿子华玄响到后梁做人质。

五月，癸巳日（二十三日），陈顼任用丹阳尹吴明彻为湘州刺史。

甲午日（二十四日），北齐任用东平王高俨为尚书令。

司徒陈顼派遣吴明彻率领水军三万，溯江西上，直逼郢州。丙申日（二十六日），再派遣征南大将军淳于量率领水军五万，继续西上进兵。又派遣冠武将军杨文通从安成（今江西安福县西）陆路出茶陵（今湖南茶陵县东）；又命令巴山太守黄法慧从宜阳（江西宜春）穿越澧陵（湖南醴陵），一同前往攻打华皎。另外饬令江州刺史章昭达、郢州刺史程灵洗，与吴明彻、淳于量等一起谋划进讨华皎。六月，壬寅日（初三），又任用司空徐度为车骑将军，总督建康诸军，从陆路讨伐湘州。

辛亥日（十二日），周主宇文邕尊奉他的母亲叱奴氏为皇太后。

己未日（二十日），北齐册封皇弟高仁机为西河王，高仁约为乐浪王，高仁俭为颍川王，高仁雅为安乐王，高仁直为丹杨王，高仁谦为东海王。

华皎所派使者抵达长安，梁主萧岿也上奏章到北周，报告江南情况，并请派兵支援华皎。北周商议出兵策应华皎，司会中大夫崔猷反对说："前年东征（攻齐洛阳），士兵伤亡过半；近来虽加安抚，元气仍未恢复。目前，陈氏保守边境，休养百姓，与邻国敦睦友好，这种情况下，我们怎好贪图他的土地，接纳他的叛臣，违背结盟的信约，毫无正当理由就出兵呢？"晋国公宇文护不理睬他的反对，决定出兵南下。闰六月，戊寅日（初九），宇文护派遣襄州总管、卫国公宇文直督率柱国陆通、大将军田弘、权景宣、元定等领军南下，支援华皎。

辛巳日（十二日），北齐左丞相、咸阳武王斛律金去世，享寿八十。斛律金长子斛律光为大将军，次子斛律羡及孙子斛律武都位居开府仪同三司，出任大州刺史，其余子孙封侯显贵的很多。家族中，女子出了一位皇后，两位太子妃；男子有三位娶公主为妻。斛律家仕宦于齐，三世显贵尊宠，当代没有一家能和他们相比。自肃宗高演以来，北齐君主对斛律金的礼遇，尤其敬重，每当朝见天子，经常让他乘坐的步挽车直接开到殿阶才下车，有时还派宫廷用的羊车去迎接他。然而斛律金并不因此而得意，他曾经告诫斛律光说："我虽然没读过书，但也听说古来外戚家很少有能保全宗族的。女儿如果得到国君宠幸，便遭到其他妃嫔嫉妒；倘若失宠，便被天子忌恨。我斛律家纯靠功勋获得富贵，何必凭借女儿得宠以求取功名呢？"

壬午日（十三日），北齐太上皇高湛任用东平王高俨为录尚书事，左仆射赵彦深为尚书令，任用并省尚书左仆射娄定远为邺省尚书左仆射，中书监徐之才为尚书右仆射。娄定远，是娄昭的儿子。

秋季，七月，戊申日（初十），陈废帝陈伯宗册立皇子陈至泽为太子。

八月，北齐太上皇高湛任用任城王高湝为太师，冯翊王高润为大司马，任命段韶为左丞相，贺拔仁为右丞相，任命侯莫陈相为太宰，娄叡为太傅，任命斛律光为太保，韩祖念为大将军，任命赵郡王高叡为太尉，东平王高俨为司徒。

高俨深得太上皇及胡后的宠幸，当时兼任京畿大都督、领军大将军、御史中丞等职。魏朝旧制，御史中丞外出，和皇太子分路而行（不用引车避道），王公都要远远靠边停车，拉开拖牛，解轭放在地上，等候中丞经过，然后起驾，以示礼敬；倘若有迟延或不驻车解轭的，那么御史中丞的前驱仪从，就挥动赤棒，棒打他。自从迁都邺城以后，这项礼仪已经废绝，这时，太上皇高湛想尊宠东平王高俨，于是命他完全遵照魏朝旧制而行。高俨初从北宫出来，预备前往御史中丞府，举凡京畿大都督府的步骑、领军大将军府的官属、御史中丞和司徒前行的仪仗，全都出动，跟随在他前后。太上皇高湛和胡后在华林园东门外搭建帐幕，坐在那儿观赏，故意派遣宦官驰马冲撞高俨前导的仪仗，但一下子就被拦住。宦官自言奉有敕令要冲过去，话都还没说完，高俨前驱仪从，就挥动赤棒，立刻敲碎他的马鞍，马受惊吓，硬把那位宦官从马上给摔下来。太上皇高湛看了十分开心，大声欢笑，认为极妙，另派人传下敕令，要高俨停下马车，传话慰问了好久。邺城的人，全都出来观看。

高俨经常留在宫中，坐在含光殿批阅公文，他的一些叔父辈，见到了他，都要先向他下拜。太上皇高湛有时前往并州（晋阳），高俨就常常留守邺宫。每次太上皇启驾，他都送行，有时送到半路，有时一送就送到晋阳，然后才折返回来。他所玩赏的器物、所穿戴的衣服以及装饰，都与少主高纬相同。他日常所需用品，全由府库供给。他曾在南宫少主处看到官库提供的用冰冷冻的早熟李子，从南宫回来后便大发脾气说："尊兄已有新李，为什么独独我没有？"从此以后，只要北齐少主先他获得什么新奇的东西，那么官库属吏与工匠必定会受到他的责罚。高俨个性刚毅而能决断，曾在太上皇高湛面前批评他哥哥说："阿兄怯懦，怎能领导左右臣属？"太上皇高湛夸赞他有才干，认为高纬拙劣，于是有废黜高纬、另立高俨的意思，因为胡后的劝阻，太上皇才打消这个念头。

华皎派遣使者去诱骗章昭达，要他背叛朝廷，章昭达不为所惑，押送华皎派来的使者到建康。华皎又派人去煽动程灵洗，程灵洗不为所动，反将来使斩首。华皎因武州（武陵郡，梁、陈置武州，治今湖南常德）处在他的心腹要害之地，特派人招诱都督陆子隆，陆子隆不肯依从；华皎便派出部队去进攻他，但又无法取胜。巴州刺史戴僧朔等，都归从华皎统领；长沙太守曹庆等，原来就是华皎的属下，于是都听命于他，为他驱驰效命。司徒陈顼担忧长江上游郡守县宰受到华皎的煽惑而归降他，于是启请陈废帝陈伯宗下诏，违背法律宽赦湘、巴二州受华皎挟制的人。九月，乙巳日（初七），陈废帝陈伯宗下令，将华皎留在京邑的家属一律处死。

梁主萧岿任用华皎为司空。派遣柱国王操带领水军两万，南下援助华皎。北周（荆州总管）权景宣带领水军，大将军元定带领陆军，卫国公宇文直总督水、陆两军，跟随华皎顺流东下。淳于量屯兵夏口（湖北武昌县西汉水入江处），宇文直屯驻鲁山（湖北汉阳县北），派元定带领步骑数千，进围郢州（武昌）。华皎大军安营在白螺矶（在湖北监利县东南白螺山旁），与吴明彻等相持不下。徐度、杨文通从江西翻越山岭，偷袭湘州，俘虏了华皎留在湘州后方的所有军士家属。

华皎与北周、后梁水军，从巴陵顺流乘风而下，军势很盛，与官兵在沌口（湖北汉阳县西南三十里，地处沌水入江之口）交锋。淳于量、吴明彻募集军中小舰，多赏给他们金银，命他们先驰出去抵挡西军的大舰，并承受他们拍竿的拍击；等西军所有战舰的拍竿都发动完了，淳于量才派出大舰去拍击他们，最终西军大舰都被击碎，沉没水中。西军又用船舰，装载柴薪，顺风放火，但没过多久，风势转向，反而回过头来，烧了他们自己的船舰，于是西军大败。华皎跟戴僧朔单船逃走，驰过巴陵，不敢上岸，直奔江陵而去，北周卫国公宇文直也向江陵方向奔逃。

元定成了孤军，进退无路，砍伐竹林，开辟道路，一边战斗一边撤退，原想赶往巴陵，不料巴陵已被徐度等占领。徐度等派遣使者，假意要与元定结盟，并应允放他归国。元定相信不疑，便放下武器，向徐度投降，徐度却将他拿下，俘虏了他所有的部队，并擒获后梁大将军李广。后来，元定被押送建康，因忧愤发病而亡。

华皎党羽曹庆等四十多人，都服罪被杀。其中，只有岳阳太守章昭裕，因为是章昭达的弟弟；桂阳太守曹宣，是陈高祖的旧部属；还有衡阳内史、汝阴人任忠，因前曾有密启给朝廷，因而获得赦免。

吴明彻乘胜进攻后梁的河东郡（今湖北松滋县），攻下城池。

北周卫国公宇文直，将这次战争的失败，委罪于后梁的柱国殷亮，梁主萧岿知道这次的败退，其过不只在殷亮，可是却不敢违背他的命令，只好将殷亮给杀了。

北周沔州刺史裴宽鉴于周、陈的相互交恶，报告襄州总管，请求增加戍守兵力，并请迁移州城到羊蹄山（湖北汉川县南），以避开陈军水陆的侵袭。襄州总管派遣增防的部队还没有赶到，程灵洗果真率领水军突然攻到城下。碰巧又逢大雨，秋水暴涨，程灵洗得雨水之助，率舰直逼城下，发动拍竿，拍击城楼，城上短墙，全被拍碎，弓弩大石交加，日夜猛攻三十多天，陈军登上城垣，裴宽依旧带领部众，手执刀剑，奋力抵抗，又过了两天，程灵洗才捉住他。

丁巳日（十九日），北齐太上皇高湛前往晋阳。这一年秋天，山东闹[大]水灾，当地饥荒，饿死的人，布满道路。

冬季，十月，甲申日（十七日），陈废帝陈伯宗到太庙祭拜祖先。

十一月，戊戌朔日（初一），发生日食。

丙午日（初九），北齐少主高纬下诏大赦境内。

癸丑日（十六日），北周许穆公宇文贵从突厥回来，半途死在张掖。

癸丑这一天，北齐太上皇高湛从晋阳返回邺都。

十二月，北周晋国公宇文护的老母去世，宇文护请假居丧，但没过多久，周主宇文邕下诏，请他节哀复职，处理众务。

北齐秘书监祖珽，与黄门侍郎刘逖友善。祖珽想当宰相，把持朝政，于是上疏陈述现任执政赵彦深、元文遥、和士开等人的罪状，请刘逖帮他转奏上去。刘逖不敢帮他转呈。事情被赵彦深等三人探悉，他们三人先向北齐太上皇高湛自陈无过。北齐太上皇大怒，派人将祖珽捉来，严厉地责问他，祖珽也借此时机，陈述和士开、元文遥、赵彦深等结党营私、舞弄权势、出卖官爵、收取贿赂，以及讼案收受贿赂等事情。北齐太上皇高湛恼怒道："你难道不也在诽谤我！"祖珽回答说："臣不敢诽谤陛下，但陛下曾取人子女入后宫。"北齐太上皇辩解说："我是因她饥饿穷苦，好心收养她的。"祖珽说："如果说她穷，那么开仓救济就好，为何竟将她买入后宫呢？"北齐太上皇被他说得怒不可遏，便用刀尖抵着他的嘴巴，然后拿鞭杖将他乱打一顿，还准备杀掉他。祖珽大声呼叫道："陛下切莫杀臣，臣还要为陛下配制金丹呢！"此话一出，于是稍得宽免。但祖珽又开口说："陛下有一范增，可惜却不能重用他！"北齐太上皇高湛又发怒说："你自比范增，认为我是项羽吗？"祖珽回答说："项羽一介布衣，带领一批未经训练的乌合之众，不到五年时间，竟然成就了霸王的伟业。而陛下借父兄的基业，才当上国君，臣认为项羽不可随意加以轻视呢！"北齐太上皇听了，更加生气，命人用泥土堵住他的嘴巴。祖珽还一边吐一边说，北齐太上皇又命人将他鞭打二百下，然后发配到制造铠甲的地方去服劳役。没过多久，又将他迁徙到光州（治今山东掖县），敕令地方官将他牢牢地看押。光州别驾张奉福迎合执政的意思，存心整治他，便曲解说："牢，就是地牢的意思。"于是将他关押在地牢中，白天，枷锁不离其身，让他行动不得自由；夜里，点芜菁子油灯，熏他眼睛，祖珽双目被熏失明。

北齐七兵尚书（犹后之兵部尚书。《通典》卷二十三《职官五》曰："魏置五兵尚书。'五兵'，谓中兵、外兵、骑兵、别兵、都兵也。晋太康中，又分中兵、外兵各为左、右，至后魏始有七兵尚书。"）毕义云，做事暴虐残忍，他的残忍，不是具有人性的人所能干得出来的。对待家人，尤其残暴。某天夜里，他被强盗杀死，强盗留下一把凶器，经人验看指认，竟是他儿子毕善昭身上所佩带的。主管刑狱的官吏，将毕善昭拘捕，加以处决。

光大二年（戊子，公元568年）

春季，正月，己亥日（初三），陈废帝陈伯宗擢升安成王陈顼为太傅，兼领司徒，外加特殊礼遇。

辛丑日（初五），周主宇文邕前往南郊坛祭祀所感帝灵威仰。

癸亥日（二十七日），北齐太上皇高湛派遣兼散骑常侍郑大护到陈国访问。

陈朝司空、湘东忠肃公徐度去世。

二月，丁卯日（初二），周主宇文邕前往武功。

突厥木杆可汗对北周怀有二心，已经答应嫁女于周，又答应与北齐通婚，扣押陈国公宇文纯等好几年，不让他回国复命。碰巧突厥遭遇大雷电、大风暴，毁坏木杆可汗的帐幕。雷电、狂风持续十日不停。木杆可汗害怕，认为是上天降罪给他，这才准备嫁妆，遣送他的爱女到北周，陈国公宇文纯等到此时才奉迎那女子回国。三月，癸卯日（初八），迎聘使者回到长安，周主宇文邕亲自出郊，举行迎亲之礼。甲辰日（初九），周主宇文邕下诏大赦境内。

乙巳日（初十），北齐太上皇高湛册封东平王高俨为大将军，南阳王高绰为司徒，开府仪同三司徐显秀为司空，广宁王高孝珩为尚书令。

戊午日（二十三日），北周燕文公于瑾去世。于瑾功勋越高，权柄越重，事奉皇上却越恭谨。每次上朝参谒，侍从人员，不过二三骑。朝廷凡有军国大事，多找于瑾商量决定。于瑾也竭尽他的才能，辅弼佐益君主，在所有的功臣中，格外受到皇上的亲敬和宠信，周主对他礼遇的隆重，始终如一。于瑾教导训育子弟，专事宁静恬退，而子孙繁衍众多，都很发达显贵。

吴明彻乘胜攻打江陵，引长江水来灌江陵城。梁主萧岿和北周江陵总管田弘退守纪南城（在江陵县北十余里）以避开他的进攻，留下尚书仆射王操和北周江陵副总管高琳固守江陵三城，日夜不停地抵抗，持续了百日之久。后梁将领马武、吉彻等击败吴明彻。吴明彻退守公安，梁主萧岿这才返回江陵。

夏季，四月，辛巳日（十七日），周主宇文邕册封达奚武为太傅，尉迟迥为太保，齐国公宇文宪为大司马。

北齐太上皇高湛前往晋阳。

北齐尚书左仆射徐之才精通医术，每当北齐太上皇有病，找他治疗，都能痊愈。中书监和士开想依次升迁，担任仆射的职位，于是设法挤掉徐之才，外放他为兖州刺史。五月，癸卯日（初九），北齐任命尚书右仆射胡长仁为尚书左仆射，和士开为尚书右仆射。胡长仁，是北齐太上皇后胡氏的哥哥。

庚戌日（十六日），周主宇文邕前往太庙祭拜祖先。庚申日（二十六日），宇文邕到醴泉宫（今陕西醴泉县东北）。

壬戌日（二十八日），北齐太上皇高湛从晋阳返回邺都。

秋季，七月，壬寅日（初九），北周随桓公杨忠去世，由他的长子杨坚承继他的爵位。杨坚任开府仪同三司、小宫伯，晋国公宇文护想拉拢他为心腹，杨坚请示他的父亲杨忠，他的父亲说："两个婆婆之间，做媳妇的不好当，很难伺候两边满意，你还是不要倾向他吧！"杨坚谨遵父训，于是婉拒了宇文护的美意。

丙午日（十三日），陈废帝陈伯宗前往太庙祭拜祖先。

戊午日（二十五日），周主宇文邕从醴泉宫返回长安。

壬戌日（二十九日），陈废帝陈伯宗册立皇弟陈伯智为永阳王，陈伯谋为桂阳王。

八月，北齐派遣使者到北周，请求修睦和好；周主宇文邕应允，派遣军司马陆程到北齐访问。九月，丙申日（初四），北齐太上皇高湛派遣侍中斛斯文略到北周访问。

冬季，十月，癸亥日（初二），周主宇文邕前往太庙祭拜祖先。

庚午日（初九），陈废帝陈伯宗前往太庙祭拜祖先。

辛巳日（二十日），北齐任用广宁王高孝珩为录尚书事，尚书左仆射胡长仁为尚书令，任用右仆射和士开为尚书左仆射，中书监唐邕为尚书右仆射。

十一月，壬辰朔日（初一），发生日食。

北齐派遣兼散骑常侍李谐启程到江南访问。

甲辰日（十三日），周主宇文邕前往岐阳。

[壬子]（二十一日），周主宇文邕派遣开府仪同三司崔彦等到北齐访问。

陈始兴王陈伯茂因为皇叔安成王陈顼独揽朝政，内心甚感不满，因此多次口出恶言诋毁他。甲寅日（二十三日），陈顼假借太皇太后令，诬指废帝陈伯宗，说他“与刘师知、华皎等通谋”。又说：“文帝知道自己儿子幼弱，不应该被立为国君，与帝尧的清楚自己儿子不肖，而不肯传位于丹朱，同样具有先见远识；文帝一向有传位于弟的意思，这和吴太伯的让位于弟，又相辉映。现在可以重申实现文帝欲立其弟的夙愿，推立贤君。”于是罢黜陈伯宗为临海王，改由安成王陈顼入继为君。同在这一天，太皇太后又下令贬谪始兴王陈伯茂为温麻县侯，遣他出宫，移居别馆。安成王陈顼却暗中派遣刺客，在半路上拦截他，将他刺死在车中。

北齐太上皇高湛旧病复发，命人搭乘快捷驿车前往兖州追回徐之才来看病，徐之才还没有赶到。[十二月]，辛未日（初十），北齐太上皇已濒临弥留状态，将身后之事嘱托和士开料理，握着他的手，跟他说：“希望不要辜负我！”说完，就死在和士开的手中（时年三十二岁）。第二天，徐之才赶到，可是已经来不及施救，和士开又派他返回兖州任所。

和士开隐瞒北齐太上皇帝的死讯，一连三天都不肯发出讣告。黄门侍郎冯子琮问他是什么原因，和士开回答说：“神武、文襄刚刚去世的时候，也都秘不发丧，方今主上年幼，担心王公大臣怀有异心的，会乘机图谋不轨。我的意思是先将他们全部召集到凉风堂（在晋阳宫殿中），然后再与群公详议治丧的事情。”和士开一向猜忌太尉、录尚书事、赵郡王高叡，以及领军将军娄定远。冯子琮生怕和士开矫诏将高叡外放，并夺取娄定远的禁卫兵权，于是欺骗他说：“大行皇帝早已传位给当今圣上，群臣得富贵的，全是陛下父子的恩赐，只要朝廷贵臣的职位保证全不更换，那么王公大臣必定不会别生异心。时代已经不同，事情也有差异，太上皇驾崩，怎好秘不发丧，再跟前朝时代相比呢？而且您不出宫门，已有几日，太上皇升天的事，行路之人，都在互相传报，倘若长久拖着，却仍然不发布讣闻，那么朝野惊疑，只怕反而会有其他变故发生！”和士开被他这样一说，心里倒也十分害怕，于是下令发出北齐太上皇高湛去世的消息。

丙子日（十五日），北齐少主高纬下诏大赦境内。戊寅日（十七日），高纬尊太上皇后胡氏为皇太后。

侍中、尚书左仆射元文遥，认为冯子琮是胡太后的妹夫，担心他赞成胡太后垂帘干预朝政，因而与赵郡王高叡以及和士开等共同谋划，外放他为郑州刺史。

北齐世祖高湛骄奢淫逸，徭役、赋税繁重，官吏、百姓都为这些感到痛苦。甲申日（二十三日），北齐后主高纬下诏说：“太上皇所居之处，一切精细工艺营造，及各类工匠，全部停作休息。邺下、晋阳、中山三处的宫人，和罪人家口没入官府为奴仆的，其中年老和有病的，有关官吏应该加以检视，全部予以放还。”〔庚寅日〕（二十九日），北齐后主高纬又下诏说：“〔从文宣帝天保七年以来〕各家罪非主犯，只因为亲戚关系而被判处流刑的，准许他们调整恢复自由之身，听任他们还乡。”

北周梁州恒稜獠反叛，梁州总管府长史赵文表领兵前往征讨，诸将想从四面围攻，赵文表则说：“从四面进攻，生獠要投降或要逃跑的路子全部断绝，那么他们势必尽其死力来对抗我们，这样，反而不易战胜他们。现在我改用单路进攻，并且先用恩威宣喻他们，为恶的，讨伐他；从善的，安抚他。愿意与我们合作的，和不肯与我们合作的，区别分明后，联合愿意跟我们合作者，合力讨伐那些不肯听从的，这样的话，就容易剿灭他们了。”于是将这个意思宣布下去，让整个军中都知晓这层道理。当时，有从军的熟獠（归化政府之獠民），有很多与恒稜生獠（未归化之獠民）是亲戚熟识的，他们就将在周军中所知道要如何讨伐的方略，转告他们，恒稜生獠听了，相与聚集商议，议而未决，还在犹豫中，赵文表大军已进逼他们边境。通往恒稜有两条路，一条稍微平坦，一条极为险陡，这时有獠帅数人来拜见赵文表，说是愿意来做向导。赵文表回答他们说："这条路径平坦，无须向导。诸君但请先回去晓谕你们子弟，要他们来归降就好了。"于是遣送他们回去。赵文表转身对诸将说："獠帅以为我们会从平坦的道路进攻，他们必定会在路上设伏截击我们，我们倒要出其不意，另外从险径进攻。"于是率军从险道进发。登高下望，果真发现宽路旁设有伏兵。生獠酋长已经失算，便争率部属前来投降。赵文表对他们温言加以安抚，仍然课征他们的租税，结果没有敢违抗的。北周因而任用赵文表为蓬州（治今四川营山县东北）长史。

高宗宣皇帝上之上

太建元年（己丑，公元569年）

春季，正月，辛卯朔日（初一），周主宇文邕因为齐世祖高湛去世而停止朝会，派遣司会中大夫李纶为特使，到北齐吊丧，致送赙仪，并参加北齐世祖的葬礼。

甲午日（初四），安成王陈顼即位为皇帝，改年号为太建，颁诏大赦天下。恢复太皇太后章氏尊号为皇太后，皇太后沈氏为文皇后；册封王妃柳氏为皇后，世子陈叔宝为太子；册封皇子陈叔陵为始兴王，承继始兴昭烈王的香火。乙未日（初五），陈宣帝陈顼前往太庙祭拜祖先。丁酉日（初七），陈顼任命尚书仆射沈钦为尚书左仆射，度支尚书王劢为尚书右仆射。王劢，是王份的孙子。

辛丑日（十一日），陈宣帝陈顼前往南郊坛祭祀天神。

壬寅日（十二日），陈宣帝陈顼册立皇子陈叔英为豫章王，陈叔坚为长沙王。

戊午日（二十八日），陈宣帝陈顼前往太庙祭拜祖先。

北齐博陵文简王高济，是北齐世祖高湛的同母弟弟，担任定州刺史，向人扬言说："按照兄弟的次第，我也应当轮做天子。"这话传到齐主高纬耳里，便派出密使，到定州将博陵王高济暗杀掉，然后还假装好心地按为亲王料理丧事的礼仪，给他治丧和追赠官爵。

二月，乙亥日（十五日），陈宣帝陈顼亲下藉田，举行耕种典礼。

甲申日（二十四日），北齐君臣在永平陵安葬武成帝灵柩，庙号世祖。

乙丑日（二十九日），齐主高纬改封东平王高俨为琅邪王。

齐主高纬派侍中叱列长叉到北周访问。

齐主高纬任用司空徐显秀为太尉，并省尚书令娄定远为司空。

起初，侍中、尚书右仆射和士开，由于受到北齐世祖高湛的亲昵宠爱，得以自由进出齐世祖的卧室，出入行动不受限制，因而与胡太后有染。等到齐世祖高湛去世后，齐主高纬因为和士开是受先皇顾命托孤的大臣，所以特别重用他，和士开的威势权柄便因此更加盛大，与领军将军娄定远、录尚书事赵彦深、侍中尚书左仆射元文遥、开府仪同三司唐邕、领军綦连猛、高阿那肱、度支尚书胡长粲等共同执掌国政，当时人称"八贵"。太尉赵郡王高叡、大司马冯翊王高润、安德王高延宗和娄定远、元文遥等都向齐主高纬进谏，请他把和士开外放。碰巧遇到胡太后在前殿宴请贵臣，高叡便挺身而出，当面陈述和士开的罪过说："和士开作为先帝狎弄的臣子，好比城基下的狐狸、太社里的老鼠，凭借帝王的威势，暗中为非作歹，收受别人的财物，在宫廷内做出淫乱的行为。臣等基于正义，不能闭口不言，因此不畏冒犯诛戮，斗胆向太后陈述。"胡太后十分气愤地说："先帝在时，你们为什么不早向他说？等他死后，才来对我说，你们今天是不是想欺负我们孤儿寡母？诸位只管喝酒，不要多说了！"高叡等听她这么说，言语脸色变得更加严肃。仪同三司安吐根说："臣本是经商的胡人，很荣幸能追随在诸位贵人行列的末位，臣既受皇室厚恩，怎敢吝惜生命而不为朝廷除奸呢？今天不外放和士开，朝野的人心便不会安宁。"胡太后敷衍他们说："这件事改天再行讨论，你们暂且解散回府。"高叡等一批人，有的将帽子扔在地上，有的拂袖而出。到了第二天，高叡等又到云龙门，令元文遥入宫上奏弹劾和士开，三次往返陈说，胡太后都不肯依从。左丞相段韶派胡长粲传太后的懿旨说："天子棺柩还未安葬，你们上奏的事太过急促，希望再加三思！"高叡等于是都拜命致歉。胡长粲回去复命。胡太后很高兴地对他说："成全妹妹母子一家的，实在靠阿兄的力量。"于是下旨厚赏高叡等，事情暂且搁置下来。

胡太后和齐主高纬召和士开入宫，向他讨教对策。和士开说："先帝在群臣中，对臣最为优厚。陛下才刚居丧，大臣便有窥伺的野心。现在如果将臣外放，正是他们剪除陛下左右亲信的开始。陛下应对他们的办法，可如此对高叡说：'元文遥与和士开，都受先帝的宠信委任，而今难道可以将他们一人外放，一人还留在朝廷吗？要么就两个人一起外调出去担任刺史，并命他们暂且仍旧兼领现在的职务。等到大行皇帝灵柩安葬完毕，再遣送他们上路。'高叡等认为臣等真的要外放，那么内心必定会感到高兴。"齐主高纬与胡太后都很赞同他的这个计策，便将他所教的话一五一十地告诉高叡等人。同时公布调迁和士开为兖州（治今山东滋阳县西二十五里）刺史，元文遥为西兖州（治今河南滑县）刺史。待到大行皇帝灵柩安葬完毕，高叡等催促和士开上路，胡太后却想留下和士开，等过百日之后，再让他上任。高叡不肯答应。数日之间，胡太后一再提出这个要求。有宫内宦官知道太后隐私的，劝高叡说："太后的意思既然如此，殿下又何必苦苦跟她对抗呢？"高叡说："我受先帝顾托，职责不轻，方今嗣主年幼，岂可让奸邪之臣侍在他身旁呢？我如果不能拼死剪除君王身边的小人，又有何脸面苟活在世上呢？"于是又进宫拜见太后，苦苦劝谏，要胡太后放和士开上任。胡太后命人斟酒赐给高叡，高叡板起面孔说："今天是来商讨国家大事，不是为讨一杯酒喝。"说完，转身掉头而去。

和士开载运美女、珠帘到娄定远家拜访，先向他致谢说："诸位贵臣想杀我和士开，承蒙您的大力帮忙，才保全我的性命，任命我为刺史。现在特来向你辞行，恭谨地献上两位美女、一卷珠帘。”娄定远见他这么诚意多礼，心里感到十分高兴，便对和士开说：“你还想调回来吗？”和士开回答说：“在朝廷内待久了，心内常感不安；如今能够外调，实在称心如意，不想再调回了。但祈求您居中保护，让我能长久担任大州刺史，我就心满意足了！”娄定远竟然相信了他的鬼话。送他到门口，和士开说：“现在就要远行，希望入宫拜见太后和皇上，顺便向他们辞行。”娄定远应允他，和士开因而得见胡太后和齐主高纬，还向他们进言说：“先帝一去世，臣惭愧不能跟随一同去死。臣私下观察朝廷贵臣的意向，是想废黜陛下为乾明（按齐文宣帝驾崩，太子高殷即位，年号“乾明”。后废为济南王，由常山王高演入继为帝）。等臣外放之后，朝中定然会发生变乱，如此的话，臣有何面目见先帝于九泉之下呢？”说到这里，伏地痛哭。齐主高纬、胡太后也都哭泣流泪，急忙向和士开请教说：“有什么计策好应对他们的吗？”和士开回答说：“臣已经入宫，还有什么好忧虑的呢？此时最要紧的，只需数行诏书，便可应付局面。”于是齐主高纬先下一诏，外调娄定远为青州刺史，另下一诏，责备赵郡王高叡没有人臣之礼。

第二天早晨，高叡准备再入宫劝谏，他的妻子家人都阻拦他，他说：“国家社稷事重，个人生死事轻，我情愿以死追随先皇，也不忍见到幼主流离失所。”于是起身入宫，走到殿门，又有人劝阻他说：“殿下莫要进去，恐有灾祸发生。”高叡不以为然地说：“我上不负苍天，只要有利国家，就算死了，也无所恨。”于是进宫拜见太后，胡太后又提出百日后再让和士开上任的请求，高叡越发坚守前议，不肯应允。胡太后便十分生气地返身入内。高叡也悻悻然出宫，走到永巷，突然遇到伏兵，将他擒住，送往华林园雀离佛院，内宫有令，叫大力士刘桃枝将他杀害。赵郡王高叡久掌朝政，清正廉洁，为人正直，他的遇害，朝野上下都为他感到冤枉，感到痛惜。齐主高纬又下诏，恢复和士开侍中、尚书左仆射的官职。新任青州刺史娄定远见风使舵，赶紧送还和士开先前所贿赂给他的东西，并加送好几样珍宝，借以讨好和士开。

三月，齐主高纬前往晋阳。夏季，四月，甲子日（初五），把并州尚书省改为大基圣寺，晋祠改为大崇皇寺。乙丑日（初六），齐主高纬从晋阳返回邺都。

齐主高纬年幼，宫内宫外有很多宠爱的嬖妾和幸臣。武卫将军高阿那肱，一向善于逢迎巴结，受到齐世祖高湛及和士开的亲信和厚爱。齐世祖高湛经常命他在东宫侍奉齐主高纬，凭借他的善于巴结逢迎，很得齐主高纬的宠爱，屡经擢升，竟高升到并省尚书令，进封淮阴郡王。

齐世祖高湛选拔都督二十人，派他们去侍卫东宫。有一位昌黎人韩长鸾，被挑选中，在这二十位都督之中，齐主高纬唯独喜欢韩长鸾。韩长鸾，本名凤，后来却隐去本名而使用字号。他也因得主嬖幸的缘故，接连升官，一路升迁到侍中、领军、总掌门下省机密要事。

又有一位宫婢，名叫陆令萱，她的丈夫是汉阳人骆超，因为谋反被杀，陆令萱由于牵连受罚，被没入官府，发配到宫掖里来，她的儿子骆提婆也被没入官府，充当奴隶。齐主高纬还在襁褓中，陆令萱即是他的乳母。陆令萱巧慧狡黠，善于逢迎，讨人欢喜，深得胡太后的宠爱，她渐渐倚势弄权，宫闱之中，竟作威作福。到了齐主高纬即位，她被封为郡君，和士开、高阿那肱都厚着脸皮，愿做她的干儿子。齐主高纬任用陆令萱为女侍中，陆令萱引荐她的儿子骆提婆，让他入宫伺候齐主，朝夕陪侍左右，嬉戏玩耍在一起。后来深受齐主宠爱，也拜官受爵，当上开府仪同三司、武卫大将军。还有一位名叫穆舍利的宫女，本是斛律皇后的侍婢，因为姿色秀美，很得齐主高纬眷爱，陆令萱因她得宠，想笼络她，自愿做她的干妈，举荐她为有名有分的弘德夫人。于是让骆提婆和她结为兄妹，并命骆提婆冒姓穆氏。然而，在齐主那么多的嬖宠中，以和士开掌权最久，一批嬖幸之臣，都投靠他，借以巩固皇上对自己的宠爱。

齐主高纬想念祖珽，在流放的囚牢中，起用他为海州刺史（治今江苏东海县南）。祖珽想再当权，于是送信给陆令萱的弟弟仪同三司陆悉达说："赵彦深心机深沉，想行伊尹、霍光废立的故事，你们姐弟怎么能得平安？何不早早重用智士，替你们设想万全之计呢？"陆悉达将信转呈陆令萱，陆令萱又将它转给和士开。和士开认为祖珽有胆气谋略，能决断大事，也想引他作为出谋划策的人，于是捐弃前嫌，虚心待他，特意和陆令萱一同向齐主高纬保荐他说："文襄、文宣、孝昭三帝的儿子，都不能继位为国君，现在陛下独能继父为君，这是祖孝徵（祖珽字）一人的功劳。别人对我们有大功，我们不可不报答他。祖孝徵的行为虽然轻薄，但是奇谋过人，紧急时刻，可以凭仗。何况其人双目已盲，一定没有谋反的野心，希望陛下召他返京，可以向他请教自安的计谋。"齐主高纬正在思念祖珽，一听和士开这么说，当然应允，立刻颁敕，召他入都，恢复他秘书监的官职，外加开府仪同三司。

和士开在齐主面前诬陷尚书令、陇东王胡长仁骄横放肆，齐主高纬便将胡长仁外放为齐州刺史。胡长仁心头气愤难平，因此暗中谋划派遣刺客暗杀和士开。不巧，事情败露，和士开向祖珽请教怎样处置他。祖珽援引汉文帝诛杀母舅薄昭的故事。齐主高纬于是派遣使者前往齐州，赐令帝舅胡长仁自杀。

五月，庚戌日（二十二日），周主宇文邕来到醴泉宫。

丁巳日（二十九日），陈宣帝陈顼任用吏部尚书徐陵为尚书左仆射。

秋季，七月，辛卯日（初四），皇太子陈叔宝迎娶吏部尚书沈君理的女儿为皇太子妃。

辛亥日（二十四日），周主宇文邕从醴泉宫返回长安。

八月，庚辰日（二十三日），有强盗杀害周孔城防主，并献出孔城（在河南洛阳县南，为周、齐边境要地）归降北齐。

九月，辛卯日（初五），周主宇文邕派遣齐国公宇文宪和柱国李穆率军赶往宜阳（属齐，在今河南宜阳县西），修筑崇德等五城。

欧阳纥镇守广州十余年，声威恩德遍布岭南。自从华皎叛乱，陈宣帝陈顼猜疑他也可能造反，下诏征召他入京担任左卫将军。欧阳纥害怕，不敢应召，他的部下又有很多劝他反叛的，于是他起兵进攻衡州刺史钱道戢。

陈宣帝陈顼派遣中书侍郎徐俭持节前往，向他宣布朝廷旨意。欧阳纥初次接见徐俭时，盛陈甲仗侍卫，言谈措辞很不恭敬。徐俭对他说："吕嘉叛汉覆灭的事，距今实在已经太远，但将军难道就没有看到近年周迪、陈宝应叛变的下场吗？将军若要转化叛乱之祸，变为顺命之福，现在还为时不晚。"欧阳纥默然不答，因为害怕徐俭离间他的部属，便将他拘留在孤园寺，一连好几十天都不放他回去。后来，欧阳纥外出，曾顺道去看他，徐俭便对欧阳纥说："将军已经起兵，我徐俭须回京禀告天子。我的性命，虽然掌握在将军手里；但将军的成败，并不掌握在我手里，希望你不要留下我！"欧阳纥觉得他说得有理，于是放他回京复命。徐俭，是尚书右仆射徐陵的儿子。

冬季，十月，辛未日（十五日），陈宣帝陈顼下诏，命车骑将军章昭达率军南征欧阳纥。

壬午日（二十六日），陈宣帝陈顼前往太庙祭拜祖先。

十一月，辛亥日（二十六日），北周鄫文公长孙俭去世。

辛丑日（十六日），齐主高纬任用斛律光为太傅，冯翊王高润为太保，琅邪王高俨为大司马。十二月，庚午日（十五日），齐主高纬任用兰陵王高长恭为尚书令。庚辰日（二十五日），齐主高纬任用中书监魏收为尚书左仆射。

北周齐国公宇文宪等围攻北齐宜阳城，切断北齐军队运粮的通道。

自从华皎叛乱发生，陈朝与北周断绝外交来往，这时，北周派遣御正大夫杜杲前来访问，请求复交和好。陈宣帝陈顼应允，也派使者前往北周访问。

太建二年（庚寅，公元570年）

春季，正月，乙酉朔日（初一），齐主高纬改年号为武平。

北齐东安王娄叡去世。

丙午日（二十二日），陈宣帝陈顼前往太庙祭拜祖先。

戊申日（二十四日），齐主高纬派遣兼散骑常侍裴谳之到江南访问。

北齐太傅斛律光，带领步骑三万救援宜阳。他多次打败周军，修筑统关、丰化二城，打通通往宜阳的粮道后，便收兵回去。周军追击，斛律光率军反击，又将周军击败，俘获北周开府仪同三司宇文英和梁景兴。二月，己巳日（十五日），齐主高纬任用斛律光为右丞相，并州刺史；又任用任城王高湝为太师，贺拔仁为录尚书事。

欧阳纥召请阳春太守冯仆到南海（今广州市），引诱他一起反叛朝廷。冯仆到了南海，派人回去禀告他母亲冼夫人。冼夫人说："我们冯家，两代忠良，我不能因疼爱儿子而辜负国家。"于是一方面派遣军队，到郡境抵御欧阳纥军的进入；另一方面带领百越酋长去迎接章昭达的官军。

章昭达兼程赶路，很快就到达始兴（东衡州治所，在今广东始兴县西北）。欧阳纥听说章昭达突然来到，不禁内心惊慌，不知怎么办才好。最后只得出兵屯驻洭口（《水经注》卷卅九云："洭水出桂阳县卢聚，东南过含洭县，南出洭浦关，右合溱水，谓之'洭口'"），积聚大量沙石，用竹笼装着，放在水栅外面，用以阻截舟舰的通行。章昭达军位居他们的上流，命人建造舻舰，制造拍竿，又命军兵口衔利刀，潜入水中，用刀割断竹笼，笼篾一断，沙石流散，章昭达于是纵放大舰，随流冲击欧阳纥的营栅；大败欧阳纥的军队，生擒欧阳纥，用囚车将他押送回建康。癸未日（二十九日），朝廷将欧阳纥处斩，悬首建康闹市。

欧阳纥造反时，许多寄居在岭南的京城人士，莫不感到恐惧惊骇。只有前著作佐郎萧引独自安然自若，他劝慰别人说："管幼安、袁曜卿，也只有安坐静待了，君子面临大难，只要能正己以明道，直身而行义，但求无愧于心，那么又有什么好担忧的呢？”陈宣帝陈顼由此知道萧引是正直的人，等欧阳纥之乱平定，就征召他担任金部侍郎（掌财帛委输事）。萧引，是黄门侍郎萧允的弟弟。

阳春太守冯仆因他母亲冼氏一再为朝廷立功，于是被封为信都侯，调迁石龙太守（治今广东化县东北三里），陈宣帝陈顼因冼氏效忠陈室，特地下诏，派遣使者持节到岭南，册封冼氏为石龙太夫人，并赐予绣幰（有文采之车幔）、油络（车身饰以朱网油漆）、驷马安车一辆，另又赐给鼓吹一部，外加麾幢（指挥旗）、旌节，她外出前导的仪仗，全部按照刺史的仪制。

三月，丙申日（十三日），陈朝皇太后章氏去世。

戊戌日（十五日），北齐安定武王贺拔仁去世。

丁未日（二十四日），陈宣帝陈顼下诏大赦天下。

夏季，四月，甲寅日（初一），周主宇文邕任用柱国宇文盛为大宗伯。

周主宇文邕前往醴泉宫。

辛酉日（初八），齐主高纬任用开府仪同三司徐之才为尚书左仆射。

戊寅日（二十五日），陈朝君臣将武宣皇后章氏的灵柩安葬于万安陵。

闰四月，戊申日（二十五日），陈宣帝陈顼前往太庙祭拜祖先。

五月，壬午日（三十日），北齐派遣使者前往建康吊丧。

六月，乙酉日（初三），齐主高纬任用广宁王高孝珩为司空。

甲辰日（二十二日），北齐穆夫人生下皇子高恒。在此之前，齐主高纬都没有男孩，因为生了皇子，特颁诏大赦天下。陆令萱想让高恒当太子，但担心斛律后怀恨怪怨，于是建议齐主高纬，让这孩子奉斛律后为母，并交由她抚育。

己丑[酉]日（二十七日），齐主高纬任用开府仪同三司唐邕为尚书右仆射。

秋季，七月，癸丑日（初二），齐主高纬册立肃宗高演的儿子高彦基为城阳王，高彦忠为梁郡王。甲寅日（初三），高纬任用尚书令、兰陵王高长恭为录尚书事，中领军和士开为尚书令，加赐爵位为淮阳王。

和士开声威权势日益强大，当时朝廷中不知廉耻的士大夫，多去依靠他，甚至有当他干儿子的，跟唯利是图的市井富商巨贾一样没有节操。其中曾有一人，去探望他的病情，恰好遇到医生说："大王患伤寒极为严重（时和士开已封淮阳郡王），其他的药都没有效果，只有服黄龙汤最管用。"（按"黄龙汤"为多年粪汁。）和士开听了，面露难色。他这位干儿子却说："这个东西很容易服食，大王不用疑虑，我愿先尝尝给您看。"说着，果真一口就喝下。和士开心里十分感动，也就勉强喝了一些，他的病还真好了。

乙卯日（初四），周主宇文邕从醴泉宫返回长安。

癸酉日（二十二日），齐主高纬任用华山王高凝为太傅。

陈朝司空章昭达领兵进攻梁江陵城，梁主萧岿和北周江陵总管陆腾率军抵御。周军在峡口南岸修筑安蜀城，在当地长江两岸横列几道绳索。绳上编苇为桥，借以运输军粮。章昭达命军人手执长戟，站在楼船之上，仰头去割那桥上绳索。绳索一断，周军运粮通路断绝，于是纵兵进攻安蜀城，隔不多时，便将城池攻取下来。

梁主萧岿急忙向北周襄州总管、卫国公宇文直告急，宇文直派遣大将军李迁哲率军前往援救。李迁哲率领军队进据江陵外城，然后亲率骑兵，出江陵南门，又命步兵从北门杀出，首尾合力夹击陈军，陈军死伤累累。到了夜里，陈兵在城西偷偷架梯登城，登上城的有数百人，李迁哲和陆腾合力抵抗，陈兵这才退走。

章昭达又挖开龙川宁朔堤，引水灌江陵城。陆腾领兵出西堤，与章昭达作战，章昭达军占不到便宜，于是引兵撤退。

八月，辛卯日（初十），齐主高纬前往晋阳。

九月，乙巳日（九月无此日），齐主高纬立皇子高恒为太子。

冬季，十月，辛巳朔日（初一），发生日食。

齐主高纬任用广宁王高孝珩为司徒，上洛王高思宗为司空。又任命梁永嘉王萧庄为开府仪同三司，加封梁王，答应帮他复国，但始终没有实现。到了北齐被北周所灭，萧庄愤恨悒郁，死在邺都。

乙酉日（初五），陈宣帝陈顼前往太庙祭拜祖先。

己丑日（初九），齐主高纬又恢复威宗高洋的谥号为文宣皇帝，庙号为显祖。

丁酉日（十七日），北周郑桓公达奚武去世。

十二月，丁亥日（初八），齐主高纬从晋阳返回邺都。

北周大将军郑恪领兵平定越嶲，就其地设置西宁州。

北周与北齐争夺宜阳城，历久不得解决。勋州刺史韦孝宽对他的属下将帅说："宜阳一城之地，得或不得，实在不足以构成国家的损失或助益。没想到两国为争这一座城池，竟然劳师动众，争斗数载。齐国人才不少，难道会缺少足智多谋的人吗？假如他们舍弃崤东（指宜阳，因宜阳在崤山之东），改为向汾北之地发动进攻，那么我方势必要失去一大片土地。现在应该及早在华谷（今山西稷山县西北二十里）和长秋（在今山西新绛县西北三十里泉掌水滨泉掌镇）两地筑城设防，借以消除对方进犯的念头。假如对方先我而得手，那么再要去争回来，可就难了。"于是图画地形，并加上文字详细说明，然后封好，呈奏朝廷。晋国公宇文护却对他派来的使者说："韦公子孙虽然众多，但是再多，为数也不满百，如果汾北筑城，勋州兵少，派谁去镇守呢？"韦孝宽的这一筑城防齐要策，竟因此而没有实行。

没过多久，北齐斛律光果然领军出晋州道（治平阳，今山西临汾县），在汾水北修筑华谷、龙门（今山西河津县西二里）二城。然后到汾水东，和韦孝宽对阵相见，斛律光说："宜阳城，久劳两国争来夺去。现在我方已经将它舍弃给你们，我方只好改从汾北取回补偿，希望你不要见怪！"韦孝宽回答他说："宜阳对你们来说，是你们的边疆要地；汾北对北周而言，是我们所不要的地方，我丢你捡，有何补偿可言？您辅佐幼主，位重望隆，本该留在皇帝身旁，帮他抚慰百姓才对！可是却穷兵黩武，为了贪得普通寻常的土地，而导致两国军民疲惫，甚至让百姓生灵涂炭，假如我是您的话，我就不这么做。”

斛律光进军包围定阳（今山西吉县），并修筑南汾城（在吉县西北）来增加对定阳城的威胁。北周不得不撤去对宜阳城的包围，转兵北上，解救汾北的危急。晋国公宇文护向齐国公宇文宪请教救援的计策，宇文宪说：“请吾兄暂且出兵驻扎同州（陕西大荔），先营造一股进发的风声威势，然后让我带领精兵居前，或攻敌，或取地，那就随机应变而做决定了！”宇文护依照他的计策去做。

太建三年（辛卯，公元571年）

春季，正月，乙丑日（十七日），陈宣帝陈顼任用尚书右仆射徐陵为尚书左仆射。

丁巳日（初九），齐主高纬派遣兼散骑常侍刘环俊前往建康访问。

辛酉日（十三日），陈宣帝陈顼前往南郊坛祭祀天神。辛未日（二十三日），陈宣帝陈顼到北郊坛祭祀地祇。

北齐斛律光在西面边境上修筑十三城，他骑在马背上，用鞭指画筑城的地势，指定完后，他的手下立刻着手进行修筑，没过多时，十三座城便一一完成，使得北齐的国境，向西拓展延伸五百里，可是斛律光却不曾自夸他的功劳。他还与北周将领韦孝宽在汾水之北交战，并将韦孝宽打败。北周派出齐国公宇文宪督率诸将，向东挺进，对抗齐师。

二月，辛巳日（初三），陈宣帝陈顼前往明堂祭祀上帝。丁酉日（十九日），陈宣帝陈顼下藉田，举行耕种典礼。

壬寅日（二十四日），齐主高纬任用兰陵王高长恭为太尉，赵彦深为司空，和士开为录尚书事，徐之才为尚书令，唐邕为尚书左仆射，吏部尚书冯子琮为尚书右仆射，兼掌吏部选拔官员事宜。

冯子琮一向投靠巴结和士开，到这时，自认为是太后亲属，并且主管选拔官吏的工作，从此引进任用官吏，便很专断，不再禀告上司，因此与和士开有了嫌隙。

三月，丁丑日（三十日），陈宣帝陈顼下诏大赦天下。

北周齐国公宇文宪从龙门渡过黄河，向汾水北面挺进。北齐斛律光退守华谷，宇文宪攻陷他新筑好的五处城垒。北齐太宰段韶、兰陵王高长恭带领大军，同往抵抗周师。段韶攻打北周柏谷城（在今河南宜阳县南），将它攻克后奏凯而返。

夏季，四月，戊寅朔日（初一），发生日食。

壬午日（初五），齐主高纬任用琅邪王高俨为太保。

壬辰日（十五日），齐主高纬派遣使者到建康访问。

北周陈国公宇文纯攻克北齐宜阳等九处城垒。北齐斛律光带领步骑五万，前往抵御。

五月，癸亥日（十七日），周主宇文邕派遣纳言（侍中之职）郑诩到建康访问。

北周晋国公宇文护派遣他的中外府参军郭荣在姚襄城（山西吉县西五十里，西临黄河，控带龙门之险）南，以及定阳城（今山西吉县治）西修筑一座城堡。北齐段韶带领部队进攻周师，将北周军队打败。六月，北齐段韶围攻定阳城（周汾州治所），北周汾州刺史杨敷坚守抵抗，不肯投降。段韶猛烈进攻，攻陷定阳外城。这时，段韶正卧病在军中，因行动不便，就嘱咐兰陵王高长恭说："此城三面都是重重的溪涧，全无退路可走；能逃跑的，只有东南这一条通道罢了，敌人到了城池守不住的时候，必定会从这条通道逃走。你可挑选精兵，先在这条路上设下埋伏，这样一定可以将溃逃的敌人一网打尽。"兰陵王高长恭选拔壮士千余人，命令他们在定阳城东南的通道涧口，设下埋伏。不久，定阳城中粮食耗尽，齐国公宇文宪领军前来援救，因害怕段韶，不敢贸然前进。杨敷不得已，带领城中残余部队，乘夜突围而出，向东南方向逃走，才到涧口，北齐伏兵四出，将他擒住，手下部队，全都成了齐军的俘虏。乙巳日（二十九日），齐军攻克北周汾州（定阳城）及姚襄城，只有郭荣所筑城堡，安然独存，没有失陷。杨敷，是北齐尚书令杨愔同族兄弟的儿子。

杨敷的儿子杨素，从小就多才多艺，有远大的志向，不拘泥小节。他因父亲守节不降，不幸粮尽援绝，陷殁于北齐，可是迟迟未蒙朝廷赠官加谥，于是呈上奏章，为他受屈的父亲申诉争取。周主宇文邕没有答应他的请求，他便一而再、再而三地呈上奏章，结果，周主大怒，下令亲信将他处斩。杨素大声叹道："臣事奉无道天子，冤死乃理所应当啊！"周主宇文邕很欣赏他的豪放而有胆识，因此，追赠他的父亲为大将军，谥号忠壮，并加授杨素为仪同三司，杨素也逐渐受到周主宇文邕的礼遇相待。后来周主宇文邕命他撰写诏书，杨素提笔一挥，立即完成，不仅写得快，文辞内容也都优美顺畅，周主宇文邕嘉勉他说："好好努力啊！不愁不富贵。"杨素应声回答："只怕富贵来逼臣，臣却无心图富贵。"

北齐斛律光与周师大战于宜阳城下，攻克北周建安（在宜阳城侧）等四处戍所，捕获一千多人，奏凯而归。斛律光大军还未进入邺都，齐主高纬便下敕令，命他解散部队，斛律光认为军兵多立有战功，还未得到朝廷慰劳，于是秘密呈上奏章，请齐主派遣使者宣旨劳军。在此期间，斛律光大军继续向邺都进发，朝廷派遣使者迟缓，大军还都，将抵紫陌桥，天子使臣仍旧未到，斛律光不得已，便扎营等候。齐主高纬听到斛律光大军已经逼近邺都，内心十分憎恶他，急令舍人召斛律光入宫晋见，然后派人到营前宣旨慰问，解散军队。

北齐琅邪王高俨因和士开、穆提婆等专权横行，奢侈狂放，心里感到不满。和士开与穆提婆二人相互说："琅邪王目光炯炯有神，数步之外，他的目光还威棱射人，前些时，面对面回答他几句话，都不觉惊恐汗出，我辈觐见天子，奏报政事，尚不致如此。"因此他二人都猜忌琅邪王，于是合谋将琅邪王高俨从宫禁中调往北宫（在邺都北城）居住，并限令五日入朝一次，而不让他像过去那样，时时都能见到皇太后。

琅邪王高俨虽被任命为太保，但其余官职全部被免去，只留兼御史中丞和京畿大都督二职。和士开等因为北城有武器库，又想外放他到更远的地方，然后再削夺他的兵权。治书侍御史王子宜，与高俨所亲信的开府仪同三司高舍洛、中常侍刘辟强一同进入北宫，对高俨说："殿下被疏远，正是遭到和士开的挑拨离间，现在怎可迁出北宫，移居到寻常百姓之中去呢？"高俨于是对侍中冯子琮说："和士开罪孽深重，孩儿想干掉他，您意下如何？"冯子琮存心想废黜高纬，改立高俨，因此勉励他，赞成他放手去做。

高俨命王子宜上奏章弹劾和士开罪状，请有司加以收押审讯。冯子琮故意将这项重要的奏章掺杂在其他一般性的文书中，呈奏齐主批示，齐主高纬见是一堆例行公事，不仔细省览，便全部批准了，高俨得到这份批准弹劾处置和士开的奏章，更加放胆去做。他先骗领军将军库狄伏连说："奉皇上敕命，命领军收押和士开。"库狄伏连将这事告诉冯子琮，并请他再上奏请示，冯子琮说："琅邪王入奏奉准，我们何需再上奏请示呢？"库狄伏连听他说得这样坚定，相信确有此事，于是调动京畿军兵，埋伏在神虎门外，并告诫看管城门的人，不许和士开入殿。秋季，七月，庚午日（二十五日），清晨，和士开按照常例，上朝参谒天子，走到神虎门，库狄伏连迎上前去，拉住他的手说："今天有一件大好事。"王子宜从旁交给他一封公函，对他说："奉到敕令，请大王到御史台。"库狄伏连命军兵护送他去。琅邪王高俨派遣都督冯永洛到御史台将他斩杀。

高俨本意，只想杀掉和士开就好，但是与他同谋的人却逼他说："事情已经闹开，不可就此停止。"高俨也知道无法就此罢手，于是带领京畿军士三千余人，驻扎在千秋门。齐主高纬派刘桃枝带领禁卫兵八十人前去召高俨入宫觐见。刘桃枝看到高俨，远远向他弯身下拜，高俨命人把他两手反绑，准备将他杀掉，其余的禁卫兵吓得一哄而散。齐主高纬又派冯子琮去召请高俨，高俨托词说："和士开自过去以来，作恶多端，罪该万死，阴谋废黜陛下，剃去家家（齐诸王呼嫡母为“家家”）头发，逼她做尼姑，臣因为这个缘故，谎称皇帝诏书，将他杀掉。尊兄如果想杀臣，臣不敢躲避刑罚，尊兄如果赦免臣，臣希望尊兄派遣姐姐来迎接，臣立即入宫觐见尊兄。”他所说的“姐姐”，是指齐主高纬的乳娘陆令萱，高俨想诱她出来，顺便把她也杀掉。此时，陆令萱手上拿着刀子，站在齐主背后，听到高俨要她前去迎接，吓得浑身发抖。

齐主高纬又派韩长鸾去召请高俨觐见，高俨想要入宫，中常侍刘辟强挽着他的衣服，劝阻他说：“如果不斩杀穆提婆母子，殿下不可进去。”这时广宁王高孝珩、安德王高延宗恰好从西边过来，问高俨说：“为什么不进去？”刘辟强说：“兵马太少。”高延宗环顾一下四周，然后说：“孝昭皇帝高演杀杨尊彦，只动用八十人；现在有军队数千人，怎说是人少呢？”

齐主高纬哭着禀报太后说：“如果有缘分，还会见到母亲；倘若没缘分，就此永诀！”便紧急派人召请斛律光入宫；与此同时，高俨也派人去召请斛律光。

斛律光听说高俨杀了和士开，乐得不禁拊掌大笑，称赞说：“龙子做事，终究不同凡响！”斛律光进到宫来，在永巷遇到齐主高纬，高纬正在指挥四百名宿卫步骑，发给他们铠甲，准备出宫一战，斛律光说：“小儿辈搬弄兵斧，不去惹他还好，一旦跟他动手，就会激起动乱。鄙谚有这么一句话说‘奴才见到大家（谓天子也），就会死了心。’陛下应该亲临千秋门，琅邪王一定不敢轻举妄动。”齐主高纬依照他的话去做。

斛律光步行走在前头引路，派人先走出去高声叫道：“天子驾到。”高俨党羽听说天子到来，都惶惧走散。齐主高纬驻马桥上，远远呼喊高俨的名字，高俨还站立不肯前进，斛律光缓步走上前去对他说：“天子的弟弟杀一汉夫，有什么好慌张的呢？”说着，便拉住他的手，强拉他往前走，走到齐主面前，替他向齐主求情说：“琅邪王年纪还小，脑满肠肥，以致举动草率，将来年纪稍长，自然就不会再这样莽撞，希望陛下原谅他的罪过！”齐主高纬拔出高俨所佩带的刀子，用刀尖乱打他头上的缠辫，过了好久，才下令释放他。

齐主高纬下令拘捕库狄伏连、高舍洛、王子宜、刘辟强和都督翟显贵等人，押到后园，把他们肢解处死，然后曝尸在京师大街。齐主高纬想进一步杀光高俨府中的文武僚佐，斛律光劝阻他说：“这批人都是功臣贵戚的子弟，杀死他们，恐怕人心不安定。”赵彦深也说：“《春秋左传》中军队不听号令，也只责备主帅而已。”齐主于是各按他们犯过的轻重，给予相应的罪罚。

太后召高俨入宫，责问他为什么如此胆大妄为，高俨说：“是冯子琮教孩儿的。”胡太后大怒，立刻差遣使者，就在门下省内，用弓弦把冯子琮（胡太后妹夫）加以绞杀，然后派遣宦官用库车（载库物之车）将他的尸体运回家。从此，胡太后经常留高俨在宫里，每当他要吃什么食物，太后必先亲自尝尝，以防别人毒害他。

八月，己亥日（二十四日），齐主高纬前往晋阳。

九月，辛亥日（初六），齐主高纬任用任城王高湝为太宰，冯翊王高润为太师。

己未日（十四日），北齐平原忠武王段韶病逝。段韶富有谋略，领军能得将士们的拼死效力。离开朝廷能统率军旅作战，进入京城能参赞帷幄之谋，功高而望重，加以性格温和，言行谨慎，很有宰相的风范。奉养后母孝顺，闺门之内，雍容肃穆，北齐功臣贵戚，没有一家能和他相比的。

北齐祖珽又向陆令萱提起防范赵彦深的事。陆令萱就跑去对齐主高纬说，齐主就外放赵彦深为兖州刺史，而任用祖珽为侍中。陆令萱蛊惑齐主说：“人人称道琅邪王聪明英俊，当今无敌；我观察他的仪表相貌，大概不是肯久为人臣的人。自从他擅权杀人以来，我对他常怀恐惧，希望陛下快些定好计谋，早日除掉他为好！”齐主高纬身旁还有一位佞幸嬖臣，名叫何洪珍，也劝说齐主杀掉琅邪王，齐主心里迟疑不决，派人用运载食物的车子秘密接祖珽入宫，同他商量这件事。祖珽举出“周公诛杀管叔，季友鸩杀庆父”的故事来指示他。齐主高纬于是携带高俨一起前往晋阳，命右卫大将军赵元侃引诱高俨离开太后内宫，以便将他收捕。但是赵元侃说：“臣从前曾侍奉先帝，目睹先帝疼爱琅邪王。今天我宁愿被处死，也不忍心去干杀害先帝爱子的事情。”齐主高纬见赵元侃不肯，便贬谪他为豫州刺史。

庚午日（二十五日），齐主高纬禀告太后说：“明早想同仁威（琅邪王字）早起一同去打猎。”太后应允他。第二天，还在夜深四更天，齐主高纬就派人来催促高俨，高俨心中起疑。陆令萱催促他说：“尊兄召唤，你为什么不去呢？”高俨经不起陆令萱的怂恿，便整装出宫。才走到永巷，刘桃枝便将他两手反绑。高俨大声喊叫：“我要见太后、尊兄（齐主）。”

刘桃枝用衣袖捂住他的口，卷起衣袍，蒙住他的头，背着他出去，走到大明宫，高俨鼻血喷流满面，刘桃枝用力把他击打至死，此时，高俨才十四岁。刘桃枝用草席包裹尸骸，将他掩埋在室内，然后向齐主复命。齐主高纬派人禀报太后，太后临丧痛哭了十几声，就被左右拥入内殿。高俨有遗腹儿子四个，出生后不久，全都被幽禁而死。

冬季，十月，北齐废除京畿大都督府，将它并入领军府。

壬午日（初八），北周冀国公宇文通去世。

甲申日（初十），陈宣帝陈顼前往太庙祭拜祖先。

乙未日（二十一日），北周派遣右武伯谷会琨等出使北齐。

北齐胡太后进出宫门，不守贞操，和沙门（和尚）统领昙献私通，许多僧侣甚至有戏称昙献为太上皇的。齐主高纬风闻太后行为有失检点，但还不敢相信，后来，入太后宫朝拜太后，看到两位少尼很漂亮，心里十分欢喜，就召其侍寝，没想到竟然是男的，于是昙献私通太后的事，也就跟着曝光。最终昙献等都伏首认罪，全被处斩。

己亥日（二十五日），齐主高纬从晋阳宫侍奉太后返回邺都，行至紫陌，遇到大风。舍人魏僧伽精通风角（以五音占风而判定吉凶之占候法），面奏齐主高纬说："立即会有暴逆的事件发生。"齐主故意骗太后说"邺中有变故"，说完，一方面弯弓缠稍，骑马先驰入南城；另一方面派遣宦官邓长颙把胡太后幽禁在北宫，于是敕令内外所有亲戚，都不能跟太后相见。太后有时做些食物送给齐主，齐主也不敢吃。

庚戌日（十月无此日），齐主高纬派遣侍中赫连子悦前往北周访问。

十一月，丁巳日（十三日），周主宇文邕前往大散关（在今陕西宝鸡县西南）。

丙寅日（二十二日），齐主高纬任用徐州行台、广宁王高孝珩为录尚书事。庚午日（二十六日），齐主高纬又任用高孝珩为司徒。癸酉日（二十九日），齐主高纬任用斛律光为左丞相。

十二月，己丑日（十六日），周主宇文邕从大散关返回长安。

壬辰日（十九日），陈朝邵陵郡公章昭达去世。

这一年，梁司空华皎准备前往北周，路过襄阳，对襄州总管宇文直建议说："梁主萧岿已经失去江南诸郡，百姓少，国家穷，朝廷（指北周）将兴复亡国，延续绝代作为己任，那么对于梁国，理当补给援助，希望北周借给数州之地，以裨益梁国。"

宇文直认为他说得有道理，便派人向周主宇文邕禀告这个情况，周主宇文邕应允，下诏将基、平、都三州赐给梁国。

资治通鉴卷第一百七十一　陈纪五

起壬辰（公元572年），止甲午（公元574年），共三年。

【**题解**】本卷记录了公元五七二年至五七四年共三年间南北朝的史事。当时正值陈宣帝太建四至六年；北周武帝建德元年至三年；北齐后主武平三至五年。陈宣帝陈顼对外讨伐北齐，对内清理叛逆，恢复了淮南江北之地，使陈达到鼎盛时期。北周武帝宇文邕诛杀宇文护，亲政后用法严整，多所罪杀，颇事威刑，虽骨肉无所宽借；又在思想文化上强化了中央集权，兴起了大规模的灭佛运动。北齐国主高纬昏庸无道，远贤臣，亲小人，致使国力日益衰败。

高宗宣皇帝上之下

太建四年（壬辰，公元572年）

春季，正月，丙午日（初三），陈宣帝陈顼任用尚书仆射徐陵为尚书左仆射，中书监王劢为尚书右仆射。

己巳日（二十六日），齐主高纬前往南郊坛祭祀天神。

庚午日（二十七日），陈宣帝陈顼前往太庙祭拜祖先。

辛未日（二十八日），齐主高纬追赠琅邪王高俨为楚恭哀帝，借以安慰太后的悲戚。又追赠高俨的妃子李氏为楚帝后。

二月，癸酉日（初一），周主宇文邕派大将军、昌城郡公宇文深出使突厥，司宾李除、小宾部贺遂礼出使北齐。宇文深，是晋国公宇文护的儿子。

己卯日（初七），齐主高纬任用卫菩萨为太尉。辛巳日（初九），齐主高纬任用并省吏部尚书高元海为尚书左[右]仆射。

己酉日（十三日），陈宣帝陈顼册立皇子陈叔卿为建安王。

庚寅日（十八日），齐主高纬任用尚书左仆射唐邕为尚书令，侍中祖珽为尚书左仆射。起初，胡太后被幽禁在北宫，祖珽建议齐主高纬让乳娘陆令萱代为太后，说是魏太武帝拓跋焘也曾尊立保姆窦氏为保太后，祖珽甚至对人说："陆令萱虽说是女流，实际上是位英雄豪杰，自女娲以来，不曾再有她这样出众的女性！"祖珽既然这样吹捧陆令萱，陆令萱也吹捧祖珽为"国师""国宝"，祖珽因此能够晋升为尚书左仆射。

三月，癸卯朔日（初一），发生日食。

起初，周太祖宇文泰在担任西魏宰相时，设立左右十二军，全部归属相府管理节制。周太祖死后，都归晋国公宇文护指挥调度，国内所有军队的征调或发遣，非得有宇文护的签署不可。宇文护的府第驻兵护卫，比皇帝宫廷的侍卫还多。他的几个儿子和僚属都仗势作奸，贪婪残酷、横行霸道，朝士和庶民都对他们感到头痛。周主宇文邕却将自己的意见深藏不露，对宇文护家的事情，绝不加以干预，因此当时王公大臣，没有人能猜得透周主宇文邕的意旨。

稍伯大夫庾季才精于天文，宇文护召问他说："近日天象怎么样？"庾季才回复说："季才蒙受晋国公深恩，怎敢不尽我所知来禀告您呢？最近，上台二星告变示警，不利宰相（《隋书·天文志上》曰："三台六星，两两而居，三公之位也。西近文昌二星，谓之上台"），晋国公您最好将朝政交还给陛下，并向陛下请求告老还乡。这样，既可以安享百龄的高寿，赢得媲美周公、召公的美名，子子孙孙也将享有封邑，成为王室屏藩，假若不这样的话，后果就不是我庾季才所敢揣测的了！"宇文护听了，沉吟多时，最后才说："我的本意也是如此，只是要辞任，担心不易获得批准。你既是天子的官吏，自可依照朝廷体制，只去朝谒天子就行，用不着来拜见寡人！"从这以后，他就逐渐疏远庾季才。

卫国公宇文直，是周主宇文邕的同母弟弟，本来与宇文护很亲近，但是自从沌口战败回来，被免去官职，从此就憎恨宇文护，极力劝说周主宇文邕杀掉宇文护，并希望取代他的职位。周主宇文邕于是跟宇文直和右宫伯中大夫宇文神举、内史下大夫太原人王轨、右侍上士宇文孝伯等人，暗中谋划如何诛除宇文护。宇文神举，是宇文显和的儿子；宇文孝伯，是安化公宇文深的儿子。

周主宇文邕每次在宫禁中接见宇文护，大多不行君上臣下之礼，而常用兄弟家礼来招待他。如果太后赐椅子让宇文护坐的话，周主宇文邕还站着侍立在太后身边。丙辰日（十四日），宇文护从同州返回长安，周主宇文邕亲临文安殿召见他。顺便引领他进入含仁殿拜谒太后，行前周主宇文邕对他说："太后年事已高，却十分爱喝酒，朕虽然多次劝谏，但未蒙她老人家采纳。等一下吾兄趁入拜的时机，烦请启奏劝谏！"说到这儿，从怀中取出一篇《酒诰》交给他，说："烦请用这篇《酒诰》劝谏太后。"宇文护进入含仁殿后，完全按照周主的嘱咐，向太后宣读《酒诰》，还未念完，周主宇文邕在他背后用大圭奋力袭击他，宇文护突然遭到袭击，不支倒地，周主宇文邕命宦官何泉拿自己的佩刀去砍杀他，何泉惶恐手颤，砍了几次，都杀不死宇文护。卫国公宇文直事先已经藏匿殿内，看到这种情景，赶紧一跃而出，手起剑落，把宇文护劈成两段。这时，宇文神举等都还在外面，此外别无他人知晓这件事。

宫内诛除宇文护的计谋已经完成，周主宇文邕这才召入宫伯长孙览等人，告诉他们宇文护已被诛杀，并下令前去收押宇文护的儿子柱国谭国公宇文会、大将军莒国公宇文至、崇业郡公宇文静、正平郡公宇文乾嘉，以及宇文乾嘉的弟弟宇文乾基、宇文乾光、宇文乾蔚、宇文乾祖、宇文乾威和宇文护的党羽柱国北地人侯龙恩、侯龙恩的弟弟大将军侯万寿、大将军刘勇、中外府司录尹公正、袁杰、膳部下大夫李安等，将他们集中在大殿内，然后逐一加以处决。长孙览，是长孙稚的孙子。

起初，宇文护杀了太傅赵贵等人后，许多将领内心都感到不安。那时，侯龙恩被宇文护宠信，他的堂弟开府仪同三司侯植对他说："陛下年事还轻，社稷安危，就维系在几位公卿身上。晋国公如果一再杀戮大臣，借以树立权威，这样，不只社稷有叠卵滑碎的危险，就连我们侯氏宗族，恐怕也会因此而败亡。堂兄怎可明知危险而不去劝谏晋国公呢？”侯龙恩不肯照他的话去做。后来，侯植伺机向宇文护进谏说：“晋公凭借骨肉至亲，承担国家的重托，希望您竭诚尽忠王室，媲美伊尹、周公，那么这确实是天下最大的幸运！”宇文护听他这么说，忙为自己辩解说：“我发誓以身报效国家，这是你应当清楚的，但听你之言，你是否认为我有野心？”宇文护又听闻他先前对侯龙恩所说的话，因而暗中忌恨他，侯植担心会灾祸临身，竟因忧惧而亡故。等到宇文护被杀，侯龙恩兄弟全被处死，周主知晓侯植忠于朝廷，特别赦免他的子孙无罪。

大司马兼小冢宰、领雍州牧、齐国公宇文宪，素来受到宇文护的亲近和倚重，每当宇文护在决定给谁迁赏或黜罚时，宇文宪都能参与其中，因此宇文宪的权势很大。加之宇文护每次要呈奏什么事，多让宇文宪代为启奏，其中有的皇上会同意，有的不一定就会同意的事，宇文宪担心主上跟宰相如若各执己见，就容易产生嫌隙，因此，处理这类事，宇文宪每每委曲婉转地加以协调沟通，周主也察觉出宇文宪的苦心。等到宇文护被杀，周主宇文邕召请宇文宪入殿，宇文宪脱下冠帽，向周主下拜谢罪，周主温言劝勉鼓励他，并命他带人到宇文护宅第，去接收相府兵符以及其他一些簿籍档案。卫国公宇文直一向忌妒宇文宪，一再请求周主也除掉他，周主始终不答应。

宇文护世子宇文训担任蒲州刺史，事发当晚，周主宇文邕派遣柱国、越国公宇文盛搭乘快捷驿车，连夜赶往蒲州，召请宇文训回京，回到同州，周主就赐令他自尽。宇文护的另一个儿子昌城公宇文深出使突厥，还未归来，周主宇文邕也派出开府仪同三司宇文德带着玺书赶往突厥，找来宇文深，当着他的面，宣读敕令，就地将他处死。宇文护丞相府长史代郡人叱罗协、司录弘农人冯迁，以及其他被宇文护所宠信的人，一律免职，除去名籍。

丁巳日（十五日），周主宇文邕下诏大赦境内，改年号为建德。周主宇文邕擢升宇文孝伯为车骑大将军，与王轨一并加授开府仪同三司。起初，宇文孝伯和周主宇文邕同日出生，周太祖宇文泰很喜爱他，便把他抱养在自己府第，宇文孝伯也因此从小就跟宇文邕一同念书上学。宇文邕即位后，想招引宇文孝伯到自己身旁，便假托说是要同他切磋研习旧日念过的经典，因此宇文护也就没起疑心而不加阻挠。宇文邕任用他为右侍上士，让他得以自由进出自己的卧室，参与宫廷机密事务。宇文孝伯为人深沉正直，忠诚守信，朝政的得失，外头发生的小事，他没有不设法让国君知晓的。

宇文护被杀后，周主宇文邕披阅从宇文护家搜出的书记，发现里面有许多假托符瑞天命，胡乱劝宇文护篡位的人，周主宇文邕将这些术士败类，全部判罪处死；其中看到庾季才写给宇文护的两张信，信上详细讲述纬候灾祥的道理，劝宇文护早日将政权归还天子。周主宇文邕借此知晓庾季才忠于朝廷，于是赐给他米谷三百石，布帛两百段，提拔他为太中大夫。

癸亥日（二十一日），周主宇文邕任用尉迟迥为太师，柱国窦炽为太傅，任用李穆为太保，齐国公宇文宪为大冢宰，任用卫国公宇文直为大司徒，陆通为大司马，任用柱国辛威为大司寇，赵国公宇文招为大司空。

当时，周主宇文邕开始亲自处理朝政，多用严刑峻法，纵使骨肉至亲，也不宽宥饶恕。他表面上破格提拔齐国公宇文宪为大冢宰，暗中实际是在削夺他的兵权。周主宇文邕又对宇文宪的侍读裴文举说：“以前魏朝末世，国君不能操持朝廷大计，由太祖宇文泰辅佐朝纲；到了宇文周得到天下之后，晋国公宇文护又专揽朝政，积习形成常例，愚者便以为大冢宰揽权专政，理当如此。其实，哪有年过三十的天子，还受人控制呢？《诗经·大雅·蒸民》之诗，有一句这么说：‘早晚努力不懈，来事奉一人。’诗里所说的一人，指的就是天子。卿虽然陪侍齐国公，不能就把自己变为他的臣属，只知为他卖命效力。你原是朝廷派去做侍读的，应当用中正大道辅佐他，用合乎正义的事理开导他，借以安定和睦君臣关系，协调融洽我们兄弟的感情，不要让我们自家君臣兄弟发生嫌隙猜忌。”裴文举将这些话全部告诉宇文宪，宇文宪手指着心，背靠着小桌子说：“我平生之志，你难道不清楚吗？除了说自会尽我忠诚，守我贞节来报效国君外，我不知道还有什么话可以用来表明我的心迹。”

卫国公宇文直，生性浮躁诡诈，贪婪狠戾，原指望诛杀宇文护后，就取代他担任大冢宰，后来却偏让宇文宪得去，心中愤愤不平，因此又请求周主让他担任大司马，想总揽兵马大权。周主宇文邕揣知他的心思，告诉他说：“兄弟长幼有序，哪有做哥哥的反而位居弟弟之下的呢？”于是改用他为大司徒。

夏季，四月，（己卯日）（初八），周主宇文邕派遣工部成公建（代公达）、小礼部辛彦之出使北齐。

庚寅日（十九日），周主宇文邕追尊皇兄略阳公宇文觉为孝闵皇帝。

癸巳日（二十二日），周主宇文邕册封皇子鲁国公宇文赟为皇太子。因册立太子，特下诏大赦天下。

五月，癸卯日（初二），陈朝尚书右仆射王劢去世。

北齐尚书右仆射祖珽，权势熏天，朝野之人都对他侧目而视。左丞相、咸阳王斛律光十分厌恶他，远远瞧见，就骂他说：“贪婪、惹事的小人，不知今天又要出什么坏主意！”斛律光又曾对一些将领说：“从前，边境有什么消息，或兵马要怎样调度，赵令（指尚书令赵彦深）都会找我们商议讨论，自从这盲人掌管机要以来，全不跟我们会商，只恐他会耽误国家大事。”斛律光曾在尚书省朝堂垂帘而坐，祖珽不知他在里面，骑马从他面前而过，斛律光愤怒骂道：“小人竟敢如此无礼！”后来祖珽在内省高谈阔论，声音高亢傲慢，碰巧斛律光从那儿经过，听在耳里，十分生气。祖珽也觉察到斛律光对他不满，于是暗中贿赂斛律光随从的仆人，向他打听他的主人是不是很讨厌自己，那位奴仆直率地说：“自从相公当政以来，相王（右丞相、咸阳王解律光）每夜都抱膝长叹说：‘盲人入朝当权，国必危亡。’”

穆提婆请求迎娶斛律光的庶女为妻，斛律光没有应允。齐主高纬赐给穆提婆晋阳田地，斛律光在早朝时公然反对说：“这块田地，自神武皇帝高欢以来，常种禾，饲养战马数千匹，用来防御寇敌。现在将此田赐给穆提婆，难道不是有损军务吗？”自此以后，祖珽、穆提婆都憎恨斛律光。

此时斛律皇后不得齐主宠幸，祖珽因而设法离间齐主和斛律光的关系。斛律光的弟弟斛律羡，官拜都督、幽州刺史、幽州道行台尚书令，也善于治理军务，士兵精良，战马强壮；亭鄣斥候，纪律严整，突厥都害怕他，称他为“南可汗”。斛律光的长子斛律武都，官拜开府仪同三司、梁、兖二州刺史。

斛律光虽然地位显贵，达到人臣的极点，但他生性节俭，不好声乐女色；很少接待宾客，不培植党羽；谢绝馈赠，不营财货；位居将相，但并不贪图权势。每当朝廷集会议政，他总是最后发言，所说都能切合事理。平日，倘若要上奏章，命人执笔起草，自己随口指授，力求言简意赅。行军作战，效仿他父亲斛律金的方法，凡部属营舍还未搭好，自己决不先入幕休息；有时竟整日站立不坐，不脱铠甲钢盔，临阵常常身先士卒。士卒犯罪，只罚用大杖击背，不曾胡乱杀人，因而他统领的部众，都乐意为他效力卖命。他自少年从军以来，不曾打过败仗，深为敌寇所敬畏。北周勋州刺史韦孝宽忌惮斛律光的英勇，暗中捏造：“百升飞上天，明月照长安。”又说：“高山不推自崩，槲木不扶自举。”派间谍传入邺中，让邺中的小孩在路上传唱这些谣言。祖珽得知谣言寓意，又加编了“盲老公背受大斧，饶舌老母不得语”两句进去，然后命他的内兄郑道盖呈奏齐主。齐主问祖珽知道这些谣言吗，祖珽和陆令萱都说：“确实听说有这样的谣言。”祖珽因而替齐主解析这首谣言的寓意，说：“‘百升’的意思就是一个‘斛’字；‘盲老公’指的是微臣，与国同忧；‘饶舌老母’似乎指的是女侍中陆氏，况且斛律家世代担任掌兵大将，斛律明月（光字）声威远震关西，他的弟弟斛律丰乐（斛律羡字）威望远播突厥，女儿当皇后，儿子娶公主，满门显贵无比，现在又出现这样的谣言，实在令人担忧恐惧。”齐主问韩长鸾斛律光是否有谋反的意思，韩长鸾认为不可能，这事才暂且搁置下来。

祖珽见齐主毫无举动，再次进宫拜见齐主，称有密奏，请屏退左右。齐主只留幸臣何洪珍一人在侧，齐主高纬说：“先前得卿启奏，便想诛杀斛律兄弟，可是韩长鸾认为斛律兄弟必无谋反意图，因而才中止行动。”祖珽还没来得及开口，何洪珍便抢先说：“倘若本无铲除斛律光的意思，就此作罢，那倒是无所谓；假如有此意，却不决定行动，万一消息泄露，将如何是好呢？”齐主高纬说：“何洪珍说得十分有道理。”他嘴上虽然这么说，心里却仍未能下定决心。就在这决而未决的关口，碰巧接到丞相府佐封士让呈上一封密信，里面概略这么说：“斛律光前次西征凯旋，皇上敕令要他解散士兵，他却率军逼向帝都，准备做不法勾当，事情没有办成而中止了。现在听说斛律光家私藏弓弩铠甲，聚集僮仆家奴上千人，经常派遣使者到斛律丰乐、斛律武都处（按斛律丰乐在幽州，斛律武都在梁、兖州），阴谋往来，如果不及早设法除掉他，担心将来事情发生后，便不堪收拾了。”齐主高纬看了这封密信，于是相信有这回事，因而对何洪珍说：“人心也太灵敏了，我先前怀疑他想谋反，照这迹象看，果真不错。”齐主高纬生性怯懦，担忧变乱就要发生，立刻命何洪珍驰马去召祖珽来，告诉他准备诛杀斛律光的事，并想立即召来斛律光，却又担忧他不肯听从命令。祖珽献计说：“要杀斛律光不难，陛下只要派遣使者赐他一匹骏马，并告诉他：明日将游东山，大王可乘此马同行。到时，斛律光一定会先入殿，谢皇上赏赐，我们便可借此机会，派人将他拘捕。”齐主高纬便按照他的计策去做。

六月，戊辰日（六月无此日），斛律光果然落入祖珽圈套，单骑入谢，步行到凉风堂时，大力士刘桃枝突然从他后面扑上，本想将他扑倒在地，可是斛律光英威不减，兀自挺立，回过头来，看到是刘桃枝，因而呵斥他说："刘桃枝你惯作暗杀人的勾当，可是我不曾辜负国家。"刘桃枝又与三位大力士用弓弦套缚斛律光的脖子，四人合力把斛律光活活缢死，颈血喷洒满地，铲都铲不掉，碧血历历，终久不灭。齐主高纬下诏，宣布斛律光想谋反被杀，并下令捕杀他的儿子开府仪同三司斛律世雄、仪同三司斛律恒伽。

祖珽派二千石郎邢祖信负责没收斛律光家产及登记造册。祖珽在尚书都省问他搜查得到哪些东西，邢祖信回答说："搜得弓十五张，宴会用射箭一百支，刀七把，御赐长矛两根。"祖珽厉声问道："此外还搜到哪些东西？"邢祖信回答说："还搜出棘条二十束，听说是责罚家奴用的，凡奴仆跟人斗殴，不论是非曲直，只要是动手打架的，全都用棘条鞭打一百下。"祖珽听了，觉得很羞愧，于是低声下气地说："朝廷对斛律丞相已加重刑，郎中又何必替他申雪呢？"邢祖信走出都省后，有人责备他直率抗上，邢祖信慷慨激昂地说："贤宰相尚且死去，我又何必吝惜剩余的性命呢？"

齐主高纬派人到梁州处斩斛律武都，又派中领军贺拔伏恩搭乘驿站的特快马车，赶往幽州拘捕斛律羡，让洛州行台仆射、中山人独孤永业替代斛律羡的职务，并命他和大将军鲜于桃枝调遣定州骑兵，继贺拔伏恩之后，继续向幽州进发。贺拔伏恩等到达幽州，还未进城，守城官员驰马入报斛律羡说："来使内着铠甲，马身有汗，来势不妙，应当关闭城门，不放他们进来。"斛律羡叱骂守门吏说："使者奉敕而来，怎可疑惧而拒绝呢？"于是出迎贺拔伏恩。

贺拔伏恩宣诏完毕，就将斛律羡拿下，立刻处决。起初，斛律羡常以一门贵盛盈满为忧，并且上奏章请求解去职务，但不被朝廷许可。临刑时，自叹说："富裕贵显到极顶，女儿当皇后，男孩都娶公主为妻，日常驱使三百兵，天道憎恶盈满，我斛律家怎能不招致败亡呢？"他的五个儿子斛律伏护、斛律世达、斛律世迁、斛律世辨、斛律世酋也一同被处死。

周主宇文邕听说斛律光已死，喜出望外，特下诏大赦境内。

祖珽跟侍中高元海共掌北齐朝政，高元海的妻子是陆令萱的外甥女，高元海经常把得自陆令萱处的秘密消息转告祖珽。祖珽要求担任领军将军，齐主高纬答应了他。高元海却在齐主面前进谗言说："祖孝徵（祖珽字）是汉家郎，两眼又瞎，怎可让他担任领军？"又说出祖珽和广宁王高孝珩勾结，因为高元海进谗言的缘故，齐主高纬便打消任用祖珽为领军将军的念头。祖珽求见齐主，自行辩白，他说："臣跟高元海一向就有嫌隙，必定是他从中破坏。"齐主高纬脸皮薄，被他这么一说，无法隐瞒，便将实情全部告诉祖珽。祖珽借此反击，说高元海与司农卿尹子华等结党营私。又将高元海经常泄露陆令萱秘密的事，告诉陆令萱，陆令萱听了特别生气，于是合谋外放高元海为郑州（治今河南禹县东南四十里）刺史，他的同党即司农卿尹子华等都遭到贬黜。

从此，祖珽便一人专管尚书省的机密及铨衡任免等事务，并且总掌骑兵二曹和外兵曹的军马事务，他的内亲和外戚，都获得显耀的官位。齐主高纬常命亲信宦官数人，扶持祖珽进出宫禁，送他出去的话，一定送到永巷，如果是迎进宫，齐主便和他同坐御榻，商讨决断政事，所受委任的隆重，群臣无人能比。

秋季，七月，陈宣帝陈顼派使者到北周访问（据《周书·武帝纪》，陈使到周之日期为七月辛丑）。

八月，庚午日（初一），齐主高纬废皇后斛律氏为庶人，并任用任城王高湝为右丞相，冯翊王高润为太尉，兰陵王高长恭为大司马，广宁王高孝珩为大将军，安德王高延宗为大司徒。

北齐派领军将军封辅相出使北周。

辛未日（初二），周主宇文邕派遣司城中大夫杜杲到建康访问。陈宣帝陈顼对他说："倘若想合纵联合进攻北齐，请先把樊、邓二地相赠，以资表信。"杜杲回答说："合纵图齐，只是敝国得利而已，如若必须索取城镇，也应该等得到北齐之后。如果没有出师，就先索取汉南（樊、邓二地，在汉水之南，故曰汉南），使臣不敢奉命。"

起初，北齐胡太后失母仪天下之德（指与和士开及沙门统昙献等私通），深自为愧，为求取悦于齐主高纬，于是盛装打扮他长兄胡长仁的女儿，送入宫中，特意安排，让齐主看见，齐主高纬一见倾心，册封她为昭仪。到了斛律皇后被废为庶人，陆令萱想立穆夫人为皇后，胡太后则支持拥立胡昭仪，但感到自己的力量不能如愿，于是用卑辞厚礼，交好陆令萱，与她结为姐妹。陆令萱鉴于胡昭仪新得皇帝宠爱，眷顾日盛，况且又有胡太后撑腰和央求，不得已，便同祖珽共同商量，建议齐主高纬立胡氏为皇后。戊子日（十九日），齐主高纬册封昭仪胡氏为皇后。

己丑日（二十日），齐主高纬任用北平王高仁坚为尚书令，特进许季良为尚书左仆射，彭城王高宝德为尚书右仆射。

癸巳日（二十四日），齐主高纬前往晋阳。

九月，庚子朔日（初一），发生日食。

辛亥日（十二日），陈宣帝陈顼下诏大赦天下。

冬季，十月，庚午日（初二），周主宇文邕下诏说："从前攻克江陵，当地被俘没入官府做奴婢的，从今天起恢复他们的自由，全部释放为良民。"

辛未日（初三），周主宇文邕派遣小匠师杨勰等到建康访问。

北周绥德郡公陆通去世。

乙酉日（十七日），陈宣帝陈顼前往太庙祭拜祖先。

齐主乳娘陆令萱原本想立穆昭仪为皇后，私下对齐主说："哪有儿子是皇太子，而自身仍为婢妾的呢？"可是此时胡皇后正得齐主宠爱，无从离间，陆令萱于是找来左道邪人，从事厌胜巫蛊方术，不到一个月，胡皇后就疯疯癫癫，言笑失常，齐主对她渐感恐惧，因而疏远她。陆令萱有一天突然拿皇后穿戴之物让穆昭仪穿戴，又先营造宝帐，以及枕头、席子和其他玩赏的器物，无一不是珍奇宝物。让穆昭仪端坐帐中，然后陆令萱跑去禀告齐主说："有一位女圣人出现，我领陛下去看。"齐主高纬细瞧之后，发现帐中美人竟然是穆昭仪，陆令萱便对齐主说："像这样的丽质佳人还不配做皇后的话，试问陛下又将选哪种人做皇后呢？"齐主高纬听从了她的建议。

甲午日（二十六日），齐主高纬册封昭仪穆氏为右皇后，原皇后胡氏改为左皇后。

十一月，庚戌日（十二日），周主宇文邕抵达羌桥（在长安东），召集长安以东诸军都督以上人员，依照他们勋阶的高低，给予大小不同的颁赏。乙卯日（十七日），周主宇文邕由羌桥返回长安宫。任用赵国公宇文招为大司马。

壬申日（十一月无此日），周主宇文邕抵达斜谷（在今陕西眉县南），召集长安以西都督以上人员，依照他们勋阶的高低，给予大小不同的颁赏。丙戌日（十一月无此日），周主宇文邕从斜谷返回长安宫。

庚寅日（十一月无此日），周主宇文邕游道会苑，因为见到上善殿过于华丽，命人放火将它焚毁。

十二月，辛巳日（十三日），周主宇文邕前往南郊坛祭祀所感帝灵威仰。

北齐胡皇后的册立，原非陆令萱本意，陆令萱有一天突然在胡太后面前变脸骂说："什么亲侄女，竟然敢说这种话？"胡太后很惊讶地问是怎么一回事，陆令萱说："不敢说啊！"经太后一再追问，陆令萱才说："胡皇后告诉陛下说：'太后多行不法，不足为训。'"胡太后听到这话，不禁大怒，召胡皇后前来，立即命左右剃去她的头发，遣送她回娘家。辛丑日（十二月无此日），北齐废胡皇后为庶人。但是齐主仍旧想念她，常常送她东西，以表心意。

自此以后，陆令萱和她的儿子侍中穆提婆势力之大，足以震动朝廷内外。他们母子，标价收钱，卖官鬻爵；收受贿赂，减人罪刑；搜刮聚敛，从不满足。齐主每有赏赐与她，动辄倾尽府库的所有储积。宫内，胡太后以下的人，都受陆令萱的调遣；宫外，连尚书令唐邕之流，见到穆提婆都要立正站好，敛声屏气，害怕万分。此外，要人死，要人活，要给予，要剥夺，全凭他们想怎么办就怎么办。

乙巳日（十二月无此日），周主宇文邕任用柱国田弘为大司空。

乙卯日（十二月无此日），周主宇文邕前往太庙祭拜祖先。

这一年，突厥木杆可汗去世，临死前，没有拥立自己的儿子大逻便，却册立自己的弟弟，是为佗钵可汗。佗钵可汗册立他哥哥的儿子摄图为尔伏可汗，让他统领东方部落；又册立自己的弟弟褥但可汗的儿子为步离可汗，让他统领西方部落。这时，佗钵称雄塞北，周人与他和亲，每年赠送给他缯、絮、锦彩十万段。在长安的突厥人，穿得好，吃得好，受到礼遇款待的，常达上千人。北齐也畏惧他入侵，争着用厚礼去贿赂他。佗钵可汗因此越发骄横，常对他的属下说："只要我在南面的两个儿子（指周与齐）常来孝敬我，我哪愁会穷困呢？"

阿史那皇后得不到周武帝的宠爱，神武公窦毅娶周主宇文邕的姐姐襄阳公主为妻，生个女儿，年纪还小，她偷偷对周主宇文邕说："现在齐、陈、周三国鼎立，突厥又正在强盛时期，希望舅舅控制情感，对阿史那舅妈要多加抚慰，以社稷苍生为念！"周主宇文邕感悟，完全接受她的忠告。

太建五年（癸巳，公元573年）

春季，正月，癸酉日（初六），陈宣帝陈顼任用吏部尚书沈君理为尚书右仆射。

戊寅日（十一日），齐主高纬任用并省尚书令高阿那肱为录尚书事，总理外兵省和内省（齐以门下省为内省）机密，和侍中、城阳王穆提婆、领军大将军、昌黎王韩长鸾，共同掌管中枢朝政，号称"三贵"，他们三人，祸国殃民，一天比一天厉害。

韩长鸾的弟弟韩万岁，以及两个儿子韩宝行、韩宝信，都位居开府仪同三司，韩万岁还兼任侍中，韩宝行、韩宝信都娶公主为妻。每当群臣清晨上朝参拜，齐主高纬常先敕唤韩长鸾前来征询意见，等他告退后，再接见奏事大臣。齐主高纬如果不临朝治事，内省有急事上奏的话，都交托韩长鸾代为奏报，军国机密要事，无一不通过他手。他最憎恶文士，早晚陪侍齐主宴会或私下觐见齐主，专门从事谮毁及告状。常带刀驰马，未曾安闲徐行，张目举拳，好像要吃人的样子。朝中文士跟他咨询事情，不仅没有敢抬头仰视他的，动辄还要招致他的大声呵斥。常骂道："汉狗很难令人忍受，对这些不顺眼的人，只好杀了他们！"

庚辰日（十三日），齐主高纬命兼散骑常侍崔象到江南访问。

辛巳日（十四日），陈宣帝陈顼前往南郊坛祭祀天神。甲子日（二十七日），陈宣帝陈顼前往太庙祭拜祖先。二月，辛丑日（初五），陈宣帝陈顼前往明堂祭祀上帝。

乙巳日（初九），齐主高纬册封右皇后穆氏为皇后。穆皇后的母亲，名叫轻霄，本来是穆氏家的婢女，因和人通奸，脸上被人刺字。穆皇后已经认陆令萱为母，将穆提婆家作为娘家，称陆令萱为"太姬"。北齐的"太姬"，就是皇后母亲之号，地位比同第一品官，地位还在长公主的之上。穆皇后因此不再理睬轻霄。轻霄后来设法治疗，将脸上黥字化除掉，想求见穆皇后，陆太姬派人加以阻止，从中作梗，轻霄始终没法见到穆皇后。

齐主高纬喜好文学，丙午日（十日），祖珽奏请设立文林馆，引荐大批文学之士到馆里来，称他们为待诏；任用中书侍郎、博陵人李德林与黄门侍郎、琅邪人颜之推一同管理文林馆的事务，又命他二人率领馆内文学之士，一同编纂《修文殿御览》。

甲寅日（十八日），周主宇文邕命皇太子宇文赟巡行视察北周西部。

乙卯日（十九日），齐主高纬任用北平王高坚为录尚书事。丁巳日（二十一日），齐主高纬前往晋阳。

壬戌日（二十六日），周主宇文邕派遣司会中大夫侯莫陈凯出使北齐。

庚辰日（二月无此日），齐主高纬从晋阳返回邺都。

三月，己卯日（十三日），周太子宇文赟巡视西土，在岐州捕获白鹿两头，进献周主，周主宇文邕诏敕回复说："治世要道，在于有德，而不在乎有没有吉兆。"

陈宣帝陈顼想出兵征讨北齐，朝廷公卿大臣各有不同意见，只有镇前将军吴明彻请求北伐，挥兵北征。陈宣帝陈顼便对公卿们说："朕北伐之意已定，但何人可做元帅，卿等可一同举荐。"大家都认为中权将军淳于量位高权重，于是一同签署推荐他。尚书左仆射徐陵独自认为："吴明彻家在淮左（秦郡），熟悉当地风土人情；并且论及将略人才，当今朝廷也没有比得上他的。"都官尚书、河东人裴忌也说："臣的看法，和徐仆射的相同。"徐陵应声附加说："不仅吴明彻是良将，而且裴忌也是副元帅的最佳人选。"壬午日（十六日），陈宣帝陈顼下令各路兵马，集结北征，特任命吴明彻为都督征讨诸军事，裴忌为监军事；率领大军十万，北伐齐国。吴明彻向秦郡（今江苏六合县）进兵，都督黄法𣰋向历阳（今安徽和县）进兵。

夏季，四月，己亥日（初四），周主宇文邕前往太庙祭拜祖先。

癸卯日（初八），前巴州刺史鲁广达与齐军在大岘交战（今安徽含山县东北十三里），将齐军击败。

戊申日（十三日），齐主高纬任用兰陵王高长恭为太保，南阳王高绰为大司马，任用安德王高延宗为太尉，武兴王高普为司徒，任命开府仪同三司、宜阳王赵彦深为司空。

北齐在秦郡设置秦州，秦州前面江浦和涂水（源出合肥县北黄泥段，至江苏六合县入江）相通，齐人沿水边竖立大木成为栅栏，以抵抗陈军的进攻。辛亥日（十六日），吴明彻派遣豫章内史程文季带领勇敢善战的武士，拔开敌人所立的栅栏，吴明彻大军随后进袭，攻克秦郡水栅。程文秀，是程灵洗的儿子。

齐主高纬诏令群官共同商议抵御陈师的计划，开府仪同三司王纮说："官军近来多次出师失利，人情骚动。如果又出师屯驻江、淮，臣担心北狄、西寇（指突厥与北周）乘我疲弊，倾巢进犯，那么我们就都完了。为今之计，不如减轻赋税，减省徭役，与民休息，锻炼士兵，使朝廷内部和睦，远近归心。那么天下四方都将肃靖清平，江南陈氏，自然也不在话下。”齐主却没有听从他的建议。增派部队援救历阳，庚申日（二十五日），黄法氍大败北齐增援历阳的军队。齐主又派遣开府仪同三司尉破胡、长孙洪略领兵援救秦州。

北齐司空赵彦深私下询问秘书监源文宗说：“吴贼（指江南陈国）强大、嚣张到这种地步。你从前曾担任秦、泾州刺史，熟悉江、淮间的人情世故，依你之见，当今我们用什么方法来抗拒他们才好？”源文宗回答说：“朝廷精兵，都镇守西部北部边疆，一定不肯多拨些给征南诸将，如果只拨给数千以下的兵马，恰好能够供给吴人吞食饱餐一顿而已。尉破胡的人品，是王爷所熟悉的（赵彦深封宜阳王，故源文宗称之为“王”），料他此去，必定失败，只是时间迟早的问题。朝廷对待淮南失陷就如同丢失一束蒿箭（蒿所制之箭）一样，丝毫不觉得可惜。依我源文宗的对策，最好专门委任王琳，让他在淮南募集三四万名士兵，因为王琳和他们彼此风俗相通，反而能得部下的卖死效力；另一方面，下令老将率军屯守淮北，这样的话，自可固守无忧。况且王琳与陈顼之间，积怨很深，他一定不肯屈服称臣，而去事奉陈主，这是显而易见的。因此，我看由王琳去对抗他们，这是抵御陈朝北犯的上策。如果朝廷不能诚心专任王琳，另遣旁人去牵制他，那么反而更易招惹灾祸，而淮南战事，也就更不堪设想了！”赵彦深听完他一番剖析，很高兴所见略同，感叹道：“弟所陈述御敌之策，实足以制胜敌人于千里之外，但我已费尽口舌，力争十几天了，最终不获国君的采纳。时事发展到此，哪还能再说呢？”两人因而相顾流下泪来。源文宗，本名彪，后来本名少用，反以字号通行于世。他是源子恭的儿子。

源文宗的儿子源师，担任尚书左外兵郎中，兼掌祠部事。他曾禀告高阿那肱说：“有龙出现，应当举行雩祭祈雨。”高阿那肱吃惊地问道：“什么地方出现龙？什么颜色？”源师回答说：“苍龙星出现东方，根据礼典，应该举行雩祭祈雨。是苍龙星出现，并不是真的什么龙出现。”高阿那肱愤怒地责备他说：“汉家郎多管闲事，强装知晓天上星宿！”因而偏不肯举行雩祭。源师告退而出，私下感叹说：“国家礼制已经废弛，北齐还能保存多久呢？”

北齐南下增援部队，特选体格高大、孔武有力的士兵，充作先锋，编为“苍头”“犀角”“大力”等队，气势锐不可当；又募得西域胡人，擅长射箭，箭无虚发，陈朝北讨诸军十分害怕他们。辛酉日（二十六日），北伐大军与齐军对阵于吕梁。交战前，吴明彻对巴山太守萧摩诃说：“敌军所倚仗的是西域胡人，倘若你能先杀掉这个西域胡，那么敌军势必气馁，而将军勇名应当赶得上关羽了。”萧摩诃问道：“请指示那胡人的形貌如何？在下当为公力取此胡。”吴明彻于是召来先前降卒中认得西域胡的人，让他描述西域胡的样子给萧摩诃知晓，然后吴明彻自斟一杯酒敬萧摩诃，萧摩诃一饮而尽，立刻跨上马背，奔驰而出，冲向敌阵。西域胡挺身跑出阵前十几步，才张满弓弦，蓄势待发，就在箭将发而没有射出的当儿，萧摩诃已远远地掷出小凿，正中西域胡的额头，西域胡应声立毙。齐军大力队内立即又有十余人跑出来应战，萧摩诃冲驰过去，把他们一一挥刀斩下。吴明彻大军乘胜进攻，将齐军杀得落花流水，北齐将领尉破胡逃走，长孙洪略战死。

尉破胡出兵的时候，齐主高纬派遣侍中王琳同他一起对抗陈军。王琳对尉破胡说：“吴兵锐气很盛，难以力敌，应该思良策来应对他，千万不可草率出战！”尉破胡不听劝告，终于招致失败。在溃败中，王琳单骑突围逃走，回到彭城，齐主高纬命他到寿阳召集部队，用来抗拒陈师，又起用卢潜担任扬州道行台尚书，来监制王琳。

甲子日（二十九日），陈朝南谯太守徐槾攻陷石梁城。五月，己巳日（初四），北齐瓦梁城（在今江苏六合界县）守军投降陈朝。癸酉日（初八），北齐阳平郡城（今江苏宝应县）守军，又献出城池投降。甲戌日（初九），徐槾又攻陷庐江城（在今安徽霍山县东北三十里）。历阳城齐军被围攻窘迫的时候，就请求投降，等黄法氍一旦缓攻，对方却又拒守。惹得黄法𣰋大怒，亲率军兵，猛烈急攻。丙子日（十一日），黄法𣰋攻陷历阳城，进城之后，杀光对方所有守军。接着，又向合肥进兵，合肥守军望见他的旗帜，便遣人请求归降。黄法𣰋倒能约束战士，禁止侵犯掳掠，亲自安抚慰劳降卒，和他们签订盟约，然后释放他们北还。

丁丑日（十二日），周主宇文邕任用柱国侯莫陈琼为大宗伯，荥阳郡公司马消难为大司寇，江陵总管陆腾为大司空。侯莫陈琼，是侯莫陈崇的弟弟。

己卯日（十四日），北齐北高唐郡（今安徽宿松县）守军投降。辛巳日（十六日），陈宣帝陈顼下诏，命南豫州刺史黄法𣰋把州治由宣城向北迁徙到历阳。乙酉日（二十日），南齐昌太守黄咏攻陷齐昌外城（在今湖北蕲春县西北）。丙戌日（二十一日），庐陵内史任忠进逼东关（在今安徽巢县东南四十里），攻下东关东、西二城（均在巢湖东南），又挥兵攻陷蕲城（今安徽巢县治）。戊子日（二十三日），又攻陷北齐谯郡城（在今安徽宿县界）。北齐秦州城守军投降。癸巳日（二十八日），北齐瓜步（在今江苏六合县东二十五里瓜步山侧）、胡墅（在今六合县东六十里）二城守军相继投降。陈宣帝陈顼因为秦郡是北讨元帅吴明彻的故乡，特下诏备齐太牢，令他返回故里祭拜祖坟，同行前去的文武羽葆诸仪仗，极为隆盛，吴明彻乡里的人，都感到特别荣耀。

北齐自和士开当权以来，政治体制紊乱。到了祖珽执政，很能网罗举荐有才智声望的人士，因此朝廷内外的人都称赞他。祖珽又进一步想精简机构，淘汰冗员，官名号位、衣服徽章，都依照旧制。他还想黜退阉宦以及一些小人，作为天下治平的方略，但是陆令萱、穆提婆在商议时意见不同。祖珽于是暗中示意御史中丞丽[郦]伯律[伟]（按“丽伯律”当是“郦伯伟”之误），命他弹劾中书主书王子冲收取别人的贿赂，祖珽侦知此事牵连穆提婆，想借王子冲的赃罪，牵连穆提婆，并希望因此连坐陆令萱。但担忧齐主溺爱左右狎戏的人，不易除掉他身边这批人，祖珽便想拉拢皇后党的人作为援助，于是请齐主高纬任用胡皇后的哥哥胡君瑜为侍中、中领军；又召还胡君瑜的哥哥梁州刺史胡君璧，想任用他为御史中丞。陆令萱对祖珽的部署安排感到特别愤怒，于是想方设法在齐主高纬面前排挤、诋毁他，先说服齐主高纬改授胡君瑜为金紫光禄大夫，免去他中领军的兼职，并敕令胡君璧回去镇守梁州。胡皇后的被废黜，跟这件事很有关联。最后，犯有贪赃罪的王子冲，竟开释而没有治罪。

祖珽自从遭到陆令萱反击后，与齐主高纬的关系便日益疏远，围绕在齐主身旁的宦官们，也就更齐心协力地在齐主面前说他的坏话。齐主高纬惊讶身边的人变得都在对付祖珽，于是跑去问陆令萱是何原因，陆令萱故意显得可怜，默然不答，经齐主一连三次发问，她才离床下拜，向齐主谢罪说："老婢合该万死。先前老婢听和士开说祖珽博学多才，当时推想他一定是善人，因而便举荐他。可是近来细加考察，才发现他是一位大大的奸臣。人实在很难理解，老婢识人不明，为皇上荐举一位这样的人，老婢实该万死。"齐主高纬被她这样一说，对祖珽的信心，完全动摇，于是便命韩长鸾检查核验祖珽的行事。韩长鸾一向憎恶祖珽，凑巧又搜出祖珽假传天子敕书而接受赐物等罪证十余件，上奏请求齐主将祖珽处以极刑。齐主高纬因为曾与祖珽立有不杀他的重誓，所以没有杀祖珽，但是罢免他侍中、仆射的官职，并外放他为北徐州刺史。祖珽请求觐见齐主，想加以辩白，但是韩长鸾不许他入宫，派人将他推出宫门，祖珽坚持要面见齐主高纬，坐在地上赖着不肯走，韩长鸾命人把他拖了出去。

癸巳日（二十八日），齐主高纬任用领军将军穆提婆为尚书左仆射，任命侍中、中书监段孝言为尚书右仆射。段孝言，是段韶的弟弟。起初，祖珽执政，拉拢段孝言为助手，擢升他为吏部尚书。但是段孝言所荐举拔擢的人，不是靠贿赂来的，就是他的故旧熟人。有要求做官的，甚至在大庭广众间，屈膝前行，跪伏于地，公开陈述请求的，段孝言意气飞扬，极为得意，以帮助他们升官为己任，根据跪地之人的陈情，而加以酬答允诺。有一次，将作丞崔成，忽然在群众中直言抗议说："吏部尚书，是天下人的吏部尚书，难道只是您段家的尚书吗？"段孝言无言以对，只能发怒变脸，命人把他撵出去。后来，段孝言和韩长鸾等联合陷害祖珽，赶走了他，进而取代了他的职务。

北齐兰陵武王高长恭，人长得漂亮又勇敢，自从邙山之役得胜，声名威望大盛，手下武士赞美歌颂，编成《兰陵王入阵曲》，歌谣流行，传遍国内外，齐主高纬特别猜忌他。后来高长恭接替段韶督率诸军进攻定阳，大力搜刮聚敛，有一位他所亲信的人，名叫尉相愿，问他说："王爷已经被朝廷寄以重任，怎可这样贪财呢？"高长恭还不及回答，尉相愿忽有所悟地说："莫不是邙山大捷，您功高遭忌，因而借聚敛以自贬吗？"高长恭才答一个"是"字，尉相愿长叹说："朝廷如若真的猜忌王爷，他们就会抓住您这个把柄，来定您的罪名，您这样做，岂不是避祸反而招来灾祸吗？"高长恭涕泣落泪，膝行趋前向他讨教安身之策。尉相愿说："王爷先前在邙山，已经建立大功，如今假若再打胜仗，那么威望太重，恐怕会因功高震主而遭到杀身之祸。倘若要保全性命，最好的办法，莫若告病在家，切勿再干预朝政。"高长恭认为他说得很有道理，可是却还未能急流勇退。等到江、淮战事爆发，高长恭担忧又会被派为将帅，不禁长叹说："我去年脸肿，今年为何不再发作呢？"从此以后，旧病复发，也不再治疗。可是齐主高纬还是不肯放过他，竟派遣使者，逼令他饮鸩自杀。

六月，庚子日（初五），郢州刺史李综攻陷滠口城（在今湖北黄陂县西南滠水之口）。乙巳日（初十），任忠攻克合州（治今安徽合肥）外城。庚戌日（十五日），北齐淮阳郡（故治在今江苏淮阴县西南）、沭阳郡（故治即今沭阳县治）守军都弃城逃跑。

壬子日（十七日），北周皇孙宇文衍诞生。

齐主高纬游览南苑，随行官吏被赐死的（中暑而死的），多达六十人，齐主高纬任用高阿那肱为司徒。

癸丑日（十八日），程文季进攻泾州（在今安徽天长县西北），获得胜利，攻占了泾州城。乙卯日（二十日），宣毅司马湛陀攻克北齐新蔡城。

丙辰日（二十一日），齐主高纬派遣开府仪同三司王纮出使北周。

癸亥日（二十八日），黄法𣰋攻陷合州。吴明彻率军攻打仁州（治今安徽灵璧县东南）。甲子日（二十九日），吴明彻攻陷仁州城。

陈国整修明堂。

秋季，七月，戊辰日（初四），齐主高纬派遣尚书左丞陆骞统领大军两万，援救北齐昌郡，从巴水、蕲水之间进兵，跟陈朝西阳太守汝南人周炅遭遇（据《陈书·周炅传》，炅为"西阳太守"远在二十年前的侯景之乱，梁元帝承制时。等到陈宣帝太建五年北伐，炅已晋升为西道都督、安、蕲、江、衡、司、定六州诸军事，安州刺史）。周炅留下瘦弱的兵卒，故布疑阵，来和陆骞大军正面相对抗；自己亲自率领精锐部队，由小路绕到敌军后方发动进攻，把齐军杀得落花流水。己巳日（初五），征北大将军吴明彻进兵到峡口（在今安徽凤台县西南），攻陷峡口北岸城，南岸城守军弃城而逃。周炅也攻陷巴州（故治在今湖北黄冈县西北一百二十里）。淮北、绛城（故治在今安徽五河县西七十里）以及谷阳（故治在今安徽灵璧县西南）等地百姓，纷纷起来杀死北齐戍主，献出城池向陈军投降。

北齐巴陵王王琳，和扬州刺史王贵显共同防守寿阳外城，吴明彻料定王琳刚到寿阳，众心尚未团结一致，于是在丙戌日（二十二日）这一天，利用夜间突袭，一举成功，攻陷寿阳外城。王琳等退守相国城和金城。

八月，乙未日（初二），北齐山阳城（今江苏淮安县）守军献出城池向陈军投降。壬寅日（初九），北齐盱眙城（在今安徽盱眙县东北）守军也献出城池投降于陈。壬子日（十九日）戎昭将军徐敬辩攻陷海安城（故治在今江苏东海县境），北齐青州东海城（在今江苏灌云县郁州）守军也向陈军投降。戊午日（二十六日），平固侯陈敬泰等攻陷晋州城（在今安徽潜山县）。九月，甲子日（初一），北齐阳平郡城（在安徽旧凤阳府境）守兵献出城池投降。壬申日（初九），高阳太守沈善庆攻克马头城（在今安徽怀远县东南）。甲戌日（十一日），北齐齐安城（在今湖北黄冈县西）守军献出城池投降于陈。丙子日（十三日），左卫将军樊毅攻陷广陵楚子城（今河南息县）。

壬午日（十九日），北周太子宇文赟迎娶杨氏为太子妃。太子妃是大将军、随国公杨坚的女儿。

北周皇太子宇文赟喜好亲近小人，左宫正宇文孝伯向周主宇文邕进言说："皇太子，是四海所瞩目的人，可是他的道德声望不显，臣任职东宫，责无旁贷，实在应当尽辅导的职责。方今太子年纪尚轻，心性还未定型，应当乘此时机，选拔正人君子，作为他的师辅，借以调理培养他的气质，如此还可寄望他慢慢学好，日有长进。倘若不如此，将来就悔之晚矣了。"周主宇文邕听了，脸色很严肃地说："卿家世代耿直，忠诚事主。刚才听你一番话，便知你秉承你们家特有的家风了。"宇文孝伯下拜道谢说："要找直言的人不难，但是要找能辅佐太子的正人，可不容易。"周主宇文邕说："当今的正人君子，哪还有高过你的！"于是选任尉迟运为右宫正，宇文孝伯仍担任左宫正。尉迟运，是尉迟迥弟弟的儿子。

周主宇文邕曾问万年县丞、南阳人乐运说："依你之见，你认为太子这个人怎么样？"乐运回答说："依我的看法，他是一个中材的人。"周主宇文邕回过头对齐国公宇文宪说："百官拍我马屁，都跟我说太子是聪明而睿智的人，只有乐运的话，才算得是忠直的话。"因而又问乐运道："中材之人的情形是怎样？"乐运回答说："比如齐桓公便是这种类型的人。有管仲辅佐他，他便称霸；换上竖貂辅佐他，他便昏聩。可见，中材之人，他能够与君子为善，也能跟小人为恶。"周主宇文邕说："我明白你话中的含意了。"于是精选东宫官属来辅佐教导太子，并提拔乐运为京兆郡丞。太子宇文赟后来听到乐运评论的话，心里十分不高兴。

癸未日（二十日），陈朝尚书右仆射沈君理去世。

壬辰晦日（二十九日），前鄱阳内史鲁天念攻克黄城（在今湖北黄陂县东）。冬季，十月，甲午日（初二），北齐郭默城（在今江西九江县东北）守军献出城池投降。

己亥日（初七），陈宣帝陈顼任用特进、兼国子祭酒周弘正为尚书右仆射。

北齐新任国子祭酒张雕，原为皇帝侍读之官，因传授齐主高纬经书，很得齐主尊敬。张雕和齐主宠臣即胡人何洪珍相结交，深为穆提婆、韩长鸾等所猜忌。何洪珍举荐张雕为侍中，加授开府仪同三司，奏闻度支事，深得齐主的委任和宠信，齐主高纬尊重他，常尊称他为“博士”。张雕自以为出身低贱，蒙齐主器重，得以位为大臣，因而很想建功立业，以报齐主隆恩，于是，贬抑誉扬人物，议论朝政得失，都直言无所回避。对于宫中不必要的开销，要求裁减；对皇帝身旁的近侍，禁止约束他们骄横放纵；对皇帝宠爱的要人，屡加讥责；在皇帝座前，进献可行的方案，废止不好的制度，齐主高纬都加以采纳，很是器重他。张雕因而将澄清天下作为己任，意气昂扬，弄得一批嬖幸权贵，都对他侧目以视。

北齐尚书左丞封孝琰，是封隆之弟弟的儿子，他跟侍中崔季舒，都是祖珽所亲近厚遇的人。封孝琰曾对祖珽说：“公是衣冠士族而担当宰相的人，与那些鲜卑胡人当宰相的不同。”齐主身边的一些鲜卑亲信，听到这句话，都特别痛恨封孝琰。

恰逢齐主高纬要去晋阳，崔季舒和张雕商议，认为：“寿阳被围，大军出京前往抵御，使臣往返前线，随时要向天子禀报请示。如果陛下离开京城，路上小民就会惊恐不安，以为是天子害怕南寇而出奔并州（太原）。我们身为掌权的人，如果不启奏谏诤，只怕人心会纷乱不安。”于是便与跟随大驾的文官们，共同签名谏诤。当时，贵臣赵彦深、唐邕、段孝言等人，表示不同的意见，崔季舒同他们争辩，还没辩出结论。韩长鸾却急忙跑到齐主高纬面前说：“一批汉儿文官，共同签名，扬言说是阻止陛下到并州，事实上未尝不是想造反，请陛下下令将他们处斩！”辛丑日（初九），齐主召集已签名的文官，齐聚含章殿，将崔季舒、张雕、封孝琰，以及散骑常侍刘逖、黄门侍郎裴泽、郭遵等人，在殿庭处斩，并下令将他们的家属都迁往北方边塞，妇女配属奚官（官署名，掌奚隶工役，宫人病则供医药，死给衣服），去当奴仆；幼童受宫刑，留作太监，家产全部予以没收。癸卯日（十一日），齐主高纬照旧前往晋阳（并州）。

陈朝吴明彻围攻寿阳城，修筑围堰引肥水灌城，城中的人都患手脚肿胀和腹泻的疾病，死亡的人数，占全城总人数的十分之六七。齐主高纬派遣河南行台右仆射、琅邪人皮景和等人前往救援寿阳。皮景和因尉破胡的军队新遭覆败，心生恐惧，便屯兵淮口，不敢继续前进。北齐朝廷不断派出敕使，催促他进兵，他才勉强领兵渡过淮河，这时，他手下拥有十万大军，可是到距离寿阳城三十里的地方，便又停留下来，不敢再前进。陈朝诸将见北齐救援大军将至，都怀恐惧，便向吴明彻说："寿阳城池坚固，一时还不易攻克，而他们的救援大军，又已经距城不远，不知元帅如何对抗他们？"吴明彻告诉诸将说："救兵如救火，贵在行动迅速，可是他们扎营不再前进，自行挫伤自己的锐气，我知晓他们显然是不敢来应战的。"乙巳日（十三日），吴明彻身穿铠甲，头戴钢盔，亲自指挥部队，四面猛烈进攻，才一通鼓的时间，就攻陷寿阳城，活捉王琳、王贵显、卢潜，以及扶风王可朱浑孝裕、尚书左丞李騊駼等人，用囚车将这一干俘虏押送回建康。皮景和听到寿阳城沦陷，连忙弃营逃走，丢下无数的驼马和军需物品，全都为陈军所获。

王琳容貌体态安详文雅，喜怒不显现在脸上，心思敏捷，记忆力超强，军府僚佐上千，都能记住他们的姓名；处罚部属不严厉，轻视钱财而喜爱读书人，很得部将士卒的拥戴。虽然失土流亡，寓居邺都，北齐也都敬重他的忠义。到了寿阳城沦陷，被陈军俘虏，他过去在江南的手下将帅步卒，有很多归隶在吴明彻军中服役，看到王琳被捆绑在元帅帐前，都痛哭流涕，不忍抬头去看，他们纷纷争着向吴明彻请求饶恕王琳的性命，并不时提供王琳资财用物。吴明彻担心押解王琳到建康途中，会发生意外，索性派人追上囚车，在寿阳城东二十里的地方，先将王琳斩杀，然后用囚车继续运回建康。当时王琳的故旧获得他死难的消息，没有不哀伤落泪的，哭声齐如响雷。有一老叟，手提一壶酒和干肉来祭奠他，哭得特别哀伤，他用酒壶收集了王琳的血，然后怅然离开。当地田夫、野老，不论认识或不认识王琳的，没有不为他感到悲伤流泪的。

北齐穆提婆、韩长鸾听到寿阳城沦陷的消息，不仅无动于衷，照常握槊（赌模）不辍，还不在意地说："寿阳本来就是他们的土地，任他们取走又何妨。"齐主高纬听到寿阳失陷，倒是引以为忧，派人到黎阳（今河南浚县东北），临河修筑城戍。穆提婆却宽慰他说："纵使国家丢光黄河以南的土地，也不值得痛惜，因为陛下还可守此作一龟兹国。而真令人可惜的，倒是人生苦短，因此应该及时行乐，何必忧愁沦陷一座寿阳城呢？"左右嬖幸佞臣，一同赞成应和，齐主高纬竟转忧为喜，痛快地喝酒并起舞奏乐。

丁未日（十五日），齐主高纬又派出增援部队一万人，可是才到颍口（颍水入淮之口，在今安徽颍上县西），便被樊毅击败。辛亥日（十九日），北齐又派兵增援苍陵（在颍口及寿阳间），樊毅又将他们击退。齐主因前后派出抗拒吴明彻的部队，多遭覆败，只有皮景和保全部队归来，为奖赏他，便提升他为尚书令。

丙辰日（二十四日），陈宣帝陈顼下诏，将寿阳改为豫州，将黄城（湖北黄陂县）改为司州。陈朝任命吴明彻为都督豫、合等六州诸军事、车骑大将军、豫州刺史，并派遣谒者（官名，掌宾赞等事）萧淳风前往寿阳，在城南设坛，册命吴明彻，兵士二十万人，披甲执戈，张旗竖鼓，布列齐聚坛前。吴明彻登坛拜受册命，礼成而退，观礼的将士，没有不感到兴奋荣耀的。在朝廷方面，陈宣帝陈顼也摆设庆功宴，举杯向徐陵敬酒说："敬你能知人之明。"徐陵离席而起，向陈宣帝陈顼拜谢说："决定计策的，是陛下，臣哪有什么功劳可言呢？"又任命黄法𣰰为征西大将、合州刺史。

戊午日（二十六日），湛陀攻陷北齐齐昌城（在今湖北蕲春县西北）。十一月，甲戌日（十二日），北齐淮阴城（在今江苏淮阴县东南）守军献出城池投降。庚辰日（十八日），威虏将军刘桃枝攻陷朐山城（今江苏东海县治。此刘桃枝是陈将，不是北齐的刘桃枝）。辛巳日（十九日），樊毅攻克济阴城（今江苏睢宁县治）。己丑日（二十七日），鲁广达攻打济[齐]（胡三省曰："'济'，当作'齐'"）南徐州（治今安徽凤阳县东北），将它攻陷。陈宣帝陈顼任命鲁广达担任北徐州刺史，镇守其地。

北齐北徐州城外居民，很多人起义响应陈军，围逼州城，北齐北徐州刺史祖珽下令不关闭城门，但是禁止州民走出街巷，因而整座州城，显得异常安静，城外背叛北齐的居民，一时搞不清其中缘故，怀疑是人去城空，于是便松懈下来，不再加强戒备。祖珽却突然命令城内百姓一齐发出呼喊的声音，声响如雷震天，围困州城的人，都惊吓逃走。不久，又集结阵势，进逼州城，祖珽命录事参军王君植率军抵御，自己亲自骑马迎战，左右驰射。城外反叛北齐的人，早就听说他双目失明，料想他必不可能临阵指挥，现在突然看到祖珽亲自临阵作战，都深感吃惊。穆提婆虽然知道北徐州被围，但是故意不增派援兵，本想让祖珽城陷人亡，没料想祖珽一边战一边守，相持了十几日，谋反的人竟然全都撤走，他的北徐州仍旧保全下来。

陈宣帝陈顼下诏，在建康市悬挂王琳的首级。王琳过去的部属，梁骠骑将军府仓曹参军朱玚，写信给徐陵，请求他帮忙发还王琳的首级，信上大略这么说："我私下认为司马氏将灭，徐广是晋朝遗老；曹魏亡国，司马孚是魏室忠臣。已故的梁朝建宁郡公王琳，生逢海内分崩离析的时候，担负一方诸侯之长的重任，尽管上天已厌弃梁朝，但他忠心耿耿，还想匡复延续梁朝，空怀申包胥乞兵复国的志向，却换来苌弘挨杀的悲剧，以致身死九泉之下，头颅被送到千里之外。希望圣主广施恩泽，颁下明诏，赦免向雄的抱哭王经，准许东海人士的改葬田横。不要让寿春城下，只流传报效诸葛诞的人，沧州岛上，独有悲悼田横的宾客。”徐陵收到朱玚的信，便替他转奏给皇上。十二月，壬辰朔日（初一），陈宣帝陈顼下诏，将王琳及熊昙朗等人的首级，准许还给他们的亲属，朱玚领得王琳首级，将他运到寿阳，埋葬在寿阳城北八公山侧，王琳生前结义的故旧，纷纷赶来参加葬礼，多达几千人。葬礼完毕后，朱玚从小路穿过陈军防区，直奔北齐邺都，另议迎葬的事情。不久，有寿阳人茅智胜等五人，悄悄运送王琳的灵柩抵达邺都。齐主高纬追赠王琳开府仪同三司、录尚书事，谥号忠武王。特赐辒辌车送葬。

癸巳日（初二），周主宇文邕召集群臣以及和尚、道士等，周主自升高坐，辩论三教次序先后，排定儒家第一，道教其次，佛教居末。

乙未日（初四），北齐谯城（今安徽蒙城县治）守军献出城池投降。

乙巳日（十四日），陈宣帝陈顼册封皇子陈叔明为宜都王，陈叔献为河东王。

壬午日（十二月无此日），任忠攻陷齐霍州（治今安徽霍山县东）。

陈宣帝陈顼下诏，召请安州刺史周炅入朝。起初，后梁萧詧定州刺史田龙升献出城池来降，朝廷仍旧任用他为定州刺史。到了周炅入朝，田龙升献出江北六州、七镇之地投降北齐，北齐派遣历阳王高景安领军前去接应。陈宣帝陈顼下诏，任用周炅为江北道大都督，统率众军赶回去征讨田龙升。结果，周炅斩杀田龙升，击败高景安，完全收复江北失地。

这一年，突厥向北齐请求通婚。

太建六年（甲午，公元574年）

春季，正月，壬戌朔日（初一），北周齐国公宇文宪等七人晋封为王。

己巳日（初八），周主宇文邕前往太庙祭拜祖先。乙亥日（十四日），周主宇文邕亲下藉田，举行耕种典礼。

壬子日（正月无此日），陈宣帝陈顼前往太庙祭拜祖先。

甲申日（二十三日），北齐广陵金城（广陵内城）守军献出城池投降陈朝。

二月，壬午朔日（二月无此日）发生日食。

乙未日（初五），齐主高纬从晋阳返回邺都。

丁酉日（初七），北周纪国公宇文贤等六人晋封为王。

辛亥日（二十一日），陈宣帝陈顼亲下藉田，举行耕种典礼。

北齐朔州道行台南安王高思好，本是高氏养子，骁勇善战，担任朔州刺史，很得边朔人的欢心。齐主高纬嬖幸佞臣斫骨光弁出使朔州，高思好很恭谨地迎接他，他对待高思好却十分傲慢，高思好一气之下，便起兵反叛，他对人说“要入都铲除围绕在国君身旁的恶人”。高思好进兵到阳曲（今山西太原县北），自称大丞相。武卫将军赵海在晋阳（太原）执掌兵马大权，因事情发生仓促，没有时间启奏齐主，便假托诏书，征集部队去抵御他。齐主高纬听闻北方闹兵变，立刻派尚书令唐邕等驰往晋阳。辛丑日（十一日），齐主高纬统领大军继续跟进，还没到达晋阳，高思好因为兵败，已投水自杀。他的手下两千人，被刘桃枝的军队包围，刘桃枝一边杀他们，一边向他们招降，可是高思好的手下，战剩到一兵一卒，始终没有一个投降的。

高思好起兵谋反之前，已有人向朝廷密告他要造反，但因韩长鸾的女儿嫁给了高思好的儿子，所以他便奏报齐主说：“此人诬告贵臣，不杀死他，没有办法止息以后的诬告之风。”于是将那密告的人杀死。等到高思好谋反被杀后，先前那位密告者的弟弟，俯伏宫门，上诉请求追赠他哥哥官位，但是韩长鸾却不替他上奏齐主高纬。

丁未日（十七日），齐主高纬从晋阳返回邺都。甲寅日（二十四日），齐主高纬任命唐邕为录尚书事。

乙卯日（二十五日），周主宇文邕前往云阳宫（在今陕西泾阳县西北）。

丙辰日（二十六日），周主宇文邕下诏大赦境内。

庚申日（三十日），北周叱奴太后得病。三月，辛酉日（初一），周主宇文邕从云阳宫赶回长安。癸酉日（十三日），北周叱奴太后病逝。周主宇文邕居庐守丧，早晚只进食二十两米饭。群臣联名上书请他节哀进食，连续十余日后，才肯稍加餐饭。这时他命太子宇文赟总理大小政务，自己则一心居丧守孝。

卫王宇文直在周主面前讲齐王宇文宪的坏话，说："宇文宪饮酒食肉，跟平常没有两样。"周主宇文邕告诉他说："我与齐王同父异母，都不是正室所生。只因我是国君的缘故，他也袒衣露背，用麻束发，为我母服丧。你应当对他感到有愧才对，怎么反而还去议论他的是非呢？你是太后的亲儿子，是我的同母弟弟，你得到太后慈爱，只管自己努力为母亲服丧尽孝就行，用不着去谈论别人的是非。"

夏季，四月，乙卯日（二十五日），齐主高纬派遣侍中薛孤康买到北周吊丧，并且参加葬礼。

起初，齐世祖高湛为皇后胡氏编造珍珠裙裤，花费之多，无法估计，后来却被火烧毁。到了这时，齐主高纬又为穆皇后营造，因为珍珠不够，特派胡人商贩运载锦和五色绸三万[匹]，跟随吊丧队伍一同前往北周，去采买珍珠。周人不愿跟他交易，齐主高纬虽然得不到周人的珍珠，但最终还是为穆皇后制成了。等到穆皇后失宠，她的侍婢冯小怜取代了她，冯氏深受齐主疼爱，被册封为淑妃；从此，齐主坐下，一定找她同坐；外出，一定和她同骑一匹马。两人形影不离，如胶似漆，还发重誓要同生共死。

五月，庚申日（初一），北周朝君臣在永固陵安葬文宣皇后叱奴氏。周主宇文邕光着脚送葬到陵墓旁。辛酉日（初二），周主宇文邕下诏说："亲死，子女守孝三年，从庶民到天子都一样。只是军国事务繁重，必须自己临朝听政；但是，对丧服的规定，居丧处所的礼仪，一律遵守古代的礼制，借以报答父母养育的深恩。文武百官，应该遵守太后遗命，在她安葬之后，就可脱掉丧服。”公卿大夫一再请求周主采取权宜之制，周主宇文邕不应允，最后重申人子守孝三年的丧制，五服之内也听命他们依礼制规定守丧。

庚午日（十一日），齐主高纬下诏大赦境内。

齐主高纬担心陈人渡过淮河，命皮景和驻守西兖州（治今山东定陶县西北），以防备陈师的进犯。

丙子日（十七日），周主宇文邕下诏禁止佛、道二教，二教经书、佛像、天尊像等，一律销毁。取缔和尚、道士，命令他们还俗为民，并禁止一切滥设的祭祀，凡不是祀典内所记载的祭祀，全部废除。

六月，壬辰日（初三），陈朝周弘正去世。

壬子日（二十三日），北周再铸五行大布钱，一个五行大布钱，折抵民间私铸的十个细钱，和布泉通行使用。

戊午日（二十九日），周主宇文邕下诏修建通道观，旨在统一圣贤的教义。

秋季，七月，庚申日（初二），周主宇文邕前往云阳宫，命右宫正尉迟运兼任司武，和薛国公长孙览一同辅佐太子，留守长安。

起初，周主宇文邕选择卫王宇文直的宅第作为东宫，然后让宇文直自己另选一处住所。宇文直遍观府署，都没有满意的，最后选择了荒废的陟屺寺，想以此作为住宅，齐王宇文宪对他说：“兄弟你子孙[儿女]众多，这寺庙狭窄，作为住宅难道不嫌小了一点吗？”宇文直回答说：“我自身尚且不被国君容纳，哪还能顾及子孙[儿女]呢？”宇文直曾经跟随周主宇文邕围猎，宇文直扰乱队列，周主愤怒，在众人面前鞭打他，很让他难堪，从此，宇文直心里便积压着怨愤。这次，趁周主在外（到云阳宫），他便在长安起兵作乱。乙酉日（二十七日），宇文直纠集党徒，偷袭肃章门，薛国公长孙览害怕，驰马奔往周主巡幸所在的地方；右宫正尉迟运当时恰巧在门中，没料到宇文直兵突然攻到，来不及招呼左右，立即亲自上前去关门。宇文直党羽跟尉迟运争着开关宫门，争执中砍伤尉迟运的手指，尉迟运顾不得疼痛，拼命用力，才侥幸把宫门关闭。宇文直进不去，便让人放火烧门，眼看就要烧毁，尉迟运担心火灭了，宇文直党羽就能冲进来，他急中生智，索性命人搬取宫中木材和床榻等物，丢入火堆中，借以延长火势，又倒下油脂，火势立刻转趋旺盛。大火烧了很久，宇文直冲不过来，京师留守的军队却已开到，宇文直知道事情无法成功，便率众退走。尉迟运带领留守部队，乘势冲出追杀，宇文直大败，带领百余骑，向荆州方向溃逃。戊子日（三十日），周主宇文邕从云阳宫返回长安。八月，辛卯日（初三），官军擒获宇文直，周主宇文邕因为他是同母的弟弟，不忍杀害他，只把他废为庶人，关押在别宫。不料宇文直又生异心，周主宇文邕这才杀死他。为奖赏尉迟运应对叛乱适宜得当，特提拔他为大将军，并且赏赐给他很丰厚的东西。

丙申日（初八），周主宇文邕又前往云阳宫。

癸丑日（二十五日），齐主高纬前往晋阳。甲辰日（十六日），任用高劢为尚书右仆射。

九月，庚申日（初三），周主宇文邕前往同州。

冬季，十月，丙申日（初九），周主宇文邕派遣御正、弘农人杨尚希与礼部卢恺，启程到江南访问。卢恺，是卢柔的儿子。

甲寅日（二十七日），周主宇文邕前往蒲州。丙辰日（二十九日），周主宇文邕到达同州。十一月，甲戌日（十八日），从同州返回长安。

十二月，戊戌日（十二日），陈宣帝陈顼任用吏部尚书王玚为尚书右仆射，度支尚书孔奂为吏部尚书。王玚，是王冲的儿子。

此时，陈朝刚刚收复淮、泗地区，将士攻战，酋长归降，封赏选叙，千头万绪。孔奂见识判断精当敏捷，不接受人情请托，工作进行顺利，大家心悦诚服。湘州刺史、始兴王陈叔陵，多次讽示主管选任官吏的官员，请求提名他为三公。孔奂答复他说："三公的选授，要凭借德行，不一定是皇室亲族，就可当上三公。"孔奂将陈叔陵的事，禀告给陈宣帝，陈宣帝陈顼说："始兴王怎么忽然冀望起三公之位呢？况且，我儿子要当三公，也得在鄱阳王之后。"孔奂说："臣的看法，正与陛下的意思相同。”

北齐定州刺史、南阳王高绰，专门喜欢干些残忍暴虐的事，有一次外出，在路上看见妇人抱着小孩，便将小孩抢过来，喂他的波斯狗。那妇人号哭不停，高绰发火，便将小孩的血涂在那妇人身上，又纵放波斯狗去啮噬她。高绰竟把这些当作快乐的事，常自豪地说：“我学文宣伯（齐文宣帝高洋，高绰是高洋弟高湛之子，因此称高洋为伯）的为人。”齐主高纬听说他在定州的暴虐事情，便派人前往定州将他加锁于颈，押解到行在（皇帝出巡的地方），押到之后，又放了他，问他：“在定州时，玩什么最高兴？”高绰回答说：“多捉些蝎子，聚集器皿中，然后再放入狙（狙一作蛆，蛆即粪蛆），狙被蝎所螫，跳动翻转，看此情景，最令人快乐。”齐主听高绰说得如此好玩，便迫不及待地命人乘夜去捉一斗蝎子来，到了天明，捉到三两升，倾入浴盆里，找个人来，逼迫她裸卧盆中，霎时间，蝎群聚集在那人身上，通体乱螫，可怜那人辗转翻滚，号哭不已。齐主跟高绰临盆观看，反而手舞足蹈，乐不可支。齐主因而回头责备高绰说：“有这么快活的玩意儿，为什么不早驰驿奏闻与我呢？”从此，高绰便深得齐主的宠爱，因而晋升为大将军，朝夕和齐主一同嬉戏。韩长鸾妒忌他，这一年，高绰被外放为齐州刺史，临行前，韩长鸾一方面暗中指使人诬告他谋反，另一方面又启奏齐主说：“高绰违反国法，断不可赦！”齐主不忍公开处死他，便派宠信的勇士——胡人何猥萨和他徒手搏斗，结果，何猥萨制住高绰，活活把他勒死。

资治通鉴卷第一百七十二　陈纪六

起乙未（公元575年），止丙申（公元576年），共二年。

【题解】本卷记录了公元575年至576年共两年间南北朝史事。当时正值陈宣帝太建七至八年；北周武帝建德四至五年；北齐后主高纬武平六年、隆化元年。主要以北周武帝宇文邕出兵讨伐北齐以及晋阳攻防战为主要内容。周武帝第一次伐齐，直指洛阳，最后无功而返；再次伐齐，直指并州，得晋阳，为灭亡北齐打下基础。其间，齐后主高纬的劣行与周武帝的励精图治形成了鲜明对比，这也是决定战争胜负的一个重要因素。

高宗宣皇帝中之上

太建七年（乙未，公元575年）

春季，正月，辛未日（十六日），陈宣帝陈顼前往南郊坛祭祀天神。

癸酉日（十八日），周主宇文邕前往同州。

乙亥日（二十日），陈朝左卫将军樊毅攻陷北齐潼州（治今江苏睢宁县西南）。

齐主高纬从晋阳返回邺都。

辛巳日（二十六日），陈宣帝陈顼前往北郊坛祭祀地祇。

二月，丙戌朔日（初一），发生日食。

戊申日（二十三日），樊毅又攻克北齐下邳（故城在今江苏邳县东）、高栅（在今江苏宿迁县西南）等六城。

齐主高纬谈吐滞涩迟缓，不喜欢接见朝臣大夫，要不是宠幸的亲私、狎昵的近臣，就不与他交谈。他生性怯懦，受不了别人的注视，纵然是三公、尚书令、录尚书事等向他奏事，也都不得抬头注视他，通常一般向他奏事的人，大都只概略陈述要旨，就慌忙起身出去。齐主继承他父亲世祖高湛奢华靡费的恶习，认为帝王本当如此。后宫妻妾，都锦衣玉食，一件裙裤的制作费，有高达万匹彩绸价值的；后宫争先制作新奇工巧的衣装，有的清晨刚做好，到晚上就嫌过时而丢弃。大肆修造宫苑，极尽雄壮华丽。可是喜好无常，毁坏后的工程，又常常重行复建。各种土、木工匠，经常忙得没有休息时间；夜里，命他们点燃烛火照明继续工作；天寒时，让他们用热水拌和泥浆。开凿晋阳西山岩壁雕凿巨大佛像，夜里赶工照明所使用的油脂，一夜之间，就要烧掉一万盆，常常照得满山通红，光辉还反照到晋阳宫里。每有灾祸或寇贼发生，齐主从不谴责自己，一味到处多设素斋，施舍道、俗，认为这样，就是在修功德，可以减轻灾荒或消灭寇贼。他喜欢自弹琵琶，所作《无愁》的曲子，近侍跟随唱和的，动辄上百人，民间百姓戏称他为“无愁天子”。齐主又在华林园设立贫儿村，自己穿着破破烂烂的衣服，扮装为乞食儿，行乞其中，引以为乐。又描绘西部边境诸城的图形，命人穿上黑色戎装（北周军服，扮演北周士兵），假装攻城，齐主亲自率领宫内宦官抵御格斗。

北齐后主高纬宠信陆令萱、穆提婆、高阿那肱、韩长鸾等一干佞臣，交由他们主宰控制朝廷政务，就连宦官邓长颙、陈德信、胡儿何洪珍等，都能参与机密事务。他们各自引荐自己的亲戚党羽，让他们位居显要的职位。官位升迁的高低，要看给钱的多少来决定；刑狱也以贿赂的多少来断其罪行轻重，他们竞相做奸邪谗佞的事，败政虐民。其他如帝室旧苍头（仆隶）刘桃枝等，因为能承候主子的脸色，也都位至开府、封王。其余宦官、胡人、歌舞艺人、巫师、官奴侍婢等，轻易得到富贵的，有上万人；外姓被封王爵的，上百人；位为开府仪同三司的，多达千余人；封为仪同三司的，更是不计其数。带领军将军称号的，达到二十人；担任侍中、中常侍的，也有几十人；甚至连狗和马，以及猎鹰，也有被封为仪同、郡君等名号；还有斗鸡，也被封为开府，并且多享有食禄。那些嬖幸得宠的人，朝夕在齐主周围侍候娱乐，引得齐主大悦的话，一个戏闹的奖赏，常常超过亿万。后来，府库的储藏匮乏枯竭，齐主却又赐给他们两三个郡或六七个县，让他们卖官去换钱抵作赏赐的奖金。从此当郡守县令的人，大都是有钱的巨贾富商，这批守宰，争相贪污受贿，加上赋役繁重，百姓便越发难以生活了。

周主宇文邕准备讨伐北齐，下令边镇储备军需，增加戍守。北齐听闻北周要来进犯，也下令加强防守戒备。北周柱国于翼向周主进谏说：“两国在疆边大动干戈，双方互有输赢，白白地损兵耗粮，对大计没有益处。真正的上策，不如解除边境戒备，保持两国的友好关系，先使对方懈怠松弛而疏于防备，然后再乘隙进兵，出其不意，如此，一举便可攻克敌国。”周主宇文邕听从了他的建议。

周主宇文邕志在讨平北齐，勋州刺史韦孝宽上疏陈述平齐三策。

第一策说：“臣在边关多年，很能看出敌国的空隙，但不及时利用，难以成功。因此往年出兵，徒然劳师费财，而功绩并不显著，就是因为失去际遇机会的缘故。这话怎么说呢？长长的淮水，在它之南的土地，从前原是物产丰富的地区，陈氏以一破亡余烬的国家，尚且能一举就将它夺取过来，齐人连年派兵前去援救，总是丧师覆败而返。现今，他们内有民心离散的忧患，外有大军压境的危机，君臣上下计无所出，国力又枯竭，仇敌有这样的破绽，我们不可失去进攻的机会。现在，我方大军如若从轵关（今河南济源县西）进发，两车并驾而行，兼与陈国联合，分兵两路，夹击敌人。并下令广州（治今河南鲁山县）义勇部队，从三鸦（鲁阳关，在今河南南召县东北）出兵；再招募山南的骁勇锐卒，顺河而下；同时派遣北山稽胡（南匈奴种，居今山西昌梁山脉及河西一带），阻断北齐并、晋二州的通道。以上这些军队，仍然命令他们各自往关、河之外招募勇敢劲健的武士，赐给他们优厚的官爵和奖赏，让他们担任先锋向导。这样的话，众军一出，山岳会为之动摇，河川会为之改道；雷霆也会因而惊响，闪电也会因之激荡，从许多道路齐头并进，直奔虏庭（指邺都），北齐势将望旗溃退奔逃，大军所向，无不摧毁灭绝，一举平定北齐，就在于抓住这个绝好时机。”

第二策说：“假如国家不想在最近大举进兵，而想留待他日再行征讨，那么此时应和陈人分散北齐的兵力。三鸦以北，万春（今山西河津县东北）以南，大举进行屯垦，预储军粮，招募当地强悍骁勇的武士，编组成立军队。北齐边境东南，已有敌寇，当他们双方兵马相持不下时，我方派出奇兵，突破北齐西北防线。北齐假如兴师赶来援救，我方就坚壁清野；对方攻又攻不下，待又待不住，等他一旦远去，我方立刻又再出兵。常用边境地区的部队，牵制他们要害地区的重兵。我方来去不出百里侵扰他，让他往返千里疲于奔命，一两年下来，对方士兵不堪奔波，势必叛离。何况齐主残暴昏庸，政令出自许多府署。他身旁的一些嬖幸宠臣，公然卖官鬻爵，收受贿赂，拿人钱财，减人罪刑，唯利是图，不顾其他。齐主自己又荒淫酒色，残害忠良，全境百姓苦不堪言，无法忍受他的弊政。由此看来，北齐的倾覆灭亡，可以预见。我方伺机迅速出师扫荡，势必摧枯拉朽，毫不费力，便可讨平齐国。”

第三策说：“先前勾践灭亡吴国，尚以十年为期；周武王讨伐商纣，也须两度兴兵。方今陛下如若还想暂时韬光养晦，等待时机，那么在下认为最好还是恢复两国的友好，重申盟约，安定百姓，约束部众，互相通商贸易，优待工匠，蓄养锐气、威势，伺机而起，这是安坐不动，遥控对方，就可兼并吞并敌国的良策。”

周主宇文邕看了他的奏疏后，召请开府仪同三司伊娄谦入殿，从容地问他说：“朕想用兵，你看应当先攻打哪个国家？”伊娄谦回答说：“齐主宠信倡优，沉迷于酒，他们国内善于征战的良将——斛律明月，已死于谗言。现在，他们君臣上下离心，路上行人，以目相视，官吏怨怒在心而口不敢言，像这样的国家，最容易攻取不过了。”周主听他这么说，兴奋得大笑起来。三月，丙辰日（初二），周主宇文邕派遣伊娄谦与小司寇元卫出使北齐，借以观察对方的虚实和瑕衅。

丙寅日（十二日），周主宇文邕从同州返回长安。

夏季，四月，甲午日（初十），陈宣帝陈顼前往太庙祭拜祖先。

陈朝监豫州事陈桃根在辖区内俘获青牛，呈献给陈宣帝，陈宣帝陈顼下诏，命他退还给百姓。陈桃根又上奏章，进献织成的罗文锦被各二百件，陈宣帝陈顼下诏，命人在云龙门外将它烧毁。

庚子日（十六日），齐主高纬任用中书监阳休之为尚书右仆射。

六月，壬辰日（初九），陈宣帝陈顼任用尚书右仆射王玚为尚书左仆射。

甲戌日（六月无此日），齐主高纬前往晋阳。

秋季，七月，丙戌日（七月无此日），周主宇文邕前往云阳宫。

大将军杨坚姿容相貌奇特。畿伯下大夫长安人来和，曾经对杨坚说："杨公眼睛如晨星闪烁，无所不照，主当称王于天下，只是希望您能克制诛杀！"

周主宇文邕对待杨坚，素来都很优厚，有一天，齐王宇文宪对周主说："普六茹坚（杨坚父亲杨忠，从周太祖屡有战功，赐姓普六茹氏），容貌非凡，臣每次见到他，不觉就生畏惧之感。臣担心他不是久为人臣之人，请陛下早些杀掉他！"周主对杨坚的容貌也起疑心，便询问来和看法如何。来和没有用实话回答，欺骗周主说："随国公杨坚，只是一个坚守贞节的普通人，可以委以坐镇一方的职位，如果任命他为将领，那么冲锋陷阵，将会无坚不摧。"

丁卯日（十五日），周主宇文邕从云阳宫返回长安。

此前是周主单独和齐王宇文宪以及内史王谊二人密商讨伐北齐的事，后来又派遣纳言卢韫乘驿马，前后三次往返湖北安陆，向安州总管于翼咨询伐齐的意见，这件事，其他朝臣都不知晓内情。丙子日（二十四日），召大将军以上人员聚集大德殿，这才告诉他们准备大举伐齐的事。

丁丑日（二十五日），周主宇文邕下诏讨伐北齐，任命柱国陈王宇文纯、荥阳郡公司马消难、郑国公达奚震担任前三军总管；越王宇文盛、周昌郡公侯莫陈崇、赵王宇文招担任后三军总管。

齐王宇文宪带领部众两万，赶往黎阳（今河南滑县北），随国公杨坚、广宁郡公薛迥（薛迥，《周书》及《册府元龟》一一七引并作“薛回”。《隋书》卷六十五《薛世雄传》云：“父回，字弘道，仕周，官至泾州刺史。”疑此名回，字弘道者，即其人）带领水师三万，从渭水进入黄河，顺流东下。柱国、梁国公侯莫陈芮带领部众二万扼守太行道；申国公李穆带领部众三万，镇守河阳道（河桥），常山公于翼率领部众二万，自安陆向陈、汝（今河南淮阳、汝水间地区）进兵。王谊，是王盟哥哥的孙子；达奚震，是达奚武的儿子。

周主宇文邕准备亲自率领大军向河阳（河南孟县西）进发。内史上士宇文弢认为这样的进攻路线并不好，进谏说：“北齐高氏建国以来，已历经好几代，虽说他们君主无道，可是藩镇的人选，尚得其人。现在我方命将出师，需要选好路线。河阳是军事要冲，是对方精兵聚集的地方，我方虽然尽全力去进攻，只怕也不易如愿。依臣之见，不如出兵进攻汾曲（山西临汾县南），当地守兵人少，山又卑平，容易得手。进兵的路线，实在没有比从这儿进攻再好的。”民部中大夫、天水人赵煚也说：“河南、洛阳，四面都容易受到攻击，即使攻取了它，也不易防守。请改向河北进兵，直指太原，倾覆他们的老巢，可一举讨平齐国。”遂伯下大夫鲍宏也进谏说：“我方强盛，敌方衰弱，我方安定，对方颠乱，何愁不能讨平北齐？但先帝（指宇文泰）在时，多次出兵洛阳，对方先有防备，因而往往不能取胜。依臣之见，进军汾、潞，直捣晋阳，出敌不意，似为上策。”周主宇文邕一概不采纳他们的建议。鲍宏，是鲍泉的弟弟。

壬午日（三十日），周主宇文邕亲自率领大军六万，直奔河阴（今河南孟津县东）。杨素请求统率他父亲（前汾州刺史杨敷）的部下，担任先锋，周主宇文邕答应了他。

八月，癸卯日（二十一日），周主宇文邕派遣使者到建康访问。

周师进入北齐境内，周主宇文邕下令，禁止军人砍伐树木，践踏庄稼，违令者一律斩首。丁未日（二十五日），周主宇文邕率军攻打河阴大城，将它攻克。齐王宇文宪军攻陷武济城（今河南孟津），进兵包围洛口（洛水入河之口，在今河南巩县东北），攻克它东、西二城，放火焚毁浮桥（连接黄河南岸，巩县东北之洛口城，及黄河北岸武陟县西之永桥城，是齐兵南下救援洛阳之通道），浮桥通道便告断绝。

北齐永桥大都督、太安人傅伏从永桥夜渡黄河，潜入河阳（今孟县），坚守中潬城（河阳有三城：南城、北城、中潬。中潬在孟县西南河中洲上，即今天的郭家滩）。周师已经攻克南城，进兵包围中潬，围攻了二十天，还是没能攻克。北齐洛州刺史独孤永业镇守金墉城（在洛阳西北），周主宇文邕亲自率军前去攻打，攻打多时，也没有攻克。独孤永业连夜赶办两千座马槽，北周侦悉，认为北齐救援大军将到，心里不免慌张。

九月，北齐右丞相高阿那肱从晋阳率军南下抵御周师。进兵到河阳，碰巧遇到周主宇文邕生病，辛酉日（初九）夜，周主宇文邕下令班师，水师因为河水迅急，溯流西归，担心被追兵赶上，于是焚毁烧掉船舰，改从陆路撤退。北齐傅伏向行台乞伏贵和建议说："周师困乏疲惫，请拨给精锐骑兵两千，让我率领前去追击，一定可以打败周师。"乞伏贵和没有答应。

齐王宇文宪、于翼、李穆等军，所到之处，都获得胜利，有的是对方投降，有的是靠武力进攻，共攻克对方三十多座城池，后来也全都放弃西归。其中只有王药城（在今河南济源县境）因为属于要害之地，特任命仪同三司韩正留守，隔不多久，韩正却献出城池投降了北齐。

戊寅日（二十六日），周主宇文邕从前线返回长安。

庚辰日（二十八日），齐主高纬任用赵彦深为司徒，斛[律]阿列罗为司空。

闰月，陈朝车骑大将军吴明彻率兵进攻北齐彭城（今江苏铜山县）。壬辰日（十一日），在吕梁（江苏铜山县东南五十里）大败齐军数万人。

甲午日（十三日），周主宇文邕前往同州。

冬季，十月，己巳日（十八日），陈宣帝陈顼册封皇子陈叔齐为新蔡王，陈叔文为晋熙王。

十二月，辛亥朔日（初一），发生日食。

壬戌日（十二日），陈宣帝陈顼任用尚书仆射王玚为尚书左仆射，太子詹事、吴郡人陆缮为尚书右仆射。

庚午日（二十日），周主宇文邕从同州返回长安。

太建八年（丙申，公元576年）

春季，正月，癸未日（初四），周主宇文邕前往同州。辛卯日（十二日），宇文邕到达河东涑川。甲午日（十五日），宇文邕从河东回到同州。

甲寅日（正月无此日），齐主高纬下诏大赦境内。

乙卯日（正月无此日），齐主高纬从晋阳返回邺都。

二月，辛酉日（十二日），周主宇文邕派遣太子宇文赟巡抚西土，顺道征讨吐谷浑，并任命上开府仪同大将军王轨、宫正宇文孝伯跟随同行。军队的进取调度，都委托他二人，皇太子只静听他们办理的结果而已。

齐主高纬下令搜罗杂户中没有出嫁的女儿，如果有敢藏匿不献出来的，家长一律处死。

壬申日（二十三日），陈宣帝陈顼擢升开府仪同三司吴明彻为司空。

三月，壬寅日（二十四日），周主宇文邕从同州返回长安。夏季，四月，乙卯日（初七），周主宇文邕又前往同州。

己未日（十一日），陈宣帝陈顼前往太庙祭拜祖先。

陈朝尚书左仆射王玚去世。

五月，壬辰日（十五日），周主宇文邕从同州返回长安。

六月，戊申朔日（初一），发生日食。

辛亥日（初四），周主宇文邕前往太庙祭拜祖先。

起初，陈朝太子陈叔宝想任命左户[部]尚书江总为太子詹事（胡三省曰：“此盖‘左户’也，‘部’字衍”），让东宫管记陆瑜向吏部尚书孔奂转达这个意思。孔奂对陆瑜说：“江总有潘岳、陆机的文采，但缺东园公、绮里季的厚重（汉初，高祖想要更换太子，吕后采用张良计策，卑词厚礼迎四皓东园公、绮里季等辅助太子盈），要任用江总担任辅弼太子的职务，在下认为有困难。”陆瑜将孔奂的话回奏太子，太子听了，十分怨恨，亲自跑去和陈宣帝陈顼说，陈宣帝答应了他的要求。孔奂知道了，启奏皇帝说：“江总，是擅长文学的，而今太子的文学素养已经很好，哪里需要借重江总呢？依臣之见，希望选拔敦厚稳重的人，来担任辅佐的职务。”陈宣帝陈顼因而问他说：“倘若如你的意思，那么谁适合担当这个职务呢？”孔奂回答说：“都官尚书王廓，家中世代有美德，见识敏锐，秉性敦厚，可以担当这个职务。”太子此时也在皇帝身旁，便插嘴说：“王廓，是王泰的儿子，不适合担任太子詹事。”孔奂说：“宋朝范晔，就是范泰的儿子，也担任太子詹事，前代并不因为避讳而认为他不适宜担任这个职务。”太子拒绝孔奂的安排，还一再坚持任用江总，陈宣帝陈顼最终任命江总为太子詹事。江总，是江斅的曾孙。

甲寅日（初七），陈宣帝陈顼任用尚书右仆射陆缮为尚书左仆射。陈宣帝原想任用孔奂接替陆缮的遗缺，并且连任命诏书都已经拟好，因为太子的阻挠，后来才改用晋陵太守王克担任尚书右仆射。

没过多久，太子詹事江总和太子通宵达旦地畅饮，并且又收太子的良娣陈氏为养女，太子多次私服外出，跑到江总家游玩。陈宣帝陈顼十分生气，于是罢免江总的官职。

北周利州刺史纪王宇文康，骄狂矜夸，不守法纪，整修兵器，暗中图谋造反，司录参军裴融劝阻，他不仅不听，反而杀了裴融。丙辰日（初九），周主宇文邕下诏，赐纪王宇文康自尽。

丁巳日（初十），周主宇文邕前往云阳宫。

庚申日（十三日），北齐宜阳王赵彦深去世。赵彦深事奉几代国君，经常参掌国家机密，以温和谨慎著称。自从他死后，典掌机密的朝中重臣，只有侍中、开府仪同三司斛律孝卿一人还算比较正直，不像其他人，全是嬖幸贪赃枉法之辈。斛律孝卿，是斛律羌举的儿子，和别人相比，不那么贪婪秽乱。

秋季，八月，乙卯日（初九），周主宇文邕从云阳宫返回长安。

北周太子宇文赟讨伐吐谷浑，最远抵达伏俟城（伏俟城，吐谷浑国都也，在青海西）然后返回。

宫尹郑译、王端等都深得太子宇文赟的宠信。太子在军中，做出不少败坏道德的事，而郑译等都参与之中。等到西征回来，王轨等向周主宇文邕禀告，周主大怒，鞭打太子和郑译等人，并将郑译等人革职，太子所宠信的其他东宫官属，都遭到周主宇文邕的谴责。后来，太子又召回郑译，戏嬉狎玩如故。郑译因而对太子说："殿下要到什么时候可以据有天下呢？"太子很高兴，越发宠信他。郑译，是郑俨哥哥的孙子。

周主宇文邕平常对待太子很严，每次朝见，太子进退礼节和群臣没有差别，纵使赶上隆寒盛暑，也不得偷懒。周主宇文邕因为他喜爱喝酒，便禁止酒运进东宫；太子每有过失，就加以惩罚。常告诫他说："古来太子被废黜的有多少人？我别的儿子难道就不被册封为太子吗？"于是敕令东宫官属，记录太子的言行举动，按月奏呈记录。太子害怕周主的威严，故意违异常情，修饰言行，让缺点不显露于外，因此他顽劣的过失，便不再被周主知晓。

王轨曾对小内史贺若弼说："我看太子终究不能承担治国的重任。"贺若弼也表示深有同感，因而劝王轨奏报周主。后来，王轨趁侍坐的机会，便对周主说："皇太子既没仁孝的声名，又做出许多败德的事情，恐怕不能胜任陛下皇家的事务。愚臣识见短浅，所言未必值得采信。陛下常认为贺若弼有文武奇才，而贺若弼也常为此事感到担忧。"周主便询问贺若弼的意见，贺若弼却说："皇太子在东宫涵养道德，不曾听说有什么过失。”两人从御前退出来后，王轨便责备贺若弼说：“你平日言论，无所不谈，刚才面对皇上，为什么反复无常？”贺若弼说：“这就是你的不对了，太子是国家未来的君主，要说他的过失，哪有那么容易的？谈论他，偶有不当，就会遭到灭门之祸。我原以为你是单人密陈太子的不善，今天你怎么可以当众提出这个事情呢？”王轨听他这么一说，沉默好一会儿，才开口说：“我专心一意为国家安危着想，因此没有顾及个人死生利害。刚才当众提出这个问题，实在很不合适。”

后来，王轨又趁参加宫廷宴会的机会，举杯向周主敬酒的时候，一手捋着周主的胡须说：“可爱的好老头儿，只是遗憾储君昏弱。”此前，周主曾问右宫伯宇文孝伯说：“近来我儿子怎么样？”宇文孝伯回答说：“太子近来害怕陛下的威严，不再犯过了。”等酒宴散后，周主宇文邕责骂宇文孝伯说：“你常对我说‘太子不再犯过’，然而今天王轨却仍说太子不行，显见你早前对我说的，都是谎话。”宇文孝伯再拜谢罪说：“父子至亲，儿子再怎么坏，终归还是自己的儿子，外人是很难说话的，臣知道陛下难以割舍恩慈，忍抑亲爱，因而我便闭口不敢多言。”周主体会到他的心意，沉吟良久，才说：“朕已经将太子委托给你了，希望你尽力辅佐教导他吧！”

又有一次，王轨忽然对周主说：“皇太子不是国家的好领袖，普六茹坚却又有谋反为君的容貌。”周主宇文邕十分不悦地说：“假如天命真的注定在他，那么我对他也无可奈何！”杨坚知晓了他们的对话，心里十分恐惧，非常小心地韬晦隐藏自己的锋芒。

事后，周主宇文邕认为王轨的建议很有道理，但是次子汉王宇文赞也不成器，其余的几个儿子年纪又太小，因而无法采纳王轨的意见废掉太子。

丁卯日（二十一日），陈宣帝陈顼任用司空吴明彻为南兖州刺史。

齐主高纬前往晋阳，同时下诏修建邯郸宫。

九月，戊戌日（二十三日），陈宣帝陈顼册封皇子陈叔彪为淮南王。

周主宇文邕对群臣说："朕去年领兵东征，适有疾病，因而未能荡平敌寇。但是上次攻入齐境，详细了解了敌情。看对方用兵，几同小孩游戏。何况他们朝廷昏乱，政令出自一批小人，百姓愁苦，朝不保夕。天赐我们良机，如果不去讨伐他，恐怕会留下遗憾。前次出兵河阴，只攻打他们的脊背，还未扼住他们的咽喉要害。晋州本是高欢兴起的重镇要地，这次我方如果前去攻打晋州，他们势必派兵前来援救；到时，我方先严整阵势，以逸待劳，迎头痛击，必能获胜。然后乘着势如破竹之势，击鼓向东进兵，足以彻底荡平他们的巢穴，一举统一天下。"周主宇文邕说得这么有信心，可是诸将却面有难色，都不愿领兵前去。周主勃然大怒说："时机不可错过。如果有敢阻挠我进兵的，我一定用军法处置他！"

冬季，十月，己酉日（初四），周主宇文邕又亲率大军大举讨伐北齐，任命越王宇文盛、杞国公宇文亮、随国公杨坚分别率领右三军，谯王宇文俭、大将军窦泰、广化郡公丘崇分别率领左三军，齐王宇文宪、陈王宇文纯统率前军。宇文亮，是宇文导的儿子。

丙辰日（十一日），齐主高纬正在祁连池打猎。癸亥日（十八日），从天池返回晋阳。此前，北齐晋州行台尚书左丞张延隽为人公正忠直，治军勤奋敏捷，战争所需，他都事先储备。晋州在他的治理下，百姓安居乐业，边境也都安然无事。但是，自从嬖幸佞臣接替他的职务后，晋州就变得繁杂纷乱起来。

周主宇文邕进兵到晋州（治平阳，即今山西临汾县治），驻兵在汾曲（临汾县南），派齐王宇文宪带领精骑二万，扼守雀鼠谷（在今山西介休县西南）。陈王宇文纯带领步骑二万，扼守千里径（在今山西霍县东十里，为北出汾阳，径指晋阳之道）。郑国公达奚震带领步骑一万，镇守统军川（在今山西石楼县西五十里）。大将军韩明带领步骑五千，把守齐子岭（在今山西垣曲县东）。焉氏郡公尹升带领步骑五千，镇守鼓钟镇（在垣曲县北六十里）。凉城郡公辛韶带领步骑五千，镇守蒲津关（在今山西永济县西，黄河津渡处，自古以来，都是水陆交通要冲）。赵王宇文招带领步骑一万，自华谷（在今山西稷山县西北二十里）进攻北齐汾州（治今山西汾阳县）诸城。柱国宇文盛带领步骑一万，镇守汾水关（在今山西灵石县西南汾水上，是北通汾阳的险要之地）。

周主宇文邕派内史大夫王谊监督六军进攻平阳城（晋州城）。北齐晋州道行台仆射、海昌王尉相贵凭借平阳四周之城，奋力抵御周师进攻。甲子日（十九日），齐主高纬在晋阳晋王祠集结众军。庚午日（二十五日），齐主高纬带领大军，从晋阳出发，南下援救晋州。周主宇文邕从汾曲挺进，每天亲到晋州城下督战，北齐晋州城内守军越发惶急窘迫。庚午这一天，北齐晋州道行台尚书左丞侯子钦出城投降北周。

壬申日（二十七日），北齐晋州刺史崔景嵩镇守北城，入夜，密遣使者请求投降北周，周将王轨领军前去接应。天还没亮，周将北海人段文振，手执丈八长矛，跟数十人率先登城，和崔景嵩一同到尉相贵处，拔出佩刀，劫持了尉相贵。然后率军到城上，同时发出呼喊的声音，齐兵立时溃散大败，北周攻克晋州城，俘虏尉相贵及士兵八千人。当周师围攻平阳城的时候，齐主高纬正和冯淑妃在天池围猎，晋州派出求援的使者，从黎明到中午，乘驿马急驰而至的，就有三批。右丞相高阿那肱对他们说："陛下正围猎为乐，边疆小小交战，乃是平常的事情，何必这样急着向他禀告呢？"拖延到了傍晚，信使又到，欺骗他说："平阳城已经沦陷。"高阿那肱这才肯代为启奏齐主。齐主听说前线危急，准备回宫，冯淑妃兴犹未尽，请他留下来再围猎一场，齐主竟答应了她的请求。

北周齐王宇文宪攻克北齐洪洞（今山西洪洞县）、永安（今山西霍县）二城，还想攻城略地。北齐焚烧桥梁，据险固守，宇文宪的军队前进受阻，便驻扎在永安，派遣永昌郡公宇文椿扼守鸡栖原（在今山西霍县东北三十里，霍山高平处），砍伐柏树，搭盖茅庵，当作营舍。宇文椿，是宇文广的弟弟。

癸酉日（二十八日），齐主高纬分兵三路，一路万人向千里径进发，一路向汾水关挺进，亲自率领大军上鸡栖原。北周宇文盛镇守汾水关，派人向齐王宇文宪求救，宇文宪亲自率兵前往援救。齐师撤退，宇文盛乘胜追击，将齐军打败。没过多久，宇文椿因为齐师主力逐渐逼进，也向宇文宪求援，宇文宪又率兵前往支援。与齐师主力对阵，相持到了夜里，双方都不敢轻举妄动。碰巧周主宇文邕召宇文宪等撤退，宇文宪这才乘夜率兵离去。齐军望见对方柏柱茅庵仍然存在，没有发觉周师已退，到了第二天天亮，才知道周师已经撤走。齐主高纬派高阿那肱带领前军先行进发，自己指挥诸军跟进。

甲戌日（二十九日），周主宇文邕任用开府仪同大将军、安定人梁士彦为晋州刺史，留下精兵一万镇守晋州城。

十一月，己卯日（初四），齐主高纬率领大军赶到平阳城下。周主宇文邕因为齐军新集，倾巢而出，声势盛大，便想西还长安，暂且避开齐军的锋芒。开府仪同大将军宇文忻劝阻他说："凭陛下的圣明英武，利用敌人的荒淫放纵，何愁不能战胜他们呢？倘若齐国在位的是一位贤主，加上君臣戮力同心的话，那么陛下就算有商汤、周武王的声势，只怕也不易讨平他。而今北齐国君昏聩，宰臣愚昧，军兵没有效命的战斗意志，虽然拥有百万大军，实为奉送陛下，他们将成为陛下役使的人。"军正、京兆人王纮（查《通鉴》宋刊十二行本及明孔天胤本，"王纮"并作"王韶"。王韶，字子相，世居京兆，在周，凭借军功，官至车骑大将军，仪同三司，后转"军正"。知"京兆王纮"乃"王韶"之误）也劝谏周主说："齐主违失法纪纲常，于今已历数世，上天帮助周室，一战就能扼住他们的咽喉要害，夺去昏乱之君的土地，戮辱败亡的君臣，正在今朝将要实现的时候，陛下却放弃这个机会而突然收兵，这实在是愚臣所无法理解的。"周主虽然觉得他们讲得很有道理，然而最终还是引兵归去。宇文忻，是宇文贵的儿子。

周主宇文邕留下齐王宇文宪居后，以抵挡北齐的追兵。齐主派兵前来追赶，宇文宪跟宇文忻各带领百骑反击追兵，斩杀了北齐骁将贺兰豹子等，齐军才退走不再追赶。宇文宪带领部队渡过汾水，走到玉壁，赶上了周主宇文邕。

周师已退，北齐军队便包围平阳城，昼夜不停地猛烈进攻。城中情况异常紧急，城上敌楼、短垣，全被摧毁，所剩城墙，仅存七八尺。有时，守军用短刃跟齐兵交锋；有时，乘骑跟齐军拼斗，战况日益恶化，援军又不见到来，全城的人都震惊害怕。守将梁士彦则镇定自若，意气激昂地对将士们说："要是死在今天的话，我一定比你们先死！"将士们受他的鼓励，个个振奋、勇敢、豪壮起来，呼声震天动地，无不以一当百。齐军被这声势威慑，渐渐退避，梁士彦利用这个时机，命令妻妾、军民、妇女，昼夜抢修城垣，三日之内，全都修复。周主宇文邕派齐王宇文宪带领大军六万，进驻涑川，远远地作为平阳城声势上的援助。齐军挖掘地道攻城，城垣坍塌十来步宽，齐军将士乘势预备攻入，齐主高纬却敕令他们暂缓抢攻，为的是想召请冯淑妃前来观看。可是冯淑妃上妆，搽脂抹粉，未能及时赶到，等她来到时，那崩坍的城垣，早已被北周守军以木为栅，堵塞坚固，齐军竟因此失去攻克平阳城的机会。当地旧俗相传，晋州城西石上有仙人踪迹，冯淑妃想去观看。齐主高纬害怕城内弓矢射过桥来，会伤到冯淑妃，于是命人抽出攻城木具，用来搭建临时远桥。齐主和冯淑妃登桥去看，哪知桥柱不牢，一走动就坏了。到了夜里，齐主和冯淑妃才返回营舍。

癸巳日（十八日），周主宇文邕返回长安。甲午日（十九日），周主宇文邕又下诏，因为齐师围攻晋州城，他又再次率兵进击齐军。丙申日（二十一日），释放上次战役中投降过来的齐兵，让他们回归本国。丁酉日（二十二日），大军从长安出发。壬寅日（二十七日），周军渡过黄河，跟援救晋州的各路军队会合。十二月，丁未日（初三），周主率大军到达高显（今山西闻喜县南），派遣齐王宇文宪带领所部，先向平阳进发。戊申日（初四），周主大军到达平阳。庚戌日（初六），北周各路军集结平阳，共八万人，逐渐向前推进，然后在城边摆开阵势，东西绵亘二十余里长。

起初，北齐担忧周师突然赶来，因此在城南先挖掘一道壕沟，从乔山（在平阳城西）连接汾水。这时，齐主派出大军，在壕沟北面布阵。周主宇文邕派齐王宇文宪驰马前去察看敌军阵势。宇文宪回来禀告说："容易对付，等击败他们后再来进餐。"周主龙颜大悦，对他说："倘若真如你所说的那样，我再也不愁了。"周主宇文邕跨上平日常骑的那匹马，带领左右亲信数人，到各处阵地巡视将士，每到一地，都能叫出该处主帅的名字，并加以温言抚慰勉励。主帅很高兴皇上知晓自己的名字，人人都想奋勇效命。到决战前，主管马政的官吏，要替周主换上另一匹好马，周主告诉他说："朕独自一人骑这样的骏马，要跑哪去呢？"周主想率兵进逼齐师，碍于壕沟的阻隔而停下攻势，从早晨到申时（傍晚），两军对峙相持，难决胜负。

齐主高纬对右丞相高阿那肱说："是决战好呢？还是不出战好？"高阿那肱说："我方兵员虽多，可是能够作战的，剩下不到十万；十万之中，病的，受伤的，外加绕城砍柴的，又占去三分之一。从前神武皇帝在世时，率兵攻打玉壁，对方援军一到，神武皇帝就撤围而去。今日的将士，哪能比得上神武皇帝的时候？我看不如不要出战，退守高梁桥（今山西临汾县东北十里），比较稳妥。"武卫将军安吐根却说："一把子贼人，容我上马去刺取他来，扔到汾水中去！"齐主高纬主意还没打定，一批阉宦插嘴说："他们国君是天子，我们国君也是天子。他们天子尚能领兵远来，我们天子为何就只能守着壕沟，示人以弱呢？"齐主高纬听他们这么一说，便说："这个话有道理。"于是让人填实壕沟，向南进兵。周主见状，大为高兴，立即指挥诸军，向前迎战。

双方才刚交战，齐主和冯淑妃两马并立着观看。但见周军来势凶猛，齐军东边阵势似乎难以招架，向后稍退，冯淑妃便害怕地说："我军败了！"录尚书事、城阳王穆提婆催促齐主说："大家快走，大家快走！”齐主便和冯淑妃准备退守高梁桥。开府仪同三司奚长劝阻齐主说：“部队一半进攻，一半后退，乃是作战常有的现象，现今我方军阵完整，并未曾伤损，陛下舍弃大军，要到哪儿去呢？只恐陛下马足一动，掉头一跑，军心惶恐散乱，那就一发不可收拾了。希望陛下快速返回原地，稳定军心！”齐主还在沉吟迟疑间，另一武卫将军张常山从后赶来，也劝谏齐主说：“东面原先退却纷乱的部队，没过多久，已经集中了，我方军阵也已完整如初，丝毫未见落败，陛下应当速回到军前，假如不相信我的话，祈请陛下带领阉宦们一起去看。”齐主心动，准备返回原地，穆提婆却牵动齐主的手肘说：“这个话不可轻信。”齐主于是率同冯淑妃向北策马扬鞭而去。齐军失去主子，立时兵败如山倒，被杀死的有一万多人，丢弃的军资器械，绵延数百里，堆积如山。只有安德王高延宗，在乱军中独能全军严整而退。

齐主跑到洪洞（在晋州城东北），冯淑妃正在揽镜自照，施粉添妆，忽然后头声音嘈杂，又有军士禀报周师追到，齐主于是又再向北逃走。之前是齐主眼看平阳城就要攻克，让冯淑妃从军助阵建功，准备册封她为左皇后，并已派出宦官前往晋阳，去取皇后御服袆翟等。到这时候，正好与齐主在途中相逢，齐主替冯淑妃拉住马辔，让马驻停，要冯淑妃穿上皇后衣服，然后奔回晋阳。

辛亥日（初七），周主进入平阳城，守将梁士彦拜见周主，捋着周主的胡须哭泣说：“臣差一点就看不到陛下了！”周主感念他坚守城池的艰辛，也为他流下眼泪。

周主因见将士疲劳，准备班师返回长安。梁士彦拦马谏阻周主说：“现在齐师败亡逃散，全国民心离散，趁他们惶恐不安时进袭，势必能攻下北齐。”周主握着他的手说：“我们得到晋州，是作为平定北齐的基础，如果不能固守晋州，那么平定北齐的大业，便不能成功。朕此番出兵，并无前方之忧，唯虑后方有变乱，希望你为我好好镇守晋州城。”于是督率诸将，去追逐齐军。诸将一再请求返回长安，周主却说：“纵放敌寇，将转成无数祸患。诸君如果怀疑不能荡平北齐，要走，你们先走，朕将独自进军平齐。”诸将于是不敢多说。癸丑日（初九），大军进抵汾水关。

齐主高纬跑回晋阳，听闻周兵将至，忧虑焦急，不知所措。甲寅日（初十），齐主高纬颁诏大赦境内。并向群臣请教御敌计策，群臣都说：“为今之计，应当减轻赋敛，停息徭役，用来安慰民心；另一方面，收拾失散的军兵，激励他们背城死战，借以安定国家。”齐主想留下安德王高延宗、广宁王高孝珩等坚守晋阳城，而自己则继续向北朔州奔逃，假如连晋阳城也守不住了，那么他便计划再逃奔突厥。左右群臣都认为这样不好，但他执意不听。

北齐开府仪同三司贺拔伏恩等宿卫近臣三十多人，向西跑到周师阵前投降，周主各按他们等级，封赏他们。

高阿那肱所率领部众还有一万人，屯兵高壁（今山西灵石县东南二十五里），余众退守洛女砦。周主领兵进击高壁，高阿那肱听说周师来袭，不待交锋，就率先逃走。宇文宪攻打洛女砦，轻易将它攻克下来。齐方有军兵向齐主密告高阿那肱招引西师来犯，齐主命侍中斛律孝卿查验，斛律孝卿认为这人是在诬告。等到高阿那肱逃回晋阳，他的手下亲信又有告他谋反的，斛律孝卿查验之后，又认为那人妄言，于是将告密人处死。

乙卯日（十一日），齐主高纬下诏，任命安德王高延宗、广宁王高孝珩招募军士〔留守晋阳〕。高延宗进殿面见齐主，齐主告诉他预备逃往北朔州（治今山西朔县），高延宗涕泣谏止，齐主不听，秘密派遣左右亲信，先送皇太后、太子前往北朔州。

丙辰日（十二日），周主宇文邕和齐王宇文宪在介休会师。北齐开府仪同三司韩建业献出城池投降周师，周主宇文邕任用他为上柱国，封郇国公。

丙辰这一天夜里，齐主准备逃走，诸将不肯跟随。丁巳日（十三日），周师进逼晋阳，齐主高纬又下诏大赦天下，改年号为隆化。任用安德王高延宗为相国、并州刺史，总督山西兵马，对他说：“并州，吾兄自去收拾经营，儿（“儿”为幼小卑贱者对尊长的自称，高延宗为齐主族兄，齐主将社稷安危托付高延宗，对之自称“儿”）今离去了！”高延宗说：“陛下为社稷着想，请勿出逃。臣愿为陛下出力效劳，必能战胜敌人。”穆提婆在旁插嘴说：“至尊心意已决，大王不用再行阻挠！”齐主高纬于是趁夜斩断五龙门的管锁逃出，原想逃往突厥，跟随的官员大多离散。领军将军梅胜郎拉住齐主马辔，一再劝谏，齐主高纬这才转向邺都。这时只有高阿那肱等十余骑跟随，广宁王高孝珩、襄城王高彦道相继从后赶到，聚合得数十人同行。

穆提婆西奔投降周军，陆令萱畏罪自尽，他们家子孙大小，全被杀戮。周主宇文邕任命穆提婆为柱国、宜州刺史。下诏晓谕北齐群臣说：“如果有精尽人谋，深明天命，前来投降效力的，官禄爵位，各会予以隆盛加升。或者是我方将士逃往北齐的，不论贵贱，一律荡洗涤除。”自从这道诏书一下，齐国的大臣将帅投降北周的，相继不绝。

起初，齐高祖高欢担任东魏丞相时，任用唐邕主管外兵曹；太原人白建主管骑兵曹，他二人都因为精通会计、簿账工作而深受委任重用。到了北齐文宣帝高洋接受魏主禅位后，相府各司都划归尚书省，只有外兵、骑兵二曹保留不废，并提升二曹为二省。后来，唐邕做到录尚书事，白建做到尚书令，因为他们长久典掌二省，世人称他们为“唐、白”。唐邕兼掌度支，等到齐主宠幸小人，唐邕与高阿那肱有了嫌隙，高阿那肱在齐主面前说他的坏话，齐主高纬便敕令侍中斛律孝卿接替唐邕，总领骑兵与度支事。斛律孝卿处事大多自己决断，不再向唐邕咨询汇报。唐邕自认为一向熟悉旧制，一朝忽然被斛律孝卿看轻，心里很是抑郁难平。等到齐主高纬逃回邺都，唐邕因为痛恨高阿那肱、斛律孝卿一干人，便驻留晋阳，不愿前往邺都。他与并州地区将领，一同拥立安德王高延宗，向高延宗请求说：“大王若不做天子，诸人解散，恐不能再为大王出力效命了。”高延宗推辞不过，于戊午日（十四日）即皇帝位。下诏说：“武平（以齐后主年号称代齐后主）庸劣懦弱，政令出自宦官奸臣，国难当头，弃社稷于不顾，斩关夜逃，不知去向。辱承王公卿士推戴相强，现今只得恭敬接受天子宝位。”随后，下诏大赦境内，改年号为德昌。任用晋昌王唐邕为宰相，齐昌王莫多娄敬显、沭阳王和阿干子、右卫大将军段畅、开府仪同三司韩骨胡等为将帅。莫多娄敬显，是莫多娄贷文的儿子。并州各地，听到高延宗称帝的消息，不召自来而愿为新主效命的人络绎不绝。高延宗将府库宝藏，以及后宫美女，用来赏赐将士，激励民心，并根据簿籍没收宦官十余家的财产。齐主高纬在逃亡途中听到这个消息，对亲信近侍们说：“我情愿让周主得到并州，也不甘让安德王占有它。”左右亲信应声附和说：“理应如此。”高延宗每见士兵，亲自握着他们的手，谈到国事，自称己名，涕泣不已，军兵深受感动，都争相为他效命，连小孩女子，也都登上屋顶，卷起衣袖，投掷砖头、瓦块，帮他抗拒敌人。

己未日（十五日），周主宇文邕大军逼近晋阳。庚申日（十六日），齐主高纬进入邺都。周师围攻晋阳，远远望去，好像黑云四面聚合。安德王高延宗任命莫多娄敬显、韩骨胡拒守城的南面，和阿干子、段畅拒守城的东面，亲自率领众军把守城的北面抗击北周齐王宇文宪。高延宗一向肥胖，前面看像仰面朝天，后面看像俯伏在地，人们常笑他臃肿没用。但到此时出城交战，他抖动长矛，驰骋军阵，往来督战，行动强劲敏捷，往来如飞，所到之处，如入无人之境。和阿干子、段畅带领千骑奔逃投降周师。周主宇文邕领兵攻打东城，正值黄昏，乘黑攻进城内，放火焚烧佛寺，火光照耀大地。高延宗和莫多娄敬显从东门跟入，两相夹攻周师，周师大乱，夺门而逃，自相填压，道路堵塞不通；齐军又从后头追杀，周兵被杀的有两千多人。周主宇文邕左右卫士，几乎全被杀光，周主宇文邕又找不到出路。多亏承御上士张寿牵着马头领路，贺拔伏恩用鞭抽打马的尾部，从崎岖不平的死尸堆中，践踏而过，侥幸冲出。齐兵奋力出击，几乎砍中周主。城东道路狭窄曲折，贺拔伏恩以及归降的皮子信引领着周主宇文邕，最后，总算脱险逃出，这时已是深夜四更天。城内周兵已被歼灭，高延宗认为周主被乱兵杀死，派人到死尸堆中找寻长须的尸首，可是找遍了，都没发现这样的人。齐军打了大胜仗，各入酒坊饮酒，醉后纷纷倒地，高延宗也喝醉了，不再能整顿行伍。

周主宇文邕出得城来，腹中饥饿，本想乘夜逃走，手下诸将也都劝他退走。只有宇文忻勃然变色，谏止他说："自陛下平定晋州，乘胜追亡逐北。方今伪齐君主向东奔逃，关东百姓，震动响应，自古以来行军用兵，未有像这次盛大的。昨日破城，将士轻敌，稍微受挫，哪值得耿耿于怀？大丈夫行事，应当从死里求生，败中取胜。而今破竹取齐的形势已经形成，陛下为何反而弃此而去呢？"齐王宇文宪、柱国王谊等也都认为不宜退师，降将段畅等又极力陈述城内空虚。周主宇文邕这才驻马停辔，鸣角收兵，散兵陆续聚集，摧沮之势，不久就又重新振作起来。辛酉日（十七日），清晨，周主宇文邕再度挥军进攻晋阳东城，攻入城内，高延宗力战兵败，逃往北城，被周师俘获。押到周主面前，周主下马，握着高延宗的手，高延宗推辞说："罪该万死之人的手，哪敢碰天子的手？"周主宇文邕温言向他解释说："两国天子，本没什么嫌隙，我只为解救百姓而来，你不要害怕，我终不会加害于你。"说着，让他穿上礼服，戴上冠帽，礼貌地接待他。唐邕等也都跟着投降到北周来。唯有莫多娄敬显逃回邺都，齐主高纬任用他为司徒。

高延宗即位称帝之初，曾派遣使者具送表启给瀛州刺史、任城王高湝，信中大略说："天子逃亡出奔，宗庙社稷事情繁重，我迫于群公的拥立，暂时主持发号施令的任务，等待战事平定，终将宝位还给叔父。"任城王高湝接到表启，正色对使者说："我只是一个臣子，怎可允许接受这种表启？"于是逮捕来使，押送邺都。

壬戌日（十八日），周主宇文邕下诏大赦境内，废除北齐苛政，网罗文武贤才，并加优礼任用。

起初，北周的伊娄谦出使北齐，他的手下参军高遵将出使任务（阴谋）密告北齐。齐主下令把伊娄谦拘押在晋阳，到了周主宇文邕攻克晋阳，伊娄谦重获自由，周主宇文邕召见他，当面加以宽慰。同时逮捕高遵，把他交给伊娄谦，听凭他报复。

伊娄谦叩头道谢，并请求赦免高遵，周主宇文邕说："你可聚众当面将唾液吐在他脸上，让他知道羞耻！"伊娄谦回答说："就高遵的罪过来论，不是向脸上吐口水所能惩罚的。陛下宽宏大量，不如索性就饶恕他吧！"周主见他如此说，只好不再责罚高遵，伊娄谦又如同从前一样对待高遵。

◆臣司马光说：奖赏立功的贤臣，惩罚有罪的叛徒，这是为人国君的责任。高遵奉命出使他国，泄露军国大计，这是地道的叛臣。周主自己不执行杀戮职责，反而把高遵交给伊娄谦，听任他去报复，这样就有失政纲和刑罚的尊严了。孔子说："用恩惠来报答怨恨，那么又将用什么来回报恩惠呢？"从伊娄谦这边来说，周主赐予他处罚高遵的权力，他应当推辞不接受，而将高遵交给主管刑罚的官员去定罪，用来维护国家法纪。但他没有这样做，竟然请求周主赦免宽恕高遵，借此成就自己宽宏的美名，好虽是好，却不合乎天下的公理。◆

齐主高纬命有司立下重赏，用来招募战士，却又不拿出财物。广宁王高孝珩献策说："让任城王高湝带领幽州道的军兵进入土门（井径，今河北井陉县），扬言进攻并州（晋阳）；独孤永业带领洛州道的军兵进入潼关，扬言进袭长安，臣愿带领京畿的军兵出滏口（今河南武安县南三十里），鸣鼓而行，迎击周师。对方听到南北两路都有大兵来犯，自然闻风溃散。"高孝珩又请求放出宫女，拿出珍宝赏赐将士，来鼓舞士气。齐主一听要他拿出宫女和财宝，便满脸的不高兴。斛律孝卿建议齐主亲自慰劳将士，还替他草拟好一份讲稿，并且叮嘱他说："应当慷慨激昂，涕泗横流，借以振奋感动人心。"齐主应允，已经出了宫门，面对众将士，准备向他们演讲，可是竟记不起讲稿上所讲的内容，傻愣愣地站在台上，还发出傻笑，他的亲信近侍也跟着笑。三军将士无不义愤填膺，互相说："国家危急，他自身尚且如此漫不经心，我们又何必为他着急呢？"于是人心离散，三军全无斗志。这时，齐主下令从大丞相以下，凡是太宰、三师、大司马、大将军、三公等官职，增加官位的名额来授予将官，有的是三个人或四个人同任一个官，员额多得不可胜数。

北齐朔州道行台仆射高劢，带领部队护送太后胡氏和太子高恒，从土门道逃回邺都。当时，宦官、仪同三司苟子溢倚仗齐主的宠信，放纵横暴，还放出老鹰猛犬去猎取搏杀百姓养的小鸡和小猪。高劢路见不平，就把苟子溢逮捕，准备将他斩首示众，胡太后在旁劝阻求情，苟子溢才得免一死。有人对高劢说："苟子溢之徒，得宠两宫，言出祸随，您难道不担心后患吗？"高劢奋袂怒道："现在西寇已攻占并州（北周在北齐西面，故谓之"西寇"），达官贵人大都弃官叛逃，正是由于此辈专政弄权，秽乱朝纲所致。今日如果能斩杀这些鼠辈，明日纵使遭受诛戮，死也无憾！"高劢，是高岳的儿子。甲子日（二十日），北齐太后返回邺都。

丙寅日（二十二日），周主宇文邕拿出晋阳宫中的金银珍宝、丽服器玩，释放宫女两千名，颁赏将士，所有立功的人，各依功劳大小予以加官晋爵。周主宇文邕向高延宗请教攻取邺都的计策，高延宗推辞说："这不是亡国的士大夫所能想得出来的。"周主宇文邕再三询问，高延宗才说："如果任城王高湝入援邺都，陛下此去，能否攻克邺都，臣无法预见；如若是由齐主高纬亲自镇守，那么陛下可兵不血刃，士卒毫发无伤，就能攻陷邺都。"癸酉日（二十九日），周主宇文邕亲自率领大军，向邺都进兵，命齐王宇文宪为先锋，留下上柱国、陈王宇文纯担任并州总管，镇守晋阳。

齐主高纬招集一、二品以上贵戚大臣进入朱雀门（邺宫城正南门），遍赐酒食，分给纸笔，让他们各自书写抵御周师的对策。等到大家呈上对策，人各异词，齐主无所适从。此时，人心惶惶，没有斗志，出降北周的朝士，昼夜不绝。高劢向齐主高纬建议说："臣见朝中叛逃的，都属贵戚大臣，至于士兵，还未尽离心。现在请催逼五品以上官员家属，全都赶入三台内（三台，魏武帝所建，齐文宣帝又增崇之，当时改为寺庙），然后迫令他们出仗，倘若打不了胜仗，就焚毁三台。

此辈顾念爱惜妻子、儿女，一定会誓死作战。况且王师多次败北，贼徒一向轻视我军，今日果能背城决一死战，依照常理说，必能击退西寇。”齐主高纬没听从他的建议。这时有望气（望云气以知人之吉凶祸福）的人说：“国家当有变革改易。”齐主因而召请尚书令高元海等人进宫商议，于是依照天统旧例，将王位禅让给皇太子高恒。

资治通鉴卷第一百七十三　陈纪七

起丁酉（公元577年），止己亥（公元579年），共三年。

【题解】本卷记录了公元577年至579年共三年间南北朝的史事。当时正值陈宣帝太建九至十一年；北周武帝建德六年至周宣帝大成元年；北齐后主隆化元年，隆化二年时国灭。重点讲述了北周灭掉北齐，周武帝不幸英年早逝，周宣帝继位后骄奢放纵、滥杀无辜，北周政治一片混乱，国家显露败亡之兆。但周宣帝在位期间认可了佛、道的合法性，也为承袭汉魏传统做了一定贡献。

高宗宣皇帝中之下

太建九年（丁酉，公元577年）

春季，正月，乙亥朔日（初一），北齐皇太子高恒即皇帝位。高恒当时年仅八岁；改年号为承光，大赦境内。尊奉齐主高纬为太上皇帝，皇太后胡氏为太皇太后，皇后穆氏为太上皇后。任用广宁王高孝珩为太宰。

司徒莫多娄敬显、领军大将军尉相愿，预谋在千秋门（邺宫西门）埋伏军兵，袭杀高阿那肱，改立广宁王高孝珩为国君。不巧高阿那肱走了另一条路上朝，因而未能按原计划除掉他。高孝珩请求领军对抗周师，高阿那肱、韩长鸾等防备他变乱，外放他为沧州刺史。高孝珩临行时，对高阿那肱等人说："朝廷不派遣我去破贼，想必是担心我高孝珩造反吧！我高孝珩如果能击败宇文邕，我便进兵长安，就算造反，也对国家无损啊！事到如今，危险万分，还这样猜疑畏忌，岂不可叹！"说完，长叹而去。领军大将军尉相愿拔出佩刀，挥刀砍向柱子，长叹说："大势已去，还有什么好说的呢！"

齐主高纬派遣长乐王尉世辩带领千余骑，外出侦察周师踪迹。行出滏口（今河南武安县南三十里），登上高坡西望，远远望见群鸟飞起，怀疑是西军旗帜（周师戎衣旗帜皆黑），便策马奔回，直到紫陌桥，一路上都不敢回头看。尉世辩，是尉粲的儿子。此时，黄门侍郎颜之推、中书侍郎薛道衡、侍中陈德信等，劝齐太上皇高纬前往河外（按北齐国都邺城，在黄河北，因而称河南为河外）募集士兵，另图谋划经营；事情如果不成，也可南投陈国。北齐太上皇采纳了这个建议。薛道衡，是薛孝通的儿子。丁丑日（初三），北齐太上皇高纬及太皇太后胡氏、太上皇后穆氏等先从邺城转移到济州（治今山东茌平县西南）。癸未日（初九），北齐幼主高恒也从邺都向东出逃。己丑日（十五日），周师进逼紫陌桥。

辛卯日（十七日），陈宣帝陈顼前往北郊坛祭祀地祇。壬辰日（十八日），周师逼近邺都城下。癸巳日（十九日），周师围攻邺城，烧毁邺都西门，齐军出战，周师奋力痛击，大破齐军。北齐太上皇高纬率领百骑向东逃跑，派武卫大将慕容三藏留守邺都。周师攻陷邺城，北齐王、公以下文武百官全部投降。只有慕容三藏还在抵抗，等到北齐平定，周主宇文邕召见他，用优礼相待，任用他为仪同大将军。慕容三藏，是慕容绍宗的儿子。北齐领军大将军、渔阳人鲜于世荣，是北齐高祖旧日的部将。周主宇文邕先派人赠送他玛瑙酒杯，召请他投降，鲜于世荣一接到酒杯，就把它摔碎。等到周师攻陷邺城，鲜于世荣还在三台前，鸣鼓号令士兵，继续抵抗，后来被北周士兵擒获，他誓死不肯屈从，周主宇文邕才下令杀了他。在这次战役中，周主宇文邕还俘获莫多娄敬显，周主宇文邕责备他说：“你有死罪三条：以前从晋阳逃回邺都，只带妻妾逃跑，而丢下老母不管，这是何等的不孝；外表好像替伪齐效力，暗中却又密送表启给朕，说是要来归降，这是何等的不忠；已经说好要来投诚，竟还两头摇摆不定，这是何等的不守信。居心如此，不死更待何时？”于是命人把他推出斩首。派遣大将军尉迟勤率军追赶北齐太上皇高纬。

甲午日（二十日），周主宇文邕进入邺都。北齐国子博士、长乐人熊安生，博通五经，听闻周主宇文邕入城，立刻通知家人洒扫门庭，准备迎接贵客。他的家人很奇怪，向他询问原因，熊安生告诉家人说："周主重道尊儒，一定会来访问我。"没过多久，周主果真到他家来。周主先有敕令，不让他下拜，并且拉着他的手，招呼他同坐，赏赐十分优厚，另赐给安车驷马，请他随驾入朝。周主宇文邕又派小司马唐道和，前往北齐中书侍郎李德林家，宣读圣旨，慰劳晓谕，里面还说："讨平北齐的收获，只是得到你。"周主宇文邕召请他入宫，派内史宇文昂向他询问北齐的风俗、政治、教化，以及人物的优劣。留他在门下省，停留三晚，才送他回家。

乙未日（二十一日），北齐太上皇高纬渡过黄河，进入济州。这一天，北齐幼主高恒禅位给大丞相、任城王高湝，又以高湝名义，替他发一道诏书，尊奉北齐太上皇为无上皇，幼主为守国天王，派遣侍中斛律孝卿，专程送禅位文书与玉玺绂绶到瀛州（治今河北河间县）给任城王高湝，可是斛律孝卿竟然前往邺都，将玉玺绂绶献给周主。

周主宇文邕下诏说："去年大赦，凡赦令所未达的属地，现在全部依从去年的赦令。"

北齐洛州刺史独孤永业镇守金墉城（在今洛阳西北），拥有甲士三万人，听说晋州沦陷，就上奏章，请求出兵进攻周师，可是他的奏章却被搁置没有呈递上去。独孤永业久等不见回复，内心异常愤慨。后来，又听说并州也沦陷了，他便派遣儿子独孤须达向周主投降。周主遥授独孤永业为上柱国，加封应国公。

丙申日（二十二日），周主宇文邕任用越王宇文盛为相州总管。

北齐太上皇高纬留下胡太后在济州，派高阿那肱镇守济州关（济州城北有碻炮津故关），加派侦骑，四处侦察周师动静，自己却和穆皇后、冯淑妃、幼主、韩长鸾、邓长颙等几十人，逃往青州（治今山东益都县）。派宦官田鹏向西远出侦察周师动静。不巧途中被周师擒获。周人逼问他齐主现在何处，田鹏鸾欺骗他们说："齐主向南逃跑，计算时日，当已走出齐境。”周人怀疑他所言不实，便拷打逼问他讲实话，每打断他一根肢体，他的言语脸色就越发严厉愤怒。后来，直到四肢全被打断而后死去，但是始终不肯吐露半点实情。

北齐太上皇高纬逃到青州，准备南行进入陈朝。可是高阿那肱一方面密告周师，约好生擒齐主；另一方面却不断派人启奏齐主说：“周师距此地还远，已令部队烧断桥梁通道，周师肯定追不过来。”北齐太上皇高纬竟因此逗留下来。哪知周师到了济州关，高阿那肱就投降周师，并且引领周师很快就攻到青州。北齐太上皇高纬将金囊系在马鞍后，和皇后胡氏、淑妃冯氏、幼主高恒等十余骑，仓皇向南出逃。己亥日（二十五日），北齐太上皇等逃到南邓村（今山东临朐县西南），被周将尉迟勤赶上，一行多人，全被生擒，连同在济州被俘的胡太后，一起押解到邺都。

庚子日（二十六日），周主宇文邕下诏说：“北齐故右丞相斛律光、侍中崔季舒等，应当追加赠谥，并妥为改葬。他们的子孙，各自按照功荫的大小次序，分别予以录用，妻子、家属、田宅等被没入官府的，一概下令发还。”周主宇文邕指着诏书上斛律光的名字，对身边的人说：“此人如若还在的话，朕怎能攻陷邺都？”辛丑日（二十七日），周主宇文邕又下诏说：“北齐的东山、南园、三台，都可捣毁拆除。其中瓦、木等可以使用的建材，全部赐予百姓。东山、南园所占用民间的良田，也都发还给原主。”

二月，壬午日（二月无此日），陈宣帝陈顼亲自下藉田，举行耕种大典。

丙午日（初三），周主宇文邕在北齐邺宫太极殿摆设酒宴，宴请亲信近侍及从征将士，依照他们立功的大小，分别予以不同等级差别的奖赏。

丁未日（初四），高纬被押解邺都。周主宇文邕亲自走下台阶，用对待宾客的礼节来接见他。

北齐广宁王高孝珩到了沧州，带领五千人，在信都（今河北翼县治）和任城王高湝会师，共同谋划匡复齐室，彼此招募军士，一共得到四万多人。周主宇文邕派齐王宇文宪、柱国杨坚，统兵前往征讨。与此同时，周主宇文邕先令高纬写一封书信给高湝，但是高湝拒绝接受招降。齐王宇文宪军抵达赵州（治今河北赵县），高湝派出两位侦察周军动静的间谍，不巧在行动中，被周军派出的斥候虏获，北周谍报人员将这件事报告给主帅宇文宪，宇文宪便召集随从征战的原北齐将领，一一指示给这两个间谍看，又对他们两个说："我们要争取的是大目标，并不在于你们两个。现在就释放你们回去，顺便充当一下我的信使。"于是委托他二人带书信给高湝，信上大概这么说："足下派出刺探军情的间谍，被我方侦骑擒获，彼此军中虚实，谍报人员当能清楚地说出来。足下想要出战，并不是上策，不待占卜，便可预知；想要固守顽抗，也属下策，因为我们不答应你们这样做。现在，我已率领各路兵马，分路并进，相见的日期不远，俯轼为礼的日子很快就将到来。'见栅而作，不待终日。'希望足下能早日决断！"

宇文宪大军逼近信都，高湝出兵城南，列好军阵与周师对抗。但没过多久，高湝的属下，领军大将军尉相愿假意说是要出去经略行阵，哪知他竟率领所部归降周师去了。尉相愿，是高湝的心腹要员，自从他降周而去，造成军心动摇，大家异常惊恐。高湝十分生气，便捕杀了尉相愿的妻小。第二天，双方交战，宇文宪将高湝打败，俘获斩杀齐军三万人，捉住高湝和广宁王高孝珩。宇文宪对高湝说："任城王何苦力战不降呢？"高湝哀声叹道："下官是神武皇帝的儿子，兄弟十五人，只有我还侥幸活着，却不幸遇到宗庙社稷的倾覆败亡，如今拼死一战，九泉之下见到先人，也没有愧憾了。"宇文宪听他这么说，心里很敬佩，命手下将他的妻小还给他。宇文宪又亲自为高孝珩清洗疮伤，抹上药膏，也以优礼对待。高孝珩感慨地说："北齐除神武皇帝外，我的叔伯兄弟，没有一人活过四十岁的，这岂非是命数？而今嗣君没有远见卓识，宰相又非能担负重任的良才，只是遗憾我不能手握兵符，拜受斧钺，施展我的计谋和武艺。"

齐王宇文宪善于用兵，富有谋略，深得将士拥戴。北齐各地守军，害怕他的威势声名，听闻他大军要来的消息，都沮丧崩溃。宇文宪大军所经过的地方，由于军纪严明，当地樵夫牧童，都没有受到惊扰，他的军兵也都不敢私下索取百姓的东西。

周主宇文邕任用北齐降将封辅相担任北朔州总管。北朔州（控御突厥），是北齐的重镇要地，骁勇的士兵大多聚集在这一州。前任长史赵穆等密谋擒拿封辅相，并派人前往瀛州迎接任城王高湝来坐镇北朔州，可是未能依照原定计划实现。后来，他们又改迎定州刺史、范阳王高绍义。高绍义到了马邑（今山西朔县，即北朔州治所），从肆州（今山西忻县西）以北二百八十余座城，都响应高绍义。高绍义与灵州（治今山西繁峙县境）刺史袁洪猛领兵南下，将攻打并州。进军到新兴（郡治即今山西忻县治），肆州已被周师占领，先锋两仪同三司又投降了周师，周师进攻显州（治今山西崞县），俘虏刺史陆琼，又乘胜攻克诸城。高绍义退守北朔州。周将东平公宇文神举领兵逼进马邑，高绍义出城迎战，被打败，准备向北逃向突厥。这时，他手下还有三千人，高绍义下令说："想回去的，听凭自己的意思；想跟随我的，也听凭你们自己决定。"于是部下辞别离开的，占了大半。突厥佗钵可汗常推崇北齐显祖高洋为英雄天子，加之以高绍义脚上踝骨突出，很像北齐显祖高洋，因此佗钵可汗很爱护和敬重他，所有流落在突厥的北齐百姓，都拨给高绍义管辖。

这时，北齐的行台道、州、镇，除了东雍州行台傅伏和营州刺史高宝宁还坚守不肯归降外，其余的全部落入北周之手，总计北周得州五十，郡一百六十二，县三百八十，户三百三万二千五百。高宝宁，是北齐高氏的远枝，为人勇敢，富有谋略，镇守和龙（营州治所，亦作黄龙，即龙城，为现今热河朝阳县治）很久，深得当地夷、夏人心。周主宇文邕在河阳、幽、青、南兖、豫、徐、北朔、定等重要州郡都设置总管府，相、并二州各设置宫殿及六府官。

周师攻克晋阳时，齐主高纬派遣开封府仪同三司纥奚永安出使突厥，请求援救，等他抵达突厥时，齐国已被北周灭亡。突厥佗钵可汗将他的位置，列在吐谷浑使者的下面，纥奚永安向佗钵可汗抗议说："现在北齐已经灭亡，我纥奚永安哪还吝惜这残余生命？本想上吊自尽，因为担心天下人认为大齐没有尽节而死的忠臣，乞求赐我一把刀子用来自杀，借以公开传示远近四方。"佗钵可汗嘉许他的忠烈，特赐七十匹马给他，放他回去。

梁主萧岿前往邺都朝见周主宇文邕。自从秦始皇吞并天下以来，诸侯朝见天子的礼仪，很长时间已经废弛不用，到这时，周主才下令主管礼仪的官吏，起草制定朝见礼仪。地主国待客，致积（送蒭薪米菜），致饩（送生肉），设九傧（引导梁主住进馆舍），梁主设九介（为宾主传话），受享于庙，北周三公、三孤、六卿致食，劳宾、还贽、致享等仪式，全部按照古礼进行。周主宇文邕设宴款待梁主，酒喝得畅快，周主亲自弹奏琵琶。梁主也起身跳舞，说："陛下既然亲自弹奏五弦琵琶，臣怎敢不像百兽一样舞蹈呢？"周主宇文邕龙颜大悦，便赏赐他很丰厚的礼物。

乙卯日（十二日），周主宇文邕从邺都出发返回长安。

三月，壬午日（初九），周主宇文邕下诏说："山东诸军，各自举荐通晓经书及有政治才干的两位人选；如果有奇才异术，卓越不凡的，不妨都举荐上来，不受以上两个名额限制。"

周主宇文邕生擒北齐晋州道行台仆射尉相贵时，曾要他去招降北齐东雍州刺史傅伏，傅伏没有答应。后来，齐主高纬任用傅伏为行台右仆射。等到周主宇文邕攻陷并州，又派韦孝宽去招降他，并命他的儿子（傅世宽）拿着周主授予他的"上大将军、武乡郡公"的任命状和周主赐予他的镶金玛瑙酒杯两个，作为信证，要傅伏投降北周。但是傅伏拒绝接受，派人对韦孝宽说："人臣事君，临难只有一死以报君王，绝无二心以叛国。我这个儿子，身为北齐臣子，为臣不能尽忠，为子不能尽孝，不忠不孝，是人人所痛恨的人，希望你速将他斩首，借以劝诫天下不忠不孝的人！"等周主宇文邕从邺都返回长安，路经晋州，派遣高阿那肱等百余人，来到汾水旁，召傅伏出降。傅伏整军出城，隔着汾河与高阿那肱等相见，他问道："皇上现在何处？"高阿那肱告诉他说："已被擒获。"傅伏听到这消息，仰天痛哭，带领部众入城，在厅堂前，向北哀号，过了许久，才出城投降。周主宇文邕召见他，问他："为什么不早投降？"傅伏泪流满面地说："臣家三代仕齐，领齐朝俸禄，北齐委我以重任，不能一死以报主恩，实在愧对天地！"周主亲切地握着他的手说："你所言很对，为人臣者，正应如此。"于是将自己所要吃的羊肋骨赏赐给他，对他说："骨亲肉疏，因此将此物相赠。"于是留他宿卫宫禁，加授上仪同大将军，并勉励他说："如果马上赐你高官，恐怕投降归附的人，也动心索要高官。只要你好好侍奉我，不愁不富贵。"过了几天，又问他："从前解救河阴的危急，得到什么奖赏？"傅伏回答说："蒙主加恩，官位晋升一级，加封特进永昌郡公。"周主宇文邕回过头来对高纬说："朕前三年练兵教战，决心前去进攻河阴，因为傅伏善于守御，城池不能攻破，所以收军而还。公当时论功行赏，是多么的微薄啊！"

夏季，四月，乙巳日（初三），周主宇文邕返回长安，将高纬放置在行列的最前面，其余北齐王公大臣在他后面，从齐国缴获的车舆、旗帜、器物，又依次陈列在后面。自备大驾（天子乘舆），布列六军，演奏凯旋曲，浩浩荡荡前往太庙，呈献战俘。京邑观众，都高喊万岁。戊申日（初六），周主宇文邕册封高纬为温国公，北齐投降以及被俘诸王三十多人，也都授予官职爵位。周主宇文邕和北齐君臣饮酒，酒至半酣，命温国公高纬起身跳舞。高纬并无难色，欣然起舞。高延宗在座中却悲不自胜，宴罢归寓，好几次想服毒自尽，经过他的侍婢苦苦相劝，才打消了念头。

周主宇文邕任用李德林为内史上士。从此，所有诏诰格式，以及山东人物的任用，全部委任李德林经手办理。周主曾从容对群臣说："我以前只听闻李德林大名，并看过他为北齐国君所作的诏书移檄，我非常吃惊，认为他是天上的仙才，哪曾料到今日竟能得到他为我驱遣效力？”神武郡公纥豆陵毅接口说：“臣听说麒麟凤凰，是王者祥瑞，可以圣德感召它来，却不能用暴力获得它。麒麟凤凰虽然稀少，但是得到了它，也没有多大用处，哪比得上李德林，既为祥瑞，且又大有才用呢？”周主听了，朗声大笑说：“确实如纥豆陵公所说的那样。”

己巳日（二十七日），周主宇文邕前往太庙祭祀祖先。

五月，丁丑日（初五），周主宇文邕任用谯王宇文俭为大冢宰。庚辰日（初八），周主宇文邕任用杞国公宇文亮为大司徒，郑国公达奚震为大宗伯，梁国公侯莫陈芮为大司马，应国公独孤永业为大司寇，[郧]郑国公韦孝宽为大司空。

己丑日（十七日），周主宇文邕前往方丘祭祀后土。下诏说：“路寝会义、崇信、含仁、云和、思齐诸殿，都是晋国公宇文护专权时代所建，营造极尽华丽，规模逾越清庙，全部拆毁。拆下的砖瓦木料等建筑材料，都赐给平民。以后一切新的建筑，务必遵守卑陋简朴的原则。”[戊戌日]（二十六日），周主宇文邕又下诏说：“晋阳、邺都二宫所有殿堂，过于奢华壮丽的，一概比照长安宫殿的办法处理。”

◆臣司马光说：“周高祖宇文邕可以算是善于居处胜利境地的人；别的国君，要是处于胜利的境地，就越发奢华，而周高祖处于胜利的境地，却越发地俭朴。”◆

六月，丁卯日（二十六日），周主宇文邕前往东方巡视。秋季，七月，丙戌日（十五日），出巡到洛州（治今洛阳）。八月，壬寅日（初二），周主宇文邕将朝臣议定的度量衡，颁行四方，作为天下计量的标准。

起初，拓跋魏进攻西凉，俘获不少西凉人，将他们没入奴隶户籍。北齐沿袭东魏的办法，那些奴隶户仍然要为统治者服劳役。周主宇文邕平定北齐后，想施加宽大的恩惠，于是下诏说：“罪罚不延及后代，自古就有法律规定。可是判杂役隶徒，却独与常法有别，只要一经判罪，没为官奴，子孙便百世都是奴隶。罪罚既已无穷长，又怎能做到刑法平等呢？现在凡属奴隶之户，一概释放为良民。”自此，周国境内，不再有奴隶杂户。

甲子日（二十四日），北周郑州捕获九尾狐，虽然已死，皮肉也已烂尽，但是骨体依然完整，地方官将它呈献给周主。周主宇文邕却说："珍奇之物的出现，一定昭示系有至德所致。倘若王者能使五常有序不乱，四海升平安定，这才能招致九尾狐的出现。可如今还不是它出现的时候，竟有人呈献九尾狐来，这恐怕不是真的什么祥瑞的东西。"于是命人把它烧掉。

九月，戊寅日（初八），周主宇文邕下令："庶民以上，可以穿绸、绵绸、丝布、圆绫、纱、绢、绡、葛、布等九种质料制作的衣服，其余的，一概禁止穿用。朝会或祭祀所穿的礼服，可以不受这个限制。"

冬季，十月，戊申日（初九），周主宇文邕前往邺城。

陈宣帝陈顼听闻周师消灭齐国的消息，想和北周争徐、兖二州的土地，于是下诏，命南兖州刺史、司空吴明彻都督诸军北伐，并命他的世子戎昭将军吴惠觉代替他摄行南兖州事。

吴明彻进军吕梁（江苏铜山县东南），北周徐州总管梁士彦率领军队抵御。戊午日（十九日），吴明彻击败梁士彦军，梁士彦凭据四周的城池防守，吴明彻乘胜围攻吕梁城。

当时，陈宣帝陈顼以坚决的意志，充满信心，认为在弹指之间，就可讨平河南。可是中书舍人蔡景历却谏阻他说："军队疲惫，将帅骄矜，不宜过度向远方征讨。"陈宣帝陈顼动怒，憎恶他动摇军心，于是将他外放为豫章内史。蔡景历还没有赴任，有匿名表章弹劾他在中书省任职时，贪赃累累，蔡景历便被免去官职并削夺爵位封土。

周主宇文邕在冀州境内，改葬他的祖父德皇帝宇文肱，周主身穿缌麻，在太极殿痛哭，文武百官也都穿着丧服陪哭。

周人诬告温国公高纬和宜州刺史穆提婆通谋造反，周主宇文邕下令将高纬和他的宗室亲属，全部赐死。北齐宗室有很多人同声呼冤，纷纷自陈没有造反，唯独高延宗卷袖气愤，饮泣不语（知道周主借故诛灭北齐宗室，说亦无用，故泣而不言），后来，他们全被周人用椒塞口，活活呛死。北齐宗室诸王，只有高纬的弟弟高仁英，因为是白痴；还有高仁雅，因为是哑巴，才得免一死，但也被迁徙到四川。其余高氏亲戚故旧，凡没有被杀戮的，一概分散流放到长安以西边远的地方，后来，他们也都死在边疆。

周主宇文邕把高湝的妻子卢氏，赐给部将斛斯徵。从此，卢氏就不再梳妆打扮，任凭头发散乱，面目污垢，并礼佛长斋，不和斛斯徵说笑言谈。斛斯徵拿她没办法，便放她出去，听凭她去做尼姑。北齐皇后、贵妃有的因为贫穷，而以卖蜡烛为生。

十一月，壬申日（初三），周主宇文邕册封皇子宇文衍[充]为道王（考《周书·武帝诸子道王传》，道王名充，字乾仁。《周书》《北史·周武帝纪》，并言封皇子充为道王，当据改），宇文兑为蔡王。

癸酉日（初四），周主宇文邕派遣上大将军王轨率军前往增援徐州。

起初，周师在晋州击败齐军，乘胜追逐败逃的军队，齐军沿途丢弃大批器械铠甲，周师无暇收拾；附近稽胡伺机溜出，全部盗走，武力便大为增强，于是拥立刘蠡升的孙子刘没铎为国君，号圣武皇帝，改年号为石平。

周师平定北齐后，准备讨伐稽胡，原来商议想直捣稽胡巢穴将它全部歼灭。但是齐王宇文宪说："步落稽种姓很多，又散处山谷，地势险阻，王师一举出击，未必很轻易就能将他们剪除。只能先铲除他们的酋长，其余的，慢慢安抚。"周主宇文邕听从他的建议，任命齐王宇文宪担任行军元帅，都督众军征讨稽胡。大军进抵马邑，分数路进攻。稽胡皇帝刘没铎分别派遣他的党羽天柱镇守河东，穆支把守河西，分据险要以对抗周师。宇文宪命谯王宇文俭领兵进攻天柱，滕王宇文迪率军攻打穆支，结果，两路军都取得胜利，斩下稽胡一万多颗脑袋。赵王宇文招突袭刘没铎，也将他擒拿过来，稽胡余众于是全部归降。

周主宇文邕下诏说："从永熙三年以来，关东百姓，被俘虏过来，沦为奴婢的，以及攻克江陵之日，当地百姓被抄略入关，也沦为奴婢的，从今起一概放还，恢复他们平民的身份。”又下诏说：“后宫只设立贵妃二人，世妇三人，御妻三人，此外一概裁减。”

周主宇文邕生性俭朴，常身穿布袍，睡觉盖布被，后宫嫔妃，只不过十多人；每次行军打仗，亲自在军队之中，跋山涉水，他都能忍受别人所不能忍受的劳苦；抚慰将士，很有恩德，加上明察秋毫，能决断大事，执法又严明厉害，因而将士感怀他的恩德，害怕他的威严，都乐意为他效力卖命。

乙亥晦日（己亥是十二月朔日），出现日食。

周主宇文邕颁诏施行新制定的《刑书要制》。《刑书要制》条文规定：“凡盗窃一匹赃物，以及闾正、里正、族正、保长、党长隐瞒五个丁口、一百亩土地以上的，全都处死。”。

十二月，戊申日（初十），陈朝新修建的东宫落成，太子陈叔宝迁入新宫居住。

庚申日（二十二日），周主宇文邕前往并州，下令迁移并州军民四万户到关中。戊辰日（三十日），周主宇文邕废除并州宫及六府。

北齐高宝宁从黄龙（营州治所）向高绍义呈上奏章，敦劝他即位。高绍义于是在突厥地方即位为皇帝，改年号为武平，任用高宝宁为丞相。突厥佗钵可汗召集兵马，援助高绍义。

太建十年（戊戌，公元578年）

春季，正月，壬午日（十四日），周主宇文邕前往邺城。辛卯日（二十三日），到达怀州（治今河南沁阳县）。癸巳日（二十五日），周主宇文邕到达洛州（河南洛阳），下诏在怀州设立行宫。

二月，甲辰日（初七），北周谯孝王宇文俭去世。

丁巳日（二十日），周主宇文邕结束东巡回到长安。

吴明彻围攻北周彭城，环列舟舰于城下，进攻十分猛烈。北周上大将军王轨领军疾行，沿清水奔驰先行占据淮口（清水入淮之口），竖立大栅，结成长围，并用铁锁连起车轮数百个，沉入清水，用以阻断陈军船舰的归路。陈军见状，惊恐不安。谯州刺史萧摩诃向吴明彻献策说：“听说，王轨刚刚封锁下游，两旁虽然修筑城垒，如今还未完工，您若派我前往进攻，对方一定不敢抗拒。如此，我方水军退路还不致阻断，对方防御工事也不能够坚固；如果等对方城垒筑成，那么我们必定成为他的俘虏了。”吴明彻掀髯笑道：“驰马拔取敌人的旌旗，冲锋攻入敌人的阵营，这是将军拿手的事情；深谋远略，这是老夫的事。”萧摩诃听了，惊慌失色而退。就这样，蹉跎了十几天，下游水路终于被阻断。

北周派出的援军相继赶到，诸将提议破堰泻水，乘势拔营撤退，合并两路，载马而去，马军主帅裴子烈反对说：“如果决堰放船下驶，水势一弱，船一定倾倒搁浅，不如派遣骑兵突围先走。”这时，碰巧吴明彻患背疾很重，萧摩诃又进帐向他献计说：“而今要求与敌人决一死战，敌人不肯出城迎战；想拔营率领水军退走，下游水路又被敌人阻断。进攻不得，后退又没有门路，唯一的办法，只有暗中派兵，突出重围，这样还不太算是耻辱。请元帅带领步兵，乘马车徐徐而行，让我带领铁骑数千，在元帅前后，驱驰拱卫，掩护撤退，一定保元帅安抵建康。”吴明彻说：“将军此策，确是好计，可是步兵很多，我又身兼总督，必须亲自殿后，率领同行。将军率领骑兵，应当迅速在前启行，不应迟缓。”萧摩诃于是带领骑兵，趁夜进发。甲子日（二十七日），吴明彻决开堤堰，乘水势登船退兵，原本希望顺着清水，驰入淮河，可是船队驰抵清口，河岸逐渐宽阔，水流日益微弱，船舰都被周军铁锁车轮挡住，不能通行而过。周将王轨提前设好埋伏，率军包围，四面出击，使陈朝军队陷入溃灭绝境。吴明彻逃脱不了，连人带船，全被周军掳走；将士三万，连同粮食器械，也全被周军缴获。萧摩诃挑选八十精骑，率先突围，后面骑兵大队跟随，天明，到达淮水南岸，跟将军任忠、周罗睺二人独能保全完整的军队归来。

当初，陈宣帝陈顼计划攻取彭城、汴水之地，曾征询五兵尚书毛喜意见，毛喜回答他说：“淮水以南的土地，刚攻取过来，边民还未同心归顺；宇文周刚吞并齐国，国势骤然强大，我方难以和他争锋。何况放弃舟楫水战的长处，到车骑冲驰的平原打仗，这是丢弃我们所长，使用我们所短，对江东人来说，这是很不适合的。依臣之见，不如安抚边民，保守国土，停止争战，结好北周，这才是长保国家安定的策略。”等到吴明彻兵败被俘，陈宣帝陈顼对毛喜说：“你从前所说的话，今天全都应验了。”当天，召回蔡景历，又重新任用他为征南将军、鄱阳王府谘议参军。

周主宇文邕封吴明彻为怀德公，位为大将军。后来，吴明彻因忧愁悲愤，生病而亡。

乙丑日（二十八日），周主宇文邕任用越王宇文盛为大冢宰。

三月，戊辰日（初一），周主宇文邕下诏在蒲州设立行宫，同时废除同州与长春两处行宫。甲戌日（初七），周主宇文邕初次戴普通的帽子，用整幅黑纱向后束住头发，并裁幅巾为四脚。

丙子日（初九），陈宣帝陈顼任命中军大将军、开府仪同三司淳于量担任大都督，总水陆诸军事，任命镇西将军孙玚都督荆、郢水陆诸军，任命平北将军樊毅都督清口上至荆山缘淮诸军，任命宁远将军任忠都督寿阳、新蔡、霍州诸军，防备周师进犯。

乙酉日（十八日），陈宣帝陈顼颁诏大赦天下。

壬辰日（二十五日），周主宇文邕改年号为宣政。

夏季，四月，庚申日（二十三日），突厥侵犯北周的幽州，杀害劫夺官吏百姓而去。

戊午日（二十一日），樊毅派遣部队渡过淮北，对着清口修筑城垒。壬戌日（二十五日），陈朝清口城沦陷。

五月，己丑日（二十三日），北周高祖宇文邕率军征讨突厥，派遣柱国即原国公姬愿、东平郡公宇文神举等带领将士，分从五路，同时进攻突厥。

癸巳日（二十七日），周主宇文邕身体不适，停留在云阳宫（在今陕西淳化县西北）。丙申日（三十日），周主宇文邕颁诏，暂停诸军北讨。并派人乘驿站快车前往长安，召宗师宇文孝伯赶往云阳宫。宇文孝伯赶到，周主拉着他的手说："我自忖度，绝无痊愈的可能，现在就将后事交托与你。"当晚，任用宇文孝伯为司卫上大夫，总掌宿卫兵马事；之后又命他先驰回长安镇守，防止意外事件发生。六月，丁酉朔日（初一），周主宇文邕病危，返回长安；当天夜里驾崩，享年三十六岁。

戊戌日（初二），北周皇太子宇文赟即皇帝位，尊皇后阿史那氏为皇太后。周主宇文赟刚一登基，就放纵情欲，奢侈无度。大行皇帝灵柩还未安葬，他竟无丝毫哀戚的神色，一边用手抚摸脚上的杖痕，一边还对着梓宫破口大骂说："死得太晚了！"接着，就巡视高祖的宫女，看到稍有姿色的，就逼迫她们与他淫乱。随后又破格提拔吏部下大夫郑译为开府仪同大将军、内史中大夫，委托他掌理朝廷政务。

己未日（二十三日），周主宇文赟将武皇帝宇文邕的灵柩安葬到孝陵，庙号为高祖。葬礼结束，就下令境内的人，都脱去丧服，周主宇文赟与六宫妃嫔，也都改穿吉服。京兆郡丞乐运上疏劝谏，他认为"丧期已经很短促（自丁酉至己未，方二十三日即葬），葬礼一完，就脱去丧服，也太过着急"。周主宇文赟不理睬他的劝谏。

周主宇文赟因为齐炀王宇文宪辈分高，名望重，心里很猜忌他，召见宇文孝伯，秘密嘱咐他说："你能帮我剪除齐王的话，我就将他的官位转授给你。"宇文孝伯一听到这个话，立刻叩头下拜说："先皇遗诏，不许陛下滥杀骨肉至亲。齐王，是陛下的叔父，功勋卓著，道德昌盛，是朝廷重臣。陛下如果无缘无故加害于他，臣如若顺从陛下的旨意，去杀齐王的话，那么臣便是宇文周的不忠之臣，而陛下也不免成为不孝之子。"周主宇文赟看他不肯领旨去做，心里十分不高兴，也就逐渐疏远他。于是另外和开府仪同大将军于智、郑译等秘密设计除去齐王宇文宪。计划已定，便派于智到宇文宪宅中，探察宇文宪的动静，于智于是借故控告宇文宪有谋反的意图。

甲子日（二十八日），周主宇文赟派遣宇文孝伯传话给宇文宪说，陛下想任用你为太师（三师之首），宇文宪辞谢，不敢接受。后来，又派宇文孝伯去召请宇文宪，让他跟宇文宪说："今晚诸王都到殿门集合。"到了晚间，宇文宪遵旨前往，到了殿门，单独被召引入殿。周主宇文赟早已在偏殿埋伏好杀手，宇文宪一到，那批杀手就一拥而上，把他拿下。宇文宪自我申辩，周主宇文赟找来于智，让他指证宇文宪的异谋，宇文宪目光明亮如炬，当面和于智对质，说得于智哑口无言。但是旁边有人对宇文宪说："像大王今日情势，多说也没用！"宇文宪叹息说："死生听之命运，难道还想求活吗？只是老母在堂，乏人奉养，恐怕会留下遗憾！"说着，就将所执笏板，丢掷地上。周主宇文赟便命那批杀手，把宇文宪活活绞死。

周主宇文赟召集宇文宪的僚属，威逼他们指证宇文宪的罪状。参军、渤海人李纲誓死不肯承认宇文宪有罪，任凭百般胁迫，始终没有屈从歪曲的言辞。等到宇文宪的尸体被有司用普通载物的车子运出宫，宇文宪府的旧属，因为害怕牵连，全都散去；只有李纲，抚视棺柩，哀号恸哭，亲自为他安葬，然后哭泣拜别而去。

周主宇文赟接着又杀了上大将军王兴、上开府仪同大将军独孤熊、开府仪同大将军豆卢绍，这三人都是以前和宇文宪很亲近的人。宇文赟已经杀死宇文宪，可是却找不到什么正当罪名，于是巧立名目，诬陷他和王兴等人谋反，当时的人都知道王兴等人也是冤死，因此给他们加个名词，叫作"伴死"。

周主宇文赟擢升于智为柱国，进封齐国公，借以酬报他助杀宇文宪的功劳。

闰月，乙亥日（初十），周主宇文赟册封夫人杨氏为皇后。

辛巳日（十六日），周主宇文赟任用赵王宇文招为太师，陈王宇文纯为太傅。

北齐范阳王高绍义获知北周高祖去世的消息，认为这是皇天助他复国雪耻的好机会。碰巧又有位名叫卢昌期的幽州人，攻占范阳，起兵反周，上表奉迎高绍义，高绍义于是招引突厥兵一同前往范阳。

北周朝廷派遣柱国、东平郡公宇文神举率军讨伐卢昌期。高绍义探悉幽州总管领军在外，想乘虚偷袭蓟城（今河北大兴县），宇文神举派遣大将军宇文恩带领四千兵马，驰往援救，但是大半被高绍义截击杀掉。不久，宇文神举攻克范阳，擒杀卢昌期。高绍义收到这个噩耗，身穿丧服，为他举哀，然后领兵退回突厥。当时，营州刺史高宝宁正带领夷、夏数万骑，赶去援救范阳，进抵潞水（今河北通县北运河），听闻卢昌期的死讯，也领兵退回和龙。

秋季，七月，周主宇文赟前往太庙祭拜祖先。丙午日（十一日），前往圜丘祭祀昊天上帝。

庚戌日（十五日），周主宇文赟任用小宗伯斛斯徵为大宗伯。壬戌日（二十七日），任用亳州总管杨坚为上柱国、大司马。

癸亥日（二十八日），周主宇文赟尊奉自己的亲生母亲李氏为帝太后。

八月，丙寅日（初二），周主宇文赟在西郊坛举行祭祀。壬申日（初八），宇文赟到同州。任用大司徒、杞国公宇文亮为安州总管，上柱国长孙览为大司徒，杨国公王谊为大司空。丙戌日（二十二日），周主宇文赟任命柱国、永昌郡公宇文椿担任大司寇。

九月，乙巳日（十一日），陈宣帝陈顼在娄湖（今江苏江宁县东南）修建方明坛。戊申日（十四日），陈宣帝陈顼任命扬州刺史、始兴王陈叔陵为王官伯，监临天子和百官的结盟。

庚戌日（十六日），周主宇文赟册立他的弟弟宇文元为荆王。

周主宇文赟下诏规定："以后所有应行拱手下拜礼的，一律以三拜成礼。"

甲寅日（二十日），陈宣帝陈顼亲自临幸娄湖，告诫百官。乙卯日（二十一日），陈宣帝陈顼分遣大使，将盟誓颁布四方，上下相互警戒，不得违誓背叛。

冬季，十月，癸酉日（初十），周主宇文赟从同州返回长安，任命大司空王谊为襄州总管。

戊子日（二十五日），陈宣帝陈顼任用尚书左仆射陆缮为尚书仆射。

十一月，突厥侵犯北周边境，接着围攻酒泉，掳掠杀戮官吏居民。

十二月，甲子日（初二），周主宇文赟任用毕王宇文贤为大司空。

己丑日（二十七日），周主宇文赟任命河阳总管、滕王宇文逌担任行军元帅，率军入侵陈国。

太建十一年（己亥，公元579年）

春季，正月，癸巳日（初一），周主宇文赟在露门外接受群臣的朝拜，开始和群臣一起穿戴汉、魏王朝的衣冠。周主宇文赟颁诏大赦境内，改年号为大成。设置四辅官：任命大冢宰、越王宇文盛担任大前疑，相州总管、蜀国公尉迟迥担任大右弼，申国公李穆担任大左辅，大司马随国公杨坚担任大后丞。

周主宇文赟刚即位，嫌高祖宇文邕《刑书要制》用刑太重，因此将它废除，此外，又经常颁诏大赦。京兆郡丞乐运上疏，以为："《虞书》上所说'眚灾肆赦'的意思，是说因无心的过失而不幸犯法的，应当宽缓他，赦免他；《吕刑》（《尚书》篇名）上说：'五刑之疑，有赦。'这句话的意思是说，按照五刑（墨、劓、剕、宫、辟）所判的罪，如果察觉有可疑的，就从轻而改作缓刑；如果缓刑案情又有可疑的，就从宽赦免，臣遍查法典，从未见有不管罪过轻重，就全天下都给赦免的条文。陛下怎可多次下大赦之诏，来放纵奸邪者的罪恶呢？"周主宇文赟不依从他的劝谏。不久，百姓果真都轻率地触犯法令。宇文赟知晓自己奢侈、淫乱，过失一定很多，憎恶有人前来诤谏，便想实行威严酷虐之法，来迫使群下畏服。于是重新制定《刑经圣制》，用刑较《刑书要制》还要严苛，便在正武殿大醮告天，颁布《刑经圣制》。另一方面又密令亲信，窥伺调查群臣言行，发现稍有过失的，便行贬谪诛戮。

又，周主宇文赟居丧才满一年，就纵情于声色歌舞，鱼龙百戏，时常在殿前演出，夜以继日，不知休息；多挑选艳丽美女，以充实后宫，增设爵位名号，多得无法详载；游玩宴饮，沉迷酒色，有时一连十日都不上朝，群臣有奏章需要他批示的，全部由宦官代为奏呈。京兆郡丞乐运，用车载着棺材，亲到朝堂，奏陈周主八项过失：其一，“陛下近来大小事务，多独断专行，不和宰辅参议，不和大家共同决定”。其二，“陛下收聚天下美女，用来充实后宫；又下旨规定仪同三司以上大臣的女儿，不许擅自婚嫁，致使朝野内外，不论贵族贫户，都同声抱怨”。其三，“陛下一入后宫，就几日不上朝，所有奏章表启，都委托宦官代为呈奏”。其四，“下诏宽减刑罚，但实施不到半年，便又重新制定新法，比起旧法，还要严苛”。其五，“高祖革除雕镂华靡，使其归于质朴，高祖去世还不到一年，陛下就急着过穷奢极欲的生活”。其六，“劳役百姓，赋税沉重，只为供养戏子优伶和角力角技的人”。其七，“上奏书写错字的，立刻严办他的罪，存心阻绝进谏者的道路”。其八，“天象已经垂下警示，却还不能咨询谋求好的方略，修治颁行善良的德政”。最后说：“陛下如果不改革上列八项阙失，臣看宇文周的宗庙，将没有子孙祭祀了！”这封谏书呈奏之后，周主宇文赟勃然大怒，立刻要将乐运处死。朝臣相率惊恐，可是却没有敢去营救的。其中只有内史中大夫、洛阳人元岩伤心地说：“和臧洪一同去死，尚且有人愿意做；更何况遇着像比干一样的人呢！如果乐运难逃一死，我情愿与他一齐死！”于是入宫请求面见周主，对周主说：“乐运不惜一死，欲以追求身后的美名，陛下杀他，恰好能够成就他的美名；不如温言抚慰，然后放他回去，借此也可展示陛下器量的宽宏。”周主经他这一指点，感动醒悟，隔天，就召见乐运，和颜悦色对他说：“朕昨夜在想你所劝谏的事，发现你是真正的忠臣。”于是便赐他在宫内进餐，然后放他回去。

癸卯日（十一日），周主宇文赟册封皇子宇文阐为鲁王。

甲辰日（十二日），周主宇文赟前往东方巡视。任用许国公宇文善为大宗伯。戊午日（二十六日），周主宇文赟前往洛阳，册封鲁王宇文阐为皇太子。

二月，癸亥日（初二），陈宣帝陈顼亲下藉田，举行耕种大典。

周主宇文赟颁诏，将洛阳作为东京；调遣山东诸州军兵营建洛阳宫，固定从事营建的工役，多达四万人。周主宇文赟又下令移相州六府到洛阳。

北周徐州总管王轨，得知郑译执政，便知道祸害迟早会降临身上，曾私下对所亲信的人说："我以前在先帝之朝，多次讲储君失德，为国家存亡着想，实曾劝先帝更换皇储。而今皇储已即位为君，他要找我算账，那是断然可知的事。徐州控制淮南，接壤陈境，倘若为自己生命着想，那是易如反掌的事。但为人臣子，忠义大节，终归不可有亏。何况一向蒙先帝厚恩，志在效死，岂可因得罪嗣主之故，就背弃先帝呢？而今，只有留在徐州等死，决不叛逃他国，希望千载之后的人，了解我不忘先帝厚恩的心！"

周主宇文赟曾从容地问郑译说："我脚上杖痕，是谁给我带来的？"郑译回答说："事情由乌丸轨和宇文孝伯引起。"因而讲出王轨捋先帝宇文邕胡须的故事。周主宇文赟果然命内史杜庆信带着敕令，前往徐州毒杀王轨，但内史中大夫元岩不肯在诏书上署名，御正中大夫颜之仪也极力劝谏，周主不听；元岩又跟进诤谏，摘下头巾，叩头请求，三拜三进。争到后来，周主发脾气说："你是不是要袒护乌丸轨？"元岩回答说："臣不是要袒护乌丸轨，只是担心陛下不依法处理而乱杀功臣，会失掉天下的人心。"周主听了，更加生气，便命手下太监打元岩的耳光。王轨最终还是在徐州被杀害，元岩也因此而被解除官职，废弃在家。这时，远近不论认识或不认识王轨的人，都为他的冤死而流下眼泪。颜之仪，是颜之推的弟弟。

周主宇文赟在当太子时，上柱国尉迟运担任太子右宫正，多次向太子诤谏，太子不理睬。又因他和王轨、宇文孝伯、宇文神举等，都受到高祖宇文邕的宠信厚待，太子怀疑他们都是一同在父王面前说自己坏话的人。等到王轨被杀，尉迟运内心惊慌，私下对宇文孝伯说：

“现在王公已先遇害，我们迟早也不免遭殃，你看怎么办才好？”宇文孝伯对他说：“如今堂上有老母，地下有武帝（宇文邕），究竟是为人子留在世上奉养老母，还是做人臣追随先帝于九泉，我也不知如何是好。不过我们既然已经委质事人，本有为名节而死的义务；倘若再进谏不听，那也不求逃死。足下如果为自身设想，应当急求外调，或许可以躲避灾祸。”于是尉迟运要求外放为秦州总管。

没过多久，周主宇文赟借齐王宇文宪的事，责骂宇文孝伯说：“你明知齐王叛逆，为什么闭口不言？”宇文孝伯回答说：“臣只知齐王忠于国家，但受小人谗害，诬陷他谋反。臣本要为他申辩，但知说了也没用，因而什么都不再说。臣受先帝重托，命我辅助指导陛下。今日我诤谏你，你不肯听，我实在辜负先帝托付。陛下假如以这个来怪罪我，那么我死也甘心。”周主宇文赟听了，心里感到羞愧，低下头来不说话，命人引领宇文孝伯出去；可是他并没有放过宇文孝伯，还是下令赐他在家中自尽。

这时，宇文神举担任并州刺史，周主宇文赟也派人到并州，逼令他饮鸩酒自杀。尉迟运到了秦州，接连听闻宇文孝伯、宇文神举丧命的噩耗，不由得忧惧成疾，跟着也去世了。

周主宇文赟下诏，命南征各军，暂停攻陈。

突厥佗钵可汗请求和北周和亲。周主宇文赟册封赵王宇文招的女儿为千金公主，将她下嫁给突厥可汗。要求必须捉拿送回北齐的高绍义，才遣送公主出嫁，但佗钵可汗不肯应允这个条件。

辛巳日（二十日），北周宣帝宇文赟禅位给太子宇文阐（年方七岁），颁诏大赦境内，改年号为大象，自称天元皇帝，所居住的宫殿叫“天台”，冕用二十四旒，车驾、衣服、旗、鼓的数量，都是前王的两倍。皇帝宇文阐所居住的宫殿叫正阳宫，令正阳宫设置纳言、御正、诸卫等官职，都依照天台的员数。尊皇太后阿史那氏为天元皇太后。

北周天元皇帝宇文赟传位给儿子后，更加骄纵奢靡妄自尊大，毫无顾忌，国典朝仪，任意更改。每对臣下，自称为“天”，拿宗庙樽、彝、珪、瓒等礼器，当作日常饮食器具，命到天台见他的大臣，必先斋戒三天，净身一日，然后才允许进入。既然自比上帝，不愿群臣有和自己相同的东西。常自带绶，戴通天冠，加金附蝉（加“金附蝉”者，乃侍中、常侍所冠武弁也），只要看见侍臣武弁上有金蝉，以及王公有带绶的，都让他们拿掉。又不许臣民有“天”“高”“上”“大”的称呼，凡是官名有犯上四种称呼的，都强迫改掉。例如，姓高的，改姓姜，九族称高祖的，改称“长祖”。又命令天下车辆都只能用浑木为轮，除了宫中女子，禁止境内妇女涂粉画眉，都不施脂粉，不化妆。

北周天元皇帝宇文赟每次召请侍臣商讨事情，只想谈如何修建宫室和变改车服，从未涉及政事。游戏无常，出入没有节度，羽葆仗卫，早晨跟随他出去，晚间陪侍他回来，陪伴他的官吏，都不堪忍受奔波劳苦。从公卿以下，稍不合他意，便常挨杖击。每次用杖笞挞人，都以一百二十下为度，取名叫“天杖”，后来，又加倍到二百四十下。宫人内职也常常挨打，甚至连皇后、贵妃、嫔嫱、御女等，即使是被宠信的，也免不了挨荆杖笞挞脊背的惩罚。于是内外惊恐，人人忧惧，都只求苟且避免刑罚，而没有坚固的心志。大家累足而立，屏气积郁而不敢出声，一直到他死掉为止。

戊子日（二十七日），北周天元皇帝宇文赟任命越王宇文盛担任太保，尉迟迥担任大前疑，代王宇文达担任大右弼。

辛卯日（三十日），北周天元皇帝宇文赟命迁移邺城《石经》到洛阳。下诏说：“河阳、幽、相、豫、亳、青、徐七州总管，全部受东京（洛阳）六府的指挥节度。”

三月，庚申日（二十九日），北周天元皇帝宇文赟从洛阳回到长安。归程，排列盛大的队伍，亲自穿戴甲胄，从青门进城，小皇帝宇文阐自备车驾，跟随在他的车后。

夏季，四月，壬戌朔日（四月初一是辛酉日，壬戌日是初二），周天元帝宇文赟册封妃子朱氏为天元皇后。朱后，原是江东吴人，出生本来很低微，生了静帝宇文阐，她的年纪比北周天元帝大十来岁，又因为关系疏远，身份卑微，所以并不得宠，只是由于生下静帝的缘故，因而周主也就特别尊崇她。

乙巳日（四月无此日），周主宇文赟前往太庙祭拜祖先。壬午日（二十二日），宇文赟在正武殿盛大设醮祭神。

五月，辛亥日（二十一日），周主宇文赟将洺州襄国郡作为赵国，齐州济南郡作为陈国，丰州武当、安富二郡作为越国，潞州上党郡作为代国，荆州新野郡作为滕国，令赵王宇文招、陈王宇文纯、越王宇文盛、代王宇文达、滕王宇文逌，各自前往自己的封国，食邑各一万户。

随国公杨坚私下对大将军、汝南郡公宇文神庆说："天元（宇文赟）实在没有积德，看他的相貌，寿命也不长。还有，宇文宗室本来已经微弱，却又逼令亲王离京就国，竟不知为固本深根做打算，等羽翼被剪除后，怎么可能享国久远呢？"宇文神庆，是宇文神举的弟弟。

突厥侵犯周国的并州。六月，周主宇文赟下令征调山东诸民，修筑长城。

秋季，七月，庚寅日（初一），周主宇文赟任命杨坚担任大前疑，柱国司马消难担任大后丞。

辛卯日（初二），陈朝初次发行大货六铢钱。

丙申日（初七），北周小皇帝宇文阐迎娶司马消难的女儿为正阳宫皇后。

己酉日（二十日），北周天元帝宇文赟尊奉天元帝太后李氏为天皇太后。壬子日（廿三日），改称天元皇[帝]后朱氏（《北史》《周书·宣帝纪》并作"帝后"，当据改）为天皇后。册封妃子元氏为天右皇后，陈氏为天左皇后，连同天元皇后杨氏，一时便共有四位皇后。元氏，是开府仪同大将军元晟的女儿；陈氏，是大将军陈山提的女儿。

八月，庚申日（初一），北周天元帝宇文赟前往同州。

丁卯日（初八），陈宣帝陈顼到大壮观检阅部队。命都督任忠带领步骑十万人，列阵于玄武湖畔；都督陈景带领楼船五百艘，将十万步骑运载上船，驰抵瓜步江（在江苏六合县东南），然后整队而归。

壬申日（十三日），北周天元帝宇文赟从同州返回长安。甲戌日（十五日），擢升陈山提、元晟同为上柱国（皆后父也）。

戊寅日（十九日），陈宣帝陈顼从大壮观回到建康宫。

豫章内史、南康王陈方泰，在州郡任职期满，纵火焚烧邑中村落，趁火抢劫、强暴、掳掠，驱迫收押富人，强索财物。等到陈宣帝陈顼上大壮观校阅部队，陈方泰依例应该随从前往，却上表启称亲生母亲生病，告假不去，可是他却穿着平民衣服，跑入民间，奸淫别人家的妻子，被扬州刺史府长流参军拘捕。被捕前，竟又带领徒众，持器杖拒捕，杀伤执法人员，于是被御史弹劾。陈宣帝陈顼大怒，下令把他打入监牢，革去官职，并命宗正卿削夺他的爵位封邑；但没过多久，又恢复他的官职爵土。

壬午日（二十三日），北周天元帝宇文赟任命上柱国、毕王宇文贤担任太师，郇国公韩（建）业担任大左辅，北周天元帝宇文赟任命酆王宇文贞担任大冢宰。郧国公韦孝宽担任行军元帅，带领行军总管杞国公宇文亮、郧国公梁士彦等，率军入侵淮南。并派遣御正杜杲、礼部薛舒等到江南访问。

冬季，十月，壬戌日（初四），北周天元帝宇文赟前往道会苑举行大醮祭典，用高祖宇文邕来配享。重新恢复摆设佛像及道教原始天尊像，周天元帝宇文赟和佛像、天尊像一起朝南而坐，前面大摆戏台，表演杂戏，听任长安士民恣意观赏。

甲戌日（十六日），陈宣帝陈顼任命尚书仆射陆缮担任尚书左仆射。

十一月，辛卯日（初四），陈宣帝陈顼颁诏大赦天下。

北周行军元帅韦孝宽分派柱国公宇文亮从安陆进攻黄城（今湖北黄陂县东，时为陈司州治所）；郧国公梁士彦领军攻打广陵（今河南息县）。甲午日（初七），梁士彦军进抵肥口（今安徽凤台县，西肥河入淮之口）。

乙未日（初八），北周天元帝宇文赟前往温汤（骊山温汤，在骊山西北）。

戊戌日（十一日），周师进兵围攻寿阳。

北周天元帝宇文赟前往同州。

[辛丑日]（十四日），陈宣帝陈顼下诏，任命开府仪同三司、南兖州刺史淳于量担任上流水军都督，中领军樊毅担任都督北讨诸军事，左卫将军任忠担任都督北讨前军事，前丰州刺史皋文奏带领步骑三千，赶往阳平郡。

壬寅日（十五日），北周天元帝宇文赟从同州返回长安。

癸卯日（十六日），任忠带领步骑七千，增援秦郡（今江苏六合县）。丙午日（十九日），仁威将军鲁广达带领部众送至淮河。这一天，中领军樊毅率领水师二万，从东关（今安徽巢县东南）入焦湖（又名巢湖，在巢县西南）；武毅将军萧摩诃带领步骑增援历阳（今安徽和县）。戊申日（二十一日），北周行军元帅韦孝宽攻克寿阳城，杞国公宇文亮攻克黄城，梁士彦攻克广陵。辛亥日（二十四日），周师又攻陷霍州（今安徽霍山县）。癸丑日（二十六日），陈宣帝陈顼任命扬州刺史、始兴王陈叔陵担任大都督，统一指挥水陆诸军，抵御周师。

丁巳日（三十日），北周铸造永通万国钱，一个永通万国钱的币值，折抵民间私铸细钱一千[十]个，这种新发行的硬币，与五行大布钱一起流通使用。

十二月，戊午日（初一），北周天元帝宇文赟因灾异多次出现，于是避开寝宫，舍去仗卫，粗服减膳，外出住到天兴宫。百官上表，劝他回到正寝，恢复正常饮食。甲子日（初七），北周天元帝宇文赟还宫，亲临正武殿，召集文武百官和宫人、外命妇（五命以上官之妻），大摆优伶乐舞，首度上演乞寒胡戏（按“乞寒胡戏”，又名“泼寒胡戏”，本是西城藩康国之乐舞。大抵在严寒之时，少年裸露形体，结队跳舞，观者用水浇泼之，以示勇壮者。）

乙丑日（初八），南兖、北兖、晋三州，以及盱眙、山阳、阳平、马头、秦、历阳、沛、北谯、南梁等九郡百姓，都从江北撤退到江南。周师又攻克谯、北徐州，从此，长江以北的国土，全部落入北周手里。

北周天元帝宇文赟从长安到洛阳，亲自驾驭驿站马匹，一天赶三百里路，命令四位皇后以及文武侍卫数百人，都乘驿马随行。并命令四位皇后同他并驾齐驱，其中有超前或落后的，便立加谴责，弄得马倦人疲，困顿而踣仆在道路上的，比比皆是。

癸酉日（十六日），陈宣帝陈顼派遣平北将军沈恪、电威将军裴子烈把守南徐州，开远将军徐道奴把守栅口（今安徽无为县东栅水入江处），前信州刺史杨宝安把守白下（江苏江宁县西北）。戊寅日（二十一日），任命中领军樊毅担任都督荆、郢、巴、武四州水陆诸军事。

己卯日（二十二日），北周天元帝宇文赟从洛阳回到长安。

贞毅将军、汝南人周法尚（定州刺史周炅之子），与长沙王陈叔坚不和，陈叔坚在陈宣帝陈顼面前诋毁他，说他要造反。陈宣帝陈顼便捉拿周法尚的哥哥定州刺史周法僧，然后发兵征讨周法尚。周法尚逃往北周，北周天元帝宇文赟任命他为开府仪同大将军，顺州刺史。陈宣帝陈顼派遣将军樊猛渡江，前去进攻他。周法尚部曲督将韩朗假意投降樊猛，欺骗樊猛说："周法尚所统率的军队，不愿投降北周，暗地里，人人相互商议，全都想叛变归来。将军如果派军前来接应，我们自当倒戈投降。"樊猛信以为真，便领军急进。周法尚假装害怕，退守到一处江水弯曲的地方。樊猛挥兵挑战，周法尚交战几个回合，便佯装败退，引诱樊猛追赶，然后利用伏兵截击，樊猛于是大败，只身逃脱出来，其余的全被俘获，人数几达八千人。

资治通鉴卷第一百七十四　陈纪八

起止庚子（公元580年），共一年。

【题解】本卷记录了公元580年共一年的南北朝史事。当时正值陈宣帝太建十二年，北周静帝大象元年。本卷主要记述了北周一年间政局上的大震荡，周宣帝陈顼英年早逝，年仅八岁的幼主周静帝宇文阐即位，外戚权臣杨坚发动宫变，获得辅助幼主的机会，借以执掌北周政治大权，接着又平定了尉迟迥等人的叛乱，为接下来的禅代及隋朝建立打下了基础。

高宗宣皇帝下之上

太建十二年（庚子，公元580年）

春季，正月，癸巳日（初七），北周天元帝宇文赟前往太庙祭拜祖先。

戊戌日（十二日），陈宣帝陈顼任命左卫将军任忠担任南豫州刺史，督缘江军事防务。

乙卯日（二十九日），北周规定商人每次入城做生意要缴纳一钱的营业税。

二月，丁巳日（初一），北周天元帝宇文赟到露门学宫，摆设酒菜，祭拜先圣、先师。

戊午日（初二），突厥派遣使者向北周进贡方物，并请求迎娶千金公主。

乙丑日（初九），北周天元帝宇文赟颁诏改称“制”为“天制”，“敕”为“天敕”。壬午日（二十六日），北周天元帝宇文赟尊称嫡母天元皇太后阿史那氏为天元上皇太后，生母天皇太后李氏为天元圣皇太后。癸未日（二十七日），北周天元帝宇文赟下诏杨后跟朱、元、陈三后都称太皇后，小皇帝宇文阐正阳宫的司马后直接称皇后。

北周天元帝宇文赟在宫中举行宴会，行军总管、杞国公宇文亮，是天元帝同曾祖父的哥哥。他的儿子西阳郡公宇文温的妻子尉迟氏，是蜀国公尉迟迥的孙女，尉迟氏颇有姿色，以宗妇身份，入宫参加宴会。天元帝宇文赟见到她，很是迷恋，殷勤向她劝酒，将她灌醉后，就留她住宿宫内，用强迫的手段，奸污了她。宇文亮听闻这个消息，害怕遭到诛戮。三月，从淮南回京，还抵豫州，密谋袭击韦孝宽营寨，想吞并他的部众后，就拥立伯叔中之一人为君，然后击鼓向西进兵。可是杞国的国官，有位名叫茹宽的，知晓了他的计谋，先密告韦孝宽，韦孝宽就暗中做了防备。不久，宇文亮带领百余骑去偷袭韦孝宽的军营，却中了韦孝宽的埋伏。因为劫营不成，他便赶紧逃走。戊子日（初三），韦孝宽追斩宇文亮，宇文亮的儿子宇文温也因受牵连而被杀害。北周天元帝宇文赟立刻将他的妻子尉迟氏召进宫内，公然册封她为长贵妃。辛卯日（初六），册封宇文亮的弟弟永昌郡公宇文椿为杞国公，以奉杞简公祀。

北周天元帝宇文赟前往同州，增设候正（主斥候、侦察敌情）、前驱（先驱也）、式道候（车驾出还、恒在大驾前），共为三百六十重，从应门（宫廷正门）到赤岸泽（陕西大荔县西南），几十里间，旗帜相连，鼓乐齐鸣。又命虎贲之士，持戟坐于马上，高呼让人退避。乙未日（初十），北周天元帝宇文赟改同州宫为天成宫。庚子日（十五日），从同州返回长安。下诏天台侍卫官员，都穿着五色以及红、紫、绿色衣，边缘用杂色帛装饰，称之为“品色衣”。凡有大事，和公服轮流换穿。壬寅日（十七日），北周天元帝宇文赟下诏令内外命妇（《通典》《职官典》十六《内官》条下云：“皇帝妃嫔及太子良娣以下为内命妇，公主及王妃以下为外命妇。”）觐见国君，都要执笏板，还有，祭拜宗庙祖先，以及朝拜天台，俯身跪拜姿势，都要和男人相同。

北周天元帝宇文赟计划册封五个皇后，询问小宗伯、陇西狄道人辛彦之的意见。辛彦之回答他说：“因为皇后和天子匹敌齐尊，所以不应有五皇后。”太学博士、西城人何妥反驳他说：“以前帝喾有四妃、虞舜有两妃。古代皇后的员数，何曾有一定的限额？”北周天元帝宇文赟听了，龙颜大悦，于是免去辛彦之的官职。甲辰日（十九日），北周天元帝宇文赟下诏说：“大地比德，其数为五，四大皇后外，可再增补天中太皇后一人。”于是册封陈氏为天中太皇后，尉迟氏为天左太皇后。因而又建造五座帐篷，让五皇后各居一帐，他又陈列宗庙祭器于前，自读祝文而祭拜。北周天元帝宇文赟又经常让妇女乘坐玄辂、夏缦等五种车子，自己率领左右随从，徒步跟随于后。他还喜欢在车上倒挂活鸡或者向车上砸瓦片，观看车上妇女吓得惊恐号叫的样子，引以为乐。

夏季，四月，癸亥日（初八），陈尚书左仆射陆缮去世。

己巳日（十四日），北周天元帝宇文赟前往太庙祭拜祖先。己卯日（二十四日），天元帝宇文赟举行求雨大祭。壬午日（二十七日），天元帝宇文赟上仲山（今陕西泾阳县西北）祈雨。甲申日（二十九日），天元帝宇文赟从仲山返回长安宫，归途，令京城士女在衢巷列队奏乐迎接。

五月，癸巳日（初九），陈宣帝陈顼任命尚书右仆射、晋安王陈伯恭担任尚书仆射。

北周天元太皇后杨氏，性情柔顺和婉，不嫉妒，其他四位皇后，以及嫔妇、御女等和她相处，都喜欢她，钦佩她。天元帝宇文赟暴虐昏庸日益严重，喜怒无常，曾谴责杨后，并要把她治罪。杨后举止端庄闲雅，言辞容色并不因遭受责罚而稍微屈挠，天元帝宇文赟大怒，于是赐令杨后自尽，逼她引诀自裁。杨后母亲独孤氏听说，急忙赶到内宫，向天元帝宇文赟陈词谢罪，叩头流血，杨后才得免一死。

杨后父亲大前疑杨坚，地位名望隆重，天元帝宇文赟十分猜忌他。有一次，曾因愤怒，对杨后说：“我一定诛灭你家宗族！”因而召杨坚入宫，事先命令左右侍卫说：“如果杨坚脸色有异，你们立刻下手除掉他。”左右领旨等候。后来杨坚入宫，神色镇静如常，天元帝宇文赟杀他的计划这才作罢。内史上大夫郑译，少年时与杨坚是同学，因见杨坚仪表相貌不凡，尽心结交杨坚。杨坚已经被天元帝猜忌，内心很不安定，曾在宫中长巷，私下对郑译说："好久以来，我就想出任外藩，这是你所知道的，希望你替我留心啊！"郑译回答他说："像您的品德名望，乃天下人心所向。我正要依附您而求取更多的富贵，怎敢忘掉您的嘱托呢？我自会伺机向天元帝转告您的意思。"

没过多久，北周天元帝宇文赟派郑译负责策划南征陈国的事情，郑译请求选派元帅。北周天元帝宇文赟说："你的意见如何？"郑译回答说："倘若要平定江东，自然非至亲重臣不可，否则不足以镇压安抚。依臣之见，可派随国公杨坚前往。并可任命他担任寿阳总管，都督南征军事。"周天元帝宇文赟听从了他的建议。己丑日（初五），任用杨坚为扬州总管，派郑译发兵，同在寿阳会师。将要起程，恰逢杨坚突然发生脚痛，因此没有成行。

甲午日（初十）夜，北周天元帝宇文赟备好车驾，前往天兴宫。乙未日（十一日），天元帝宇文赟生病，从天兴宫返回长安宫。小御正下大夫、博陵人刘昉，一向凭狡猾谄媚，博得北周天元帝宇文赟的嬖幸，与御正中大夫颜之仪，同受北周天元帝的亲近和信任。北周天元帝宇文赟召请刘昉、颜之仪进入卧房内，打算将身后事嘱托他二人料理，偏偏北周天元帝喉咙嘶哑，泣不成声，竟说不出一句话来。刘昉看见静帝宇文阐幼小，认为杨坚是天元帝杨后的父亲，兼又享有盛名，于是与领内史郑译、御饰大夫柳裘、内史大夫杜陵人韦謩、御正下士朝那人皇甫绩等，合谋让杨坚入宫接受顾命，辅佐幼主执政。杨坚再三推辞不敢当，刘昉便威逼他说："公如果肯干，便快决定去干；如果真不想干，那么我刘昉将自己来干。"杨坚于是应允，托词奉诏，留宿禁中，侍候帝疾。柳裘，是柳惔的孙子。

这一天，北周天元帝宇文赟驾崩，时年二十二岁。刘昉、郑译等将北周天元帝的丧事，加以保密，不让外人知道，并且假托诏书，命杨坚总掌天下兵马大事。刘昉等在草诏上一一签名，逼迫颜之仪也连署。

颜之仪知道那诏书所言，绝非天元帝的旨意，坚决拒绝，并且大声对刘昉等人说："君王去世，嗣主幼小（时仅八岁），辅政的人选，应找宗室中才智过人的人。当今宇文宗亲，属赵王宇文招年纪最大，无论就贤还是就亲，他都应当受诏辅政。公等备受朝廷的厚恩，应该思虑如何尽忠报国才对，为何要将国君的名器，假借给外人呢？我颜之仪宁可一死，也不愿去做欺骗污损先帝的事。"刘昉等知道无法强迫他屈服，于是代他签署，并将诏书颁发出去。北周负责保卫京师和皇宫的禁卫军收到天元皇帝的敕命，便都听从杨坚的调度指挥。

杨坚担忧宇文宗室诸王在外发动叛乱，于是以赵王宇文招将嫁女千金公主到突厥为借口，召请赵、陈、越、代、滕五王入朝。杨坚向颜之仪索要兵符、玉玺。颜之仪板着脸对他说："符玺是天子的东西，自有专属的人，宰相为什么索取此物？"杨坚不禁大怒，命人将他推出，本想杀了他，但因他是百姓景仰的人，又不能杀，便贬黜他去担任西边的郡守。

丁未日（二十三日），杨坚为北周天元帝发了讣闻。北周静帝宇文阐入居天台，废除正阳宫。下诏大赦境内，下令停止洛阳宫的营建。庚戌日（二十六日），周主宇文阐尊奉阿史那太后为太皇太后，李太后为太帝太后，杨后为皇太后，朱后为帝太后，其余陈后、元后、尉迟后，敕令她们出家为尼。同时，任命（叔父）汉王宇文赞为上柱国、右大丞相，表面上是尊崇他，授予高官，其实是有职无权的虚衔。周主宇文阐又任用秦王为上柱国，杨坚为左大丞相，假黄钺（代表天子专主征伐）。下令百官各司其职，以听命于左丞相。

杨坚刚接受遗命辅政时，曾派邗国公杨惠代表他去对御正下大夫李德林说："朝廷敕令我总管文武大事，治理国家的责任繁重。现在要请你一同理事，你可不得推托。"李德林听到杨坚如此器重他，便很兴奋地说："愿为杨公拼死效劳！"杨坚得知他肯合作支持，内心极为欢喜。起初，刘昉、郑译等原本议定让杨坚担任大冢宰，郑译兼摄大司马，刘昉则求为小冢宰。杨坚私下问李德林说："将授我什么官职？”李德林告诉他说：“应当做大丞相、假黄钺、都督中外诸军事，要不如此的话，便无法镇抚众心。”后来，杨坚替北周天元帝发丧后，就依照李德林的主意去做，并将正阳宫作为丞相府。

当时，宇文周的朝臣，没有全部归心于杨坚。杨坚招引司武上士卢贲，留他在自己身边。杨坚准备入住东宫（正阳宫），文武百官不知何去何从。杨坚暗中派卢贲先去调集宿卫部队，配合行动，然后召集公卿们说：“公等想求富贵的，当随我而行。”公卿闻言，愕然相向，有的交头接耳，有些人不理杨坚，就要离去，卢贲在这时带领大批卫队围赶过来，百官没有敢带头离开的。于是相偕跟随走出崇阳门（周宫城之东门），行抵东宫。守门的关闭宫门不让过去，卢贲走上前去晓谕他，守门者不理睬；卢贲张目呵斥，守门者退却，杨坚这才得以入据东宫。卢贲便留在正阳宫，掌管丞相府的宿卫。卢贲，是卢辩弟弟的儿子。杨坚任命郑译担任丞相府长史，刘昉担任相府司马，李德林担任丞相府属。郑、刘二人当不成大司马和小冢宰，便都怪罪李德林。

内史下大夫、渤海人高颎，机敏过人，气度不凡，熟悉军事，富有智谋，杨坚想招引他进丞相府工作，便派杨惠去转达这个意思。高颎承受意旨后，十分高兴地说：“愿受杨公驱策而奔驰效力。纵使杨公大事不成，我高颎遭到灭族，也在所不辞。”杨坚于是任命他担任相府司录。

当时，汉王宇文赞留居禁中，常跟北周静帝宇文阐同帐而坐。有所议论，汉王宇文赞自然替北周静帝做主。杨坚引以为忌。刘昉为杨坚设法除去他，特装扮好美妓数名，进献给宇文赞。宇文赞年少贪色，喜不自胜，视刘昉为知交。刘昉因而对他说：“大王是先帝的大弟，众望所归。孺子（谓静帝）幼弱，哪能担当国家大事？如今，先帝刚死，人心还扰攘不定，大王暂且出居私第，等事平以后，再入宫为天子，这是万全之计。”宇文赞年纪轻，质性见识平庸低下，竟信以为真，傻傻的就出居私第。

杨坚大肆革除周宣帝在位期间的种种苛政，改行宽大优厚的德政；删减省略旧日的刑律，另外制定《刑书要制》，呈奏周主，颁布天下。杨坚又亲自力行节俭，于是朝廷内外的人都很高兴。

杨坚夜里召请太史中大夫庾季才入府，问他说："我凭借平庸虚浮的资质，承受辅佐幼主的重托，从天时和人事来看，你认为怎么样？"庾季才回答他说："天道精深微妙，难以预测观察。在下以人事卜之，人事的征兆已定，我庾季才即使说不可以，您又能像许由逃往箕山，像巢父洗耳颍水而不承受天下吗？"杨坚听了，沉思良久，然后才说："确实如你所说的那样。"杨坚的妻子独孤夫人也劝他说："大事既已发展到此种地步，形势好像骑虎，只能一路到底，不能再下来，你努力去做吧！"

杨坚因为相州总管尉迟迥地位名望一向很高，担心他有异谋，于是派尉迟迥的儿子魏安郡公尉迟惇传送诏书到相州，召请尉迟迥进京参加周宣帝的葬礼。壬子日（二十八日），杨坚请周主宇文阐任命上柱国韦孝宽担任相州总管，同时又任命小司徒叱列长义担任相州刺史，命他先去邺城（相州总管府治所），韦孝宽随后赶去。

陈王宇文纯此时镇守齐州（山东济南），杨坚派门正上士崔彭前去召请他入朝。崔彭只带两骑前往，快到州城，投宿在驿馆里，派人去召请宇文纯。宇文纯来到驿馆，崔彭请求屏退左右侍者，说有机密向他禀告，于是借机拘捕宇文纯，并戴上脚镣手铐，大声说："陈王有罪，诏命征他进京，左右不得妄动！"陈王宇文纯身边跟随的人，愕然相顾而去。崔彭，是崔楷的孙子。

六月，赵王宇文招、陈王宇文纯、越王宇文盛、代王宇文达、滕王宇文逌都回到长安。

庚申日（初六），周主宇文阐颁诏恢复佛、道二教的流行，原来的僧侣、道士信仰精诚专一的，加以挑选，安置在指定的寺庙道观，准允他们弘扬教义。

北周尉迟迥知晓丞相杨坚图谋篡位，将对宇文宗室不利，于是计划起兵征讨杨坚。当时韦孝宽到达朝歌（今河南淇县），尉迟迥派遣大都督贺兰贵带着他的书信去迎接韦孝宽。韦孝宽留下贺兰贵商谈，借以窥伺对方的意图，韦孝宽看出一点端倪，猜测尉迟迥有异图，便推说有病，徐缓前行，并且派人先到相州求取医药，暗中观察动静。韦孝宽哥哥的儿子韦艺，担任魏郡太守，尉迟迥派他去迎候韦孝宽，韦孝宽向他打探尉迟迥的所作所为，韦艺归附尉迟迥，不肯据实回答。韦孝宽大怒，拔剑要杀他，韦艺害怕，才将尉迟迥的计谋全盘告诉韦孝宽，韦孝宽立刻带着韦艺向西逃走，每经过一处亭驿，就将驿马全都驱赶离开，并且对驿司说："蜀国公将到，应当速备酒食。"没过多久，尉迟迥果真派遣仪同大将军梁子康率领数百骑追赶韦孝宽，这批追赶的人，每到亭驿，就有丰盛的酒菜款待，而且驿中已无快马，于是逗留不前。韦孝宽和韦艺叔侄，因而能脱险回到长安。

杨坚又命候正破六韩裒前往尉迟迥的营寨晓谕君王的旨意，并暗中送信给相州长史晋昶等人，嘱咐他们提防尉迟迥。可是这件事被尉迟迥侦知，他先杀掉晋昶和破六韩裒，然后召集总管府以及州郡文武官僚，登上城北城楼，面对着他们说："杨坚自恃国丈的权势，挟持幼主，作威作福，谋逆的心迹，路人皆知。我与宇文周，谊属舅甥（尉迟迥为宇文泰之甥），位居将相，先帝命我镇守于此，本是把国家安危的重担寄托在我身上。如今，我要和你们一起召集明义理而又勇敢的人，一同匡正社稷，保国护民，君等认为怎么样？"大家齐声应命。尉迟迥于是自称大总管，承制任命官吏，分配任务。此时，赵王宇文招入朝，留下他的小儿子在封国内，尉迟迥奉他为主，用以发号施令。

甲子日（初十），杨坚派遣关中士兵，任命韦孝宽担任行军元帅，郕国公梁士彦、乐安郡公元谐、化政郡公宇文忻、濮阳郡公武川人宇文述、武乡郡公崔弘度、清河郡公杨素、陇西郡公李询等担任行军总管，分别率领各军，讨伐尉迟迥。崔弘度，是崔楷的孙子；李询，是李穆哥哥的儿子。

起初，北周宣帝派计部中大夫杨尚希抚慰山东，杨尚希到达相州，听到北周天元帝去世的消息，便在馆舍和尉迟迥一同为北周宣帝举哀。杨尚希走出灵堂，对身边的人说："蜀国公哭泣并不哀伤，视线游移不定，心中另有盘算，我如果不速离去，恐怕将遭他暗算。"于是连夜抄小径逃走。到了第二天天明，尉迟迥发觉他不在馆舍，派人追赶时，已经追不上了，杨尚希因此得以安全返回长安。杨坚认为他是宗亲所景仰的人物，便派他督率宗室子弟兵三千人，前去把守潼关。

雍州牧、毕刺王宇文贤和五王合谋袭杀杨坚，事情泄露，杨坚捕杀了宇文贤以及他的三个儿子。因为外乱方兴，所以暂时封锁五王谋杀执政的消息而不加追问，以免动摇朝野。提议任命秦王宇文贽担任大冢宰，杞国公宇文椿担任大司徒，用来稳定宇文宗室。庚子日（六月无此日），周主宇文阐任命柱国梁睿担任益州总管。梁睿，是梁御的儿子。

周主宇文阐派遣汝南郡公宇文神庆与司卫上士长孙晟，护送千金公主下嫁到突厥。长孙晟，是长孙幼的曾孙（胡三省曰："按《隋书·长孙晟传》及《唐宰相世系表》，长孙晟，长孙稚之五世孙。长孙稚字幼卿，生子长孙裕，长孙裕生长孙绍远，长孙绍远生长孙贤，长孙贤生长孙敞，长孙敞生长孙炽，长孙炽生长孙晟，非曾孙也。若书稚字，'幼'下亦阙'卿'字"）。

周主宇文阐又派建威县侯贺若谊，携带重金前往突厥，贿赂佗钵可汗，游说他执送北齐范阳王高绍义。佗钵可汗于是假称要同高绍义出南境打猎，而让贺若谊部署抓捕高绍义。贺若谊，是贺若敦的弟弟。秋季，七月，甲申日（初一），高绍义被押送到长安，随即被判流放四川。过了很久，病死在蜀中。

北周青州刺史尉迟勤，是尉迟迥弟弟的儿子。当他初得尉迟迥相招的书信时，将那封信呈奏朝廷，可是没过多久，他就投入到尉迟迥的阵营中。尉迟迥所管辖的相（治今河南临漳县）、卫（治今河南淇县）、黎（治今河南黎阳县）、洺（治今河北永平县）、贝（治今河北清河县）、赵（治今河北赵县）、冀（治今河北冀县）、瀛（治今河北河间县）、沧（治今河北南皮县东南），以及尉迟勤所统辖的青（治今山东益都县）、齐（治今山东历城县）、胶（治今山东高密县西南）、光（治今山东掖县）、莒（治今山东沂水县）等州，都附和响应，共有部众几十万人。尉迟迥声势所及，荥州（治今河南汜水县）刺史邵国公宇文胄、申州（治今河南信阳县南）刺史李惠、东楚州（治今江苏宿县东南）刺史费也利进，潼州（治今安徽泗县）刺史曹孝远，各自占据本州；徐州总管司录席毗罗占据兖州（治今山东滋阳县西），前东平郡守毕义绪占据兰陵（治今山东峄县），都起兵呼应尉迟迥。怀县（治今河南武陟县西）永桥镇将纥豆陵惠献城投降尉迟迥，尉迟迥派遣他的部属大将军石逊进攻建州（治今山西晋城县东北），建州刺史宇文弁献出州城投降石逊。尉迟迥又派西道行台韩长业进攻并攻陷潞州（治今山西长治县），俘获刺史赵威，安排晋城人郭子胜担任刺史。纥豆陵惠偷袭攻克巨鹿（今河北宁晋县），进兵围攻恒州（治今河北正定县）。上大将军宇文威进攻汴州（治今河南开封县北），莒州刺史乌丸尼等，带领青、齐等州部队，进兵围攻沂州（治今山东临沂县），大将军檀让攻克曹（治今山东曹县西北）、亳（治今安徽亳县）二州，驻兵在梁郡（治今河南商丘县南）。席毗罗拥兵八万，驻扎在蕃城（今山东滕县），攻克昌虑（滕县东南）、下邑（今江苏砀县东）。李惠从申州攻打永州（治今河南泌阳县南），将它攻克。

尉迟迥派遣使者去招降大左辅、并州（治今山西太原）刺史李穆，李穆不肯依从，扣押来使，并把尉迟迥写给他的信，呈奏朝廷。李穆的儿子李士荣，认为他父亲所把守的地区乃是天下精兵所聚集的地方，暗中劝李穆起兵响应尉迟迥，李穆坚决反对。杨坚派遣内史大夫柳裘搭驿车前去抚慰李穆，并为他分析顺逆的利与害。另又派遣李穆的儿子左侍上士李浑，前去转达结交的至诚。李穆便命李浑手捧熨斗，回去呈献给杨坚，说："希望杨公手执威势的权柄，来熨平安定天下。"此外，又呈献十三镮金带给杨坚。"十三镮金带"，是天子的服饰。杨坚收到这些东西，内心十分欢喜，立刻派遣李浑前往韦孝宽处，向他转述李穆的心意，好让他锐意前进。李穆哥哥有个儿子，名叫李崇，担任怀州刺史（治今河南沁阳县），本来想去响应尉迟迥，后来得知叔父李穆依附杨坚，不禁慨然叹息说：“满门富贵的，多达几十人，而今国家有难，竟不拯救危亡的国家，又有何脸面立身天地间呢？”话虽如此，怎奈孤掌难鸣，最后不得已，也依附杨坚。尉迟迥的儿子尉迟谊，担任朔州（治今山西山阴县南）刺史，李穆将他擒获，押送到长安，同时又派兵征讨潞州刺史郭子胜，也将他擒获。

尉迟迥招降徐州总管源雄（治今江苏铜山县），以及东郡太守（治今河南滑县）于仲文，但他们都不肯归附。源雄，是源贺的曾孙；于仲文，是于瑾的孙子。尉迟迥派宇文胄从石济（今河南涎津县东北），宇文威从白马（今河南滑县东）渡过黄河，分兵两路，夹攻于仲文，于仲文抵抗不住，放弃州郡奔回长安，尉迟迥抓获他的妻小，全部杀掉。尉迟迥派遣檀让征战河南，丞相杨坚任命于仲文担任河南道行军总管，要他驰驿赶往洛阳，征调部队去征讨檀让，另派杨素去征讨宇文胄。

丁未日（二十四日），周主宇文阐任命丞相杨坚担任都督中外诸军事。

郧州（治今湖北安陆县）总管司马消难也起兵响应尉迟迥。己酉日（二十六日），周主宇文阐任命柱国王谊担任行军元帅，出兵征讨司马消难。

东广州刺史于顗，是于仲文的哥哥。于顗和吴州总管（与东广州并治广陵）赵文表不和，谎称患有心病，诱骗赵文表，趁赵文表进入他卧室探病的机会，亲手杀掉赵文表。于是扬言赵文表和尉迟迥通谋，因此杀掉了他。当时杨坚因为尉迟迥之乱未平，担心于顗又生边患，于是派人去抚慰嘉勉他，并任命他担任吴州总管。

北周赵僭王宇文招密谋暗杀杨坚，邀请杨坚前往他的王邸宴饮。杨坚自备酒菜带去。宇文招引领杨坚进入寝室，宇文招的儿子宇文员、宇文贯以及王妃的弟弟鲁封等人，都侍立在左右，个个佩刀而立，并在帐帷和席子间暗藏兵器，又在后院埋伏勇士。另外，限令杨坚的左右侍卫不得随从，只允许与杨坚同曾祖父的族弟仪同大将军杨弘和大将军元胄进入门内，坐侍户侧。元胄，是元顺的孙子。杨弘、元胄都孔武有力，是杨坚的得力亲信。宇文招和杨坚同饮，酒至半酣，宇文招拔佩刀切瓜，接连送到杨坚嘴中给他吃，想借此刺杀杨坚。元胄瞧见形势不妙，便挺身到座前对杨坚说："相府还有事，不应久留，请丞相回府。"宇文招怒目大声责骂他说："我和丞相畅叙，你是干什么的？"宇文招原本要呵斥他退下的，不料元胄竟也怒目相对，气息激愤，持刀入卫杨坚，不肯离开。宇文招赐给他酒，假意笑着说："我哪有什么歹意？你何必如此猜疑警戒？"宇文招和杨坚继续饮了好几杯酒，宇文招假装呕吐，准备溜入后间；元胄防他有变，上前扶他，让他入座，不放他出去，似此情形，反复了好几次。宇文招走不了，便又假装喉咙干渴，命元胄到厨房去取水，元胄挺立不动。碰巧滕王宇文逌来到，杨坚走下台阶出迎。元胄趁此机会，附耳对杨坚说："情势很不平常，丞相可速告归。"杨坚说："对方并无兵马，他们能玩什么花样呢？"元胄低声说："此地兵马是他们家的，对方如果先下手，那么丞相就完了。我元胄并不是推托怕死，只是担心像这样死了，实无补益。"杨坚将信将疑，又重行入座。元胄格外小心，忽听后院有铠甲的声音，便立刻向杨坚禀告说："相府公事繁多，丞相怎能流连此处呢？"说着，就扶杨坚下床，快步离开。宇文招准备追上去，但元胄奋身挡在门口，宇文招出不去。等到杨坚跨出大门远去，元胄才随后追上。宇文招懊悔未能及时发难，错过大好时机，气得把手指都弹出血来。壬子日（二十九日），杨坚诬指赵王宇文招与越野王宇文盛谋反，下令将他二人杀掉；他们所有的儿子，也一同处死。为酬谢元胄护卫的功劳，赏赐财物，不计其数。

北周宇文宗室诸王多次想伺机暗杀杨坚，杨坚多赖相府都督、临泾人李圆通的保护，才躲过灾难。

癸丑日（三十日），周主宇文阐册立皇弟宇文衎为叶王，宇文术为郢王。

北周豫、荆、襄三州内的诸蛮，各自率领部落造反，焚烧村驿，攻陷郡县。

北周行军元帅韦孝宽率领大军进抵永桥城（在今河南武陟县西），诸将因为此城挡住去路，请求先攻克此城，韦孝宽却说：“此城虽小，但十分坚固，如果围攻而拿不下来，有损我军军威。如果先打败他们的大军，那么这一座孤城又有什么用呢？”于是带兵屯驻在武陟（沁水西岸）。尉迟迥派遣他的儿子魏安郡公尉迟惇带领部众十万，进入武德（在武陟县东南），列阵于沁水东岸。这时，适逢沁水水涨，韦孝宽和尉迟迥军隔水对峙，相持不下。

韦孝宽行军元帅府长史李询，密禀丞相杨坚说：“总管梁士彦、宇文忻、崔弘度都收受尉迟迥赠予的黄金，因此逗留不进，军中忧虑不安，人心大变。”杨坚收到这个报告，内心很是担忧，和内史上大夫郑译商议，寻找接替三位总管的人选。李德林认为这样做很不妥，他说：“随公与诸将，都是国家的重臣，彼此不能相互服从，现在因为随公挟天子之令，诸将才勉强听从号令，接受驱驰。先前派出的人，怀疑他们乖离违异，那么换上一批新的将领，您又怎知他们都能对您忠诚呢？再有，收受黄金的事，虚实真假，难以调查清楚，现在突然派人去接替他们，他们当中难免会有畏罪而逃跑的；如果统加系缚，那么从郧国公韦孝宽以下，莫不人人畏惧。况且，临阵换将，这是燕、赵所以败亡的原因（胡三省曰：“燕惠王信谗，用骑劫代乐毅而败于田单；赵惠文王听间，用赵括代廉颇以败于白起，临敌易将之祸也”）。依臣之见，只要派遣杨公的一名亲信，一位富有谋略、一向被诸将信赖佩服的人，急速赶往阵前，交由他负责查验真伪。诸将纵有异心，也一定不敢轻举妄动，万一叛乱发生，他在前线，随机应变，也容易平定叛乱。”杨坚经他这样分析，恍然大悟地说：“要不是你这一番话，几乎就要贻误大事了。”于是派少内史崔仲方前去监督各路军队，指挥节度诸将。崔仲方，是崔猷的儿子。他推辞说父亲人在山东，不便接受这个任务。杨坚于是改派刘昉、郑译。刘昉推辞说没有担任过将领，郑译则以母亲年老为借口，都不肯前去。杨坚心里十分不悦。相府司录高颎自愿请求担起这个任务，杨坚特别高兴，就派他前往。高颎接受使命，立刻动身出发，找人代他向母亲辞行。从此，杨坚指授兵略，都找李德林商议，那时，相府有关军事的文书，每天都有上百件之多，也全部交给李德林处理。李德林随口述说，手下好几个人分头书写，根据文书的类别和种种案由的不同，李德林总是能配合以最适当的措辞，等文书人员书写完后，通篇不用修饰，也不用涂改，每一件都是最好的公文。

北周郧州总管司马消难献出郧（治今湖北安陆县）、随（治今湖北随县）、温（治今湖北京山县）、应（治今湖北应山县）、土（治今湖北随县东北）、顺（治今湖北随县北八十里）、沔（治今湖北汉川县东南）、儇[溳]（按溳州以溳水为名，字应作“溳”）、岳（治今湖北孝感县）九州，以及鲁山（湖北汉阳县北大别上山）等八镇归降陈朝，并派出他的儿子司马永到陈朝做人质，请求派军接应。八月，己未日（初六），陈宣帝陈顼下诏，任命司马消难担任大都督、总督九州镇诸军事、司空，赐爵随郡公。庚申日（初七），下诏命令镇西将军樊毅进督沔、汉诸军事，南豫州刺史任忠率军增援历阳（治今安徽和县），超武将军陈慧纪担任前军都督，增援南兖州（治今江苏江都县）。

北周益州总管王谦，不愿归附丞相杨坚，也调遣巴、蜀军队，挥兵进攻始州（治今四川剑阁县）。梁睿行抵汉川，受到阻挠不能前进，杨坚就任命梁睿担任行军元帅，领军征讨王谦。

戊辰日（十五日），陈宣帝陈顼下诏，任命司马消难担任大都督水陆诸军事。庚午日（十七日），陈朝通直散骑常侍淳于陵攻克临江郡（治今安徽和县东北）。

梁世宗萧岿派中书舍人柳庄携带国书，出使北周。北周丞相杨坚握着柳庄的手，对他说：“孤（丞相杨坚自称）以前凭借开府仪同三司的官职，曾效力于江陵，深受梁主特殊的眷顾。方今周主年幼，时局艰难，承蒙顾命，深感责重任艰。梁主累世效忠朝廷，应当相互共保贞节。”当时，后梁诸将争相鼓动梁主兴兵，和尉迟迥联盟，以为这样进可以尽忠周室，退可以占据山南（终南、太华诸山之南。指汉、沔之地）。梁主萧岿迟疑不决，正赶上柳庄从长安奉使归来，详细转述杨坚结交嘱托的话，而且告诉梁主说：“以前袁绍、刘表、王凌、诸葛诞，全是一时的英雄豪杰，割据要地，手握强兵，可是功业没有建立，没多久就相继遭祸覆亡，那是因为魏武、晋武挟持天子，拱卫京师，凭借以正讨逆作为借口的缘故。方今尉迟迥虽然是老将，但已昏聩老耄得十分厉害；司马消难与王谦，才具平庸低劣，没有一匡天下、九合诸侯的才干；周朝将相，多替自身利害打算，竞相效忠于杨氏。依臣的预料，尉迟迥等人终将覆败灭亡，随国公杨坚势必接替宇文氏而成为国君。我们梁国的立场，不如保境安民，静观时局的变化”。梁主萧岿听了他精辟的分析，认为见识高超正确，诸将竞相劝说梁主起兵的议论，也就因此而平息下来。

杨坚相府司录高颎来到前线，察看情势后，建议韦孝宽选择沁水较浅的地方，修筑一道浮桥，用来渡军。尉迟迥的儿子尉迟惇从上流放火燃烧木筏上的积木，让它顺流而下，用来冲烧浮桥。高颎则用预先做好的土狗来抵挡瓦解他的攻势（盖积土于水中，前锐后广，前高后庳，其状如坐狗）。尉迟惇列阵长二十余里，指挥部队稍微退却，原本计划等韦孝宽的军队渡过一半，再回军攻击；可是韦孝宽却利用他后退的时机，乘势率兵渡桥，鸣鼓齐进。等部队都渡过了桥，高颎便命人将浮桥烧毁，断绝后路，让士卒奋勇争前，毫无反顾后退的念头。尉迟惇军大败，自身单骑逃跑，韦孝宽乘胜追击，一直追到邺都城下。

庚午日（十七日），尉迟迥和他的儿子尉迟惇，以及尉迟惇的弟弟西都郡公尉迟祐，尽驱部卒出城，共十三万人，在城南布阵。尉迟迥亲自率领万人，都戴绿巾，穿着锦袄，号称“黄龙兵”。尉迟迥的弟弟尉迟勤也率领部众五万，从青州前来增援，自己率领骁骑三千，先驰赶到。尉迟迥向来娴熟军旅征战，年纪虽老，仍然披甲上阵。他的部下都是关中人，相率为他拼死奋战，韦孝宽等军与他交锋，战况不利，只好撤退。当时，邺中出来观战的士民，多达数万人。行军总管宇文忻说（《隋书》卷四十《宇文忻传》作："与高颎、李询等谋曰"）："形势急迫，我当用诡计破敌。"于是率领部下，弯弓驰射观战的百姓，观战人群惊骇逃窜，辗转相互腾踏践藉，惨呼之声如雷，宇文忻立刻大声呼叫："贼败了！贼败了！"一传十，十传百，周军气势便又振奋起来，趁着对方骚乱的机会，反攻痛击。结果，尉迟迥兵大败，退守邺城。韦孝宽纵兵围攻，李询和思安县伯、代人贺娄子幹抢先登上城垣。

崔弘度的妹妹，早先嫁给尉迟迥的儿子为妻，等到邺城被攻克后，尉迟迥困窘急迫，登上城楼，崔弘度径直从龙尾道去追赶他。尉迟迥弯弓搭箭准备射崔弘度，崔弘度脱下头盔，遥问尉迟迥说："你还认识我吗？今天各为国事效力，不能顾及私人情谊。但顾念亲戚之情，特地禁止不守规矩的乱兵，不许他们劫掠奸污。事情已经到了这种地步，请公早为自身考虑，不要再踌躇了。"尉迟迥自知难免一死，将弓丢掷地上，破口大骂左大丞相杨坚，然后拔剑自杀。崔弘度对他的弟弟崔弘升说："你可以去割下他的脑袋。"崔弘升于是斩下尉迟迥的首级而去。留守在小城中的军兵被俘后，韦孝宽下令把他们全部坑杀掉。尉迟勤、尉迟惇、尉迟祐等，向东逃奔青州，但都还没有到达，就被开府仪同大将军郭衍追上，全部擒获。丞相杨坚，因为尉迟勤当初曾呈送尉迟迥招降他的信，最初的心志不差，所以下令赦免了他。李惠在申州起兵响应尉迟迥，后来知道尉迟迥难成大事，便先自缚投降，杨坚也下令赦免他无罪，并恢复他的官职和封爵。

尉迟迥晚年老迈龙钟，起兵征讨杨坚，任命小御正崔达拏担任长史。崔达拏，是崔暹的儿子，乃是一位文士，没有什么谋略，行政措施又多失误，对尉迟迥少有贡献。尉迟迥从起兵到失败，前后只有六十八日。

于仲文领兵从洛阳向东讨伐，行抵蓼堤（在梁郡西北，是汉梁孝王所筑，至睢阳，长三百里），距离梁郡七里（治今河南商丘县南七里）。檀让拥有军队数万，出城挑战。于仲文派老弱士卒去迎战，两军才一交锋，于仲文就佯装败逃。檀让因此不将于仲文看在眼里，便松懈下来，不再加以设防。于仲文却带领精兵锐卒大举反攻，将檀让打得大败，砍下七百多颗首级，并擒获五千多人。于是攻打梁郡城，尉迟迥的守将刘子宽弃城逃跑。于仲文又进攻曹州（治今山东曹县西北），生擒尉迟迥所任命的刺史李仲康。檀让带领余众退守成武（今山东城武县），于仲文击败檀让，攻克成武。尉迟迥部将席毗罗，带领部众十万，屯兵沛县（今江苏沛县东），准备南下进攻徐州（治今江苏铜山县）。他的妻子留在金乡（今山东金乡县），于仲文派人伪装成席毗罗的使者，欺骗金乡城主徐善净说："檀让明日午时到金乡来，将宣读蜀国公尉迟迥的命令，奖赏将士。"金乡人信以为真，心里都特别高兴。于仲文挑选精兵锐卒，打着尉迟迥的旗号，兼程而行。金乡城主徐善净望见，以为是檀让前来，赶紧出城迎候。于仲文立刻将他抓获，因而轻易地夺取了金乡城。此时，于仲文手下诸将都劝他屠杀城里的人。于仲文说："这座城，是席毗罗起兵的地方，我们应当宽待他的妻子、儿女，其余的士兵，自会前来投诚。如果屠城，那么就会断绝他们归顺的想法。"手下诸将都觉得他的话很有道理。那时，席毗罗倚仗人多，率军进逼官军，于仲文设下埋伏，拦截痛击，席毗罗部众大败溃散，争渡洙水（今山东钜野县洙水河），溺死的人很多，洙水都因之而流阻。檀让被于仲文俘获，用槛车把他押送到长安，途中，席毗罗先被斩杀，首级被传送到京师。

韦孝宽分派部队，追讨关东叛贼，将他们依次平定。杨坚命韦孝宽迁徙相州治所到安阳（今河南安阳县），并下令焚烧邺城及周围村落，分割相州，增置毛州（治今山东馆陶县西南四十里）、魏州（治今河北大名县东）。

梁主萧岿听到尉迟迥兵败的消息，对柳庄说："先前要是听从众人的话，也去响应尉迟迥，只怕如今社稷已经保不住了！"

丞相杨坚刚获得军政大权时，对待黄国公刘昉、沛国公郑译二人十分优厚，赏赐的东西多得无法计数；将他二人视为亲信，言听计从。朝野内外的人，对他二人都倾心瞩目，称他们为“黄、沛”。他二人却仗着引荐杨坚的功劳，骄傲放纵，沉迷于钱财利益，又不亲自处理相府事务。等到推辞监军的任务，杨坚便开始疏远他们，恩遇宠爱也逐渐淡薄。而高颎从监军得胜归来，受到杨坚的宠信礼遇越来越隆厚。当时，王谦、司马消难的反叛还没有平定。杨坚为这两方面的事，忧虑得废寝忘食。可是刘昉玩乐游宴，纵酒无度，相府军务，颇多荒废。杨坚于是改派高颎接替刘昉，担任相府司马的职务。因为郑译有提携的大功劳，杨坚还不忍心罢免他的职位，但暗中却告诫僚属，不必向郑译禀报事务。郑译虽然还坐在丞相府长史的位子上，可是却没有什么事好打理，这时他才觉察到事情的严重，慌忙跑去向杨坚叩头请罪，请求解除职务，不过，杨坚还是以恩宠礼遇对待他，用温言抚慰他。

癸酉日（二十日），陈朝智武将军鲁广达攻陷北周郭默城（在今江西九江县东北）。丙子日（二十三日），淳于陵攻陷北周祐州城。

周主宇文阐任命汉王宇文赞担任太师，申国公李穆担任太傅，宋王宇文实担任大前疑，秦王宇文贽担任大右弼，燕国公于寔担任大左辅。于寔，是于仲文的父亲。

乙卯日（二十六日），周主宇文阐下诏大赦境内。

北周柱国王谊统率四总管，到达郧州，北周郧州总管司马消难带领部众退守，并献出鲁山（治今湖北汉阳县）、甑山（今湖北汉川县）二镇，南来投降陈朝。

起初，司马消难派遣上开府仪同大将军段珣领军围攻顺州（治今湖北随县北八十里），顺州刺史周法尚无法抵抗，弃城逃跑，司马消难擒获他的母亲和弟弟，然后南来投降陈朝。陈宣帝陈顼派遣樊毅前往援助，可是还来不及接应，北周亳州总管元景山就赶来进攻，樊毅掳掠居民而去。元景山和南徐〔司〕州刺史宇文弼共同追赶樊毅，和樊毅大战于漳口（在今湖北云梦县南），一日三战，周师三战三捷。樊毅退守甑山镇，被司马消难占领的城邑，全被元景山夺了回来。

郧州巴蛮群起叛乱，共同推举大帅兰雒州为大统领，响应司马消难。王谊派遣诸将，分路讨伐，一个月内，就把各地巴蛮平定。陈纪（陈慧纪）、萧摩诃进攻广陵城（今江苏江都县），北周吴州（治广陵）总管于顗将他二人击退。沙州（治今四川昭化县西北）氐帅杨永安召集部众响应王谦，大将军、乐宁公达奚儒领兵前去征讨。杨素在石济（今河南延津县东北）大败宇文胄，并且把他斩首。

周主宇文阐任命神武郡公窦毅担任大司马，齐国公于智担任大司空。九月，周主宇文阐任命小宗伯竟陵郡公杨惠[慧]担任大宗伯。

丁亥日（初五），周将王延贵率领军队增援历阳（安徽和县），南豫州刺史任忠击败他，并生擒王延贵。

壬辰日（初十），周主宇文阐废黜皇后司马氏为庶人。庚戌日（二十八日），任命随国公世子杨勇担任洛州总管（治今河南洛阳）、东京小冢宰，总领过去北齐的土地。壬子日（三十日），周主宇文阐任命左[大]丞相杨坚担任大丞相，废除左、右[大]丞相的官职。

冬季，十月，甲寅日（初二），出现日食。

北周丞相杨坚诛杀陈惑王宇文纯以及宇文纯的儿子。

北周新任益州总管梁睿，带领步骑二十万征讨王谦。王谦分派诸将，各据险要，抵御防守。梁睿率军奋勇攻击，多次打败王谦，蜀中军民大为惊恐。王谦派遣部将达奚惎、高阿那肱、乙弗虔等，带领部众十万，进攻利州（治今四川广元县），阻拦蓄积嘉陵江水，然后引水灌城（嘉陵江在利州城西）。城中守军不满两千，总管昌黎郡人豆卢勣，日夜抵御防守，历经四十天，经常出奇兵袭击达奚惎等，多次将对方打败。恰逢梁睿救援赶到，达奚惎等撤围逃走。梁睿进入剑阁（在今四川剑阁县北），挥兵逼近成都。王谦命达奚惎和乙弗虔等守城，亲自率领精兵五万，背城布阵。梁睿挥兵进攻，王谦战败，准备入城，可是达奚惎和乙弗虔等已献城投降梁睿了。王谦进不了城，便率领手下三十骑逃往新都（今四川新都县东，在成都北四十五里），新都县令王宝伺机将他捉拿下来。戊寅日（二十六日），梁睿斩杀王谦及高阿那肱等人，剑南（蜀地在剑阁之南）的一场叛乱，便告平定。

十一月，甲辰日（二十二日），北周大将军达奚儒在沙州击败氐帅杨永安，沙州氐族叛乱也宣告平定。

丁未日（二十五日），北周郧襄国公韦孝宽去世。韦孝宽长期镇守边疆，多次对抗强敌，他在战场上所有的经营谋划、安排部署，开始都没有人理解他的用意，等到事成之后，人人都惊叹佩服他的智谋过人。平时在军中，虽然军务繁忙，但是不忘读书，留心文史；所得俸禄，不入私房，和睦宗族，接济贫孤，朝野内外的人都因此称赞他。

十二月，庚辰日（二十九日），陈朝河东康简王陈叔献去世。

癸亥日（十二日），周主宇文阐颁诏，命所有在西魏时期改姓的，从现在起，全部恢复旧时的姓氏。

甲子日（十三日），周主宇文阐擢升大丞相杨坚为相国，统领百官，除去都督中外诸军事及大冢宰的官号，晋升公爵为王爵，将安陆等二十郡划为随国，特许随王拜见天子，相者在旁唱名，随王不必称己之名。并备车马、衣服、乐则、朱户、纳陛、虎贲、弓矢、铁钺、柜鬯九锡之礼，赐给随王杨坚，杨坚假装谦让，只接受王爵和十郡土地而已。

辛未日（二十日），北周随王杨坚诛杀代奰王宇文达和滕闻王宇文逌，以及代、滕二王的儿子。

壬申日（二十一日），周主宇文阐任命小冢宰元孝规担任大司徒。

这一年，北周境内，总计有二百一十一州，五百零八郡。